科学出版社“十三五”普通高等教育研究生规划教材
创新型现代农林院校研究生系列教材

中国农业史概论

李　群　主编

科学出版社
北　京

内 容 简 介

《中国农业史概论》是一本全面、系统介绍中国农业起源、发生与发展历史过程的教科书。本书从中国原始农业的起源到夏商西周粗放农业的发展，再到春秋战国、秦汉、三国两晋南北朝、隋唐、宋元、明清传统农业产生及其发展，以及近代农业顺应历史潮流发展变化，从农业土地制度、农业税赋、生产工具、农田水利、耕作制度和耕作技术、农作结构演变、园艺生产、动物养殖等多角度介绍中国农业发展历程，从而全面展示中国农业发生发展历史过程和面貌。

本书可供高等农业院校本科生、研究生，以及农业院校和科研机构管理人员、农业及有关部门行政管理人员学习参考。

图书在版编目（CIP）数据

中国农业史概论 / 李群主编. —北京：科学出版社，2021.9
科学出版社“十三五”普通高等教育研究生规划教材　创新型现代农林院校研究生系列教材
ISBN 978-7-03-067217-9

Ⅰ. ①中…　Ⅱ. ①李…　Ⅲ. ①农业史-中国-研究生-教材　Ⅳ. ①S-092

中国版本图书馆 CIP 数据核字（2020）第 250549 号

责任编辑：丛　楠 / 责任校对：尹　娜
责任印制：赵　博 / 封面设计：迷底书装

科学出版社 出版
北京东黄城根北街 16 号
邮政编码：100717
http://www.sciencep.com
中煤（北京）印务有限公司印刷
科学出版社发行　各地新华书店经销
*
2021 年 9 月第 一 版　开本：787×1092　1/16
2025 年 7 月第四次印刷　印张：27 1/4
字数：596 000
定价：118.00 元
（如有印装质量问题，我社负责调换）

《中国农业史概论》编委会

主　编　李　群　南京农业大学

副主编　董　杰　内蒙古师范大学
　　　　　王福昌　华南农业大学

编　委（按姓氏汉语拼音排序）
　　　　　曹　茂　云南农业大学
　　　　　陈志国　华南农业大学
　　　　　丁建川　山东农业大学
　　　　　李兴军　潍坊科技学院
　　　　　慕亚芹　江苏大学
　　　　　全小国　内蒙古民族文化产业研究院
　　　　　沈　琳　安徽农业大学
　　　　　孙金荣　山东农业大学
　　　　　田雁冰　南京农业大学
　　　　　杨　虎　江苏科技大学
　　　　　朱冠楠　南京农业大学

审　稿　徐旺生　中国农业博物馆

目 录

目 录

绪 论

农业（agriculture）是利用动物、植物及微生物的生长发育规律，通过人工培育来获得产品的产业。农业属于第一产业，其劳动对象是有生命的动物、植物及微生物，它是国民经济建设与发展的基础产业。

广义的农业包括种植业、林业、畜牧业、渔业、副业五种产业形式；狭义的农业是指种植业，包括粮食作物、经济作物、饲料作物和绿肥等农作物的生产活动。

农业史（agricultural history）是研究农业发生、发展及其变化规律的科学，本书主要研究中国农业的历史。

第一节 研究农业史的意义

一、理清农业发展的轨迹

人类的历史源远流长，农业也有万年历史，农业起源是人类发展史上的一个重要转折点和里程碑。根据研究，每500公顷的土地，在渔猎、采集阶段，只能养活2人；刀耕火种的原始农业时期，能养活50人；连续种植农业阶段，可养活约1000人；采取集约化经营的现代农业阶段，则猛增至5000人以上。可见，随着农业技术的发展，每公顷可供养的人口数量逐步增加。然而，在长达一万多年的发展历史中，这一过程是如何演变的？中国是如何从古代农业演变到传统农业再到近现代农业的？这些问题将在本书中一一进行解答。

二、认识中国传统农业的特点、成就和局限

中国传统农业的特点可概括为“精耕细作，集约经营”八个字。“精耕细作”是综合的农业技术体系，是因地制宜的巧妙农艺；“集约经营”则以集约的土地利用方式为基础，土地生产率高。这大体从以下十个方面体现出来。

1. 农作制 中国春秋战国已进行土地连种制，之后创造了轮作复种和间作套

种，以提高单位面积产量。中国古代土地利用率是中世纪欧洲二圃、三圃耕作制的2.5～6倍。

2. 耕作方法 战国时已提倡“深耕、疾耰、易耨”，之后形成深耕细作，以及因地、因时、因物耕作及北方旱地和南方水田的一整套耕作技术体系。

3. 农时 形成以物候、二十四节气、农业气象、“看天”经验等综合掌握农时的技术，尤以二十四节气、七十二物候指导农业生产最具特点。

4. 肥料 重视积制有机肥料、合理施肥、培养地力、用养结合、保持土壤肥力常新壮。

5. 水利 历代重视兴修农田水利，改善农田水分状况和地区水利条件。

6. 农具 不断创新改进农具，因地制宜，形式多样。中国汉代在耕犁上已安装曲面铸铁犁壁，18世纪传入西欧，影响了欧洲农具改革和农业革新。18世纪以前中国传入欧洲的还有扇车、耧车及有齿滚耙等。

7. 品种 重视选种和繁殖良种，积累了丰富的品种资源，以适应各地自然条件和社会经济的需要，为农业高产创造条件。

8. 病虫害防治 采用农业、生物、药物、捕捉等综合防治病虫害的方法。

9. 农业生产结构 以粮为主，多种经营。中国农业历代以种植业为主，特别重视“五谷”生产，同时又经营蚕桑、六畜及多项副业，以充分利用“天时”“地利”“人力”，满足农家经济的需要。

10. 农学理论 以“三才”理论为核心，即把农业生产中天、地、人三者看成是“三才”，它们是彼此联系的有机整体。“天”指气候条件；“地”包括水、土、植被等条件，中心是土壤。人们通过劳动，不违农时，采用耕作、施肥等措施改变土壤的结构和肥力状态，把不利的土地环境改造为有利于农业生产的土地环境，强调“人”的调控制驭因素，通过因地因时制宜集约经营，获得单位土地面积的高产。人和自然的关系比较协调，从而在先进的自然哲学指导下形成精耕细作的优良传统。

中国传统农业的成就，概括来说，是以占世界7%的耕地养活占世界22%的人口，还孕育、创造出绵延不绝的五千年中华文明。中国自古以农立国，历代十分重视农业，18世纪以前的中国农业生产水平一直居于世界前列。从谷物的播种量与收获量比例来看，中世纪的欧洲小麦大多小于4，直到18世纪时欧洲各地均未超过11～16。而中国据6世纪贾思勰的《齐民要术》推算，6世纪前华北的旱地农业生产，粟和麦类播种量和收获量比例倍数为24～200倍之高，大多比欧洲高出10倍以上。中国是世界四大文明古国中唯一没有中断自己文明史记载的国家，而中国传统文化的根基就是农业，发达的农业奠定了中国文明的物质基础。

与此同时，我们也不可否认，中国传统农业存在一定的局限性，主要体现在以下三个方面。

一是农业劳动生产率较低。表现为“以世界上40%的农民，仅仅养活着世界上7%的非农民”。中国从事农业劳动的人口多，从劳力、技术、资金等方面看，劳动集约型占的比重大。虽然历代农业生产力皆有发展，但平均每个劳动力的产量，并不见得增加。人口的众多和田块的狭小（尤其是水稻田）限制了节省劳力的农机具的运用。

二是思维方式以经验思维和整体思维为主。重实用而轻基础，重功能而轻机理，重综合而轻分析，重定性而轻定量，重外部表现而轻内部结构，重彼此关系而轻自身要素。未能深入理解事物的本质，知其然而不知其所以然。基础科学落后于生产技术，理论落后于实践的发展。哲理性的概念“气”“阴阳”能反映事物的统一性、相互联系和转化，但又是模糊多义的；能解释事物共性的一面，却难以深入反映事物的特征，缺乏计量分析和可以计量的手段。尤其到18世纪以后，中国以整体思维为主的传统经验农业就落后于西方的科学实验农业了。

三是传统农业基本是一种小而全的自给自足的自然经济。战国时孟轲规划农家经营，提出：“五亩之宅，树之以桑，五十者可以衣帛矣；鸡豚狗彘之畜，无失其时，七十者可以食肉矣。百亩之田，勿夺其时，数口之家可以无饥矣。”（《孟子·梁惠王上》）这种状况在古代很具代表性。中国众多农家生产规模狭小，生产工具简陋，以直观经验为基础，经验世代相传，劳动生产率和商品率低，难以抵御较大的自然灾害。

三、借鉴历史经验，走中国特色的农业发展道路

中国上万年的农业发展积累了丰富的农业历史经验和教训。中国农业的特点是在本国特定的自然条件和社会经济条件下形成的，它在很大程度上决定着中国农业现代化的发展道路。尤其在实现农业现代化的初级阶段，需要更多地吸收传统农业行之有效的经验。然而以往农业的发展道路和特点是什么？中国的农业文化传统和特色是什么？我们如何继承和发扬？对此我们必须要有一个清楚的认识。中国“农牧结合，多种经营”、因地制宜规划农业生产、合理开发利用土地、“保护自然资源，注意生态平衡”、精耕细作等优良传统必须得到坚持，农业现代化也不能照搬外国的做法，应结合中国国情。

数十年来，各国现代化农业都曾经走上以大量使用机器、化肥、农药、塑料、石油为特征的道路，人们称之为“石油农业”“无机农业”，随着时间的推移，这些高消耗、高成本的农业逐渐暴露出许多弊病，发展“有机农业”“生态农业”“持续农业”愈来愈受到人们的重视，这些新的农业经营技术和思想与传统农业有着相通的方面，故而我们仍要借鉴农业历史经验，走有中国特色的农业现代化之路。

此外，中国农耕文化的发展，奠定了中国古代乃至近现代社会的方方面面。中国传统社会的伦理道德、价值观念、社会结构乃至哲学意识等，无不受着农耕文化的制约和影响。要研究中国传统文化和中国社会的诸多问题，不了解中国特有的农耕文化发展演变历程，不熟悉中国农耕文化庞大构成中的诸多文化体系，是绝对不可能得出深邃而独到的见解的。

第二节　农业史研究对象和内容

农业史是研究历史时期农业产生、发展的原因及过程，对农业历史进行科学阐述，并总结历史经验和规律，为当今农业发展提供历史借鉴的一门科学。

一、农业史研究对象

农业史的研究对象，是上下五千年的大农业发展历程。本书的历史时期包括原始社会、夏商西周、春秋战国、秦汉、三国两晋南北朝、隋唐五代、宋元、明清及近代若干阶段。当原始社会从旧石器时代进入新石器时代时，发生了人类历史上最伟大的革命——产生了原始农业，中国原始农业是从采猎经济中直接产生的，起源可追溯到一万年以前，与西亚大致同时。中国的农业是独立发展、自成体系的，中国是世界农业起源中心之一。

到夏商西周时期，这一时期的主要农业区在黄河中下游地区，精耕细作农业开始萌芽，耒耜、沟洫、井田制三位一体，成为这一阶段农业的主要特点。春秋战国时期，中国传统农业开始形成，以铁农具和牛耕的运用最具特色。耕作制也由轮荒制转变为以连种制为主。

之后，从秦汉到魏晋南北朝，北方旱作农业有很大发展，北方旱地精耕细作体系趋于定型。以防旱保墒为目的，旱地“耕、耙、耱、压、锄”相结合的耕作技术体系基本成熟；形成丰富多彩的轮作倒茬和间、混、套作方式。

隋唐宋元时期传统农具的发展已达高峰，种类已接近完善，传统的作物构成和农牧关系也发生了历史性变化。这一时期农业史上最重大的事件是经济重心南移，尤其在中唐“安史之乱”后，南方农业发展的势头明显超过北方，南方农田水利蓬勃发展，土地利用方式多样，水田农业由汉魏南北朝的火耕水耨进化为唐宋以后的精耕细作，南方水田“耕、耙、耖、耘、耥”相结合的耕作技术也已成熟。作物构成方面，稻麦上升为最主要的粮食作物，经济作物棉花、油菜分别取代大麻和芝麻的地位而居首位。唐前期农区承袭秦汉再度扩张，官营畜牧业达到鼎盛，而中唐以后畜牧业主要以农业副业的形态存在于民间。明清时期传统农业深入发展，由于人口增长迅速，故而大量开辟新耕地，农区空前扩展，并不断提高土地利用率，轮作复种和多熟种植得到普及，耕作栽培技术更加集约化，还引进一些美洲新作物，加速了耕地扩展和粮食增产。同时经济作物的种植有很大发展，促进了商业性农业的发展。但是在农具方面甚少改进，土地利用率和土地生产率虽有明显提高，而农业劳动生产率却呈下降趋势。过度的开垦对生态环境也产生了不利的影响。

1840 年以后中国沦为半殖民地半封建社会，由于外国资本主义的入侵，中国自然经济逐步解体，农产商品化、专门化得到扩展，农村对市场依赖程度加大，农业资本主义有所发展。这一时期开始引进西方的实验农学及农用机械、作物品种、化肥和农药等，并开展新式的农业教育和农业科技工作，农业推广、农村金融合作事业亦逐步施行。但是，由于帝国主义、封建主义和官僚资本主义的统治和压榨，加之近代中国缺乏一个和平安定的生产环境，因此，中国农业的近代化程度并不高，广大农村主要应用的仍旧是传统农业技术。

二、农业史研究内容

农业史的研究内容由其学科的性质决定。它是一门交叉学科，或称综合学科、边缘学科。它的研究内容，其横向是自然科学农业类的多种应用科学，纵向是社会科学中的历史科学。农业是以生产植物、动物及微生物产品为主的社会生产部门，又以动物、植物和微生物为劳动对象，以土地为基本生产资料，通过人类劳动及其掌握的各种生产手段，按照人类需要，生产各种食物等生活必需品和原料。

农业经济学界多数学者认为农业既包括农业生产各部门，又包括为农业生产服务的生产前、生产后诸多部门。在中国，狭义的农业仅指种植业，广义的农业包括农业（种植业）、林业、畜牧业、渔业和家庭副业等。另外，在认识和分析农业问题时不仅涉及生产技术和经济问题，往往还涉及农民和农村的社会、政治和文化等方面的问题。因此，农业有时仅仅指动植物生产，有时则不仅包括农业生产所涉及的生物学和技术、经济问题，还包括更广泛的政治、社会和文化问题。历史学是一门反思学科，是对各种具体历史及其内在规律进行探索的科学，是研究人类社会的发展过程及其规律的学科。任何通史均少不了专史，尤其是农业史。因为农业是古代社会最主要的生产部门。恩格斯说："农业是全部古代世界的一个决定性的生产部门"①，在任何时代，农业史都是历史的重要组成部分。

农业史不仅研究农业生产力发展与变化，还要研究生产关系、社会生产方式及其变化和影响，它离不开历史学及其分支学科，如政治史学、经济史学、社会史学等，而研究农业生产力的发展多借助农业科学知识，也离不开历史条件和社会经济条件的研究，所以历史学与农业科学之间的交叉是多层次的，错综的，还发生交叉融合，而不是简单的叠加。由于历史学和农业科学皆是包含范围很广的学科，所以农业史的内容庞大而复杂。

本书的内容以中国农业生产发展的历史为主线索，从农业生产关系和农业生产力两方面及其相互影响做系统的阐述。在宏观审视下对历史上各阶段的农业发展概况结合当时的社会政治、经济、环境及思想文化等方面进行综合论述，然后再分述土地制度、赋税制度、农具、农田水利、土地利用、耕作制度、栽培技术、农业结构、生产水平、农业经营等状况和历史演进。系统展现中国农业由原始农业向传统农业，再向近代农业发展的历程和特征，揭示中国农业发展的历史规律，为中国实现农业现代化提供历史经验和借鉴。

---

① 恩格斯. 家庭、私有制和国家的起源[M]. 北京：人民出版社，1954：144.

第三节　农业史的分期

学术界根据农业史本身的发展规律，按农业发展形态的阶段特征，大致形成以下几种分期方法：

三阶段说：即将中国农业史分为原始农业、传统农业、现代农业三个阶段。其中原始农业主要指原始社会时期的农业，在中国一般指夏商以前的农业；传统农业主要指原始社会时期直到现代农业之前的农业，大体上是指夏商到清末；现代农业指以现代科学为基础发展起来的农业。

四阶段说：即指原始农业、传统农业、近代农业、现代农业四个阶段。其中近代农业一般指1840年到1949年这段时期的农业，1949年以后的农业称为现代农业。

五阶段说：即指原始农业、粗放农业、传统农业、近代农业、现代农业五个阶段（表0-1）。其中粗放农业专指夏商西周时期的农业。

表0-1　农业各发展阶段的主要特征

发展阶段	生产工具	耕作制	耕作栽培技术	生产量和生产率
原始农业	石、木、骨、蚌	撂荒耕作制	着重种、收两个环节	低
粗放农业	青铜	轮荒耕作制	出现施肥、选种、中耕、除草、防虫技术	较低
传统农业	铁农具、畜耕	连作-多熟制（轮作复种、间混套种）	讲究整地、播种、中耕、灌溉、施有机肥、除虫等精耕细作技术	单位面积产量较高
近代农业	开始采用机械化农具	连作-多熟制（轮作复种、间混套种）	进行科学实验，使用化肥	提高劳动生产率
现代农业	农业机械化、智能化	连作-多熟制发展	农业化学化、专业化、良种化、水利化、并应用高科技生物工程技术	生产量、生产率皆高

七阶段说：即原始农业、粗放农业、北方传统旱作农业形成和定型、南方传统水田农业发展和成熟、传统农业的深化、近代农业、现代农业七个阶段。其中北方传统旱作农业形成和定型是指从春秋战国时期到南北朝时期的农业，这一时期，中国北方旱作农业耕作体系基本形成和定型；南方传统水田农业发展和成熟主要是指隋唐宋元时期的农业，这一时期南方水田农业生产耕作体系基本成熟。本书主要采用这种分期法，但探讨到近代为止。

第四节　中国历代人口、田地数和粮食产量概况

一、中国历代人口概况

据《帝王世纪》推测，夏代人口为1300万，有方国1800多个。

据相关研究①，西周成王时（公元前1043—前1021年），全国人口约1370万。

① 国家统计局人口统计司. 中国人口统计年鉴[M]. 北京：科学技术文献出版社，1985.

战国时期，在七国范围内，大约有 2000 万以上的人口。

秦帝国建立后的地域范围较战国扩大，但因战争和滥用民力，人口总数大致也只有 2000 余万。

西汉初年人口数更少，可能只有 1200 万。到西汉元始二年（公元 2 年），中国人口始有正式记载，当时有 1200 多万户，约 5959 万人，之后直至唐代记载的人口数皆未超过此数。

东汉建武中元二年（公元 57 年），人口约 4500 万。

三国时期（220—280 年），人口进一步减少到 4000 万左右。

隋大业二年（606 年），人口有所回升，约 4600 万。

唐玄宗天宝十四年（755 年），有户 891 万，人口约 5291 万。

北宋时人口数开始突破 6000 万，据推算，徽宗崇宁元年（1102 年）北宋全境已有 1 亿人口。宋神宗元丰时（1078—1085 年）北方有户 530 余万（崇宁时期 540 余万），南方有户 1100 余万（崇宁时期 1240 余万），南方人口数开始超过北方，这是中国人口南北分布的转折时期。

南宋庆元元年至嘉定十六年（1195—1223 年），全国人口数约 7680 万。

元初至元二十七年（1290 年），全国人口减少到 5883 万。

明代洪武十四年（1381 年），记载的全国人口约 5987 万，万历时的人口约 1.2 亿（有称 2 亿的）。

清代顺治八年（1651 年）统计的全国人丁数为 1063 余万，人口约有 5300 万；清康熙二十四年（1685 年）人丁数为 2034 余万，人口约 10 170 万；乾隆二十七年（1762 年），人口突破 2 亿大关；乾隆五十五年（1790 年），人口突破 3 亿大关；道光十四年（1834 年），人口突破 4 亿大关。

民国八年（1919 年），中国人口突破 5 亿大关。

民国以前历代人口增长如图 0-1 所示。

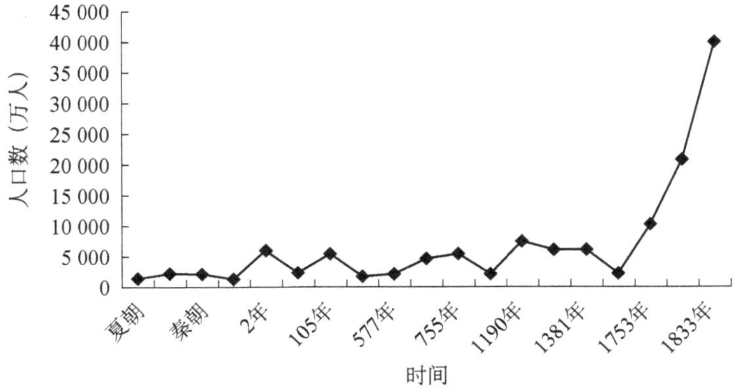

图 0-1 民国以前历代人口增长示意图①

① 国家统计局人口统计司. 中国人口统计年鉴[M]. 北京：科学技术文献出版社，1985.

二、中国历代田地数概况

秦朝以前中国没有统一的田地记载，直到汉代时，据《汉书·地理志》载，元始二年（公元 2 年），全国共有田地 82 700 多万亩（约合今 5 亿多亩，今 1 亩约为 666.7 平方米）。其后，田亩数根据时代变化，升降不定，但总的趋势是随着人口增长，不断增多。如东汉和帝元兴元年至顺帝建康元年（105—144 年），全国耕地在 7 亿多亩（约合今 4.8 亿亩）。三国两晋南北朝时，战乱较多，人口锐减，估计田地数减少较多，但没有统计，具体数不知。至唐代，田地约 8 亿亩（约合今 6 亿多亩）。北宋田地近 5 亿亩（约合今 4.5 亿亩），南宋时南方土地增长加快，全国达 7.5 亿亩（约合今 6.7 亿亩）。明初仅 3.6 亿亩（约合今 3.3 亿亩），万历（1573—1620 年）时达 7 亿多亩（约合今 6.7 亿亩）。清代顺治十八年（1661 年）田地为 5.49 亿亩（约合今 5 亿亩），雍正二年（1724 年）达 7.23 亿亩（约合今 6.7 亿亩），道光十四年（1834 年）为 9 亿多亩（约合今 8.3 亿亩）。有人认为，清代耕地面积的统计数偏低，嘉庆、道光时耕地面积应有 11 亿～12 亿亩（约合今 10 亿～11 亿亩）。民国初年为 13.5 亿亩（与今亩一致）①。民国以前历代田地数如图 0-2 所示。

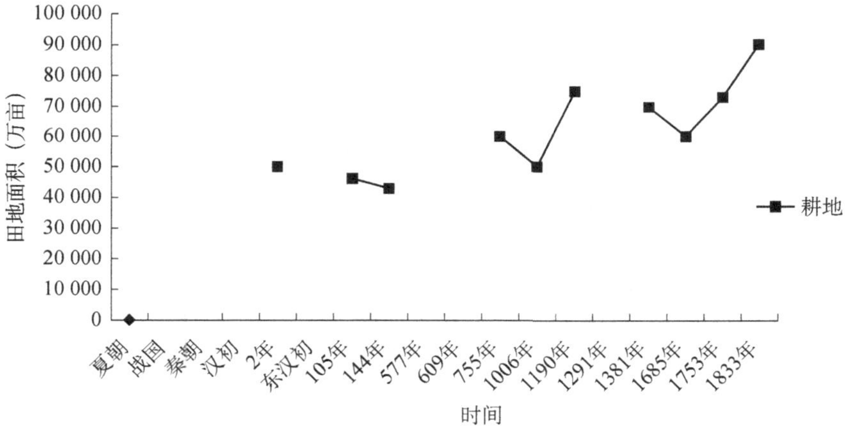

图 0-2 民国以前历代田地数示意图②

三、中国历代粮食产量概况

对于历史上的粮食亩产量（表 0-2），因学者依据的史料和应用的度量衡不同，得出的结果也各不相同。尽管如此，其变化趋势仍很明显。如战国时期，大致亩产为粟米 3 小石，约 216 市斤；秦汉时约 264 市斤；南北朝时期约 257 市斤；唐代稍高，约 334 市斤；宋代粟米约 309 市斤，南方水稻约 381 市斤；明代北方粟米约 346 市斤，南方水稻约 368 市斤；清代前期北方粟米约 367 市斤，南方水稻约 374 市斤。

根据各时期人口、耕地面积以及亩产粮食数量，计算出的中国部分朝代农业生产力

① 梁方仲. 中国历代户口田地田赋统计[M]. 上海：上海人民出版社，1984.

② 同①。

状况如表 0-3 所示。从这张表我们不难看出，随着中国人口不断增长，人均耕地不断减少，虽然耕地面积也不断增长，粮食亩产量也在不断提高，但人均占有粮食从唐宋时期最高约 900 市斤下降到近代 448 市斤，表明近代以来粮食生产压力对中国人民的生存与发展产生了巨大影响。

表 0-2 民国以前部分朝代粮食亩产表[①]

朝代	亩产折合		平均亩产量（石/亩）			折汉制（小石/小亩）			折今制（市斤/市亩）		同汉代比（%）	同前代比（%）
	一石合今市石	一亩合今市亩	合计	南方	北方	合计	南方	北方	平均	南方水稻		
战国中晚期	0.2	0.328（百步亩）	2.63			2.31			216		−18.20	
秦汉时期	0.2	0.288（百步亩）	2.82			2.82			264	250		
东晋南朝	0.2	0.324（百步亩）	2.72	2.74		2.74	2.74		257	263	−2.84	−2.84
北朝	0.4	0.473（百步亩）	2.25		2.25	2.75			257		−2.48	+0.03
唐朝	0.6	0.226（百步亩）	2.00			3.57			334	344	+26.60	+29.60
宋朝	0.66	0.900（240 步亩）	3.07	3.75	1.88	3.30	4.03	2.01	309	381	+17.00	−7.50
元朝	0.94	0.900（240 步亩）	2.38	2.66	1.88	3.61	4.03	2.85	338	387	+28.00	+9.40
明朝	1.02	0.9216（240 步亩）	2.33	2.64	2.02	3.27	4.21	3.23	346	368	+31.90	+2.40
清朝前期	1.03	0.9216（240 步亩）	2.45	2.80	2.05	3.95	4.52	3.23	367	374	+39.00	+6.07

表 0-3 中国部分朝代农业生产力简表[②]

生产力评价项目	两汉	唐	宋	清中叶	近代
人均耕地（市亩）	9.67	7.96	5.5	3.3	2.7
休耕地比例（%）	40.0	20.0	0	0	0
粮食栽培面积比例（%）	90.0	90.0	90.0	80.0	70.0
亩产量（市斤/市亩）	110.0	125.0	183.0	296.0	195.4
人均占有原粮（市斤）	574.0	716.0	906.0	781.0	448.0

注：近代原粮参考 1949—1951 年的 3 年平均值

思考题

1. 什么是农业史？学习农业史有什么意义？
2. 中国传统农业有哪些特点？如何认识中国传统农业的局限性？

---

① 吴慧. 中国历代粮食亩产研究[M]. 北京：农业出版社，1985.

② 赵冈. 农业经济史论集——产权、人口与农业生产[M]. 北京：中国农业出版社，2001：173 .

第一章

原始农业的起源与发展

农业是如何产生的？这是一个十分复杂的问题，古老而又年轻。早在先秦时期便有人试图解答这一问题。《周书》[①]记载："神农之时，天雨粟，神农耕而种之。作陶，冶斤斧，为耒耜、锄耨，以垦草莽，然后五谷兴，此农事之始也。"《白虎通·德论》[②]以及淮南王刘安的《淮南子·修务训》[③]中也作过回答。但这些回答较为模糊，停留于性状描述。随着现代科技的发展，田野考古学的兴起，尤其是 ^{14}C 在农业考古上的应用，大量有关农业的史前考古发现才得以确定准确的年代。

史前社会最主要的革命性变化，为发生于旧石器时代之初人类的产生、新石器时代农业的产生，以及铜石并用时代晚期产生国家文明的萌芽。故而原始农业的产生在人类历史上具有划时代的意义。原始农业产生之前人类进化大体走过以下几个阶段：

"有巢氏"——"昼拾橡栗，暮栖木上"（《庄子·盗跖》）。人类还处于类人猿阶段，或称"正在形成中的人"，他们生活在林间。中国在云南禄丰和开远先后发现距今约七八百万年的类人猿化石。

"燧人氏"——"钻燧取火，以化腥臊"（《韩非子·五蠹》）。人类发展为"完全形成的人"，或称"直立人"。距今 300 万年的更新世早期气候变冷，人类为获取食物，从林间走向平地，使用简单的石制工具进行采集狩猎，发明了人工取火用火，过着原始群居生活。此时进入旧石器时代早期。距今 200 万年的河北省原阳县泥河湾人遗址、距今约 170 万年的云南元谋人遗址、距今 70 多万年的陕西蓝田人遗址、距今 70 至 20 多万

---

① 先秦史籍。本名《周书》，隋唐以后亦称《汲冢周书》。今本全书十卷，正文七十篇，其中十一篇有目无文，四十二篇有晋五经博士孔晁注。正文基本上按所记事之时代早晚编次，历记周文王、周武王、周公、周成王、周康王、周穆王、周厉王及周景王时事。

② 《白虎通》又称《白虎通义》，向来被视为东汉建初四年（79 年）白虎观经学会议之资料汇编，此书不仅是经学发展之产物，更是当时上自天子、下至儒生之学术共识，具有保存当时经学样貌之典范价值。故《四库全书总目》评论《白虎通》曰："方汉时崇尚经学，咸兢兢守其师承，古义旧闻，多存乎是，洵治经者所宜从事也。"

③ 《淮南子》又名《淮南鸿烈》，是西汉宗室刘安招致宾客，在他主持下编著的。"鸿"为广大，"烈"是光明。全书内容庞杂，它将道、阴阳、墨、法和一部分儒家思想糅合起来，但主要的宗旨倾向于道家。《汉书·艺文志》则将它列入杂家。

年的北京人遗址等，是中国旧石器时代早期重要遗址。

“包牺氏”（即“伏羲氏”）——“作结绳而为罔罟，以佃以渔”（《周易·系辞下》）。人类由“直立人”进化为“智人”，此时为旧石器时代中、晚期。山西襄汾丁村人及阳高许家窑人、北京山顶洞人和内蒙古河套人等是这一时期的代表，距今10万～1万年。采集、狩猎更加发展，社会组织由原始群转变为氏族（母系氏族）。

第一节　原始农业的起源

民以食为天，原始人类的进化也推动着原始农业起源的渐变过程。考古资料显示，中国古代农业的形成过程经历了数千年之久。其起源中心区可分为两条独立的源流：一是以沿黄河流域分布的、以种植粟和黍为代表的北方旱作农业起源；二是以长江中下游地区为核心的、以种植稻谷为代表的南方稻作农业起源。最新的考古发现揭示，在中国可能还存在着第三条农业起源源流，即分布在珠江流域地区的、以种植芋类等块根块茎作物为特点的华南热带原始农业起源①。

从考古学上看，农业起源的标志：一是人类必须定居；二是种植作物；三是畜养动物；四是有磨光石器；五是发明陶器。人类如果不定居，就很难种植作物和驯化动物；如果没有种植作物、驯化动物，也就谈不上农业起源；由于种植作物必须频繁使用石器，石器最终被磨光是必然的；陶器是人类贮藏食物及熟食的必备器具，亦是人类定居后的必然产物。在大多数农业起源的地方都具有这些特征。

一、原始农业产生的原因

中国的原始农业起源于距今1万年之前，此时人类社会从旧石器时代进入新石器时代，主要工具为磨光石器。人们通过长期的采集活动，发明了原始种植业；通过长期的狩猎活动，开始豢养捕获的畜禽，逐步产生原始畜牧业。从考古发掘可知，在中国黄河流域和长江流域，距今1万年之前的一些遗址中发现了谷壳实物，说明原始农业已经产生，在距今七八千年前已有相当发达的原始农业。中国古史传说中，对农业的起源也有描述。《周易·系辞下》：“包牺氏没，神农氏作。斫木为耜，揉木为耒，耒耜之利，以教天下。”《新语·道基》：“民人食肉、饮血、衣皮毛；至于神农，以为行虫走兽，难以养民，乃求可食之物，尝百草之实，察酸苦之味，教民食五谷。”“包牺氏”反映的是中国历史上的采猎经济时代。“神农氏”则反映了农业从发生到确立的整个时代，传说中把耒耜、斧斤、种植谷物、制陶术、纺织、医药等皆归于神农氏所发明。

原始农业的起因是个很复杂的问题，也一直存在争议，主要观点如下：

（1）*采猎说*　由于采猎经验的积累和丰富，逐渐发明了农业。

（2）*人口压力说*　为了满足人口繁衍和增长的食物需求，而产生了农业。古人类

---

① 赵志军. 中国农业起源概述[J]. 遗产与保护研究，2019（1）：1-7.

学家推断，旧石器时代末期地球上人口总数不到300万，中石器时代已繁衍到1000万，新石器时代达5000万①。

（3）气候变化说　距今7万年前的更新世晚期冰期来临，直至距今约1.8万年前冰川全盛期，导致大批野生动植物死亡和变异，一些地区食物严重短缺，迫使人们去认识动植物，开始具有部分种植的知识，或偶尔尝试种植作物，处于观念农业阶段。距今1.7万年前的全新世来临时，气候好转，人口增加，食物不足，人们进行最初的植物驯化和栽培活动，农业得以产生。

此外，农业起源还有宗教说、儿童妇女说、中国农业起源外来说等。总之，农业是以自然再生产为基础的人类生产活动，与自然环境关系最为密切，人与自然的关系集中体现于生产工具的制造，生产工具是人类改造自然水平的重要标志。因此，研究某一地区农业的起源，就必须考察当时当地的自然环境变迁以及远古先人在生产活动中对生产工具的使用状况。

（一）原始农业产生的自然环境

地质学的研究表明，地史上第四纪②的更新世，与人类生存极为密切的气候发生过巨大的变化。更新世初期，由于气候的骤然变冷威胁着中新世便生活在地球上的一种高级类人猿，这时大面积森林消失，草本植物发达，出现大面积草甸、草原及荒漠。这种高级类人猿迫于环境压力，部分遭遇死亡，部分向赤道周围迁徙，成为今天猩猩、大猩猩、黑猩猩的祖先，还有部分开始从树栖步入平地，慢慢学会使用工具，直立行走。最终，在大约200多万年之前进化成为古人类，即为今天人类的祖先。这是气候变化迫使人类进化的结果。

然而更新世初期的气候变化并未停止，至更新世中晚期，气候波动更为剧烈，尤以晚更新世冰期波动最大。距今约7万年前，第四纪晚更新世冰期来临，范围广阔，遍及全球，影响巨大。其主要特点是降雪量增加，融雪量减少，雪线远低于冰期以前，导致气温大幅度下降并持续长久。在当时的中国表现为大理冰期。蓝田人所在地区气温比现在平均低8℃，河北平原平均气温仅为4～5℃③。由于温度变化，温带型植物也随之发生变化，原先生长在蓝田高山地区的云杉逐渐蔓延到河谷，挤压代替了该地区原有的多汁浆果植物，致使水果等喜温植物逐步减少，而草本植物大量繁殖，渐渐取而代之。这导致主要以木本植物为食物的古人类难以觅食，遭遇生存危机。由此，大量动物开始南迁，猛犸象、披毛犀等寒带亚温带动物由北向南转移。其间，许多植物灭绝，只有在一些封闭的山麓地区，气温变化较小，受影响较少，一些古老的种属得以幸存，如中国南

① 《世界上古史纲》编写组. 世界上古史纲（上册）[M]. 北京：人民出版社，1979：7.

② 第四纪大冰期的全球性冰川活动约从距今200万年前开始直到现在，是地质史上距今最近的一次大冰期。在这次大冰期中，气候变动很大，冰川有多次进退，分为4个冰期和3个间冰期。第四纪大冰期在国际上的划分以阿尔卑斯山为标准，根据对阿尔卑斯山第四纪的山岳冰川的研究，确定第四纪大冰期中有5个亚冰期。

③ 赵锡文. 古气候学概论[M]. 北京：地质出版社，1992：153.

部地区保存下来的苏铁、水杉、银杏等。由于温度下降，植被变化，浆果类植物减少，从前的采集生活便变得极其艰难，人类遭遇饥饿的风险。这也促使人类为了生存必须寻找新的食物来源。气温的大幅度下降，直接造成浆果类植物减少，但同时促成禾本科植物大量繁育，禾谷类种子便成为人类的主要采集对象。这样促使人们对草本禾谷类植物的认识加强。同时慢慢学会贮藏食物以备不时之需。因为温度下降太大，原来那种四季食物采集无甚差别的状况有了截然不同的变化，即采集出现淡季和旺季之分，这就要求人们在旺季采集足够多的食物以备淡季食用。这就意味着要贮藏，有了贮藏，便使人类在利用自然的基础上向前迈进了一大步。这时人类的生存不仅与植物多少相关，还与贮藏食物的技术相关。

首先，人们必须熟悉采集植物的一般生活习性。这样才能知道采集的植物何时结果，并在合适的时间采集，否则当采集期一过，许多植物种子便自行脱落入土，就难以获得，如水稻。其次，食物在贮藏过程中，有时会自动发芽，并变成植株结出和原来一样的种子，或者人们在居住地无意识地掉落一些植物种子，待他们迁徙后种子发芽成长，碰巧他们回来时，发现了这种“奇怪”的现象，诱发人们试着把种子撒入周围的土壤之中，看看是否发芽并结实。最后，人类天天为吃饭奔忙的同时，逐渐发现大自然的这种神奇。由此诱发人类有意识地把贮藏后以备食用的剩余种子，播种在他们的居地周围，或者省下贮藏中的一部分种子直接播种等待收获，这种类似于今天农民从事农业的行为，一旦拥有，便可以说是观念农业产生了①。

但是由于处于冰期之中，贮藏种子以备食用并有剩余的情况是极少的，即便偶尔一两年之中有剩余，而产生种植行为也不能判定农业已经产生，因为以种植为特征的农业产生，必须要有时间的连续性作保证，而冰期之中的贮藏只能诱发农业观念的产生，不能保证农业产生的其他条件具备。因此，我们只能说冰期之中作为观念的农业已经产生了，而作为实体的农业，还需其他方面条件作保证。一旦时机成熟，作为实体的农业才开始产生。

观念农业产生的具体年代难以确定，但是下限至少在距今1万年之际，上限也许在距今7万年之后的某一时期，可靠的时间也许在冰期最盛的距今3万至2万年之际。因这时冰期处在最盛期，原始低水平的平衡态被破坏得最彻底，同时最利于新的平衡态因子形成，即农业因子形成。冰期之中，作为观念农业的萌芽，并不能很快产生实体农业。拥有丰富植物知识的人类群体，往往是那些食物比较缺乏的群体，他们没有能力从事种植。他们的贮藏经常不足以到第二年仍有剩余，同时，种植往往与季节关系较大，一般禾本科作物春天播种、秋天收获，待贮藏到播种时，往往出现饥荒，即便是有意识地留作种用，也因饥荒而放弃。历史上饥荒发生的年代，种子被食用的事例层出不穷。更何况在远古时期，生产异常落后，种植原本就不十分可靠。即便偶尔在某些年份食物丰富，人们可能将剩余的植物种子用于种植，但是这种种植一般很难维持下去，往往很

① 徐旺生. 论原始农业起源过程中的“观念农业阶段”[J]. 中国农史，2001（1）：3-10.

快中断，因这时采集匮乏的时间占绝大多数。这些偶然的尝试，不足以构成农业的产生。作为种植的实体农业的产生，必须有驯化的植物为依据。而植物驯化的发生，必须长时间才能完成，这样就要求驯化具有连续性，即长时间的连续种植才能产生驯化，这就要求人们必须连续地有种子作为保证。由此，只有全新世来临以后，人们才有可能从事种植，农业才能作为实体出现。作为观念农业的产生区，不一定产生原始农业；而作为实体农业的产生区，则一定是观念农业产生区。

（二）石器与火的使用

在农业未产生之前的漫长时期里，人类生活中采集相对丰富。如从蓝田人遗址中可以看到，各类繁多的浆果、坚果、嫩叶、花蕊、昆虫、鸟蛋和易于捕捉的鸟类、蛙类、蜥蜴、老鼠，都被作为蓝田人的食物；另外，鹿、野猪、羚羊、野马等不时成为其狩猎对象。蓝田人已经学会了劳动，石器的类型有砍砸器、刮削器、尖状器、手斧和石球。

北京西郊的房山周口店遗址，发现了当时人们用火的遗迹。火的发明，开拓了人类的生存空间，为当时人类的体力和智力发育创造了条件，使得人类可以吃到煮熟的食品。火的发明还为人类进入寒冷地区生活创造了条件。从范围上，人类可以向寒冷地区迁移，即向更北的地区迁移；从空间上来看，人类可以生活在山洞中，因为火可以给山洞照明、驱除寒气，使人类可以过上相对定居的生活。这样人类面对野兽的威胁也就大为降低，抗御自然灾害的能力大为提高。这些都为人类智力水平的提高创造了条件。距今约 3 万年前的山顶洞人的脑量已经基本接近现代人的水平。陕西的沙苑遗址和东北的扎赉诺尔遗址以及山西的峙峪遗址都曾出土石箭头，峙峪遗址出土的石箭头距今 2.8 万年前。这些事实说明，当时的人类在采集和狩猎过程中，具备了相当的能力，从而也说明当时的人类具备了种植和畜牧的能力，只要当时的人们有发明种植和畜牧的要求，农耕和畜牧就可能会产生①。但是由于当时的环境条件相对较好，生活较悠闲，还不存在农业和畜牧起源的必要，也可以说是还不具备产生农耕和畜牧的充分条件。旧石器的发明和运用是采集经济存在的标志，不过旧石器的存在，只是成为农耕和畜牧产生的多项必备因素中的一项。因为农业的产生并不是所谓的工具进步造成的。相反，农业的产生促成了工具的进步。当农耕和畜牧产生以后，人们才对工具进行磨制，出现了磨制石器。

二、驯化方法的应用与观念农业的产生

（一）驯化方法的应用

驯化的实现是农业起源的关键，通过合适的驯化方法才能使植物脱离其野生状态。驯化主要有下面两条途径。

---

① 张居中，陈昌富，杨玉璋. 中国农业起源与早期发展的思考[J]. 考古学研究，2014（1）：6-16.

一是通过贮藏来改变植物野生习性。野生状态的种子成熟后，就会自然脱落到地表上，经过风吹雨打等各种自然力作用进入土壤，若有适宜的温度及阳光水分条件，便发芽生长，达到尽可能多的代代相传。而用于种植的种子经过人为贮藏以后，就不可能随时随地发芽，因为人类播种不可能总是准确掌握天时地利，从而在某种意义上改变了植物的自然习性。同时贮藏时的外部理化条件与种子自行脱落进入土壤中的外部理化条件截然不同，可以说贮藏是对野生植物的最大干预行为。首先贮藏的目的往往是保存不致发芽，一般放在比较干燥的地方，否则霉烂以后便没有用处，须知最初的种子多半是冬春的口粮。这与植株上的种子自行脱落掉入土壤中相比大不一样，贮藏的种子一般处于干旱环境，野生的种子一般处于相对较湿润的环境，长此以往，驯化的植物种子具有耐旱的特征。植物种子绝大多数是秋天收获的，越冬过程中贮藏的种子往往不及进入土壤的种子的温度条件好，因土壤覆盖具有保温性，长此以往，驯化的种子具有耐寒特征。由此可知驯化的植物将向着耐寒耐旱方向进化。例如，驯化水稻的原始种质是籼型的普通野生稻，其进化方向是普通野生稻→籼型栽培稻→粳型栽培稻，科学研究表明，进化程度高的种质具有耐寒耐旱性能，说明贮藏本身的干预促进植物向着耐寒耐旱方向进化①。

二是通过人工选择提高植物收获量。在种植的过程中，人类除通过贮藏不自觉地驯化外，还通过选择有意识地驯化。以水稻驯化为例，野生稻的稻粒较小且易自行脱落，单穗重也较低，穗秆易折断，因此人们在选择种子之际一般挑选那些穗秆不易折断、稻粒不易脱落、单穗上种子数目多、稻粒饱满的作为种用。这样在长期的驯化过程中，一些有利的基因得到巩固，尤其是变异为产量提升特点的种质极易被人们发现，这种选择属于现代育种上的表型选择，尽管时间较久，但效果仍是十分明显的。

还须注意，驯化必须具有连续性。这也是更新世末期尽管作为观念的农业已经产生而没有产生实体农业的原因。由于当时驯化是一个不太完全自觉的过程，加之驯化度比较小，因此连续性十分重要，否则将前功尽弃。有了连续性，进化才得以巩固，全新世食物相对丰富，因而有可能将进化延续下去；而更新世末期尽管有种植行为，但没有时间保证，短期和零碎的干预不能形成驯化，没有脱离野生状态，即便被今天考古发现了，也只能定为采集狩猎阶段。

（二）观念农业的产生

有学者认为，在农耕的起源过程中，存在一个“观念农业阶段”的概念。故而从农耕起源的角度，将一万多年以前漫长的考古学上的旧石器时代和新石器时代，分成三个阶段：采集经济阶段、观念农业阶段、种植和畜牧业阶段②。作为观念的农业在晚更新世冰期已经产生，但是还不足以产生实体农业，限制农业产生的关键因素是气

---

① 徐旺生. 从农耕起源的角度看中国稻作的起源[J]. 中国农史，2001（1）：70-77，80.

② 徐旺生. 论原始农业起源过程中的“观念农业阶段”[J]. 中国农史，2001（1）：3-10.

候。到冰期结束，地质史上的全新世来临以后，由于气候的好转，农业才有可能产生。冰期之中，由于留种几乎不可能，种植就不能连续进行。到了全新世，局面完全改观。大约在距今1.17万年，全球性冰期退却，这时降雪量减少，融化量增加，冰川大规模从低纬度向高纬度退却，雪线在山岳地带升高，广大地区重见天日，气温带型也发生变化，并且这时的温度比冰期之前还要温暖。由于温度的变化，植物群落也发生变化，可供食用的植物多起来，主要表现在以风力等因素造成植物种子在升高了温度的地区可以萌芽生长。人类采集生活比较宽裕，度过冰期的人类有条件从事种植的尝试。这时由于气候的关系，采集比较丰富，越冬到第二年依然有剩余，于是人们便把剩余的种子有意识地撒在居住地周围或特定的区域。更新世晚期采集不足和全新世的采集有余，可以通过一系列考古发现来证实。更新世末期的遗址中，除了吃剩的兽骨外，一般很难见到食物遗存，尤其是炭化的粮食作物，而全新世的许多遗址中都有一些完整的炭化粮食遗存。说明温度的适宜与否与食物的充足与否直接相关，更新世由于气候寒冷造成食物不足和全新世气候温暖造成粮食略有剩余这一结论是可靠的，更新世末期贮藏的不足限制了农业起源的实现，全新世的这种剩余使得人类具备产生原始农业的基本条件，即不像更新世末期的人类那样仅仅偶尔从事种植活动，他们可以通过连续的贮藏、种植、收获等活动走上驯化道路，由此，全新世来临的早晚直接决定农业的早晚。

三、中国是世界农业起源中心之一

世界农业主要有三大起源中心：西亚、中南美洲和东亚，东亚起源中心主要在中国。中国距今七八千年前已有较为发达的原始农业，如黄河流域裴李岗文化、磁山文化，长江中下游彭头山文化、城背溪文化、河姆渡文化，年代皆在七八千年之前。20世纪90年代在江西万年仙人洞和吊桶环上层遗址（距今1.4万年至9000年）发现类似人工栽培水稻的植硅石，湖南道县玉蟾岩遗址（距今1万年）发现水稻谷壳实物，河北徐水县南庄头遗址（距今10 500～9700年）地层的花粉经分析，发现当时有较多的禾本科植物，有了可能驯化的猪、狗等家畜，所以中国农业的起源可追溯到距今1万年以前。

不同于西亚以种植大小麦为主，也不同于中南美洲以种植马铃薯、南瓜和玉米为主，中国原始农业具有自身的特点，黄河流域及其北境以种植粟黍为主，长江流域及其南境以种植水稻为主。在畜牧业方面，中国最初驯养的动物是狗、猪、鸡和水牛，长期以来猪一直是最主要的家畜之一，不同于西亚以饲养绵羊、山羊为主，也不同于中南美洲以饲养羊驼为主，中国还是最早养蚕缫丝的国家。

中国是独立发展起来的古老的农业中心之一，农业发展自成体系，与此相联系，中国又是世界栽培作物起源中心之一，从表1-1可以看出，中国与世界各地驯化的动植物有很大差别，从这点看即可证明。

表 1-1　世界各地驯化动植物比较

地区	中国	印度	西亚	美洲	非洲
驯化作物	稻、粟、黍、大豆、大麻、茶等	大麦、小麦、棉花（亚洲棉）、瓜和椰枣	小麦、燕麦、黑麦、大麦、豌豆	玉米、马铃薯、甘薯、番茄、花生、烟草、向日葵、南瓜、辣椒、棉花（陆地棉）	棉花（草棉）、西瓜、高粱、麦等
驯养动物	猪、狗、羊、牛、鸡、蚕	狗、猫、瘤牛、短角牛、象、骆驼等	山羊、绵羊、牛、猪、骆驼	火鸡、豚鼠、美洲驼、羊驼、骆马	

1882 年法国植物学家德康多尔认为，中国、西亚、南亚及埃及、热带美洲，为世界植物首先驯化地区。

20 世纪初，俄国遗传学家瓦维洛夫，把世界分成八个起源中心，而中国是其一。据他统计，在全世界已知的 666 种栽培植物中，起源于中国的有 136 种，占 20.4%。

1968 年，苏联茹科夫斯基把世界上的栽培植物分为 12 大区，以中国及毗邻的日本属第一中心。

据中国农业科学院卜慕华研究，中国有史以来主要栽培作物共 236 种，其中粮食作物 20 种，经济作物 25 种，蔬菜 45 种，果树 53 种。

农业起源的一般模式表明，农业的产生要具备多方面条件。首先必须是观念农业产生区域，才有可能在全新世来临时由观念农业区域发展到实体农业区。假如某地气候变化不足以打破原有生物的平衡态，人类只不过在较轻程度上受些冲击，不具备构成新的平衡态的条件，那么全新世来临以后，该地人类也许会继续过着采集狩猎的生活。这种悠闲的生活对他们来说并没有什么不好，他们早已习以为常、自得其乐，况且由于温度升高，采集应该更加丰富。因此，我们在论证中国农业本土起源时，通常会从以下几个方面加以论证：

第一，中国是否是观念农业产生区。

第二，中国农业起源的主要农作物是否与其他农业起源地的农作物有区别，是否具备本地特征。

第三，中国农业发生的关键条件——全新世来临时间是否迟于西亚①。

（一）中国是观念农业产生的地区

前述末次冰期来临，中国气候变化比较强烈，气温普遍比较低，属干冷型，植被类型主要为荒漠草原和针叶林带，含冷杉、云杉等。约在晚更新世，中国冬季风进一步发展，干冷的大陆性气候加剧，黄河流域及北方广大地区，乃至长江流域都出现大面积黄土，在黄土的西北外围地区形成大面积沙漠，并在东北的广大地区及华北部分地区气候较湿冷，发育出冻土冰缘，出现了猛犸象和披毛犀动物群。这类动物生活的环境主要是冻土苔原带及干冷的黄土草原带。

当然，气候变化如果使人类不能生存，将不会产生新的平衡态，因此，中国大陆尤

① 徐旺生. 中国农业本土起源新论[J]. 中国农史，1994（1）：24-32.

其在黄河流域、长江流域是否有人类生存，是问题的关键，否则，传播学说将不成立，这一点我们必须加以论证。首先，中国大陆的冰川作用并不是大陆型的，它主要限于山脉冰川，这可以通过在中国大量生存的第四纪残遗植物得到证明。尽管山脉冰川在北方南方都有发育，但并没有使这里人类不能生存。其次，考古发现也可以证实这一点，在华北地区冰期最盛时，依然有人类生存。最为著名的是发现于山西朔县的峙峪文化遗址，年代为距今3万年前。该遗址有许多遗物出土，石器灰烬与烧石共存，与之共存的还有至少代表120只马、80只驴的动物化石，没有禾谷类粮食作物的炭化遗存。还有一些相近年代的人类遗址被发现，如河南安阳小南海遗址、河北阳原虎头梁遗址、山西沁水下川遗址等，它们都属于距今至少1万年的人类生活遗址。这些遗存的发现表明，尽管第四纪晚更新世冰期温度下降较大，但是中国依然有人类生存，而不像欧洲北部和美洲北部地区那样，人类无法生存。这一点又同时表明，中国北部地区属于上述观念农业产生地。图1-1为峙峪遗址出土的石器。

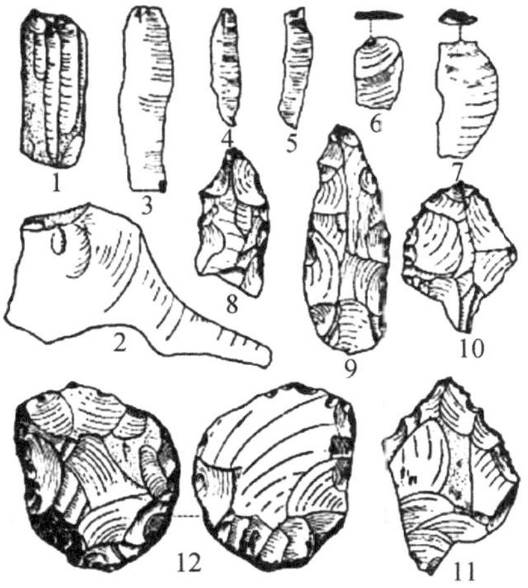

图1-1 峙峪遗址出土的石器①

1.石核；2.歪尾石片；3～5.长石片；6、7.修理台面的石片；8、9.厚尖状器；10、11.尖状器；12.砍砸器；10为煌斑岩，余为疑灰岩

（二）栽培植物的本地特征

中国具有产生实体农业的动力后，是否独立产生农业还要看当时的人类是否驯化了当地的野生植物，假如驯化的是本地不曾有的野生植物，而是别处的野生植物，那么独立起源之说依然难以成立。

新中国的考古发现表明，中国北方黄河流域的农业以粟为主体，而粟的野生种是一种至今仍分布于北方黄河流域的狗尾草。根据北京大学考古文博学院邓振华先生的最新研究②，到目前为止，探索粟黍的起源，主要依赖于两种证据和技术手段，一是植物遗存，包括种子和植硅体，二是骨骼的稳定同位素分析。基于现代植物建立的鉴定标准，人们可以较好地鉴别出考古遗址中出土的粟黍种子和植硅体，结合年代学证据，便可初步确认粟黍驯化的时间和地点。同时，粟黍均为C_4植物，而本地自然植被以C_3植物为主，因此对于人骨的稳定同位素分析，可以比较明确地识别出某一时期人群的食物结构是否已经以C_4植物为主，从而推定粟黍农业在当时生业经济中的地位。基于上述手段，已有十余处新石器时代早中期遗址开展了针对性的研究工作，其中较为重要者包括内蒙古赤峰兴隆洼，北京房山东胡林，河北武安磁山，山东济南张马屯、月庄和西河，

① 贾兰坡，尤玉桂. 山西怀仁鹅毛口石器制造场遗址[J]. 考古学报，1973（2）：13-26.

② 邓振华. 粟黍的起源与早期南传[N]. 中国社会科学报，2019-6-14.

河南新郑唐户，陕西临潼白家村，甘肃秦安大地湾等。这些遗址年代最早者可到距今9000年，但大部分的年代大约在距今8000～7500年前后①。根据这些证据，我们基本可以确认，至少在距今8000年前后的新石器时代中期，粟作农业已经在包括内蒙古东部、华北、山东、中原、关中和陇西的这一广大地域内普遍出现。大地湾、兴隆洼等遗址出土人骨和狗骨的稳定同位素分析结果表明，粟、黍在当时已经成为部分地区的主要食物资源②。

因此，即便粟的种植起源不仅仅是中国一地，也不能由此断定黄河流域原始居民驯化的不是当地的粟，而舍近求远至非洲或印度去寻找粟属植物。由此可见，栽培对象的独一性，即驯化本地所拥有的野生植物，也为中国农业本土独立起源说提供了关键的依据。

（三）中国全新世来临的时间

地质学的研究表明，晚更新世冰期在距今1万年之际开始退却，由于纬度的不同，退却的时间也不同。西亚地区的退却时间在1.3万年之际，而中国的晚更新世冰期退却时间在1.2万年之际。冰期退却以后，人类便有条件将贮藏的剩余粮食作物用于种植的尝试，西亚的底格里斯河、幼发拉底河流域的居民有条件在1.3万年前开始尝试种植，而黄河流域的居民在1.2万年之际才有可能尝试种植，由此中国的农业起源时间天然地落后于西亚地区。尽管冰期退却的程度难以准确地确定，但两者的退却时间早晚差距大体是存在的，因此西亚先有条件从事农业，而中国则不能。这样我们就可以解释西亚的农业起源时间早，但不是中国农业的源头这一关键问题。中国的农业迟于西亚有其客观原因，没有和西亚在同一时间产生原始农业，是因为条件不成熟。一旦条件成熟，全新世来临，中国的农业便迅速产生并发展。这一点解决了探讨中国农业独立起源时难以回避的与西亚起源时间出现差异的问题。因此，中国的原始农业起源于本土，这一点是确定无疑的③。

第二节　中国原始农业的地域分布及其特点

越来越多的考古学证据表明，中国是世界农业的起源中心之一。中国新石器时代的农业遗址已经被大量发现，分布在从岭南到漠北、从东海之滨到青藏高原的广阔大地上，尤以黄河流域和长江流域最为密集。根据对距今11 000～4000年的中国原始农业遗址的研究，从农业耕作方式的角度，将中国原始农业大致划分为四个大的区域（表1-2）。各区域

① 刘国祥. 兴隆洼文化聚落形态初探[J]. 考古与文物，2001（6）：58-67.

② 甘肃省博物馆，秦安县文化馆，大地湾发掘小组. 1980年秦安大地湾一期文化遗存发掘简报[J]. 考古与文物，1982（2）：1-4.

③ 徐旺生. 中国农业本土起源新论[J]. 中国农史，1994（1）：24-32.

在农业起始时即已形成各自的特点，即黄河流域：以粟、黍等类旱作物为主的旱作农业区；北方地区（长城以北和西部地区）：旱作种植业经济与渔猎牧结合的农业区；长江流域：以种植水稻为主的水田农业区；南方地区（武夷山至南岭一线以南地区）：最早可能种植块根类植物，采集和渔猎占较大比重的农业区。

表 1-2　中国原始农业的分区和分期简表

距今年代	农业分期	黄河流域（文化遗址）		长江流域		南方地区	北方地区
		上游	中下游	中游	下游		
11000～8000	火耕农业	青海贵南拉乙亥遗址	陕西大荔沙苑文化遗址 山西怀仁鹅毛口遗址 河北徐水南庄头遗址	江西万年仙人洞遗址 江西万年吊桶环上层遗址 湖南道县玉蟾岩遗址		广东阳春独石仔遗址 广东封开黄岩洞遗址 广西桂林甑皮岩遗址	内蒙古科尔沁旗嘎查遗址 内蒙古扎鲁特旗南勿呼井遗址
8000～4000	锄耕农业	甘肃秦安大地湾遗址 甘肃临洮马家窑文化遗址	河南新郑裴李岗文化遗址 河北武安磁山文化遗址 陕西省华县老官台遗址 河南渑池仰韶文化遗址 山东临淄后李文化遗址 山东滕州北辛文化遗址 山东泰安大汶口文化遗址	湖南澧县彭头山—湖北宜都城背溪文化遗址 陕西西乡李家村文化遗址 重庆巫山大溪文化遗址	浙江河姆渡—罗家角文化遗址 浙江嘉兴马家浜文化遗址 上海崧泽文化遗址	广东潮安陈桥村遗址	黑龙江省齐齐哈尔市昂昂溪遗址 辽宁阜新查海遗址 内蒙古敖汉旗兴隆洼文化遗址 辽宁东沟小珠山下层文化遗址 辽宁东沟后洼遗址 辽宁沈阳新乐下层文化遗址 黑龙江省鸡西市新开流文化遗址

一、黄河流域原始旱作农业类型

黄河流域最早的农业遗址主要有河北徐水南庄头遗址、陕西大荔沙苑文化遗址和山西怀仁鹅毛口遗址。南庄头遗址被认为是中国北方地区年代最早的新石器时代遗址，距今 10 500～9700 年，已发现的遗迹有 5 条灰沟、2 座灰坑和 2 个用火遗迹，以及石磨盘、石磨棒、骨锥、骨针、种子和少量的夹砂深灰陶片、夹砂红褐陶片、石片及水沟等人类活动的足迹。大荔沙苑文化遗址发现的石器属中石器时代遗物，人头骨化石属同时期遗骸，具体时间在万年左右。鹅毛口人打制石片的技术还很落后，主要用砸击、摔击、锤击等方法。一般打制厚大的石片用砸击法，将石片从巨大的岩块或岩体上用大石块砸击下来，这种方法鹅毛口人常用且很熟练，他们正由旧石器时代向新石器时代过渡。

新石器时代中期的黄河流域原始农业主要由黄河上游的甘肃秦安大地湾遗址文化

区、黄河中游的裴李岗遗址文化区[①]和磁山遗址文化区以及黄河下游的后李遗址文化区等构成。新石器时代中期是北方地区旱作农业类型形成的关键阶段，构成旱作农业类型的农业对象和农业部门已然出现，并且，一种结构性组合的原初形态亦已呈现。在新石器时代中期的北方地区各典型性遗址内，均存在以粟、黍为代表的种植业遗存和以猪为代表的畜牧业遗存。粟、黍、猪等农业对象在同一遗址内的相伴出现，以及前一时期——旧石器时代晚期至新石器时代早期栽培植物与畜养动物的人类行为在北方地区大体同时发生，揭示出种植业和畜牧业在起源、发展进程中存在一定的耦合关系[②]。种植业一方面为原始人类提供了必要的植物性食物补充，另一方面也为畜牧业的进行提供了一定的饲料来源，栽培植物和畜养动物已经成为当时人类行为的重要组成部分。

新石器时代晚期的黄河流域原始农业获得进一步发展，无论是农业自身的产量还是农业在整个人类生业模式中的比重都比裴李岗时代有明显的提升；从新石器时代晚期各遗址中出土的动植物遗存来看，构成旱作农业类型的各农业对象成为各遗址主要的农产品，且在比例上出现了由前一时代黍为主、粟为辅向这一时期粟为主、黍为辅的转变，同时，猪的饲养比重和饲养量也比前一时期普遍增加。猪以植物为其主要食物来源，以及圈栏遗址的存在，表明猪的饲养策略以家庭舍饲为主。以种植业为主、以畜牧业为辅，且种植业中以粟为主、黍为辅的种养结合的原始旱作农业类型在新石器时代晚期的中国北方地区基本形成[③]。而且，旱作农业类型广泛分布于整个黄河流域，该区域农业类型存在一种趋同发展的趋势。

新石器时代晚期形成的原始旱作农业类型实现了其在萌芽阶段呈现出的重黍轻粟向重粟轻黍的转变，这一转变或能揭示原始旱作农业技术水平的提高与进一步发展。粟在种植过程中较多地产生伴生杂草的客观事实与重粟轻黍现象的产生，表明先民在农业生产过程中开始重视中耕除草。粟黍在种植业中地位的转变体现出农业生产活动中对中耕除草等田间管理环节的重视程度，体现了黄河流域在农业技术上的先行地位。图 1-2 为出土的新石器时代粟粒。

图 1-2　新石器时代粟粒[④]

在畜牧业领域，新石器时代中期的家猪养殖尚且存在一定的放养迹象，表明原始人类对猪的照料处于较低的水平，但新石器时代晚期的家猪养殖则更多地体现为家庭舍饲为主的形式，从而揭示出原始人类在家畜养殖技术上的进一步发展。更为重要的是，对

① 河北省文物管理处，邯郸市文物保管所. 河北武安磁山遗址[J]. 考古学报，1981（3）：303-347.
② 中国社会科学院考古研究所河南一队. 1979 年裴李岗遗址发掘报告[J]. 考古学报，1984（1）：23-52.
③ 严文明. 东北亚农业的发生与传播[M]//严文明. 农业发生与文明起源. 北京：科学出版社，2000：35-43.
④ 中国科学院考古研究所甘肃工作队. 甘肃永靖大何庄遗址发掘报告[J]. 考古学报，1974（2）：29-81.

猪进行放养很难避免猪对栽培植物构成的破坏与威胁，采取家庭舍饲的方式则可以很好地解决这种产业之间的必然矛盾；而从人力资源分配上来讲，在定居生活条件下，土地耕种与舍饲家畜也能够更好地调节人类的劳动支出。家猪饲养技术从放养到舍饲的转变，表明种植制度与饲养策略的相互协调与理性发展，种植业和畜牧业的生产方式能够在同一区域、同一人群中相互兼容，也说明种植业与畜牧业有机组合的农业类型开始形成。如果说新石器时代中期的山东淄博市月庄遗址中出土的稻作遗存在当时尚具有一定的偶发性，那么，稻作遗存在新石器时代晚期的整个黄河流域的多地点出现，则体现出一定的普遍性。原始旱作农业类型对稻作农业因素的接纳可以使先民对自身所处的区域微环境进行更加合理有效的利用。发端于新石器时代中期的“因地制宜”的植物栽培理念在这一时期获得进一步强化，也在一定程度上说明了旱作农业类型在其形成阶段体现出的农业对象多元化趋势，这一多元化趋势也成为新石器末期以来原始旱作农业类型获得进一步发展的重要表现之一。

二、长城以北及以西地区原始种养结合农业类型

新石器时代的长城以北和以西地区主要包括新疆、内蒙古、西藏、东北的全部以及甘肃、青海、宁夏、河北的一部分。这一地区气候干凉，除东北和河北部分有近海地区外，均为大陆性气候，降水少，很多地方土壤贫瘠，形成草原和沙漠地带。但这一地区早在旧石器时代即有人类生活，而且一直与黄河流域原始文化保持密切联系。这里的石器以细石器或细石器与大型石器并存为特征，其原始农业文化复杂，既有以农业为主的文化，也有以渔猎为主的文化，还可能存在以畜牧为主的文化。

根据考古研究，在位于甘肃和青海的秦安和礼县地区，公元前4300—前3700年时黍多粟少；公元前3700—前3500年时粟逐渐占据主要地位；公元前3500—前3000年时粟已成为农作物主体并出现少量水稻①。在内蒙古中南部地区，公元前5000—前4300年时，黄河流域的仰韶文化半坡类型与河南安阳市后岗一期文化在此相遇，形成红台坡下类型；对这一地区新石器时代遗址出土的人骨遗骸分析，发现当期原始居民的动物性食物摄入比例较高，摄入的植物类食物则以C_4类植物为主，说明当时以农业生产方式为主，同时渔猎采集也占据重要地位②。在西辽河地区的种植业包括粟、黍，两者比例不同时期有所反复，但在距今4000～3500年的二道井子遗址，浮选出粟181 685粒，黍41 266粒，分别占比72.55%和16.48%③。而且该地区家养动物种类有逐渐增多趋势，如兴隆洼文化有家猪，赵宝沟文化和红山文化出现狗，说明家畜饲养占比逐渐增多④。一

① 安成邦，吉笃学，陈发虎，等. 甘肃中部史前农业发展的源流——以甘肃秦安和礼县为例[J]. 科学通报，2010（14）：1381-1386.

② 张全超，Jacqueline T. ENG，魏坚，等. 内蒙古察右前旗庙子沟遗址新石器时代人骨的稳定同位素分析[J]. 人类学学报，2010（3）：270-275.

③ 孙永刚. 西辽河上游地区新石器时代至早期青铜时代植物遗存研究[D]. 呼和浩特：内蒙古师范大学博士学位论文，2014：86-89.

④ 索秀芬，李少兵. 辽西地区新石器时代动物遗存[J]. 草原文物，2013（1）：43-49，115.

种区别于渔猎采集经济的农业类型开始结构完整地呈现出来，即种植业与养畜业已形成一种比较固定的依存关系，家畜和人共享种植业产出，此类种植业构成人类生业模式中不可或缺的组成部分。

从整体上看，北方地带粟成为种植业中主体的时间要晚于中原地区，从而揭示出前者在农业生产的技术水平上要稍滞后于后者，尤其是西辽河流域的情况，粟对黍的绝对优势产生于新石器时代的公元前2000—前1500年①。这些不同时限也印证了原始农业区域类型在形成阶段体现出的区域不平衡性，最终部分形成了以种植业为主、种养结合或渔猎与畜牧业相结合的原始农业类型。

三、长江流域原始稻作农业类型

目前发现长江流域最早的农业遗址是江西万年仙人洞和吊桶环上层、湖南道县玉蟾岩遗址。根据 ^{14}C 测年样品与陶片的地层等时关系，证实仙人洞遗址出土陶器的年代可以早到距今2万年前，是目前世界上已发现陶器的最早年代。吊桶环上层遗址发现的打制石器、磨制石器和大量低温烧成的陶片，均为圜底釜的残片，属中国最早的陶器之列。通过对其土样进行分析，发现了野生稻和栽培稻的植硅石，表明当时以采集野生稻为主，并开始了稻的栽培。遗址年代为距今约12 500年。

长江流域稻作农业起源的时间要早于黄河流域粟、黍为代表的旱作农业，但是，到新石器时代中期，黄河流域已经出现了具有驯化状态的粟、黍遗存，而在长江流域，包括贾湖遗址，出土的稻作遗存却依然处于半驯化状态。在农业起源与发展进程中，黄河流域在发展速度上远快于长江流域。可将这一时期的长江流域粗略划分为长江中游地区的大溪屈家岭早期文化区，长江下游地区的河姆渡文化区、马家浜—崧泽—良渚早期文化区，以及出现在长江中、下游之间，即长江下游西部地区的北阴阳营文化区和凌家滩文化区等。图1-3为浙江河姆渡遗址出土的陶猪。

长江中游地区于公元前5000年之后逐渐进入大溪文化时期。原始的水稻种植在这一时期延续着前一阶段的态势进一步发展。各个遗址几乎都出土了相应的水稻遗存，而且在一些个别的遗址中，出土水稻遗存的绝对数量要远大于前一阶段；水稻种植依然与陶器制造保持着密切的关系，并进一步拓展至建筑领域。例如，属于大溪文化时期的湖南华容县车轱山遗址中，便出土了大量含有稻谷壳、稻草等用于房屋居住面和墙壁修建

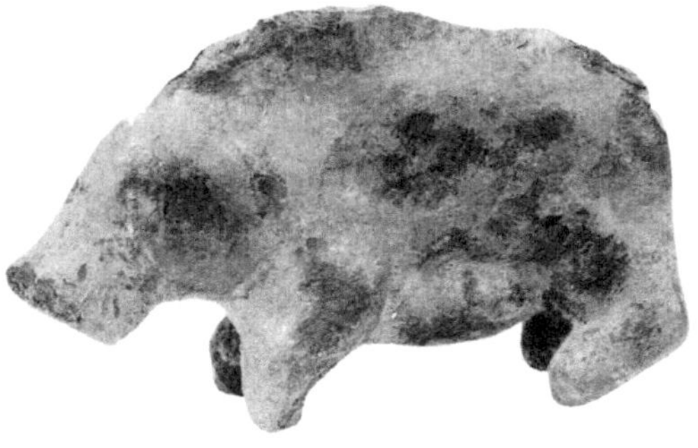

图1-3　浙江河姆渡遗址出土的陶猪②

① 吕厚远. 中国史前农业起源演化研究新方法与新进展[J]. 中国科学：地球科学，2018（2）：181-199.

② 浙江省文物管理委员会，浙江省博物馆. 河姆渡遗址第一期发掘报告[J]. 考古学报，1978（1）：39-111.

的红烧土块，以及为数众多的贮稻陶器，更为重要的是还在疑似窖穴的灰坑中出土了成堆的大米遗存。在属于大溪文化时期的湖南澧县城头山遗址中，则出土了众多的尽管非粳非籼，但更非野稻的“城头山古稻”，被认为是古稻亚种之一，同时也可以明确其为栽培稻无疑，即人为种植的水稻。在湖北枝江关庙山遗址中，同样可见与车轱山、城头山等遗址类似的稻作遗存。遗址出土的陶器大多掺有稻壳炭末，而房屋建造中，墙体、屋顶也多用掺有稻壳的红烧土修筑[①]。

新石器时代晚期的长江中游地区，水稻种植已经是一个重要的人类生业方式，比之前一阶段有了较大的发展。家畜养殖在新石器时代晚期的长江中游地区也比其前一阶段有了明显的发展。尽管家养动物与水稻之间的相互关系由于缺乏分子生物学的鉴定而难以确定，但是，两者之间同时共域的存在，在一定程度上说明了两者之间有一定的相互关联。

四、华南与西南地区采集渔猎农业类型

华南地区（武夷山至南岭一线以南地区）及西南地区主要包括云贵高原、两广、闽、台和湘、鄂、赣的南部，本区的自然特点是山多、水多、海岸线长、雨量充沛、气候温暖、湿度大。这一地区很早就有人类活动，如云南元谋人、贵州黔西观音洞文化、广东马坝人等。由于这一地区石灰岩溶洞多，从旧石器到新石器时代，这里的人类延续在洞穴内居住，如甑皮岩、鲤鱼嘴等洞穴遗址，有的还延续到了很晚的时期。

这一地区的新石器早期遗址中，没有发现农作物遗存和典型的翻土农具、收割工具和谷物加工工具，渔猎工具和采集物遗存则大量存在，如顶蛳山文化遗址多为螺壳堆积的贝丘，同时也有大量其他陆生动物遗骸。其所表现的是一种高度依赖捕捞水生动物的采集渔猎生业形态。这说明，由于南方气候温和、动植物丰富，采猎并不比农业困难，农业的出现就较迟。不过，也有学者认为，南方原始农业初期可能较多的是种植块根、块茎类的食用植物，并且动植物遗存在南方这种湿热的气候环境下，较难保存下来，不易被我们发现而已[②]。

到新石器时代中晚期，随着全新世大暖期气候的来临，华南和西南地区在采集渔猎经济迅速发展的同时，由于长江中下游地区生产方式的剧烈变化和社会群体的重组，一些原始人类族群开始向岭南地区迁徙，由此在华南形成了昙石山文化和石峡文化，促成稻作农业向华南地区扩张。同时，西南地区川西北也有粟作农业群体的迁入。由此引发了旱作农业类型与华南和西南原来的采集渔猎农业类型的直接交流、融合，改变了当地的人口和社会结构，并在这里产生了新形态的农业类型。在随后的新石器时代末期，长江中下游地区文化衰落，人口不断向华南和西南迁徙，新形态的文化迅速成长，使华南和西南地区在史前时代最后阶段成为南方地区的农业中心，揭开了南方地区史前历史新

---

① 赵志军. 中华文明形成时期的农业经济发展特点[J]. 国家博物馆馆刊，2011（1）：19-31.

② 张光直. 关于中国文明起源的继续探索[M]//中国社会科学院考古研究所. 考古学参考资料（第一辑）. 北京：文物出版社，1978：3-21.

的一页①。

五、原始农业的耕作技术

刀耕火种是原始农业的耕作技术，这种耕作技术在近代一些民族中仍然保留下来，在唐宋以前的很长历史时期长江流域地区也保留了这种耕作方式。如宋人范成大在《劳畲耕·并序》中提到："畲田，峡中刀耕火种之地也。春初斫山。众木尽蹶。至当种时，伺有雨候，则前一夕火之，藉其灰以粪。明日雨作，乘热土下种，即苗盛倍收；无雨反是。山多硗确，地力薄，则一再斫烧，始可蓺。春种麦、豆作饼饵，以度夏。秋则粟熟矣。"《九家集注杜诗》中对于畲田有如此的解释："荆楚多畲田，先纵火熂炉，候经雨下种，历三岁，土脉竭，不可复树艺，但生草木，复熂旁山……畲田……烧榛种田也……菑田凡三岁，不可复种，盖取畲之意也。'熂'音'饩'，燹火烧草也。'炉'音'庐'，火烧山界也。"可见，所谓"刀耕火种"就是山民在初春时期，先将山间树木砍倒，然后在春雨来临前的一天晚上，放火烧光，用作肥料，第二天乘土热下种，以后不做任何田间管理就等收获了。一般在两三年之后，土肥枯竭，便不能再种植，而不得不另行开辟。

原始的刀耕火种与之相类似，只不过工具更为简陋一些。据考古出土的一些实物来看，原始农业使用的工具主要有石刀、石斧之类，这些都是用来砍伐树木的。人们在进行"刀耕火种"的时候，首先要面临的就是土地的选择。从中国南方从事"刀耕火种"的少数民族情况来看，初期原始农业都选择在林地上，草地的开发是后来的事情。据独龙族、怒族和佤族老人的追述，他们的祖先在使用石斧、竹刀进行耕种时，对大规模的原始森林无能为力，当时选择土地一般不是草地，而是选择森林的边沿、隙地或林木比较稀疏的林地进行砍种。因为拔除草地上植被的地上部分虽然比较容易，但没有翻土工具的原始农人，却难以清除其纵横交错的地下根茎。而且草地不能提供足够的灰烬，这些都对作物的生长极其不利。在斧刀还没有大量使用的洪荒时代，即使是林间隙地或边缘地带，也有较厚的腐殖黑土，人们又可以把灌木和小树砍倒，甚至可以把周围的枯枝败叶扒过来，晒干焚烧后再作肥料，这就决定了人们是选择林地而不是草地作为土地的原因。

选择什么样的林地主要是依据林木的长势和种类，而不是土壤的质地。他们对于土壤的知识相当贫乏，但却能十分细致地区分各种不同的林地，并且懂得因地制宜地利用它们。他们较早地注意到地形的因素，懂得选择较平缓的、两面稍高、中间稍低、略呈槽形的，或光照较长的地段，但很少注意土壤本身的因素，而上述地段一般也是水肥比较集中、林木比较丰茂的地方。他们选择林地时也看"黑土层"的厚度，然而，所谓黑土层仍是树林里枯草败叶腐烂后堆积起来的疏松而发黑的土层，所以关键的仍然是林木的丰茂。同样，决定什么地种什么庄稼也是根据树木，而不是根据土壤。

---

① 张弛. 南方史前文化的发展及其意义[J]. 南方文物，2006（2）：38-46.

“刀耕火种”一般不施肥，也不中耕，所以种植两三年之后就要另觅新地重新砍烧种植，农史学家称之为“游耕”。但从新石器时代出土的一些实物来看，中国一些地区的原始农业似乎在六七千年以前，很早就脱离了早期的“刀耕火种”阶段。而由“原始生荒耕作制”阶段，进入了所谓“锄耕”或“耜耕”的“熟荒耕作制”阶段。河姆渡遗址出土的大片木结构建筑遗迹、大量的骨耜、成堆的稻谷稻壳，以及半坡、姜寨等由几个氏族建立的5万多平方米面积的部落村庄遗址来看，先人们已有较长期的定居生活。人们在几块土地上，轮流倒换种植，不必经常流动到别处去重新开荒。这就能带来较长期的定居生活，有利于农业的发展①。这一时期的遗址中还出土了大量不同类型的农业生产工具，其中石铲、石锛、石耜和骨耜都为翻土工具，石锄、蚌锄和有两翼的石耘田器用于中耕除草。石镰、蚌镰、骨镰、穿孔半月形石刀等收割工具的应用，不但提高了收割效率，而且能连秆收割，这种收割方法可为饲养家畜储备必要的饲料，有利于畜牧业的发展。

第三节 原始种植业和畜牧业

关于驯化植物与驯化动物起源的学术观点有很多，早期人们用神话传说来解释，这在世界各地皆有之。中国有著名的神农氏教民树艺五谷，还有黄帝、嫘祖、后稷等。随着现代生物科学的发展，驯化地理学起源说获得广泛的认可，原始种植业和畜牧业也适用于此理论。

一、原始种植业

农业的产生是以粮食作物的栽培为标志，考古发掘中出土的农作物标本，说明黄河流域的先民至少在七八千年以前已经种植粟、黍等旱作谷物，在5000年前已经种植小麦。而长江流域的先民则早在1万年前就开始种植水稻。

（一）粟的驯化

粟是禾本科一年生草本作物，原产于中国北方，一直是黄河流域普遍种植的粮食作物。它是从野生的狗尾草驯化而成的。何时驯化，目前尚不清楚。在河南、河北、山东、山西、辽宁、黑龙江、陕西、甘肃、青海、新疆等省（自治区）的新石器时代遗址中都出土了炭化粟粒、粟壳或谷灰。其中最早的为河北省武安县磁山遗址和河南省新郑县沙窝李遗址，前者距今8000年左右，后者距今7000多年。磁山遗址共发现了88个存有粮食的窖穴。腐烂的粮食堆积在窖穴的底部，十分疏松，出土时略为潮湿，颜色显绿，风干后呈灰白色，大部分已成粉末状。粉灰之中，可以看到清晰的外壳，颗粒完

① 何红中，卢勇，沈志忠，等. 历史视角下刀耕火种农作技术与遗产评价及保护[J]. 中国农史，2015（3）：123-130.

整，外部形态圆隆饱满，直径约 2 毫米，与现代粟粒基本相同①，经灰象法②鉴定证明是粟。有些窖穴的底部粮食堆积中发现有完整的陶盂，推测是盛取粮食的容器。有些窖穴在粮食堆积的底部整齐地摆放着猪、狗等家畜骨架，可能是存放粮食时举行某种宗教仪式而放入的。新郑沙窝李遗址也发现一片面积约 0.8～1.5 平方米比较密集的粟的炭化颗粒。在距今 6000 多年前的西安半坡仰韶文化遗址中，也发现了大量粟的遗存。这些粟粒有的是存放在窖穴里，厚达 18 厘米。有的是放在陶瓮、陶罐或陶钵中。其中有的可能是作为种子而保存的，也有的是放在坟墓里作为随葬品，可见粟在当时人们生活中占有重要地位。此外，在黄河下游的山东省胶县三里河大汶口文化遗址中也发现了距今 4800 多年的粟粒，体积达 1 立方米多。说明最迟在距今 5000 年前后，粟也成为黄河下游地区人们的主要粮食了③。

（二）黍、稷的驯化

黍、稷为禾本科一年生草本作物，生育期短，喜温暖，抗旱力极强，特别适合在中国北方尤其是西北地区种植。黍、稷本是同种作物，农学界一般将圆锥花序较密，主穗轴弯生，穗的分枝向一侧倾斜，秆上有毛，籽实黏性者称为黍；将圆锥花序较疏，主穗轴直立，穗的分枝向四面散开，秆上无毛，籽实不黏者称为稷。甘肃省秦安县大地湾遗址出土了公元前 5850 年的炭化黍粒，说明黍在中国的栽培历史也有近 8000 年，几乎与粟一样古老。在陕西省临潼区姜寨遗址和山东省长岛县北庄遗址也都发现了距今 5500 年左右的黍壳。在甘肃省临夏县东乡林家遗址的窖穴里，还发现了堆积达 1.8 立方米的稷穗，是捆扎成束堆放在一起的，有可能是作为种子贮藏的，其年代距今 4000 年左右。此外，在新疆、青海、辽宁、吉林、黑龙江等地也发现了距今 4000 多年的黍稷遗存。它们和粟一样，都是当时中国北方的主要粮食作物④。图 1-4 为大连郭家村文化遗址出土的黍粒。

图 1-4　新石器时代黍粒（辽宁大连郭家村出土）⑤

① 石兴邦. 下川文化的生态特点与粟作农业的起源[J]. 考古与文物，2000（4）：17-36.

② 灰象法是用来鉴定已灰化（炭化）的植物遗存的方法，在考古学界最早是由黄其煦介绍到国内。见黄其煦. “灰象法”在考古学上的应用[J]. 考古，1982（4）：418-420。现一般称为植硅石分析法。

③ 赵志军. 中国古代农业的形成过程——浮选出土植物遗存证据[J]. 第四纪研究，2014（1）：73-84.

④ 同③。

⑤ 陈文华. 中国农业考古图录[M]. 南昌：江西科学技术出版社，1994：40.

（三）麦的驯化

小麦起源于西亚，后传入中国，并逐步取代粟和黍成为中国北方旱作农业的主体农作物。21 世纪以来，植物考古学的田野方法——“浮选法”开始被广泛应用到考古遗址的发掘中。截至目前，有数处考古遗址通过系统地浮选出土了小麦遗存。这些遗址大多数分布在黄河流域一带，按考古学文化区域的划分可分为三个部分，从东向西分别是海岱地区、中原地区和西北地区。

在海岱地区，新发现的小麦遗存的年代相对较早。例如，通过科学的浮选法在聊城教场铺、胶州赵家庄、日照两城镇和日照六甲庄四处考古遗址都出土了属于龙山时代的炭化小麦遗存，绝对年代在距今 4600～4000 年，这是目前在中国发现可信度较高的最早小麦遗存。

在中原地区，通过浮选出土的小麦遗存的数量较多，年代最早的属于二里头文化时期，绝对年代在距今 3900～3500 年，如在偃师二里头、新密新寨、登封王城岗等遗址的发现。这些资料说明，小麦应该是在二里头时期传入中原地区，随后便很快在这一区域内普及开来，成为当地农耕生产中普遍种植的农作物品种之一。

考古学中的西北地区涉及陕西、宁夏、甘肃、青海和新疆这一广阔区域，该地区小麦遗存出土相对比较集中，已见报道的有陕西扶风周原遗址和青海互助丰台遗址的资料。但是，西北地区出土的小麦遗存的年代相对较晚，除了尚存很大疑惑的东灰山小麦遗存之外，其他出土的小麦遗存的年代一般在距今 3500 年左右，至今尚未发现可信的早于 5000 年的资料。

根据目前已经掌握较可信的考古出土实物资料分析，小麦传入中国的时间在距今 4600～4000 年[②]。图 1-5 为新疆孔雀河古墓沟出土的小麦粒。

图 1-5　新疆孔雀河古墓沟出土的新石器时代小麦粒[①]

（四）稻的驯化

稻是禾本科一年生草本作物，喜温暖、潮湿，是中国长江流域及其以南最主要的粮食作物。栽培稻是从野生稻驯化来的。驯化的时间大约在 1 万多年前。考古学家在江西省万年县仙人洞和吊桶环遗址旧石器时代晚期或新石器时代初期的文化层中，发现了 12 000 年前的野生稻植物蛋白石，但已具有人工干预的痕迹，说明当时人们不但已经采集野生稻作为食物，而且可能已尝试人工种植。在湖南省道县玉蟾岩遗址也发现了 3 粒半 1 万年前的稻粒，其中一粒是野生稻，其余属古栽培稻。在广东英德市牛栏洞遗址也发现了

---

① 陈文华. 中国农业考古图录[M]. 南昌：江西科学技术出版社，1994：48.

② 赵志军. 小麦传入中国的研究——植物考古资料[J]. 南方文物，2015（3）：44-52.

1万年前的水稻植硅石。浙江省浦江县上山遗址也发现了9000年前稻作遗存。这就证明中国栽培水稻的历史已有万年之久。到了8000年前左右，水稻的种植在长江流域中游和淮河上游都颇具规模。考古学家在湖南省澧县彭头山遗址、八十垱、李家岗遗址都发现了大量距今8000年左右的稻壳和稻谷遗存，有的保存极好，出土时如同新鲜稻谷。在淮河上游的河南省舞阳县贾湖遗址也发现了距今8000年左右的稻谷遗存，经鉴定都属于古栽培稻。说明当时已经越过选育、驯化阶段，形成了早期稻作农业文化。大约到了7000年前，中国的稻作农业已进入较发展阶段。淮河流域下游、长江中下游都已发现很多稻作文化遗址，如湖南省的临澧县胡家屋场、岳阳市坟山堡遗址，湖北省宜都城背溪、枝城北以及秭归县柳林溪遗址，浙江省桐乡市罗家角、余姚市河姆渡遗址等，都发现了大量的栽培稻遗存。这些遗址的年代距今7300～6800年，说明这一时期，稻作已经在长江中下游地区得到普及，并且水稻品种也得到了初步的改良，已有籼稻和粳稻两个品种。到了6000年前，中国的原始稻作开始进入发达阶段，水稻种植的范围进一步扩大，稻田的整治已初具规模。至5000年前，水稻的种植已经遍布长江流域各地以及华南、闽台地区，甚至连黄河流域的陕西、河南、山东等地都已开始种植水稻了。水稻的驯化与培育成功，是中国原始农业的巨大成就之一①。

（五）蔬菜瓜果的驯化

原始居民除食用主粮之外，还吃蔬菜瓜果。根据文献资料，商周时期中国种植蔬菜瓜果的园圃业已经相当发达，推测其起始年代有可能早到新石器时代。目前考古发掘中已出土了新石器时代的葫芦、菱、芡、甜瓜子、莲子、桃核、梅核、枣核、栗壳及菜籽等实物，年代最早可达7000年前。但是大部分都是属于野生植物，看来当时人们的主要精力还是放在培育粮食作物方面，同时采集一些野生果实充饥。不过，在甘肃省秦安县大地湾遗址曾出土过距今近7000年的油菜籽，在陕西省西安市半坡遗址的一座房子里发现一件小陶罐，口很小，内盛炭化了的菜籽，经鉴定是属于白菜或芥菜的种子。将菜籽装在不易取出的小陶罐里，显然不是为了食用，应该是供翌年种植使用。由此可见，中国人工种植蔬菜的历史可能有六七千年之久，而白菜、芥菜和油菜的起源地正是中国，它们至今仍然是民间最主要的蔬菜。

（六）纤维作物的驯化

原始人最初可能并没有完整的衣服，冬披兽皮，夏穿树叶，后来逐渐学会利用野生葛、麻的纤维纺织布料，制成衣服。当原始农业发展以后，人们在种植粮食的同时也尝试栽培麻、葛等作物，以满足日益增长的穿衣戴帽等日常生活需要。这个过程可能要晚于粮食作物的栽培，大约是在新石器时代中晚期才发展起来的。首先被驯化栽培的是大麻。大麻是雌雄异株植物，雌株结的籽粒可食用，古人曾作为粮食，也曾被列为“五

① 傅稻镰，秦岭，胡雅琴，等. 稻作农业起源研究中的植物考古学[J]. 南方文物，2009（3）：38-45.

谷”之一。雄株的纤维细柔，可作为纺织原料。原始先民可能是在采集雌麻籽粒过程中，发现了雄麻纤维可做衣料，从而逐渐栽培种植。甘肃省临夏县东乡林家遗址出土过四五千年前的大麻籽，新疆孔雀河古墓内出土过4000年前的大麻纤维，辽宁省北票市丰下遗址出土的4000年前的麻布残迹，是目前最早的实物标本。另一种纤维作物苎麻是雌雄同株，大约与大麻同时被种植，浙江省吴兴钱山漾遗址曾出土了一些苎麻布和苎麻绳子，距今也有4000多年。葛是野生纤维植物，但是在江苏省吴县草鞋山遗址发现过6000年前的葛纤维纺织品残片，说明当时原始先民可能已经有意识地对葛加以保护利用，甚至也可能尝试种植它。

二、原始畜牧业

畜牧业的发明和种植业一样，是人类生产史的一项重大革命，由此人类摆脱了完全依赖于自然的状况，人们可以有选择地从事食物的生产活动，改变了纯粹靠天吃饭的生活格局，大大地提高了人类自身的生存能力，从而奠定了人类文明发展和进步的物质基础。

在旧石器时代晚期，由于狩猎工具的改进和狩猎经验的积累，人们捕捉野兽的能力有了很大的提高，因此有可能将一些暂时不吃的活的野兽或小动物放在天然洞内或圈以栅栏养起来，以备日后捕捉不到野兽时食用。随着生产力的提高，洞养或圈养的野兽也越来越多。天长日久，部分野兽的性情开始渐渐温顺起来，进而驯化为家畜。这样就开始了原始的畜牧业。这一过程，大体上是与农作物的栽培同步的。从考古资料得知，在距今8000年左右，已经开始饲养猪、狗、羊、牛、鸡等家禽家畜以及家蚕。

（一）猪的畜养

猪是人类最早驯养的家畜之一。家猪是由野猪驯化而来的，因为直到今天，在野猪出没的地区，常有野猪和家猪混群自行交配，并产生后代。野猪生活的范围相当广泛。在更新世晚期，也就是在人类开始着手驯化它们时，野猪早已广泛分布在非洲和亚欧大陆。因此那时的人们想要驯化野猪的话，就地取材即可，不必舍近求远。今天野猪的分布也十分广泛，因此家猪一般被认为是多中心起源的。中国的家猪应是由当地的野猪驯化而来的。

考古工作者在广西桂林甑皮岩遗址中发现了距今大约9000年的猪骨，个体数达40余个，鉴定认为它们是人类有意饲养和宰杀的。此外，还发现在这些猪的牙齿标本中，犬齿的数量不多，较为长大粗壮的犬齿更少见，犬齿槽外突的程度很差，而门齿一般较细弱。这些情况显示它们在人类的驯养下，体质形态亦发生细微的变化。

河北徐水南庄头遗址发现了一种早于裴李岗、磁山文化的新石器遗址，其中猪、狗可能为家畜。该遗址的年代为距今约（10 815±140）～（9690±95）年。因而家猪的驯养历史可以追溯到距今9000年以前。野猪经过长时间的人工圈养驯化、选择，在生活习性、体态、结构和生理机能等方面逐渐发生变化，终于与野猪有了明显的区别，典型是体型方面的改变。自然界的野猪因为寻找食物的缘故，经常觅食掘巢、拱土，使嘴进化得长而有力，犬齿发达，头部强大伸直，头长与体长之比例大约为3∶1。而被人类控制的野猪，经过长期的给料喂养，不必费劲觅食并限制其活动后，头部明显缩短，犬齿退化，胴体伸长，头长与体长的比例约为1∶6。年代在距今大约7000年的浙江余姚河姆渡遗址中出土了猪的骨骼，同时出土的还有陶制的猪模型。余姚河姆渡遗址中出土的陶猪，其前后躯的比例为5∶5，介于野猪的比例7∶3和家猪的比例3∶7之间，属于驯化和野生的中间型，因而间接地反映出河姆渡遗址的家猪远远不是最初开始驯化时的家猪，而是具有明显驯化特征的家猪①。图1-6为家猪驯化体形变化示意图。

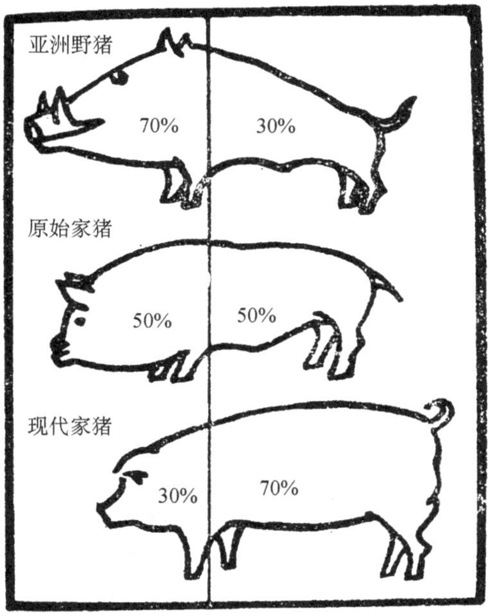

图1-6　家猪驯化体形变化示意图②

再如大汶口出土的猪头骨和李氏野猪有一定的差别，生产性能比野猪有很大的提高，但与现代家猪相比，生产性能还是比较低的，只能称之为原始家猪。在内蒙古自治区鄂尔多斯市伊金霍洛旗朱开沟遗址出土的距今大约3000多年的猪骨，鉴定结果表明，牙齿与早期出土的家猪相比，明显变小，而与河南安阳殷墟的肿面猪相似，吻部变宽短而与野猪不同。

在各地新石器时代遗址出土的家畜骨骼和模型中，猪的数量最多，而且在新石器时代晚期的墓葬中经常以猪作为随葬品，说明猪已成为财富的象征。可见猪在中国原始畜牧业中已占据最重要的地位。

（二）狗的畜养

狗是由狼驯化而来的。狗除作为人类狩猎时的助手，偶尔也会部分成为肉食对象。在河北省武安县磁山、河南省新郑裴李岗、浙江省余姚河姆渡等遗址，都出土了距今七八千年的狗骨骼，说明至少在8000年前狗已成为家畜之一。陕西省西安市半坡遗址出土的狗骨，头骨较小，额骨突出，肉裂齿小，下颌骨水平边缘弯曲，与现代华北狼有很大区别，已具备家养狗的特征。而山东省胶县三里河遗址出土的陶狗鬶造型生动逼真，使我们得以见到新石器时代家狗的形态特征。

① 徐旺生. 家猪的驯化与起源[J]. 猪业科学，2010（4）：114-116.

② 梁家勉. 中国农业科学技术史稿[M]. 北京：农业出版社，1989：33.

（三）羊的畜养

羊是从野羊驯化而来的。羊一直是北方居民的主要肉食对象。因此北方的遗址中发现的家羊遗存较南方多。河南新郑裴李岗遗址出土过一件陶羊头。陕西省临潼区姜寨遗址也出土过一件陶塑器盖把钮，呈羊头状。西安市半坡遗址曾出土过羊骨骼。在南方，最早发现的是浙江省余姚河姆渡遗址的陶羊，其形态属于家羊。看来，至少在7000年前，羊的驯化已经成功。到了4000多年前的新石器时代晚期，南北各地已普遍养羊，这时，各地的遗址发现羊骨骼也较多。

（四）牛的畜养

牛分为黄牛和水牛。作为肉食的牛，主要是黄牛。而耕牛则包括不同属的黄牛和水牛，它们各有其野生的祖先。在河北省武安县磁山遗址出土过黄牛的骨骼，河姆渡遗址出土过水牛的残骨和牙齿，半坡遗址也出土过黄牛的牙齿，江苏省邳州市刘林遗址还发现30多件黄牛的牙床和牙齿。说明黄牛的驯养早在8000年前就已开始，至6000多年前，南北各地都已饲养黄牛。水牛的饲养在南方可早到7000年前，河姆渡遗址就出土了16个水牛头骨。江苏省吴江市梅堰遗址也出土了7个6000年前的水牛头骨。在北方，山东省的大汶口、王因遗址，河北省的邯郸涧沟村遗址，陕西省的长安客省庄遗址，都发现过水牛骨骼。可见至少到了新石器时代晚期，水牛已经生活在淮河以北的一些地方了。

（五）马的畜养

马的驯养比较晚，在中国一些较早期的新石器时代遗址中均未发现马的遗存。中国家马的祖先是生活在华北和内蒙古草原地区的蒙古野马，最早驯养马的也应该是这一地区的先民。目前只在半坡遗址发现2颗马齿和1节马趾骨，未能肯定是家马。在新石器晚期的龙山文化遗址（距今4000多年），如山东省历城区城子崖、河南省汤阴县白营等遗址都曾出土过马骨。

（六）鸡的畜养

鸡是由野生的原鸡驯化而来的。江西省万年县仙人洞新石器时代早期遗址就发现原鸡的遗骨，西安半坡遗址也发现原鸡属的鸟类遗骨，说明原鸡在长江流域和黄河流域都有分布，各地都有条件加以驯化。河北省武安县磁山、河南省新郑市裴李岗、山东省滕县北辛等遗址都有家鸡遗骨出土，说明家鸡的驯化年代可早到8000年前，这是目前世界上最早的记录。到了新石器时代晚期，黄河流域、长江流域以及西北地区都已饲养家鸡，鸡成为主要的家禽。

综上可见，古代所谓的“六畜”（马、牛、羊、鸡、犬、猪）在新石器时代都已经驯养了，除了马较晚之外，其他畜禽驯养的历史都早到七八千年前，远远超过传说中黄帝“淳化鸟兽虫蛾”的年代。

（七）家蚕的畜养

原始先民在采集野生桑葚充饥的过程中，发现桑树上野蚕所结的茧，从而逐渐利用野蚕茧丝，继而有意识地保护、饲养野蚕，最终将它驯化成家蚕。世界上的家蚕起源于中国已是定论。河北省正定县南杨庄新石器时代遗址出土过两件5400年前的陶蚕蛹。

1958年3月，钱山漾新石器时代良渚文化遗址出土了一些丝带、丝线及丝质的绢片。虽然已经炭化，但不是很严重，仍依稀可辨，还能做切片分析。发掘报告记载：钱山漾遗址“第二次发掘时，在探坑22号出土不少丝麻织品……丝织品有绢片、丝带、丝线等，大部分都保存在一个竹筐内……这些丝麻织品除一小块绢片外，全部都炭化，但仍保有一定韧性，手指触及尚不致断裂”[①]。这些发掘的相关丝织品起初由浙江省纺织科学研究所检验，后由浙江丝绸工学院做了第二次鉴定，纤维切片所得截面图像，显示了截面呈钝三角形的一般蚕丝特征，证明这些丝带、丝线及绢片是以家蚕丝为原料的。绢片为平纹组织，表面细致，平整光洁，丝缕平直。可以清晰地看到经纬丝是由多根单丝茧丝合并成一股丝线交织而成。根据同时出土稻谷的放射性碳素断代，钱山漾下层为公元前2700年±100年（半衰期5730年）。该丝织物经浙江省纺织科学研究所用放射性同位素碳14测定及树轮年代校正，其年代为公元前3310—前3035年。显示中国在良渚文化（约公元前3300—前2300年）中已开始了饲养家蚕。在5000年前，中国原始先民已经掌握了养蚕缫丝技术，这是纺织史上的一个重大成就。

1977年冬天，浙江省文物管理委员会在江南地区的余姚市罗江公社河姆渡村第二次发掘了距今约7000年的河姆渡遗址，出土了许多与纺织有关的纺缚、织机零件，另有双股的麻线和三股的麻绳，这些都是第一次被发现。在遗址的第3层、第4层（公元前5000—前4000年）出土了木卷布棍、骨机刀、木经轴和牙雕小盅等文物，结合1973年第一次发掘中出土的陶纺轮、骨针、管状针和织网器等纺织用具，说明当时的河姆渡人已经有较原始的纺织工具。出土的牙雕小盅平面呈椭圆形，制作精细，中空呈长方形，圆底，口沿处钻有对称的两个小圆孔，孔壁有清晰可见的罗纹。外壁雕刻一圈编织纹和蚕纹的图案。骨制盅上刻制了四条形态逼真的蚕纹[②]。这是研究蚕丝起源的罕见实物，它比江苏吴县梅堰新石器时代遗址出土的黑陶上绘的蚕纹[③]，描述得更形象生动。从河姆渡遗址出土的文物看，早在7000年前，蚕丝已被人们所认识了。古代氏族很可能是为了突出展现蚕对人们穿衣织绸的奉献，就恭敬虔诚地将蚕纹刻画下来作装饰，以示崇敬。因此，在古代遗址和墓葬里曾经出土了许多用石、玉、陶、骨、铜等制作的蚕形装饰品。图1-7为浙江河姆渡出土骨盅上刻的蚕纹。

---

① 浙江省文物管理委员会. 吴兴钱山漾遗址第一、二次发掘报告[J]. 考古学报，1960（2）：73-91.

② 河姆渡遗址考古队. 浙江河姆渡第二期发掘的主要收获[J]. 文物，1980（5）：1-17.

③ 周匡明. 我国早期蚕业史研究的几个问题[J]. 中国农史，2011（2）：23-29.

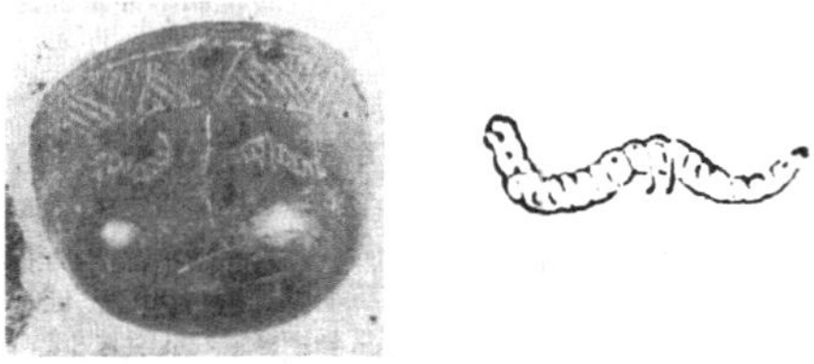

牙雕小盅　　　　蚕纹投影图

图 1-7　浙江河姆渡出土骨盅上刻的蚕纹[1]

据南京博物院《太湖地区的原始文化》记载，在属于良渚文化的吴兴钱山漾新石器遗址中，发现了绢片、丝带等蚕丝织物。经鉴定，绢片为家蚕丝织成，织物密度每寸[2] 120 根，丝带由十股组成，每股单纱三根，共计单纱三十根编织而成。不仅如此，中国社会科学院考古研究所的专家经过 ^{14}C 测定，确定绢的年代为距今 4700 年的良渚文化早期，是目前世界上发现并已确定的最早的丝绸织物成品。浙江丝绸工学院纺织专家经过切片放大分析，认定这种具有三角形截面的茧丝是驯化后的家蚕吐的丝，而且绢片是由经过热水缫丝加工后的长丝织成的。经与现代机纺丝织品比较，该蚕丝的直径、经密、纬密等一系列指标都与其极相似[3]，说明当时的人们已掌握了比较先进的养蚕、缫丝技术。

第四节　原始农业的成就和贡献

农业的起源被认为是人类在新石器时代取得的最为重要的技术成果之一，考古学者柴尔德（V. G. Childe）认为，农业的产生使人类“开始控制了‘自然’，至少是以和他合作的办法顺利地控制住了他”，并进一步认为，农业这种“生产食物经济开始，是一种革命，必然要影响到所有有关者的生活”[4]。起初，农业作为一种新生的事物，依托于更早阶段形成的渔猎采集经济而存在，直到原始农业的产生，才使它具有了脱离渔猎采集经济而独立发展的能力。

一、改变了人类生活方式

（一）促使人类经济生活由采集渔猎转向种植和畜牧

在农业发生以前的几十万年里，人类一直过着采集和渔猎的经济生活，采集渔猎生活的一个突出特点是人们的食物是“现获现吃”，食饱之后，便是休息、游戏活动或睡眠，食物没有或仅有少量的贮藏加工。这就理所当然地受到活动半径以内采集渔猎资源供应量的限制，这种制约表现为采集渔猎人群的数目不可能太多，通常以二三十人为一群进行活动。人数太少了无法进行集体的围猎；太多了，采集渔猎的物品不足以分配。其次，采集渔猎又受季节的影响极大，春夏季节里采集资源丰富，秋冬时间里则宜于打猎较大型的动物。这两者都受自然界的各种条件制约，并非都是“风调雨顺”。为了克

① 周匡明. 我国早期蚕业史研究的几个问题[J]. 中国农史，2011（2）：23-29.

② 1 寸＝0.033 33 米。

③ 周匡明. 钱山漾残绢片出土的启示[J]. 文物，1980（1）：74-77.

④ 柴尔德. 远古文化史[M]. 周进楷译. 上海：群联出版社，1954.

服这种限制，人们不得不过着不定期的迁徙生活。凡此，都限制了人口增长。在采集时期里，人类采食的食谱极为广泛，并非都是野生的禾谷类，而是种类极多的茎、叶、块根、水果、核果等。把野生种植物驯化成栽培种，要克服许多的困难。当人们驯化牛、羊等食草家畜时，最初是人们自己驱赶着牛、羊放牧和迁移，随着畜群扩大，人口增加，帐篷、炊具等生活必需品也增多，紧跟着便是马和骆驼的驯化。人们在采集过程中，发现一些遗落的野生禾草（如野黍、莠草）籽粒在随后的日子里可以发芽生长，必然引起他们有意地对这些种子进行采集播种，迈出了驯化栽培的第一步，这大概是北方旱作黍、粟驯化的起因（麦类也是同一道理）。北方原始农业的家畜肉类和奶类是理想的动物性蛋白质来源，加上禾谷类淀粉质食物，构成北方原始农业区人们良好的膳食结构。南方温暖多湿地区，可供采集的自然资源十分丰富，膨大的淀粉质块根、块茎类植物长期以来是人们采食的对象，各种小动物和水生鱼类则是理想的动物性蛋白质来源，二者组成了南方原始农业区人们的膳食结构。但是块根、块茎类的缺点是只能现采现食，采食期有季节性，不能长时间贮藏。反之，人们在采食野生稻谷过程中发现稻谷的种子可以贮藏，要食用时直接拿来脱粒加工，非常方便，这促使人们不断选择发芽力强、萌发整齐、成熟期一致的种子进行繁殖留种。一旦种植业和畜牧业得以在采集渔猎的经济生活中站住脚跟，它们的比例便会慢慢上升，最终取代采集和渔猎。历史的发展证明，这个不可逆转的趋势最终把人类带到今天这个社会，人类再也不可能回到采集渔猎时期去了。

（二）引导人类由迁徙流动转向定居守业

迁徙不定的采集狩猎生活，制约了人口的增长和劳动分工。采集只需要手工操作，很少需要提高采集效率的工具。高高的果树，人可以爬上去采集或用木棒敲打就够了。树上的野蜂巢不能硬取，可以放火烟熏，将野蜂赶走后再爬树采摘。狩猎方法如使用投枪、投石索、石球、弓弩、飞去来器、吹箭筒等，虽然很先进，令人叹为观止，但也没有进一步的发展。围猎、陷阱、网截、毒药等，则是转向“智取”，工具技术的改进不多。这些捕猎方法，能保证原始猎人在与被猎动物的竞争中处于优势地位，更由于狩猎是以消灭被猎物（包括成年兽和幼仔）为前提的，猎手的工具和技术越高明，被猎物的继续繁殖越困难，发达和过度的狩猎会导致一些动物物种的毁灭，最终使人类自己的群体难以扩大，人口也难以增长。

种植业和畜牧业的出现，人类有条件实行相对的定居，改变了采集狩猎环境的制约。原始农业早期，采集和狩猎的比重仍很大，但已有所不同，即采集和狩猎主要环绕定居点在一定范围内进行。早期的定居，谷物的产量受到田间杂草和不施肥的影响，下降很快，需要抛荒迁移他处，开辟新田地。但是“故居”并非永久放弃，而是在一个较大的半径范围内轮转，经过数年以后，又回到原地。以后随着栽培技术改进，原始农业用地从抛荒转向定期的轮作和休闲，达到恢复地力的目的。这样一来，在定居条件下，因粮食有盈余，人们开始建造贮粮的仓库，笨重的石臼和易碎的陶器等粮食加工和烧煮工具才有可能制作和使用，因为这些东西是无法在频繁迁徙的采集狩猎生活中携带。饲养的猪、牛、羊等提供比较稳定的肉食来源，摆脱了一定要靠狩猎获得的被动局面。凡此，都促进了人口增长。人口增加了，聚落居住区的规模也随之扩大，给定居的聚落带来新的问题，即保证聚落内部居民的人身安全及祖先坟墓的安全和公共财产的安全问题。据考古发掘所见，中国新石器时期的聚落业已发展成为具有壕沟或兼有城墙的，共有50余处，散布于黄河中下游华北平原、长江中游两湖平原、长江上游四川盆地和内蒙古高原①。再如，“國”和“域”二字同源，“國”是“或”外加大框，“域”是“或”旁加“土”代表领土。最后，“國”取得国家的意义，“域”取得领土所有权的意义，一直使用至今，追根溯源，都起自原始农业的定居。

（三）促成人类社会由母系氏族向父系氏族转变

采集狩猎的早期，男女之间没有明确的分工。慢慢地随着采集狩猎内容的充实，技术的进步，男女之间开始有了分工，即男子从事奔跑、追逐等体力活动较强的狩猎，女子负责细致、缜密的采集及家务活等。女子在长期的采集过程中积累了丰富的植物知识，从采集转向种植和饲养的发明权，自然而然地归功于女子。因为男子把狩猎所获的幼畜交给女子处理，女子在饲养幼畜的过程中，逐步取得驯化的成果。至于把野生种的谷物驯化成栽培作物，当然更是女子辛勤劳动的结果。谷物种植和家畜饲养这两项发明，使得女子处于群体经济生活的中心地位。无怪乎世界各地的农业起源之神都是女性。只有中国的神农氏是男性，可能是进入父系家族以后的产物。

在原始农业的早期，女子的负担是异常繁重的，因为男子仍然以从事狩猎为主，只在个别环节如砍树烧荒时帮忙一下。女子除了田间劳作，还要兼管家务，抚养孩子。一些少数民族的调查显示，女子往往背负孩子在田间扶犁，男子只不过往田头送饭食而已。在种植业发展的同时，女子还负责制陶、纺织、酿酒等，这些手工技术的发明权无疑也应属于女子。所以在原始农业的早期及以后很长一段时期里，女子处于经济中心的地位是不可动摇的。与此相适应的是，由于那时男女的婚姻还处于族外群婚制，女子成为人类世代相传的唯一可以识别的祖先。即使进入父系氏族很久以后，直到现代，不少地方女子掌握家庭财务大权的风俗依然十分普遍。

原始农业早期的母系氏族社会，由于农业生产带来的相对稳定，不同于采集渔猎时期的集体奔波，使得氏族的婚姻结构发生分化，从妻居的对偶婚取代望门居的对偶婚开始，母系氏族分支转化为母系氏族公社，这是母系氏族公社制度的繁荣时期。社会生产力的继续发展、农田面积的不断扩大、狩猎比重的逐步下降、男子转入农业生产的劳动量增加，使男子成为农业生产的主力，与此相应的是母系氏族公社演变为父系氏族公社。

氏族制是与原始狩猎经济相适应的，氏族公社的产生是与农业经济相适应的。狩猎

① 任式楠. 我国新石器时代聚落的形成与发展[J]. 考古，2000（7）：48-59.

的大集体一致行动性，比之农业有较强的集体协作性，这种集体协作性因农业生产工具的低效性，需要保留在原始农业生产中。殷墟卜辞的“王大令众人曰‘协田’”和《诗经·周颂·载芟》的“千耦其耘”即是其残余。但是作为发展的趋势，慢慢地，原始农业对集体劳动的要求不断趋于缩小，这种缩小又以对偶婚的发展为条件。狩猎时期人类的生活不稳定，共同的狩猎导致不同集团人们的接触比较频繁，望门居的对偶婚是适应这种生活的婚姻形态。转入原始农业阶段，人们的生活相对稳定，不同集团之间的接触相对也减少，从妻居的对偶婚取代了望门居的对偶婚，也是顺理成章的结果。

总之，从母系制向父系制过渡是与婚姻家庭形式的转变及男女两方在生产中的地位转变联系在一起的。父系氏族公社建立的基本标志是由男子出嫁转为女子出嫁，其最终结果便是子女留在父亲家族，以及家族世系以父系计算。氏族公社的发展必然导致私有制的出现，至父系氏族公社更趋成熟。随着原始农业生产工具和生产技术的改进，以某个原始共同体为单位集体进行生产劳动，就不再必要了，一对夫妻组成的家庭已能单独从事农业生产时，氏族公社中的对偶家庭就会转变为具有独立经济的个体家庭，这种一夫一妻制个体家庭的“最后胜利乃是文明时代开始的标志之一”①。

（四）为人类精神文明的发展提供了物质基础和契机

地球上所有的生物，都受地球环境的控制，地球又受太阳的控制。一切生物都在这个特定的环境下竞争，一些物种消失了，一些物种兴起了，这就是演化。人类只有在进化到一定时期，才能够初步意识到这些客观环境对自身控制的存在，并对之做出反应、解释和选择。

当北半球冬季结束，大地回春，草木欣欣向荣时，所有的动物都会出来活动觅食，这是遗传的本能。但原始的狩猎采集者通过长时期的实践观察，开始主动地采取行动，他们注意到太阳出没的时间有定期的变化，即日子（白天）有长短，得出了一年有一个最短的日子（冬至）和一个最长的日子（夏至），以及两个昼夜相等的日期（春分和秋分）。这种一年四季的划分，以北半球温带最为典型，也是北半球温带原始农业发展最快的原因之一。热带地区的原始农业出现也很早，但因热带气候条件一年到头很少有差异，植物和动物的采集狩猎资源丰富，缺乏转向农业的推动力，所以进展迟缓。反之，寒带一年里冬季占极大部分，春夏十分短促，客观上只能从事狩猎而不利于农耕，北极圈内则只能从事渔猎。原始农业起源在黄河流域和长江流域难分先后，但发展速度则是北方快于南方，即是一年四季及以后的二十四节气首先产生于黄河流域之故。有无四季和二十四节气的划分，其意义不在节气本身，而在于背后体现的天文、天象知识积累的差别，表明原始农业时期的人们已经主动观察宇宙天象（除日月以外，还包括观察星星），探索寻求其规律，迈出天文学最原始、最简单的第一步。月亮作为地球的伴侣，其圆月到缺月的周期性，给原始人创造一年 12 个月的周期提供了最佳条件。由于地球

---

① 游修龄. 中国农业通史（原始社会卷）[M]. 北京：中国农业出版社，2008：454.

绕日一周的回归年不是365天整数（365日5小时48分46秒），月球绕地一周不是30天整数（一个朔望月为29.5日），这是促进人们数学运算的极大推动力。在这个艰难的问题未能很好解决以前，“物候历”的应用在原始农业时期对于决定农时具有举足轻重的地位，直至商代以后仍然如此，物候有时比温度计还准确，因为温度计只指当前温度，物候则能反映长时期的积温差异。

原始农业时期人们在收获之余，面对收获物的喜悦，跳舞是最好的庆祝和休息方式，所以舞蹈是最早的一种娱乐方式，而用来引诱野生畜类的骨哨等发声器物则是乐器的先行物，事实上河南舞阳县贾湖遗址即已出土有五孔甚至七孔的骨笛。新石器时期从内蒙古、云南、贵州到西藏一带即已出现大量岩画，岩画的出现表明人们的思维活动已经具有抽象的、人类独有的审美观点。人类可以通过大脑思维指挥手指和使用工具，进行自由表达。计算的抽象和绘画的抽象，代表原始农业时期人的脑力活动开始向着科学的严密思维和艺术的自由思维发展，成为后世自然科学和人文科学的萌芽。如果单纯地比较人和食肉动物如狮虎的凶猛气力，或食草动物如马羊的奔跑速度和单纯食草的消化能力，人类绝非它们的对手。人是靠脑力的发展，借助工具的使用，从而“战无不胜”。而脑力发展和工具使用恰恰是在4万年前智人的基础上，演化到1万年前的原始农业时期才得以实现的。熟食和杂食（植物性食物和动物性食物）的巧妙配合，使得人在自然界的物种竞争中体脑并用，立于“不败之地”。

推动这种抽象性思维进一步发展的是文字的创造。文字的大规模使用虽然是进入商代以后，但文字的起源和萌芽却可以追溯到原始农业时期，由原始的图画文字演变而来。通常把半坡、姜寨、马家窑遗址的陶器刻符，以及大汶口文化陶器上的刻符、良渚文化黑陶上的刻符，视为最早的文字雏形或“原始文字”，它们可能是甲骨文的前身。

在科技和人文这两大精神活动发展的同时，产生了原始的精神信仰，这种精神信仰是采集狩猎种植时期人们的一种原始宇宙观。宇宙观的概念是指人们对客观世界（日月星辰、风雨雷电、万物生灭等）的一种反映和解释。那时的宇宙观可以概括为“万物有灵”和“天人合一”这两点。“万物有灵”观认为万物都由神灵所主司，灵也即神（或魂）。太阳是神，月亮是神，推而广之，稻有稻魂，牛有牛魂，树有树神，山有山神，雷有雷神……这就是万物有灵。就人而言，人由肉体和灵魂组成，肉体会死亡，灵魂却是永生的。死去的祖先灵魂，时时刻刻就在人们身边，这是祖先崇拜的理论依据。原始人以为灵魂往往住在头颅里，部族战争中，杀死对方的人，把对方的头颅悬挂在本族人的屋前，意味着对方灵魂已加入本族人的群体里，意味着本族人丁兴旺[①]。“天人合一”思想则认为天是自然的，人是自然的一部分。人和自然在本质上是相通的，故一切人事均应顺乎自然规律，达到人与自然和谐。

---

① 游修龄. 中国农业通史（原始社会卷）[M]. 北京：中国农业出版社，2008：457.

二、拓宽了人类社会交往范围

（一）加速了原始血缘性族群的繁殖

原始血缘性族群的繁殖类似于细胞的分裂，从一个母体的族群之中，不断地分裂出去一个个子族群，而分裂出来的子族群也同样继续分裂出去新的族群。由于血缘关系的存在与血缘纽带的作用，新的族群往往又会与旧的族群之间相互联系。每一个族群就相当于人类学中所讲的“氏族”，由这样不断分裂产生的氏族与氏族之间基于血缘联系在一起，便形成部落。由于这种栖居系统是一个相对定居的系统，类似于泥河湾盆地的旧石器时代人类生活方式，在宁夏灵武水洞沟、山西吉县柿子滩等地皆有所发现，两者皆为由中心栖居地和临时栖居地构成的大型遗址群。这种食物获取方式的痕迹一直延续到了新石器时代早中期。裴李岗时代原始先民定居生活的维持，需要以较多的农业投入获取较少的农业产出，以弥补渔猎采集经济的食物短缺。那么，当面临食物资源严重匮乏的情况时，派出一支远行的觅食小分队，即后勤式的流动方式以度过食物短缺的时节，应当是一种较为常见的人类选择。

考古发掘证明，从新石器时代早中期到新石器时代晚期，中国南北方各区域中发现的遗址数量经历了从缓慢增长到急速增长的历史过程。而在黄河流域的郑洛地区，同样经历了裴李岗文化时期遗址数量缓慢增长和仰韶文化时期遗址急速增长的过程。原始人类血缘族群的繁殖可以追溯到很久以前，这种繁殖或许正是人类能够在自然界中生存繁衍数百万年的重要原因之一。

原始农业的发展通常不会带来某一固定范围内血缘族群的人口激增，血缘族群数量的急剧增长主要是通过原始先民们一种远距离迁徙的能力，从而导致人口从一个母体族群中分离出来，在另一个更广阔的地域范围内异地增长。史前社会对人口的控制是随着原始农业类型的形成而逐渐降低的，对于这种现象的解释是，在新石器时代早中期，原始人群为了维护本族群的长期繁衍，当面临食物短缺的时候，不得不将族群中的一部分人杀死（或溺婴），以控制人口规模与环境承载之间的平衡关系。但是，随着原始农业类型的形成，人们逐渐具备了一种脱离母体族群独自寻找新居地继续生存的能力和远距离迁徙的能力，当面临食物短缺的情况时，人们自然可以将族群中的一部分人迁移到别处，从而实现人口控制的目的。由此，新石器时代早中期到新石器时代晚期，单个的遗址始终保持在一定的规模，而一个大地域范围内的遗址却呈急剧增长的态势。

原始农业类型在新石器时代晚期形成，使人们具备了一种远距离迁徙的能力和脱离母体族群继续生存的能力，最直接的影响便在于加速了原始血缘族群的繁殖。从而在一个较大地域范围内，血缘性族群的数量急剧增长。

（二）促使区域性中心聚落的形成

原始农业类型的形成，最直接的影响是造成了原始血缘族群的繁殖与族群总量的增加，其间接影响便是区域性中心聚落的形成。例如，在长江中游地区，从宜昌到巴东的长江两岸，分布着近30个大溪文化遗址。在黄河中游地区的罗河两岸，同样分布着14处仰韶文化的遗址。这些遗址之间相互联系，构成了一个聚落群，聚落群与聚落群之间的相互联系，则构成了聚落群团。这些聚落群或聚落群团在最初形成的时候，有可能是按照一定的血缘关系相互组合在一起的。这种组合的动因，一部分是因为人类血亲的天性，而另一部分则是源于遗址处自然承载力限制，导致族群之间资源的争夺，由争夺进一步产生矛盾，这便必然需要一个凌驾于整个区域社会之上的公共权力来处理和化解这种矛盾①。由于不同族群所选的居址条件不可能完全一致，便会形成财力、实力对比上的强弱。加之农业的自然属性不可避免地导致自然环境对农业的深刻影响，当这种深刻影响表现为对农业的毁灭性打击时，往往造成一个血缘族群农业生产的颗粒无收，从而陷入食物严重短缺的困境。当这种情况发生的时候，具有血缘关系的族群便需要相互救济，因此，也要求有一个凌驾于区域社会之上的公共权力来主持这种偶有发生的互助行为。考古发现在新石器时代晚期，全国各地具有防御功能的环壕聚落甚至早期城址的出现，便是对这种纷争最为明显的体现。因此，也需要一种凌驾于区域社会之上的公共权力来调节这种纷争。人们通过共同的始祖崇拜、宗教信仰，将繁殖出去的新族群与母体族群紧密地联系起来。始祖崇拜与宗教信仰作为一种在原始人群中发挥了长久影响的组织方式，能够很容易地被移植到处理族群与族群间关系与秩序的事务上去，这为早期文明和国家的形成准备了社会条件。

（三）增强了不同血缘族群间的联系

当一个相对固定的地域范围里，血缘性族群到达饱和状态而新的族群又继续繁殖出来的时候，人们便会跨越地域的界限，向着其他的地域迁徙。而原始农业类型的形成也使原始先民们具备了这种远距离迁徙的能力，这种跨地域的迁徙带来的一个直接结果便是，不同血缘族群之间的相互接触。

在新石器时代晚期最后的几千年里，伴随着长江中游地区屈家岭文化和长江下游地区良渚文化的逐渐形成，两大文化区所在的原始稻作农业类型区都开始了极力向北发展的历程。由此，经营稻作农业类型的族群开始在淮河一线与经营旱作农业类型的族群相互接触。新石器时代晚期的南阳盆地，便是这种原始旱作农业类型和原始稻作农业类型相互争夺和扩张的边缘地带，也成为一个具有不同血缘关系的族群相互接触、融合与争斗的典型地带。新石器时代中晚期以来，南阳盆地先后成为北方旱作农业类型区的典型文化——仰韶文化和南方稻作农业类型区的典型文化——屈家岭—石家河文化的分布地区②。

无论是原始旱作农业类型，还是原始稻作农业类型，都伴随着其形成过程而进行了地域扩张。这种扩张最直接的影响便是，经营原始稻作农业类型的原始血缘族群和经营

① 董恺忱，范楚玉. 中国科技史（农学卷）[M]. 北京：科学出版社，2000：42.

② 靳松安. 河洛与海岱地区考古学文化的交流与融合[D]. 郑州：郑州大学博士学位论文，2005：1.

原始旱作农业类型的原始血缘族群，在中国南北方地区的交错地带相互接触。两个具有不同血缘关系、文化背景的族群之间的接触，带来两种可能存在的交流方式：或相互融合而互通有无；或相互冲突而彼此防范。八里岗遗址无疑是前者的集中体现，而沟湾遗址则成为后者的集中体现。

若将新石器时代晚期区域性中心聚落的形成，看作是早期文明和早期国家的起源，从这个意义上讲，中国南北方地区的各区域皆在这一时期里一定程度上开始了其文明化进程[①]。中国的原始农业起源于旧石器时代向新石器时代过渡的历史阶段，对于早期人类而言无疑是一次重大的事件，其意义与影响都不容小觑。但是，在原始农业起源后的数千年间，它仅仅作为渔猎采集经济的附庸，并没有作为一个独立的生业方式而存在，直到新石器时代晚期，原始农业类型在中国南北方地区逐渐形成，原始农业才进入了一个独立发展的阶段。原始农业类型的形成使人们具备了一种从母体族群中迁移出去并独立生存繁衍下去的能力。由此，伴随原始农业类型的形成，在新石器时代晚期，中国南北方地区都出现了血缘族群大量繁殖的现象。与此同时，由于农业类型自身所拥有的诸多特征，在不同的区域中，中心聚落逐渐形成，标志着凌驾于全社会之上的公共权力的出现，在中心聚落的转换过程中，揭示出古代社会在形成公共权力时地缘性因素的滋生[②]。

上述两方面的社会演进，为早期文明与早期国家的出现提供了可能性。更为重要的是，由于血缘族群的大量繁殖，来源于不同区域的、具有不同血缘关系的族群发生接触，从而导致了战争的出现，为早期文明和早期国家的出现提供了必要性。

思考题

1. 农业是如何起源的？诱因是什么？发明农业有何重大意义？
2. 中国原始农业的特点是什么？
3. 农业起源的标志有哪些？
4. 什么是“刀耕火种”和耜耕农业？
5. 为什么说中国是世界农业起源中心之一？

---

① 易华. 良渚文化与华夏文明[J]. 中原文化研究，2019（5）：5-13.
② 苏秉琦. 中国文明起源新探[M]. 北京：人民出版社，2013：138-139.

第二章

夏商西周时期传统农业的萌芽

公元前 2070 年，中国原始社会瓦解，历史从“公天下”变为“家天下”，夏、商、周三个王朝相继建立。由于生产力的发展，剩余产品成为私有制和阶级分化的基础，人类逐渐进入以国家为标志的文明时代，史学界一般把夏王朝的建立作为中国正式进入阶级社会的标志。

从夏朝到西周，是中国传统农业的早期阶段，也可看作从原始农业向传统农业过渡的阶段。在这段历史时期，生产工具、生产技术、生产结构等方面仍然保留了原始农业的某些痕迹。与耒耜、耦耕相联系的农田沟洫系统，是本时期农业的主要特点和标志。精耕细作的农业技术开始孕育，而与农田沟洫相表里的“井田制”是我国上古文明的重要特征[①]。这一时期是从夏王朝建立到周平王东迁为止约 1300 年的农业发展时期。

第一节 农业发展背景

夏商西周时期，社会的整体情况是国王占有土地和民众，百姓只有从事劳动的权利。夏朝的活动范围大约西起今河南西部、山西南部，东至今河南、河北、山东三省交界的范围内，具体为：河南嵩山到伊水、洛水流域和山西南部的安邑、平阳一带，东到河南、山东、河北的交界处。商朝的活动范围扩大到今天河南、山东、河北、湖北这一带，大致以现在的河南安阳、郑州为中心。西周的活动范围更广一些，南至湖北，东至山东，西至甘肃，东北达辽宁，比夏、商两代的范围还要大。纵观夏、商、西周三代的主要活动地区，基本是在河洛、河济、河渭三大流域，也就是黄河中下游地区。

黄河中下游地区绝大多数被原生的或次生的黄土所覆盖，这种土壤疏松肥沃，简陋的木石工具也能开垦耕种。黄河中下游地区农业生产之所以在中国上古时代长期处于领先地位，这是其重要原因之一。据《尚书·夏书·禹贡》记载：雍州是黄壤，兖州是黑坟，徐州是赤埴坟，青州是白坟、海滨广斥，豫州是壤、下土坟垆，这些土壤质量相对

① 董恺忱，范楚玉. 中国科学技术史（农学卷）[M]. 北京：科学出版社，2000：43.

较好，奠定了农业发展的基础。

夏朝是从公元前2070—前1600年，存在约470年，河南二里头文化是夏人创造的物质文化遗存。文献记载和考古材料表明，夏王朝已经进入青铜时代，与原始社会时期相比生产力有新的提高。夏人开始掌握一些天文历法知识，《夏小正》所记载内容如正月“时有俊风”“寒日涤冻涂”部分说明了这一点。夏朝不仅注重农业生产、粮食储备、用粮食酿造，还有专管畜牧业的职官，如《周礼·夏官司马》记载：“校人：掌王马之政。”表明夏代农业技术有进一步的发展，在种植业、酿造业和畜牧业方面，均为其后传统农业的发展奠定了良好基础。

公元前1600—前1046年，属于商朝统治时期。与夏朝相比，商朝的社会经济和科学文化水平又有了进一步的提高。商朝青铜冶铸生产规模和技艺水平均超从前，创造了光辉灿烂的青铜文化，为世界所罕见，这一时期在考古学上被称为“青铜时代”。农业和手工业也有进一步的分工，商品、货币和早期城市经济有了初步的发展。通过甲骨卜辞的数量可以看出，商代中期以后，以种植业为中心的农业发展远超过其他产业的发展。另外，在安阳殷墟发掘出来的大批甲骨卜辞中，有关农业的达到四五千片之多，而且绝大部分直接与种植业有关，内容涉及农田垦治、作物种植、田间管理、收获储藏等各个方面，反映出商王对农业十分重视。

西周是从公元前1046—前771年，共275年，是中国封建领主制社会由极盛到开始衰落的时期。西周的政治经济制度比商代更为完备，社会经济进一步发展。在《诗经》中有许多关于农事的诗篇如《豳风·七月》《小雅·信南山》《大雅·生民》《周颂·臣工》等反映了当时农业生产的繁荣。周天子每年举行隆重的“藉田”大礼以及王后“亲蚕”仪式，表示对农业的重视和倡导。

夏商西周时期，人口总量不多，分布相对集中，大量土地没有开垦，耕地主要分布在城邑附近，山林川泽也是人们生活资料的重要来源。这一时期，农业中以粮食作物逐渐占据主导地位，畜牧业得到一定程度的发展。所设置的“虞衡”是以保护、利用野生动植物资源为主要职责的。水产养殖和人工植树也相继出现，青铜农具已逐步在农业各个领域中使用，尤其是青铜镬、钱和镈的使用，对提高农业生产效率具有积极意义。

第二节　土地制度和赋税制度

一、土地制度

不少学者认为，商和西周时期的土地制度为“井田制”，所谓“井田制”就是把一井九百亩土地分隔成面积相等的九块方田，每块百亩，形状像“井”字，中间为公田，其他八块分授给私人耕种。

关于“井田”一名的来历，金景芳认为有三种说法：一是郑玄注《周礼·地官司徒》载，“立其五沟、五涂之界，其制似井之字，因取名焉”；二是程瑶田《沟洫疆理小记·井田沟洫名义记》载，“屋三为井，井之名命于疆别九夫，二纵二横，如井字也”；三是近人新说，大意说井田之名，起于“凿井溉田”。以上三说还可分两类：一类认为井田命名，取义于形（似井字）；另一类认为井田之井是“掘井而不及泉”的井，而不是书写文字的井①。

学术界对古代是否存在“井田制”一直存在争议，如徐中舒认为，中国古代存在两个高地农业区，一个是以仰韶文化区为中心的西部高地农业区，一个是以龙山文化区为中心的高地农业区。“井田制”是在新石器时代晚期，在高地农业基础上，从肥沃低地冲积平原上逐渐发展起来的以家庭公社或农村公社为基础的田制形式。杨宽认为，中国春秋时代以前确实存在整齐划分田地而有一定面积的井田制度，并且确实存在平均分配“百亩”份地的制度②。在井田制度中，既有集体耕作的“公田”，又有平均分配给各户的“私田”（份地），“私田”还有到一定年龄的还受制度，这都是古代村社土地制度的证明。鉴于甲骨文中分别有划成四方块、六方块、八方块、九方块、十二方块的“田”字的象形③，金景芳认为“井田制”是历史事物，它从夏王朝初期开始，经过夏、商两代以至西周这一段一千多年的历史，获得充分发展。进入春秋以后，由于生产力的发展和政治、经济各种原因，“井田制”由全盛走向瓦解④。

西周时期土地所有权归国王，即《诗经·小雅·北山》所谓的“溥天之下，莫非王土，率土之滨，莫非王臣”。周王的土地又分三部分：一是王畿地区，这部分土地由王室派官直接经营，称为王田或籍田；二是王畿以外地区的土地，一般分封给诸侯，由他们建立封国；三是周王将一小部分土地直接赏赐给王朝卿士和一些具有特殊身份的中、小贵族，作为其领地⑤。这些土地最后均由“庶民”耕种，但不能买卖。《礼记·王制》中“田里不鬻”，就是这种情况的证明。

西周建立后，生产力有了很大发展，疆域规模远远超过夏、商时期。当时由于受人口规模限制，大量土地被闲置。为有效利用土地，增加粮食收成，统治者对殷商时期的井田制度进行了调整，由一夫授田七十亩，增加到一百亩。只要愿意耕种，不管是周朝百姓，还是迁到洛邑的殷商遗民，一视同仁，都可以分到土地。每夫授田百亩。以“井”字方块划分，中间为公田，八方为私田，八方各家共耕公田，公田收入归国家所有，而私田收入归自己所有。这种土地分配制度深受农户欢迎。《诗经·小雅·大田》有“雨我公田，遂及我私”，《孟子·滕文公上》载“公事毕，然后敢治私事”。从西周创国初期看，虽然不像《商君书》中所描述的“昔者昊英之世，以伐木杀兽，人民少而木兽多”，不过，根据《孟子》书中所述，“百亩之田，勿夺其时，数口之家可以无饥

① 金景芳. 论井田制度[J]. 吉林大学社会科学学报，1981（1）：35-45.

② 杨宽. 试论中国古代的井田制度和村社组织[J]. 学术月刊，1959（6）：39-47.

③ 王希岩. 井田制与贡、助、彻[J]. 山东师范大学学报（人文社会科学版），2014（01）：134-141.

④ 金景芳. 论井田制度（续完）[J]. 吉林大学社会科学学报，1981（4）：7-17.

⑤ 晁福林. 夏商西周社会史（第二版）[M]. 北京：北京师范大学出版社，2010：258.

矣”，也就是说100亩私田可供养数口之家①。

通过梳理《周礼·地官司徒》有关条文，发现当时分配份地有两种办法：

（1）遂人法　《周礼·地官司徒·遂人》说：“辨其野之土，上地、中地、下地，以颁田里。上地，夫一廛，田百亩，莱五十亩，余夫亦如之；中地，夫一廛，田百亩，莱百亩，余夫亦如之；下地，夫一廛，田百亩，莱二百亩，余夫亦如之。”这里所说的“夫”是正夫，即一户之长。假如这个家是5口之家，这个夫就是有父母妻子孩子的，夫是家庭中的主要劳动力。这里所说的“廛”，指的是房屋，“夫一廛”表明井田制中的土地分配还包括房屋。这里所说的“莱”，指的是撂荒地，在土地分配中“莱”的亩数不同，是用来调剂土地质量的。

（2）大司徒法　《周礼·地官司徒》中说：“凡造都鄙，制其地域而封沟之，以其室数制之：不易之地，家百亩；一易之地，家二百亩；再易之地，家三百亩。”郑众解释说：“不易之地，岁种之，地美，故家百亩；一易之地，休一岁乃复种，地薄，故家二百亩；再易之地，休二岁乃复种，故家三百亩。”这是“王子弟、公卿、大夫采地”的土地分配制度，以田亩数的多寡来调剂土地的好坏。按照这种制度分配的土地会定期重新分配，《春秋公羊传》何休的注解是“三年一换土易居”，其目的是“肥饶不得独乐，硗埆不得独苦”，更主要的是达到一种平衡，以利于社会的稳定。

夏商西周时期实行“井田制”（图2-1），便于将百姓在一定时期内固定在土地上，做到户户有田，达到一种安居乐业、无衣食之忧的社会景象。这种制度一方面有利于恢复社会生产力，给整个国家提供休养生息的机会；另一方面，它也遏制了官吏对民众财产的侵占和勒索，一定程度上杜绝了权贵霸占土地。井田制的推行尤其私田的大量开垦推动了当时农业发展。

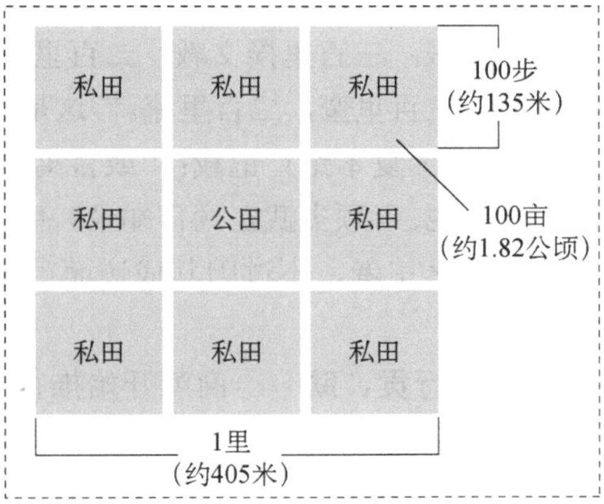

图2-1　井田制示意图（《春秋谷梁传·宣公十五年》）

“井田制”是中国封建领主制社会最基本的土地制度，是封建领主制国家赖以存在的经济基础，这种起源于原始社会末期农村公社的土地制度，在进入阶级社会以后，形式犹存，而性质已变。

二、赋税制度

司马迁《史记·夏本纪》记载：“自虞、夏时，贡赋备矣。”夏王朝在建立完整意义上国家政权的同时，也发展出完整的税收体制。《尚书·夏书·禹贡》记载：“禹别九州，随山浚川，任土做贡。”《十三经注疏·尚书正义》解释为“任其土地所有，定其贡

① 刘玉娥. 西周井田制与农业发展[J]. 农业考古，2013（6）：35-40.

赋之差”。夏朝已经朦胧意识到“均税赋”的课税原则。夏之贡，其实是贡赋并重，赋税包含两部分：一是九州物产，即各州向国家进献土特产作为贡品；二是国家根据各地土质情况按等级征收贡赋①。

1. 夏行贡纳 《说文解字》释：“贡，献功也。”“贡”是中国最早的赋税形式，其前身可以追溯到氏族社会部落成员及其他部落向部落首领的献功或献礼，以供头领生活所需及氏族祭祀之用。《国语·鲁语下》记载：“社而赋事，蒸而献功，男女效绩，愆则有辟，古之制也。”韦昭注称：“社，春分祭社也，事农桑之属也。冬祭曰蒸，蒸而献五谷、布帛之功也。”反映出周朝时的鲁国仍保留有为祭祀而献功的传统②。

《史记·夏本纪》称：“禹乃行，相地宜所有以贡，及山川之便利。禹行自冀州始……其贡漆丝，其篚织文。”禹因治水有功，使万邦宾服，“自虞夏时，贡赋备矣”。《尚书·禹贡》称：“禹别九州，随山浚川，任土作贡。”《禹贡》记载了各种贡品，如“厥贡惟金三品，瑶、琨、筱、簜、齿、革、羽、毛惟木。岛夷卉服。厥篚织贝，厥包橘柚，锡贡”。大禹除了“任土作贡”，还在治水的过程中对九州的土地进行了全面普查，根据土壤的肥瘠程度，将耕地分为上、中、下三个等级，每一等级再细分为三个等级，即可根据土地的品类，征收定额实物地租。为方便起见，夏朝还视各地离王城之远近采取不同的贡纳方式，《尚书·禹贡》记载：“五百里甸服：百里赋纳总，二百里纳铚，三百里纳秸服，四百里粟，五百里米。五百里侯服：百里采，二百里男邦，三百里诸侯。五百里绥服：三百里揆文教，二百里奋武卫。五百里要服：三百里夷，二百里蔡。五百里荒服：三百里蛮，二百里流。”这是指根据离国都远近不同，贡纳不同物品。

《史记·夏本纪》记载：“或言禹会诸侯江南，计功而崩，因葬焉，命曰会稽。会稽者，会计也。”顾炎武在《日知录》中称：“古来田赋之制，实始于禹，水土既平，咸则三壤，后之王者，不过因其成迹而已。”这说明，禹在夏朝贡赋体系的建立过程中发挥重要作用。

2. 商行贡、助 商朝开始推行世袭爵位制度，部分改变夏朝赋税制度。如《诗经·商颂·殷武》称：“昔有成汤，自彼氐（氏）羌，莫敢不来享，莫敢不来王，曰商是常。”《帝王世纪》记载：“及夏桀无道……诸侯咸叛桀附汤，同日职贡者五百国。”③

《孟子·滕文公上》也记载：“方里而井，井九百亩，其中为公田，八家皆私百亩，同养公田。公事毕，然后敢治私事。”也就是说，公田的所有收入都上缴国家，私田的收入才归农户所有。只有把公田的农活干完了，农户才能够耕种私田。《孟子》里的这段话讲的就是“井田制”的基本赋税思想，统治者创造了这种巧妙的劳役田租，推动了中国古代赋税制度的发展④。

郑玄注对《周礼·冬官考工记》中贡和助的解释是：“夏之贡法，税夫无公田……

---

① 蔡昌. 从“任土作贡”到“井田制”——夏商周时代的农业税[J]. 中国财政，2015（8）：78-79.
② 王希岩. 井田制与贡、助、彻[J]. 山东师范大学学报（人文社会科学版），2014（01）：134-141.
③ 同②。
④ 蔡昌. 从“任土作贡”到“井田制”——夏商周时代的农业税[J]. 中国财政，2015（8）：78-79.

殷之助法，制公田，不税夫。贡者，自治其所受田，贡其税谷。助者，借民之力以治公田，又使收敛焉。”

3. 周行贡、助、彻　周代实行封土授民制度。在政治上，据《春秋左传·昭公七年》载，“王臣公，公臣大夫，大夫臣士，士臣皂……以待百事”；在经济上如《国语·晋语》载，“公食贡，大夫食邑，士食田，庶人食力”，这种层层分封的宗法等级关系，在赋税上通过自下而上的层层贡纳得以体现。《国语·周语上》记载：“夫先王之制：邦内甸服，邦外侯服，侯、卫宾服，蛮、夷要服，戎、狄荒服。甸服者祭，侯服者祀，宾服者享，要服者贡，荒服者王。日祭、月祀、时享、岁贡、终王，先王之训也。”周王朝还继承商朝的“助”，如《诗经·周颂·噫嘻》诗曰：“噫嘻成王，既昭假尔。率时农夫，播厥百谷。骏发尔私，终三十里。亦服尔耕，十千维耦。”

《孟子·滕文公上》对夏商西周时期的赋税制度做了以下论述：“夏后氏五十而贡，殷人七十而助，周人百亩而彻，其实皆什一也。”对这里的“彻”字，历史上一直有不同的解释。《孟子》说：“彻者，彻也。”有人认为“彻”为车辙的辙，车有两轮，则辙有双轨，因而周人行“彻”法，是指他们的赋税采用了双轨制，即在国中用贡法，野用助法。

整体而言，夏、商、西周三代的田赋制度，随着经济社会的发展越来越趋于整合。西周晚期国力衰落使贡赋减少，籍田衰落使助耕减少，税制趋向于简化，以彻为主。因此，就田赋而言，夏以贡为主体，商以助为主体，周以彻为主体。

第三节　农业工具的进步

从原始社会到夏、商、西周王朝，农业和农具按照自己的规律向前发展，从材质上看以木、石、骨、蚌为主，种类有所增加，形制上开始朝精致方向发展。这一时期青铜农具的诞生改变了石、木、蚌、骨垄断农具的局面，迎来了金属用于农具制造的新时代，具有深远历史意义和社会意义。

一、青铜农具的诞生

青铜质地坚硬，用它制造工具，比石质工具锋利、轻巧，比木质工具坚硬。青铜农具的出现是中国农具材料史上的一个重大突破，开启了金属农具的大门。另外，青铜农具的使用推进了农业生产和农业科技的大发展。

铜器最早出现在中国原始社会时期，按照现代说法当时是红铜（又叫黄铜），由于质地较软，不宜制作大型器具，只能用作小工具和装饰品之类。后来，在不断试验的基础上出现了把铜和锡按照一定比例炼制而成的具有熔点低、硬度大、铸件不易出沙眼等优点的青铜。因此青铜器的出现，很自然地代替了红铜器；在当时虽然还不能完全替代石器、木器，但对于提高社会生产力起了划时代的作用。

中国已发现最早的两件青铜器是甘肃东乡县林家遗址和永登县蒋家坪遗址（属马家窑文化）出土的青铜刀，证明在距今5000年左右已经有青铜器的存在。二里头文化遗址中发现了不少铜器，其中有工具、兵器、容器和装饰品。用电子探针方法定量分析其中一件铜爵，结果是含铜 92%、含锡 7%，表明确是青铜器，可见夏代已进入青铜时代。

夏代虽已进入青铜时代，但在二里头遗址出土的青铜器中只有爵、戈、钺、镞、锥、刀、凿等，还没有发现真正的农具。不过在甘肃玉门火烧沟遗址（约公元前 1770—前 1630 年）中出土的一批青铜器中，除了武器和手工工具外，还有馒（镢）、镰等农具。这些考古发现说明夏王朝可能已经开始使用青铜农具，已有的出土文物表明商代青铜冶铸业已经相当发达，但是农业生产工具中的青铜器数量不多，最多的农具是石、骨、蚌器，其中主要有石铲、骨铲、蚌铲和石斧等垦殖农具，石镰、蚌镰、石刀等收割农具。西周时期的农具，虽然仍以木、石、骨、蚌器为主，但是青铜农具的使用比商代有所增加。

青铜农具已经诞生并且在农业生产中发挥一定作用，虽然使用有限，还没有完全替代其他材质的农具，但是，人们还是看到了它的优越性。因此，周昕认为：受青铜自身特性的局限性、社会制度原因及农业技术发展状态等因素的制约，在夏商西周，农具的地位远没有礼器和兵器高，这导致农具中的青铜农具还没有成为左右农业发展的主体农具。在历史发展进程中，青铜农具所产生的社会影响，是不能与兵器，特别是礼器相比拟的①。

二、农具种类的增加

夏王朝虽已有青铜器物，但在其早中期遗址的考古中没有发现明确的青铜农具，直到相当于夏末商初时代的甘肃玉门火烧沟遗址中出土了一批铜器，这批铜器除了武器和手工工具外，还有铜斧和馒（镢）、镰等。商代遗址中已有铸造青铜馒的作坊，并出土了馒范，表明了青铜馒已批量生产。周人重视中耕，已有专门的中耕农具。《诗经・周颂・臣工》："庤乃钱镈，奄观铚艾。""钱"就是铲，"镈"就是锄，这是把中耕用的钱、镈收藏起来，准备开镰收麦。青铜镰也已出现，还有一种由石刀演变而来，用于掐割谷穗的青铜爪镰，即《诗经》中所说的"艾"和"铚"。石镰、石刀、蚌镰等仍大量使用，而且延续时间长。商代和西周各地出土的青铜农具有以下数种。

青铜馒出现得很早，如甘肃玉门火烧沟的青铜农具中就有馒，商代遗址也出土不少，如郑州二里岗就出土过青铜馒（图 2-2）。商代还出土了青铜馒范。在早商遗址发现了 1000 多件铸造铜器的泥范，其中以馒范为最多，可以证明这是一处以铸造青铜馒为主的青铜作坊。原始社会晚期已经出现石馒，但商周时期石馒明显减少，代之而起的是青铜馒。青铜馒是已知出现较早、数量较多的青铜农具。考古发掘中往往称作"斧""锛"的空首长条形端刃器，相当部分实际是青铜馒。青铜馒适用于垦荒和深翻，在当时农业中发挥着重要的作用。馒的基本形制有两种，一种是直銎式的空首馒，装上曲柄使用；一种是横銎式的，銎口横穿馒体的上方，直接横装直柄使用。从工具形制的发展规律来看，早期馒一般都是直銎式的。金属冶铸技术有了一定的发展以后，才出现横銎

① 周昕. 中国农具史纲及图谱[M]. 北京：中国建材工业出版社，1998：153.

镬。无论是直銎或横銎，都是一种横斫式的工具。

臿在湖北省武汉市黄陂盘龙城早商墓、湖北蕲春毛家嘴西周遗址和河南三门峡市上村岭虢国墓等都有发现。其中盘龙城早商墓发现的臿，长约 13～17 厘米，刃宽约 10 厘米，体中空，身中有孔。其形制酷似今天湖南、湖北、江西等地用来挖土的铁包锹（图 2-3）。臿是商周时期新出现的直插式挖土工具。最早的臿是木臿，与耜差不多。在木耜的刃部加上金属套刃，可减少磨损和增强挖土能力，《韩非子·五蠹》："禹之王天下也，身执耒臿以为民先。"可见臿是农田建设中用于开沟的工具。因为臿的功用及形制与铲、锹差不多，故也有将其混称的。目前发现最早的臿是商代的青铜臿，多为"凹"字形。至西周时铜臿形式已较多样，有"凹"字形、"一"字形，有平刃、弧刃，也有尖锐化刃。

图 2-2　郑州二里岗出土青铜镬[①]

图 2-3　湖北黄陂出土商代铜臿[②]

夏商西周时期的农具种类与原始社会时期相比较，其最大区别在于，此时出现了中耕农具——钱和镈，说明人们已初步掌握了中耕除草技术，《诗经·周颂·臣工》记载："命我众人，庤乃钱镈。"钱即是后来的铲，而镈则是锄，毛亨注释"钱"为铫，释"镈"为耨；《王祯农书》均称为"古耘器"，可见钱（图 2-4）、镈（图 2-5）是中耕除草农具（《王祯农书·农器图谱四》），考古出土的青铜小铲就是钱，其使用方法是双手握柄贴地向前推进，适于在垄间除草松土。镈是横斫式的除草工具，亦为青铜铸造，周代使用较多。

图 2-4　钱

图 2-5　镈

青铜农具铚、艾、镰出现也较早。在江苏仪征破山口西周墓中出土过相当锋利的镰（图 2-6）。湖北红安县金盆西周遗址出土过矩形双孔铜铚，是从原始社会农业收获农具石刀、石镰发展而来的收获农具。《诗经·周颂·臣工》中有"奄观铚艾"，《说文解

① 梁家勉. 中国农业科学技术史稿[M]. 北京：农业出版社，1989：48.

② 宋树友. 中华农器图谱（第一卷）[M]. 北京：中国农业出版社，2001：196.

字》中有“铚，获禾短镰也”，可见铚就是铜制的刀，而艾则是镰刀。艾与刈通，《国语·齐语》韦昭注：“刈，镰也。”

铲据目前所知以河南发现为多（图2-7），安阳大司空村商晚期地层、苗圃，侯家庄殷墓、殷墟五号墓，洛阳下瑶村西周早期墓等处都发现过大小不一、数量不等的青铜铲，其中大司空村发现的铲还有明显的使用痕迹。

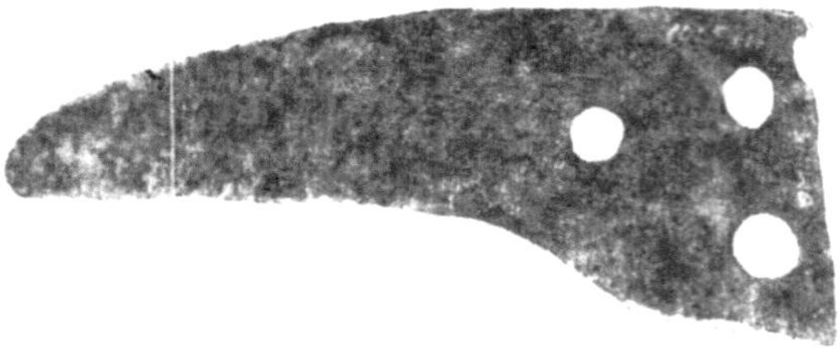

图2-6 江苏仪征出土青铜镰①

图2-7 河南安阳出土青铜铲②

青铜农具的出现是中国农具材料上的一个重大突破，开始了金属农具替代木石质农具地位的漫长历史时期。由于青铜农具比之石、木、骨、蚌农具锋利轻巧，硬度也高，提高了劳动生产率，对推进农业生产和农业科技的发展起到重大作用。但同时应该看到，商代和西周石、木、骨、蚌等材料制成的农具仍然被大量使用。从考古发掘来看，这一时期出土的木石质农具数量大大超过青铜农具，在商代遗址中，用于农作的石、骨、蚌器仍最常见，尤以石镰为多。

综上所述，夏商西周时期农具的特点，从材质上虽然仍以木、石、骨、蚌为主，但是已有部分青铜农具用于农业生产，从而发生了以木、石为主到铜、石并用的演变。从农具种类来看，这一时期人们创制了青铜䦆、臿、钱、镈、铲、镰等新式农具，尤其是中耕农具的出现，使垦辟、中耕和收获等农具配套成龙，不仅为夏商西周农业生产的发展奠定了物质基础，也为中国其后数千年精耕细作的传统农业发展打下基础。

第四节 农田沟洫水利

一、农田沟洫及其作用

农田沟洫系统的建立是夏、商、西周三个王朝在黄河中下游地区的显著特点。《论语·泰伯》说大禹“卑宫室，而尽力乎沟洫”;《尚书·益稷》说禹“浚畎浍距（达）

① 梁家勉. 中国农业科学技术史稿[M]. 北京：农业出版社，1989：49.

② 同①.

川”，均是中国上古时代修建沟洫的例证。甲骨文“田”的形象，就是被沟洫划分成的若干方块农田。《尚书》《诗经》等文献中关于“疆畎”“疆理”土地的记载已经包括了农业生产中开沟作垄的过程。修建农田沟洫系统是从田间排水小沟“畎”开始的，挖沟的土堆到两边的田面上，形成一条条的高垄，这就是“亩”。畎和亩是相互依存的。《周礼·地官司徒·遂人》记载：“凡治野，夫间有遂，遂上有径；十夫有沟，沟上有畛；百夫有洫，洫上有涂；千夫有浍，浍上有道；万夫有川，川上有路，以达于畿。”《周礼·冬官考工记·匠人》中有：“匠人为沟洫，耜广五寸，二耜为耦。一耦之伐，广尺深尺谓之甽（畎）。田首倍之，广二尺深二尺谓之遂。九夫为井，井间广四尺深四尺谓之沟。方十里为成，成间广八尺深八尺谓之洫。方百里为同，同间广二寻深二仞谓之浍。专达于川，各载其名。”这都说明了沟洫形成的过程。

在这里，还需要说明的是，最初围绕井田而建立沟洫系统是排水系统而非灌溉系统。郑玄在《周礼·地官司徒》注中说：“遂、沟、洫、浍皆所以通于川也。”“沟洫为除水害。”清代程瑶田在《沟洫疆理小记》中指出：沟洫的作用，“余亦以为备潦非备旱也。岁岁治之，务使水之来也，其涸可立而待。若以之备旱，则宜豬之，不宜沟之，宜蓄之，不宜泄之。今之递广而递深也，是沟之法，非豬之法，是泄之，非蓄之也。”都说明沟洫系统是排水系统。《礼记·月令》中的“季春之月……是月也，命司空曰：‘时雨将降，下水上腾，循行国邑，周视原野，修利堤防，道达沟渎，开通道路，毋有障塞。’”则进一步予以证明。

如果把沟洫系统当作农田灌溉渠系则不合情理，灌渠需从引水源开始，逐级由大到小，由高到低，最后到达田间。最后一级灌渠（毛渠）的渠底必须接近田面，使灌溉顺利进行。《周礼》中所载沟洫体系则是从田中的小沟（畎）开始，接下来依次为遂、沟、洫、浍的顺序，它们逐级由窄变宽、由浅到深，最终汇集入河川。很明显，这是一个农田排水体系。孔颖达疏：“言沟洫为除水害者，《尚书·益稷》云：‘浚畎浍距川。’是其从畎、遂、沟、洫，次第入浍入川，故云为除水害也。”上古时代沟洫用于排水，还可以从《礼记》中找到证据，其中《郊特牲》谈到腊祭祭坊及水庸，其祷词曰：“土反其宅，水归其壑，昆虫毋作，草木归其泽。”人们祈求的是“水归其壑”，并没有要求水灌溉庄稼，这种古老的宗教仪式表明，当时水沟的作用在排水而不在灌溉①。

二、农田沟洫系统形成的原因

当时的农业环境决定夏商西周时代形成以排水防涝为主要目的农田沟洫体系。

上古时代黄河中下游地区虽然以半干旱气候为主，不过当时还存在着较为宽阔的水面和众多的沮洳薮泽。这种自然生态环境，在《诗经》等古籍中都有记载，如《国风·郑风》：“叔在薮，火烈具扬。”为适应土壤疏松，植被较少，且易被侵蚀的自然环境，人们把耕地选择在山地或较高的台地，以后逐渐向江河两岸的平野发展。到了原

① 李根蟠. 先秦时代的沟洫农业[J]. 中国经济史研究，1986（1）：1-11.

始社会晚期，又开始对薮泽低地进行开发。《管子·揆度》中的“黄帝之……烧山林，破增薮，焚沛泽，逐禽兽”，就是对这种情况的反映。我们还可以从《尚书·益稷》中看到大禹治水包括两个方面的工作，一是“决九川距四海”，即疏通河道；二是“浚畎浍距川”，即用沟洫把田野中的积水排泄到川泽中去，这是巩固和发展低地农业的基础。经过这番整治，人们才能“降丘宅土”，在田野进行耕播，达到“燕民乃粒”的目的。

商朝和西周时期“疆田”就包括了整治水土的工作。《诗经·小雅·黍苗》记载西周召伯率领部众经营谢邑（筑城邑和疆理土地），做到了“原隰既平，泉流既清”。《毛诗故训传》：“土治曰平，水治曰清。”说明当时只有在田野修建起沟洫，才能出现土平水清的情景。纵横交错的沟洫可以降低雨水的流速，减少对土壤的冲刷，沟洫还可以延长水流渗透的时间，减少泥沙的流失，修建沟洫也是治水的过程。商、西周农田沟洫体系的形成，是中国上古人民与洪涝灾害长期斗争的结果，也是这一斗争的有机组成部分。

商、西周农田沟洫系统的修建，不但是当时发展农业的基础，而且深刻地影响到农业生产技术的各个方面，成为这一时代农业的重要特征。就连当时社会生活的某些重要制度，也和沟洫制度有着不可分割的关系。例如从《周礼》等文献的记载看，井田制度就是和沟洫制度互为表里的。集体修建和维护农田沟洫系统这种公共经济职能，使建立和维持农村公社组织成为必要，而井田制度正是由农村公社蜕变而来的。因此，把握沟洫制度的形成及其发展，成为理解中国上古农业以至整个社会历史的关键之一。

三、灌溉农业的萌芽

夏商西周时期，农田水利措施的重点虽然是排除洪涝积水，但由于气候和土壤质地的原因，为了提高农作物产量，在农业生产过程中，灌溉工程也开始出现。《诗经·小雅·白华》记载：“滮池北流，浸彼稻田。”滮池在今陕西西安的西南，据王夫之《诗经稗疏》考证，它是淮水之源，北流入镐而合于渭水。“浸彼稻田”，就是利用滮池之水灌溉稻田。《诗经·大雅·泂酌》记载：“泂酌彼行潦，挹彼注兹，可以濯溉。”“濯”是洗濯，“溉”是灌溉。“挹彼注兹”，就是取水灌溉的意思。这反映了西周时代已存在着人工引水和取水灌溉的方式，并已掌握了简单的灌溉技术，不过这时的农田灌溉仍是小型而不普遍。

水井在中国原始社会已经出现，浙江余姚河姆渡遗址第二文化层（距今约 5000 多年）、河南汤阴白营、河北邯郸涧沟龙山文化遗址都出土过原始水井。古史传说始作井的，或说黄帝，或说伯益，虽传闻不尽同，但都在原始社会期间，堪与出土遗物相参证。到了这一时期，不论是夏代、商代，还是西周，都有水井出现，其结构已相当进步，有些井底部还有用圆木搭成“井”字形的井盘。值得注意的是，在商代的一眼水井中，还发现了一只扁圆形的木桶，这只木桶由一段楠木瘿子掏成，口边有对称的两个方孔，用来穿绳。这是中国现存最早的一只提水木桶。从《周易》井卦反映，西周提取井水的工具还有瓶、瓮等陶器。水井除了应用于生活以外，是否也应用于灌溉，有待进一步研究，但它告诉我们，早在四五千年前，中国人民已懂得开发和利用地下水了。

第五节 农时与历法

农业生产对自然条件的依赖性大、季节性强，在基础设施不完善的古代尤其明显。为获得最大产量，从事农业生产的劳动者需掌握尽可能准确的季节变化规律，以确定播种和收获的时机，正如《诗经·小雅·鱼丽》所记载："物其有矣，维其时矣。"人类经过长期"仰观于天，俯察于地"的观察和试验，到夏商西周时期初步掌握农时与历法。中国古代对农时规律的掌握，经历了从物候指时、星象指时到二十四节气以及三十时节的发展过程，在这一过程中，天文学逐步创建，农业气象学开始萌芽①。

一、物候知识的运用

种植农业出现以前，原始人在长期的采集、渔猎生活中，对植物的开花、结实、枯荣，虫鱼禽兽的出没活动规律，已有一定的积累，为根据物候指导农业生产奠定了基础。为满足掌握农事季节的需要，人类对物候的观察更加深入，物候知识更加丰富，从而成为人类最早指导农时的一种手段。

《春秋左传·昭公十七年》记述郯子谈到少皞氏何以"鸟名官"时说："我高祖少皞挚之立也，凤鸟适至，故纪于鸟，为鸟师而鸟名。凤鸟氏，历正也；玄鸟氏，司分者也；伯赵氏，司至者也；青鸟氏，司启者也；丹鸟氏，司闭者也。祝鸠氏，司徒也；鴡鸠氏，司马也；鳲鸠氏，司空也；爽鸠氏，司寇也；鹘鸠氏，司事也。五鸠，鸠民者也。五雉，为五工正，利器用、正度量，夷民者也。"说明根据鸟的行迹可以知道什么时间从事什么农业活动。玄鸟就是家燕，因为它春来秋去，所以古人用它来司分（春分、秋分）；伯赵就是伯劳，因为它夏鸣冬止，所以古人用它来司至（夏至、冬至）。少皞即少昊，是中国古史传说中东夷族的著名首领，约与黄帝同时或稍后。少皞氏以鸟名官的传说反映中国在原始社会已经利用物候指时了。

夏商西周时期对物候的认识进一步发展。《夏小正》中涉及物候的有55条，其中属于动物的37条，属于植物的18条，可见3000年前中国积累物候知识已相当丰富。《夏小正》中包含大量关于物候、天象、农事的记载，具体如表2-1。

① 庞朴."火历"初探[J].社会科学战线，1978（4）：131-137.

表 2-1 《夏小正》所载的天象、气象和农事

天象	气象	农事
正月："鞠则见""初昏参中""斗柄悬在下" 三月："参则伏" 四月："昴则见""初昏南门正" 五月："参则见""初昏大火中""时有养日" 六月："初昏斗柄正在上" 七月："初昏织女正东乡""斗柄悬在下则旦" 八月："辰则伏""参中则旦" 九月："内火""辰系于日" 十月："初昏南门见""织女正北乡，则旦""时有养夜"	正月："时有俊风""寒日涤冻涂" 三月："越有小旱" 四月："越有大旱" 七月："时有霖雨"	正月："农纬厥耒""农率均田""采芸" 二月："往耰黍，禅""采蘩""剥𫍲" 三月："摄桑""委杨""采识""妾、子始蚕""祈麦实" 四月："取荼""执陟攻驹" 五月："启灌蓝蓼""煮梅""蓄兰""颁马""菽糜" 六月："煮桃" 七月："灌荼" 八月："剥瓜""玄校""剥枣" 九月："荣鞠树麦""王始裘" 十一月："王狩" 十二月："虞人入梁"

从表 2-1 可以看出，当时农业生产还处于粗放农业的阶段，其特点是：

（1）耒耜是主要农业生产工具。

（2）土地制度是封建领主制下的"井田制"。

（3）种植的农作物中有黍、麦、麻、菽。

（4）农牧结合、农桑并举的生产结构已经诞生。

（5）采集和渔猎的成果用于补充种植作物产量的不足。

如果将《夏小正》中的物候和《吕氏春秋·十二纪》《礼记·月令》《淮南子·时则训》《逸周书·时训解》中物候内容进行对比，可以发现后 4 篇中关于物候的内容，不少都来自《夏小正》。因此，《夏小正》被称作中国现存最早的一部物候历是当之无愧的。郭文韬对《夏小正》给予很高的评价，他认为：《夏小正》开启了中国古代整体思维方法的端口，是中国农业生产系统观念的先河；把天象运动、气象变化、物候表征和农事活动作为一个有机整体，通过这个农业生产大系统来把握农事活动的规律，是中华民族生存智慧的体现；将农业生产系统中的人摆在核心地位，给人们规定了协调生物有机体与环境条件关系的任务，也就是人们要按照自然规律和农业生物生长发育之规律采取各项农事活动的任务。只有这样才能保持农业生产系统的和谐与稳定；其整体思维方法对中华民族的演进产生了极为深刻的影响，对中国农业文明的持续发展和经久不衰起了极其重要的作用①。

在《诗经》中亦有不少的物候知识记载，如《豳风·七月》记述的物候及其相联系的农事，终年不辍，其中的物候现象、农业活动及杂役详见表 2-2：

表 2-2 《豳风·七月》中物候现象、农业活动及杂役情况

时间	物候现象	农业活动及杂役
一之日	觱发	于貉，取彼狐狸，为公子裘
二之日	栗烈	载缵武功，凿冰
三之日	于耜	纳［冰］于凌阴

① 郭文韬. 中国传统农业思想研究[M]. 北京：中国农业科学技术出版社，2001：386.

续表

时间	物候现象	农业活动及杂役
四之日	举趾	馌彼南亩，献羔祭韭
夏历二月	春日载阳	有鸣仓庚；爰求柔桑；采蘩
夏历三月	蚕月条桑	取彼斧斨，以伐远扬
夏历四月	秀葽	在田野劳动
夏历五月	鸣蜩，斯螽动股	在田野劳动
夏历六月	莎鸡振羽	在田野劳动
夏历七月	鸣鵙，（蟋蟀）在野	亨葵及菽；食瓜
夏历八月	（蟋蟀）在宇	（收割）萑苇；八月其获；剥枣；断壶；八月载绩，载玄载黄，为公子裳
夏历九月	（蟋蟀）在户	授衣；筑场圃；叔苴；采荼薪樗
夏历十月	蟋蟀入我床下	获稻；为此春酒；纳禾稼；涤场；穹窒熏鼠，塞向墐户

除了表2-2中内容之外，《诗经》中还有《鄘风·定之方中》的“灵雨既零，命彼倌人，星言夙驾，说于桑田”，《唐风·鸨羽》的“王事靡盬，不能蓺稷黍”，《周颂·臣工》的“嗟嗟保介，维莫之春”，都是对于物候的记载。这种以诗歌形式来总结和传授物候的情况是中国所见关于物候知识的最早记录。因此，有人也将《豳风·七月》诗称为“最早的有关物候学的诗歌”。

《诗经》说明了周人适时耕种，适时收割，进行农业生产时笃守农时，不违天时。因此，周人顺应自然，根据物候现象感受与把握时间，遵照时序按部就班地进行农业生产活动。

二、天文历的创始

中国历法初始比较接近狩猎时代特别是农业诞生以后，为了确定季节的需要，人们已慢慢掌握一定天文和历法知识，后来还有了黄帝时“迎日推策”，颛顼时“载时以象天”，帝喾时“历日月而迎送之”，帝尧时“敬顺昊天，数法日月星辰，敬授民时”。这些传说表明：在黄帝、帝喾时，中国已根据日、月的出没来计算日子，在颛顼、帝尧时，中国已根据星象的变化来定“时”定季节。

中国最古老的历法大概是火历，也是世界上最古老的历法之一。在新石器时代的高辛氏时期，大火已同日月一起，被当作指示时序的三辰，起着“固民”即“教民稼穑以安也”的作用了。至殷商时代火历进入鼎盛期，后来火历痕迹也愈来愈淡，一直延续到唐及五代，宋朝有所发展，最后退出历史舞台①。

夏代可能已制定和颁布过历法，相传夏禹时曾“颁夏时于邦国”，《论语·卫灵公》亦有“行夏之时”的话。传世的《夏小正》在历史上有人就认为是夏朝历书。《礼记·礼运》记载：“孔子曰：‘我欲观夏道，是故之杞，而不足征也。吾得夏时焉……’”《郑笺》曰：“得夏四时之书也，其书存者有《小正》。”《夏小正》中，有一年十二个月

① 庞朴.“火历”初探[J]. 社会科学战线，1978（4）：131-137.

的明确区分，除二月、十一月、十二月外，每月都以一些显著星象的出没来表示节候，每个月中都标明一定的农事，说明历法的出现一开始就是为农业生产服务的。不过从《夏小正》所列的十二个月中，还不能看出当时是使用太阴历还是太阳历，值得注意的是，一月中有这样的星象记载："正月……鞠则见""初昏参中""斗柄悬在下"。"初昏参中"就是黄昏参宿在南，"斗柄悬在下"就是北斗星的斗柄向下。当天穹上出现这种星象时，便是正月。既然正月的星象已经固定，那么一年十二个月的划分就不可能完全根据月亮的圆缺来决定，即是说《夏小正》所反映的历法中必有闰月存在，只是在《夏小正》中没有明确指明罢了。

闰月的出现，是历法上使用阴阳合历的主要标志。阴阳合历不仅考虑到月球和地球的关系，而且已进一步考虑到地球同太阳的关系了。这样，可避免历法与时令的误差，使之更符合季节交换，从而也就更符合农业生产的需要。

三、农业气象学的萌芽

随着农业生产的发展，这一时期已经注意气象同农业生产的关系，并已积累了初步的知识。

商代的甲骨文中已有不少气象学上的名词如雨、云、风、雪、虹等，并且已将一些气象条件，特别是雨，同农业生产联系起来。如"黍年出（有）足雨？"意思是黍丰收有足够的雨吗？"来年㞢（有）足雨？"意思是小麦丰收有足够的雨吗？"禾坐（有）及雨？"意思是谷子能有及时的雨吗？"帝令雨足年？帝令雨弗其足年？"意思是上帝使年成有足够的雨水？上帝使年成没有足够的雨水？

《尚书·洪范》记录了西周时代的农业气象知识："庶征：曰雨、曰旸、曰燠、曰寒、曰风、曰时。五者来备，各以其叙，庶草蕃庑。一极备，凶；一极无、凶。"后人注曰："雨以润物，旸以干物，燠以长物，寒以成物，风以动物，五者各以其时，所以为众验""一者备极过甚则凶；一者极无不至亦凶，谓不时失叙"。这一记载说明，西周时期中国已经认识到影响农业生产的气象因素有雨、旸等湿度，暖、寒等温度以及通风等自然条件，并认识到任何一个条件的"极备"或"极无"，都是对农业生产不利的，只有"五者来备"，风调雨顺，才能获得丰收。文中又说："岁月日时无易，百谷用成……日月岁时既易，百谷用不成。"这是讲历法、时令与农业生产的关系，前者是讲历法、时令没有错乱，则百谷就按时生长，能获丰收；后者是时令错乱了，作物就长不好，就会歉收。

《尚书·洪范》是中国最早论述天时条件与农业生产关系的一部著作，它说明，西周时期中国已积累了不少的农业气象知识，因而可以这样说，中国的农业气象学，最迟在西周时代已经萌芽了。

第六节　作物栽培与耕作技术

一、作物构成与农业结构

1. 作物构成　农业发生之初，受认识水平限制，各种作物混种在一起，故有“百谷百蔬”之称。正如《诗经·豳风·七月》所载：“嗟我农夫，我稼既同，上入执宫功。昼尔于茅，宵尔索绹。亟其乘屋，其始播百谷。”《诗经》中记载的农作物名称相当多，据统计有21个，它们是：蕡、麦、黍、稷、麻、禾、稻、粱、菽、苴、穀、芑、藿、粟、荏菽、秬、秠、穈、稌、来、牟，但很多是同物异名或同一作物的不同品种。经过辨识发现名称所代表的粮食作物只有六七种，即粟（亦称稷、禾，其品质优良者称粱）、黍、菽（大豆，或称荏菽）、麦（包括小麦——来和大麦——牟）、稻（水稻或称稌）和麻（大麻，其籽实称苴或黄）。可以说夏商西周时期的主要粮食作物不外乎粟、黍、稻、来（小麦）、牟（大麦）、菽（大豆）、麻这七种①。

随着历史发展，这七种农作物到了商和西周以后地位逐渐发生改变，与新石器时期一样，这一时期在粮食作物中黍、稷（粟）仍占主要地位，据于省吾统计，殷墟卜辞中卜黍之辞有106条，卜稷之辞有36条，黍与稷在卜辞中出现的次数大大超过其他粮食作物；《诗经》中，有19篇讲到黍，有18篇讲到稷，其余作物出现的次数都比黍、稷少；《尚书》中提到的粮食作物，主要也是黍、稷，如《盘庚》篇说“惰农自安……不服田亩，越其罔有黍稷”，《酒诰》篇说“其艺黍稷，奔走事厥考厥长”。所有这些，都说明黍、稷在夏商西周时期仍是主要的粮食作物。

与黍比较，稷在实际生活中的地位更重要。卜辞中卜黍次数虽比卜稷次数多，稷在《诗经》中出现次数亦少于黍，但从产量上看，稷多于黍，自新石器时代中期以来它就是黄河中下游最主要的粮食作物，并成为农神的尊号、国家（社稷）的代称，粟的原始象形字禾则成为谷物的共名，就是稷的这种特殊地位的反映。

在新石器时代水稻主要分布在长江流域以南的广大地区，黄河流域分布较少。夏商西周时期逐渐引进到北方，据《史记·夏本纪》记载，夏禹治水后，曾“令益予众庶稻，可种卑湿”，指要在低湿地区发展水稻生产。在郑州白家庄和安阳殷墟的考古发现，商朝时期黄河南北均有水稻种植。西周以后，北方水稻又有进一步发展。《诗经·豳风·七月》中有“十月获稻，为此春酒”；《唐风·鸨羽》中有“王事靡盬，不能蓺稻粱”；《鲁颂·闷宫》中有“有稷有黍，有稻有秬”。豳、唐、鲁分别在陕西彬州、山西太原和山东曲阜，由此可见，北方很多地区已有水稻种植。

麦包括小麦与大麦，古代称为“来”与“牟”。《诗经·周颂·臣工》：“于皇来牟，将受厥明，明昭上帝，迄用康年。”《周颂·思文》：“贻我来牟，帝命率育。”有时也直

① 刘道锋.《诗经》中的农作物、野菜、野果与古人的饮食生活[J]. 农业考古，2008（6）：25-27.

接称麦，如《豳风·七月》："黍稷重穋，禾麻菽麦。"菽是大豆，原产于中国，在新石器时代可能已经栽培。西周时期大豆可作粮食，也可作蔬菜食用。

麻在新石器时代被利用或栽培，到夏商西周时期成为一种相当重要的作物。麻在古代既是粮食作物又是纤维作物，这是因为其籽实（被称为苴）是粮食作物之一，茎部的韧皮是主要的纺织原料。《诗经·豳风·七月》："八月断壶，九月叔苴。"苴就是当粮食用的大麻籽。《陈风·东门之池》："东门之池，可以沤麻。"《陈风·东门之枌》："不绩其麻，市也婆娑。"说的就是沤制大麻纤维和利用其纤维织成纱或线以备织布。

夏商西周时期，黍、稷在粮食作物中占主要地位；麻主要用作纺织原料；水稻已向北传到黄河流域，由于没有普遍栽培，被视为粮食中的珍品；麦、豆是初次记载的作物，这便是夏商西周时期主要农作物组成的轮廓。

2. 农业结构 夏商西周时期经济作物没有完全从粮食作物中分离出来。据《夏小正》记载，当时的"园"中已有染料作物蓝的生长。《诗经》有关于麻田的记载，麻是当时最重要的纤维作物，而当时人们广泛采集利用的植物纤维原料——葛藤，仍处于野生状态。

"桑"可以说是《诗经》中出现频率较高的植物，桑树、桑枝、桑叶、桑葚、桑土（桑根）、桑薪等屡屡被引用入诗，并且延伸出了桑中、桑间、桑野、桑田、桑林、桑社等词语①。在《诗经》的305篇诗中，有19篇与桑有关，如《国风》中的《鄘风·桑中》《卫风·氓》《郑风·将仲子》《魏风·汾沮洳》，《小雅》中的《小雅·南山有台》《小雅·黄鸟》《小雅·小弁》，《大雅》中的《大雅·皇矣》《大雅·桑柔》等。《诗经》中关于"桑"的描写很多是与爱情有关的，如《豳风·七月》："春日载阳，有鸣仓庚。女执懿筐，遵彼微行，爰求柔桑。"还有用桑叶的生长情况暗示爱情的状况，如《卫风·氓》："桑之未落，其叶沃若。于嗟鸠兮，无食桑葚！……桑之落矣，其黄而陨。自我徂尔，三岁食贫。"从《诗经》描写还可以了解到当时既有大面积的桑林、桑田，如《魏风·十亩之间》中"十亩之间兮，桑者闲闲兮，行与子还兮。十亩之外兮，桑者泄泄兮，行与子逝兮"，还有在宅旁和园圃中广泛种桑的。

《夏小正》中关于"囿有见韭""采芸""采堇""采蘩"等记载，说明当时已经种植蔬菜了。夏商周时蔬菜和果树以及粮食是一种混种形式，房前屋后也会种植蔬菜，这种方式在今天的农村还仍然存在。商周时逐渐出现了不同于大田的园圃，它的形成有两条途径：其一是从圃中分化出来。人们把一定范围的土地圈起来，保护和繁殖其中的草木鸟兽，这就是囿，有点类似现在的自然保护区。在囿中的一定地段，可能种植某些蔬菜果树等。其二是从大田中分化出来。如西周有些耕地春夏种菜蔬，秋收后修筑坚实作晒场。

为了满足生存需要或者是为了满足生活多样性的需求，这一时期人们加大了对山林川泽地区的利用。因为这里有各类山货以及水产品，在以半干旱草原为主的自然环境中

---

① 张虹.《诗经》桑物象文化意蕴浅探[J].渭南师范学院学报（综合版），2010（3）：46-49.

显得特别珍贵。山林川泽被人们称之为“物之钟”“国之宝”。《国语·周语上》：“民之有口，犹土之有山川也，财用于是乎出，犹其原隰之有衍沃也，衣食于是乎生。”“山林川泽”与“原隰衍沃”相提并论，显示了它在经济生活中的重要地位。这不仅与自然环境有关，还由于种植业经常受自然灾害的威胁收成不稳定，人们为了生活，不得不以山林川泽的天然资源作为必要的补充。一方面可以用山林川泽来放牧和种植经济林木，同时也是对其自然资源的保护与利用，这可以从当时的职官——虞衡的职责得到证明，虞衡的主要职责为狩猎、捕鱼、采集野生植物，对林木保护利用，属广义农业的范畴。

二、作物栽培技术

夏商西周时期农作物栽培技术较原始农业时期有了明显的改进，主要表现在对农田的清理整治、选择作物良种、施肥及中耕和治虫技术的萌芽等方面。

1. 整治农田　对开垦土地进行翻耕和整治是农业进步的重要表现。原始社会实行“刀耕火种”的耕作方式，到夏商时期，人们已经有选择较平坦适于耕种之地的意识，选好后火烧荒地上的树木、杂草，再沿烧过的土地边缘掘土聚垄构成一块田地，并在此农田内横、竖再掘一条或数条沟渠，使之成为垄厢，这样就形成最初垦辟整治的农田。正像《论语·泰伯》中所讲，大禹“尽力乎沟洫”，《尚书·益稷》亦载禹“浚畎浍距川”，这里的沟洫畎浍，都是指整理过的田间大大小小的水沟，表明这一时期的田地是经过整理的。

西周时期，已有关于农田整治明确的记载，除《周礼》中的“匠人”“遂人”“稻人”有相关农田沟洫记载外，《诗经》《春秋左传》等也有大量记载。《诗经·小雅·信南山》中有“信彼南山，维禹甸之，畇畇原隰，曾孙田之，我疆我理，南东其亩”，《毛诗故训传》中有“疆，画经界也；理，分地理也”。“我疆我理”就是根据地形做好水沟和田垄。《诗经·大雅·绵》还记载周先王古公亶父率周族迁至岐下定居，“乃疆乃理，乃宣乃亩，自西徂东”。“亩”就是垄，在这里指修治垄亩。“宣”为泄义，在这里指沟洫田亩。《尚书·梓材》中“若稽田，既勤敷灾，惟其陈修，为厥疆畎”，是说在修治农田时要设置疆界、挖好沟渠。《礼记·月令》有孟春之月“皆修封疆，审端径术”，其中“径”是指田间道路，“术”通“遂”，也就是说在田间修沟洫，这与“疆理土地”“为厥疆畎”是一样的道理。

2. 选择良种　原始农业时期，农作物常表现为杂合群体的特征，如余姚河姆渡、桐乡罗家角、吴兴钱山漾、吴县草鞋山等遗址中都出土了籼、粳并存的水稻杂合群体，这种杂合群体符合原始粗放栽培技术条件，同时它们对多变的环境有着较大的适应性，反映了种质基因的多样性，是后世开展选种、培育良种的基础。

经过长期生产实践后，人们逐渐认识到不同种子的收成有早晚、产量有高低、品质也有好坏，随着祭祀、酿造、嗜好等要求的不同，人们对农作物的类型和特性也有不同要求，选择良种的意识才开始出现。

夏商西周时期，人们选种的标准是高产、质优及成熟期不同，如《诗经·大雅·生民》中“诞降嘉种，维秬维秠，维穈维芑”，《毛诗故训传》载“秬，黑黍也；秠，一稃二米也。穈，赤苗也；芑，白苗也”。“秬”“秠”都是黍的嘉种；苗指粟，“穈”“芑”是粟的两种不同良种，这说明中国在这个时期已有了作物品种和良种的概念。《诗经·豳风·七月》载“黍稷重穋，禾麻菽麦”；《诗经·鲁颂·閟宫》也载“黍稷重穋，稙稚菽麦”。《毛诗故训传》解释说，“后熟曰重，先熟曰穋”“先种曰稙，后种曰稚”。说明当时对黍、稷、菽、麦等作物已培育和选择了收获期、播种期不同的品种类型，这对合理利用农时和劳动力、抵御自然灾害、满足粮食需求都具有重要的意义。

3. 施肥技术的萌芽 施肥技术是中国精耕细作农业的重要组成部分，在传统农业中具有非常重要意义。传说商汤时期，人们已经注意到水肥问题，如《韩非子·内储说上》中“殷之法，弃灰于公道者断其手”，《氾胜之书》中“汤有旱灾，伊尹作为区田，教民粪种，负水浇稼”。出土的甲骨卜辞中，也反映了这一情况。如甲骨文中有“尿”字，胡厚宣释为“屎”，“屎田”即给田施肥。卜辞中还有如“尿有足，乃圣田”（《甲骨文合集》9480），这是说要在施用充足的粪肥以后，再耕垦农田。再如“庚辰卜，贞翌癸未尿西单田，受有年，十三月”（《甲骨文合集》9572），这段话的意思是说在闰十三月庚辰日这一天占卜，问第三天后的癸未日给西单（商都西郊外地）的农田施肥，会有好的收成吗？

到西周时，人们对农田施肥更加重视，如《诗经·周颂·良耜》中“荼蓼朽止，黍稷茂止”，这是说当时人们已利用中耕过程产生的杂草提升土壤的肥力。此外，焚烧杂草、作物秸秆和生活杂物的灰烬，污秽物堆积也可用作农作物的肥料，如《周礼·地官司徒·草人》所谓的“粪种”，就是给农作物施肥的意思。

4. 中耕除草的肇始 中耕除草是中国传统农业精耕细作重要组成部分，是获得农业增产增收的重要环节或措施，这一重要环节亦起源于夏商时期，甲骨卜辞有“其弗蓐？”（《甲骨文合集》9492），辛未贞：“今日蓐田？”（《甲骨文合集》28087），“臣蓐”（《甲骨文合集》9492）等。蓐、蓐、蓐都是耨字，像手持蚌器除草松土状，这是目前已知最早的有关中耕除草的明确记载。西周时期，人们对中耕除草更加重视，并且已在实际生产中逐步普及了这项十分重要的增产措施。《诗经·小雅·甫田》中“今适南亩，或耘或耔，黍稷薿薿”，《周颂·载芟》中“厌厌其苗，绵绵其麃”，就是中耕除草、培土间苗的事情。《毛诗故训传》中“麃，耘也”“耘，除草也；耔，壅本也”，也是关于除草的内容。这些记载反映了人们早已认识到中耕除草和壅土培根对作物生长所起的良好作用。《国语·周语上》中记载，虢文公对周宣王说，春播后农夫就要抓紧中耕，要“日服其镈，不解于时”。周天子不但在春耕时要举行藉礼，在中耕时也要举行藉礼，反映中耕除草确实是西周的一项重要农事活动。

5. 防治虫害技术的出现 害虫一直是农业生产的大敌，原始社会“刀耕火种”和实行撂荒耕作制，能解决部分虫害问题。到夏商时期，虫害问题进一步引起人们的重视，甲骨卜辞有“弜亡雨，其出于田”（《摭续》216），“弜”是否定副词，词义与“弗”略同，是“长角修股，善跳害稼”的蝗虫形象，这是说：不会没有雨吧，蝗虫在农田中出现了没有？表明当时人们警惕蝗灾的发生，并似乎意识到蝗灾发生与久旱有一定关系。到西周时期，《诗经》中关于虫害的记载更多，如《大雅·瞻卬》中“蟊贼蟊疾，靡有夷届”，《大雅·桑柔》中“降此蟊贼，稼穑卒痒”，以及《大雅·召旻》中“天降罪罟，蟊贼内讧”等记载可以看出人们对害虫造成的危害已经有了充分的认识。

由于认识到害虫危害，人们开始寻求对虫害进行防治，《诗经·小雅·大田》：“去其螟螣，及其蟊贼，无害我田稚，田祖有神，秉畀炎火”，《毛诗故训传》：“食心曰螟，食叶曰螣，食根曰蟊，食节曰贼”，表明当时人们已认识到不同的田间害虫，危害庄稼的不同部位，各有其特点。所谓“秉畀炎火”，郑玄的解释是持之付与炎火，使自消亡。这就是说，人们已经知道利用某些害虫的趋光性以火治虫。另外人们在发现害虫时，用手去捕捉害虫也是很自然的。总的来说，当时防治害虫的方法还是比较原始、粗放。

6. 收获和贮藏 收获粮食是农业生产的重要一环，人们辛勤劳动的结果，自然要受到保护，这在很多文献中都有所体现，如《诗经·大雅·生民》中“恒之秬秠，是获是亩，恒之穈芑，是任是负”，《诗经·豳风·七月》中“九月筑场圃，十月纳禾稼”等。

粮食从农田里收回后须保存或储藏得当，才能保证日常生活需要。考古资料证明古人很早就掌握窖储粮食的方式，在磁山、半坡等新石器遗址中发现了大量的储藏窖穴。夏商时期，除窖储以外，还发明了仓储，如甲骨文中有“亩”字，即仓廪之“廪”，原字作“命”“奋”等形，这应是仓廪的象形字。西周时期粮食的储藏已明确有仓、廪、庾三种方式，《周礼·地官司徒》有“仓人掌粟入之藏”的记载，《诗经·周颂·丰年》有“亦有高廪，万亿及秭”，其注为“廪，所以藏粢盛之穗也”，《周礼》注有“藏米曰廪”。因此，这里所称廪，有的是堆放收获的谷穗，有的则是堆放谷粒。《诗经·小雅·甫田》：“曾孙之稼，如茨如粱。曾孙之庾，如坻如京。乃求千斯仓，乃求万斯箱。”这里讲的是周朝粮食丰收情景，地里收的庄稼堆得如屋如车一样，堆谷的庾，高大如山丘，需要成千个仓、成万个箱才能装下。这些诗句，生动地描绘了西周农业生产发达的盛况，同时也说明，当时已用仓（屋内藏粟）、廪（敞屋藏穗和谷）、庾（露地堆谷）来储藏粮食了。

三、耕作制度

耕作制度作为农业科学的特定概念虽然在近代才形成，其历史源头却可以追溯到人类祖先发明种植业的第一天开始。夏商西周时期的耕作制度是由撂荒耕作制向轮荒耕作制过渡的时期，它也是以“菑、新、畬”和“田莱制”及“易田制”为代表的短期和定期的轮荒耕作制度。大约在商代和西周前期通行了“菑、新、畬”为代表的轮荒耕作制，至西周中后期和春秋战国时期，则发生了由“菑、新、畬”耕作制向“田莱制”和“易田制”的转变。

1. 以“菑、新、畬”为代表的轮荒耕作制 夏商西周时期“菑、新、畬”是对农田的三个专用称谓。《尚书·大诰》中的“厥父菑，厥子乃弗肯播”；《尚书·梓材》中的“若稽田，既勤敷菑”；《诗经·周颂·臣工》中的“亦又何求，如何新畬”；《诗经·小雅·采芑》中的“于彼新田，于此菑亩”;《周易·无妄·六二》中的“不耕获，不菑畬”等，都提到了这三个专用名词。据《尔雅·释地》解释：“田，一岁曰菑，二岁曰新田，三岁曰畬。”由于这种解释过于简单，难以判断其准确的含义，所以在历史上形成了众说纷纭的状况。大体说来，有两种基本看法：一种看法可以称其为“垦田三阶段说”，认为“菑”是垦后第一年的田；“新”是垦后第二年的田；“畬”是垦后第三年的田。另一种看法可以称其为“撂荒复壮说”，即“菑”是“不耕田”，徐锴解释说“田不耕则草塞之”，也就是说，“菑”是弃耕长草的撂荒地；“新”是已经撂荒二年，正在复壮的地；“畬”是经过撂荒复壮，准备重新垦耕的地，《说文解字》解释说“畬，三岁治田也”。前一种说法以经学家为代表，后一种说法以文字学家为代表。现在多数人认为，文字学家的说法比较符合实际。这就是说，“菑、新、畬”是已耕地经过弃耕撂荒、复壮，然后再重新垦耕的过程。《周易·无妄·六二》中所说的“不耕获，不菑畬”，它给人们的信息是，在殷商末期和西周初期，有两类农活：一类是在已耕地上从事耕作和收获，即所谓“耕获”；另一类是在撂荒地上从事垦田和治地，即所谓“菑畬”。“耕获”是为了取得当年的好收成；而“菑畬”则是为了给下一年准备好耕地。这里把“耕获”同“菑畬”对举，说明当时在农业生产上是采取的已耕地和撂荒地之间短期轮换的轮荒耕作制。这种轮荒耕作制比原始社会的撂荒耕作已有明显的进步：第一，缩短耕地闲置的期限，提高了土地利用率；第二，利用休闲时间有计划恢复地力。说明这一时期已经有了用地和养地的意识。

虽然“菑、新、畬”可以养地，但是还没有实行人工施肥等措施。为了更好地利用土地，西周至春秋时期，随着农业生产力的发展，种植制度发生了由“菑、新、畬”向“田莱制”和“易田制”的演变①。

2. 以“田莱制”和“易田制”为代表的轮荒制 对于“田莱制”，《周礼·地官司徒·遂人》记载：“辨其野之土，上地、中地、下地，以颁田里。上地，夫一廛，田百亩，莱五十亩，余夫亦如之；中地，夫一廛，田百亩，莱百亩，余夫亦如之；下地，夫一廛，田百亩，莱二百亩，余夫亦如之。”西汉刘熙《释名·释地》给予的解释是：“已耕者曰田，田，填也，五稼填满其中也。”这就是说，已耕地叫田。《周礼》郑玄注认为“莱，谓休不耕者”，即休而不耕则草来之，这才是“莱”的真正含义。也就是说，“莱”是撂荒地。由此可见，所谓“田莱制”也就是已耕地与撂荒地之间进行定期轮换的轮荒耕作制。

“易田制”与“田莱制”方式基本相同。《周礼·地官司徒》中记载的“易田制”是：“凡造都鄙，制其地域而封沟之，以其室数制之，不易之地，家百亩；一易之地，家二百亩；再易之地，家三百亩。”据郑玄注的解释：“不易之地，岁种之，地美，故家百亩；一易之地，休一岁乃复种，地薄，故家二百亩；再易之地，休二岁乃复种，故家三百亩。”在这里“易”字作更易或轮换解，由此可知，所谓“易田制”也是已耕地和

---

① 韩茂莉. 中国古代农作物和植制度略论[J]. 中国农史，2000（3）：91-99，64.

撂荒地之间有计划的定期轮换的轮荒耕作制。

杨庆媛等人认为，与撂荒农作制相比，人工养地措施的应用和改进使得轮荒制中土地利用率有较大的提高。休耕地开始摆脱完全依赖自然力恢复地力的状况，但是，无论是撂荒还是轮荒都是粗放的土地利用方式，主要依靠土地的自然肥力耕作。大量未开垦的荒地为撂荒或者轮荒提供了物质基础，因此，轮荒制是与当时生产力以及人地关系相适应的一种耕作制度。

从“菑、新、畬”到“田莱制”再到“易田制”的变化是和人与自然关系、人口密度与可利用土地规模紧密结合在一起的。由于对肥料利用认识不足，更重要的是人稀地广，在这种情况下采用“菑、新、畬”耕作模式；随着人口的增多以及对粮食需求的增大，如酿酒业的发展，最后耕作制度逐渐转变到后来的“田莱制”以及“易田制”。任何一种耕作形式，都是与当时的生产技术、人地关系以及对粮食的需求相适应的。

3. 垄作、条播的出现　垄作是夏商西周时期农业生产技术的突出特点，它的出现是与沟洫制度密切相关的。

作为农田形式的垄，其古称为“亩”。亩字原作“畮”，又作“畒”，形异义同。《国语·周语》韦昭注：“下曰畎，高曰亩。亩，垄也。”据此可知，亩就是一种高出地面的畦畴，也就是后世所说的垄。

中国农田沟洫起源很早，亩的出现也应是很早的。《孟子·告子下》中“舜发于畎亩之中”，说明尧舜时代可能已有畎亩。不过，初期的“亩”是自然形成的，没有固定的形状和明确的规格。到了西周时，关于亩的记载就多了，修亩也有了一定的规格和技术要求，作为农田结构形式的亩发展到了一个新的阶段，形成了具有比较完整意义的垄作。《诗经》的内容可以证实这一时期垄作法的发展，如《小雅·信南山》中的“我疆我理，南东其亩”；《大雅·绵》中的“乃疆乃理，乃宣乃亩”；《周颂·载芟》中的“有略其耜，俶载南亩”；《周颂·良耜》中的“畟畟良耜，俶载南亩”。诗句中屡有“南亩”“南东其亩”的记载，可见当时作亩，已有一定的行向要求。所谓“南亩”，就是将垄修成南北向；所谓“南东其亩”，就是将垄修成南北向或东西向。这种行向是根据“土宜”，即地势的高低、水流的方向和是否向阳等来决定的。

西周以后，垄作得到普及，亩逐渐规格化，出现了以宽六尺、长六百尺为一标准亩的趋向。由于亩的大小逐渐固定，以亩为单位来计算土地面积也比较方便，这样，亩就由原来的耕作方式，逐渐转变成了一种土地面积单位。中国土地面积上所使用的基本计算单位——亩，就是这样发展而来的。

与垄作紧密联系的条播也在此时期出现。《诗经·大雅·生民》：“蓺之荏菽，荏菽旆旆，禾役穟穟，麻麦幪幪，瓜瓞唪唪。”这是有关作物播种和疏密的记载。《毛诗故训传》：“役，列也。”“禾役”指禾苗的行列。“穟”通“遂”，即通达。禾行通达，当然是为了通风和容易接受阳光，这反映最迟在西周时期已实行条播了。

4. 实行耦耕　“耦耕”是夏商西周时期大田耕作中广泛采取的一种协作劳动方

式。殷墟卜辞有“王大令众人曰劦田”①，《诗经·周颂·噫嘻》中有“十千维耦”，《诗经·周颂·载芟》亦有“千耦其耘”的记载，《周礼·地官司徒·里宰》还说“以岁时合耦于锄，以治稼穑，趋其耕耨”，等等。

“耦”同“偶”，意指两人并肩而耕，表明当时在农业生产上是以两人为一组的协作劳动。《周礼·冬官考工记》中“匠人为沟洫，耜广五寸，二耜为耦。一耦为伐，广尺深尺谓之甽”②，郑玄注“古者耜一金，两人并发之，其垄中曰甽”，说明当时修建农田沟洫是采用两人为一组，各执一耜，相并挖土的方式。耒是一种尖锥式农具，虽改成扁平刃，成为耜，但其刃部很窄，由于手推足跖，入土比较容易，挖出较大土块则很难，而实行多人并耕则可以通过合力来解决这一问题。因此耦耕是以农田沟洫制度的存在为前提的，这种耕作方式很可能从夏禹时代或其前就开始，后来广泛流行于西周农田沟洫系统大发展的时期，并延续到春秋时代。

耦耕不仅可以挖掘农田沟洫，在垦耕、除草、播种等各项农事工作中也大有用途，《诗经·周颂·载芟》中有“载芟载柞，其耕泽泽，千耦其耘，徂隰徂畛”，这里的“千耦其耘”就包括了除草和修治田地。《国语·吴语》中“譬如农夫作耦，以刈杀四方之蓬蒿”也讲的是这一意思。

耦耕亦是这一时期农业生产的显著特点之一，这是与当时大量使用石、木、骨、蚌农具分不开的，单个农民力量不足，难以独立完成某些农业劳动，因此就必须实行这种在低生产力水平下的劳动协作。

第七节　园圃和林业

自有文字始，中国便有关于园圃的记载。据郭沫若对殷墟卜辞的考证，殷商时期与园圃种植有关的文字有“圃”“囿”“果”“树”“桑”“栗”等③。《诗经》中有大量关于各种花木植物的记录，其中不但记有松、柏、竹、梅、桃、李、桑和麻等130多种植物，还有植物栽培、修剪技术。

一、早期的园圃

园圃以蔬菜、瓜果及其他一些经济作物为主要栽培对象，在夏商西周时期由萌芽到发展经历了一个漫长的过程。

1. 园圃的产生　在人类食用各种野生植物的果实过程中发展出人工栽培的良种。《淮南子·修务训》：“古者，民茹草饮水，采树木之实。”意思是说远古人类的主要食品之一，是草本植物和一些木本植物的果实。原始农业产生后，在很长时期内，蔬果类作物一直跟谷物混种在一起，后来才逐渐有所区分，分别种在大田的疆畔、住宅的四旁。

---

① 梁家勉. 中国农业科学技术史稿[M]. 北京：农业出版社，1989：62.

② 同①。

③ 赵晓峰，王其亨. 先秦时期中国私家园林寻踪[J]. 天津大学学报（社会科学版），2003（4）：312-315.

其专门种植蔬菜果树的农用地即园圃，大概在夏商西周这一历史阶段开始出现。

考古发现在商朝之前就已经有园圃了，在浙江余姚河姆渡村古文化遗址第 2 期发掘出土的文物中，有一件夹沙灰陶残片，上刻一方形盆盂，盆上长着 5 叶组成的植物，中叶直立向上，另 4 叶分居两侧互相对称，叶片粗壮茂盛、生机勃勃。1983 年出土的良渚文化（相当于夏朝）文物中，也发现了一件雕有盆盂花卉植物的玉琮[①]。甲骨文中有、、[②]等字，经文字学家考证，认为这是三种不同写法的园圃，表示一定范围内生长着草和木。《诗经》中亦有多处文字提到了园圃：如《国风・东方未明》中有“折柳樊圃，狂夫瞿瞿”；《国风・园有桃》中有“园有桃，其实之淆。心之忧矣，我歌且谣……园有棘，其实之食，心之忧矣，聊以行国”；《国风・驷驖》中有“游于北园，四马既闲”；《小雅・鹤鸣》中有“鹤鸣于九皋，声闻于天。鱼在于渚，或潜在渊。乐彼之园，爰有树檀，其下维谷”；《小雅・巷伯》中有“杨园之道，猗于亩丘”。这些诗句说明在西周的时候园圃有了一定的发展。《周礼・天官冢宰・大宰》郑玄注：“树果蓏曰圃，园其樊也。”园圃内可以种菜，又可以树果木，这与甲骨文、、表示的意思基本相同。

西周的圃，依然“场圃结合”，即春夏种菜，秋冬之时，再筑而为场，用以堆谷和脱粒，《诗经・豳风・七月》中“九月筑场圃，十月纳禾稼”，反映的就是这种情况。《诗经・小雅・白驹》记载：“皎皎白驹，食我场苗。絷之维之，以永今朝。所谓伊人，于焉逍遥？皎皎白驹，食我场藿。絷之维之，以永今夕。所谓伊人，于焉嘉客。”这说明场中不但长着蔬菜——藿，还有粮食作物的苗，也表明这时的园艺生产还没有完全独立。

《周礼》中的“场人，掌国之场圃，而树之果蓏珍异之物，以时敛而藏之”，即管理宫廷园圃中的果蔬栽培和收藏。这种园圃应已脱离“场圃同地”的发展阶段，只是在名称上保留了早先的痕迹。在西周中期的铜器《同段》铭文中，记载周王所设的官职中有“易”，“易”即《周礼》中的“场人”。西周晚期已有官营园圃应无疑义，这种官营园圃在战国时代仍然存在，如《孟子・告子上》中的“场师”。

甲骨文中“囿”字，作、、诸形[③]，《说文解字》：“囿，苑有垣也……又禽兽有囿。”表明囿是一个围有矮墙或有某种地形标志的畜养禽兽的场所。但从囿字的甲骨文形象看，应该是有规则地生长着某些草木。囿本是统治者畜养野生动物以供观赏或游猎的地方，面积较大，有草有木。其中某些草木，有可能逐步由自然保护发展为人工种植。《夏小正》载“正月……囿有见韭”“四月……囿有见杏”，说明囿内生长着蔬菜和水果。这些蔬果即使不是人工种植的，也得到了人工保护。囿中这种种植或保护蔬果的地方，转化为圃是园圃形成途径之一。

2. 蔬菜种植情况　　韭，中国原产的百合科植物。历史上有不少关于野生韭的记载，如《尔雅・释草》：“藿，山韭。”《夏小正》中“囿有见韭”，说明西周以前，已有

① 赵晓峰，王其亨. 先秦时期中国私家园林寻踪[J]. 天津大学学报（社会科学版），2003（4）：312-315.

② 梁家勉. 中国农业科学技术史稿[M]. 北京：农业出版社，1989：74.

③ 同②。

人工种植韭。在古代，韭菜的嫩叶可鲜食，也可作菹（腌菜），除了食用还可以作祭品。《诗经·豳风·七月》：“四之日其蚤，献羔祭韭。”《周礼·天官冢宰·醢人》：“朝事之豆，其实韭菹。”

芸，《夏小正》中有“正月……采芸”，表明“芸”是越年生植物，初春生长，二月开花，见《夏小正》“二月……荣芸”。还可以通过《诗经·小雅·裳裳者华》中“芸其黄矣”，可知其色为黄。夏纬瑛推断芸为芸薹菜，即油菜。在甘肃秦安大地湾仰韶文化遗存中发现了油菜种子，可与《夏小正》记载互相印证，证明这种蔬菜已为人们所栽培。

瓜，一年生葫芦科植物，新石器时代被利用。《诗经·大雅·生民》中记载：“禾役穟穟，麻麦幪幪，瓜瓞唪唪。诞后稷之穑，有相之道。茀厥丰草，种之黄茂。实方实苞，实种实褎。实发实秀，实坚实好。”《小雅·信南山》描写西周田野景象，“中田有庐，疆场有瓜。是剥是菹，献之黄祖”，说明已经人工栽培瓜了，除供生吃熟食外，还进行腌制。

瓠，也称壶，老硬时称匏，是一种十分古老的葫芦科植物，被利用的历史可以追溯到原始时代，人工种植也很早。《诗经·豳风·七月》中有“七月食瓜，八月断壶……九月筑场圃，十月纳禾稼”，“断壶”与“食瓜”并提，均在“筑场圃”之前，指采摘种在圃中的瓠。瓠的嫩叶和嫩瓜可食，老瓜的硬壳则被利用作容器和涉水的工具等，用途相当广泛。

从《诗经》等文献看，当时食用蔬菜有20多种，但可以肯定为人工栽培的只有4种，这说明当时人们在相当程度上还主要依靠采集野菜佐食。但这一时期的蔬菜，有些单从文献看，不易确定其是否为人工栽培，实际上却很早就被栽培了。另据《夏小正》记载有杏、梅、桃、枣、栗5种果树，其中至少杏和梅是人工栽培或受人工保护的。《诗经》中所载的果树种类更多，但可以确切判定为栽培果树的较少。

二、林业的萌芽

农耕出现后，人们为了扩大耕地规模，不断焚林辟地，致使人们居处附近的树林日益减少。为满足人们在生产、生活上对林木的需要，人工种树得到重视和发展。

甲骨文中有埶（、）①，象人蹲着种树或种庄稼之形，这表明人工种树在商代可能已经发生。甲骨文中还有林（、）、森（、）②二字，表明商代已经开始有了森林的概念。

《诗经·小雅·鹤鸣》载“乐彼之园，爰有树檀”，这是西周时期植树的最好佐证。虽说零星植树并不等于造林，但经营林业却在这个时期开始萌芽了。

《诗经》中记载的树木种类有楚、柏、椅、桐、梓、漆、竹、桧、松、杞、檀、柳、枢、榆、栲、棘、椒、杜、栩、杨、栎、棣、檖、枌、樗、枸、楰、杻、柞、棫、柘、柽、椐、棠、李等30多种，体现出西周至春秋时期中国树种资源的丰富，也说明了当时中国人民已经积累不少林木知识，否则这么多的树种是难以被区别和详细记录下

① 梁家勉. 中国农业科学技术史稿[M]. 北京：农业出版社，1989：77.

② 同①。

来的。当时利用的树木主要有：

檀：主要用作造车。在《诗经》中多次提到，《小雅·鹤鸣》中有“乐彼之园，爰有树檀，其下维萚”；《郑风·将仲子》中有“将仲子兮，无逾我园，无折我树檀”，说明檀树已经栽种在园子里了。《诗经》中一再提到“檀车”，如《小雅·杕杜》中“檀车幝幝，四牡痯痯”，《大雅·大明》中“牧野洋洋，檀车煌煌”。这里的檀是黄檀，它具有质地坚硬、纹理细密而光滑的特性，特别适于制造车轮和车轴。这些词句不仅说明西周时期已利用黄檀造车，也说明当时对黄檀的质地有了相当的了解。

松、柏：主要用作造船材料。《诗经》中也有相关记载，如《邶风·柏舟》中的“泛彼柏舟，亦泛其流”；《鄘风·柏舟》中的“泛彼柏舟，在彼中河”；《卫风·竹竿》中的“淇水滺滺，桧楫松舟”。松木材坚实通直，适宜制桨与橹。松、柏也可用作建筑材料，《鲁颂·閟宫》：“徂来之松，新甫之柏。是断是度，是寻是尺。松桷有舄，路寝孔硕，新庙奕奕。”说的是用徂徕的松、新甫的柏，建造宏伟的庙堂。

椅、桐、梓、漆：主要用来造乐器。《诗经》中《鄘风·定之方中》记载：“树之榛栗，椅桐梓漆，爰伐琴瑟。”由于乐器对材质要求很高，椅、桐、梓、漆具有重量轻、材质软，木理均匀、富有弹性而且又易于加工的特点，是比较理想的乐器用木。漆在古代主要用于髹物。河北藁城台西村商代遗址中也发现过漆器残片 26 块，其中两块有画彩，其他都是先在木胎上用利刃雕成花纹，然后再涂朱、髹漆、镶嵌，表面呈现浮雕式的花纹①。浙江余姚河姆渡新石器时代遗址中曾出土木制的漆碗②。可见对漆树的利用，特别是它的汁液被用作涂料，在中国有着十分悠久的历史。

楚、棘、柞、樗：主要用作薪材。《诗经》中《周南·汉广》有“翘翘错薪，言刈其楚”；《邶风·凯风》有“凯风自南，吹彼棘薪”；《小雅·车舝》有“陟彼高冈，析其柞薪”；《豳风·七月》有“采荼薪樗，食我农夫”等都反映了这一情况。楚是荆条，棘是酸枣。楚、棘、柞、樗生长迅速，再生力强，但不成器材，因而人们将之作燃料用。

这些记载表明到西周时期，中国已经积累相当林木知识以及根据材质利用木材的经验，这为其后林业的发展奠定了基础。

第八节 畜牧业、桑蚕业与水产业

夏商西周时期畜牧业在社会经济中占有很大比重，在所饲养的畜禽中又以大牲畜饲养为主。从卜辞记载看，当时祭祀用牲数目相当多，一次用牲百头牛以上，有时甚至高达“五百牢”或“千牛”。如果没有大量存栏牲畜，是不可能提供这么多牲畜用于祭祀的。军事需要马、牛等大牲畜作为动力以及交通工具，所需数量更大。祭祀和军事对牲畜的需求促进了畜牧业的发展。

---

① 河北省文物管理处台西考古队. 河北藁城台西村商代遗址发掘简报[J]. 文物，1979（6）：33-43.

② 河姆渡遗址考古队. 浙江河姆渡遗址第二期发掘的主要收获[J]. 文物，1980（5）：1-15.

一、畜牧业发展特点

夏商西周时期畜牧业的发展有以下特点：

第一，在所有牲畜中马拥有显著地位，出现水禽饲养，象和鹿也逐渐被驯养。甲骨文中有“王畜马于兹牢”的记载，“牢”与厩一样都是畜养马的地方。《诗经·小雅·鸳鸯》中的“乘马在厩，摧之秣之”；《诗经·周南·汉广》中的“翘翘错薪，言刈其楚，之子于归，言秣其马”，都说明马已经被驯养。《诗经》中记载马的利用很多，如《小雅·吉日》中“田车既好，四牡孔阜”，描写马用于狩猎；《小雅·四牡》中“驾彼四骆，载骤骎骎”描写马用于交通；《小雅·六月》中“戎车既饬，四牡骙骙”描写马用于战争，所有这些都说明马在西周时期作为役畜，已被大量应用于日常生活甚至是战争中了。

象和鹿已被驯养。甲骨卜辞中有“今夕，其雨，获象”的记载。人们把捕获的象加以驯养，以作乘骑，《吕氏春秋·古乐》篇有“商人服象，为虐于东夷”之说。鹿在商代是重要的田猎对象，到西周时，已有在苑囿中养鹿供观赏的记载，《诗经·大雅·灵台》中“王在灵囿，麀鹿攸伏。麀鹿濯濯，白鸟翯翯”，描述的是周天子在灵囿养鹿取乐的事。

第二，官营以养马为主的畜牧业开始发展。官营畜牧业是随着原始社会的瓦解而产生的。在古代社会中，无论是对外战争、对内镇压人民、祭祀鬼神，还是官家的礼仪、游乐、交通联系，这些都离不开牲畜。马在狩猎、战争、交通等方面具有不可替代的作用。这时期已经出现了后世的所谓“马政”，如夏代设有“牧正”之职，商代除有管理牧地的“牧”外，还设有“马小正”专门管理王室马匹。《诗经·小雅·无羊》中“尔牧来思”的“牧”，与《周礼·地官司徒·牧人》中“牧人掌牧六牲而阜蕃其物，以共祭祀之牲牷”所载的“牧人”工作内容应是类同。

第三，分区因地制宜畜牧。由于幅员辽阔，自然环境和气候条件差异很大，不同地区农作物种类有所区别，牲畜的种类也是存在差别的，官府在管理各地畜牧业生产和征收赋税贡物时也区别对待，如《周礼·夏官司马·职方氏》中就记载了当时全国九州各地所出产的粮食作物和饲养的牲畜，其中畜牧为①：

东南曰扬州（今江苏一带），其畜宜鸟兽（即各种家畜家禽都饲养）。

正南曰荆州（今江汉一带），其畜宜鸟兽（即各种家畜家禽都饲养）。

河南曰豫州（今河南地区），其畜宜六扰（即饲养马、牛、羊、猪、犬、鸡）。

正东曰青州（今河北、山东一带），其畜宜鸡狗（即饲养鸡、犬）。

河东曰兖州（今山东、河南、河北一带），其畜宜六扰（即饲养马、牛、羊、猪、犬、鸡）。

正西曰雍州（今陕西一带），其畜宜牛马（地处黄土高原，只适合草食动物牛、马

① 司牧. 夏商、西周、春秋时期的畜牧业[J]. 农业考古，2008（1）：262-266.

等大牲畜的饲养）。

东北曰幽州（今冀北、辽东一带），其畜宜四扰（即饲养马、牛、羊、猪）。

河内曰冀州（今晋中晋南），其畜宜牛羊（地处黄土高原，只适合发展草食动物牛、羊等牲畜饲养）。

正北曰并州（今晋北一带），其畜宜五扰（即饲养马、牛、羊、猪、犬）。

二、畜牧管理

1. 牲畜的饲养管理　《周礼》中包含了许多有关畜牧管理内容，如国家的马政、牧场设置与维护、马牛繁育及调教训练、畜牧医疗、祭祀用牲等方面。当时的畜牧业管理制度相对而言已经比较完善，六畜的管理机构分为两个系统：

一是设置祭祀用牲管理机构，包括牧人、羊人、鸡人、犬人等；牧人负责放牧六畜，供给祭祀所需要的牺牲。《周礼·地官司徒·牧人》记载："牧人掌牧六牲而阜蕃其物，以共祭祀之牲牷。"牧人虽负责饲养六畜，但主要是负责祭祀用牲。清人江永认为"国有祭祀，牧人共之于王朝。牛入地官牛人、充人及司门；羊入夏官羊人，豕入冬官豕人，犬入秋官犬人而豢于地官之槁人，鸡入春官鸡人，马入夏官圉人。"（《周礼疑义举要》卷二）意思是说：牧人是负责放养供应祭祀所需牺牲的职官，而牛人、羊人等是供应牺牲的职官，他们需要的牲畜从牧人处领取。祭祀时牧人将饲养的牛牲交给地官的牛人、充人和司门管理；羊牲交给夏官的羊人管理；猪牲交给冬官的豕人管理；犬牲交给秋官的犬人和地官的槁人管理；鸡牲交给春官的鸡人管理，马牲则交给夏官的圉人管理。牛人与羊人又不同，"牛为大牲，所用者多，则远郊又有牛田，牛人掌之，养国之公牛，而祭事用牛者，与牧人并共也"（《周礼疑义举要》卷二）。

二是国家军事、经济活动用牲由校人、牛人等负责饲养和管理。"校人"是负责朝廷用马的管理机构，他与牧人专职负责饲养有所不同。《周礼·夏官司马·校人》中记载："校人掌王马之政。"孙治让解释："官所畜之马，以给王事者，别于民马，谓之王马，亦即《驭夫》所谓公马也。"[①]牧师是校人属下专职放牧马的官员，同时负责牧场的管理和维护。《周礼·夏官司马·牧师》中记载："牧师掌牧地，皆有厉禁而颁之。"

2. 牲畜的繁育管理　夏商西周时期在牲畜繁育方面积累了大量经验。春季马牛可以吃食青草，身体迅速发育，此时配种到生育时又适值冬月农闲季节，有利于保护母畜，所以官府一般把春季作为马牛的配种季节，在中春的时候将雌雄牲畜混合放牧，可以促进马牛的交配。例如《周礼·夏官司马·牧师》中记载："中春通淫。"放牧马、牛时，还注意搭配公母比率。例如《周礼·夏官司马·校人》中记载："凡马，特居四之一。"即在数量上母马是公马的三倍。夏季的时候开始对公马进行阉割，趣马协助驭夫处理公马阉割的事务。例如《周礼·夏官司马·趣马》中记载："辨四时之居治，以听驭夫。"未成年的马由廋人负责阉割，成年的马由校人负责阉割。由此，可以看出饲养

① 孙诒让. 周礼正义（第10分册）[M]. 北京：中华书局，1987：2613.

牲畜方面是各司其职，这说明了当时的养马技术达到一定水平。阉割术对马匹选育良种和提高利用率有重要的作用，是改良品种的有效办法，大大提高了马匹的质量和价值，同时也增强了马的承载能力。夏季的时候要进行“颁马”，将公马与怀孕的母马分开放牧。例如《周礼・夏官司马・校人》中记载：“夏祭先牧，颁马。”①

除了要将公马与母马分开，还要将小马驹与母马也分开，这就是“执驹”。《周礼・夏官司马・校人》：“春祭马祖，执驹”；《周礼・夏官司马・廋人》：“以阜马、佚特、教駣、攻驹及祭马祖、祭闲之先牧及执驹、散马耳、圉马。”郑司农解释：“二岁曰驹。”②执，通絷，郑玄说也就是拘。“执驹无令近母，犹攻驹也。”③就是把小马驹与母马分开，使不混杂于牝马之间，以免影响母马妊娠。同时配种必用强壮牡马④。

夏商西周时期养殖方式由放牧逐渐到放牧和圈养相结合，放牧的时间为春分至秋分时节，“春分百草始繁，则牧于坰野，秋分农功始藏，水寒草枯，则皆还厩也。”⑤春季野外放牧时，饲养人员对马厩牛圈进行清理，如《周礼・夏官司马・圉师》中记载：“圉师掌教圉人养马，春除蓐、衅厩、始牧。”蓐，就是厩圈中铺垫的草，为了保持厩圈整洁干燥，圉师分派圉人趁马牛在野外放牧时清除厩中旧草和粪便，秋季马牛返厩圈养时再铺上新草，保持马厩的清洁卫生。夏天圉师要设凉棚，供马栖息，以避暑热。《周礼・夏官司马・圉师》中“夏庌马”即白天将牲畜驱赶到野外牧地去吃草，晚上就关在圈栏或厩棚内过夜。《诗经・王风・君子于役》中记载：“日之夕矣，羊牛下来”。甲骨文中就有（牢）、（窐）、（宫）、图等字，都是表示将牛、马、羊、猪等牲畜关在圈栏或厩栏内过夜⑥。《诗经・周南・汉广》中记载“翘翘错薪，言刈其楚。之子于归，言秣其马”“翘翘错薪，言刈其蒌。之子于归，言秣其驹。”《诗经・小雅・鸳鸯》中记载“乘马在厩，摧之秣之。”《诗经・大雅・公刘》中记载“执豕于牢。”说明不仅马是在厩，猪也是养在圈栏（牢）里的。

三、兽医学初步发展

中国兽医起源可以追溯到人类开始对野生动物的驯化之时，为提高牲畜的存活率，延长动物寿命，就必须治疗动物疾病，人们在与动物疾病的斗争中诞生了兽医。

夏商时期是兽医的萌芽阶段，根据甲骨文关于马病的卜辞记载，“贞多马亚（恶），其有卜”等，说明当时已有人尝试对马病进行治疗。甲骨文中还有一些与兽医知识有关的文字。到西周时，人们已认识到，疾病的发生是由自然界因素、人为因素引起，从而促进了兽医术的进一步发展和提高。《周礼》《诗经》《山海经》中，记载了人畜通用的

① 孙诒让. 周礼正义（第10分册）[M]. 北京：中华书局，1987：2615.
② 孙诒让. 周礼正义（第10分册）[M]. 北京：中华书局，1987：2614.
③ 同②。
④ 司牧. 夏商、西周、春秋时期的畜牧业[J]. 农业考古，2008（1）：262-266.
⑤ 杨伯峻. 春秋左传注（第二册）[M]. 北京：中华书局，2009：244.
⑥ 同④。

药物有两三百种之多，这时的兽医技术已经较为成熟。

《周礼·天官冢宰》中把牲畜的疾病分为兽病和兽疡两类，并采用了灌药、手术及护养等综合措施。官职中设有“兽医”一职，其职数是“下士四人”，其职责是“掌疗兽病，疗兽疡。凡疗兽病，灌而行之，以节之，以动其气，观其所发而养之。凡疗兽疡，灌而劀之，以发其恶，然后药之，养之，食之。凡兽之有病者、有疡者，使疗之。死，则计其数以进退之”。官职中还设有“疡医”，其职责是“掌肿疡、溃疡、金疡、折疡之祝，药、劀、杀之齐。凡疗疡，以五毒攻之，以五气养之，以五药疗之，以五味节之。凡药以酸养骨，以辛养筋，以咸养脉，以苦养气，以甘养肉，以滑养窍。凡有疡者，受其药焉”。

综上可以总结出，中兽医治疗牲畜疾病分为诊断疾病、分类医治、辅助治疗三步：

诊断疾病：无论是内科还是外科疾病，都要先确诊。

分类医治：内科疾病则直接灌以药物，用药物治疗；外科病，即“兽疡”，除了要灌药外，还要“劀之”，就是对病畜实施外科手术，“以发其恶”，然后在创口上施药调理。

辅助治疗：最后根据牲畜的病情因地制宜地用针石疗法进行治疗。

四、桑蚕业的初步发展

桑蚕自新石器时代被驯养以后，发展到殷商时期，人们已开始祭祀“蚕神”（蚕示）。甲骨文中有“蚕示三牢，八月”的记载，祭蚕用三头牛，不但说明典礼的隆重，同时也反映了当时对蚕的重视程度。

从《夏小正》三月“妾、子始蚕”“执养宫事”和《诗经·豳风·七月》“春日载阳，有鸣仓庚，女执懿筐，遵彼微行，爰求柔桑”的记载来看，当时已经掌握了室内养蚕的技术。这时蚕桑事业有了很大发展，种桑养蚕的地区不断扩大。据《诗经》记载已遍及秦、豳、魏、唐、郑、鄘、卫、曹、鲁等地，相当于今日的陕西、山西、河南、河北、山东一带，也就是说蚕桑事业已遍布于黄河流域。根据《诗经·魏风·十亩之间》记载：“十亩之间兮，桑者闲闲兮，行与子还兮。十亩之外兮，桑者泄泄兮，行与子逝兮。”说明当时不仅能够人工种植桑树，还出现了规模种植的桑园，其面积可以达到十亩。

《礼记·礼运》记载：“昔者先王，未有宫室，冬则居营窟，夏则居橧巢（茅屋）。未有火化，食草木之实、鸟兽之肉，饮其血，茹其毛，未有麻丝，衣其羽皮。后圣有作，然后修火之利，范金合土，以为台榭、宫室、牖户，以炮以燔、以亨以炙，以为醴酪，治其麻丝，以为布帛……”这些内容说的是原始社会人民的生活方式以及劳动人民与大自然作斗争的景象，也是一个利用自然资源的过程，这些资源中就包含了培育桑树和野蚕家养的过程。

丝绸纺织业随同桑蚕业经历了数千年发展，夏商西周时期的丝绸纺织技术已经达到很高水平，如《尚书·禹贡》载“厥贡漆丝，厥篚织文”，说明夏禹时代的丝织锦绮之类就已相当精致。从安阳殷墟妇好墓出土的青铜器上发现粘有回纹绮则证实商代以前的人们就已掌握了提花技术[①]。此外，在文献上，还有锦的记载，如《诗经·小雅·巷伯》记载："萋兮斐兮，成是贝锦。"《毛诗故训传》记载："贝锦，锦文也。"这是中国有关锦的最初记载。由此可见，中国的丝织技术到商周时代已经达到了相当高的水平。

五、水产捕捞与人工养鱼的进步

根据殷墟出土的鱼骨，经鉴定有黄颡鱼、青鱼、鲤鱼、草鱼、赤眼鳟、鲻鱼等多种，《诗经》中涉及的鱼类就有鲂、鲔、鳏、鳢、鲿、鲨、鲤、鲔、鲦、鲟等十几种，这些资料说明夏商西周时期人们认识和利用的鱼类还是比较多的。

人们在长期捕捞中，逐渐积累渔捞的经验和创造更有效的渔捞方法。首先是捕捞工具的制作；其次是鱼类的习性、生活规律的摸索[②]。夏朝以后，水产捕捞仍是重要的生产项目之一，网、钩、笱、射等是主要捕鱼工具。夏文化二里头遗址出土的渔具有制作比较精致的骨鱼镖、铜鱼钩和陶网坠，反映出当时的捕捞技术已有一定进步。《竹书纪年》记载夏王"狩于海，获大鱼"，表明海上捕鱼是当时颇受重视的一项生产活动。《夏小正》有"正月……鱼陟负冰……獭祭鱼""二月……祭鲔"[③]。

殷商时期，甲骨文中有多种网形的文字，如、、（双手拉网鱼）。这些网具既适于陆上捕禽兽，也可用于水中捕鱼。《诗经》中有许多记述人们设网捕鱼的诗篇，如《邶风·新台》中"鱼网之设，鸿则离之"；《国风·卫风·硕人》中"施罛濊濊，鳣鲔发发"，罛就是鱼网；《尔雅·释器》中"鱼罟谓之罛"，与钩相比网的使用大大增加捕捞的数量。除了渔网外，还有用竹子和荆条编织的渔具捕鱼，《诗经·齐风·敝笱》中有"敝笱在梁，其鱼鲂鲔""敝笱在梁，其鱼唯唯"，笱是一种用竹条编成的鱼篓；《说文解字》中记载："笱，曲竹捕鱼笱从。"用笱捕鱼的方法为：先于河渠之上筑一水堰（即梁）拦水，在堰上开一口子，将笱置于其下，鱼顺水从堰口流下落入笱中。还有用罶这种方式捕鱼，《诗经·小雅·鱼丽》："鱼丽于罶，鲿鲨。君子有酒，旨且多。鱼丽于罶，鲂鳢。君子有酒，多且旨。鱼丽于罶，鰋鲤。君子有酒，旨且有，物其多矣。"还有用罩等工具进行捕捞的。

随着人口密度的增加，鱼类需求量的增多，除了改良渔捞的工具和方法外，就是扩大捕捞的水域。受到交通条件的限制，在一定范围内对天然资源的利用就会超过自然的增殖率，为使鱼类资源不至于枯竭，鱼类资源的保护开始受到人们的注意。中国是世界上最早实行鱼类资源保护的国家之一，如西周王室设立官职"渔人"，就是管理和执行渔捞政令的职责，还规定了捕捞时间，秋冬季可以捕捞，如《礼记·月令》载"孟冬之月……乃命水虞渔师，收水泉池泽之赋""季冬之月……命渔师始渔"。春夏两季则禁止捕鱼，也禁止一些破坏性的行为如捕捞鱼苗等。这些措施在保护鱼类资源方面起着很大作用，同时也反映出中国劳动人民与自然有了和谐相处的意识。

---

① 蒋南华. 稻粟、桑蚕种养及丝纺技术：中华远古文化的绝世奇葩[J]. 云梦学刊，2002（1）：46-48.

② 杨钊. 先秦时期的渔捞业[J]. 农业考古，1999（1）：233-234.

③ 同②。

在保护鱼类自然资源的同时，为了获得鱼类的持续供应，殷商时期已有人工养殖的“圃鱼”。《诗经·大雅·灵台》记载：“经始灵台，经之营之，庶民攻之，不日成之……王在灵沼，于牣鱼跃。”这一诗的前四句是述说周文王计划和征集民工建设灵台灵沼的经过，后两句是赞美在沼（池塘）中满池游鱼的活泼状态。如果灵台中（池塘里）养的鱼，是供玩赏而不一定为了食用的话，那么从《诗经·小雅·正月》“鱼在于沼，亦匪克乐，潜虽伏矣，亦孔之炤”，以及《诗经·小雅·鱼藻》“鱼在在藻，依于其蒲，王在在镐，有那其居”等诗句来看，池塘里养的鱼则是为食用①。

中国人工养鱼起源于何时？殷墟卜辞提供了一些线索，如“贞：今日其雨？十一月，在圃鱼”“贞：今……其雨？在圃鱼”“贞：其风？十月，在圃鱼”“辛未卜，贞：今日鱼？十二月，在圃鱼”。从这些卜辞中能看出商王经常在园囿中捕鱼，说明园囿中有大量的鱼类生存着，这些鱼类不同于自然河流中的鱼类，它们很可能是人工放养的②。

为什么说人工养鱼起源于商王室园囿呢？一则养鱼可能供王室成员娱乐，还有可能是与祭祀活动有关。周苏平认为鱼类是祭祀祖宗的供品之一。商周时期的祭祀活动相当频繁，对鱼类的需求是经常性的，在自然河流中捕鱼要受到自然条件的多方面制约，难以满足祭祀活动的需求。人工养鱼正是为适应这种需求而产生的，鱼池养鱼可以比较稳定和持续地为祭祀提供鱼类。《诗经·大雅·灵台》中“王在灵囿，麀鹿攸伏。麀鹿濯濯，白鸟翯翯。王在灵沼，于牣鱼跃。”反映的情况与商朝差不多。

思考题

1. 简述夏商西周时期赋税制度的发展。
2. 简述夏商西周时期耕作制度的发展。
3. 简述夏商西周时期沟洫水利情况。
4. 简述夏商西周时期农业生产工具的发展特点。
5. 简述夏商西周时期土地制度的特点。

① 杨钊. 先秦时期的渔捞业[J]. 农业考古，1999（1）：233-234.
② 周苏平. 先秦时期的渔业——兼论我国人工养鱼的起源[J]. 农业考古，1985（2）：164-170.

第三章

春秋战国时期传统旱作农业的进步

春秋战国时代，是分裂动荡的时代，同时也出现了百家争鸣、人才辈出的景象。社会历史的大格局由统一逐渐分裂，再度变为统一。此间战争不断，各国为适应战争的需要，都先后不同程度根据本国国情而实行了变法改革。社会变革使得新的社会阶级和管理制度出现，同时也催生了新的生产工具出现和生产力发展，从而使得春秋战国时期的农业生产获得了飞跃式的进步，为各国改革变法打下了坚实物质基础，社会变革和农业生产在一定程度上相辅相成，相得益彰。

第一节　社会变革和农业发展

一、社会变革与农业发展环境

从公元前 770 年到公元前 221 年，是中国历史上的春秋战国时代。这一时期无论社会形态、经济领域，还是政治领域、意识形态等，都各有不同特点。就社会整体形态而言，春秋时期仍然是氏族封建制度的时代，到战国中期之后，社会形态则由之前的氏族封建制度向地主官僚制度发生转变。就经济领域而言，在春秋末期，特别是战国初期，随着铁制农具的使用以及牛耕的推广，这一时期的生产力迅速提高，土地私有制也开始出现。在政治领域中，以君主为中心的郡县制逐渐代替了春秋时期以血缘关系为基础的宗法分封制，按照军功爵位定等级的官僚制度也逐渐代替了以往的世卿世禄制。而就意识形态而言，春秋战国时期可谓是中国历史上的第一个黄金时代，产生了适应封建官僚制度的忠君爱国观念，同时也在一定程度上刺激了一些学派大家关于各种思想的讨论，出现了前所未有的百家争鸣新气象[①]。

---

① 晁福林. 中国古代史[M]. 北京：北京师范大学出版社，2009：105-106.

（一）春秋时期的社会变革

公元前770年平王东迁，之后王室衰微，宗法分封制度遭到破坏，周天子逐渐失去天下共主的地位，各诸侯开始争霸，各国之间的兼并战争使得众多分散的小国一点一点被大国吞并。在此社会背景之下，春秋时期绝大多数国家所实行的改革主要是针对经济基础和上层建筑而来的。

最初，齐桓公任用管仲为相，推行变法改革，在内政上，实行“三国五鄙”制度，即把居住在“国”中的“国人”分为三个部分，设置三官管理，“五鄙”是把郊外分为五个属，设立五大夫管理。管仲这样整顿内政目的是将权力集中于君主手中，以便加强统治，同时也使得齐国很快强大，奠定了建立霸业的坚实基础。

晋国在晋文公期间，亦进行变法改革，重用赵衰、狐偃等人，整顿内政，以图夺得霸主地位。其改革特点：一方面注意维护西周以来的宗法制度，同时积极实行一些新的改革变法措施，如整顿吏治，除在姬姓中选任中官外，还选拔异姓去地方做官，并按照功劳起用庶族，在一定程度上对过去的世卿世禄制政治加以改良。

春秋五霸之一的楚庄王，在平定数起贵族叛乱、解决了国家周边的纷扰之后，立即大力整顿内政，发展经济，使农工商各守其业，国内政治经济获得迅速发展。

吴国、越国两国之所以在春秋末期争霸中原，这与他们都进行了不同程度的整顿内政和变法图强分不开。史书记载，吴王阖闾于公元前515年即位后，重用伍子胥、孙武等人“立城郭，设守备，实仓廪，治兵库”，同时大力动员国民垦荒和大兴农桑，注重修建水利工程。公元前493年越败于吴后，越王勾践为报仇雪耻，卧薪尝胆，重用范蠡、文仲、计然；广积蓄，备荒灾，“十年生聚”，终于跃居霸主地位。

（二）战国时期的社会变革

到战国时代，诸侯之间争霸兼并更加激烈，而赢得胜利的关键就是国家实力。要提高国家实力，墨守成规不行，所以各诸侯国都加快变法图强，兴利除弊便成为列国迫切进行改革的必然选择，并已然成为社会历史发展的大趋势。

战国时期的变法革新，最早始于魏国。魏国于公元前453年“三家分晋”后，为图强进行变法，魏文侯先后任用魏成子、李悝等人为相，针对国家实力提升的需要分别在政治、经济、军事方面进行改革①。在这些改革变法中，收效最大的革新是李悝变法。李悝主张废除世卿世禄制，取缔了凭借世袭制无功受禄的贵族特权，重新按照“食有劳而禄有功”的原则进行分配，结果使得众多贤才前来魏国效力。其次，他还根据魏国地少人多的国情，积极推行“尽地力之教”的措施，促进了农业生产的提高。本着有利于国家经济稳定发展和充分调动小农生产积极性的目的，李悝还针对粮价推行“平籴法”。为了巩固魏国已有的变法成果，李悝在总结法律经验的基础上，编成《法经》颁行。由于种种措施的顺利推行，小农经济得以发展巩固，魏国在战国初期很快富强

① 晁福林. 中国古代史[M]. 北京：北京师范大学出版社，2009：127.

起来。

战国初期的楚国也锐意革新、变法图强。公元前389年，楚悼王任用吴起为令尹，主持变法革新，史称“吴起变法”，其主要内容有：精简官职，削减部分过高官吏俸禄，“绝灭百吏之禄秩，损不急之枝官，以奉选练之士”（《韩非子·和氏》），将精简官职节省下来的费用用在发展军事上；通过“实广虚之地”，迁旧贵族至地广人稀的边地，收回旧贵既有土地，削弱其势力；针对“大臣太重，封君太众”（《韩非子·和氏》）的时弊，规定被分封的旧贵族历三代即将其子孙爵禄收回，以加强王权。同时整顿吏治，要求官吏私不害公，禁止旧贵族结党营私反对变法。楚国经过此次改革，政治昌明，国家也逐步强大起来。但在公元前381年楚悼王死后，吴起被贵族杀害，其改革成果被毁。

至战国中期，各诸侯国为增强国力，都纷纷进行变法革新。影响最为深远，为期最为长久，改革措施最为全面的是商鞅变法。据记载，公元前359年，秦孝公任商鞅为左庶长，实行变法改革。商鞅变法共分两次，第一次变法的措施主要有：一是奖励军功，实行军功爵制度，具体爵位分为二十等级；二是编订户籍，实行什伍连坐法；三是奖励耕织，对超量生产粮食和布帛的农民，免除本人的劳役和赋税，使全国逐渐形成以农为本，工商为末的形势。商鞅第一次变法实施十年，成效显著，使得当时的秦国日益富强。在公元前350年，商鞅开始了第二次变法，主要内容：一是推行县制，全国划分为31个县，用县制代替以前的分封制。二是废井田，开阡陌，奖励国民开垦荒地，承认土地私有，允许土地买卖。三是统一度量衡，要求在全国统一使用。四是参照李悝的《法经》制定秦国的法律。五是在文化思想上，打击儒家的复古思想，焚烧诗书，禁止游学，目的是要确立法家思想的统治地位。最后的结局是：商鞅虽死，而秦法未败，并且变法深入人心，秦妇人婴儿皆言商君之法。商鞅变法的贯彻实施，是秦国巨变的重要原因。

在秦国变法改革的同时，当时的齐国也经历着变法改革。齐威王继位后，经邹忌、淳于髡等众多谋士的劝谏，立志革新，强大齐国。在整顿吏治方面，规定了对官吏的考核标准；大开言路，积极提倡纳言进谏；同时起用田忌、孙膑等大批良将，将传统意义上的义务兵制和雇佣兵制两种制度结合使用；在发展生产方面，对国家授田的方式加以改进，极大地调动了国民的生产积极性。齐威王的改革变法使得齐国迅速强大，成为当时“最强于诸侯”的东方大国。

战国中后期，三晋中势力最弱小的韩国亦进行了以“术”为主要特征的政治改革。公元前351年，韩昭侯任用申不害为相实行变法，申不害强调君王应该以权术驾驭群臣，其改革措施具体有：整顿官吏队伍，明确规定各级官吏的职权和任务，并且以此来衡量和选拔人才；对官员进行考察、监督，实行“操契以责其实”的相关措施。申不害的这次改革有相当大的局限性，以权术之变代替制度改革，终究无法像同时期的其他国家通过制度变化改革一样，使国家经济和军事等综合实力得以增强。

战国七雄中还有两个综合实力略微弱小的国家，即赵国和燕国。赵国的东北、西北边境都与匈奴或者林胡接壤，春秋末期至战国以来，匈奴、林胡人多有来犯，其间战争不断，战乱的频仍导致发展生产的时间减少。赵武灵王继位后，决心变法，励志图强，他认为赵国落后的原因之一在于军事实力弱，有意推行军事措施改革。为了使改革顺利推行和鼓舞改革的士气，赵武灵王亲自带头实行“胡服骑射”，首先让军队作战人员替换掉以前的作战服装，改穿胡人的简短紧身衣服，以便适应骑马作战；同时组建骑兵队伍，通过“招骑射”“建骑邑”“致胡兵”等三个途径收编胡人兵马，用来补充赵国的军事力量。事实证明，“胡服骑射”的军事改革还是比较成功的，新的骑兵部队组建后不久，“辟地千里”，打败楼烦、林胡。

地处北方的燕国起初因恪守旧制而变得没有生气，“凡天下战国七，燕处弱焉”，后遭齐军侵略、抢夺。燕昭王决心变法改革，他求贤若渴，启用乐毅作亚卿，对燕国的内政、军事进行了整体改革：一是明奉法、审官断，制定相关法律法规，加强对官吏的考核；二是确定“察能而授官”的选官用人原则，克服以往选官用人方法，只将官爵、禄位授给有功或有能之人；三是“循法令，顺庶孽者，施以萌隶”，旨在使燕民守法，社会安定；四是军事上着重进行战法和纪律训练，以提高燕国的军纪和作战实力。燕昭王起用乐毅改革整体上效果良好，使得国家富强，士气高涨，后以乐毅为将伐齐，终雪前仇①。

二、农业发展概况

春秋战国时期是农业生产力大发展的时期，由于铁农具和牛耕的运用，粮食亩产及农业劳动生产率较此前有大幅度提高。

中国用铸铁制作农具大体出现于春秋中期或稍前，到战国中期，铁农具在黄河中下游地区普及开来。从考古发现看，在以黄河流域为中心，南至两广，北至辽宁的广阔范围内所出土的战国农具中，铁器已经占了压倒性多数。在这一时期，从青铜器出现以来金属农具代替木石农具的漫长过程终于完成。

与铁农具的普及并行的是牛耕的初步推广。中国有关牛耕的明确文字记载始见于春秋时代，如《史记·仲尼弟子列传》载孔子弟子“冉耕字伯牛”“司马耕字子牛”。牛与耕或犁如此密切的联系，反映牛耕已确实存在。《国语·晋语九》中的“宗庙之牺为畎亩之勤”，无疑是指原作宗庙牺牲的牛被用于农田耕作了。

在铁农具普及之前，黄河流域因其土壤疏松肥沃，使用木石农具和青铜农具可以使这些地区获得一定程度的开发，但在铁农具推广后，连胶东半岛这样的硗确之地也成了可耕可种之地。大体说来，黄河流域从春秋战国开始，从以前的零星式开发进入大规模连片开发的新阶段，为秦汉时代黄河流域可耕地全面开发奠定了基础。

长期以来，中国农田水利的主要形式是以排涝洗碱为目的的农田沟洫体系，农田灌溉工程的出现虽然不晚于西周，但只是以小型、分散的形式存在。这种情况也在春秋中期以后至战国时期发生了重大改变。一方面，由于长期的开发，黄河流域内涝积水的自然景观有了很大的变化，耕地也拓展到低平地区以外的广阔地域；另一方面，铁器的普

① 晁福林．中国古代史[M]．北京：北京师范大学出版社，2009：132.

及又为水利建设提供了新的强有力的工具。这样，旧的农田沟洫系统的废弃和新的农田水利灌溉工程的兴建同时发生了。在这一时期，一批大型农田水利工程如期思陂、芍陂、漳水十二渠、郑国渠、都江堰等相继建成。这些水利灌溉工程的兴建，不但扩展了耕地面积，而且大大提高了粮食单位面积产量。

与此相适应，这一时期农业生产技术方面取得了巨大进步，主要表现在精耕细作和因地因时制宜的土地耕作技术的出现。据史书记载，当时对于挑选土地、合理密植、田间土地管理都有了相当深入的认识。深耕以及农田施肥等也受到了普遍重视，精耕细作的农业技术体系得以初步建立。在农业生产中，天时、地利、人和的概念已经基本形成，形成了丰富的农业思想。人们对这些农业思想、农业经验和农业技术进行全面的总结，对于当时的农业生产的发展有着很好的指导作用。

第二节　土地制度和赋税制度

春秋战国时期，因战争不断，社会动荡，各国为图强纷纷变法，推动农业的进步与发展，也带来阶级关系以及土地制度与赋税制度的变革。

一、土地所有制的变化

春秋战国时期，土地所有制出现重大变化：由以往的世袭贵族土地所有制发展成为新兴军功贵族所有以及货币持有者和农民所有。

（一）井田制的破坏

西周时期实行“井田制”。井田制实质是世袭贵族土地所有制，全国所有土地为公有，正所谓“溥天之下，莫非王土；率土之滨，莫非王臣”。

铁农具和牛耕的使用并逐渐普及，带动了生产效率的提高，私田面积和农业产量大幅度增长。井田制的“千耦其耘”“十千维耦”的集体劳动形式过时了，农业的发展，使一家一户为单位的小规模生产和以个体经营为特色的小农阶层成为可能。《春秋公羊传注疏》载“民不肯尽力于公田”，于是，一些顺应新形势的贵族为了招徕劳动人手，改变剥削方式，如齐国田氏向民众征赋税使小斗，把粮食贷给民众用大斗；晋国韩氏、魏氏、赵氏采取扩大地亩，而不增税额的办法，收买民心。这样，人们纷纷从公室逃往私门，“归之如流水”，贵族土地依附关系产生了。春秋时代见于记载的“族属”“隐民”“宾萌”“私属徒”，都指的是这些逃来的农民。虽然他们身份还不是自由的，但又不同于庶民，他们可以占有少量的生产资料，独立经营农业和与农业有关的家庭副业，他们已经是地主土地所有制农民的前驱了。大量庶民的逃亡，使一些国家的公田“维莠骄骄”“唯莠桀桀”变成了荒原。农民将更多的时间和精力用来开垦私田，于是春秋时期出现了大面积的公田被撂荒的现象。而在上层的统治阶级中争夺田产的事情也常有发生，诸侯之间常年发生略地战争，《春秋左传》记载，僖公三十一年，“取济西田，分曹地也”。成公二年，“晋师及齐国佐盟于爰娄，使齐人归我汶阳之田”。四年，“郑公孙申疆许田”。襄公八年，“莒人伐我东鄙，以疆鄫田”。贵族之间恃强凌弱，夺人田地的现象也屡屡发生。《春秋左传·庄公十九年》记载：“及惠王即位，取蒍国之圃以为囿。边伯之宫近于王宫，王取之。王夺子禽祝跪与詹父田，而收膳夫之秩。”①这一切都表明，春秋时期土地制度发生了深刻变化，井田制再也维持不下去了。

（二）新型土地所有制的出现

春秋战国时期，随着周天子王权式微，生产力的迅猛发展，各国变法相继进行，土地所有制已出现新的面貌。

最初，各国均采用授田制度，如《睡虎地秦简·秦律十八种·田律》曰：“入顷刍藁，以其受田之数，无垦不垦，顷入刍三石，藁二十。”《银雀山汉墓竹简》十三篇中的《田法》也记载：“五十家而为里，十里而为州，十州而为乡。州乡以地次受（授）田于野，百人为区，千人为域。”这表明秦国、齐国都是将土地分给农民，还按照土地的等级，如“上田”“中田”“下田”分别授田。授田制度之下，个体农民大量出现，男耕女织的个体家庭成为生产的主要单位。《墨子闲诂·非乐上》中提到：“农夫早出暮入，耕稼树艺，多聚菽粟，此其分事也。妇人夙兴夜寐，纺绩织纴，多治麻丝葛。”

战国初期，魏文侯任用李悝进行变法，尽地力之教，发展生产，改革地制，使农民进一步摆脱了井田制的束缚，以家为单位，“一夫挟五口，治田百亩”的农民小土地所有制成为社会经济一大显著特征。

商鞅变法实行军功爵制，以军功贵族土地所有制代替了以往的世袭贵族土地所有制。商鞅废井田，明令土地可以买卖，打破了过去“田里不鬻”的旧规定，农民摆脱了氏族土地所有制残余的影响，成为独立的小土地所有者，农民的土地所有权确定了，也就使军功贵族、商人和货币持有者通过买卖取得土地成为可能。

伴随着各国变法的推进，井田制逐渐崩溃，土地私有制应运而生。《韩非子》中提到的土地买卖就反映了这一情况：“王登为中牟令，上言于襄主曰：‘中牟有士曰中章、胥己者，其身甚修，其学甚博，君何不举之？’……王登一日而见二中大夫，予之田宅。中牟之人弃其田耘，卖宅圃而随文学者，邑之半。”

二、赋税制度的变革

随着井田制度的破坏，为适应新型土地所有制，各国相应进行了赋税制度的变革。

公元前 686 年，齐桓公任用管仲为相，实行“相地而衰征”的赋税制度。《国语·齐语》中记载：“桓公曰：‘伍鄙若何？’管子对曰：‘相地而衰征，则民不移；政不旅旧，则民不偷；山泽各致其时，则民不苟；陆、阜、陵、墐、井、田、畴均，则民不憾；无夺民时，则百姓富；牺牲不略，则牛羊遂。’”韦昭注曰：“衰，差也。视土地

---

① 高士奇. 左传纪事本末[M]. 北京：中华书局，1979：649.

之美恶，及所生出，以差征赋之轻重也。”“相地衰征”即观察土地的肥瘠不同和产量的高低，征收不同额度的租税。

公元前645年，晋国实行“作爰田”，爰有交易的意思。《春秋左传·僖公十五年》中提到：“晋侯使郤乞告瑕吕饴甥，且召之。子金教之言曰：‘朝国人而以君命赏。’且告之曰：‘孤虽归，辱社稷矣，其卜贰圉也。’众皆哭，晋于是乎作爰田。”根据银雀山汉墓出土的《孙子兵法·吴问》记载晋国六卿执政时的税法，“范、中行氏制田，以八十步为畹，以百六十步为亩，而伍税之。其田狭，置士多，伍税之，公家富。公家富，置士多，主骄臣奢，冀功数战，故曰先（亡）”，又说“智氏制田，以九十步为畹，以百八十步为畛，而伍税之。其畹田狭，置士多，伍税之，公家富。公家富，置士多。主骄臣奢，冀功数战，民力乏，故智氏次之”。其中“畛”为田间疆界，当为百亩与百亩之间的田界；畹相当于半畛，实为50亩，这就是说，范氏、中行氏以160方步为一亩，其百亩之田为一边160步，一边100步；智氏以180方步为一亩，其百亩之田为一边180步，一边100步；后面又谈到韩氏、魏氏以200方步为一亩，其百亩之田为一边200步，一边100步；赵氏以240方步为一亩，其百亩之田为一边240步，一边100步。最后比较下来，赵氏的赋税比较均衡，国家府库充裕，百姓富有，所以兴起[①]。之后晋国又实行“作州兵”，规定2500家为一州，每州出兵若干，按州服兵役，将过去的偏远地区纳入服兵役人口之中，壮大了本国的军队力量，加强了国防。

公元前594年，鲁国实行“初税亩”，即按亩征税。不再严格遵守公田与私田的界限，承认了私田的合法性。《春秋左传》曰：“初税亩，非礼也。谷出不过藉，以丰财也。”[②]《春秋公羊传》曰：“税亩者何？履亩而税也。”两年之后，鲁国又实行“作丘甲”，化16井为丘，按丘出军赋，增加了国人的军赋负担。《春秋谷梁传》释曰：“丘作甲，非正也。丘作甲之为非正何也？古者立国家，百官具，农工皆有职以事上。古者有四民，有士民，有商民，有农民，有工民。夫甲，非人人之所能为也。丘作甲，非正也。”到公元前483年，鲁国季康子“用田赋”，据《国语》记载：“季康子欲以田赋，使冉有访诸仲尼。仲尼不对，私于冉有曰：‘求来！汝（女）不闻乎？先王制土，籍田以力，而砥其远迩；赋里以入，而量其有无；任力以夫，而议其老幼。于是乎有鳏寡孤疾，有军旅之出则征之，无则已。其岁，收田一井，出稯禾、秉刍、缶米，不是过也。先王以为足。若子季孙欲其法也，则有周公之籍矣；若欲犯法，则苟而赋，又何访焉！’”[③]这是说季康子打算按田亩增收田赋，派冉有征求孔子的意见。孔子没有正式回答，私下对冉有说：先王按照土地的肥瘠分配土地，按照劳力强弱征收田赋，而且根据土地的远近来对田赋加以调整；征收商税按照商人的利润收入，而且估量其财产的多少来加以调整；分派劳役则按照各家男丁的数目，而且要照顾那些年老和幼小的人。于是

① 银雀山汉墓竹简整理小组. 银雀山竹书[J]. 文物，1985（4）：146.
② 高士奇. 左传纪事本末[M]. 北京：中华书局，1979：169.
③ 邬国义，胡果文，李晓路. 国语译注[M]. 上海：上海古籍出版社，1997：163.

就有了鳏、寡、孤、疾的名称，有战事时才征召他们，无战事时就免除。有战事的这年，每一井田要出一稯粮、一秉禾草、一缶米，不超过这个标准，先王认为这样就足够用了。如果季康子想按法征税，那就应按照已有的周公田赋法；如果不按成法办事，就随意征收赋税好了，又何必来征求我的意见呢？表明鲁国也按田亩收税。

公元前548年，楚国“蔿掩书土田”，《春秋左传》中记载：“楚蔿掩为司马，子木使庀赋，数甲兵。甲午，蔿掩书土田，度山林，鸠薮泽，辨京陵，表淳卤，数疆潦，规偃猪，町原防，牧隰皋，井衍沃，量入修赋。赋车籍马，赋车兵、徒卒、甲楯之数。既成，以授子木，礼也。”[①]即把土地分为九等，按照土地的面积、质量征收赋税，增加军赋。

公元前543年，郑国子产进行变革，为田洫，划定公卿士庶的土地疆界，将农户按什伍加以编制，对土地按照地亩课税；作丘赋，依据土地人口数量交纳军赋。如《春秋左传·襄公三十一年》中记载：“子产使都鄙有章，上下有服，四有封洫，庐井有伍。大人之忠俭者，从而与之；泰侈者，因而毙之……从政一年，舆人诵之曰：‘取我衣冠而褚之，取我田畴而伍之。孰杀子产，吾其与之！’及三年，又诵之曰：‘我有子弟，子产诲之。我有田畴，子产殖之。子产而死，谁其嗣之？’”[②]

公元前445年，魏文侯任用李悝为相，进行变法，实行“平籴法”。《汉书·食货志》中记载：“今一夫挟五口，治田百亩，岁收亩一石半，为粟百五十石，除十一之税十五石，余百三十五石。”可见当时魏国的田税税率为十分之一。

公元前408年，秦国实行“初租禾”，与鲁国的“初税亩”相似，即在废除井田制之后，按照各户实际拥有的土地面积交纳赋税。秦献公十年实行“与户籍相伍”，即打破以往的村组织结构，五家为一伍，将平民编入国家户籍，承认个体农民和以小家庭为单位独立经营农业的合法性。秦孝公十二年，任用商鞅为相，推行变法，商鞅“为田开阡陌封疆，而赋税平”，即在阡陌纵横的田地里进行田界封记，打破旧有的井田制，按新的240步为一亩的亩制，将公田分给农户耕种。《汉书·地理志》中记载：“孝公用商君，制辕田，开阡陌，东雄诸侯。”辕，同爰，所谓辕田制，即让自耕农长期占用所分配的田地，自行在田地上进行轮换耕作，有利于增加国家的赋税收入。秦孝公十四年，秦国推行“初为赋”的军赋改革，以户为单位按照人口征收军赋。秦律中规定：“二男以上不分异者，倍其赋。”凡家中有两个以上超过十五岁的男丁，必须分户，有隐匿者，加倍征收赋税，且对隐瞒户口和人口的有严厉的刑罚。唐代杜佑称此为“不税地而税人”，不以田亩征收军赋，而以户口为单位按人口征收赋税。表3-1为春秋战国时期各国赋税征收制度改革时间简表。

---

① 高士奇. 左传纪事本末[M]. 北京：中华书局，1979：661.

② 高士奇. 左传纪事本末[M]. 北京：中华书局，1979：663.

表 3-1　春秋战国时期各国赋税征收制度的改革时间简表

年代	国名	改革措施	资料来源
公元前 645 年之前	齐	“相地而衰征”	《国语·齐语》
公元前 645 年	晋	“作爰田”	《春秋左传·僖公十五年》
公元前 594 年	鲁	“初税亩”	《春秋左传·宣公十五年》
公元前 590 年	鲁	“作丘甲”	《春秋·成公元年》
公元前 548 年	楚	“使庀赋”	《春秋左传·襄公二十五年》
公元前 538 年	郑	子产“作丘赋”	《春秋左传·昭公四年》
公元前 483 年	鲁	“用田赋”	《春秋左传·哀公十二年》
公元前 408 年	秦	“初租禾”	《史记·六国年表》
公元前 350 年	秦	“除井田，民得卖买”	《汉书·食货志》
公元前 348 年	秦	“初为赋”	《史记·六国年表》

春秋战国时期，伴随着生产力的飞速发展以及井田制的崩溃，各国纷纷进行赋税制度的变革，战国时期已确立了赋、税、力役的“三征”结构，成为中国传统社会长期沿用的赋役体系。

第三节　铁农具的出现和牛耕的运用

春秋战国时期是社会大变革的时代，同时是中国由粗放型的农业向精耕细作传统农业转型的阶段，也是中国农具大发展的阶段。

铁农具和牛耕的运用，推动了生产力的迅猛发展，改变了整个社会经济的面貌。

一、铁农具的出现与普及

春秋战国时期的农具，无论是质料、形制还是品类和使用的动力等方面都发生了重大的变革，可谓是中国传统农具发展史上的一个高峰。

从冶金史看，春秋时冶铁业并不发达，铁器还很稀少。中国的冶铁何时发生，学界并无统一的结论，目前出土最早的人工铁器是 1990 年河南三门峡虢国墓地虢季墓出土的玉柄铁剑、铜内铁援戈和虢仲墓出土的铜骹铁叶矛，经检测年代为西周晚期[①]。《诗经》中的《秦风》《大雅》中都提到了铁器。《秦风·驷驖》载“驷驖孔阜，六辔在手”，驖指毛色似铁的好马。《大雅·公刘》载“涉渭为乱，取厉取锻，止基乃理”，“厉”通“砺”，指磨刀石。“锻”，打铁，此指打铁用的石锤。《管子·海王》中也有记载：“今铁官之数曰：‘一女必有一针一刀，若其事立；耕者必有一耒一耜一铫，若其事立；行服连轺輂（车）者必有一斤一锯一锥一凿，若其事立。不尔而成事者天下无有。’今针之重加一也，三十针一人之籍；刀之重加六，五六三十，五刀一人之籍也；耜铁之重加七，三耜铁一人之籍也。其余轻重皆准此而行。然则举臂胜事，无不服籍

① 河南省文物考古研究所，三门峡市文物工作队. 三门峡虢国墓地[M]. 北京：文物出版社，1999.

者。”战国初期冶铁生产仍属早期阶段，物少为贵，因此，春秋时的铁获得了极高的“礼遇”，不少铁兵器精雕细刻，或饰以金玉，如三门峡虢国国君虢季墓出土的铜内铁援戈非常精美，雕有云纹图案。又如1992年陕西宝鸡益门出土的3把春秋铁剑都是金柄镂雕，金柄上镶多颗绿松石，这种精美繁复的装饰都表明了当时铁的珍贵。早期的铁与冶炼技术已成熟的青铜相比有易锈蚀、太软或太脆的缺点，但由于比青铜更锋利而优先用于制造兵器，并非用来铸造农具[①]。华觉明对见于报道的西周晚期到战国时期的人工铁器做了整理，共90余件，认为战国初期，“冶铁生产仍处于早期发展阶段”，冶铁业突飞猛进要到战国中期，“据张文彬、孟凡人统计，截至1977年底，出土的战国中晚期铁器至少有一千三四百件，分布于12省41县市的广大地域”[②]。至战国时期，尤其是战国中期后，出土的铁农具在数量和种类上明显增多。中原地区普遍发现战国时代的冶铁遗址，规模较大，且以生产农具为主，如河南登封古阳城遗址、河南新郑韩故城冶铁遗址、河北兴隆寿王遗址等，除黄河流域外，属于燕地的辽宁、楚地的湖南甚至边远少数民族地区如广西也有大量铁农具出土，表明铁农具逐渐代替木、骨、石制农具。

骨制、石制农具自春秋以来无论是种类还是数量上均显著减少，到战国时期已基本退出历史舞台，成为一种历史的残余。而木制农具情况稍有不同，作为耕具的木制耒耜被铁刃武装起来，或者与铁进行合流，或者演变为犁铧，但在耕播和收获方面木器作为辅助工具仍有所发展，青铜农具仍然存在，但铁制农具已占绝对优势。总之，战国时代的铁农具已普及于各个农事领域。

二、铁农具的类型

春秋时期是一个金属农具与非金属农具并存的时期，青铜农具和铁制农具逐步代替非金属农具。战国时期则是一个铁农具大发展的时期，铁制农具成为农业生产的主要工具。

除考古发掘以外，众多的文献记载中也有不少关于铁农具的内容。《国语·齐语》：“时雨既至，挟其枪、刈、耨、镈，以旦暮从事于田野。”《管子·轻重乙》：“一农之事，必有一耜、一铫、一镰、一耨、一椎、一铚，然后成为农。”这一时期已见铁农具主要有：

（一）锸

锸是中国古代农业耕作时一种掘土的工具，适合多种类型土地的平整，类似于今天的铁锹。锸的出现时期较早，在殷商西周时期就已出现，“甘肃省永昌县三角城出土春秋时期铁锸1件，陕西省凤翔县纸坊乡马家庄也出土相同时期铁锸1件”[③]，河南辉县出土战国铁锸数件（图3-1）[④]。考古发掘表明，该生产工具在春秋时期已经实现了铁器化。

① 黄金贵，彭文芳．“恶金”辨正[J]．中山大学学报，2007（5）：34-38.
② 华觉明．中国古代金属技术：铜和铁造就的文明[M]．郑州：大象出版社，1999：301-306.
③ 陈振中．已出春秋铁器一览表[M]．北京：中国社会科学出版社，1992：454.
④ 梁家勉．中国古代科技史稿[M]．北京：农业出版社，1989：100.

（二）镬（镢）

中国古代一种用来挖地的农业生产工具。镬的历史悠久，初为石器，出土过春秋之前的青铜镬，战国时期出土的多为铁器，且在出土的农具中占有较大的比重。因此，可以推测镬在战国时期是重要的农业工具（图 3-2）①。

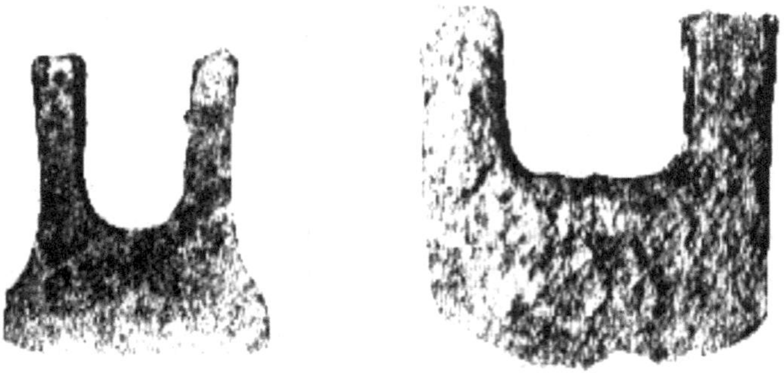

图 3-1　河南辉县出土的战国铁锸

图 3-2　河南辉县出土的战国横銎铁镬

（三）斧

斧是一种农业生产中的砍伐工具，同时亦是一种武器。斧的形状历来变化并不大，由一根木棍连接梯形刀片而成，是古代劳动人民普遍使用的砍伐工具。《孟子·梁惠王上》中有“斧斤以时入山林，材木不可胜用也”，体现出斧具有砍伐森林的作用，同时斧与钺常联用，作为一种武器，其起源可追溯到商周时期。

（四）镰

镰是一种古老的收割工具，它是由石镰和蚌镰发展而来的。青铜铸造的镰历史悠久，殷商时期便产生。河北易县燕下出土的春秋时期铁镰②，证明从春秋时期随着冶炼技术的发展，铁镰应运而生，成为一种影响较广的农业生产工具。《墨子·备城门》中有“十步一长镰，柄长八尺”，由此可见，镰是指一种大型的镰刀。

（五）铚

铚同镰一样是一种较为原始的收割工具，起源较早，最初由较薄的石片和蚌壳制成，主要用来收割禾穗。许慎《说文解字》中说：“铚，获禾短镰也。”可见铚是一种用于禾穗收割的农业工具，据考古发掘，铚的出现早于镰。到了春秋时期，铚的刀刃较为锋利，从而提高了劳动生产率。

① 梁家勉. 中国古代科技史稿[M]. 北京：农业出版社，1989：99.

② 中国历史博物馆考古组. 燕下都城址调查报告[J]. 考古，1962（1）：15.

（六）锄

锄是一种用来锄草、中耕、松土等生产活动的农业工具。大锄亦可称为镬，常用来深翻土地；镈是古代锄一类农具的统称，起源于殷商西周时期，因此早在春秋战国之前就有金属制造的锄（图 3-3）。

图 3-3　河北易县出土的战国六角铁锄①

（七）耨

耨是中国古代劳动人民用来锄草的一种工具，形状似“V”形。《吕氏春秋·任地》云：“耨柄尺，此其度也；其耨六寸，所以间稼也。”所以，由此可见耨柄长是一尺，刃宽为六寸，是一种需屈身在田间锄草使用的短柄锄。

（八）铲

铲是中国古代用来起土的一种农业工具。起初并没有铲这个名称，西周之前被称为钱，西周之后被称为铫，到了汉代之后铲才被正式定义。铲头一般由金属制成，而铲柄一般有木质和铁质两种，通常木质铲柄较为常见，铲柄约长六七寸。位于陕西的秦景公大墓中出土了春秋时期铁铲，以及河南辉县出土战国铁铲（图 3-4），证明春秋时期已经出现铁质化的铲。

（九）犁

犁是中国古代农业生产中用来犁地的主要工具之一，是由耜演变而来的。犁的出现，以及其与人力和畜力的相结合，对中国传统的农业生产有着深远的影响。

最初犁头是由木、石等非金属材料制作的，最早约起源于商代；后来随着青铜的广泛应用，犁头逐渐变成青铜材质；春秋战国时期便出现了铁犁，并且与人力、畜力相结合，出现了铁犁牛耕的耕作模式（图 3-5）。

图 3-4　河南辉县出土的战国铁铲②

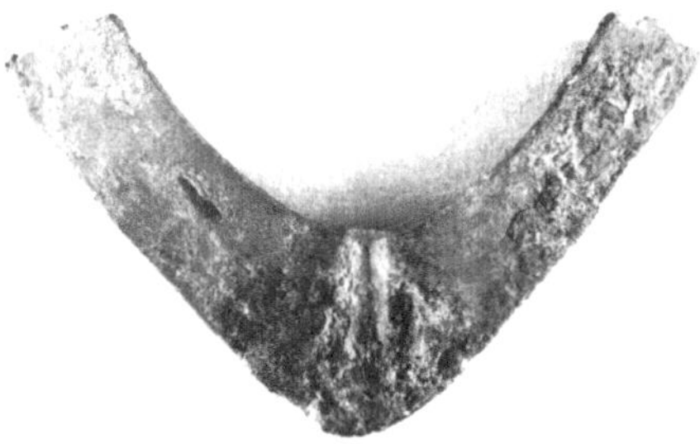

图 3-5　河南辉县出土的战国铁犁铧冠③

① 周昕. 中国农具史纲及图谱[M]. 北京：中国建材工业出版社，1998：383.

② 宋树友. 中华农器图谱（第一卷）[M]. 北京：中国农业出版社，2001：205.

③ 陈文华. 中国农业考古图录[M]. 南昌：江西科学技术出版社，1994：229.

三、铁犁牛耕的运用

铁犁牛耕的运用具有划时代的意义，铁犁牛耕的耕作模式不仅对于农业生产率的提高具有重大的作用，同时对传统社会的经济基础——小农经济的形成具有重要的影响。关于牛耕起源的时间，各方说法莫衷一是，或谓原始社会末期，或谓商代、春秋，或谓西汉，各有根源和依据。牛耕的起源和发展与耕犁的起源与发展是分不开的。

（一）铁犁的出现

铁犁牛耕的出现与运用，最主要的一点就在于耕犁的出现与不断改进。耕犁的出现对于中国农业发展具有至关重要的作用，吴承明认为“犁的进化史就是古代农业史”①，将耕犁的历史等同于中国古代的农业史，说明耕犁在农业生产和农业发展史上具有核心地位，是农业生产力水平的重要标志。

铁犁的出现基本可以断定在春秋战国时期，在此之前，中国的犁经过了石犁→铜犁→铁犁的发展过程。江西省新干县大洋洲商墓出土了两件青铜犁铧，这时期的犁头呈三角形，同时材质为青铜材质；春秋战国之后，随着冶铁业的发展，犁头为“V”形且为铁质，更利于田间耕作。

铁犁的出现，是社会生产力发展到一定阶段的产物。首先得益于春秋战国时期冶铁和铸造技术的发展，这是铁犁出现的技术条件。其次是改进落后生产工具，提高劳动生产率的需求。木制和石制的犁具有不耐用、不锋利等明显的缺点，金属犁的出现改变了这一现状，同时有利于大范围的耕作，提高了劳动生产率。最后，随着人民对于矿物资源的认知不断加深，战国时期发明了退火脱碳柔化术，增加了铁农具的韧性和锋利性。从战国开始，铁犁逐渐取代石犁和铜犁，成为主要的犁地工具。

（二）牛耕的运用

中国先秦文献中有不少关于牛的记载，《诗经·鲁颂·閟宫》云：“享以骍牺，是飨是宜，降福既多。”“骍牺”是指赤色的牛作为祭祀品，这一时期，牛的主要功用体现在祭祀、食用以及拉车，还没有作为一种生产要素融入农业生产劳动中。《吕氏春秋·孟春纪·重己》记载：“使五尺竖子引其棬，而牛恣所以之，顺也。”这一记载表明这时已在牛鼻子上套上一个牛鼻环，使其温顺，这是史书上最早关于将牛驯服的证据。同时考古挖掘也证明牛已被驯服，山西浑源出土的春秋后期晋国牛尊“穿有鼻环”②。《国语·晋语九》云：“夫范、中行氏不恤庶难，欲擅晋国，今其子孙将耕于齐，宗庙之牺为畎亩之勤，人之化也，何日之有？”③由“宗庙之牺”转化为“畎亩之勤”，这时牛不仅仅是作为一种祭祀品，还是一种重要农业生产工具。

---

① 吴承明. 论男耕女织[J]. 中国社会经济史论丛（第一辑）. 太原：山西人民出版社，1981：26.

② 杨宽. 战国史[M]. 上海：上海人民出版社，1980：56.

③ 左丘明. 国语[M]. 济南：齐鲁书社，2005：244.

虽然时间问题尚未达成一致，但是春秋战国时期，牛耕的运用是毋庸置疑的。除冶铁与铸造业的发展和牛的驯化等因素外，牛耕的推广还有以下原因：①农耕的需要。《吕氏春秋·任地》曾有“上田弃亩、下田弃甽”与“五耕五耨”的耕作经验，这种农业生产技术的需要，传统的农业生产工具难以实现，农耕的需要也促进了牛耕的推广与运用。②统治者的大力推行。中国是以农立国的国家，《吕氏春秋·上农》中“民农则朴，朴则易用，易用则边境安，主位尊”，将农业生产与国家安定联系在一起，不难看出统治者对于农业生产的重视。牛耕作为当时较为先进的生产方式，能够明显提高社会生产力，统治者大力推广，实为安邦定国之举。正是基于这些条件，牛耕才得以迅速推广，使中国由粗放型农业向精耕细作农业转变，同时使中国进入犁耕的新时代。

四、铁农具和牛耕运用产生的社会影响

铁农具的出现与牛耕的运用对于春秋战国时期社会生产力的提高、土地私有制的确立和自给自足小农经济模式的确立具有深远的影响。

（一）社会生产力的提高

这一时期社会生产力的提高主要表现在如下几个方面：

1. 农田管理技术的进步　春秋战国之前，劳动人民主要依靠非金属农具进行耕作，深耕是当时农业工具无法达到的技术，经过一段时间的土壤养分消耗之后，土壤养分的不足难以供应农作物的生长，生产效率随之下降，劳动人民只能被迫选择抛荒作业。春秋战国之时，随着铁农具的出现和牛耕的运用，深耕成为保持土壤肥力一个很重要的方法。《吕氏春秋·任地》：“其深殖之度，阴土必得，大草不生，又无螟蜮。”深耕以见到湿土为宜成为耕地的准则，同时人们还认识到深耕有助于防止杂草生长和虫害的发生，并且因此提出了“五耕五耨”的耕作方法。

2. 农业生产率的提高　铁农具和牛耕的出现，使农业生产力得到明显的提高。首先体现在农业耕作效率上，牛耕技术与原来的完全靠人力用耒耜耕作的技术相比，效率明显提高，如“若五尺童男子一人驱牛耕地一天，相当于成年男子用耒耜三天的耕作量”①。农业生产力的提高，还体现在耕地面积的扩大上，由于深耕技术的运用，先前被迫抛荒的土地又重新得到了利用。

（二）土地私有制的确立

春秋战国时期井田制的废除，土地私有制的确立，根源在于社会生产力的发展，社会生产力发展的主要动因在于农具的发展。西周时期实行井田制，土地归周王所有，定期分配给农民，农民没有土地所有权，不允许买卖，同时还要缴纳一定的赋税。春秋战国时期，随着铁农具的出现和牛耕的运用，劳动者有了便利的条件，开辟更多的耕地，

---

① 齐涛. 中国古代经济史[M]. 济南：山东大学出版社，2011：90.

对于“私田”的劳动热情远远大于“公田”。统治者为适应这种形势，纷纷实行变法，承认土地私有。如春秋后期鲁国实行“初税亩”，战国时期商鞅变法“为田开阡陌封疆”，讲的就是这种情况。

（三）自给自足小农经济模式的确立

西周时期实行井田制，在此基础之上，中国农业形成了一个庞大的类似于农村公社的生产组织，到春秋末期战国之初，形成了以“户”或者“室”为基础的生产单位，并且成为国家赋税的主要来源。这种自给自足小农经济模式的形成，在农民耕作收获的基础之上，有利于社会商品的流通，同时也利于各个阶层之间的交流，具有一定的社会进步性。由此，在自给自足小农经济的基础之上，形成的中央集权专制制度，影响了中国两千多年。

第四节　灌溉水利的兴起

一、灌溉水利兴起的背景

古代，黄河流域的气候较为干燥，年均降水量低，且大部分的降雨集中在夏季，春季播种时土地相对干旱，于播种不利。在这种恶劣的自然条件下，开挖水利工程便十分迫切。但由于远古时期工具简陋，多为木石制，不具备大型施工的条件，商朝青铜器发展，但青铜质地较柔软，同样不适宜大型的凿石开山。所以直到春秋战国时期铁质器具的出现和普及，人们才具备“修堤梁、通沟浍、行水潦、安水藏”（《荀子·王制》）的能力，在铁器强大生产力推动下，一些大型农田水利设施便在各诸侯国陆续兴建起来。

二、大型水利灌溉工程的兴建

西周开始，已有水利技术的最初萌芽，当时人们已经懂得与学会利用河水来灌田，但还只是简单的自然挹注，不会兴建较大型的水利工程。战国初期至中期，人们已经学会修建专门用于灌溉的大型水利工程。水利工程的用途也由之前主要用于漕运、防洪、排涝转向农田灌溉。

（一）陂塘

大型水利灌溉工程最早出现于南方稻作区，因为种水稻需要最起码的灌水条件和排灌设施。起初人们从江河溪泉引水灌溉，进一步建造人工堤坝，把江河溪泉的水蓄积起来，以备灌溉。春秋中期楚国的蔿掩对各类土地进行规划，其中就有“规堰潴”一项，“堰潴”就是“蓄流水之陂”，指的就是蓄水灌稻田的陂塘。期思陂和芍陂是中国最早的大型陂塘蓄水工程，也是中国最早用于农田灌溉的大型农田灌溉工程。

1. 期思陂　期思陂是见于记载的最早灌溉工程。《淮南子·人间训》：“孙叔敖决期思之水，而灌雩娄之野。”期思，楚邑，在今河南省固始县境内，修建于公元前610

年至前 605 年，是将古期思水，即今之史河，引入众多的中小陂塘而形成的期思-雩娄渠道工程。

2. 芍陂　芍陂在今安徽寿县安丰城南，今安丰塘即是其部分遗迹。建于春秋时期楚庄王十六年至二十三年（公元前 598—前 591 年），距今已有 2600 多年的历史，相传由楚相孙叔敖所造，比都江堰、郑国渠早 300 余年，被誉为“天下第一塘”。

孙叔敖在任相期间，十分注重水利设施的修建，“宣导川谷，波障源泉，灌溉泉泽，堤防湖浦以为池沼，钟天地之美，收九泽之利，以殷润国家，家富人喜”（《孙叔敖碑》），遂修建了中国最早的蓄水灌溉工程——芍陂。芍陂地处丘陵地的最低处，将以淠河为主的几条河流全部截断，高筑河堤，拦河蓄水，形成了周长约 100 公里的水库，灌溉面积曾达一万公顷。芍陂建成后，使得这一带粮食大为丰收，楚国的经济实力显著增强，继而打败晋国，成为“春秋五霸”之一。芍陂由于历代的保护和修缮，直到新中国成立的两千多年中，一直发挥着灌溉作用，是中国劳动人民的智慧结晶和伟大创举。在 1988 年 1 月，国务院将芍陂列为全国重点文物保护单位，并在 2015 年 10 月成功入选世界灌溉工程遗产名录。图 3-6 为芍陂灌溉示意图①。

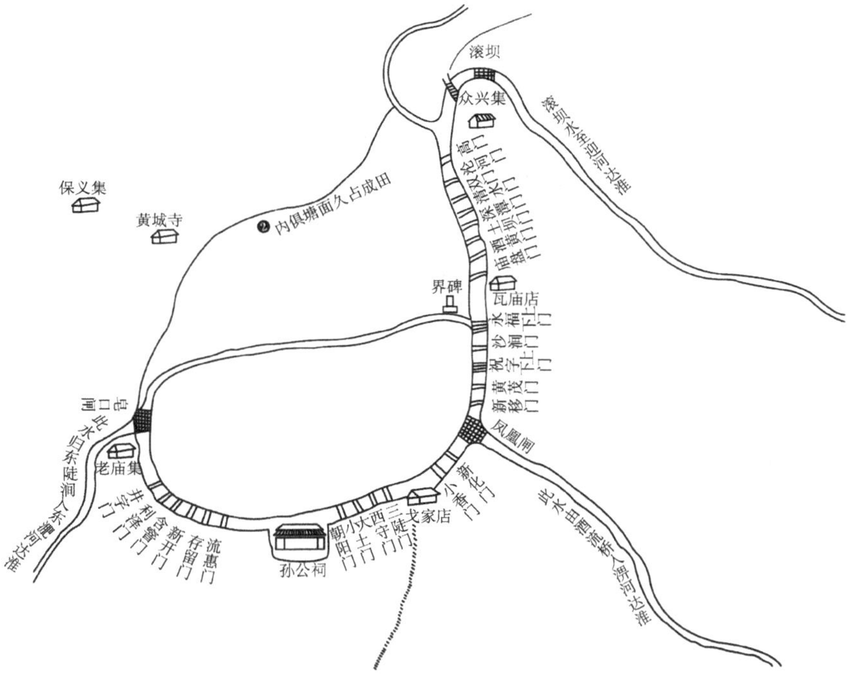

图 3-6　芍陂灌溉示意图

（二）灌溉渠系

春秋战国时期修建的大型灌溉渠系有引漳十二渠、都江堰水利工程和郑国渠等。都江

① 李松，陶立明.《芍陂纪事》校注暨芍陂史料汇编[M]. 合肥：中国科学技术大学出版社，2016：11.

堰水利工程兼有分洪和航运之利，引漳十二渠和郑国渠则兼有洗碱压碱改良土壤的功效。

1. 引漳十二渠 引漳十二渠又名漳水渠，是战国时期黄河流域最早出现的大型农田灌溉工程，修建于战国时魏文侯至魏襄王时代（公元前446年—前296年），魏国邺令西门豹和史起所修，是专门修建的大型水利灌溉工程。据《水经注·浊漳水》记载："昔魏文侯以西门豹为邺令也，引漳以溉邺，民赖其用。其后至魏襄王，以史起为邺令，又堰漳水以溉邺田，咸成沃壤，百姓歌之。"西门豹治理漳河的方法是"磴流十二，同源异口"①，这就是说根据水位高度的不同，在二十里的河段上修筑了十二个取水口，一取水口建一渠，灌溉整个安丰乡。由于漳河中有大量的泥沙淤积，对于灌溉及肥田有很大作用。司马迁曾评价道："故西门豹为邺令，名闻天下，泽流后世，无绝已时，几可谓非贤大夫哉。"图3-7为引漳十二渠示意图。

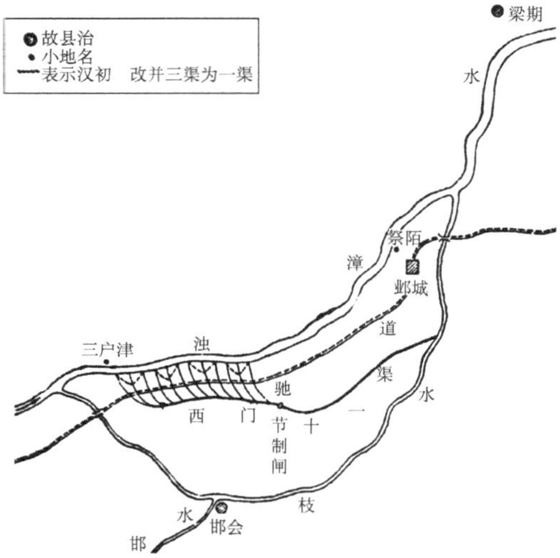

图3-7 引漳十二渠示意图②

2. 都江堰 都江堰，始建于秦昭襄王五十一年（公元前256年），由蜀郡太守李冰及其子修建的大型水利工程。2000年，联合国教科文组织将其列入"世界文化遗产"名录。另外，都江堰还被评为全国重点文物保护单位、国家级风景名胜区等。在战国时期修建的都江堰直到2000年后的今天一直都在发挥着它防洪灌溉的作用。将原来水旱频发的川西平原变成了"水旱从人，沃野千里"的天府之国，都江堰是全世界迄今为止，年代最久、唯一留存、仍在一直使用、以无坝引水为特征的宏大水利工程，是中国古代劳动人民勤劳、勇敢、智慧的结晶。图3-8为都江堰工程示意图。

都江堰水利工程主要分为三个部分：分水鱼嘴、飞沙堰、宝瓶口。这三个部分的修建不是一蹴而就的，而是根据实际情况进行的调整和优化。秦昭襄王时，蜀地水患严重，历任蜀官对于河水泛滥无可奈何，昭襄王知李冰有治水经验，故令其任职蜀郡，治

---

① 许作民. 漳水十二渠[N]. 安阳日报，2012-1-17.

② 梁永勉. 中国农业科学技术史稿[M]. 北京：农业出版社，1989：113.

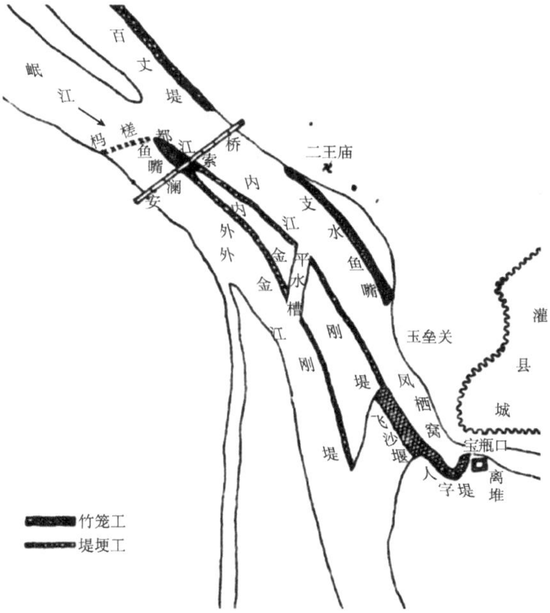

图 3-8 都江堰工程示意图①

理水患。李冰初到蜀郡，携其子和众多有经验的老农考察水患原因。原来，泛滥的河水来自岷江，岷江发源于地势较高的岷山，岷江所流之成都平原皆为平地，一高一低，落差极大，导致水流湍急，一进入夏季，岷山上的冻雪融化，河流水量暴涨，多余的水量不能及时排出，导致河流泛滥。都江堰最先修建的是宝瓶口，要想解决水患问题，当务之急是解决泄洪的问题，想办法让水流出去，玉垒山恰恰是解决泄洪的关键。玉垒山在今都江堰市城外，在岷江东岸，由于它的阻挡导致夏季东岸旱西岸涝，开凿玉垒山成为分流的关键。玉垒山开凿成功后，将岷江分为东西两条河流，东边新增的一条称为“内江”，西边的河流称为“外江”，而开凿的玉垒山被凿开的一段山头称为“离堆”，被开凿出的缺口，因酷似瓶子口，被称为“宝瓶口”。就这样，内江可以作为灌溉水源和人们的生活取水区，但人们发现内江的水流还是不够大，不能完全满足灌溉需要，这时李冰又到岷江的上游区考察，试图将岷江在上游一分为二，将更多的水引入内江。但在这湍急的岷江中建立分水堰的难度确实很大，选择什么样的材料修建堤堰成了问题的关键。最终选择了将鹅卵石装入竹篮中，成功地在岷江中筑起一座狭长的小岛，将岷江一分为二，远远望去这狭长的小岛酷似一条鱼，鱼头朝着岷江洪流，将岷江一分为二，于是人民把它称为“分水鱼嘴”。“分水鱼嘴”建成后，内江的水量充足，一年四季基本可以不断流，但为了保证夏季水量不至于过大，又在“分水鱼嘴”和“离堆”之间修建了一条“飞沙堰”，用于泄洪和排沙。若夏天进入内江的水太大，就会从“飞沙堰”处排到外江，不会对流进农区的内江造成太大压力。至此，都江堰大型水利工程就修建完

① 梁永勉. 中国农业科学技术史稿[M]. 北京：农业出版社，1989：109.

成，一直为蜀地百姓服务了两千多年。

都江堰能一直为人们服务两千多年，除了自身建设的科学性以外，每个朝代对于它的重视也相当关键。都江堰建设的竹笼结构在岷江湍急的河流冲击下，并不是十分的稳固，内江虽然有排沙功能，但不能保证没有泥沙淤积，需要保养和维护。宋前，各朝代也都有专门负责修缮的人员，宋朝时已经确立了完善的“岁修”制度。都江堰的建设开启了中国水利设施的新纪元，是中国保留最完整、历史最久的灌溉工程。

3. 郑国渠 郑国渠修建于战国末年，稍晚于都江堰，也是秦国修建的大型灌溉工程，由韩国著名水工郑国主持修建，所以叫“郑国渠”。渠长 300 余里，是魏国邺渠的 15 倍以上。郑国渠建成后，发挥的政治效应和社会效应尤为显著，“渠就，用注填阏（淤）之水，溉泽卤之地四万余顷，收皆亩一钟，于是关中为沃野，无凶年，秦以富强，卒并诸侯”（《史记・河渠书》）。

郑国渠的干渠是引了渭水的支流泾河，连通了东边的洛河，穿过现泾阳、三原、高陵三县，灌溉了数万亩农田，对关中地区的农业发展有至关重要的作用[①]。2016 年 11 月，郑国渠申遗成功，成为陕西省第一处世界灌溉工程遗产。

（三）运河工程

春秋战国时期的运河工程兼有运输与灌溉之利，比较为世人熟知的有邗沟和鸿沟，分别修建于春秋时期公元前 486 年和战国时期魏惠王十年（公元前 360 年）。邗沟联通了长江流域和淮河流域，由吴王夫差下令开凿，因流经吴国邗城，故称邗沟。鸿沟连接黄河和圃田湖，它西自荥阳以下引黄河水为源，向东流经中牟、开封，折而南下，入颍河通淮河，把黄河与淮河之间河道连接起来。这些运河虽主要用于行舟运输，但也常用于灌溉农田。

三、井水灌溉的出现

中国凿井历史很早，传说有“黄帝穿井”“虞舜穿井”“伯益作井”等。6000 多年前的河姆渡第二文化层发现有木构井。4000 多年前的河南汤阴白营龙山文化遗址也有木构水井，这些水井是否已用于灌溉，现不得而知。但在春秋时井灌已有了明确记载，如据《吕氏春秋・察传》《庄子・天地》《说苑・反质》的记载可知，春秋时宋、晋、楚、卫等地已在园圃中凿井灌溉，提水工具为桔槔。

四、灌溉水利兴起的意义

春秋战国时期的大型灌溉水利工程大致分为了三个部分：陂塘、灌溉渠系、运河工程。每一种工程都流传成百上千年，甚至今天的一些地区都还在沿用，不得不让我们感叹中华民族的伟大智慧。这些水利设施具有重要的实用价值、科学价值、历史文化价值。

---

① 周魁一. 农田水利史略[M]. 北京：水利电力出版社，1986：20.

（一）实用价值

古代水利灌溉工程主要是为了灌溉土地和控制水流，这些基本的实用功能在历史上得到有效发挥，在今天得到有效保留，其综合效益得到有效发挥，其实用价值依然巨大。如芍陂由春秋时楚相孙叔敖主持修建，引淠入白芍亭东成湖，东汉至唐可灌田万顷，后萎废。到1949年新中国成立后经过整治，现蓄水约7300万立方米，灌溉面积4.2万公顷。虽历时2500余年，依然发挥着灌溉的经济效益。都江堰的建造是为了泄洪灌溉，两千余年造福一方，直到今天，它依然发挥着巨大作用。引漳十二渠则利用黄土地区河流含沙量大的特点，用以肥田和改造盐碱地。而春秋战国时期的运河开凿，虽说最初都是军事方面争霸的需要，但对于航运和农田灌溉也发挥着重要的作用。郑国渠的建成使得关中地区的农业样貌大大改变，原来缺雨缺水、土壤贫瘠，建成后水旱从人、土地肥沃。郑国渠的主要灌溉效益100余年，但对后世引泾灌溉产生了深远影响，秦朝以后历代继续在这里完善其水利设施，汉、唐、宋、元、明、清相沿修渠，使其仍发挥作用。

（二）科学价值

古代灌溉水利工程，凝结着人类智慧和生产实践经验，具有极高的科学价值。都江堰从规划设计到具体施工，都颇具科学性、创造性。正确处理并巧妙运用鱼嘴分水堤、飞沙堰泄洪道、宝瓶口引水口等主体工程的关系，按灌溉、防洪实际需要，分配盛水期、枯水期流量。综合发挥分流分沙、泄洪排沙、引水疏沙的功能。加之深淘滩、低作堰等疏浚技术的使用，科学有效地解决了江水自动分流、排沙、控制进水流量等问题。都江堰遵循“乘势利导、因时制宜”的治水指导思想，“遇湾截角、逢正抽心”的治河原则，正如都江堰治水《三字经》中所述：“深淘滩，低作堰，六字旨，千秋鉴。挖河沙，堆堤岸，砌鱼嘴，安羊圈。立湃阙，凿漏罐，笼编密，石装楗，分四六，平潦旱，水画符，铁椿见。岁勤修，预防患，遵旧制，勿擅变。”这既是经验积累，也是科学总结。德国地理学家李希霍芬（Richthofen）考察都江堰盛赞：“都江堰灌溉方法之完善，世界各地无与伦比。”

都江堰被誉为世界水利文化鼻祖，代表了中国古代水利建设的最高成就，是一个科学、完整、极富发展潜力的庞大水利工程体系。都江堰的建造，开创了人类利用大自然自身特点进行改建的伟大工程，它的神奇之处在于不破坏大自然原始地貌，利用大自然为人类进行服务。引导水流，变害为利，将人、地势、水三者有机结合在一起，达到高度和谐统一。

（三）历史文化价值

古代灌溉水利工程具有极高的历史文化价值，是人类重要的文化遗产。

郑国渠是中国第一个引泾灌溉的大型灌溉工程，是最早在关中建设的大型水利工程，对后世引泾灌溉工程产生了深远的影响。郑国渠的修建开创了中国农业大规模灌溉的历史，大大促进了农业生产的发展，使关中平原成为秦国的粮仓，为秦统一全国、建立中国第一个统一的中央集权制国家奠定了坚实的物质基础。

都江堰水利工程在世界水利历史上书写下光辉灿烂的篇章，它是中华灿烂文明的具体表现。汉武帝元鼎六年（公元前111年），司马迁考察观瞻都江堰，并在《史记·河渠书》中记载李冰修建都江堰的功绩。后人建西瞻亭、西瞻堂以示纪念。蜀汉建兴六年（公元228年），诸葛亮北征，设兵丁1200人守护都江堰，并设专职堰官管理维护，开历代设专职堰官先河。马可·波罗游历都江堰，在《马可·波罗游记》中写道："都江水系，川流甚急，川中多鱼，船舶往来甚众，运载商货，往来上下游。"

春秋战国时期的灌溉水利工程，还衍生出了许多场馆、节日等文化载体，如泾县2018年修建了郑国渠遗址博物馆，成了人们了解这一中国水利史上治水兴利伟大壮举的窗口。都江堰现有一年一度的放水节，为纪念李冰而兴起的二王庙庙会等节日文化，以及因都江堰而产生的文学作品，如（清）黄俞《都江堰》诗："岷江遥从天际来，神功凿破古离堆。恩波浩渺连三楚，惠泽膏流润九垓。劈斧岩前飞瀑雨，伏龙潭底响轻雷。筑堤不敢辞劳苦，竹石经营取次裁。"都江堰丰厚的历史文化遗存、极高的历史文化价值，为世界瞩目。

2000年联合国世界遗产委员会第24届大会，根据联合国《保护世界文化和自然遗产公约》关于文化遗产的规定，鉴于都江堰水利工程历史悠久、规模宏大、布局合理、运行科学，且与环境和谐结合，在历史和科学方面具有突出的普遍价值，被确定为世界文化遗产。

总的来说，水利工程的建设功在当代，利在千秋。虽然大部分的工程在今天已经不能再使用了，但这不妨碍我们见证春秋战国时期中国灌溉水利的发达，正因为古代先民的一步步创造和发明，才有了今天中华民族的辉煌。

第五节　农业知识与农业生产技术

春秋战国时期，人们的农业知识不断增长，农业生产技术迅速提高。在《周礼》《礼记·月令》《吕氏春秋》《尚书·禹贡》《管子·地员》等多部著作中，多有涉及农业知识与生产技术的章节。土壤学知识、耕作制度、耕作技术、栽培技术等各方面相较于前代都有很大的进步，这些都体现了春秋战国时期农业的发展。

一、土壤学知识

在农业生产中，人们很早就对"土"有了认识，甲骨文中就出现了"土"字。到了战国，人们对土壤的认识更进一步，为开展土地的利用与改良奠定了基础。

（一）"土壤"的概念

"土"和"壤"在《周礼·地官司徒》一篇中是两个不同的概念，郑玄在其注中说："万物自生焉，则言'土'，'土'犹吐也；以人所耕而树艺焉则言'壤'，'壤'，和缓之貌。”郑玄所言“土”为自然土壤，“壤”即农业土壤，这是“土”“壤”之别最早见于文献的记载。“壤”中的“襄”是“助”的意思，指借人力相助由自然土壤转化为农业土壤，表明两类土壤有不同的肥力属性。自然土壤只有自然肥力，而农业土壤则不仅具有自然肥力还具有人工肥力，是自然肥力与经济肥力的结合。自然土壤与农业土壤既有共性又有特性，既有联系又有区别，人们必须采取相应的措施，才能不断地提高农业土壤肥力水平，这是中国古代人民的一大发现。

战国时，中国还根据地势、土壤颜色、质地和性状等对土壤进行分类。《周礼·地官司徒》指出“十有二土”“十有二壤”。据夏纬瑛研究认为：“十有二土”者，以地势而言；“十有二壤”者，以土质而言。说明地势有十二个类别，土质也有十二个类别①。《管子·地员》篇中，按地势不同将土壤分为平原、丘陵、山地三大类，其中又按土壤的色泽和质地进行了分类，如平原中又分“五土”，即“粟土”“赤垆”“黄唐”“斥埴”“黑埴”。“五土”分别有适宜的作物，如“粟土”“五种无不宜”；“斥埴”“宜大菽与麦”；“黄唐”适于种黍类；“黑埴”适于种稻、麦等，说明当时人们对合理利用土壤已有了一定的经验。图 3-9 表明植物根据山川平原地势形成的植物垂直分布图。

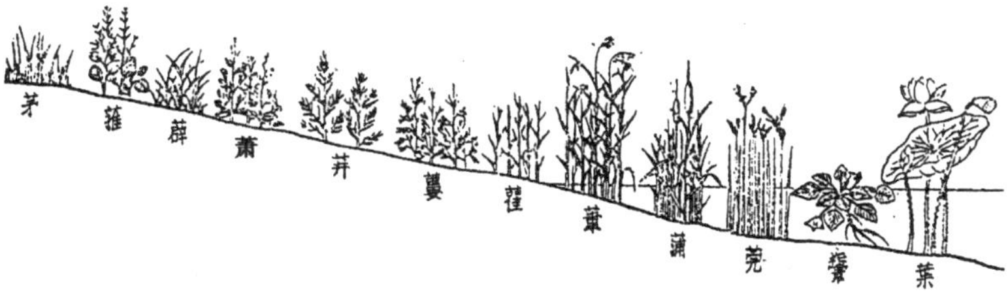

图 3-9　植物垂直分布图②

《尚书·禹贡》一书，多数学者认为成书于战国时代，反映的是战国之前的情况。其借大禹治水为线索，把当时的中国按地域分为九州，叙述了各州的地理位置、山川分布、土壤植被、土地和贡赋等级、输送贡品的交通路线等，如表 3-2 所示。

表 3-2　《禹贡》九州的土壤

州别	今地	土壤	土壤等级	赋税等级
冀州	河北西北部，山西，河南北部	白壤（盐渍土）	5	1-2
兖州	山东西北部，河南东南部	黑坟（灰棕壤）	6	9
青州	山东东部	白坟，海滨广斥（灰壤，盐渍土）	3	4
徐州	山东南部，江苏、安徽北部	赤埴坟（棕壤）	2	5
扬州	江苏、浙江、安徽南部、江西	涂泥（湿土）	9	7
荆州	湖北、湖南	涂泥（湿土）	8	3
豫州	河南、湖北北部	壤，下土坟垆（石灰性冲积土）	4	2-1
梁州	陕西南部、四川等地	青黎（无石灰性冲积土）	7	7-8-9
雍州	陕西北部、甘肃等地	黄壤（淡栗钙土）	1	6

① 夏纬瑛. 周礼中有关农业条文的解释[M]. 北京：农业出版社，1979.

② 董恺忱，范楚玉. 中国科学技术史（农学卷）[M]. 北京：科学出版社，2000：122.

由此可见，中国早在战国年代就为土壤分类奠定了基础，从而为因地制宜发展农、林、牧生产，合理利用各类土地资源创造了条件。

（二）“土宜”的概念

中国幅员辽阔，地形复杂，除了平原外，还有山地和丘陵等地貌，导致各地土壤的差异。人们很早就认识到农业生产要因地制宜，“土宜”的概念得以孕育形成。《史记·周本纪》说周弃（周的始祖后稷）“相地之宜，宜谷者稼穑焉”。如何相“土宜”或“地宜”呢？这需要看地形和土质。中国黄河中下游地区，总的地势比较平缓，土质比较松软，为开垦耕种、引水灌田等提供了条件，因此这一地区成为农业开发较早的地区。战国时期平原地区的土地利用已经有了三种类型，据《周礼·天官冢宰》篇讲“三农生九谷”，郑玄注引郑司农云：“三农，平地、山、泽也。九谷，黍、稷、秫、稻、麻、大小豆、大小麦。”“三农”就是山地、平地、低洼地，这三种地是早期农田土地利用的基本类型。《周礼·地官司徒》还提过“土会之法辨五地之物生”，“五地”即山林、川泽、丘陵、坟衍、原隰。这是中国早期因地制宜、合理利用土地，发展农林牧副渔生产的原则。同时在规划用地中，对农业即种植业内部因地种植、合理布局予以高度重视，所谓“相高下、视肥垗、序五种”等（《荀子·王制》），就是这个意思。

战国时期人们还从生产实践中逐渐积累起了改良盐碱地的知识，从而创造出了用水洗碱的技术。《吕氏春秋·任地》针对当时农业生产提出了十大技术要求，其中一项就是“子能使吾士（土）靖而甽浴土乎？”意思是说，你能使我的耕地洁净而用甽浍来洗土吗？据夏纬瑛研究“甽浴土”就是通过渠道灌水冲洗盐碱改良土壤的技术。当时兴修水利，引用含有丰富泥沙并挟带丰富有机质的水对盐碱地进行淤灌，逐渐发展成为改良盐碱地的一种手段，如战国初期引漳水溉邺地的工程就是中国历史上第一个大型的引水洗盐改良盐碱地的水利工程，在水利史和土壤改良史上都有重要的地位。

春秋战国时代，按照“土宜”发展农业生产，合理利用耕地，积极改造土质使其更适合作物生长，已经成为农夫和农业生产管理者的共识。

二、耕作制度

春秋战国时期，由于农业生产率提高，促使耕作制发生重大变革，由休闲制向连种制转变，有的地区在连种制的基础上，开始出现了轮作连种制，如《荀子·富国》：“今是土之生五谷也，人善治之，则亩益数盆，一岁而再获之。”《管子·治国》：“四种而五获。”说明当时人们在精耕细作的条件下，可以通过连种提高单位面积的粮食产量。又如《吕氏春秋》记载的“今兹美禾，来兹美麦”，先收了美禾又能收美麦，和《吕氏春秋·十二纪》中“孟秋登谷”“孟夏升麦”的谷麦轮作记载完全吻合。这些都说明黄河中下游地区，早在战国晚期轮作连种制就已经开始，并创制了四年五熟和二年三熟的种植制度。

据《周礼·地官司徒》记载：“不易之地，家百亩；一易之地，家二百亩；再易之地，家三百亩。”这反映了当时授田而耕的制度下，除有“一易之地”，即种一年，休一年外，还出现了“不易之地”，即不休闲连年种植的耕地。这大致反映了从西周到春秋时期过渡的情况。“不易之地”的出现是中国耕作制和土地利用上的重大进步。

连种制的实行以农业生产技术的进步为必要条件。春秋战国时代，铁农具的普及和牛耕的初步推广，提高了土壤耕作的效率；施肥受到普遍重视，地力的损耗得到了人工的补偿；大豆的广泛种植又有利于耕地的用养结合。上述条件综合起来为连种制的实行提供了物质前提。自战国以来，虽然撂荒制和休闲制仍在一些地方长期存在，但就全国范围而言，连种制已经成为中国耕作制度的主流。耕地连年种植并不等于每年都种同一作物，事实上为了调节地力，防止病虫害，往往要换茬，轮作也必然出现和发展起来。

轮作连种制一经创始，就成为中国精耕细作技术的重要内容之一，特别是它在中国这一地少人多的国情条件下，在提高单产和土地利用率方面表现出了巨大的生命力。

三、耕作技术

战国时期人们开始认识到，耕作技术的精细与否，与产量有着密切的关系。《庄子·则阳》记载：“昔予为禾，耕而卤莽之，则其实亦卤莽而报予；芸而灭裂之，其实亦灭裂而报予。予来年变齐，深其耕而熟耰之，其禾蘩以滋，予终年厌飧”。意指过去我耕田种地，马马虎虎，结果庄稼长得稀稀疏疏；耕田除草，潦潦草草的，结果庄稼长得零零落落。第二年改变了做法，地耕得深深的，土敲得碎碎的，结果庄稼长得非常茂盛，收获的粮食一年也吃不完。这一实践经验表明，从战国开始，中国农业生产已经从粗放耕作向精耕细作转变。战国时期耕作原则，即为《吕氏春秋·任地》中所记载：“凡耕之大方：力者欲柔，柔者欲力；息者欲劳，劳者欲息；棘者欲肥，肥者欲棘；急者欲缓，缓者欲急；湿者欲燥，燥者欲湿。”这五大原则充满着辩证法，充分体现了“人”的主观能动性，因为《吕氏春秋》中有句名言：“夫稼为之者人也，生之者地也，养之者天也。”在这一总的耕作原则指导下，当时的耕作技术得以迅速提高。

（一）因土耕作

因土制宜，合理耕作，是中国古代在土壤耕作上的优良传统，是我们的先人科学利用自然规律于土壤耕作的具体表现。

第一，因土质定时宜。《吕氏春秋·辩土》说：“凡耕之道，必始于垆，为其寡泽而后枯，必厚其靹，为其唯厚而及。”这是因土壤性质不同而确定耕作顺序的最早记录。“垆土”是质地坚硬的土壤，这种土壤如果耕得晚了，水分散失以后就会变得坚硬而难耕；而“靹土”，则是质地轻松的土壤，这种土壤即使耕得晚了也不碍事。所以在耕作顺序上“始于垆”而“后其靹”。

第二，因土质定耕法。不同质地的土壤要用不同的耕法，《吕氏春秋·任地》把“力者欲柔，柔者欲力”作为土壤耕作的基本原则之一，就是因为过于坚硬的土壤，要采取相应的耕作措施使之疏松，而过分疏松的土壤，也要相应的耕作措施使之紧密。

第三，因地势定耕法。上文所说《吕氏春秋·任地》中的“上田弃亩，下田弃甽”就是因地势不同采取不同耕法的典型例子，只有这样才能获得“平地势以免旱涝”的结果。

（二）因时耕作

春秋战国时代很重视春耕时机的掌握。《管子·臣乘马》载，管仲向齐桓公解释“春事二十五日之内”时说：“日至六十日而阳冻释，七十日而阴冻释；阴冻释而秇稷，百日不秇稷，故春事二十五日之内耳。”“日至”指冬至，冬至后六十日（相当于后世农事节气中的雨水）向阳面土壤开始解冻，冬至后七十日（相当于后世的惊蛰）向阴面的土壤也解冻了，而到后一百天就不能种稷了，所以春耕春种必须要在冬至后二十五天内完成。

《吕氏春秋·十二纪》《礼记·月令》列有各月的物候节令与农事活动，二十四节气的名称这时大多已出现。

《国语·周语上》也有看天象定春耕时节的记述：“古者，太史顺时覛土，阳瘅愤盈，土气震发，农祥晨正，日月底于天庙，土乃脉发。先时九日，太史告稷曰：‘自今至于初吉，阳气俱蒸，土膏其动，弗震弗渝，脉其满眚，谷乃不殖。’”值得注意的是当时的人们已经用动态的观点观察土壤，指出开春以后地温上升，土壤中的水分开始流动，土壤呈松解状态，这正是春耕的适宜时机。人们把土壤的温度、湿度、水分和气体的流动等性状概括为“土气”这样一个笼统的概念。“土气”就是“地气”，《礼记·月令》说，孟春之月“天气下降，地气上腾，天地和同，草木萌动”，是农事开始的季节，这与《周语》中的说法是一致的。

为了准确地确定适耕期，人们还总结了看物候定耕期的经验。《吕氏春秋·任地》说：“冬至后五旬七日，菖始生，菖者百草之先生者也，于是始耕。”这是以菖蒲生长这个物候特征作为适耕期开始的标志。

（三）深耕熟櫌

战国时期由于铁犁、牛耕的推广使用，为深耕细作创造了条件。许多思想家和农学家都曾论述过深耕细作。《吕氏春秋·任地》中“五耕五耨，必审以尽。其深殖之度，阴土必得”；《孟子·梁惠王上》中“深耕易耨”；《管子·小匡》中“深耕均种疾櫌”；《韩非子·外储说左上》中“耕者且深耨者熟耘也”等，都是当时整地技术的记录。这说明战国时期的精耕细作至少包括了深耕、熟櫌（疾櫌）、易耨（熟耘）等主要技术。“深耕”的标准是“阴土必得”，这样才能“大草不生，又无螟蜮”，既消灭了杂草，又能防治害虫，从而获得粮食的丰收。“櫌”最初的含义是“覆种”，后来又引申出“碎土、平地”之义，“熟櫌”“疾櫌”就是耕完地后立即用木榔头将土块打碎打细，可以减少土壤水分蒸发，保持土壤墒情，同时便于均匀地覆种，以利出苗，这是从早期的粗放耕作向以耕耙耢为中心的旱地精耕细作的技术体系过渡的环节之一。“耨”和“耘”都是松土除草的意思，“易耨”就是快速将田间杂草除净，“熟耘”就是多次除草。这也就是上文《吕氏春秋》中所说的“五耕五耨，必审以尽”。这些耕作技术和田间管理技术的密切配合，反映了战国时期耕作技术已经达到了相当高的水平。

（四）多粪肥田

古代将肥料称为“粪”，施肥称为“粪田”，“多粪肥田”就是多施肥料，培肥地力。春秋战国时期，开始明确地提出人工施肥是提高产量的重要措施。先秦诸子提到“粪田”的很多，如《荀子·富国》：“掩地表亩，刺草殖谷，多粪肥田，是农夫众庶之事也。”《韩非子·解老》：“积力于田畴，必且粪灌。”《吕氏春秋·任地》指出：“地可使肥，又可使棘。”说明土壤的肥瘠是可以转化的。如果人们精耕细作，合理施肥，就可以提高土壤肥力；反之，如果采取掠夺式经营，土壤肥力必然下降。

肥料的来源主要是生产和生活的废弃物。《说文解字》释“粪”为“弃除”义，后来“粪”引申指肥料，指包括人畜粪溺在内的废弃物用作农作物的肥料。“粪”字义的变化表明中国古代劳动人民很早就懂得农业内部的废物利用，变无用为有用，而人畜粪溺的利用至迟战国时代已受到人们的重视，这不能不说是中国人民高度智慧和创造力的表现。

当时施用的肥料除了人畜粪便外，草肥是一个重要来源，草肥即草木的腐殖质及其灰烬。在原始农业时期，人们实行刀耕火种，实际上就是利用天然林木或杂草焚烧后的灰烬作肥料。虽然当时没有形成施肥的概念，但这种经验给了人们启示。《礼记·月令》中记载季夏之月：“土润溽暑，大雨时行，烧剃行水，利以杀草，如以热汤。可以粪田畴，可以美土疆。”利用草肥的两种方法，一是把草烧成草木灰；二是剃，就是铲除杂草，并利用高温多雨，使它在田里沤烂成肥，这也是早期在休闲地上利用杂草作绿肥的方法。由此可知，当时人们对施肥有利于改良土壤、培肥地力已经有了比较明确的认识，这种技术还被称为“土化之法”。《周礼·地官司徒》中说，“草人”的职责就是“掌土化之法”。郑玄解释说“化之使美”，也就是说，在耕种之时，通过施肥培肥地力，化恶为良。后世农书中也每每提及用粪之法，如“用粪犹药也”（《陈旉农书·粪田之宜篇》），“用粪贵培其原”（《知本提纲·修业章·农业》），其滥觞都可以追溯至这一时期。

四、栽培技术

春秋战国时期的栽培技术相比之前又有一定发展，具体体现在畎亩法栽种、良种选择和播种技术等方面。

（一）畎亩法

西周时期的起亩垄作技术，发展到了战国时期，形成了畎亩法，如《国语·周语下》：“天所崇之子孙，或在畎亩，由欲乱民也。”韦昭注：“下曰畎，高曰亩。亩，垄也。”《庄子·让王》中司马彪疏：“垄上曰亩，垄中曰畎。”畎亩法也就是后世的垄作法，垄作法有良好的抗旱保墒效果，体现在以下几个方面：①采用了“掩地表亩”式方法，这样动土量少，在耕作过程中，土壤水分散失少，因而可以保墒抗旱。②实行垄作，创造了凹凸不平的微地形差异，在此基础上可以采用“上田弃亩”，即高田低作的方法，将种子播在垄沟里，便于充分有效地利用耕层土壤的深层贮水和接墒抗旱效果。③实行垄作，创造了“虚实相间”的耕层构造，“虚”的部分有利于蓄水，“实”的部分有利于供水，协调了蓄水与供水的矛盾，从而改善了农田土壤的水分状况。

《吕氏春秋·任地》中还提出了“上田弃亩，下田弃甽”，就是说，对于高田旱地来说，应当放弃垄台不种，而种垄沟；对于低田湿地来说，应当放弃垄沟不种，而种垄台。高田旱地种垄沟，其播种部位比较低下，容易接上湿土，有利于保墒防旱；低田湿地种垄台，其播种部位提高，有利于排水防涝，并且有利于通风透光，反映了当时农业技术的发展和土地利用范围的扩大，如图 3-10 所示。《吕氏春秋·辩土》更进一步地说明了垄作的规格，要求“亩欲广以平，甽欲小以深”。这就是说，合乎规格的垄应当是垄台宽而平，垄沟窄而深。大体上垄台五尺宽，垄沟一尺宽，合起来正是“六尺为步”的宽度要求。只有这样的垄，才能“下得阴，上得阳”，使农作物生长发育良好。因为“亩广以平则不丧本”，也就是，垄台宽而平，可以保证一定的苗数，而且可以使“茎生于地者五分之以地”，即在五尺宽的亩面（即垄台）上实行宽幅条播，行宽一尺，行距一尺，垄台上播种两行，两行中间，行距为一尺，两侧各一尺，共五尺，每种植一行占垄台的五分之一，以此提高土地的利用率。书中还指出了两种不合规格的垄形：一是大甽小亩，即沟大垄小，这种垄长出的禾苗只有窄窄的一行，就像马鬃一样，浪费耕地，即所谓“苗若直鬣，地窃之也”；二是高而危的垄，不保墒，容易颓塌，庄稼不抗风，易倒伏，这样就从反面论证了垄台宽而平、垄沟窄而深的重要性。

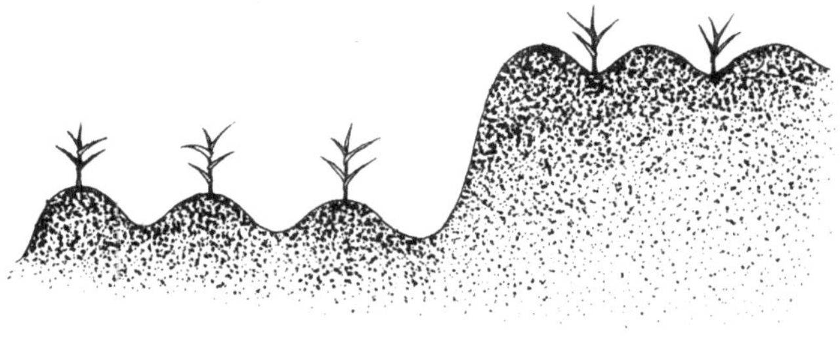

图 3-10 “甽亩法”耕作示意图[①]

综上而言，甽亩法是利用土壤耕作所造成的微地形差异，防旱抗涝的方法，它闪耀着中华民族劳动人民的智慧光辉。

（二）良种选择

西周时代就已形成良种观念，出现了良种及其不同的品种、类型。到春秋战国时

① 中国农业博物馆农史研究室. 中国古代农业科技史图说[M]. 北京：农业出版社，1989：132.

期，据《周礼·地官司徒·司稼》记载："司稼掌巡邦野之稼，而辨穜稑之种，周知其名，与其所宜地，以为法而悬于邑闾。"郑玄注："遍知种所宜之地，悬以示民，近两年种谷以为法也。"司稼的职责就是进行普遍的种质资源调查，并在此基础上指导老百姓因地制宜地采用不同的品种。这反映了《周礼》成书的年代，即春秋战国时期，人们对农作物的品种已十分重视。另据《周礼·天官冢宰·内宰》记载："上春，诏王后帅六宫之人而生穜稑之种，而献之于王。"郑玄注："古者使后宫藏种，以其有传类蕃孳之祥，必生而献之，示能育之，使不伤败，且以佐王耕事，共禘郊也。"古人把作物种子的繁育和妇女的生育能力联系起来，认为能生育的妇女对种子的萌发生长能产生某种神秘的影响，于是形成由妇女保藏种子的习俗。

战国时代人们不仅对良种增产作用有一定认识，还形成了一定的良种标准，如战国白圭说："欲长钱，取下谷，长石斗，取上种。"(《史记·货殖列传》)"上种"就是良种；再如《吕氏春秋·任地》提出"使槁数节而茎坚""使穗大而坚匀""使粟圜而薄糠""使米多沃而食之强"等，就是通过综合的农业措施使作物茎秆健壮、穗大饱满、籽粒出米率高、品质优良，以上几条都是当时优良作物品种的重要指标，兼顾到了作物的产量、质量等方面。

（三）播种技术

春秋战国时期，对播种技术相当讲究。《管子》提出"均种"的要求，即均匀细致地播种，见《管子·小匡》："深耕、均种、疾耰。"《吕氏春秋·辩土》提出农业生产要消灭"三盗"，其中之一便是要消灭"苗窃"，即播种太密又不分行而造成的苗欺苗彼此妨碍的现象。

在播种方法上，西周时期已出现的条播，到春秋战国时期被进一步强调，如《吕氏春秋·辩土》指出：撒播会造成"既种而无行，耕而不长"的毛病（概为稠密义），条播则有"茎生有行，故遬（速）长；弱不相害，故遬大"的优点，提倡改撒播为条播。在播种密度上，当时已懂得要"慎其种，勿使数（密），亦无使疏"，而且还提出要因地制宜地确定播种密度，土地"肥而扶疏则多秕，垸而专居则多死"，就是说地肥如果稀种，庄稼就会贪青徒长秕子多；薄地种密，庄稼就会得不到足够的营养而死亡。这是有关肥地宜密、薄地宜稀，合理密植的最早论述。

《吕氏春秋·辩土》又进一步指出："苗，其弱也欲孤，其长也欲相与居，其熟也欲相扶，是故三以为族，乃多粟。"从作物生产的动态上，指出了掌握合理密植的标准，即在苗期，苗间应相互孤立分离，使其有充分的生长余地；长大后，恰好使植株互相靠近；到成熟时植株因为分蘖增多（三以为族），株间互相紧靠在一起，既可防止倒伏，又能最大限度地利用地力和阳光，从而保证获得最高的产量（乃多粟）。这段话不仅指出了作物在不同生长期的合理密植标准，同时也充分说明了合理密植的作用。

在覆土要求上，《吕氏春秋·辩土》指出"于其施土，无使不足，亦无使有余"，即要求覆土厚薄适度，既不要过多，也不要太少，因为"厚土则蘖不通，薄土则蕃轓而不发”。在株行距上，要求“衡（横）行必得，纵行必术”，做到“正其行，通其风，央心（必）中央，帅为泠风”，即要求纵横成行，以保证田间通风，即使是大田的中间，也能吹到和风，而不致郁闭。这表明当时已有等距全苗的观念。出苗后，还要“长其兄而去其弟”，即要求间去弱苗。因为“先生者美米，后生者为秕”，如果不注意这个问题，那就会造成“不收其粟，而收其秕”的恶果。

第六节　农业经济构成的变化

春秋战国时期虽然政治动荡，战争频仍，但也是百家争鸣、社会急速发展的时代，这一时期农业生产获得大发展的同时，农业经济的构成在前期发展基础上也随之发生了改变。

一、大田作物

商周时期，由于生产工具落后，耕作粗放，黍、稷这类具有耐旱、耐瘠、抗逆性强、生长期短、成熟早等优点的作物被广泛种植。到了春秋战国时期，由于铁农具的运用、牛耕的推行以及农田灌溉条件的改善和耕作技术的提高，黄河中下游地区的大田作物中，麦、菽等作物得以扩大种植。

据《管子·地员》载，当时栽种的农作物黍、稷、稻、菽已有 30 多个品种或类型。为做到各种作物品种或类型的适宜种植，战国时还设有“司稼”这一官职掌管这项任务，其职责是“掌巡邦野之稼，而辨穜稑之种，周知其名，与其所宜以为法，而县于邑闾”(《周礼·地官司徒》)。这说明当时对于调查研究农作物品类与土地的关系已极为重视，因此要派司稼巡视邦野，考察农作物品类，了解其名称及其适宜种植的土壤和方法，然后写出报告以供选择，因地因时加以利用。

春秋战国时菽的地位迅速上升，到春秋末年和战国初年，菽已与粟并列成为主要的粮食作物，二者并提屡见于这一时期的历史文献中。大豆上升为主粮是由多种因素促成的。从大豆本身看，它比较耐旱，具有一定的救荒作用，而且它营养丰富，既能当粮食又能当蔬菜。《战国策·韩策》：“韩地……五谷所生，非麦而豆，民之所食，大抵豆饭藿羹。”藿，就是豆叶。从耕作制度的发展看，春秋战国正是从定期休闲制向连种制转变的时期，面临着在新的土地利用方式下如何保养地力的问题。大豆的根瘤有肥地作用，它与禾谷类轮作，有利于在连种条件下用地与养地相结合，这是大豆当时迅速发展的另一重要原因。

麦也是这一时期发展较快的一种作物，如《诗经》中《鄘风·载驰》：“我行其野，芃芃其麦。”又如《王风·丘中有麻》：“丘中有麦……将其来食。”这些都反映了春秋初年河南鄘（卫）、王（洛邑）等地麦田的面积相当可观。推广冬麦，既能利用晚秋和早春的生长季节，避免与别的作物争地，同时又能“续绝继乏”，解决青黄不接的困难。由于冬麦在栽培中具有这些优点，因而受到人们的重视。冬麦在西周以前已经存在，但由于它所要求的栽培条件比较高，所以一直未能得到发展。到春秋战国时期，由于铁农具的广泛应用、牛耕的推广、水利的兴修、肥料的施用，才促进了麦类栽培有较大的发展。

在菽麦发展的同时，黍的地位相对下降，但在北方，黍仍然保持着主粮地位，如《孟子·告子下》中的“夫貉，五谷不生，惟黍生之”。在当时的粮食作物构成中，占据最主要地位的仍然是粟。《论语》中粟作为民食、作为俸禄，《周礼·地官司徒·仓人》中记载：“仓人掌粟入之藏。”郑玄注：“九谷尽藏焉，以粟为主。”春秋战国时代，“五谷”概念的出现表明当时主要粮食作物已初步定型。

“五谷”一词的出现，最早见于《论语·微子》：“四体不勤，五谷不分。”《周礼》中有“九谷”“六谷”“五谷”之称。到了战国时代，“五谷”的称呼便普遍起来，如《礼记·月令》“阳气复还，五谷无实”，《荀子·王制》“五谷不绝而百姓有余食也”，《孟子·滕文公上》“五谷熟而民人育”等都提到“五谷”，说明“五谷”的概念这时候已经很普及了。

历史上关于“五谷”的说法很多，基本上可以分为三类。一类认为五谷指黍、稷、麻、麦、豆。例如《周礼·疾医》郑玄注、《大戴礼记·曾子天圆》卢辩注、《荀子·儒效》杨倞注、《汉书·食货志》颜师古注等，只在谷物先后次序的排列上略有不同。另一类认为五谷是指黍、稷、豆、麦、稻。例如《孟子·滕文公》赵岐注、《淮南子·修务训》高诱注等，谷物先后次序的排列上也略有不同。还有一类认为五谷指稻、秫（稷）、麦、豆、麻，如《楚辞·大招》王逸注。以上三种说法去其重复者得六种作物，即稷、菽、麦、稻、黍、麻。这和《吕氏春秋·审时》所记六种主要作物完全一致，只有或作禾、或作稷的细别，而稷就是禾。又由于先秦史籍中言“麦”往往兼指大小麦，所以春秋战国时主要粮食作物实际上包括粟（禾、稷）、黍、稻、小麦、大麦、大豆（菽）和大麻七种。又在上述三类关于“五谷”的说法中，或者没有麻，或者没有黍，或者没有稻，而必有稷、菽、麦。这和上文所分析的稷、菽、麦在粮食作物构成中的地位是一致的。至于“五谷”中麻、黍、稻之有无，应是与粮食作物构成南北地区差异有关。

二、园圃

关于园艺栽培，《管子·地员》记载“五息之土”宜生长枣，“五沃之土”宜生长梅、杏、桃、李、棠，“五位之土”宜生长桃、枣等，对各类土壤适宜的果木做了论述。《周礼·冬官考工记》则指出气候对果蔬的影响：“橘逾淮而北为枳。”《吕氏春秋·尊师》中“治唐圃，疾灌浸”，讲述了园中的灌溉，表明春秋战国时期中国的园艺栽培有了比较大的发展。

（一）田圃分工

《诗经》中属于春秋初年的诗篇，就有了“园”“圃”的记载，如“园有桃”“园有棘”（《诗经·魏风·园有桃》），“折柳樊圃”（《诗经·齐风·东方未明》），“无逾我园”

(《诗经·郑风·将仲子》)。《韩非子·外储说左上》谈到春秋末年中牟之民“弃其田耘、卖宅圃,而随文学者,邑之半”。田圃并提,说明园圃确实已从大田中分离出来了。不但如此,最迟春秋末年,专门经营园圃业的农户也已出现。樊迟向孔子请学“稼”“为圃”时,孔子说:“吾不如老农”“吾不如老圃”(《论语·子路》)。《管子·问》:“问理园圃而食者几何家?人之开田而耕者几何家?”这些表明农圃确已分为两业,园圃业已成为农业中的一个独立的生产部门。

据《周礼·天官冢宰·大宰》郑玄注:“树果蓏曰圃,园其樊也。”可见先秦的园圃业的内容大体相当于今天所说的园艺业。但是,第一,园圃合一,不像后世“园”中专种果树,“圃”中专种蔬菜。第二,许多园圃中除种果蔬外还兼种经济林木,因而比后世园艺业的范围更广些。例如《墨子·天志下》就谈到了园圃中种植桃、李、瓜、姜,《诗经·郑风·将仲子》中提到园中种植檀、桑等经济树木。

春秋战国时期的食用果类很多,可以确定是人工栽培的有:杏(《夏小正》有“正月……梅、杏、杝桃则华”);桃(《诗经·周南·桃夭》);李(《诗经·王风·丘中有麻》谈到丘田中栽种李树);枣(《诗经·豳风·七月》有“八月剥枣”的记载);梨(《尔雅》有“梨,山樆”,郭璞注“即今梨树”);榛、栗(《诗经·鄘风·定之方中》讲春秋初年卫文公复国,在宫室附近“树之榛栗”,表明榛栗当时已由野生转为栽培);橘、柚(橘、柚都是原产于南方的佳果,《韩非子·外储说左下》谈到了“树橘柚”)。这些都说明,春秋战国时期中国的园艺生产已经相当发达。

(二)林木种植

关于林业,春秋战国时已出现大片的桑林、漆树林,并且已经利用树木作为防护,“为畿封而树之”(《周礼·地官司徒·封人》)和“设国之五沟、五涂,而树之林,以为阻固”(《周礼·夏官司马·司险》),这是以树木作国家防护;“掌固掌修城郭沟池树渠之固”(《周礼·夏官司马·掌固》),这是以树木作城郭防护;“列树以表道”(《国语·周语中》),这是以树木作街道防护。《管子·地员》记载说:“五粟之土,若在陵在山,在坟在衍,其阴其阳,尽宜。桐柞莫不秀长;其榆其柳,其檿其桑,其柘其栎,其槐其杨,群木蕃滋数大,条直以长。”这说明人们已经有在不同地理位置种植不同树种的意识。同时为保护森林还制定了系列政策:一是山中禁火,以“修火宪,养山林”。二是禁止乱砍滥伐,“草木荣华滋硕之时,则斧斤不入山林”,《礼记·月令》记载说,孟春之月和季夏之月“禁止伐木”,季春之月“毋伐桑柘”,孟夏之月“毋伐大树”。强调“斧斤以时入山林”。三是设置“山虞”“林衡”等官员负责管理。

(三)蔬菜栽培

人工栽培蔬菜的种类,除了上一时期已见记载的瓜、瓠、芸、韭、葑(蔓菁之类)等外,春秋战国时期又有所增加。例如:

葵,是中国古代的重要蔬菜,北宋罗愿《尔雅翼》称之为“百菜之首”;《诗经·豳风·七月》有“亨葵及菽”;《周礼·天官冢宰·醢人》有“馈食之豆，其实葵菹（腌葵）”。葵不但为“七菹”之一，而且与韭菜并用于祭祀，如《仪礼·少牢馈食》中“韭菹在南，葵菹在北”，说明它和韭一样，有悠久的栽培历史。但葵栽培的明确记载始见于这一时期，如《管子·轻重甲》有“去市三百步者不得树葵菜”的话。又《韩诗外传》记载:“鲁监门女相从夜绩，中夜而泣，其偶问其故，曰：宋司马得罪于宋，出于鲁，马佚，食吾园葵，是岁吾园亡利一半。”这说明春秋时葵已是重要的园艺作物了。

姜、葱、蒜都是有辛辣味的蔬菜，古人称为荤菜，这时亦已栽培。姜是这一时期人们的重要调料，《论语·乡党》说孔子“不撤姜食”;《墨子·天志下》说普通人家园圃中有瓜姜，说明姜已为人们所栽培;《管子·戒》说齐桓公“北伐山戎，出冬葱与戎菽，布之天下”。当时，冬葱已引进，山戎地区此前早已有栽培，而中原地区自此以后种之者亦多。《尔雅·释草》提到“蒚，山蒜”，孙炎注:“帝登蒚山，遭莸芋之毒，将死，得蒜啮之及解，遂收植之，能杀腥膻虫鱼之毒。”如果这一传说可靠的话，蒜的人工栽培应当很早，而且人们已认识到它有杀菌消毒的作用。

笋与蒲在西周时代已是人们喜爱的蔬菜。笋是竹笋，蒲是一种水草，可以编席，其嫩芽可吃。《诗经·大雅·韩奕》:“其蔌维何？维笋及蒲。”《毛诗故训传》:“蔌，菜殽也”。《周礼·天官冢宰·醢人》中记载有笋菹与蒲菹。春秋战国时期已有人工栽培竹子的记载，竹笋当然也有人工栽培。

（四）园艺技术

春秋战国时代园艺技术的发展体现在多方面，其中园圃灌溉技术为典型代表。如园圃业因为需要经常灌溉，所以多采取不同于畎亩的低畦农田结构形式，《庄子·天地》载子贡“过汉阴，见一丈人，方将为圃畦，凿隧而入井，抱瓮而出灌”，释文引李巡曰:“菜蔬曰圃，埒中曰畦。”埒是田埂，农田四周围以田埂，是一种便于灌溉的低畦，不同于高出垄沟的亩。《韩非子·外储说左上》:“庸客致力而疾耕耘者，尽巧而正畦陌畴時者，非爱主人也。”用“畦陌”代表农田，说明畦这种农田结构在战国时代已有一定的普遍性。人们当时已经认识到，灌溉对提高瓜菜产量方面有重要意义。在园圃的灌溉工具方面，春秋战国时期发明了桔槔，这种新型的灌溉机械，很大程度上是适应园圃业的需要而推广的。《庄子·天地》说，桔槔是“凿木为机，后重前轻，挈水若抽，数如泆汤”，使用时“引之则俯，舍之则仰”，它是利用杠杆原理的一种用于园圃和小块农田灌溉的井灌工具，比“抱瓮而灌”的方法大大提高功效，是农家采用的一种有效的汲水灌溉方法，为后世一直沿用。

三、畜牧业

战国时代民间畜禽的饲养相当普遍，《荀子》说:“今人之生也，方畜鸡狗猪彘，又畜牛羊。”各国饲养的牲畜，尤其是战马的数量很多，因为打仗需要的战车和骑兵离不开马，马的数量和质量关乎战争的胜负；牛是耕地的动力，也决定着农业的效率。所以畜牧业与五谷、桑麻一起成为当时农业生产的支柱，也是国家富强的标志。就像《管子》所说的“六畜育于家……国之富也”（《管子·立政》），“六畜不育则国贫而用不足”（《管子·七法》）。

（一）牲畜的饲养管理

《睡虎地秦简》中的律令对各类牲畜的廪食标准和领发手续已有严格规定，如《仓律》规定了驿传中驾车马匹的喂饲制度，出发及返回时各喂一次，驾车的八匹马要一次喂；连续驾车几次，喂的饲料也不能超过一天的标准的总额，路程较远的可以加喂一次，这种喂饲方法是符合马的生理特点和要求的。喂马的饲料除了禾粟外，农作物的秸秆和干草也可作为饲料。《田律》中规定按授田数（不管已垦还是未垦）每顷田收刍三石、稿二石，这也反映了当时秦国饲养的牲畜是不少的。《厩苑律》规定了放牧人员的责任，公家的牲畜各有印记，并载入簿籍。当时对牲畜的繁殖也很重视，如《秦律杂抄》规定：“牛大牝十，其六毋（无）子，赀啬夫、佐各一盾。羊牝十，其四毋（无）子，赀啬夫、佐各一盾。”由于制度健全，管理得法，秦国的畜牧业在当时是出类拔萃的，如《史记·张仪列传》说：“秦马之良，戎兵之众，探前趹后，蹄间三寻腾者，不可胜数。”

（二）相畜术

《周礼·夏官司马》中有“马质”一职，是负责评定马匹优劣和价格的官职。《周礼·夏官司马》还有“廋人”一职，是掌管养马和驯马的官员。随着相畜技术的发展，在春秋战国时期涌现出许多相畜专家，其中最著名的有卫国善相牛的宁戚，秦国善相马的伯乐、九方皋（也作“九方堙”）。相传伯乐曾推荐九方皋为秦穆公外出求马，他不辨毛色雌雄，而观察马的内神，因得天下良马。伯乐称他“得其精而忘其粗，在内而忘其外”。（《淮南子·道应训》《列子·说符》）史载他们还著有《伯乐相马经》和《宁戚相牛经》，可惜这些著作早已失传。据《吕氏春秋》记载，当时善相马的还有十大家：“寒风是相口齿，麻朝相颊，子女厉相目，卫忌相髭，许鄙相尻，投伐褐相胸胁，管青相膹肳，陈悲相股脚，秦牙相前，赞君相后”。他们都是以善相马的个别部位而著名。由此可见，中国的相马技术到战国时已从相体形、毛色，发展到相马的牙齿、颊、目等部位了。

（三）养禽业的发展

鸡是春秋战国时期农家普遍饲养的家禽。《孟子·尽心上》记载一个农户经营范围：“五亩之宅，树墙下以桑，匹妇蚕之，则老者足以衣帛也。五母鸡、二母彘，无失其时，老者足以无失肉矣。百亩之田，匹夫耕之，八口之家足以无饥矣。”《孟子·梁惠王上》记载：“鸡豚狗彘之畜，无失其时，七十者可以食肉矣。”可见鸡是当时农家普遍饲养的禽类和肉食的重要来源之一。

鸡除了提供肉食外，还当作娱乐品。《春秋左传》昭公二十五年载：“季、郈之鸡斗，季氏介其鸡，郈氏为之金距。”《庄子》逸篇也说：“年沟之鸡（司马彪注曰：年沟，斗鸡处），三岁为株（株，魁帅也），相者视之，则非良鸡也。然而数以胜人者，以狸膏涂其头也（狸膏，狸的脂膏。古时斗鸡时取以涂抹鸡头，使对方畏怯，从而战胜对方）。”战国时齐国的临淄“斗鸡走犬”已成为市民的重要娱乐活动（《战国策·齐策一》）。这说明战国时斗鸡不但已经出现，且较普遍。斗鸡虽然是贵族或市民的一种娱乐，但对其品种的精心选育则是起了一定作用的。

战国时代的鸡，已有鲁鸡和越鸡的区别。《庄子·庚桑楚》记载：“越鸡不能伏鹄卵，鲁鸡固能矣。”这是因为越鸡是一种小型鸡，鲁鸡则是一种大型鸡。表明鸡的原始品种类型已经形成了，同时亦表明禽类人工代孵已经出现。

家鸭、家鹅人工饲养的明确记载也始见于春秋战国文献。《战国策·齐策四》载田需与管燕的对话：“士三食不得厌，而君鹅鹜有余食。”《尔雅·释鸟》：“舒雁、鹅，舒凫、鹜。”（舒为行步舒迟的样子）李巡注“野曰雁，家曰鹅”“野曰凫，家曰鹜”，可见鹅和鹜是家鹅与家鸭的专称。从《战国策·齐策四》记载看，鹅鹜是家养的，其饲料由人供给。因为它们由人工饲养，所以住在“舍”里，如《管子·轻重甲》中记载：“鹅鹜之舍近，鹍鸡鹄鴇之通远。”春秋战国时期家禽饲养的规模有的相当大，出现了“鸡陂墟”“鸡山”“鸭城”等大型的养鸡场和养鸭场，如《越绝外传记吴地传》：“娄门外鸡陂墟，故吴王所畜鸡，使李保养之，去县二十里。”（《太平御览》卷九百八十一，引《吴越春秋》）另外书里还提到“鸡山在锡山南，去县五十里”，是越王勾践为伐吴犒劳死士而养鸡的地方。又传说吴县东南二十里有“鸭城”，是“吴王筑以养鸭”（范成大《吴郡志》卷八）的地方。

（四）北方游牧业的发展

春秋战国时期的畜牧业不仅包括以中原内地华夏族为代表的农业民族经营的畜牧业，还包括游牧民族所经营的大规模游牧业，它们主要分布在黄河中下游地区以北和以西的广大草原沙漠地区。在二者交界地带形成了“半农半牧”区，也就是种植业与游牧业混杂的状态。

战国以前进入中原地区的主要是来自西方的戎族，以养羊养牛为主，不是骑马民族。中原的华夏族食五谷、衣布帛，而戎狄族则是食畜肉、衣皮毛。《春秋左传·襄公四年》晋魏绛提出“和戎”的建议，指出“戎狄荐居，贵货易土，土可贾焉”，孔颖达疏：“服虔云：‘荐，草也。’言狄人逐水草而居，徙无常处。”荐居与定居意义相对，正是因为逐水草而居，所以才“贵货易土”。此时北方以骑马为主要特征的游牧民族尚未强大，《春秋左传·昭公四年》晋国司马侯说：“冀之北土，马之所生，无兴国焉。”

到了战国时代，进入中原的戎狄族绝大部分融入华夏族中，但另一部分向西转移；同时北方地区又兴起了以匈奴族和东胡族为主要代表的游牧民族。这样华夷杂处的局面就被农牧分区的新局面所代替。大体上以长城为界，以南是以华夏族为主的农业民族活动区域，以北则是游牧民族控制地区。北方游牧民族不同于西方戎狄族的主要特点，在于他们善于骑马，《管子·小匡》称之为“骑寇”。近年来在内蒙古阴山山脉西段的狼山地区，发现了大批反映匈奴族游牧生活的岩画，其时代大约相当于中原战国时代或稍前。这些岩画所描绘的牲畜以马和羊为最多，马用于拉车和骑乘。岩画中骑者的形象也很多，有单骑，有二三连骑，有四五列骑，有七八众骑，这充分反映了匈奴族作为一个骑马民族的特色。

（五）蚕桑业

春秋战国时期的蚕桑业重心在黄河流域，是当时农业生产的重要部门之一。其桑树的栽植已从自然生态的乔木生长形态过渡到人为经济利用的各种栽培形态，这从不少战国铜器图纹上可以看出，如“采桑宴乐射猎攻战纹铜壶”绘的是高产乔木桑（图3-11）；但在“采桑狩猎”上，有两株不同类型的桑，一株是乔木桑，一株是经过修剪的高干桑（图3-12）。而在另一“采桑纹壶盖”上，则出现了低干桑的图象。表明当时在培育桑树上，已有不少经验[①]。

图3-11　战国采桑宴乐射猎攻战铜壶上的采桑图案[②]

图3-12　战国“采桑狩猎”采桑图局部[③]

① 梁家勉：中国农业科学技术史稿[M]. 北京：农业出版社，1989：147.

② 陈文华. 中国农业考古图录[M]. 南昌：江西科学技术出版社，1994：84.

③ 中国农业博物馆农史研究室. 中国古代农业科技史图说[M]. 北京：农业出版社，1989：170.

这一时期，人们对桑蚕的生理特性亦有初步认识，如大思想家荀况对蚕的一生，从冬伏而夏游，四月底加温暖蚕，蚕儿作茧是“前乱而后治”，蚕儿生长环境要求是“夏生而恶暑，喜湿而恶雨”等做了高度概括（《荀子·蚕赋》）。

在养蚕技术上，已有了专用蚕室，有成套蚕具如蚕架、蚕箔、采桑筐等，对蚕的浴种消毒及蚕病的防治非常重视。如《礼记·祭义》载“使入蚕于蚕室，奉种浴于川”；《管子·山权数》载“民之通于蚕桑，使蚕不疾病者，皆置之黄金一斤，直食八石”。

（六）渔业

春秋战国时期，水产业亦有一定发展，据《周礼·天官冢宰·大宰》载，当时已有专门管理川泽的官职“虞衡”。《周礼·夏官司马·职方氏》载，青州、兖州“其利蒲鱼”，幽州“其利鱼盐”；《尚书·禹贡》载，青州贡“海物”等，表明这一时期已有海洋捕捞。

春秋战国时期人工养鱼已有明确记载，如《吴越春秋》中记载：“越王既栖会稽，范蠡等曰，臣窃见会稽之山，有鱼池上下二处，水中有三江四渎之流，九矣六谷之广，上池宜君王，下池宜民臣。畜鱼三年，其利可数千万，越国当富盈。”《吴郡诸山录》亦说吴王有“鱼城”在田间，可见当时吴越国养鱼规模已经很大。

此外，这一时期已注意到水产资源的保护和合理利用，如《吕氏春秋·孝行览·义赏》载雍季对晋文公所说，“竭泽而渔，岂不获得？而明年无鱼”；又如《荀子·王制》载，“汙池渊沼川泽，谨其时禁，故鱼鳖优多，而百姓有余用也”。

第七节　农业思想与农学著作

春秋战国是中国传统农业初步发展时期，农学家们不但总结出一套细致而巧妙的农业技术，而且还概括出若干含有深刻哲理的农业思想，将农业活动置于哲学理论基础之上。因此，春秋战国时期农业思想十分丰富，流传下来的农书对后世农业生产影响至深，并成为中国悠久传统农业文明的重要组成部分。

一、春秋战国时期的农业思想

春秋战国时期的农业思想，主要有如下几种：

（一）尚农思想

尚农思想即农本思想，是中国传统治国主张，早在西周时代就已出现，到春秋战国时期，农本思想不仅是一种统治思想，还是一种统治策略，如《管子·治国》载“夫富国多粟生于农，故先王贵之。凡为国之急者，必先禁末作文巧”。《吕氏春秋·上农》记载：“古先圣王之所以导其民者，先务于农。民农非徒为地利也，贵其志也。民农则朴，朴则易用，易用则边境安，主位尊……民舍本而事末则其产约，其产约则轻迁徙，轻迁徙则国家有患，皆有远志，无有居心。民舍本而事末则好智，好智则多诈，多诈则巧法令，以是为非，以非为是。”农本思想集中体现了统治者的利益和需要。由于中国长期处于人多地少压力下，不容易温饱。为了解决温饱，先民们高度重视农业特别是粮食生产，从这个意义上讲，统治者提倡农本思想是有一定群众基础的。

（二）因土耕作思想

战国时期成书的《吕氏春秋》中《任地》《辩土》《审时》三篇农学论文，对中国当时土壤耕作的理论与技术做了较全面而系统地阐述。如《吕氏春秋·审时》中说：“夫稼，为之者人也……是以人稼之容足，耨之容耨，据之容手，此之谓耕道。”这就是说，从土壤耕作的角度讲，要充分发挥人们在土壤耕作中的主观能动性，要使人们在耕作中有“容足”之地；在锄地时有“容耨”之地；而耕具上又必须有“容手”的地方。

《吕氏春秋·辩土》中还说：“凡耕之道，必始于垆，为其寡泽而后枯，必厚其靹，为其唯厚而及。饱者莛之，坚者耕之，泽其靹而后之。上田则被其处，下田则尽其污。”《吕氏春秋·任地》也说：“凡耕之大方：力者欲柔，柔者欲力；息者欲劳，劳者欲息；棘者欲肥，肥者欲棘；急者欲缓，缓者欲急；湿者欲燥，燥者欲湿。”这是对土壤耕作基本原则的高度概括。“凡耕之道”与“耕之大方”都是指土壤耕作的基本原则，根据土壤的耕性（质地和水分状况）来确定适耕期，根据地势情况采取相应的耕作措施。

将以上观点归纳如下，就是战国时期的“因土耕作”思想的基本内容：其一，人们在土壤耕作中要分析各类不同土壤存在的不同矛盾，对不同的矛盾要分别采取不同的耕作措施去解决。要采取以变应变的机动灵活的耕作措施，而决不能采取“以不变应万变”的办法。其二，土壤耕作的基本任务就在于通过力学手段去改变土壤的结构状况，借以协调耕层土壤中的水肥气热条件。其三，在土壤耕作中要遵循用地与养地相结合的原则。

（三）三才论

“三才”即天、地、人。《吕氏春秋》总的指导思想是“上揆之天，下验之地，中审之人”。它追求的目标是天、地、人“三者咸当”，也就是天、地、人的和谐与统一，其《十二纪》纪首和《礼记·月令》都把“毋（无）变天之道，毋（无）绝地之理，毋（无）乱人之纪”作为统治者和老百姓共同信守的哲理。所谓“无变天之道”，要求人们在农业生产中，必须要重视天时和农时，根据天象的变化、季节的更替来合理地安排农事活动，按照生态学的季节节律进行农业生产，不能违背自然规律任意妄为。所谓“无绝地之理”就是要求人们根据地区条件和物候表征来采取相应措施，因地制宜、因时制宜地利用土地资源，用养结合，保持土壤肥力，依时保持土地资源，以便永续利用。而所谓“无乱人之纪”，就是要求人们根据天地自然的规律和作物生长发育的规律，管理农业生产，从事农业活动，保护山林资源和动物资源。将天、地、人相统一的哲理运用到农业生产上，就应当表现为天体运行、气候变化、物候表征和农事活动的和谐与统一。也就是天地人物的和谐与统一。

《吕氏春秋·审时》说："夫稼，为之者人也，生之者地也，养之者天也。"这是对农业生产中生物有机体（稼）与人和环境（天和地）之间辩证关系的朴素的概括。农业生产与天、地、人"三才"关系最为密切，三才思想很可能就是从对农业生产的理解中孕育的。人们深刻认识到人与自然的关系，人要尊重自然规律和作物生长发育自身的规律，因时因地制宜，按规律办事，同时又强调三才中"人"的主观能动性，正如《管子·八观》所说："谷非地不生，地非民不动，民非作力毋以致财。天下之所生，生于用力。"人的"用力"，即人的能动性可以改变环境使之更适合作物生长发育的需求。

（四）用养结合思想

《吕氏春秋·任地》："地可使肥，又可使棘。"就是说，人们在利用土地资源从事农业生产的过程中，既有可能使土壤越种越肥，也可能使土壤越种越瘦。这一观点的提出，为人们合理使用土地资源，既充分用地，又积极养地，使土壤肥力保持新壮奠定了理论基础。

（五）集约经营思想

扩大耕地面积和提高单位面积产量是发展农业生产的两条途径。从夏商至西周，垦辟农田的活动一直在进行，春秋战国时代铁器应用到农业生产后，垦辟农田的势头更加迅猛。但在扩大耕地面积的同时，提高单位面积产量已引起人们的普遍重视，如《汉书·食货志》载"李悝为魏文侯作尽地力之教……治田勤谨则亩益三斗，不勤则损亦如之。地方百里之增减，辄为粟百八十万石矣"，主要是通过"勤谨治田"来提高单位面积产量。李悝提出的措施是"必杂五种，以备灾害……力耕数耘，收获如寇盗之至"，这种集约经营是以精耕细作为特点的。

战国时期不少思想家反对粗放经营，提倡精耕细作、集约经营以提高农田产量，如《庄子·则阳》借长梧封人的话说："昔予为禾，耕而卤莽之，则其实亦卤莽而报予；芸而灭裂之，其实亦灭裂而报予。予来年变齐，深其耕而熟耰之，其禾繁以滋，予终年厌飧。"《管子·八观》还把是否实行精耕细作作为判断一个国家粮食是否充裕的标准，其中说："行其田野，视其耕芸，计其农事，而饥饱之国可以知也。其耕之不深，芸之不谨，地宜不任，草田多秽……饥国之野也。"这些论述说明战国时期，虽然人们不断垦辟新的农田，扩大耕地面积，但已经明确认识到需要围绕土地利用率这个中心，通过精耕细作、集约经营来提高单位面积产量。

二、春秋战国时期的农书

春秋战国时期，中国古代农业科学技术的发展产生了一次质的飞跃，其突出的表现之一是农书的出现，它标志着中国传统农学已经初步形成。

现存的属于先秦时代的农学文献可以分为三类：第一类是讲农业技术及其原则原理的，以《吕氏春秋》中《上农》《任地》《辩土》《审时》四篇为代表；第二类是讲土和水的，如《尚书·禹贡》及《管子》中的《地员》和《度地》等篇；第三类是讲农时的，如《夏小正》《礼记·月令》《吕氏春秋·十二纪》等。

(一)《吕氏春秋·上农》等四篇

农业是古代国民经济的决定性生产部门，在春秋战国时期的各个学派中，虽然他们在政治思想方面有很多分歧，但在重视农业方面却是少有的一致，都把农业视为富国强兵之本，天下安危之所系。秦国正是靠商鞅变法，实行耕战政策，而成为虎视海内的头号强国，其重农程度超过当时其他所有国家。《吕氏春秋》中《上农》《任地》《辩土》《审时》等四篇是中国传统农学的奠基之作，其中《上农》是讲农业政策的，后三篇是讲农业技术的。《上农》所阐述的是重农思想和重农政策。只有人们在重农思想和重农政策的激励之下，去专心致志地从事农业生产，才能使百姓安居乐业和国家富强；而《审时》则总结了重视天时和农时的重要性；《任地》和《辩土》所总结的是合理利用土地，采用合适的耕作栽培技术的经验，它充分体现了天地人和谐与统一的精神。

《上农》中把重农思想放在首位，农业为国之根本。《上农》开篇就说："古先圣王之所以导其民者，先务于农。民农非徒为地利也，贵其志也。"明确表示其所提倡的重农，首先是从政治上来考虑的。接着从正反两方面论述引导人民从事农业，可以使人民变得朴实易用、奉公守法和安土重迁，可以达到"少私议""公法立、力专一"的目的，从而可以很方便地驱使人民为统治者去打仗，如果轻视农业、舍本逐末则会产生一系列后果。《上农》记载："舍本而事末则不令，不令则不可以守，不可以战。民舍本而事末则其产约，其产约则轻迁徙，轻迁徙则国家有患，皆有远志，无有居心。民舍本而事末则好智，好智则多诈，多诈则巧法令，以是为非，以非为是。"这是任何为政者都不愿意看到的。

《任地》从引述"后稷曰"开始，提出了农业生产中的十大问题，这十大问题是："子能以窒为突乎？子能藏其恶而揖之以阴乎？子能使吾士（土）靖而甽浴士（土）乎？子能使［吾土］保湿安地而处乎？子能使雚夷（荑）毋淫乎？子能使子之野尽为泠风乎？子能使槁数节而茎坚乎？子能使穗大而坚、均乎？子能使粟圆而糠薄乎？子能使米多沃而食之强乎？"

前四个问题的中心是如何把低洼盐碱地改造为可以耕作的良田，第五个问题讲杂草的防除。第六个问题讲使庄稼地通风，这仍然是与前面的问题相联系的。后面的四个问题，包括如何使作物"茎坚""穗大""粟圆""多沃"等，是对农作物产量和品质的要求。这十个问题提出反映了在当时条件下要达到的农业生产的任务和目标，可以说是《任地》等三篇的纲领。以后的文字实际上都是围绕这些问题来展开的。

除了提出这十大问题外，《任地》还包括两部分内容：一是讲土地利用的总原则，即所谓"耕之大方"。这些原则包括正确处理力与柔、肥与棘（瘠）、劳与息、急与缓、燥与湿的关系，对“上田”和“下田”的不同利用方式，深耕的作用和要求，甽（畎）与亩的规格，深耕早耨的原则等。二是论述掌握农时的重要性和方法。《辩土》主要是谈耕作栽培技术方法，即所谓“耕道”，它首先谈“辩土”而耕的一些原则，接着谈耕作栽培中要防止“三盗”，即地窃、苗窃和草窃。亟言不合理畎亩结构的危害，以后依次谈播种和中耕的技术原则。

《审时》主要论述掌握农时的重要性，首先提出了“厚之（时）为宝”的论断。接着依次论述了禾、黍、稻、麻、菽、麦六种作物从事播种得时、先时、后时对该种作物产量和质量的不同影响，最后从产量和质量的对比中，论证了“得时之稼兴，失时之稼约”结论。

可见，在《任地》等三篇论文中，《任地》带有总论的性质，《辩土》和《审时》带有分论的性质。

（二）《尚书·禹贡》《管子·地员》《管子·度地》

《禹贡》是《尚书·夏书》中的一篇，被认为成书于战国以前。书序说：“禹别九州，随山浚川，任土作贡。”该篇内容包括两大部分：一部分是讲区域地理的，另一部分则是讲山川走向的，它是中国古代地理学的经典之一。其中与传统农学关系密切的是第一部分。《禹贡》把当时的中国划分为九州，叙述了各州的地理位置、重要山川、交通路线、土壤植被、物产贡赋和土地等级，以及“少数民族”等。对当时全国的土壤作了相当科学的分类，并论述了各地区不同的土壤及其相应的物产。因此，它虽不是专门的农学著作，但包含了关于土壤学和农业地理的丰富内容，英国学者李约瑟称之为“可能是世界上最古老的土壤学著作”①。

先秦有关土壤学的文献，除《禹贡》外，最重要的是《管子》中的《地员》篇，被认为是最早的生态地植物学著作。夏纬瑛《管子地员篇校释》认为它成书于战国。《地员》篇的内容大体可分为两部分，第一部分是记述“渎田”（平原）区、“坟延”（丘陵）区和山区的不同土壤以及这些土壤上所宜谷物、草木和水泉深浅的关系，对“渎田”区记述尤详。其结论就是：“凡草土之道，各有谷造（禾稼适应土性成长。尹知章注：“谓此地生某草，宜某谷。造，成也。”），或高或下，各有草土。”第二部分是把“九州之土”详细划分为三等 18 种 90 品，叙述了 18 种土壤的质地，所宜谷物、草木、果品以至渔产、畜产等，并对其自然生产力做了比较。《地员》对土壤的分类比《禹贡》和《周礼》更为细致，而且更加明确地指出了不同地势不同土壤和它的植被之间相互依存的关系，是中国最古的有关生态地植物学的著作。

《管子》中还有《度地》一篇，重点总结了有关治水的经验，并涉及如何变水害为水利。篇中谈到“水可扼而使东西南北及高乎”，实际上就是修筑拦河坝，提高水位，把水蓄积起来以供灌溉的水工技术。尤其可贵的是文中总结了变水害为水利的经验，

① 李约瑟，鲁桂珍. 中国古代的地植物学[J]. 董恺忱，郑瑞戈译. 农业考古，1984（1）：264-276.

提出了发展灌溉的设想："夫水之性，以高走下则疾，至于漂石；而下向高，即留而不行。故高其上，领瓴之；尺有十分之三，里满四十九者，水可走也，乃迂其道而远之，以势行之。"它指的是筑坝截流，提高水位，然后引水分洪，甚至可以灌溉他处高地。

（三）《夏小正》《礼记·月令》《吕氏春秋·十二纪》

中国古代农学家农时意识之强烈为世所罕见，他们把"时"的因素放在首要的地位，认为从事农业生产首先要知时顺天（自然），"以事适时"（《吕氏春秋·召类》），因为"举事而不时，力虽尽而功不成"（《管子·禁藏》）。

《夏小正》是《大戴礼记》中的一篇，它是中国现存最早的记录农时的文献之一，也是现存采用夏时最早的历书。因原书早已佚失，我们现在所见为后人根据相关资料辑集而成。辑集《夏小正》由"经"和"传"两部分组成，全文共400多字，它的内容是按一年十二个月，分别记载每月的物候、气象、星象和有关重大政事，特别是生产方面的大事，书中反映当时的农业生产内容包括谷物、纤维植物、染料、园艺作物的种植，蚕桑，畜牧和采集，渔猎；蚕桑和养马颇受重视；马的阉割，染料的蓝和园艺作物的芸、桃、杏等的栽培，均首次见于记载。《夏小正》在春秋时代以前已经出现，春秋时代的杞国还在使用它。夏纬瑛、范楚玉认为，《夏小正》的经文成书年代可能是商代或商周之际，最迟也是春秋以前居住在淮海地区沿用夏时的杞人整理记录而成的，其内容则保留了许多夏代的东西，为我们研究中国上古的农业和农业科学技术提供了宝贵的资料，《夏小正》中的"传"则是战国时候的人所作[①]。

《礼记·月令》和《吕氏春秋·十二纪》的内容基本上是一样的，记述了阴历每年十二个月中的星象、物候、节气及有关政事等，在各个月的政事中，绝大多数与农业有关，包括种植业、畜牧业、蚕桑业、虞衡（山林、川泽）业等农事活动以及农事祭祀等。在这些农事活动的记述中，虽然也有涉及农业技术的内容，但重点却是讲国家应如何根据不同时令对农业生产进行管理。这些内容以长期积累的有关官方文书为依据。从这个意义上讲，《礼记·月令》可视为先秦官方农学的一部分。由于此篇带有官方农事历的性质，所以即使它汇集成篇较晚，但有些内容却反映了比较古老的情形。《礼记·月令》比《夏小正》前进了一大步，不但保存了先秦农业技术和农业制度的不少可贵资料，而且汇集了先秦关于物候学的知识，奠定了二十四节气和七十二物候的基础，是中国古代重要的农业文献之一。

春秋战国时期农业思想的形成和农业文献的出现，是长期农业生产实践的总结、升华，是中国传统农学知识体系形成的重要标志之一，也为后世的农业生产的发展奠定了坚实的基础。

---

① 夏纬瑛，范楚玉.《夏小正》及其在农业史上的意义[J]. 中国史研究，1979（3）：141-148.

思考题

1. 春秋战国时期是中国传统农业科技奠基时期，试从农业技术和农学思想方面加以总结，说明这一时期在传统农业发展中的重要地位。

2. 都江堰堪称中国乃至世界上优秀的文化遗产，请简述其巧夺天工的工程设施和施工技术。

3. 试论春秋战国时期的“三才”理论和“三宜”原则。

4. 试述春秋战国时期的土地制度与税赋制度。

第四章

秦汉时期传统旱作农业的发展

秦汉时期是中国建立中央集权制社会的起始阶段，也是中国传统农业形成和发展的重要时期。秦汉时期的农业，特别是精耕细作旱作农业生产技术的发展，不仅促进了当时经济社会的繁荣，奠定了传统农业全面发展的基础，而且其传统农学思想、传统农业生产结构和特色得到发展和彰显，农业生产关系、农业生产工具、农田水利建设、农业科技发展、主要农业区的形成等，都呈现出新的局面，成为中国传统农业发展的第一个高峰。

第一节　农业发展概况

一、秦农业发展概况

秦始皇统一六国，建立了中央集权制的国家，使历史上形成的泾渭、汾涑、济泗、江汉等主要农区，第一次在中央集权下的秦王朝实现了管理上的统一，形成当时世界上最大和最为发达的传统农业区。

为了加强农业，秦颁布统一的农业政策法令《田律》，完善农官体系，促进了中国农业的政策制度建设。秦“更名民曰黔首”“使黔首自实田”，承认土地私有，并予以法律保护（《史记·秦始皇本纪》）。推行“上农除末”的基本国策，谪戍商贾、迁徙富豪，削弱商品货币经济对新兴世族大地主生产关系的冲击、破坏。

在农业文明传播上，秦一方面远征南疆，设南海、桂林、象郡，加强岭南地区的开发管理；另一方面北击匈奴，“实之初县”，河套地区发展号称“新秦中”；并加强西南巴蜀地区的开发，兴修水利工程，使以龙门—碣石为界的农牧分界线向西南延伸。秦还移民实边，发送大量人口到边地，推进了先进生产关系的地域性拓展，逐步缩小了彼此间的差异。秦代累计迁民约 200 万左右，占当时人口近十分之一[①]。秦亡人曾帮助大

---

① 张波，樊志民. 中国农业通史（战国秦汉卷）[M]. 北京：中国农业出版社，2007：6.

宛、匈奴“穿井筑城，治楼以藏谷”（《汉书·匈奴传》）。

在域外，移居朝鲜的“秦之亡人”还建立了辰韩政权；设象郡在今越南会安附近；其北向户在今越南中部。秦时，徐福东渡，据传在日本佐贺、广岛等地登陆，垦荒种地，从事农业生产，把先进的农业技术带到了渔猎时代的日本。金属工具和稻作技术也相继传入朝鲜、日本北九州和近畿地区。据日本古籍《秦氏本系账》载，奈良平安时期，秦移民后裔秦造曾率其部修筑葛野川堤，“其制拟之郑国渠”，而日本的桑蚕业发展也多赖秦人之力。

二、两汉农业发展概况

（一）农业科技的发展与进步

两汉时期，传统农学思想进一步发展，形成《氾胜之书》这一最早的农学专著，其中关于“凡耕之本，在于趣时，和土，务粪泽，早锄早获”的经验总结，反映了两汉时期黄河流域“耕—摩—蔺”相结合的抗旱耕作技术体系内涵，标志着北方旱作农耕栽培技术趋于成熟。除此之外，铁农具和牛耕的推广使用，引发了农业生产的革命，成为中国农业科技史上具有划时代意义的重大变革，也是秦汉时期生产力发展与进步的重要标志。西汉中期以后，随着豪族地主田庄经济的发展，耧车、翻车、扬扇等机械农具运用于生产，大大提高了农业生产力。

（二）传统重农思想的进一步发展与巩固

秦祚虽短，但其创立的中央集权制却在两汉时期得到进一步的发展和巩固，所谓“百代皆行秦政制”。汉承秦制，举凡行政、官制、法律等等都基本予以保留、继承，并结合时代实际有所发展。首先，汉吸取秦亡教训，实行与民休息，推行重农抑商和轻徭薄赋政策，有力地缓和了阶级矛盾，减轻了农民负担，调动了农民的生产积极性。其次，重农思想进一步系统深化，出现了贾谊、晁错等政论家，使重农思想上升为一种政治理念、农业文化和经济指导思想，成为巩固地主阶级中央集权制的基本思想。

（三）农业商品化与农业部门分化

随着农业生产技术和生产力水平的不断提高，生产专业化程度不断加深，农业生产内部也发生了相应的变化，原属农业生产的部门有些逐渐从农业分离，转变为工、商部门。随着铁农具和牛耕的推广普及，农具生产逐渐脱离农业而自立，成为获利丰厚的行业之一。同时，畜牧水产养殖业也得以快速、专业化发展，成为农业内部孕育出的新的生产部门。

《史记·货殖列传》已载有以营利为目的的商品性生产，其内容有谷物种植、畜牧、渔业、林业、园艺、经济作物等，都是获利丰厚的专业经营项目，而司马迁将这些项目列为“不窥市井，不行异邑，坐而待收”的本富之业，也即以农业生产为本的农业经营。除此之外，随着农产品市场和流通的发展，农副产品的贮藏与加工得到长足发展，如汉代以大豆为原料从事豆豉、豆腐、豆芽、豆酱等加工业相继出现，使农业产品的专营者“亦比千乘之家”，农业内部的商品性生产与交流成为一种不可阻挡的时代潮流。

（四）周边地区的开发与农业文化交流

两汉承袭秦之制，在加强中央集权的同时，进一步开拓疆域，发展农业，积极对外开展文化交流，成为中国古代历史上对外经济文化交流的第一个鼎盛时期。

西汉初期实行休养生息政策，社会经济得到恢复和发展，汉朝逐步强盛起来，北击匈奴，南取百越，西凿丝路，东辖朝鲜，疆域逾秦。随着疆域拓展，对周边地区亦施行移民实边、垦荒屯田、兴修水利等农业开发与经营，不仅有利于区域经济的发展，也加强了这些地区与中原地区的交流联系。

对外经济交流是两汉时期的突出特点，交流之远、内容之丰富、规模之大，皆属空前。这种交流在对外输出汉朝农业科技文化的同时，也将域外农业物种和先进的技术引进中国，“殊方异物，四面而至”（《汉书·西域传》），“骡、驴、骆驼，衔尾入塞”（《盐铁论·力耕》），进一步促进了汉代农业经济的快速发展。

三、秦汉时期的主要农业区

秦汉时期的农业区是由春秋战国时期的农业区发展而来，随着中央集权制的形成、铁器和牛耕的推广普及，传统农业生产区不断扩大，奠定了传统农业生产三大基本形态的基础。

（一）黄河中下游农业区

黄河中下游地区以旱作农业为主，是中国农业区中开发较早的地区之一。按其在当时政治经济中的地位与影响，可分为关中农业区和山东农业区两部分。

1. 关中农业区 位于泾渭两水中下游，西起陇山东麓，东至黄河西岸，是典型的黄土之壤，适于农耕。周、秦皆兴于此，再经两汉经营，正如《史记·货殖列传》所载：“关中自汧、雍以东至河、华，膏壤沃野千里，自虞夏之贡以为上田……其民犹有先王之遗风，好稼穑，殖五谷……故关中之地，于天下三分之一，而人众不过什三；然量其富，什居其六。”关中农业区一直是全国的政治、经济和文化中心。

2. 山东农业区 西起函谷关，东至大海，北抵燕赵之地，南达江淮，其区域范围很广。秦汉时期，山东农业区以齐鲁地区最为富庶，“齐带山海，膏壤千里，宜桑麻，人民多文彩布帛鱼盐”（《史记·货殖列传》），与关中可等量齐观；鲁地虽“地狭民众”，但也“颇有桑麻之业”（《汉书·地理志》）。鲁地以西之梁地、宋地也是富庶之乡，“好稼穑，虽无山川之饶，能恶衣食，致其蓄藏”（《史记·货殖列传》），魏地“河东土地平易，有盐铁之饶”（《汉书·地理志》）。而“三河”之地“在天下之中，若鼎足，王者所更居也，建国各数百千岁，土地小狭，民人众，都国诸侯所聚会，故其俗纤俭习事”（《史记・货殖列传》）。无论秦汉，都曾大量向关中地区迁徙过富豪，大规模兴建各种工程，服役人口众多，从山东漕运粮食入关解决关中缺粮问题代代不绝。秦代“天下转输久矣……有藏粟甚多”的敖仓，为刘邦霸业的建立提供了充分的粮资保障。汉初，每年从山东农业区运往关中的粮食多达数十万石（《汉书・食货志》），到汉武帝时，山东漕运关中粮食已达100万余石（《史记・河渠书》），之后曾一度增至600万余石，正常年景也在400万余石。除此之外，山东农业区的粮食还不断地运往北地，为朝廷工程提供粮食供应。因此，山东农业区可谓秦汉王朝的经济命脉所在。

（二）龙门、碣石以北等西北和北部农业区

秦霸西戎，设郡县，行移民实边之策，北却匈奴，筑长城，进行大规模边地开发，实现了农牧结构的合理配置与协调发展，推动了中国农业文明的地域性拓展。汉初，西部和北部地区大都为匈奴控制，游牧业较发达。汉武帝北逐匈奴后，设郡县、开官田，“斥塞卒六十万人戍田之”（《汉书・食货志》），同时实行军屯和移民实边政策，农业和畜牧业并营，半农半牧式经济得以发展。《史记・货殖列传》载“龙门、碣石北多马、牛、羊、旃裘、筋角”“天水、陇西、北地、上郡与关中同俗，然西有羌中之利，北有戎翟之畜，畜牧为天下饶”，反映的即是半农半牧式经济特点。

除了西部边郡地区，燕赵之北部地区也尽在中央集权管理之内，其复杂的地理条件呈现出农、林、牧各有发展特色，而畜牧、农业二元发展的半农半牧也较为突出。

（三）长江中下游及其南境农业区

秦在百越地区设闽中、桂林、象、南海四郡，向吴越、巴蜀等地移民，与越人杂处，秦农业区向岭南地区发展。西汉末年战乱频仍，北方人口大量南迁，“避乱江南者皆未还中土，会稽颇称多士”（《后汉书・循吏列传・任延》），中原农业文化得以在南方发展。东汉定都洛阳，政治经济中心向东南转移，江淮流域得到进一步开发。总体来看，这一农业区主要由三部分组成。

1. 巴蜀农业区　秦据巴蜀以后，设郡县、迁移民众、修筑城邑、兴修水利和栈道，进行了一系列促进当地经济发展的重大措施。入汉后，巴蜀农业进一步发展，《史记・货殖列传》记载：“巴蜀亦沃野……然四塞，栈道千里，无所不通，唯褒斜绾毂其口，以所多易所鲜。”《汉书・地理志》亦云：“民食稻鱼，亡凶年忧。”

2. 楚越农业区　《史记・货殖列传》记载：“楚越之地，地广人稀，饭稻羹鱼，或火耕而水耨，果隋蠃蛤，不待贾而足，地势饶食，无饥馑之患，以故呰窳偷生，无积聚而多贫。是故江淮以南，无冻饿之人，亦无千金之家。”秦汉之际，楚越地区农业生产处于快速发展时期。西汉元帝时，南阳太守召信臣“行视郡中水泉，开通沟渎，起水门提阏凡数十处，以广溉灌，岁岁增加，多至三万顷。民得其利，畜积有余”（《汉书・循吏列传・召信臣》）。东汉时，九真太守任延“令铸作田器，教之垦辟，田畴岁岁

开广，百姓充给”（《后汉书·循吏列传》）；丹阳太守李忠“垦田增多，三岁间流民占著者五万余口”（《后汉书·任李万邳刘耿列传》）；汝南太守邓晨“兴鸿郤陂数千顷田，汝土以殷，鱼稻之饶，流衍它郡”（《后汉书·李王邓来列传》）；南阳太守杜诗“修治陂池，广拓土田，郡内比室殷足”（《后汉书·郭杜孔张廉王苏羊贾陆列传》）。大灾之年，江南各地的粮食可赈济几个郡国的饥民，反映了楚越之地农业发达。

3. 岭南农业区 岭南指五岭以南地区，其地域范围还包括台湾、云南、贵州与越南中北部等地区。秦远征百越，设郡移民，凿灵渠兴水利，对岭南地区农业生产产生了积极作用。秦将赵佗自立为南越武王后，执行重农政策，垦荒凿井，发展稻作农业生产，推动了南越农业经济的发展。虽然汉初吕后为限制赵佗势力，“禁南越关市铁器”（《史记·南越列传》），但从考古发掘的事实看，铁器、牛耕等已在岭南地区得到使用和发展，岭南地区已成为有一定影响的农业经济区。

第二节 土地制度和赋税制度

土地制度制约着农业的生产、交换和分配方式，制约着整个社会经济和上层建筑，而赋税制度是体现上层建筑管理的重要形式。秦汉时期的农业生产关系最突出的特点是土地制度和农业生产经营关系的变化，国有土地、大地主私有土地和自耕农私有土地构成了秦汉时期土地制度和生产关系内容的基本元素，与之相应而行的赋税制度则成为体现和维护中央集权制统治的重要手段和途径。朝廷对私有土地的承认和控制，体现了中央集权制下的农业发展特点，而土地的使用经营和赋税制度，又进一步体现了中央集权制下国家的农业政策和政治体制特点。

一、土地制度

秦汉时期的土地制度基本沿袭战国时期秦国的土地制度，土地主要为国有和私人所有，私人所有又分大土地所有者所有和自耕农小土地所有，土地允许自由买卖。

（一）国有土地的来源与使用

1. 国有土地的来源 国有土地一般称为受田（《睡虎地秦简·田律》）、公田、天田、王田（后二名见于《居延汉简》）、官田（《后汉书·王充王符仲长统列传》）、分地（《汉书·王莽传》）、名田等，其来源主要有以下几种情况：

（1）承继而来 先秦时期，土地属于国家，所谓“溥天之下，莫非王土”，这是从原始农业的土地公有制发展而来，到春秋战国时期，土地关系发生巨大变革，虽然出现了地权与政权的分离和土地可以买卖，但国家仍然对私有土地进行不同程度的干预和调节。秦通过商鞅变法推行农战政策，奖励军功，“为田开阡陌封疆，而赋税平”（《史记·商君列传》），废井田“民得以买卖”，鼓励垦荒制田，秦国耕地面积不断扩大，最终一统六国，充分说明在国家对土地的有效控制下实现“国富民富，天下无敌”的事实。承袭秦制，至汉一代，刘邦宣布实行“以有功劳行田宅”（《汉书·高帝纪》）政策，此“田宅”为秦时的国有之地。汉初，“长安地狭，上林中多空地，弃，愿令民得入田，毋收槁为禽兽食”（《史记·萧相国世家》），此上林苑为国有之地。至后汉时，马援“以三辅地旷土沃，而所将宾客猥多，乃上书求屯田上林苑中，帝许之”（《后汉书·马援列传》），反映的也是帝都周边“三辅”国有之地的使用。因此可见，自成邦国以来，国家都有可控之地，且世代相沿。

（2）战争掠夺而得　秦并六国之后，继续采用战国时的农战政策，以农养战，以战保农。如秦始皇派尉屠睢发兵50万南击百越，后“乃使蒙恬将三十万众北逐戎狄，收河南。筑长城，因地形，用制险塞，起临洮至辽东，延袤万余里。于是渡河，据阳山，逶蛇而北，暴师于外十余年”（《史记·蒙恬列传》），蒙恬的北战南征东伐西略，将江北之地尽收秦之囊中，扩大了秦王朝疆域的同时，也为秦王朝征得大量的国有土地。同时，秦始皇还发兵略取南越五岭之地，“发适戍以备之”（《汉书·严朱吾丘主父徐严终王贾传》），使秦王朝疆土进一步扩张，国有土地进一步扩大。

西汉时期，自公元前129年至公元前119年，西汉与匈奴进行了多次战争，最终夺回河套地区，又置朔方、五原两郡，占领河西广大地区，在河西走廊先后设置武威、酒泉、张掖、敦煌四郡，将大量土地尽纳入国家控制之内，为后来的垦荒屯田和农业发展奠定了基础。

（3）没收“私田”所得　对商人地主、官吏、豪强或百姓“私田”的剥夺，是秦汉时期国有土地的重要来源之一。《史记·秦始皇本纪》载秦始皇杀嫪毐后“夺爵迁蜀四千余家”，嫪毐及其族属地尽为秦之国有，“徙吕不韦舍人万家于房陵”（《华阳国志·汉中志》），其属地亦当充为国有，“徙天下不轨之民于南阳”（《汉书·地理志》），“徙天下豪富于咸阳十二万户”“徙黔首三万户琅邪台下”“发诸尝逋亡人、赘婿、贾人略取陆梁地，为桂林、象郡、南海，以适遣戍”“徙三万家丽邑，五万家云阳”“徙民于北河、榆中、耐徙三处”（《史记·秦始皇本纪》）等，无论是政治处罚的杀、徙、夺、略取，还是政治移民的垦、戍等，所迁之民其原有土地通过这一方式无疑也尽收归于国有。

汉代为了加强中央集权统治，采取“强干弱枝”和算缗告缗政策，徙豪富没收富商土地，增加了国有土地，加强了中央对土地的控制权。汉高祖时，“徙贵族楚昭、屈、景、怀、齐田氏关中”（《史记·高祖本纪》），“后世世徙吏二千石，高訾富人及豪桀并兼之家于诸陵”（《汉书·地理志》），没收土地，“大县数百顷，小县百余顷”（《汉书·食货志》）；景帝“募民徙阳陵”（《汉书·景帝纪》）；汉武帝元朔二年（公元前127年）“募民徙朔方十万口，又徙郡国豪杰及訾三百万以上于茂陵”（《汉书·武帝纪》）；元狩五年（公元前118年），徙天下奸猾吏民于边；元鼎六年，分武威、酒泉地置张掖、酒泉郡，徙民以实之；宣帝时“募郡国吏民訾百万以上徙平陵”（《汉书·宣帝纪》）等，通过重农抑商大量没收富商土地归为国有，移民垦荒“开田官”“戍田”，实行国家控制。同时汉王朝还没收犯罪官吏的私有土地为国有，汉哀帝时，诏令“诸侯王、列侯、公主、吏二千石及豪富民多畜奴婢，田宅亡限，与民争利……为吏，犯者以律论，诸名田畜奴婢过品，皆没入县官”（《汉书·哀帝纪》），汉王朝在加强中央集权管理的同时，也进一步增加了国有土地。

（4）*征收弃地所得*　因饥荒、战乱、瘟疫等天灾人祸所造成的原有土地主人的流亡、死亡所遗弃之地，因为国家的发展所需而被国家征收为国有土地，是秦汉时期国有土地的重要来源之一。秦末的农民大起义，汉初的楚汉之争，西汉时的“七国之乱”，两汉间的王莽新政，西汉末的绿林、赤眉起义，东汉末的黄巾大起义，加之自然灾害等，国乱人亡者众，平民流徙者也非常严重，弃地荒者亦多。据东汉仲长统及《史记》《汉书》《后汉书》等载，“楚汉用兵之苦，甚于战国之时也。汉二百年而遭王莽之乱，计其残夷灭亡之数，又复倍乎秦、项矣。以及今日，名都空而不居，百里绝而无民者，不可胜数”，汉初“大城名都民人散亡，户口可得而数者十二三”，哀帝时“民流亡，去城郭……七亡而无一得……七死而无一生”，王莽时“攻战之所败，苛法之所陷，饥馑之所夭，疾疫之所及，以万万计。其死者则露尸不掩，生者则奔亡流散”，刘秀时“百姓遭难，户口耗少”，不得不“并省四百余县，吏职减损，十置其一”等，反映了战乱、灾荒、疾疫所造成的严重的人民死亡与流亡情况，而其直接后果必然造成大量的无主抛荒土地，在中央集权制的形势下，这些无主抛荒的土地又必然为国家所征收控制，成为国有土地的一部分。

（5）*屯田垦荒所得*　秦始皇三十三年（公元前 214 年），秦大败匈奴后，迁内地之民到榆中以东、黄河以北直到阴山的广大区域内屯垦定居，徙民 50 万戍南越之地；三十六年，“又令内地人民三万户移居北河、榆中”；此外，秦还向吴越、巴蜀等地移民；同时秦还决通堤防、疏浚沟洫，起塘为陂，建新渠，为农田垦殖和农业发展奠定了基础。

汉代，中央集权得到进一步加强，国家实施了移民屯垦、戍军屯垦、犯屯（官府将犯死罪的官员减罪，举家发配到边县从事屯垦）、内郡屯田、边疆屯田等政策，东汉末年还开始利用降羌、民户屯田，促进了国家掌控下的农区拓展和耕地面积的增加。大力兴建农田水利工程，形成关中地区渠道灌溉，河东渠田，东南地区、朔方河西等屯田和灌溉水利网络，使黄河以西的宁夏平原和内蒙古河套平原的西部成为重要的农业生产区。西汉末年战乱使北方人口大量南迁，“避乱江南者皆未还中土，会稽颇称多士”（《后汉书·循吏列传》），促进了南方经济的发展。

（6）*接受捐献和官府购买所得*　秦汉时期，土地私有者捐献给国家土地大多是带有政治需求的交易，如王莽为邀众取宠，辞封爵，几让户邑，带头把自己的田产捐献给朝廷，其谋汉之心最终以其篡政而白于天下。汉平帝元始二年（公元 2 年）：“郡国大旱，蝗，青州尤甚，民流亡。安汉公、四辅、三公、卿大夫、吏民为百姓困乏，献其田宅者二百三十人，以口赋贫民”（《汉书·平帝纪》），反映的也是官员贡田史实。这些所献之地后来都成为国有之地。

官府购买民间私有土地亦是中央集权下加强集权管理的重要方式。汉武帝就曾“举籍阿城以南，盩厔以东，宜春以西，提封顷亩，及其贾直，欲除以为上林苑”（《汉书·东方朔传》）。应当说，国家对土地的购买是私有土地的买卖影响到国有土地与私有土地互相转化的结果，是国家为加强中央集权制管理的重要途径。

2. 国有土地的使用与经营

（1）赏赐有功　秦“上农除末”，继承了战国时农战政策中的“军功爵”制，对贵族、官僚和有功之臣，乃至军功将士，甚至奴人等，实行赐官爵赏田宅，“诸子功臣以公赋税重赏赐之”（《史记·秦始皇本纪》），因功而授爵得地者众多，官府赏赐的田地数量也非常之大，体现了中央集权下官府对土地的支配权和处理权。

汉承秦制。汉高祖登基后第一件事便是下令“以有功劳行田宅”，强调“诸侯子及从军归者，甚多高爵，吾数诏吏先与田宅”“军吏卒会赦，其亡罪而亡爵及不满大夫者，皆赐爵为大夫。故大夫以上赐爵各一级，其七（公）大夫以上，皆令食邑，非七（公）大夫以下，皆复其身及户”（《汉书·高帝纪》），使有战功者得爵得田。除了对战功者如此，汉王朝还通过对权贵、官僚进行赏赐土地田宅的方式以缓和社会矛盾。赏赐的种类、对象较多，如有得汉武帝欢心的卜式，“召拜式为中郎，赐爵左庶长，田十顷”，武帝乳母看上了“某所公田”，武帝“以赐乳母”，武帝出嫁其姊，“奉酒，前为寿。钱千万，奴婢三百人，公田百顷，甲第，以赐姊”（《汉书·外戚传》）。

（2）授予“份地”　授予“份地”是指朝廷把国有土地以“份地”形式直接分配给农民使用。秦代的授田有较全面的法律规定，据《睡虎地秦简·魏户律》载，“假门逆吕（旅），赘婿后父，勿令为户，勿鼠（予）田宇”，意思是经营商业、旅店的，赘婿、继父的不准立户籍，其他情况可立户分到田地。秦律规定不准私自移动田界，如果移动田界就要判处赎耐罪。《睡虎地秦简·法律问答》载：“盗徙封，赎耐。可（何）如为封？封即千佰（阡陌）。顷半（畔）封殹（也）。且非是？而盗徙之，赎耐，可（何）重殹（也）？是，不重。”说明秦朝农民的授田是稳定的。同时，秦还规定份地不得用以抵债，抵债以劳力，“居赀赎责（债）者归田作，种时、治苗时各二旬”（《睡虎地秦简·司空》），抵债者可在播种和管理期间有“二旬”的时间回到自己的农田劳作。

但是，份地是国有土地，农民并非无偿使用，“悉租税，专民力”（《韩非子·诡使》），农民使用国家分配的份地除了缴纳租税外，还要服徭役，最重的时候达到泰半之赋，力役三十倍于古，出现了“男子疾耕不足粮饷，女子纺绩不足帷幕”的局面。秦律甚至规定“可（何）谓［匿户］及［敖童弗傅］？匿户弗（徭）役，弗令出户赋之谓（也）”（《睡虎地秦简·法律问答》），逃离国家户籍控制，不服役，不纳租税，都是犯法行为，充分体现了中央集权制下国家对土地的所有权和处理权，以及朝廷通过土地所有权实现中央集权控制管理的事实。

汉代，国有土地以份地形式分配给农民，叫“受田”“分地”，“受”通“授”，“分”通“份”，农民得到份地仍然需要向官府缴纳田租，虽然经历秦亡教训，汉代税率较低，有“什一而税”“十五税一”“三十税一”等不同时期不同的租率，但农民还要缴纳算赋、口赋、更赋，服徭役等，负担依然很重。

（3）假与贫民　所谓“假”，《后汉书·孝安帝纪》注中“假，借也”。租赁即“租挈”，而租挈即“收田租之约令也”（颜师古注《汉书·沟洫志》），汉代史籍中有大量关于“假民公田”“假与贫民”的记载，说明汉代国有土地以租契方式租佃于民，国家按契约收取地租的事实，显然与“授田”不同。这种假民公田、假与贫民之田的做法，与汉代的土地兼并、大地主私有土地的发展有着必然联系。因为在现实社会中，大土地所有者田产丰厚，缴纳代役钱后不必亲服徭役，而假田的对象基本都是流民、贫民，假田的时间几乎都是在灾荒之后，国家还为其“贷种食”，甚至实行“勿租赋”“勿收租五岁，除算三年”等免租优惠政策，使流民、贫民专事于农业。但当时也有豪强富商把公田包揽下来以更高的租率“假民公田”，实际上是“分田劫假”“公田转假”的现象，正如王莽篡位后所指出的，“汉氏减轻田租，三十而税一，常有更赋，罢癃咸出，而豪民侵陵，分田劫假，厥名三十税一，实什税五也”（《汉书·王莽传》）。

（4）用于屯田　秦一统天下，迁徙大量兵民戍边，常年戍守北部边境即达 40 万人，其衣食所需，粮草所备，量大地远运艰，既影响到了内地的农业生产，又耗费大量劳动力，国家竟增养兵之费，以致出现了“百姓靡敝，孤寡老弱不能相养，道死者相望”（《汉书·严朱吾丘主父徐严终王贾传》）的境况。汉初经济待恢复，政权尚不巩固，仍以和亲之策缓和边疆矛盾。到文、景帝时，经济勃兴，边防事务受到重视，于是有了晁错的《募民徙塞下书》，晁错建议：“令远方之卒守塞，一岁而更，不知胡人之能，不如选常居者，家室田作，且以备之”（《汉书·爰盎晁错传》），官府为其造屋，备农具，赐爵位，免赋税，甚至为无妻者婚配，其目的在于安定戍边之卒，维持边境安全。是故自汉文帝募民耕塞下，屯田之说始现。至汉武帝时，汉版图扩大，为“益积蓄，省大费”（《汉书·赵充国辛庆忌传》）。汉王朝大规模推行屯田，如元鼎六年（公元前 111 年），初置张掖、敦煌郡，而上郡、朔方、西河、河西，开田官，斥塞卒六十万人戍田之，又置校尉屯田渠犁；昭帝又屯田张掖郡及轮台、车师、乌孙、休循、辽东；宣帝亦遣使屯田渠犁、车师等地，置都护。东汉光武帝时，分遣诸将屯田内地，借资粮储，海内略定，乃屯田北边及西北；明帝破匈奴，屯田伊吾庐；和帝时屯田金城；顺帝时屯田湟中。

汉代屯田劳作者基本由两类人员构成，一为戍卒，主要为守边之戍卒，有“田卒”“河渠卒”“牧士”“鄣卒”“省卒”“坠卒”之别，统称为军屯，他们“平时操耒耜为农夫，遇惊执干戈为战士”，亦兵亦农，既有守边之责，又有耕牧之职，是戍卒军粮自给的重要屯田劳力；二为民，多为刑徒或犯死罪的官员减罪充边，称为“谪民”，多以“营”的军事编制进行屯田。

两汉之际屯田之风遍及内地和边郡，大大促进了汉代的农业生产，不仅解决了戍卒军粮的自给，免除了运粮资费，降低了财政支出，“益积蓄，省大费”，甚至影响到了汉王朝的财政收入，同时还为丝绸之路的畅通提供了保障。

（5）移民就宽乡与移民实边　移民就宽乡、移民实边是秦汉时期国有土地经营的重要方式，“就宽乡”有垦殖荒地与减轻人口压力的作用，“实边”则除了垦荒边疆外，更重要的目的在于巩固边防。古谓地广人稀处为宽乡，反之为狭乡。秦的移民政策，一方面促进了边远地区的农业开发，另一方面也有效地减轻了黄河中下游地区人口集中所带来的生产和生活压力。

到汉代，汉文帝十一年（公元前 169 年），募民耕塞下。汉景帝元年时（公元前 156 年）诏曰：“间者岁比不登，民多乏食，夭绝天年，朕甚痛之。郡国或硗骥无所农桑系畜，或地饶广、荐草莽，水泉利，而不得徙。其议民欲徙宽大地者，听之。”（《汉书·景帝纪》）汉武帝元朔二年（公元前 127 年）夏，“募民徙朔方十万口”；元鼎六年（公元前 111 年），置张掖、敦煌郡，徙民以实之。东汉光武帝建武十五年（公元 39 年），徙雁门、代郡、上谷吏民 6 万人置常山关、居庸关以东。汉代还多次募罪徒戍边实边。

（二）地主大土地私有

土地在实际生产中的使用与经营，是体现政权性质和国家农业政策的重要内容。秦汉时期，受私有制经济发展的影响，除了国家有大量的国有土地外，还存在着多种形式的大土地私有制，主要表现为以下三种情况：

1. 秦代：军功地主　秦实行军功爵制，即使帝王宗室也“不得为属籍”，有军功则有爵秩，有爵秩则可“名宅田妾衣服以家次”，五级爵“大夫”可得赐田 5 顷，宅 45 亩，依次计，爵位越高者得田宅，甚至“妾”“衣服”之属越多。

土地有无继承权是土地私有的一个重要标志。《睡虎地秦简·法律问答》所记“可（何）谓［后子］？官其男为爵后，及臣邦君长所置为后大（太）子，皆为［后子］”，说明秦代爵位是可以承袭的，而有其爵当享其爵禄。军功地主的爵禄无非是剥削其土地上的农奴“庶子”，这些“庶子”“级乞一人，其无役事也，其庶子役其大夫月六日，其役事也，随而养之”，秦律还规定，军功爵及十级以上还有“赐税”“赐邑”之殊遇。《军爵律》还规定：“从军当以劳论及赐，未拜而死，有罪法耐（迁）其后，及法耐（迁）者，皆不得受其爵及赐。”就明确了夺爵亦夺其禄，田宅之类的赏赐自然收回，秦始皇统一六国后对嫪毐、吕不韦等人的处理即是例子。可见，秦代官、爵、禄（田宅）是三位一体的，爵没了一切归零。

2. 汉初：赐封豪强地主　汉初，刘邦登基后即下令“复故爵田宅”（《汉书·高帝纪》），文帝时晁错建议“入粟县官，得以拜爵，得以除罪”（《汉书·食货志》），武帝时设武功爵，这应该都是秦时军功爵制的延伸。

汉初，刘邦为了稳固汉政权，推行郡县制下的分封制，先后分封 9 个同姓诸侯王，提出“非刘氏而王，天下共击之”（《史记·吕太后本纪》），而于汉有功之臣也得封赏，“其有功者上致之王，次为列侯，下乃食邑”（《汉书·高帝纪》），这样汉政权得到稳固的同时，也培育了新一代爵封大地主。此外，汉初还实行了赐民爵，至景帝时，共赐民爵 13 次，无论封王封侯，还是赐民爵，皆“以有功劳行田宅”（《汉书·高帝纪》），与秦代军功爵无二，赐封大地主成为汉初大土地私有制的重要所有者，同时，这些赐封大地主享有大小不同的封国、食邑外，还通过购买、掠夺等方式占有了大量的私田，形成“秦、汉以来，风俗转薄，公侯之尊，莫不殖园圃之田，而收市井之利”（《晋书·江统传》）和“邑有人君之尊，里有公侯之富”（《汉书·食货志》）的局面。

除赐封大地主外，还有那些依赖特殊经营，如随铁农具、牛耕推广而发展迅速的冶铁业，以经营鱼盐而致富者，以经营商贾而暴富者，还有以单一的植树、种果、牧羊、放牛等农业经营而致富者，他们“买田宅，为富人”，大量土地被其兼并，成为豪强一方的大地主，“若致力于农畜，工虞商贾，为权利以成富，大者倾郡，中者倾县，下者倾乡里者，不可胜数”。而失去土地的农民，并没有从农业领域转移出去从事其他行业，而是成了依附于豪强地主的佃农。

3. 汉武帝时期至汉末：世族地主　自汉武帝时起至汉末，社会上享有一定政治和经济等特权，世代相传的豪族大地主，成为左右当时社会政治和经济的主要力量。农业社会，土地不仅是收入的重要来源和财富的稳妥保障，而且还是社会地位的象征。由于国家允许土地的买卖，兼之土地经营又能带来稳定的收益，使得地权得以自由转移，以致出现“以末致富，以本守之”的现象。但这种转移并不是转移到善于农业经营的农户手中，而是转移到了官僚、商贾等手中。汉武帝时期，开商人可以为官先例，官僚可以经商，又可大量购田置宅，官僚、商人、地主融为一体，出现多种综合经营、自给自足的庄园经济雏形。西汉中期至汉末，是世族地主兴起和形成的关键时期，这些世族大地主由一些官僚（皇亲、贵族、国戚、权臣、宦竖）、富商巨贾、豪强地主等组成，他们既有强大的政治势力，又有丰厚的物质力量，还有动辄数千家的依附农民，“奢侈逸豫，务广第宅，治园池，多畜奴婢，被服绮縠，设钟鼓，备女乐……吏民慕效，浸以成俗”（《汉书·成帝纪》），成为地主阶级中最强劲的一个阶层，至东汉末已成为社会上一种主要的地主庄园经济形式。

（三）自耕农小土地私有

自耕农小土地私有制的产生是农业生产力发展的必然结果，同时与秦汉王朝法律的保障也有关系。小额土地既能维持其全家生活的土地数量，使其通过劳力耕作，除能缴纳国家赋税外，尚能维持一家生计和简单的再生产。秦时奖励自耕农生产，法律规定家有二男不析居者倍其赋，促进了大量自耕农业的发展。公元前216年秦始皇颁令“使黔首自实田”，承认了土地的私有，让占有土地的有下等爵位和无爵的平民向官府自报土地数量，作为征收赋税的依据，大大刺激了小农经济的发展。

两汉时期，编户齐民，汉王朝采取了限田、迁徙富豪以及将国有土地颁给无地农民耕种等手段以限制土地兼并，保护小自耕农经济。如汉成帝时，对商贾就实行了占田限制，“贾人有市籍，及家属，皆无得名田，以便农。敢犯令，没入田货”（《汉书·食货志》）。

秦汉时期之所以培植和保护自耕农，是因为自耕农不仅是国家政权征收赋税的重要对象，而且也是国家兵役和徭役的重要来源，是中央集权制的经济基础。自耕农数量的多寡意味着国家赋税、徭役征收量的足与不足，意味着兵役兵士的强大与否，也是国家中央集权制经济实力的重要体现。

二、农业政策与赋税制度

农业政策是关系和影响农业发展的重要因素。在以农业立国，以农业经济发展水平为主要指标特征的社会，农业政策是体现中央集权制国家的重要构成元素，赋税制度是实现和巩固中央集权制度的重要保障。秦汉时期重农抑商制度化、政策化的发展，深刻地影响了其后中国社会经济的发展。研究秦汉时期的农业政策与赋税制度，对了解秦汉农业发展历史及其对中国农业发展的影响，具有积极的参考作用。

（一）上农除末与重农抑商

1. 秦代的“上农除末”政策 秦始皇得商鞅变法之利，保证更多的劳动力投入农业生产，又削弱工商业对一产的分解破坏作用，同时又“离战国而王天下，其道不易，其政不改”（贾谊《过秦论》）。

一是将“上农除末”作为一项国策实行于全国。秦始皇二十八年（公元前 219 年）东巡，登琅琊台刻石曰：“皇帝之功，勤劳本事，上农除末，黔首是富”，强调“男乐其畴，女修其业”“民无二事”，激发百姓事农积极性。

二是从政治上提高农业劳动者的地位。秦始皇二十七年（公元前 218 年），诏令全国民众“赐爵一级”，进一步提高了农民从事农业生产的积极性。

三是承认土地私有，以实田确定税赋。秦始皇三十一年（公元前 216 年），“赐黔首里六石米、二羊”“使黔首自实田”（《史记·秦始皇本纪》），以农民实际占有土地数量向官府登记，官府以法律保护。实田制在推动农业发展的同时，也有力地推动了土地私有制的进一步发展。秦律规定“可（何）谓匿户，及敖童弗傅，匿户弗徭使，弗令出户赋之谓殹（也）”（《睡虎地秦简》），古代“奴”为童，“敖”健壮意，“敖童”是指健壮有力的男子，在秦代隐匿户口不服劳役、不出户赋，都视为“匿户”。而逃离国家户籍控制，不服徭役、不纳租税的行为，都是犯法，充分体现了中央集权制下国家对土地所有权的拥有。

四是推行奖励农垦政策。先后把几十万人迁徙到边疆和农业生产落后地区，垦荒种田，推动了荒僻地区农业的发展。如公元前 219 年，迁 3 万户到琅琊台（今山东诸城），免除 12 年徭役；公元前 212 年，迁 3 万户去丽邑（今陕西临潼东北），3 万户去云阳（今陕西淳化北），免除 10 年徭役；公元前 211 年，迁 3 万户去北河、榆中（今内蒙古伊金霍洛旗）一带，赐爵一级。

因为中央集权制稳固统一的政治需要，在“上农除末”政策之下，秦执行的却是重徭厚赋。秦始皇“内兴功作，外攘夷狄……竭天下之资财以奉其政，犹未足以澹其欲也”“田租、口赋、盐铁之利二十倍于古”（《汉书·食货志》），由此所带来的苛捐杂税和繁重徭役负担，对农民和农业发展来说是沉重的打击、严重的阻碍，严重制约了农业的扩大再生产。农业在秦苛政和重徭厚赋的重压下崩溃，人民活路断绝，最终导致陈胜吴广起义和秦王朝的覆亡。

“除末”的目的在于抑制商人的暴利，平衡经济发展，秦国的政策主要有三方面。第一，征发有市籍的商人戍边，有效抑制内地商业发展，促进边远地区农业发展。开发岭南，增加了耕地面积，促进了岭南农业发展。第二，秦王朝大规模迁徙豪富于咸阳、南阳、巴蜀等地，虽其目的在于防止反抗，削弱其政治经济势力，但对迁入地区的农垦，发展其域内的农业也起到了重要的推动作用。第三，对工商业者施以重税，由国家控制山林泽川资源，私人经营必须纳税，应该说秦的商业重税对商业发展起到一定的抑制作用。但秦的“除末”政策打击的主要是那些编入国家户口在城邑中居住和做买卖的小商人，并非对工商业者的全部否定，正如吕不韦在《吕氏春秋》中所强调的“农攻粟，工攻器，贾攻货，时事不共，是谓大凶”“农不敢行，贾不敢为异事，为害于时也”，认为农工商各专其业才是根本，反应的正是秦始皇“除末”之根本。

2. 两汉时期的重农抑商政策　《汉书·食货志》记载：“汉兴，接秦之敝，诸侯并起，民失作业，而大饥馑。凡米石五千，人相食，死者过半……天下既定，民亡盖臧，自天子不能具醇驷，而将相或乘牛车。”反应的是汉初社会的现实状况。为尽快恢复社会生产，汉初实行了休养生息政策，重农抑商再次成为重要的治国之策。

一是推行“复故爵田宅令”。“以有功劳行田宅”，凡军吏卒爵在大夫以下或无爵者，“皆赐爵为大夫”，爵在大夫以上者“赐爵各一级”。颁布“兵皆罢归家”令，诏令将士复员归农，愿留关中者“复之十二岁”免除12年徭役，“其归者半之”，复员将士达一半，既充实了农业生产劳力，又提高了其农业生产的积极性。

二是招抚流亡。“民前或相聚保山泽，不书名数，今天下已定，令各归其县，复故爵田宅，吏以文法教训辨告，勿笞辱”，“不书名数”即没有户籍之人，让流亡之民回到原籍恢复其田宅，安心从事农业生产，并让官府行文告之天下，不能处罚污辱他们，提高了农民的生产积极性。

三是国有土地让与民耕。分散“故秦苑囿园池，令民得田之”，把国家所有秦时的部分闲置土地让百姓耕种，让许多流亡无地农民因此获得土地耕种，对推动农业发展发挥了积极作用。

四是赐民爵，鼓励耕种。刘邦即位后曾“施恩德，赐民爵”，自汉初至景帝时期，共赐民爵13次，其中赐家长爵10次，长子爵3次。对“民以饥饿自卖为人奴婢者，皆免为庶人”，恢复了卖为人奴者的平民身份，有力地扩充了从事农业生产的人力。

五是减轻租税，奖励农耕。汉高祖时下令减轻田租“什五而税一”，《汉书·高帝纪》载，高祖七年（公元前200年）规定“民产子，复勿事二岁”，对生孩子的家庭免除两年徭役，对繁衍人口增加农业劳动力是极有力的措施。公元前191年，惠帝诏令“举民孝弟力田者，复其身”，以蠲免徭役的措施奖励优秀的耕者，实行十五税一的田税制度。公元前187年，吕后执政“初置孝弟力田二千石者一人”，用以重赏力农者。公元前178年，文帝“赐天下民今年田租之半”，公元168年，又“赐农民今年租税之半”，公元前167年，“除田之租税”。公元前156年，景帝“令田半租”“三十而税一”。昭帝亲耕帝籍以为表率，减免赋役田租，“罢不急官”，分苑囿地假于贫民，削减漕粮量；宣帝时“知民事之艰难”，多次减免全国或部分地区的租赋，设常平仓补给北边以“省转漕”，稳定粮价，减盐价，加强对商业的经营管理，对农民与农业生产大有裨益；哀帝时颁行限田限婢令，明确规定“贾人皆不得名田为吏，犯者以律论”；王莽新制首行王田私属制，规定土地、奴婢“皆不得买卖”。东汉前期的光武帝“务用安静，解王莽之繁密，还汉世之轻法”（《后汉书·循吏列传》），“吏职减损，十置其一”（《后汉书·光武帝纪下》），并将边郡屯田法引入内地以“自耕养其众”，实行“三十税一”之率，又行度田令“检核垦田顷亩及户口年纪，又考实二千石长吏阿枉不平者”（《后汉书·光武帝纪下》），虽未得到长期贯彻，但对恢复农业生产起到一定积极作用。东汉前期明、章、和帝年间，能继续推行重农政策，多次贷民种粮、轻徭简赋，假民公田、安返流民，虽无力遏制豪强地主田庄经济的势头，但一定程度上也促进了农业生产的发展。

两汉时期，接受秦亡教训，实施“与民休息”的宽松政策，一方面重视农业之本，执行轻徭薄赋政策；另一方面统治者崇尚节俭，由此农业生产得以逐步恢复，出现了昭宣中兴、光武中兴等一时新气。轻徭薄赋政策的实施主要有三个时期，一是西汉初年，推行“复故爵田宅令”，减轻徭役，赐民爵，提出“量吏禄，度官用，以赋于民”的赋税原则，赋税由什一降到十五税一。惠帝时“高后女主称制，政不出房户，天下晏然”。文、景帝时，确立了三十税一，算赋由120钱降至40钱，有时甚至免除全国田税。汉初至武帝之初70年间，据《汉书·食货志》记载：“国家亡事，非遇水旱，则民人给家足，都鄙廪庾尽满，而府库余财。京师之钱累百巨万，贯朽而不可校。太仓之粟，陈陈相因，充溢露积于外，腐败不可食。众庶街巷有马，阡陌之间成群，乘牸牝者摈而不得会聚。守闾阎者食粱肉，为吏者长子孙，居官者以为姓号。”二是昭宣时期，继续执行汉初的轻徭薄赋、与民休息政策，赋民公田、招抚流亡、贷贫民种食、减免赋役，促进了社会经济的进一步恢复和发展。三是光武帝刘秀时期更是“吏职减损，十置其一”，通过减少官僚机构，减轻农民负担，还实行“三十税一”的低田税制，同时减少服役时间，都为农业生产的发展提供了条件。

汉初的抑商政策主要体现在以下几方面：

一是加重租税，限制商贾自由。汉高祖八年（公元前199年）下令：“贾人毋得衣锦绣绮縠絺纻罽，操兵，乘骑马”（《汉书·高帝纪》），“贾人不得衣丝乘车，重税租以困辱之”，至孝惠、高后时，虽“弛商贾之律”，但“市井子孙亦不得宦为吏”（《汉书·食货志》）。

二是国家垄断铸币权。汉武帝时“更造钱币以澹用，而摧浮淫并兼之徒”（《汉书·食货志》），由于“农事弃捐而采铜者日蕃”“县官往往即多铜山而铸钱，民亦盗铸，不可胜数”，所以国家对铜矿实行统一管理，中央铸造五铢钱通行全国。元鼎四年（公元前113年）取消郡国铸钱，销毁各地私铸之钱，有力地打击了富贾牟利丰厚的混乱局面。

三是颁布算缗、告缗令，向商贾征收资产税。算缗是向商贾征收财产税，而告缗是针对商贾瞒产漏税的一种强制措施，是国家重农抑商的不同方式。汉武帝元光六年（公元前129年）“初算商车”，向商贾的车辆征税；“诸贾人末作贳贷卖买，居邑贮积诸物，及商以取利者，虽无市籍，各以其物自占，率缗钱二千而算一。诸作有租及铸，率缗钱四千算一。非吏比者、三老、北边骑士，轺车一算；商贾人轺车二算；船五丈以上一算”（《汉书·食货志》）。王莽时，更是征收工商各业税收，管理市场物价，“万物卬贵，过平一钱，则以平贾卖与民，其贾氐贱减平者，听民自相与市”。

四是实行国家垄断经营，增强中央对经济的控制权。元狩五年（公元前118年），武帝听取了大司农颜异提出的盐铁官营主张，“因官器作煮盐，官与牢盆”“举行天下盐铁，作官府”（《汉书·食货志》），并严格规定“敢私铸铁器煮盐者，釱左趾，没入其器物”。天汉三年（公元前98年），“初榷酒酤”，国家进一步垄断了酒的经营。国家垄断经营的实施切断了商贾发财的主要途径，加强了中央对经济控制权的掌控，起到了建本抑末的积极作用。

五是推行均输平准政策，减轻农民负担。元封元年（公元前110年），桑弘羊在各郡国普遍设立均输官，在长安设平准机构，使“民不益赋，而天下用饶”（《史记·平准书》），消除了贡输繁杂不利，调节物资利民益国，客观上起到了抵制商末畸形发展的作用。

（二）限田与王田

限田是抑制土地兼并的重要措施，也是汉代促进农业生产的重要政策。汉武帝时，董仲舒最早提出限田建议，虽然土地兼并日趋激烈，但此时的限田论并未引起武帝重视，至哀帝时，师丹辅政，重提限田主张，绥和二年（公元前7年）诏令“诸侯王、列侯、公主、吏二千石及豪富民多畜奴婢、田宅亡限，与民争利，百姓失职，重困不足”，宣布限田，并明确限田数额，“诸侯王、列侯皆得名田国中。列侯在长安，公主名田县道，及关内侯、吏民名田，皆毋得过三十顷……贾人皆不得名田为吏，犯者以律论。诸名田畜奴婢过品，皆没入县官”。不过，这一政策在土地私有制势不可挡和土地兼并日益严重的形势下最终流产。

王莽新朝针对土地兼并问题提出“王田”政策，始建国元年（公元9年）宣布：“今更名天下田曰‘王田’，奴婢曰‘私属’，皆不得卖买。其男口不盈八，而田过一井者，分余田予九族邻里乡党。故无田，今当受田者，如制度。敢有非井田圣制，无法惑众者，投诸四裔，以御魑魅，如皇始祖考虞帝故事”（《汉书·王莽传》）。王莽较深刻地看到了土地兼并所带来的社会问题，也意识到了土地私有制是造成土地兼并的根源，但其“复井田”“限民名田”，触动了豪强地主阶级的利益，地主大土地所有制非但没有被废除，还进一步造成阶级矛盾的激化，形成“农商失业，食货俱废，民人至涕泣于市道”的局面，最终引起刘秀等大地主阶级的反抗，最终迫使王莽下诏取消“王田”政策。

东汉时期并未采取限田有效措施，仅于建武十五年（公元39年）推行过“度田”令，丈量土地，核实人口，以便国家实现对土地和劳动力的控制，限制豪强大地主兼并土地和奴役人口的数量，结果“刺史太守多不平均，或优饶豪右，侵刻羸弱，百姓嗟怨，遮道号呼”（《后汉书·朱景王杜马刘傅坚马列传》），其后度田之名虽存确无其实，土地兼并和豪强地主田庄经济的发展已成为东汉末年无法遏制的事实。

第三节　铁农具和牛耕的推广

秦汉时期是中国传统农业生产发展的第一个高潮期。从考古发现与文献记载看，其重要标志即是铁农具和牛耕的推广普及。

一、冶铁技术的进步

农业生产工具的变革是推动生产力发展的直接物质条件，秦汉时期随着冶铁技术的进步，铁器全面进入人们的生活。春秋战国时代，虽然铁农具在农业生产中已有一定的应用，但从《淮南子·主术训》所载的“夫民之为生也，一人跖耒而耕，不过十亩”，以及《盐铁论·未通》所载“民跖耒而耕，负担而行，劳罢而寡功，是以百姓贫苦，而衣食不足”，《盐铁论·水旱》的“贫民或木耕手耨，土耰淡食”来看，直至西汉前期，木、石制农具仍在农业生产中使用，并未完全退出历史舞台。

秦汉之际，冶铁场所遍及全国。据《史记·货殖列传》载，秦迁卓氏致之临邛，“即铁山鼓铸，运筹策，倾滇蜀之民，富至僮千人”，程郑“亦冶铸，贾椎髻之民，富埒卓氏，俱居临邛”，迁孔氏于南阳，“大鼓铸……因通商贾之利”，曹人邴氏“以铁冶起，富至巨万”，等等，反映出当时对铁的需求量之大，从文献记载和考古发现也可证实，秦代规模较大的、属于中央官府的冶铁手工业已成为重要的生产部门，有较大的工作场地和配套设备，冶炼工序系统化。西汉中期之后，汉王朝实行盐铁专卖制度，在全国各地设置铁官49处，或主铁器制作，或主铁器买卖，垄断了铁器冶铸业。《盐铁论·禁耕》载有“县邑或以户口赋铁”，反映出民间冶铁业也并未完全中断的事实。东汉时，冶铁业的发展更为广泛，铁器除用于制作农具、兵器外，还大量用以制作手工工具、生活用具等，私营冶铁业发达且比重大于官营冶铁业。战国时期，铁农具生产技术已经发明，但技术上的完善和工艺上的规范，却是在西汉中期之后，主要表现在采冶程序及工艺的完善以及炼炉、鼓风技术、耐火材料、熔剂等的进步。

生铁的优势在于坚硬、锋利、耐磨，弱点在于性脆、易断，生铁柔化技术随之得到发展，而由铸铁柔化处理衍生出的铸铁脱碳成钢工艺，乃至炒钢工艺也进一步成熟。据对河南洛阳水泥厂出土的铁镬、湖北大冶铜绿山和河北易县燕下出土的六角梯形铁板锄研究，其表面都经过反复锻打的柔化处理，形成类似熟铁的组织，而中心部分仍为硬度高的生铁组织，大大提高了铁器的使用寿命。西汉中后期以后，炼钢技术即把生铁加热到熔化或基本熔化后，加以搅拌，利用空气中的氧氧化生铁中的碳，从而炼出较纯净的低碳钢（熟铁），有效地提高了铁农具的韧性。考古资料表明，东汉时固体脱碳制钢技术已具备一定程度的规范化标准①。河南渑池魏窖藏铁器产于新安、陵右、渑池等不同的作坊，但其化学成分与金相组织大体相近，碳含量基本一致，充分表明脱碳成钢技术在生产和技术操作中已达到较高水准，这为铁农具的推广、普及奠定了坚实的基础。

二、铁农具的多样化、专业化

秦汉时期，铁农具的式样、规格随着农业生产技术的不断进步，逐渐向实用化、定型化方向发展，主要体现在农业生产整个过程的各个环节，如整地农具、播种农具、中耕农具、收获农具，乃至粮食的处理、加工工具，生产与技术的专业化、农具类别的多样化等诸多方面。

传统农业社会以作物种植为主，首先解决的是土地耕作问题，铁农具和牛耕的推广，使铁犁成为垦荒耕作的关键农具。汉代铁犁属长辕犁，有适应不同耕作技术需要的大、中、小犁之分，犁壁的发明，使犁具有了集破土、翻土、碎土、开沟、起垄等于一体的多种功能，极大地提高了土地耕作质量和农业生产效率，适应了当时农业生产的需要。翻土的犁壁，有向一侧翻土的单面壁（牵引阻力小、耕后地面平整）和向两侧翻土的双面壁之别，能充分根据需要实现不同的耕作效果，现代犁正是借鉴了单面犁壁的构造特点。从铁犁的结构上考察，除了犁铧铁件部分，汉代犁架木结构部分的主体构件主要由犁床（或称犁底）、犁辕（控制犁的转向）、犁箭（用以调节犁耕的深度）、犁衡（驾于牛颈上的衡木）、犁梢（人手扶的犁把）组成，已具有相当的技术水平。山西平陆枣园村发掘的王莽时期的墓壁画牛耕图、江苏睢宁双沟东汉画像石牛耕图、陕西米脂东汉画像石牛耕图（图 4-1），都有单长辕犁的刻画；山东滕县黄家岭东汉牛耕图体现的则是双长辕犁。

图 4-1 陕西米脂出土的东汉牛耕画像石②

耕地效率的提高导致了整地工具的改进。《氾胜之书》提及耕后要“辄平摩其块”，小麦田要一耕、再耕后“谨摩平以待时种”，反映的即是保墒性质的耱、耢之类的“摩田器”。战国时称之为“櫌”，是一种碎土、覆土的木榔头，亦称“椎”，秦末农民起义以“锄櫌白梃”为武器，说明櫌为农家常用之具。至汉代，这一专门的碎土覆土的农具改进为畜力牵引的“摩田器”，氾胜之谓之“棘策”“蔺”，也即后世所谓的“劳”，到南北朝时期这一保墒整地工具已相当普遍。

① 张波，樊志民. 中国农业通史（战国秦汉卷）[M]. 北京：中国农业出版社，2007：116.

② 陈文华. 中国农业考古图录[M]. 南昌：江西科学技术出版社，1994：237.

耕、翻、整地效率的提高，进一步推动了播种工具的改进，赵过发明的耧犁成为典型代表。东汉崔寔《政论》中提及赵过的耧犁："三犁共一牛，一人将之，下种挽犁，皆取备焉。"耧犁（车）构造由耧斗（盛载种子）、出口（于斗下，有闸板控制，并设有摆坠，可控下种量与速度）、耧腿（中空，下种通道）、腿下装铁犁铧（供破土、开沟和落种），后世在耧犁后拖一耢，起到覆平压实保墒之用。赵过发明的耧犁有三个脚（三脚耧），一牛牵拉，一人扶犁下种，既省人力，又三行平行同时下种，提高了播种质量和效率（图 4-2）。

在中耕除草农具方面，秦汉时期，锄已由战国时的六角形和半圆形两种发展为鹤颈式铁锄。其制作材料由铁铸逐渐被钢材锻造取代，使锄的刚性提高，既耐用又锋利，也更为轻巧便利。同时，在东汉末年遗址中还发现了铁制双柄犁，犁头"V"字形，两翼端各向上出一直柄，柄上系双杆或绳套之类，可供人力或畜力牵引于行间穿地松土除草。

收获农具镰刀已由铸造件逐步替代为钢材锻件，且大小种类齐全。西汉以后，铁镰成为使用最广泛的收获农具。农业生产农具的改进发展带来了农业生产的丰收，也推动了粮食加工机械的革新。河南、山西、山东等地出土了一批西汉晚期和东汉时期专门用来扬弃谷物中糠秕杂物和净化籽粒的陶制飏扇模型，说明风扇车在当时已普遍应用（图 4-3）。

图 4-2 三脚耧犁（耧车）[①]

图 4-3 河南济源出土的汉代陶制飏扇和碓复原图[②]

磨是谷物加工工具，是粒食向面食转换的重要农具。石转磨在春秋战国时已发明，陕西栎阳出土过秦代的石磨。汉墓中出土的石转磨实物及模型非常多，使用畜力、水力、风力推动石转磨加工谷物，是汉代农具发展的巨大成就。此外，利用杠杆原理和身体重量的踏碓，利用水力为动力的水碓等谷物加工工具也被发明利用。这充分说明，秦汉时期，中国的传统农业生产工具已进入定型期、成熟期[③]。

① 陈文华. 中国农业考古图录[M]. 南昌：江西科学技术出版社，1994：251.

② 宋树友. 中华农器图谱（第一卷）[M]. 北京：中国农业出版社，2001：330.

③ 张波，樊志民. 中国农业通史（战国秦汉卷）[M]. 北京：中国农业出版社，2007：121.

三、牛耕的普及

早期养牛，除了肉食之用，最重要的当为祭祀品。牛作为重要农耕畜力，是人类的一大发明。中国进入牛耕挽犁的时代，确切可考的是战国时期，但真正将牛耕广泛用于农田耕作则为西汉以后。

秦汉王朝对牛的重视，使牛的养殖量增加，为牛耕的普及提供了条件。秦汉时期畜牧业发达，为保护耕牛，官府曾制定过很多严厉的处罚措施，如《睡虎地秦简·法律问答》中有许多关于盗牛的法律条文，如“甲盗牛，盗牛时高六尺，系一岁，复丈，高六尺七寸，问甲可（何）论？当完城旦”，秦代以身高六尺五作为成年的标志，甲盗牛时仅六尺不到受罚，但一年后案破人长，对甲处“完城旦”之罪，即发配做苦工修城塞四年，可见对盗牛者处罚严厉。《盐铁论·刑德论》载“盗马者罪死，盗牛者加”，《淮南子·说山训》亦载“杀牛，必亡之数”，高诱注“王法禁杀牛，民犯禁杀之者诛，故曰为亡之数”，可见秦汉之际对耕牛的保护相当严厉。

秦汉时耕牛牵引铁犁的方式，综合学术界的观点和出土的汉代画像石牛耕图，基本可归纳为二牛抬杠式和一牛驾辕两种情况，二牛抬杠式多为单长辕犁，一牛驾辕多为双长辕犁，而二牛抬杠牛耕方式是秦汉时期主要的耕作方式。

铁犁的推广与普及，促进了使用畜力牵引犁耕的发展。《淮南子·主术训》载：“若指之桑条以贯其鼻，则五尺童子，牵而周四海者，顺也。”反映的是牛的驯服。汉武帝时，搜粟都尉赵过在关中地区推广牛耕，后来各郡仿学，全国范围大规模的牛耕得以推广。之后，东汉武帝时九真郡（今越南中部）太守任延、章帝时庐江（今安徽合肥市）太守王景教民铸作田器推广牛耕，百姓“岁岁开广”。宣帝时渤海（今河北沧州一带）太守龚遂“民有带持刀剑者，使卖剑买牛，卖刀买犊……吏民皆富实”（贾思勰《齐民要术·序》）。至东汉时，牛耕在全国农业地区内已得到普及。

第四节 农田水利建设的蓬勃发展

秦汉时期是继春秋战国后历史上出现的第二个农田水利建设高潮时期，反映了中国劳动人民在认识自然、利用自然、开发自然的过程中，充分发挥聪明智慧，服务农业生产，逐步形成了系统的农田水利建设思想，积累了丰富的实践经验。纵观秦汉时期的农田水利建设，呈现出鲜明的时代特点：一是水利工程理论的不断发展与完善；二是农田水利科学技术的进步；三是国家行为的大型水利工程与民间自发的小型灌溉工程相互补益，形成全国范围内的农田水利建设网络。

一、水利工程理论的发展

秦汉时期，水利工程理论的发展主要体现在治黄的讨论上。秦汉以后，黄河流域自然植被破坏严重，黄河水患频发，仅汉文帝十二年（公元前 168 年）至王莽始建国三年

（公元 11 年）的 179 年间，就有 11 年 12 次的决溢，给流域内人民造成严重灾难。据《汉书·沟洫志》载，西汉末的张戎就已认识到“河水重浊”和泥沙淤积是造成黄河决溢的主要原因，主张“可各顺从其性，毋复灌溉，则百川流行，水道自利，无溢决之害矣”，第一次从水流泥沙角度分析河患成因，提出以水排沙的主张，具有积极的科学意义，但其“毋复灌溉”的观点却不可取。贾谊认为“多穿漕渠”可“分杀水怒”，“使民得以溉田”可以除害兴利，引河水可改良盐碱，改陆田为水田，又可收到漕运舟楫之利，为治黄史上最早出现的沟洫治黄论。哀帝时，贾让提出治河三策：让道、多开渠、小修小补。

从对水性的认知，到堤防修筑、河川改造，再到治黄思想的系统化，体现了中国水利工程理论由单一到综合治理理念的发展，成为秦汉时期农田水利建设重要的指导思想和理论基础。

二、水利建设与利用的进步

水利工程理论来自生产实践中人们对自然的观察、开发和利用，也推动了水利科学技术的进步。首先，秦汉农田水利建设的发展得益于水利工程技术水平的提高。汉代在大规模水利工程建设中，勘测技术已经达到较高水平。《汉书·沟洫志》载，西汉元光六年（公元前 129 年）开凿漕渠时“观地形，令水工准高下”，《息夫躬传》亦载，“今为京师，土地肥饶，可度地势水泉，广溉灌之利”，即应用了表、度等几种不同的专业勘测技术方法。在工程技术上，出现了井渠、飞渠、涵洞、闸门以及多种形式的坝堰等。东汉明帝时，汝南太守鲍昱修建陂池，采用了渠道衬砌措施，作方梁石洫，使陂池得以加固。其次，农田水利灌溉技术也有很大提高。灌溉中已采用水温调节、淤灌改良土壤和渗灌等技术措施，并有明确的灌溉用水制度。《氾胜之书》中就记载了稻“始种稻欲温，温者缺其塍，令水道相直；夏至后大热，令水道错”，用调整水道水流方式来调控稻田水温；在区田法记载中，有渗透灌溉法的记录：“以三斗瓦瓮埋著科中央，令瓮口上与地平。盛水瓮中，令满。种瓜，瓮四面各一子，以瓦盖瓮口。水或减，辄增，常令水满。”在土壤盐碱化严重的地区，淤灌压碱改良土壤技术得到应用。修建关中六辅渠，倪宽“定水令以广溉田”，南阳太守召信臣兴修水利，“为民作均水约束，刻石立于田畔，以防分争”，也制订了灌溉用水制度，这标志着汉代农田灌溉事业及其技术的进步。再次，灌溉机械和工具得到明显改进。辘轳、翻车、渴乌等高效的灌溉或汲水工具得到应用，辽阳三道壕汉墓壁画，酒泉嘉峪关、山东诸城等出土的汉代画像石，都有辘轳图像。《后汉书·宦者列传》载“（毕岚）又作翻车渴乌，施于桥西，用洒南北郊路，以省百姓洒道之费”，翻车即龙骨水车，渴乌则是利用了虹吸原理进行汲水的装置，这些灌溉、汲水工具的发明创造，进一步推动了秦汉时农田水利建设事业的发展。

三、大型农田水利工程建设与灌区的形成

秦汉时期，在水利工程理论的指导下，伴随着水利科学技术的进步，农田水利建设

出现了新的高潮，产生了一大批著名的大型水利工程设施，形成了一系列著名的水利灌溉农区。

（一）秦代灵渠与岭南水利的开发

秦灭六国后，于公元前221年，“使尉屠睢将楼船之士，南攻百越”，公元前219年，“使监禄凿渠运粮”，监禄即是在兴安县境内修成灵渠，沟通了湘、漓二江，使秦军需物资经灵渠运至岭南，促进了秦对百越地区的统一。由开凿灵渠的最初功用看，是为秦军提供物资航运，但自建成之日始，两岸农民就得以利用渠水灌溉农田。

灵渠工程主要包括分水铧嘴、大小天平、南北渠道和船闸斗门等设施。分水铧嘴建在湘、漓相近处的湘水上游，由巨石堆砌而成，前锐后钝形似犁铧，把湘江水流一分为二。铧嘴下南北二渠，南渠长30公里，北渠长4公里，渠首附近有大小天平，用以平衡水量宣泄多余水流。船闸斗门用巨石筑成，调控河道水流。自秦开凿灵渠后，历代增修改建，逐渐成为一个完整的水利工程体系，在促进岭南地区农业发展方面发挥了积极作用，如图4-4所示。

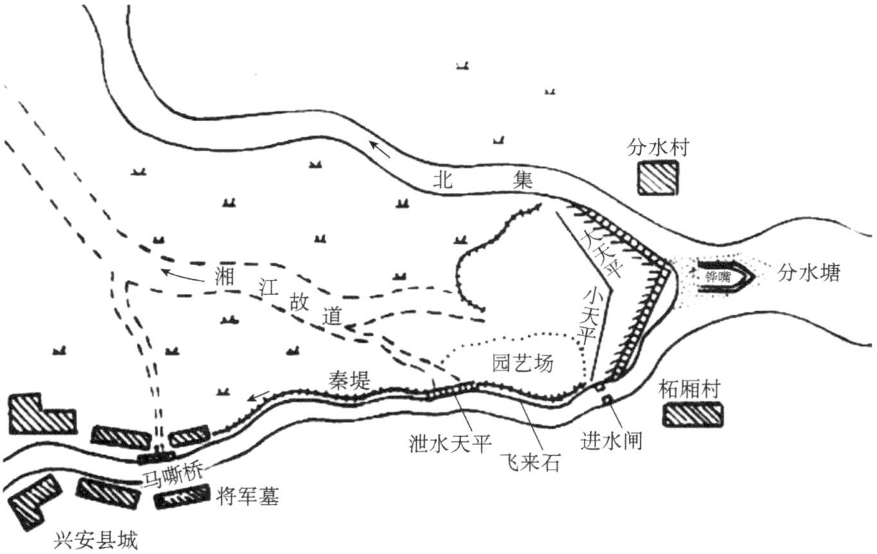

图4-4　灵渠工程布置图①

（二）关中农田水利灌溉网络

关中是秦、西汉都城所在，得到长期高强度的开发经营。自战国时秦在关中兴建郑国渠以来，关中水利事业迅速发展，特别是汉武帝一朝，先后建成六辅渠、龙首渠、成国渠、白渠、灵轵渠、漕渠、沣渠等大型水利工程，形成了纵横交错的关中农田水利灌

① 张波，樊志民. 中国农业通史（战国秦汉卷）[M]. 北京：中国农业出版社，2007：140.

溉网络，促进了关中农业生产的迅速发展，如图 4-5 所示。水稻种植、冬小麦种植面积进一步扩大，使关中地区成为中国历史上重要农业经济区，《史记 • 货殖列传》评“关中之地，于天下三分之一，而人众不过什三，然量其富，什居其六”，应当说是农田水利建设的发展改变了关中地区的农业生产条件，也改变了关中人民的生活。两汉时，“用事者争言水利”（《史记 • 河渠书》），关中所建代表性水利工程如表 4-1 所示。

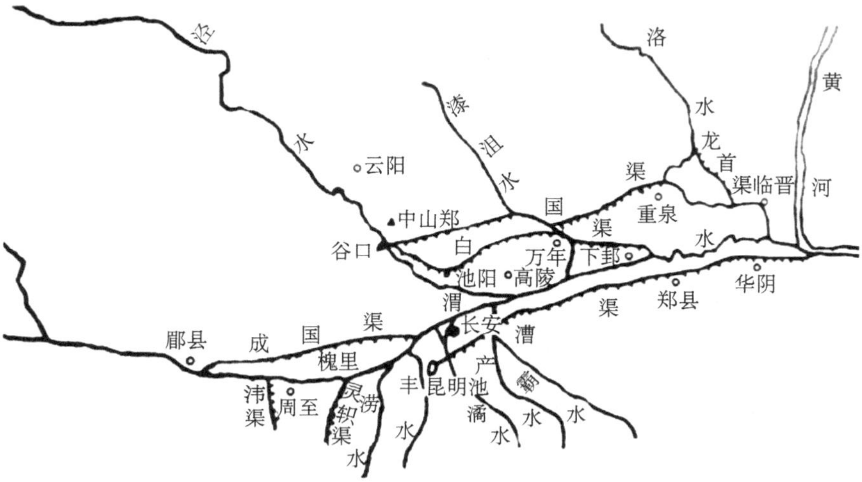

图 4-5　关中地区水利工程示意图（《史记 • 河渠书》）

表 4-1　秦汉时期关中水利工程建设情况简表

工程名称	修建时间	所引水源	主建者	经济效益	文献记载
六辅渠	元鼎六年	关中诸水	倪宽	以益溉郑国傍高卬之田	《汉书 • 沟洫志》
龙首渠	元朔至元狩	洛水	庄熊罴	岸善崩，乃凿井，深者四十余丈……井下相通行水……井渠之生自此始	《史记 • 河渠书》
成国渠	汉武帝时	渭水		穿渠为溉田，各万余顷	《汉书 • 沟洫志》
灵轵渠	汉武帝时	渭水支流			
白渠	武帝太始二年	泾水	赵中大夫白公	中、袤二百里，溉田四千五百余顷……且溉且粪，长我禾黍。衣食京师，亿万之口	《汉书 • 沟洫志》
樊惠渠	东汉光和五年	泾水	京兆尹樊陵	曩之卤田，化为甘壤……多稼茂止，惠乃无疆……既富且盈	蔡邕《京兆樊惠渠颂》
漕渠	武帝元光六年	渭水	大司农郑当时	渠下民田万余顷且田且漕，大以为便	《史记 • 河渠书》《水经注 • 渭水注》

龙首渠是汉武帝元朔到元狩年间（公元前 128—前117 年）修建的，据《汉书 • 沟洫志》记载，最初由庄熊罴向汉武帝建议，开渠引洛水灌溉重泉（今蒲城县东南）以东的土地，如果渠道修成，可以使一万多顷的盐碱地得以灌溉。引洛水灌溉临晋平原，必须在临晋上游的征县（今澄城县）境内开渠，可是在临晋与征县间却横亘着一座东西狭长的商颜山（即今铁镰山）。渠道穿越商颜山，给施工带来了很大困难。最初渠道穿山曾采用明挖的办法，但由于山高四十余丈，均为黄土覆盖，开挖深渠容易塌方，于是改用

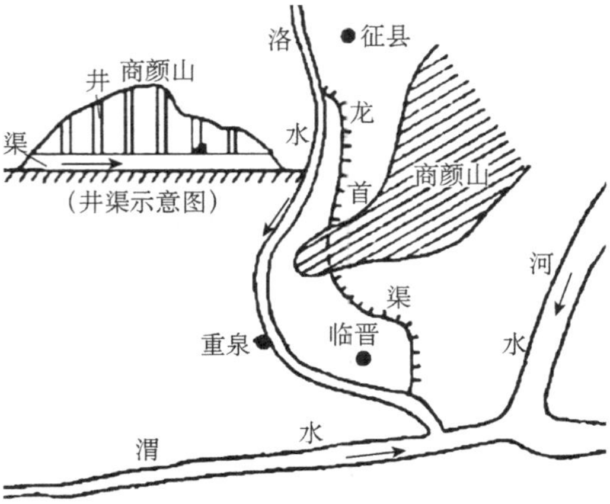

图 4-6 龙首渠井渠施工法布置示意图①

井渠施工法。据《史记·河渠书》记载，当时井渠施工法的技术要领是："凿井，深者四十余丈。往往为井，井下相通行水，水颓以绝商颜，东至山岭十余里间。井渠之生自此始。"井渠施工法的工程布置大致如图 4-6 所示。渠道要穿越十余里的商颜山，如果只从两端相向开挖，施工面较少，洞内通风、照明也有困难。若在渠线中途多打几个竖井，这样既可增加施工工作面，又能加快施工进度，同时也改善了洞内通风和采光的条件。井渠法无疑是隧洞施工方法的一个新创。同时，龙首渠的施工还表现了测量技术的高水平，它在两端不通视的情况下，准确地确定渠线方位和竖井位置，这也是难能可贵的。在施工中掘出恐龙化石，因而渠道叫作龙首渠。

（三）西北边疆地区的农田水利开发

相对中原来说，西北边疆生产落后，且受匈奴威胁，以致《汉书·匈奴传》中所言的"无城郭常居耕田之业"。汉朝立国后，武帝用兵西北，征讨匈奴，徙民屯垦，西北地区得以稳定，农田水利得到全面开发，形成了河套、河西、河湟和西域等 4 个较大的农田水利灌溉区②。

河套地区即今宁夏、内蒙古一带，其农田水利开发始于汉武帝时期。元朔二年（公元前 127 年），卫青等率兵征讨匈奴，收复河套地区，汉朝设立朔方郡与五原郡，并移民 10 万屯垦，因西北地区气候干燥，雨量少，农业条件差，无法满足军事所需，"转漕甚辽远，自山东咸被其劳，费数十百巨万，府库益虚"（《史记·平准书》），于是汉武帝以水利建设为基础，兴建了一批渠系灌溉工程，开发河套地区，巩固西北边疆。其中较有影响的干渠有可溉田 20 万亩的汉渠，溉田 25 万亩的汉延渠，溉田 100 万亩的光禄渠，还有美利渠、七星渠、御史渠、尚书渠等，河套水利工程以无坝引水渠道为主，多而密，为河套地区农业经济发展提供了坚强保障。

河湟地区即今青海省东部的湟水流域，河湟东接兰州西部，大夏、洮河、庄浪河等河水也在此入黄，因此形成一片地域广大的灌溉农区。河湟水利开发也始于汉武帝时期。元狩四年（公元前 119 年）"自朔方以西至令居，往往通渠置田，官、吏、卒五六万人"（《汉书·匈奴传》），开发规模宏大。宣帝时，赵充国西征羌人，在湟水岸屯田驻守，大力开发河湟水利。东汉时，陇西太守马援"开导水田，劝以耕牧，郡中乐业"

① 梁家勉. 中国农业科学技术史稿[M]. 北京：农业出版社，1989：181.

② 张波，樊志民. 中国农业通史（战国秦汉卷）[M]. 北京：中国农业出版社，2007：144.

（《后汉书·马援列传》），东汉和帝时，西部都尉曹凤在龙耆（今青海民和县南）屯田，发展水利，之后，金城长史上官鸿在归义、建威（今青海贵德县北）屯田27部，侯霸在东西邯（今青海化隆县南）屯田，河湟农垦灌溉区形成较大规模。

西域地区狭义上是指玉门关、阳关以西，葱岭以东，巴尔喀什湖东、南及新疆广大地区。汉武帝打通河西走廊，置河西四郡，着力开发西域，水利事业随之而兴。据《汉书·西域传》载，武帝太初四年（公元前101年）贰师将军李广利“自敦煌西至盐泽，往往起亭，而轮台、渠犁皆有田卒数百人”，建成50万亩的溉田农区。西域屯垦水利事业由此向西经龟兹到疏勒、沙车、于阗，向东南发展到罗布泊的楼兰，向东北推进到吐鲁番的车师，使传统农田水利技术逐步取代了其原始灌溉模式①。汉宣帝时于公元前60年设立西域都护府，公元前48年设戊己校尉，管理屯田事务。东汉明帝永平十六年（公元73年）兵征北匈奴，公元74年恢复西域都护府和戊己校尉，继续屯垦。

（四）江淮流域的农田水利建设

江淮流域降雨丰沛，属水田稻作农业区，但至秦汉时期仍处于“火耕水耨”的状态。西汉中后期，江淮流域农田水利才得以开发。东汉时期，江淮农田水利得到持续发展，形成了汉水流域、淮水流域和江南地区一系列的陂池塘堰工程，促进了当地经济的繁荣发展。

汉水流域地跨陕西、四川、河南、湖北4省，流域面积达17.4万平方公里，年降雨量在500～1000毫米，气候湿润，土地肥沃，是重要的稻作农区。汉水流域农田水利建设主要包括南阳、汉中和襄樊三大区域。南阳早在汉武帝时就已有陂田水利建设，《史记·酷吏列传》记载：“（宁成）买陂田千余顷，假贫民，役使数千家。”汉元帝时南阳太守召信臣实施了大规模水利开发，《汉书·循吏列传》记载：“行视郡中水泉，开通沟渎，起水门提阏（淤）凡数十处，以广溉灌，岁岁增加，多至三万顷。民得其利，畜积有余。”他主持修建的十多处水利工程中，以穰县的六门堨、钳卢陂效益最好。东汉末，六门堨荒废，晋太康三年（公元282年）杜预进行了修复，至唐代时仍在发挥灌溉作用。东汉时，南阳太守杜诗又大兴水利，整修了南阳陂池工程，《后汉书·郭杜孔张谦王苏羊贾陆列传》载“修治陂池，广拓土田，郡内比室殷足”，召信臣、杜诗被人称颂为“召父”“杜母”。

汉中位于陕西南部，地形为介于秦巴之间的盆地，褒、湑、灙、溢、濂、冷等众多河流分布其中，为水利开发提供了有利条件。汉中水利工程主要有山河堰，又名萧何堰、湑水堰，以及濂水流域的马湖堰、流珠堰等诸堰。在山谷高地，汉代还修建了一些塘池蓄水灌溉工程，如汉中县的玉道池、顺池、丹池、草池等四大名塘。襄樊灌区主要依蛮河发展渠堰灌溉工程，长渠、木渠为其水利工程代表。

淮水流域农田水利建设主要是指淮河流经区内的河南、安徽、江苏、山东4省182

---

① 张波. 西北农业牧史[M]. 西安：陕西科学技术出版社，1989.

县，27万平方公里流域面积内的水利工程。淮河流域水利工程建设始于汉武帝时期，元光二年（公元前133年）汲黯为淮阳太守，组织修治陂塘，发展农田灌溉。元封二年（公元前109年）黄河在瓠子的决口成功堵塞后，大修陂塘，淮河流域水利建设得到较快发展，西汉王朝甚至因此在汝南郡设置了“富波（陂）县”。东汉光武帝建武初（公元25年后）时，汝南督尉杜诗修杜沟；永平五年（公元62年）汝南太守鲍昱修石洫方梁，等等，经过两汉时期的经营，淮河流域发展成为全国主要的农灌区之一。

江南地区的水利建设主要是指长江下游及其以南地区的水利建设。著名的水利工程有东汉时会稽郡太守马臻于永和五年（公元140年）主持建成的鉴湖，陈浑于熹平二年（公元173年）建成的余杭南湖。尤其是鉴湖，它是江南地区重要的水利工程，兼具灌溉、防洪功能，南朝宋时孔灵符在《会稽记》中称：“若水少则泄湖灌田，如水多则闭湖泄田中水入海，所以无凶年。其堤塘周回三百一十里，溉田九千余顷。”

秦汉时期，除了以上几大主要农灌区外，还有西南地区的都江堰灌区得到扩建，云南修建了滇池，华北地区山东泰安引汶水、临淄东北引巨淀水，北京、河北、河南等地，普遍兴建或修建了大批水利灌溉工程，形成遍布全国的水利网络，体现出北方以渠系灌溉工程为主、南方以陂塘灌溉工程为主的不同特色，有力地保障了秦汉时期的农业生产。

四、井灌及其汲水技术

凿井取水灌溉是中国古代农田水利事业的重要组成部分。秦汉时期农田水利建设大发展的同时，井灌及其汲水技术也得到普遍推广，特别在北方地区，因降水不足，地表水源缺乏，井灌成为保障农业生产的有效形式。

考古发掘表明，中国先人早在河姆渡文化、龙山文化时期就有水井的存在。战国秦汉时期，随着铁器农具的推广，凿井技术进一步提高。在西安西郊发掘出一眼汉代水井，井口深0.4米，井深5.8米，呈圆形，直径1.38米，井底部由两个陶井圈叠砌而成，井圈直径1.2米，高0.34米，厚0.04米①。在安徽寿县发现了西汉前期的古井群，在东西不到140米的狭长地带中发现古井9眼，其中土窖井2眼，陶圈井7眼，井壁由14层陶井圈叠砌而成，陶圈高0.4米，直径0.8米，圈壁厚0.02米，陶圈上下口皆有5道凹槽，使圈与圈之间吻合，井深约7米②。洛阳发现一口东汉水井，井口六角形，自井口往下砖砌约3米，以下即为土壁，深掘至8米仍未见其底。出土时井口压有井盖，并有方穿孔压辘轳轴的椿石，井口两侧遗存有灌溉用水道③，说明汉代水井不仅砌法科学，而且已应用于灌溉。

① 唐金裕. 西安西郊汉代建筑遗址发掘简报[J]. 考古学报，1959（2）：45-55.
② 吴兴起. 寿县东西门外发现汉水井及西晋墓[J]. 文物，1963（7）：34-37.
③ 郭宝钧. 洛阳西郊汉代居住遗址[J]. 考古通讯，1956（1）：19-23.

汉代井灌普及程度很高，北至辽阳和内蒙古磴口，南至广州，东达东海之滨，西极嘉峪关口，都有汉代古井、古井模型或古井壁画出土。《氾胜之书》载“天旱，以流水浇之，树五升；无流水，曝井水，杀其寒气以浇之”，反映了利用井水灌溉的事实。东汉王充《论衡》中也提到“汲井决陂，灌溉园田”。从四川汉墓出土的陶井模型及汉画像砖所反映的汉代井的形制看，井台上均有辘轳，辘轳上以绳系罐，如图 4-7 所示。

图 4-7　山东东汉墓画像石辘轳图[①]

辘轳是汉代出现的一种利用轮轴和杠杆原理汲水的工具，在山东、河南等地考古发掘中发现的辘轳图，清晰地显示了辘轳的形状、安装及使用方法。秦汉时期的辘轳有细腰式辘轳和滑轮式辘轳两种形制，都是在井台上设置竖木桩搭井架或在井台两边各搭一“Y”字形木架支撑轮轴或滑轮。

井灌技术的发展有效地解决了高地、旱地农作物的用水问题，是渠道灌溉和陂塘灌溉的有益补充，促进了秦汉时期农业的发展。延后的井渠法、坎儿井工程，都是凿井技术创新发展的结果。

此外，东汉时毕岚还发明了更先进的大型汲水工具“翻车”，技术上领先西方 1500 多年[②]，但此时尚未应用于农业生产，三国时马钧对它进行了改进，农田灌溉始得以应用。

第五节　农业生产技术的提高

秦汉时期，由于铁农具的使用，牛耕技术的推广，农业生产技术在多方面得到较大的提高，为便于了解秦汉时期农业生产技术发展的情况，我们从农业基础科学、精耕细作技术体系和畜牧园桑技术等方面做一简单梳理考察。

一、农业基础科学的发展

秦汉时期，国家的统一、传统农业的确立与发展、社会经济文化的空前繁荣，促进了秦汉时期农业科学技术的发展。

（一）历法体系与二十四节气的完善

传统社会中，古人为了认识自然，更好地服务农业生产活动，通过了解天文、星

① 中国农业博物馆农史研究室. 中国古代农业科技史图说[M]. 北京：农业出版社，1989：190.

② 张波，樊志民. 中国农业通史（战国秦汉卷）[M]. 北京：中国农业出版社，2007：156.

象，以及自然界中动植物的生长规律，形成了一套系统的农业气象学、物候学知识，最重要的内容就是建立了历法体系，发明了二十四节气概念，用以指导人们具体的农业生产活动。

早在西周之前，夏商王朝就设有专门的官员观察星象、辨明时节。春秋中叶，已有了初步的历法。公元前五世纪左右，创立了以 365 又 1/4 天为一年的四分历。秦统一后，对战国时期的历法作了一定综合，建立了颁行全国的颛顼历。公元前 104 年，汉武帝令公孙卿、壶遂、司马迁等“议造汉历”，最终制成著名的太初历。太初历又称八十一分法，以正月为岁首，冬至月为十一月，无中气（即后半月中的节气）月为闰月，已具有了气朔、闰法、五星、交食周期等内容，分平年和闰年，规定平年 12 个月，闰年 13 个月，19 年中加 7 个闰月，一个月为 29.53864 天，一回归年为 365.250 天。太初历首先提出了无中气为闰月的原则，季节、月份关系调整十分合理，此方法在农历中一直沿用至今。西汉末年，刘歆改太初历为三统历。公元 85 年，东汉李梵、编䜣、贾逵等又集体修订了乾象历。较之太初历，乾象历增加了二十四节气、昏旦中星、昼夜刻漏以及晷影长度等新内容，历法的精确度进一步提高，为中国特有的历法体系奠定了基础。

节气、置闰等与农业生产关系密切，由此形成中国历法中特有的二十四节气。秦汉时期，随着天文、星象等知识的丰富，二十四节气得以完整确立。西汉初年的《淮南子·天文训》首见“二十四节气”名称，且排列顺序与现在完全一致。二十四节气以太阳运动为依据，把太阳年 365 天的气候变化分为二十四等分，每一等分为一节气，一节气约 15 天，每月有两个“气”，前者称为“节气”，后者称为“中气”，后人统称为节气。二分、二至与四立需通过天文测定确立，其他节气与黄河流域的物候现象相符合。根据季节、气温、降水量、农事及物候现象，二十四节气可分为四类：第一类为表明四季变化的，包括立春、春分、立夏、夏至、立秋、秋分、立冬、冬至，即四立、二分、二至等 8 个重要节气，这是农事活动的基本遵循。第二类为表明气温的，包括小暑、大暑、处暑、小寒、大寒 5 个节气，是农事活动和生活中气温变化的依据参考。第三类为表明降水量的，包括雨水、谷雨、白露、寒露、霜降、小雪、大雪 7 个节气，水是农业生产中的重要资源条件，与降水有关的节气是人们安排农事活动的重要依据。第四类为表明农事特点和物候的，包括惊蛰、清明、小满、芒种 4 个节气。二十四节气包含着中国古代劳动人民在长期的生产活动中对农业气候的深刻认识，准确反映地球公转形成的日地关系，成为指导人们掌握农时安排农事的可靠依据，后来也在江南地区得到灵活的运用，对今天的农业生产仍有一定指导意义。表 4-2 为根据古代文献汇总的二十四节气与七十二候对照表。

表 4-2 二十四节气与七十二候表

月份	二十四节气	七十二候
孟春	立春	一候东风解冻 二候蜇虫始振 三候鱼上负冰
	雨水	一候獭祭鱼 二候鸿雁北 三候草木萌动

续表

月份	二十四节气	七十二候
仲春	惊蛰 春分	一候桃李始华 二候仓庚鸣 三候鹰化为鸠 一候玄鸟至 二候雷乃发声 三候始电
季春	清明 谷雨	一候桐始华 二候田鼠化为鴽 三候虹始见 一候萍始生 二候鸣鸠奋其羽 三候为戴鵀降于桑
孟夏	立夏 小满	一候蝼蝈鸣 二候蚯蚓出 三候王瓜生 一候苦菜秀 二候靡草死 三候麦秋至
仲夏	芒种 夏至	一候螳螂生 二候鵙始鸣 三候反舌无声 一候鹿角解 二候蝉始鸣 三候半夏生
季夏	小暑 大暑	一候凉风始至 二候蟋蟀居宇 三候鹰始鸷 一候腐草为萤 二候土润溽暑 三候大雨时行
孟秋	立秋 处暑	一候凉风至 二候白露降 三候寒蝉鸣 一候鹰乃祭鸟 二候天地始肃 三候始升舍
仲秋	白露 秋分	一候鸿雁来 二候玄鸟归 三候群鸟翔 一候雷乃收声 二候蛰虫傍户 三候水始涸
季秋	寒露 霜降	一候鸿雁来宾 二候雀入大水为蛤 三候菊有黄华 一候豺乃祭兽戮禽 二候草木黄落 三候蛰虫咸俯
孟冬	立冬 小雪	一候水始冰 二候地始冻 三候雉入大水为蜃 一候虹藏不见 二候天气腾地气降 三候闭塞成冬
仲冬	大雪 冬至	一候鹖鴠不鸣 二候虎始交 三候荔挺出 一候蚯蚓结 二候麋角解 三候水泉动
季冬	小寒 大寒	一候雁北乡 二候鹊始巢 三候雉始鸲 一候鸡始乳 二候征鸟厉疾 三候水泽腹坚

（二）农业气象学的发展

伴随农业生产技术的提高，秦汉时期的气象知识更加丰富，气象观测水平和理论水平进一步提高，形成了直接观察自然物和通过仪器观测气象的技术。

1. 风的观测与风向器 中国为季风气候区，季风的消长左右着气候的变动，与人们的生产、生活关系密切。早在战国时《吕氏春秋·有始览》有了八方之风的说法，汉代《史记·律书》对八方之风作了进一步明确，解释了各个风名的含义，将八个方位的风与万物的生杀荣枯相关联，说明了风来的月份、当月所属的天干地支及相应星宿，表明秦汉时期，人们对季风的研究和风向的观测已有相当水平。

根据汉代文献和考古发现，对风向的观测主要有三种仪器，一种为《淮南子》里记载的“俔”，据推测为在风杆上系布帛或条形旗等的最简单直观的测风向旗之类。第二种为汉武帝太初元年（公元前 104 年）安装于建章宫阙之上的铜凤凰，据《三辅黄图》载，铜凤凰下面有转枢，风来时，凤凰头会朝向风来的方向“向风若翔”，这比西方的候风鸡至少要早 1000 多年。但最初铜凤凰以装饰品出现，后来逐渐失去了实用价值。第三种为东汉时的相风铜乌，推测为由铜凤凰改造而成的一种专门的测风仪器，安装在观测天文气象的“灵台”之上，晋代郭缘生的《述征记》、南宋王应麟的《玉海》提到“或云此乌遇千里风乃动”，可见制作较笨重，灵敏度可能不太高。1971 年，河北安平县逯家庄东汉墓发现一幅大型的建筑鸟瞰图，从中可见在主要建筑物之后的钟楼上，立有相风乌和测风旗，为中国最早的相风乌图，弥足珍贵。

2. 云的观测 云与降雨关系密切，而传统农耕社会，特别是在中国北方的黄河流域旱作区，雨水是从事农业生产重要的自然水利要素，因此，观察云、总结云行雨降的规律以利于生产，是古代劳动人民的实践智慧。在《吕氏春秋》中，已有山云、水云、旱云、雨云等根据云的形态进行的分类记载。《汉书·艺文志》中载有《泰壹杂子云雨》《国章观霓云雨》等书，推测为探索云雨规律的专著，可惜均已失传，但充分说明中国气象学已发展到一个新阶段。

3. 湿度与降雨的观测 中国是最早发明湿度测量仪器的国家，《淮南子·说山训》中有"悬羽与炭，而知燥湿之气"，炭吸湿性强，其重量会随空气湿度变化而变化，中国劳动人民就是利用炭的这一特性制成了天平式测湿器。高诱在注释《淮南子》这段文字时曾援引《史记·天官书》中的资料来说明这一装置，汉代的测湿器比欧洲达·芬奇设计的湿度计要早 1000 多年①。

4. 气象理论 在对自然界长期观察和认识的基础上，人们对自然界的规律进行了自觉不自觉地总结归纳，形成朴素的古代气象知识理论，最典型的文献是董仲舒的《雨雹对》和王充的《论衡》。西汉董仲舒在《雨雹对》中提出："攒聚相合，其体稍重，故雨乘虚而坠，风多则合速，故雨大而疏；风少则合迟，故雨细而密。"从微观角度说明了雨滴形成的过程，与现代暖云降雨理论基本相符。东汉时，王充在《论衡》"说日""感虚""变动"等篇对雨雪等降水的形成有了系统的理论观点。王充认为"雨露冻凝者，皆由地发，不从天降也"，提出"夫云则雨，雨则云矣。初出为云，云繁为雨""夫云雨出于丘山，降散则为雨矣，人见其从上而坠，则谓之天雨水也。夏日则雨水，冬日天寒，则雨凝而为雪。皆由云气发于丘山，不从天上降集于地，明矣"的观点。对于雷电，王充认为是由"太阳之激气"同云雨一类阴气"分争激射"引起的，而非"天怒"。同时，王充认为雷电的发生有季节性："正月阳动，故正月始雷。五月阳盛，故五月雷迅。秋冬阳衰，故秋冬雷潜。"(《论衡·雷虚篇》)

王充还指出，风雨非但不神秘而且还可以预测："天气变于上，人物应于下矣……故天且雨，蝼蚁徙，蚯蚓出，琴弦缓，固疾发，此物为天所动之验也。故天且风，巢居之虫动；且雨，穴处之物扰，风雨之气感虫物也。"这些观点都是从长期观察和生活实践中得来的，在气象学上具有重要的参考价值。

二、精耕细作技术体系的初步形成

伴随着铁农具和牛耕的推广普及，秦汉时期精耕细作技术进一步完善，为魏晋南北朝时期中国旱作农业精耕细作技术体系的最终定型奠定了坚实基础。

（一）土壤耕作技术的发展

土壤是作物生长的基础，劳动人民在长期的生产实践中积累了丰富的土壤学知识，

① 张波，樊志民. 中国农业通史（战国秦汉卷）[M]. 北京：中国农业出版社，2007：200.

不过，这时期人们的注意力已由顺应天时转向了利用地力，土壤耕作技术有了全新的发展。

1. 土壤翻耕技术的精细化　由于铁农具和牛耕的推广，以及人们对土壤认知的提高，人们对土壤耕作的要求也随之提高。西汉《氾胜之书》载“春地气通，可耕坚硬强地黑垆土，辄平摩其块以生草，草生复耕之，天有小雨复耕。和之，勿令有块以待时。所谓强土而弱之也”“杏始华荣，辄耕轻土弱土，望杏花落，复耕，耕辄蔺之，草生，有雨泽，耕重蔺之，土甚轻者，以牛羊践之，如此则土强，此谓弱土强之也”，强调了不同的时间，对不同的土壤有不同的耕作技术要求，而不同的耕作技术对改善土壤条件，创造适宜农作物生长的最佳土壤，具有重要作用。

秦汉时期，土地的耕翻整理已从播种中分离出来，并且是播种前对土壤进行反复的耕翻，以达到适宜作物发芽生长。碎土、平土也不仅仅局限于覆种，其专门的劳动用具出现了“蔺”“摩”和畜力类的耱，碎土、平土对蓄水保墒具有重要意义。

2. 宜时耕作理论的系统化　适时耕作对改善土壤的物理性状、提高土壤生产力具有重要作用。战国之前，人们已非常注意春耕时机的掌握。西汉时《氾胜之书》对春耕、夏耕、秋耕做了系统的经验总结，并对其原理进行了分析，认为：“春冻解，地气始通，土一和解”春初解冻后，地气通达，土壤呈疏松柔和状态，是进行春耕的适宜时间；对如何掌握春耕的时间，《氾胜之书》记载了一个简单而科学的方法：“春候地气始通，椓橛木长尺二寸，埋尺，见其二寸；立春后，土块散，上没橛，陈根可拔，此时二十日以后，和气去，即土刚。以此时耕，一而当四。和气去耕，四不当一。”这一方法利用了物理学中热胀冷缩的理论，在古代科学知识匮乏的条件下，反映了古人的聪明智慧，令农业生产实践具有很强的操作性。“夏至，天气始暑，阴气始盛，土复解”，说的是在夏至时，天气转热，雨水增多，土壤水分充足呈和解状态，是进行夏耕的适宜时间；“夏至后九十日，昼夜分，天地气和，以此时耕田，一而当五，名曰膏泽，皆得时功”，夏至后 90 天，即秋分时节，昼夜平分，天之气候与地之地候相调和，适于秋耕。秋耕一次抵得上五次，且田地肥沃湿润，是适时耕作的功劳。夏耕、秋耕都是针对黄河流域的夏种、秋种而言的。

除了适时耕作，《氾胜之书》还强调了几种不适宜耕作及其严重的后果，“春气未通，则土历适不保泽，终岁不宜稼……秋无雨而耕，绝土气，土坚垎，名曰腊田，及盛冬耕，泄阴气，土枯燥，名曰脯田，脯田与腊田，皆伤田……凡麦田，常以五月耕，六月再耕，七月勿耕……若七月耕，五不当一。”其重点在于土壤保墒问题。

可以看出，秦汉时期，人们对适时耕作的认知，其核心体现在黄河流域旱作农业生产的抗旱保墒方面，应该说这是人们在长期的劳动实践中总结出来，为保证农作物生长、丰产不得不首先考虑的关键问题，也是旱作农业生产必须关注的重点。

3. 总耕作原则的提出　战国末期，《吕氏春秋·任地》已有对土壤耕作原则进行理论概括，西汉《氾胜之书》首篇便高度概括了当时的耕作栽培经验，认为：“凡耕之本，在于趣时，和土，务粪泽，早锄早获。”强调了适宜时机，创造适宜的土壤条件，同时加大肥力和水分保持，以及对中耕管理“早锄早获”的原则要求。其核心点与《吕氏春秋·任地》所言一脉相承，体现了对农时、对土壤、对土壤肥力、对土壤保墒，以及中耕管理等旱作农业耕作技术核心内容的准确把握。东汉时，王充《论衡·率性篇》对土壤有了更进一步的认识，认为：“夫肥沃墝埆，土地之本性也。肥而沃者性美，树稼丰茂。墝而埆者性恶，深耕细锄，厚加粪壤，勉致人功，以助地力，其树稼与彼肥沃者相似类也。”其强调了对瘠薄之地，只要深耕细锄，多施以粪肥，多加以人力提高地力，也能长出茂盛的庄稼。这是传统农耕用地养地、提高地力、提高农业生产的重要原则，奠定了后世传统农耕技术体系的理论基础。

（二）作物栽培技术的发展

1. 代田法与区田法 垄上曰田，垄中曰甽，是起源于上古，形成于西周，完善于战国时期作物栽培的垄作法，也可称之为甽亩法。随着铁农具和牛耕的推广普及，平翻低畦式的栽培取代了垄作法。西汉时期出现了两种较为先进的栽培方法，一曰代田法，一曰区种法。

关于代田法，《汉书·食货志》记载：“（赵）过能为代田，一亩三甽，岁代处，故曰代田，古法也。”代田法的播种方法为“播种于甽中，苗生叶以上，稍耨垄草，因隤其土以附苗根……苗稍壮，每耨辄附根，比盛暑，垄尽而根深，能风与旱。”其技术规则为，播种前先将土地作成亩，再于亩中开沟起垄，垄宽1尺，沟宽1尺、深1尺，沟垄相间，每亩3甽（沟）3垄。种子播于甽（沟）底，作物生产期间要除掉垄上之草，同时把垄土渐锄至沟，培壅到禾苗根部，到盛夏时垄土削平，禾苗根深了也能抗风旱。“岁代处”表明，这样的处置方法第二年时会重复使用，只不过是把上年垄处变为甽（沟），实现垄、沟位置一年一互换，使地力得以恢复，故谓之“代田”。可以看出，代田法实际上是“上田弃亩，下田弃甽”垄作法（甽亩法）的改良和继承。《汉书》载赵过为汉武帝时的搜粟都尉，是代田法的推广者，其优越性在于“用力少而得谷多”“一岁之收，常过缦田具一斛以上，善者倍之”。缦田为未开沟作垄的土地，与代田是两个概念。代田法作为精耕细作技术的重要组成部分，其基本形式在旱地耕作栽培中仍得以应用（图4-8）。

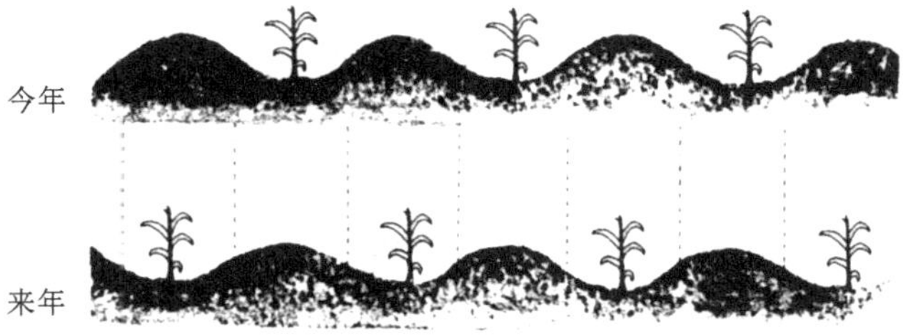

图4-8 代田法示意图[①]

① 中国农业博物馆农史研究室. 中国古代农业科技史图说[M]. 北京：农业出版社，1989：200.

区田法又称为区种法，是继代田法之后汉代栽培技术上的又一突出成就，其特点是对土地肥瘠要求不高，“非必须良田也”，关键是“以粪气为美”“庶尽地力”，其目的在于提高单位面积的产量，《氾胜之书》中有着较为详细的记载。氾胜之假托圣贤之言说“汤有旱灾，伊尹作为区田，教民粪种，负水浇稼。”实际极有可能是氾胜之本人对劳动人民生产经验的总结和倡导。按《氾胜之书》所载，区田法分为两种：

一种为带状区田。其技术规范为：“以亩为率，令一亩之地，长十八丈，广四丈八尺；当横分十八丈作十五町；町间分十四道，以通人行，道广一尺五寸；町皆广一丈五寸，长四丈八尺。尺直横凿町作沟，沟一尺，深亦一尺。积壤于沟间，相去亦一尺。尝悉以一尺地积壤，不相受，令弘作二尺地以积壤。”作物种植要求为：“种禾黍于沟间，夹沟为两行，去沟两边各二寸半，中央相去五寸，旁行相去亦五寸。一沟容四十四株。一百合万五千七百五十株。种禾黍，令上有一寸土，不可令过一寸，亦不可令减一寸。”同时，区种麦、豆、荏、胡麻（芝麻）的株距、行距，以及行株数等都有明确要求。可以看出，带状区种法适宜在平原地区，其技术核心在于精耕细作，等距全苗，集中加强区域内的土壤肥力和作物管理，其直接渊源仍然可以追溯到代田法，是对代田法的引申和发展，属于园田化的栽培技术。

一种为方田区田。根据土壤肥瘠和劳力等因素不同，又分为上农夫区、中农夫区和下农夫区三种情况。其技术要求也有所不同：“上农夫区，方深各六寸，间相去九寸。一亩三千七百区。一日作千区。区种粟二十粒，美粪一升，合土和之。亩用种二升。秋收区别三升粟，亩收百斛。丁男长女治十亩。十亩收千石。岁食三十六石，支二十六年……中农夫区，方九寸，深六寸，相去二尺。一亩千二十七区。用种一升。收粟五十一石。一日作三百区……下农夫区，方九寸，深六寸，相去三尺。一亩五百六十七区。用种半升。收二十八石。一日作二百区。”此外，作物的不同，也有相应的栽培措施区别。可以看出，方田区种法适于山地丘陵地区，如表 4-3 所示。

表 4-3　方田区种法技术规范、下种量与亩产量简表

区田类别	规格（方/深）	区间距	亩区数	日作区	亩粟下种量	亩产量
上农夫区	6 寸×6 寸	0.9 尺	3700	1000	2 升	100 石
中农夫区	9 寸×6 寸	2 尺	1027	300	1 升	51 石
下农夫区	9 寸×6 寸	3 尺	567	200	0.5 升	28 石

2. 作物品种与播种技术　秦汉时期，农作物品种不但有质量上的提高，而且由于繁殖培育和引进，在数量上也出现急剧增长的状态。

（1）*选种、留种、藏种技术进步*　汉代就有穗选法的记载。《氾胜之书》记载：“取麦种，候熟可获，择穗大强者，斩束立场中高燥处，曝使极燥，无令有白鱼，有辄扬治之。”“取禾种，择高大者，斩一节下，把悬高燥处，苗则不败。”强调了作物成熟时选取“穗大强者”“高大者”留种，说明古人对种子品质的遗传性有一定认知。

在留种的同时，人们还注意到要做好种子贮藏，认识到了种子易生虫变坏，提出了曝种的处理技术。《汜胜之书》载“种伤湿、郁、热，则生虫也”，强调种子的干燥。对如何解决种子生虫问题，汜胜之提出首先是“曝使极燥”“悬高燥处”，使种子水分减少，此外“取艾杂藏之，麦一石，艾一把，藏以瓦器竹器”。东汉时王充在《论衡·商虫》也提出“夫虫之生也，必依温湿”“藏宿麦之种，烈日干暴，投于燥器，则虫不生；如不干暴，闸喋之虫，生如云烟”“煮马屎以汁渍种者，令禾不虫”。由此可以看出，秦汉时期在种子贮藏方面已通过实践，观察和注意到了湿度、温度、药物的影响和作用。

秦汉时期，农作物品种数量有一定增加，除选种留种外，还归功于以张骞为代表出使西域的中外农业文化交流作用。据记载，张骞出使西域引进的农作物有葡萄、苜蓿、红花、芝麻、胡荽等。当然这些农作物未必全为张骞带回，但却反映了秦汉时期作物种类和品种数量增加的事实。

（2）播种技术的进步　秦汉时期，在播种技术上已提出播种前对种子的处理、适时播种、因地播种及合理密植等。

对于播种前种子的处理，《汜胜之书》记载了用骨汁、蚕矢、羊矢、附子等拌种处理的“溲种法”，其方法类似今天的种子包衣技术，是一种种肥法。现代科学试验研究证明，溲种法可以增强作物吸水力，促进幼苗生长，对防虫抗旱有一定效果，这对旱地农业生产具有重要的实践意义。

对于播种量，《睡虎地秦简》中有“稻、麻亩用二斗大半斗，禾、麦一斗……其有不尽此数者，可毉。其有本者，称议种之”，即针对不同种植作物使用不同播种量。西汉时《汜胜之书》载，种稻“地美，用种亩四升”，种大豆“土和无块，亩五升；土不和，则益之”，强调了播种量的多少需根据土质和植株密度、种粒大小及整地质量适当控制，进一步总结了因地制宜确定播种量的经验。东汉时《四民月令》载，“禾，美田欲稠，薄田欲稀”，大、小豆和稻“美田欲稀，薄田欲稠”等，总结了根据作物特性确定播种密度的经验。

对于适时播种，由于秦汉时期二十四节气的完备，为人们适时耕种提供了参考，各种作物基本都有了明确的播种期。《汜胜之书》《四民月令》中对当时的主要作物播种时间都明确记载，前者如“夏至后七十日可种宿麦，早种则虫而有节，晚种则穗小而少实”“黍者暑也，种者必待暑”“［种麻］太早，则刚坚、厚皮、多节，晚则皮不坚。宁失于早，不失于晚”，后者如“桑椹赤，可种大豆”“蚕大食，芽生，可种之（生姜）”等，说明秦汉时期人们对播种时间的掌握已经十分细微具体，这些观察和经验对促进农业生产、保障农业丰产是极有利的。从《汜胜之书》“［禾］三月榆荚时有雨，高地强土可种禾”“［黍］先夏至二十日，此时有雨，强土可种黍”“［麦］若天旱无雨泽，则薄渍麦种以酢浆并蚕矢［种之］”，等等，可以得知，春旱和播种的矛盾并未完全解决，当时的农作制度主要是一年一熟制，土地利用率也尚未进入频繁期。

《汜胜之书》载，“种大豆，……种之上，土才令蔽豆耳。厚则折项不能达”“种禾黍，令上有一寸土。不可令过一寸，亦不可令减一寸”“［麦］覆土厚二寸”，以作物种子的浮土力为依据，强调种子与土壤的密切结合，是有科学道理的，也反映了秦汉时期播种技术的进步。

3. 种植制度的发展　秦汉时期，北方也有一定水稻种植，主要集中在关中地区、河内地区、伊洛河流域和黄淮平原等地，其他地区则较分散。在江南地区稻田灌溉出现较早，水稻除种植一年一获的品种外，广东一带已出现一年二熟制。连种制，并非每年都种同一种作物，而为了防止病虫害，调节地力，轮作换茬随之出现。通过考古发现和典籍记载，秦汉时期黄河中下游地区连种制已定型，轮作复种有明确记载，间作套种也已经出现，有些土壤肥沃、灌溉条件较好的田地已实行两年三熟制。如《氾胜之书·区种麦》载“禾收，区种”，反映了禾麦连种的事实。“凡麦田，常以五月耕，六月再耕，七月勿耕，谨摩平以待种时”，麦田反复翻耕摩平后种什么作物未提，东汉时郑玄注《周礼》中载“今时谓禾下麦为荑下麦，言芟刈其禾，于下种麦也”“又今俗间谓麦下为夷下，言芟夷其麦，以其下种禾、豆也”，汉时谓为“宿麦”的冬小麦得到大面积种植，“秋冬种之，经岁乃熟”，又可种植禾、豆等错时作物，形成复种轮作，反映出“麦—禾—豆”两年三熟轮作复种制度的存在。

关于间作、套种、混作在《氾胜之书》中也有记载：“区种瓜，一亩为二十四科，区方圆三尺……以三斗瓦瓮埋著科中央……种瓜，瓮四面各一子……又种薤十根，令周回瓮，居瓜子外。至五月瓜熟，薤可拔卖之，与瓜相避。又可种小豆于瓜中，亩四五升，其藿可卖。”其反映的是瓜、薤、小豆的间作套种。“每亩以黍、椹子各三升合种之。黍、桑当俱生，锄之，桑令稀疏调适。黍熟获之”，反映了桑、黍混种现象。

秦代南取诸越，兴修水利，移民垦殖，将北方农业生产技术带到南方，促进了南方稻作生产的发展。这些都说明，秦汉时期种植制度得到不断丰富和完善，农业生产力得到进一步提高，这与秦汉时经济社会发展、农业科学技术进步和人口增加有必然联系。

（三）田间管理技术的发展

1. 施肥技术的进步　中国的传统农业擅长利用以作物废株、荒草、动物粪便等为主的物质，通过自然的化学和生物作用，转化为可供农作物生产需要的有机肥，改善土壤性状，保持地力。山东滕县龙阳店发现的一汉代画像石中，有二马相对，右边马在排粪，马后一人右手执勾铲，左手执箕，弯腰拣粪，形象地反映出《老子》中“天下有道，却走马以粪”的情景。至迟在西汉中期中国南方稻作农业也已使用家畜粪便和人粪尿作为肥料的施肥技术，四川、广东、安徽、湖南等地出土的汉代陶屋模型是有力证明。从古籍记载和考古发现可知，自秦汉始，田间施肥已成为重要的农业技术内容。

西汉《氾胜之书》中已有基肥、种肥和追肥技术的明确记载。基肥是播种或移植前施用的肥料，具有供给作物养分和改良土壤的作用。《氾胜之书·种麻》载，“春冻解，耕治其土。春草生，布粪田，复耕，平摩之”“种芋法：宜择肥缓土近水处，和柔粪之”，即是使用基肥的最早记载。

种肥的使用，秦汉时虽无“种肥”之名，但《氾胜之书》中关于“溲种法”的记载，就是此种施肥方法的证明，“薄田不能粪者，以原蚕矢杂禾种种之，则禾不虫”“取雪汁渍原蚕矢五、六日，待释，手挼之，和谷种之，能御旱”，使用种肥一方面可以为种子萌芽提供充足的养分，同时还可以防虫御旱，作用明显。

追肥的使用是作物生长期间增肥促长，以保证作物生长期营养需要的技术措施。目前所见最早记载的也是《氾胜之书》中“（麻）树高一尺，以蚕矢粪之，树三升。无蚕矢，以溷中熟粪粪之亦善”。这里不仅体现了追肥的措施，还透露出农家肥积造技术的信息。“溷”为“厕”意，“溷中熟粪”即已腐熟过的粪、尿等，表明汉时人们已懂得并掌握人畜的粪尿经过腐熟后可作田肥的知识。目前发现的汉代陶猪圈有很多是人厕与猪圈相连，反映出当时农家积肥制肥技术的普遍。

2. 中耕技术的发展　　中耕除了有益于作物生长外，还是旱作农业保墒技术的重要环节。秦汉时期，人们对中耕的重要性认识更加深入。

两汉时期，《氾胜之书》中的记载反映出中耕的松土、保墒、除草、培壅、匀苗等作用。首先，氾胜之将早锄纳入了耕作总原则，强调“早锄早获”。此外，还明确了不同作物的锄治方法，如匀苗技术方面的“麦生黄色，伤于太稠，稠者锄而稀之。”；培壅技术方面的“秋锄以棘柴耧之，以壅麦根。故谚曰：‘子欲富，黄金覆。’黄金覆者，谓秋锄曳柴壅麦根也”；除草、保墒技术方面的“须麦生，复锄之。到榆荚时，注雨止，候土白背复锄，如此则收必倍”。中耕技术如图 4-9 所示。

图 4-9　出土的东汉农事画像砖①

左图为四川德阳出土的东汉芟草播种画像砖，右图为东汉农事画像石拓片

3. 保墒与灌溉技术　　旱作农业区，土壤保墒是首要的突出问题。而在作物生长期，天旱少雨，施以及时的水利灌溉又成为重要的农作措施。秦汉时期，农田水利工程建设进入一个高潮期，灌溉技术也有较大进步。从《氾胜之书》记载考察汉时的保墒和灌溉技术看，主要体现为以下几点。

一是压雪保墒：通过压实田地里的积雪，为来年特别是春季作物生长提供水分，同时还能起到治虫和提高产量的作用，“冬雨雪止，辄以蔺之，掩地雪，勿使从风飞去。后雪复蔺之。则立春保泽，冻虫死，来年宜稼”“冬雨雪止，以物辄蔺麦上，掩其雪，勿令从风飞去，后雪复如此，则麦耐旱多实”。

二是渗灌：“以三斗瓦瓮埋著科中央……盛水瓮中，令满，种瓜瓮四面各一子”，水

---

① 樊志民，卫丽. 中国农业通史（遒劲的农牧文明卷）[M]. 北京：中国农业出版社，2007：65.

少了再加满，瓦瓮通气透水，渗水可令周围土壤始终保持湿润，即能节约用水，又能有效解决一定程度上的干旱问题。

三是渠灌：利用水渠灌溉。麻地“天旱，以流水浇之，树五升；无流水，曝井水，杀其寒气以浇之”。“流水”即作渠灌溉，既提高了灌溉效率，又节约了水源。而“曝井水”，调节了水温不致伤及作物生长。

四是稻田灌溉：通过改变水道进出口位置，改变流水方向，调节水温。“始种稻欲温，温者缺其塍，令水道相直；夏至后太热，令水道错”。表明当时人们已经认识到水温会影响水稻的生长发育，通过调节水温可适应水稻不同生长期对水温的要求。

4. 病虫害防治与防霜防露　秦汉时期，病虫害防治与自然灾害防治方面有很大进步，主要体现在：一是对病虫害的防治方面，特别是对蝗害的防治形成了国家法规。自西汉平帝元始二年（公元 2 年），就曾实施过“遣使者捕蝗，民捕蝗诣吏，以石斠受钱”（《汉书·平帝纪》）的奖励捕蝗措施。王莽地皇三年（公元 22 年）也曾实施“发吏民设购赏捕击”政策。东汉光武帝建武五年（公元 29 年），朝廷发布了中国第一道治蝗法规。王充《论衡·顺鼓》首次记载了开沟灭蝗，“蝗虫时至，或飞或集，所集之地，谷草枯索。吏卒部民，堑道作堋，榜驱内于堑堋，杷蝗虫积聚以千数”，这一方法在后世得以长期沿用。此外，在《氾胜之书》中还记载了对种子处理的“溲种法”，以及适时播种等病虫害防治技术，成为秦汉时病虫害防治的重要历史资料。

二是对霜冻灾害的预防。霜冻是威胁北方旱作农业作物丰收的重要自然灾害，《氾胜之书》记载的“稙禾，夏至后八十九十日，常夜半候之，天有霜若白露下，以平明时，令两人持长索相对，各持一端，以概禾中，去霜露。日出乃止。如此，禾稼五谷不伤矣”，反映的即是除霜除露的巧妙方法，表明秦汉时，人们对冻害的防治已有了较深的认知和适宜的处理措施。

（四）贮藏加工技术的发展

1. 食品加工　秦汉时期，随着石转磨的推广使用，食品加工技术得到提高，人们的主食由粒食为主变为以面食为主。小麦的大面积种植，促成了麦子成为这一时期主食的主体。当时，小麦磨成面制作成的所有食物统称为“饼”，用米或米粉做成的食物称为“饵”，饼饵合称泛指各种麦和米类制成的食品。东汉时《四民月令》有今所谓之“死面饼”制作技术的记载，同时还出现了以酒母发酵起面的“溲面”，即“酒溲饼”。山东省潍坊市诸城出土的汉墓画像石《庖厨图》中就有揉面的场面，山东博物馆收藏的两个汉代厨夫俑，其一即为揉面场景。根据考古材料和学者考证研究，汉代的饼食品基本包括了稻食、麦食、黄粢食、白粢食、粔敉、稻蜜糒、糖枎子（荸荠）粒等，可以认为，秦汉时期是馒头形成的初始阶段，汉代已用酵面蒸馒头也是可信的。

秦汉时期，豆类逐渐向副食方向发展，豆腐、豆酱等各种豆类食品相继出现。豆腐是汉代的一个重大发明，随着石磨在西汉的普及，豆腐制作已成为可能。到东汉，豆腐制作已在中原地区普及。

《史记》中还有“盐豉千荅”的记载，即将大豆泡透蒸熟或煮熟加盐发酵而成豉，成为汉代重要的商品性调味品。用豆作酱的记载也首见于汉代，西汉史游《急就篇》载，“酱，以豆合面而为之也，以肉曰醢，以骨为臡。酱之为言将也，食之有酱”，东汉《四民月令》也有豆酱制作方法的记载：“（一月）上旬炒豆，中庚煮之。以碎豆作末，至六七月之交，分以藏瓜。”《四民月令》中还有酱油的制作记载：“正月……可作诸酱、肉酱、清酱。”“清酱”据专家考证可能就是今天的酱油。

2. 酿酒技术　随着农业生产技术的提高，作物产量得到大幅度提高，富余粮食为酿酒提供了基本物质条件。中国早期酿酒曲、蘖并用，战国秦汉时期，酿酒单用曲不用蘖，酿酒技术有重大进步，初步形成中国独立的酿酒体系。《汉书・食货志》载，“一酿用粗米二斛，曲一斛，得成酒六斛六斗”，反映出只用曲不用蘖的史实。曲在汉代有多种称谓和种类，如《方言》中就列出了𪎭、𪍿、𪎈、𪎊、𪎐等名称。汉代制曲方法在《四民月令》中有记载，作曲以小麦为原料，分两次进行。从《四民月令》《汉书・食货志》等文献记载可知，汉代人已注意到酿酒原料与用曲之间的比例问题，酒的质量以酿制次数多少来区别等级，酿的次数多为美酒，少为下酒。东汉末年，郭芝创造了“九酝春酒法”，此法在曹操《奏上九酝酒法》中有记载：“用面三十斤，流水五石，腊月二日清曲，正月冻解，用好稻米，漉去曲滓，便酿法饮。曰譬诸虫，虽久多完。三日一酿，满九斛米止。”图 4-10 为四川彭县出土的东汉酿酒作坊画像砖及其拓片。

图 4-10　1954 年四川彭县出土的东汉酿酒作坊画像砖（左）及其拓片（右）[①]

汉代已认识到酵母菌发酵与温度的关系，创造了加温发酵技术。酿酒的原料一般为谷物，有时也佐以其他配料，如湖南长沙马王堆出土的汉简中即有制造药酒的方法。张骞出使西域后，葡萄在内地大量种植，汉人饮用葡萄酒也不断见于文献。

3. 制糖技术　秦汉时期，人们普遍食用麦芽糖，时称之为饴饧。《四民月令》中记载：“十月……先冰冻作饧、煮暴饴。”说明汉代地主家庭中已有制作饴饧。甘蔗产于南方，最初人们是直接“咋啮其汁”，之后制成蔗浆，蔗浆晒浓缩后就成为“蔗饴”、“蔗饧”或“石蜜”，据《西京杂记》载，“南越王献高帝石蜜五斛”，说明南方“石蜜”制作可能在汉之前。除石蜜外，汉代出现了从国外传入的“砂糖”。

① 樊志民，卫丽. 中国农业通史（遒劲的农牧文明卷）[M]. 北京：中国农业出版社，2007：257.

4. 果蔬肉乳类加工贮藏　秦汉时期，果蔬肉类的加工贮藏方法虽有创新，但主要是之前的延续。果品类贮藏方法主要有干藏法和“桃滥”（水渍而藏之），蔬菜的贮藏方法主要有盐腌和酱腌（《四民月令》有用豆酱“藏瓜”法）两种。肉类的加工贮藏方法主要还是最古老的晒成干肉法，干肉又有腊、脯、修等不同叫法。汉代对肉的加工方法很多，如羹、炙、炮、煎、蒸、濯、脍、脯、脂和醢、酯等。乳制品主要出现在中国北方的游牧民族地区，如奶酪、马酒、奶酥等。

三、畜牧园桑技术的发展

秦汉时期农业除了谷物生产技术发展之外，畜牧、蚕桑和园圃技术等也得到快速发展，形成秦汉时期多种经营的农业生产格局。

（一）畜牧兽医与养鱼养蜂技术

1. 相畜术、饲养与良种选育　春秋时秦国出现了相马的伯乐、九方堙，卫国有相牛的宁戚等。至汉代，相畜术亦有很大发展。

这一时期相畜术发展的典型代表是铜马式的出现，《后汉书·马援列传》记载：“孝武皇帝时，善相马者东门京，铸作铜马法献之，有诏立马于鲁班门外，则更名鲁班门曰金马门。”西汉相马名家东门京首次铸出标准马式，东汉马援在东门京铜马法基础上，广泛采取诸家之法，结合自己经验，铸成标准铜马式，此铜马式相当于近代马匹外形学上的良马标准，西方直到近代才出现类似铜质良马模型。

秦汉时期在马、牛、猪、鸡、羊等家禽家畜的饲养方面也积累了丰富的经验。关于马的喂养，《汉书·赵尹韩张两五传》提到“斫莝”，“莝”《说文解字》释作“斩刍”，即铡切饲草。同时，还对“萩”字解释为“以谷萎马，致莝”，即把粗精饲料拌和起来喂马。《居延汉简》中有“食用茭四百九十二束，夜用三百五十束”，说明对大型畜类还有夜饲。陕西临潼秦陵发掘的一个马厩坑中，马前都有陶盆、陶罐、陶灯和铁灯，说明秦汉时期马牛夜饲已较为普遍。

汉代文献中对农家养猪记载较多，还出土了大量的猪圈与厕所相连的模型，表明当时圈养猪比较普遍。《氾胜之书》《神农本草经》《淮南万毕术》等文献还记载了使猪致肥的方法。

西汉时，张骞出使西域引进苜蓿，随后得到推广，东汉时苜蓿种植已相当普遍，对畜牧业的发展起到了积极的促进作用。

家畜良种选育技术在秦汉时期也得到较大提高，北方少数民族地区的良种马逐渐传入中原地区，对改良中原马种起了重要作用。如西汉初年，汉武帝为提高对匈奴作战能力，积极引进良种马，曾先后由西域引入乌孙马和大宛马，在西北牧区大规模选育和改良马匹。陕西、甘肃、山东、四川、贵州、江苏等出土的大批汉代中期以后的陶马、铜马和汉画像石，从中反映出良马的特点。同时，秦汉时对家畜的远缘杂交技术也有所认识，《说文解字》中对骡、駃騠已有明确解释，认为是杂交所产后代，这是北方游牧民族在牲畜杂交育种方面的创举。图 4-11 为汉代铜马模型。

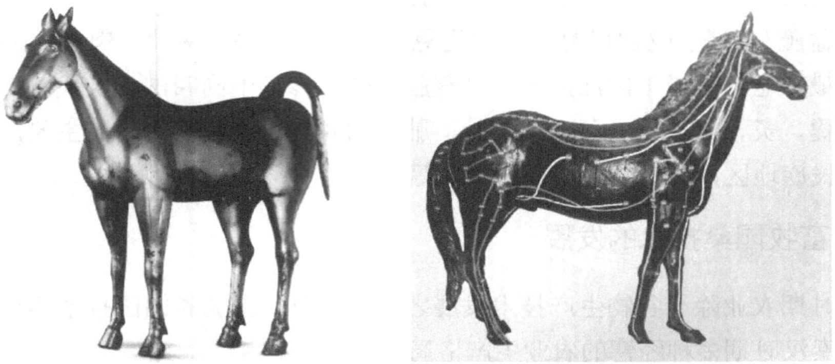

图 4-11 汉代铜马模型①

左图为西汉马式（鎏金铜马），陕西兴平茂陵出土，依西域大宛汗血马特征铸造，通体高 62 厘米，长 76 厘米，造型健美，体态匀称。右图为东汉马援铜马式模型。

除了对畜类的饲养、管理技术水平有较大提高外，秦汉时期水产养殖业也得到发展。春秋战国时期，生产性人工养鱼已出现，并在南方吴越、四川等地较为发达。汉代，陂池养鱼已相当普遍，大面积的人工养鱼池也已出现。从出土的汉代文物看，有些陂池还与水田相连，可能意味着鱼、稻综合开发利用已在南方地区得到推广，如四川成都、宜宾等地出土的汉代陶水田鱼塘模型。这一时期出现的《陶朱公养鱼经》是中国养鱼技术进步的重要标志。

人工养蜂最早最可信的记载见于晋皇甫谧《高士传》，其中记载了东汉延熹年间（公元 158—167 年）隐士姜岐的话，“以畜蜂豕为事，教授者满于天下，营养者三百余人”，说明人工养蜂已成为一专门职业，皇甫谧生活年代距东汉延熹年不远，其言较可信，证明人工养蜂已在东汉时兴起。

2. 牲畜特殊处理技术的发展 秦汉时期对牲畜进行保护或提升畜力方面技术有较大发展，主要体现在牲畜的阉割技术和马骡等大型畜类的护蹄技术，以及畜病防治等方面。

商周时期已发明牲畜阉割技术，汉代之前通行火骟法，即用烧红的烙铁烙断血管止血以摘除睾丸，但易造成创口的烧伤性组织坏死，不易愈合。汉代韩信首倡采用水骟法为军马去势。水骟法主要通过用炒盐和食用植物油烧开冷却后，灌注于伤口内，防止发炎化脓。汉代牛、羊、犬等都实行阉割去势，伤口愈合和畜力恢复较快。图 4-12 为东汉阉牛画像石。

马是古代重要的畜力，马蹄的磨损、受伤影响使役。西汉时期已发明马的护蹄技术，据《盐铁论・散不足》载，“古者，庶人贱骑绳控，革鞮皮荐而已”“今富者连车列骑，骖贰辎軿，中者微舆短毂，繁髦掌蹄”，其中“革鞮”“掌蹄”所指即为皮革制马鞋、打马掌，是护蹄技术应用的确证。

---

① 唐珂. 农桑之光——中华农业文明拾英[M]. 北京：中国时代经济出版社，2011：232.

图 4-12　现藏于河南南阳汉画馆内的东汉阉牛画像石[①]

秦汉时期，兽医技术也得到较快发展，从残存的出土竹简、木牍中可略知当时兽医技术发展的一些情况，如《汉沙坠简》《居延汉简》中记载了部分治牛马病的方子，马王堆汉墓帛书《灵框·九针》也提到兽医专用的器具，东汉时《神农本草经》注明某些草药有毒，对人不宜而适用于牛马，说明兽医药也有一定发展。

（二）园圃蚕桑技术

1. 园圃专业化经营加强　早在战国时代，园圃业已基本从大田农业中分离出来，形成独立的生产部门。秦汉时期，小规模的果蔬生产已非常普遍，大面积的园圃经营也已出现。《史记·货殖列传》中记载："安邑（今山西夏县、运城一带）千树枣，燕、秦（今河北北部、陕西一带）千树栗，蜀、汉、江陵（今四川、陕南、湖北一带）千树橘……及名国万家之城，带郭千亩，亩钟之田，若千亩卮茜，千畦姜韭。此其人皆与千户侯等。"说明秦汉时期，果树种植区较大，蔬菜种植业发达，是园圃业专业化的重要标志，对园圃生产技术的提高也起到了积极的推动作用。园圃生产中"畦"的形式出现，灌溉使用井灌，果树管理中的嫁接、修剪整枝、灌溉、施肥、移栽、蔬菜渗灌、分期播种、温室栽培等技术都得到长足发展，为后世园圃业的专业化经营奠定了基础。

2. 园圃技术的提高

（1）园艺作物种类增多　依据《氾胜之书》《四民月令》《南都赋》所载，秦汉时期蔬菜有葵、韭、瓜、瓠、芜菁、芥、大葱、小葱、胡葱、小蒜、杂蒜、胡蒜等 20 多种，一半以上汉代有人工栽培明确记载，相当一部分为西北少数民族地区引种，如胡蒜、胡葱、胡豆、豍豆（豌豆）、苜蓿等。这一时期，蔬菜的分化、演变明显，汉代还出现了一些优良蔬菜品种或名产，如西汉如平培育的"东陵瓜"、冬笋，东汉时的蜀姜等。关于果树品种方面，秦汉时随着国家的统一，南方和西域的奇珍异果传入中原，如卢橘（枇杷）、杨梅、蒲陶（葡萄）、荔枝、龙眼、林檎、安石榴、槟榔、橄榄、留球子等名优果品。据《西京杂记》载，上林苑初建时，"群臣远方各献名果异树"，其中梨有 10 个品种、李 15 种、桃 10 种、枣 7 种、栗 4 种、棠 4 种、楂 3 种、椑 3 种、杏 2 种，反映出汉代果树品种的多样化特点。

除了蔬菜、果树的栽培外，秦汉时代种茶业也得到进一步发展，主要表现为种植区域的扩大，出现了阳羡、茗岭为代表（均为今江苏宜兴地）的两大古代著名茶产区。随

① 唐珂. 农桑之光——中华农业文明拾英[M]. 北京：中国时代经济出版社，2011：234.

着秦汉对岭南地区的开发，两广和福建茶业也因此得以发展。其次，秦汉时茶叶贸易已经出现，王褒《僮约》中有“烹茶尽具，铺已盖藏……武阳买茶，杨氏担荷”的记载，反映出当时成都地区已成为茶叶贸易中心。

（2）果树栽培技术的提高　秦汉时期，果树栽培技术得到显著提高，《食经》《四民月令》等文献有果树扦插、压条的技术记载，《四民月令》等还有树木修剪整枝技术的记载，对果园的灌溉、施肥和中耕技术记载，也散见于《淮南子》《僮约》等文献。这些文献记载均反映这一时期果树栽培技术有了很大的提高。

（3）蔬菜栽培技术的提高　秦汉时期，《氾胜之书》中已有蔬菜渗灌和瓜、薤、小豆间的套种技术。其他栽培技术有葫芦嫁接、摘心、分期别种、移栽、温泉栽培（保护地反季节栽培）和温室栽培（反季节栽培）等诸多技术，这在《氾胜之书》《四民月令》《后汉书》等文献中都能找到相关的记载材料，反映出秦汉时期蔬菜栽培技术有了很大提高。

（4）桑蚕技术的发展　秦汉时期，桑蚕业发展迅速，大规模的桑田出现。养蚕业主要集中在黄河流域，齐鲁及关中地区是重要的桑麻区。《氾胜之书》已有专门的“种桑法”，当时还出现了人工加温饲蚕技术，如《汉书·张汤传》颜师古注曰：“凡养蚕者，欲其温而早成，故为密室，蓄火以置之。”《四民月令》中有“治蚕室，涂隙穴”，其目的也是为了蚕室保温，防止虫、鼠之害。人工加温饲蚕说明人们已有意识地控制蚕生长发育的环境条件，是蚕业技术发展史上的重要成就。图4-13为汉代纺织及采桑画像图。

图4-13　汉代纺织（左）及采桑（右）画像图①

第六节　农业生产结构的变化

农业生产结构反映一个国家或地区农业内部各生产部门之间比例关系，体现了一个国家或地区的经济发展水平。农业生产结构是否合理，关系着农业资源的合理利用，也影响着农业内部各生产部门之间物质能量的相互转化，影响着国民经济发展对各种农产品需求的供给，是农业发展水平的标志之一②。

秦汉时期，随着农业生产技术水平的提高、农业商品经济的萌芽，农业生产结构发

① 樊志民，卫丽. 中国农业通史（遒劲的农牧文明卷）[M]. 北京：中国农业出版社，2007：105.
② 张波，樊志民. 中国农业通史（战国秦汉卷）[M]. 北京：中国农业出版社，2007：257.

生了重要变化，成为中国传统农业体系演进过程的重要阶段，对后世产生深远影响。

一、种植业主导地位确立

秦汉时期，种植业发展虽然仍有较多初始阶段的综合特征，但种植业内部粮食构成发生变化，大田经济作物出现，农耕区拓展，形成几个主要的大型农业生产区，表明种植业已在秦汉时期形成了主导地位。这一时期，五谷、桑麻已成为农业生产的主要内容，采猎经济比重明显下降。北方农耕区形成以黄河中下游地区为代表，以黍、稷、麦为主体的农业种植结构，旱作农业特点鲜明。南方地区，形成以吴、越、楚、蜀等地为代表，以水稻为主体，以“饭稻羹鱼”为特色的稻作农业种植结构。

从粮食作物构成看，“五谷”概念已得到普遍使用，形成了以黍、稷、麦、菽、稻、麻等6种农作物为主体的内涵。虽然“五谷”内容不尽完全一致，但其中的主体内容基本体现了南北区域内作物种植的主要特色，也反映出古代粮食作物主体结构的基本定型。需要说明的是，生产工具、水利的发展和牛耕、肥料的使用，为麦类作物种植提供了有利条件，特别是黄河流域冬小麦的种植，充分利用了地力、时差条件，改变了传统农业生产结构，对传统农业耕作制度也产生重要影响。随着农业生产技术的不断发展，麦类作物逐渐成为北方地区的主要食粮。汉武帝就曾“劝（关东）有水灾郡种宿麦”，以补秋禾之歉，轻车使者氾胜之也曾“督三辅种麦，而关中遂穰”，反映出麦类作物在黄河中下游地区得到普及推广。豆类作物虽然在秦汉时期获得了相当高的重视，但已向副食方向发展，在粮食结构中的主粮地位大为削弱，基本退出主粮行列。水稻种植以南方为盛，是南方民族粮食结构中的主体，在北方的生产规模有限，在粮作中仅占次要地位。

秦汉时期，经济作物已逐步摆脱了粮食作物附庸的地位，以桑麻为主体的大田经济作物种植得到强化发展。北方地区以关中、河北、河南、山东为蚕桑生产重要地区，大面积的桑田已出现，山东的“阿缟”“鲁缟”“齐纨”，关中的“白素”都是当时著名的丝制品。东汉时，因为战争以桑椹为粮，蚕桑种植比西汉更为发达。内蒙古和林格尔出土的汉墓壁画中有采桑养蚕的器物图形，表明秦汉蚕桑种植已逐步向全国普及，胶东半岛还开始了人工大规模的柞蚕放养。这一时期，大麻退出粮作行列，成为重要的衣物制作材料，无论在北方黄河流域，还是南方地区，大麻种植都成为重要的生活资料来源，齐鲁地区还出现了上千亩的大面积麻田。

随着秦汉疆域的拓展，民族间科技文化的交流加强，促进了作物新品种的引入，进一步丰富了这一时期种植业的发展。汉代时从西域引进的油料作物芝麻、红蓝花，以及饲料作物苜蓿等，极大地促进了种植业生产结构的变化。

农业生产结构的变化促进了主要农耕区的形成。秦的统一，有利于中国农业第一次进入整体发展时期。历经秦两汉发展，中国农业形成了以黄河流域为中心的旱作农业区和以长江流域为中心的稻作农业区。以若干主要农区为基础的种植业生产结构，成为秦汉时期农业的主体结构，而畜牧、蚕桑、林业等，成为以种植业为主体的秦汉农业经济的重要补充。

二、农牧业融合发展

秦汉时期，以长城为地域分界线，初步形成了农区、牧区分立的格局[①]，而畜牧业作为大农业生产结构的重要组成部分，在秦汉时期呈现出以军事为目的牧区养马业，主要分布在西北牧区与屯垦区的半农半牧地带，长城以北是以草原民族为主的游牧区。

秦霸西戎，开启了中原政权对牧区开发的序幕，促成了西北牧区与半农半牧生产结构的形成，使农牧交错地带实现了农牧结构的合理配置与协调发展。同时，秦朝对畜牧业实施官营管理，在各郡设立管理畜牧的牧师苑，主要督促军马的养殖，还制定了《厩苑律》，对饲养管理者实行奖罚制。汉承秦制，在西北边郡设马苑36所，从西域等地引入大宛马、乌孙马，在西北牧区进行了大规模的良种选育改良工作，促进了西北地区养马业的繁荣。东汉时西北边郡国有牧场缩小，但四川、云南等新牧场得到开辟。随着耕犁发明与推广，养牛业也得到较大发展。除了官营畜牧业外，汉代还出现了地主经营畜牧业、贵族牧主经营形式，与农区小农家庭经营方式一起形成中国特色畜牧生产经营模式。

三、园圃、林业、渔业的综合发展

园圃业主要是指瓜果蔬菜的生产和枣树、橘树等部分经济林木的经营。秦汉时期，园圃生产专业性加强，园艺作物品种增加，“园”“圃”已有其特定的生产内容。《说文解字》释为“穜（种）菜曰圃”“园，所以树果也”，《后汉书·王充王符仲长统列传》也有“场圃筑前，果园树后”的记载，反映了园圃生产专业化、规模化的特点。园圃业的发展适应了社会生活与经济发展的需求，满足了人们的生活之需，也促进了其专业化、规模化，以及商品性生产的发展。

林木不仅为建材、丧葬之用，而且还广泛地用于社会生产生活的各方面。天然森林和人工造林是木材的主要来源，早期的林业活动以砍伐天然森林为主，战国时代人们已认识到人工种植林木的重要性，这从《管子》《孟子》《淮南子》等文献记载中可得到证明。

秦汉时期，特别是汉代，林业发展成为独立的生产部门。而汉代地主经营的林业，在品种、规模上超过一般农户，基本上代表了林业的发展趋势。《史记·货殖列传》载，“居之一岁，种之以谷；十岁，树之以木”“山西饶材、竹、谷……山东多鱼、盐、漆……江南出楠、梓……”，反映出秦汉时期全国地域性用材林、经济林、果木林专业化和规模化生产的概貌，以及人工植树造林的发展程度。

天然水产品曾作为人类的主要食物之一而被长期食用，随着人工水产养殖技术的发展，秦汉时期渔业渐成独立的生产部门，丰富了秦汉时期的农业生产结构。在中国南方

---

① 张波，樊志民. 中国农业通史（战国秦汉卷）[M]. 北京：中国农业出版社，2007：264.

地区，人工养鱼与陂塘蓄水灌溉工程的兴起大有关联，形成稻、鱼并重的农业生产结构，特别是江汉地区，有“江汉之鱼鳖鼋鼍为天下富”的美誉。而北方地区，除“通鱼盐之利”之外，水利工程的开发也为人工养鱼提供了条件。西汉时，汉武帝在长安修建昆明池，除训练水师、引水漕运外，还用于养鱼，所养之鱼除供宗庙等祭祀外，余者还在长安售卖，甚至出现了“市鱼乃贱”的现象。在南方，东汉邓晨修复鸿隙陂，出现了“鱼稻之饶，流衍它郡”的景象。

第七节　农业思想与农学著作

秦汉时期是中国农业进入整体发展的时期。这一时期，除了高度专制的国家机器运转所形成的发展动力外，重农思想进一步发展和农学著作的出现，为秦汉时期农业发展提供了内在支持。

一、重农思想及其代表人物

公元前 221 年，秦朝建立后，实行“上农除末，黔首是富”的农耕策略，主张“民无二业”，继承了战国以来的“耕战”政策，并进一步从法律上确认了土地的私有权，对百姓编户入籍，按田赋税。秦朝虽出现过“男乐其畴，女修其业，事各有序，惠被诸产”的短暂局面，但繁重的赋役政策，激化了社会矛盾，最终导致秦王朝的灭亡。秦相李斯重视农业，主张“百姓当家，则力农工”，推动了秦朝农业的发展（《史记·秦始皇本纪》）。

秦亡汉兴，汉王朝实行了无为而治、休养生息和轻徭薄赋政策，使社会经济逐步得到恢复。陆贾作为高祖重要谋臣奉刘邦之命著《新语》，提出重农、崇俭、轻徭薄赋三大经济政策，使汉初经济逐步回到正常发展。汉文帝执政期间，重视农业经济，继承了先秦时期以农为本的思想，强调农业重要性。政论家贾谊又提出了以“积贮论”为基础的“富安天下”论，强调“今驱民而归之农，皆著于本。使天下各食其力，末技游食之民转而缘南亩，则畜积足而人乐其所矣”。这一重本抑末主张，对西汉经济的恢复发挥了重要作用。同时期的晁错，提出了“贵粟论”，主张充实边防、重农贵粟、减收田租，标志着汉初无为而治思想向有为方向的转变（《汉书·食货志》）。

西汉中期以后，随着世家大族地主经济进一步发展，其内在的弊端逐步显现，矛盾激化，最终导致汉王朝的覆灭。这一时期重农思想的代表人物主要有司马迁、董仲舒、桑弘羊、氾胜之、崔寔等。

司马迁（约前 145—前 87 年）认为“本富为上，末富次之，奸富最下”，强调“待农而食之，虞而出之，工而成之，商而通之”，把手工业、商业置于了“本”（农）外之业的“末富”，但未将“末”等同于“奸”，认为农工商各业各有其用，缺一不可，是一种农商并重的经济思想，与单纯的重农抑商思想不同。

董仲舒（前 179—前 104 年）认识到了土地制度在社会中的经济基础作用，却仅仅把土地占有失衡原因归于“除井田，民得卖买”，未触及统治集团的掠夺本性和制度本身的缺陷，因此他提出的“限民名田”不可能改变土地制度本身。减轻农业租税是董仲舒关于农业问题的又一重要内容，其深刻之处在于关注农民负担过重，首次论及了当时“或耕豪民之田，见税什五”（《汉书·食货志》）租税繁重问题。在促进农业生产方面，董仲舒提出“垦草发淄，耕种五谷”主张，促进了关中地区麦类（主要是宿麦，即冬小麦）的种植，收到良好效益。

桑弘羊（约前 152—前 80 年）曾直接参与汉武帝时盐铁官营、均输、平准和统一铸币权等重要经济政策的制定和推行。因为汉王朝特殊的财政需求膨胀，桑弘羊持有反传统农业思想的倾向，但他的屯田主张不仅巩固了西汉边疆，还推动了边疆地区农业的发展，收到积极效益。

氾胜之在汉成帝时曾以轻车使者身份在三辅（关中平原）指导农业生产，其丰富的农业生产经验被收入《氾胜之书》，是中国历史上现存最早的农学专著。氾胜之的农业思想主要体现在关于综合经营、综合利用、重视工效、提高经济效益等方面。

崔寔（？—约 170 年）是东汉时期农学家，他重视农业生产，认为“国以民为根，民以谷为命”，他不仅强调农业的重要性，还在为官任上切实推行务农政策。崔寔认为“小人之情，安土重迁，宁就饥馁，无适乐土之虑”，因而提出徙民垦荒观点，通过辟荒垦殖对缓解农业生产资料的短缺有一定意义。崔寔在中国农业思想史的重要贡献是撰写了《四民月令》，反映了东汉时期微观农业经济的特点。

除上述人物及其代表思想外，还有王莽的王田论，桓谭的“举本业而抑末业”“躬俭节俭”思想，班固在农业基础地位上的“理民之道，地著为本”思想及对井田制的论述等。王符认为“礼义生于富足，盗窃起于贫穷，富足生于宽暇，贫穷起于无日”（《潜夫论·爱日》），重视农民从事农业生产时间，提出“爱日”说，从土地的经济意义和实边的国防意义上提出实边理论。荀悦提出的“屏四患”“崇五政”，仲长统“急农桑以丰委积，去末作以一本业”（《后汉书·王充王符仲长统列传》）以及“明版籍以相数阅”、“限失田以断并兼”、移民实边等观点，都在秦汉时期农业发展过程中发挥了积极作用，推动了传统经济社会的前进。

二、重要农学著作

秦汉时期是传统农业全面快速发展的时代，不仅农业科技得到发展提高，对农业科技进行总结的传统农学专著，也呈现出繁荣局面，对后世农业发展产生了重要影响。据《汉书·艺文志》载，当时农书有 9 家 114 卷之多，除 2 家为战国时代作品外，其余 7 家皆为西汉时期作品。可惜的是，这些著作大多佚失，留存下来的《氾胜之书》和《四民月令》也仅是辑佚本，但结合这些辑佚农书、文献记载和考古发掘，我们仍能大致了解秦汉时期农业生产技术的辉煌。

《氾胜之书》为西汉后期氾胜之著，原书已佚。今人所见内容皆为从散见于其他古籍中辑录而成。《汉书·艺文志》农家类著录称作《氾胜之十八篇》，可知原书 18 篇，现辑本仅存 3500 字左右。内容以黄河流域关中地区农业生产技术为对象，总结了耕田、收种、溲种、区田法、禾（粟）、黍、稻、稗、大豆、小豆、宿麦（冬小麦）、旋麦（春小麦）、苴（雌株，油料用大麻）、枲（雄株，纤维用大麻）、甜瓜、瓠、芋、桑、荏（油苏子）、胡麻（芝麻）等 10 多种作物的栽培技术。最大特色是以精耕细作、提高单位面积产量的方法来发展农业生产。

《氾胜之书》是北方旱田耕作技术的记载，提出农业生产总的指导原则是“凡耕之本，在于趣时、和土、务粪泽，早锄、早获”，对各项农事活动既有总论，又对每一种具体作物有扼要的栽培各论，为中国古代农书著述传统作物栽培方法开创了先例。

《四民月令》为东汉崔寔著，原书已佚，今人所见内容皆为从散见于其他古籍中辑录而成。该书记述和总结了公元 2 世纪的黄河中游（以洛阳地区为背景）地区的农业生产技术和农家生活概况，不仅是农家月令的开创者，也是一部优秀月令体农书的代表作。全书基本以士民（中小地主）家庭为背景，按月叙述有关治生（以农业为主）的事项和经验。在农业生产方面，涉及耕作（各类田土的耕作）、繁殖（各种作物的播种、分株、移植，以及木本植物的插枝、压条等）、管理（中耕、除草、施肥、剪枝、防虫、扫叶等）、收获（包括伐木和采集野生药用植物）、养蚕、纺织，以至农产品的贮藏加工（特别是酿造）、农产品的买卖等。

《四民月令》首次记述的一些农业生产技术，如作物播种量与土壤的肥瘠密切相关，不同作物的播种密度因土地与作物而异，没有固定标准等，对后世影响深远。其中关于水稻移栽，称之为“别稻”，是中国水稻移栽的最早记录。书中对各月除春夏农忙之外，每月都有农产品加工的项目。此外，对于祭祀的习俗和物质准备也有记载，因此，《四民月令》实际上又超越了农业生产的范畴，延伸到如何经营管理庄园家庭的经济和家庭的生活与保健，以及维持传统的家族精神信仰、文化生活诸多方面。

思考题

1. 秦汉时期有哪些主要农业科技成就？
2. 什么是“代田法”和“区田法”？
3. 什么是“火耕水耨”？
4. 什么是“溲种法”？
5. 简述二十四节气和七十二物候的形成过程。
6. 简述秦汉时期的土地制度。
7. 秦汉时期赋税制度有什么特点。
8. 什么是“常平仓”？

第五章

三国两晋南北朝时期传统旱作农业的定型

从公元220年曹丕称帝至公元580年北周被隋取代，历时360年，为我国历史上的三国两晋南北朝时期，这一时期全国政治局势处于大分裂、大动荡、大融合的状况，并大体以淮河—汉水为界，长时期南北对峙。在这期间，南北方农业出现发展不平衡的态势，北方战乱频仍，农业生产遭受严重破坏，但精耕细作的农业生产方式在严峻的现实考验中继续发展；南方战乱较少，社会较为稳定，随着北方人口的大范围南移，进一步加快了南方农业的持续开发。

第一节　农业发展背景

一、社会发展概况

东汉末年，声势浩大的黄巾起义对政局产生了巨大冲击，割据势力在镇压黄巾起义的过程中不断壮大，各地军阀拥兵自重，而东汉政权内部的外戚和宦官两大利益集团也矛盾激化，与军阀内外勾结，争斗不休。公元190年，关东联军讨伐董卓，董卓挟持汉献帝西迁至长安，肆意擅权妄为，被王允和吕布所杀。此后混战连年之下形成了几大割据区域：袁绍占据冀、青、并三州，袁术占据扬州，孙策占据江东。

公元196年，曹操挟持汉献帝到许昌，“挟天子以令诸侯”。公元200年，曹操与袁绍战于官渡，大获全胜，相继吞并青、冀、幽、并四州，完成了中原地区的统一。公元220年，曹丕称帝，建都洛阳，国号魏。次年，刘备在成都称帝，国号汉，又称蜀汉。公元229年，孙权在建业称帝，国号吴。至此，三国鼎立形成。

在三国鼎立局面持续的近50年间，魏国逐渐强盛，吴蜀日趋衰落。公元263年，魏灭蜀。公元265年，司马炎篡魏，改国号为晋，史称西晋。公元279年，晋攻吴，次年吴灭。至此，自董卓之乱开始延续了90年的分裂局面宣告结束。

晋朝的政权并不巩固，长达16年之久的“八王之乱”使其国力和社会发展大为受损，匈奴贵族乘机攻入长安后，西晋灭亡。从此，中国北方进入一个长达150多年分裂割据的“五胡十六国”时期。

西晋灭亡后，司马睿称帝，建都建业，史称东晋。由于南方地区的大规模混战相对较少，社会经济得到了一定发展。公元402年，刘裕逼晋恭帝让位，改国号为宋。公元479年，中军将领萧道成夺取政权，改国号为齐。20年后，齐雍州刺史萧衍灭齐，改国号为梁。公元557年，梁将陈霸先趁内乱篡夺政权，改国号为陈，这就是历史上所称的南朝。

北方地区，北魏政权后期政局不稳，各地起义大作，北魏政权瓦解。此后，北齐、北周等政权相继出现。公元580年，北周宣帝死后，外戚杨坚掌握政权，并在第二年自立为隋，北周灭亡。公元588年，隋军南下灭陈，重新实现了全国统一。

在三国两晋南北朝时期的360年中，由于北方社会基本上处于动乱状态，经济文化的发展受到严重影响。相对而言，南方战乱较少，朝代的更替也多没有引起大范围的战争，社会经济得到相对安定的发展环境。这期间，北方民众大量南下，给长江中下游地区带来了财富、技术和劳动力，更加促进了这一地区经济文化的繁荣。

二、实施有利于农业发展的政策

（一）三国的农业政策

三国时期，虽然农民起义已经得到平息，群雄割据也随着魏、蜀、吴三大政权势力范围的确立而消解，但战乱依旧，干戈不断，造成民众流离失所，白骨皑皑，千里无人烟，百里无鸡鸣。在这种情况下，为了稳定社会、增加人口、发展经济并促进农业生产，魏、蜀、吴三国采取了招抚流民、安缉流亡、劝课农桑、发展生产等积极的农业政策。

1. 招抚流民，安缉流亡　三国时期，由于战争频仍，人口大量减少，形成了劳动力极度缺乏的社会环境，因此增加劳动力资源对恢复和发展生产就至关重要。《三国志·魏书·卫觊传》中说：“人民流入荆州者十万余家，闻本土安宁，皆企望思归。”农民的乡土情结成了统治者招抚返乡生产的有力工具，而努力营造安宁的生存生产环境也是吸引战乱之中民众的重要原因。刘馥任扬州刺史，“单马造合肥空城，建立州治……数年中恩化大行，百姓乐其政，流民越江山而归者以万数”（《三国志·魏书·刘馥传》）。张既为京兆尹，“招怀流民，兴复县邑”（《三国志·魏书·张既传》）。从这些记载中能看出，各地官府都想方设法招揽流民，增加社会劳动力，以期恢复农业生产。

2. 掳掠敌区民众　战乱中无数士兵战死沙场，大量民众流亡他乡，造成各地人口急剧下降，在三国时期，魏、蜀、吴征战不断，不仅为了争夺土地，也将掳掠敌区民众作为重要目标，其目的也是希望扩充其政权内的劳动力。魏明帝太和二年（228年），诸葛亮出师北伐，率军攻祁山，被魏国大将张郃打败，“亮拔西县千余家，还于汉中”（《三国志·蜀书·诸葛亮传》）。建安十二年（207年），孙权“西征黄祖，虏其人民而还”，“十三年春，权复征黄祖……虏其男女数万口”（《三国志·吴书·吴主传》）。

3. 劝课农桑　劳动力的增加只是夯实发展农业的人口基础，而由于多年战乱造成土地荒芜，农业经营难度较大，因此，统治者积极出台劝课农桑的措施，努力促进农民勤耕种、多耕种。例如魏国规定，按照人口和垦田的比例数字来定各州郡长吏的考绩。这一举措的施行效果显著，在各州郡长吏大力劝课农桑的努力中，农业发展取得了较好的成绩。例如，杜畿任河东太守“班下属县……渐课民畜牸牛、草马，下逮鸡豚犬豕，皆有章程。百姓勤农，家家丰实”（《三国志・魏书・杜畿传》）；徐邈为凉州刺史，“河右少雨，常苦乏穀，邈上修武威、酒泉盐池以收虏穀，又广开水田，募贫民佃之，家家丰足，仓库盈溢”（《三国志・魏书・徐邈传》）。

（二）两晋的农业政策

西晋、东晋时期，统治者总结前朝的经验教训，都很重视农业生产，对劝课农桑采取了一些实际有效的措施。

1. 发布诏令，亲耕藉田　晋武帝于泰始四年（268 年）春正月诏曰：“方今阳春养物，东作始兴，朕亲率王公卿士耕藉田千亩。”（《晋书・武帝纪》）武帝又发布劝农诏曰：“使四海之内，弃末返本，竞农务功，能奉宣朕志，令百姓劝事乐业者，其唯郡县长吏乎！先之劳之，在于不倦。”（《晋书・食货志》）晋武帝以身作则的做法和督促重农的号召，一方面是表明最高统治者对农业生产的态度，让文武百官、王公贵族加倍重视、不敢怠慢，另一方面是让天下百姓看到统治者的决心，积极从事农业生产。

2. 考核官吏，决定奖惩　两晋时期，统治者为了促使地方官员劝课农桑，以管辖区域农桑生产的情况作为考核官吏政绩的依据，出台了一系列措施。比如，泰始八年（272 年）司徒石苞奏：“州郡农桑未有赏罚之制，宜遣掾属循行，皆当均其土宜，举其殿最，然后黜陟焉。”（《晋书・石苞传》）这是说，石苞建议以各州郡农桑生产的好坏作为考核官吏政绩的依据，并以此来决定职务升降。石苞的建议得到了晋武帝的采纳，晋武帝还下诏进一步强调农业的重要性，劝勉各地官员重视农业生产，详细规定赏罚之法。

3. 占田课田，促进生产　太康元年（280年），随着吴国的灭亡，全国实现了统一。在此背景下，晋武帝颁布并实行了占田与课田制度。这个制度规定了王公、贵族、官僚、世族地主等占有的土地面积、佃客户数、荫庇免役的亲属与奴仆人数，也规定了一般农民占有的土地面积、课田租额与征课户调数额。占田与课田制度对王公贵族和一般农民都进行了积极有效的引导，适应当时安缉流亡、恢复生产需要，对安定社会秩序、恢复和发展生产发挥了重要作用。

（三）南北朝的农业政策

南北朝的统治者为了发展社会经济、巩固其统治的经济基础，在农业政策方面主要采取了以下措施。

1. 劝课农桑　南朝宋时仍然存在“农桑惰业，游食者众，荒莱不辟，督课无闻，一时水旱，便有罄匮”的情形，当此之时，统治者只有大力劝课农桑，才能有望摆脱困境。宋文帝在劝农诏中说：“苟不深存务本，丰给靡因”，他号召“郡守赋政方畿，县宰亲民之主，宜思奖训，导以良规，咸使肆力，地无遗利，耕蚕树艺，各尽其力，若有力田殊众，岁竟条名列上。”（《宋书·文帝纪》）元嘉二十年（443年）十二月的劝农诏，对“游食之徒”提出了具体的处置和管束办法，对官吏的考核提出以劝课农桑为标准的严格要求。北魏孝文帝延兴三年（473年）正月颁发的劝农诏，还要求采取“贫富相通”的办法发展生产：“牧守令长，勤率百姓，无令失时。同部之内，贫富相通。家有兼牛，通借无者。若不从诏，一门之内终身不仕，守宰不督察，免所居官。”（《魏书·孝文帝纪》）这一时期的劝课农桑政策有了具体详尽的要求，并从官员和农民两个层面进行赏罚或奖惩，对于农业生产的促进作用较大，有利于农业生产的良性发展。

2. 务尽地利　　南北朝时期，劝课农桑、屯田垦殖、减少徭役、贷民种粮等农业政策对于当时的农业发展起到了重要作用，而务尽地利作为一项农业措施也在当时受到特别重视。西魏苏绰论述道：“夫衣食所以足者，在于地利尽。地利所以尽者，由于劝课有方。……诸州郡县，每至岁首，必戒敕部民，无问少长，但能操持农器者，皆令就田，垦发以时，勿失其所。及布种既讫，嘉苗须理，麦秋在野，蚕停于室，若此之时，皆宜少长悉力，男女并功，若援溺、救火、寇盗之将至，然后可使农夫不废其业，蚕妇得就其功。……三农之隙，及阴雨之暇，又当教民种桑、植果，艺其菜蔬，修其园圃，畜育鸡豚，以备生生之资，以供养老之具。”（《周书·苏绰传》）苏绰认为，发展农业需充分挖掘土地增产潜力，实行精耕细作，在农忙季节要动员男女老幼全力以赴从事农业生产，同时要实行以农为主的农林牧副综合经营，以便增加各种农副产品的生产，获得综合性收益。西魏和北周的农业生产在这种重农思想的影响下得到了较好发展。

3. 灾荒赈济　　南北朝时期，为了避免灾民流离失所，危及社会安宁，灾荒年份饥馑的灾民大都能够得到各国官府的赈济，其主要措施有：开仓发放赈粮或移民就食他乡，或劝募富室协助赈济；部分或全部减免田租户调，对徭役的征发实行减少或免除；对山泽之禁实行开放政策，让灾民可以任意樵采渔猎；给灾民贷以种子、口粮；分给无地农民苑囿池塞牧地等的一部分用于耕种；就地安置流离各处的灾民使其得以生活，或资助其返乡恢复生产；设常平仓，储粮备荒，平抑粮价等。

第二节　土地制度和赋税制度

三国两晋南北朝时期，长期的战乱造成社会分裂局面一直存在，不同政权之间的土地制度和赋税制度也不尽相同，因此，必须分别加以阐述。

一、土地制度

（一）三国时期的土地制度

1. 官田和公田的扩大 三国时期，频繁的战乱造成了大量流离失所的民众，生活生产无法正常开展，导致死亡众多，从而出现了大量无主土地，而这些无主土地最终都成了公田。据《三国志·魏书·司马朗传》记载："今承大乱之后，民人分散，土业无主，皆为公田。"《后汉书·王充王符仲长统列传》记载："今者土广民稀，中地未垦……其地有草者，尽曰官田。"这些描述都真实地反映了当时社会地多民少的土地状况。

2. 地主所有和小土地所有并存 三国时期的小土地所有者大量存在，这与汉代的情况基本相同。同时，中小及大地主也遍布全国，大地主占有大量土地，享有政治经济特权。中小地主横行乡里，剥削贫苦大众。其农业经营类型，一方面是地主和大小豪强的庄园经营，另一方面是自耕农的小农经营以及无地或少地农民的租佃经营。

（二）两晋时期的土地制度

两晋时期的土地制度与汉代大体相同，只是当时的土地私有形态变化较大，主要表现在士族门阀大土地所有制得到了一定发展。

早在东汉末年，士族门第已逐渐成为社会上一股不可忽视的势力。两晋时期，官府从无士籍地主的士人中选拔官吏，他们入仕后便成为政治上的当权派，而经济上依然是大地主或地主兼工商业者，世代承袭，互为利用，最终形成影响社会发展的强大政治经济势力。

太康元年（280年），晋武帝司马炎平吴统一中国后，为了限制豪强宗族势力，改变社会政治经济局面，下令实行"占田"和"课田"制度，其主要内容如下：对王公、贵族、官僚、世族地主等，根据品位的不同规定他们占有土地的面积、佃客户数、荫庇免役的亲属与奴仆人数。这些规定在保障了官僚地主特权的同时，又对其特权加以限制，以防止其过分强大。对一般农民，规定他们占有土地的面积、课田面积、课田租额与征课户调的数额。

这种占田与课田制度只是在法律上规定和承认私人占有土地的最高限额以及按照土地亩数缴税的数额，而不是国有土地基础上的授田，国家也并不保证土地占有限额实际能否达到。但总体而言，这种制度的实行满足了王公、贵族、官僚、强宗、巨室侵占土地的欲望，并以限制性规定防止土地兼并过分严重；同时，一般农民的自有土地得到承认，并规定其占有土地的最高限额和课田数额，有助于农民开荒扩种积极性的提高，进而促进农业生产发展。因此，占田与课田制度对于安定社会秩序、促进农业生产进而扩大租调和徭役的来源都有着重要作用。

（三）北魏的“均田”制度

为解决农民的疾困流亡，安定社会秩序，巩固其统治，发展农业生产，限制世族豪门侵占田地和荫户，保证国家财政收入和徭役征收顺利进行，太和九年（485年），北魏孝文帝开始实行均田制度，发布了“均田令”；其后，北齐、北周也都沿袭这一制度。“均田制”就是各王朝对国有土地（官田）实行按农户人口“计口授田”的制度，也就是官府创建的自耕农土地所有制度。

据《魏书·食货志》载，均田制的土地根据土地类型不同有相应的分配标准，土地类型主要有露田、桑田、麻田、宅地四种。其中，露田是用来种植作物的土地，桑田是种植桑树、榆树、枣树等果木的土地，麻田是用来种麻的土地，宅地是用来作为居所之地，宅地周围的土地可作为园圃，种植桑、榆以及果树等，宅地归私人所有。此外，北魏的均田制度中，还有一个“土地还授”的规定，具体说明了授田和还田的标准和要求。

总体而言，北魏实行的均田制主要有以下几个特点：第一，均田是用国有土地给农民“计口授田”，不改变土地私有制度的实质。第二，均田制对世族豪门地主兼并土地虽有限制作用，但没有触动地主阶级的既得利益，反而为增进其利益服务，如奴婢、耕牛等都授田。第三，在这种制度下，露田和麻田是既有授田，又有还授，农民对这类土地没有所有权，只有使用权。第四，北魏规定的授田数，多数不能足额兑现。

二、赋税制度

（一）曹魏的赋税制度

据《三国志·魏志·武帝纪》记载，曹魏的赋税制度是：“其收田租亩四升，户出绢二匹、绵二斤而已，他不得擅兴发。郡国守相明检察之，无令强民有所隐藏，而弱民兼赋也。”由此可见，曹魏的赋税制度相比于汉代有所不同，一是汉代的土地税是按土地的收获量分成征收，而曹魏的土地税是一种按亩计算的定额税；二是汉代的人口税按人口征收钱币，而曹魏的户口税是按户征收绢绵实物。

（二）两晋的“户调法”

西晋在统一全国后，开始实行“户调法”。在占田制的基础上，规定赋税的数额。“赋”是户调，“税”是田租。《晋书·食货志》记载：“凡民丁课田，夫五十亩，收租四斛、绢三匹、绵三斤。”田租的规定是：丁男之户，收租四斛，即每亩收粟八升；次丁男之户，收租粟二斛，比丁男之户减半。户调规定是：丁男之户，岁输绢三匹、绵三斤；丁女及次丁男为户主的减半，即输绢一匹半、绵一斤半。

由此可见，户调法有如下特点：第一，以户为单位征收田租和调赋，也就是把土地税和户口税合二为一，不管田土多少，都以户为单位计税。第二，户调所征收的绢绵等实物只是一个通用的标准，具体征收时会按照各地实际出产情况，折合通用标准物计征，不只限于绢和绵。第三，西晋与曹魏相比，征收田租提高了一倍，征收户调提高了半倍。

（三）南朝的赋税制度

南朝宋齐时期，赋税制度基本上沿袭东晋，依然采用“户调法”。由于南朝产麻多、桑蚕少，民间织布多、织绢少，所以改征调布。丁男调布绢各二丈、丝三两、绵八两、禄绢八尺、禄绵三两二分、租米五石、禄米二石。丁女减半。南朝梁陈与宋齐相比，其户调法有所不同：梁陈是按人丁定租调，宋齐则是按民户资产定租调。南朝时期，除了上述的户调、田租之外，还有许多其他的杂税和杂调。

（四）北朝的赋税制度

北魏在实行均田制以前采用“九品混通”制，即把农民的一户与有大批依附农民的地主的一户相等同，都作为负担租调的单位，这对农民极为不利。当时的租调定额是帛二匹、絮二斤、丝一斤、粟二十石，这一标准很高，造成农民生活压力极大。实行均田制后，户调制度以一夫一妇为课征单位，据《魏书·食货志》记载：“其民调，一夫一妇帛一匹，粟二石。民年十五以上未娶者，四人出一夫一妇之调。奴任耕、婢任绩者，八口当未娶者四。”由此可见，在推行均田制后，北魏的赋税制度基本上采取按口征税的办法，相对于“九品混通”制更为合理，也相应减轻了农民的负担。

北齐时期，赋税制度实行“租调法”。据《隋书·食货志》记载：“率人一床，调绢一匹、绵八两，凡十斤绵中，折一斤作丝。垦租二石，义租五斗。奴婢各准良人之半。牛调二尺，垦租一斗，义租五升。”“一床”就是以一夫一妇两口为一个征收单位，因此，依然是以人口税为主。

北周的赋税制度又有不同，据《隋书·食货志》记载：“凡人自十八以至六十有四，与轻癃者，皆赋之。其赋之法，有室者，岁不过绢一匹，绵八两，粟五斛，丁者半之。其非桑土，有室者，布一匹，麻十斤，丁者又半之。丰年则全赋，中年半之，下年三之……若艰凶札，则不征其赋。”

第三节　农具的改进

三国两晋南北朝时期，农具发展的基本特征是：适应旱地作业和水田作业的农具体系已初步形成，特别是用于大田作业的耕播、植保、收割、加工机械机型结构已基本成熟，为适应农业加工精耕细作的要求，各类农具的品种更加多样化。自然力在农业机械上得到应用，是这个时期农业机械发展和进步的最重要表现。

这一时期，由于犁耕的发展，还发明了与耕犁配套作业的钉齿耙、水田耙（耖）、耢、挞、陆轴（碌碡）等。除主要用于井灌的桔槔和定滑轮机构（滑轮式辘轳）之外，正式发明了用于河湖坑塘灌溉的龙骨车。除连枷、杵臼、踏碓、水碓、碾、手摇石转磨、畜力石转磨等之外，进一步发展了由水作动力的各种谷物加工工具。镢、锄、铲、锸、锹、铚、镰、钹镰、窍瓠及多齿镢、鹤颈锄等完全定型，并不断扩大品种和使用范围。

一、冶铁业的发展及其影响

曹魏时韩暨在官营冶铁业中，对东汉初年出现的水力鼓风装置进行了推广和改进。掌管冶铁的专门机构在晋代得以设立，并对大型的开矿和冶铁进行直接管理。1974年在河南渑池发现4000多件魏至南北朝窖藏铁器，通过对这些铁器的鉴定，表明冶铸技术在当时已经相当成熟，现有的生铁品种除合金铸铁之外在当时几乎都已出现。

“灌钢”的出现也是这一时期冶铁技术进步的重要表现。这种冶炼方法是在未经锻打的熟铁中灌入生铁的熔液，让碳均匀而快速地渗入熟铁中，并反复锻打使其变成钢，这在我国早期炼钢技术中是一种创造性的成就。北齐时，綦母怀文：“造宿铁刀，其法：烧生铁精以重柔铤（熟铁），数宿则成刚（钢）。以柔铁为刀脊，浴以五牲之溺，淬以五牲之脂，斩甲过三十扎。今襄国冶家所宿柔铤，是其遗法。”在现存的文献中，灌钢冶炼法最早记载于此，而这种灌钢技术在当时已开始在制造农具中使用了。例如《证类本草·玉石部》引陶弘景说：“钢铁是杂炼生鍒（生铁和熟铁）作刀镰者。”不过，这种“灌钢”技术在当时尚处于初创阶段。

二、北方旱作农具的改进和系列化

三国至南北朝时期，北方农具的种类增加不少，《齐民要术》记载的农具有20多种，包括犁（长辕犁、蔚犁）、陆轴、木斫、锨、耢、耧（一脚耧、二脚耧、三脚耧）、耩、铁齿耙、鲁斫、窍瓠（图5-1）、锄、锋、手拌斫、镰、批契等。其中，除臿（锸）、锄、耩（销）镰等之外，不少是东汉刘熙《释名·释用器》中所未记载的。从出土的农器来看，仅河南渑池、洛阳等地出土的这一时期农具就有犁、犁镜、耧、臿、铲、锄、镰等。

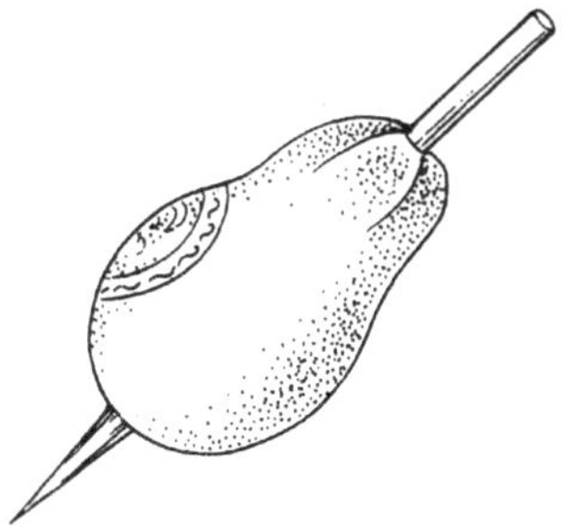

图5-1　窍瓠[①]

上述农具主要是适用于北方旱作农业，与两汉时期相比，不但数量增加较多，农具的构成方面也根据农业发展需要有了相应的变化，犁和其他畜力牵引农具的较大发展是其中最为突出的表现，综合来看，这一时期适用于所有生产环节的旱作农具已经配套成型。

① 宋树友. 中华农器图谱（第一卷）[M]. 北京：中国农业出版社，2001：238.

（一）犁的种类和牛耕方式的变化

犁是三国两晋南北朝时期的主要耕具，《齐民要术》首篇就详细论述了耕田犁地。在河南渑池出土的铁农具中，犁的数量最大，且有三个种类，第一种是全铁铧，类似西汉的“舌形大铧”；第二种是“V”字形铁铧，出土数量最多，有大小两种；第三种是双柄犁，犁头作“V”字形，可安装铁犁铧，两柄由两翼末端向上斜伸。

牛耕方式与犁的整体结构直接相关，三国两晋南北朝时期的牛耕图像资料中，牛耕方式有单牛拉犁式和二牛抬杠式（图 5-2）。自西晋以后，单牛拉犁方式已逐渐普遍，到南北朝时期可能已占主导地位。由于中国地域辽阔，各地的地貌环境各异，经济社会发展不平衡较为突出，耕作要求也有着较大差别，因此，在很长时期内，一牛挽拉与两牛乃至多牛挽拉的牛耕方式并存的现象极为普遍。从农业技术发展方面来看，一牛挽拉牛耕方式的出现是耕犁技术改进的结果，对于牛耕技术的进一步普及极为有利。

图 5-2　甘肃嘉峪关出土的魏晋牛耕画像砖①

（二）牛拉耙耱的出现

截至目前，尚未在三国两晋南北朝以前发现畜力拉耙的迹象。虽然汉代有竹木耙和铁齿耙，但都属于人力耙，与畜力拉耙不是一个范畴。1972 年甘肃嘉峪关出土的魏晋墓壁画中有畜力挽拉耙的形象，这比《齐民要术》成书年代要早两个世纪以上，由此可以推断，畜力拉耙的出现不会晚于三国时期。

出土的图像资料显示，当时的畜力拉耙有两牛牵引和一牛牵引的不同牵引方式，其形状是长条形的钉齿耙，这也符合当时牛耕方式的演变过程。人字耙也是当时一种耙的形状，耙地时作倒“人”字形，这种耙比长条形耙更为实用，也是一种进步。为了增加耙的入土深度，长条形耙和人字耙都有人站在上面增加重量。耕后施耙，可以使翻起的土垡变得细碎疏松，并可去掉草木根茬。畜力拉耙的出现是北方旱地耕作农具系统进一步完善的重要标志。图 5-3 为魏晋耙地图壁画。

① 宋树友. 中华农器图谱（第一卷）[M]. 北京：中国农业出版社，2001：163.

图 5-3　魏晋耙地图壁画（甘肃嘉峪关出土）①

耱是一种畜力牵引的工具，其用途是摩碎土块、平整地面，其制作工艺有多种，有些是安有牵引装置的长条形木板，有些是用藤条荆条之类编扎而成。考古发现和文献记载显示，汉代就已出现了畜力牵引的摩田器。三国两晋南北朝时期的出土图像中，两牛单辕耱和一牛双辕耱都有出现。在《齐民要术》中，耱被称作“耢”，也是这种工具最早的文字记载。耱常被用在耕耙之后，即“耙而劳（耢）之”。耙后随即劳地进一步使地平土细，可起到保墒防旱的作用。谷子、黍、稷、粱、秫、大小豆等的幼苗长出不久时，随即就耢，旱稻则在这时先耙耢再锄一遍。

（三）播种和中耕工具的发展

这一时期的播种工具有耧车和窍瓠两种。耧车在西汉时期就已发明，汉武帝末年作为新田器推行。曹魏嘉平（249—254 年）中，皇甫隆任敦煌太守，曾在该地“教作耧犁”，由此可见，耧犁的使用在当时这一带还是处于学习并普及阶段。到《齐民要术》时代，耧车在山东等地的使用已经较为广泛。

耧有直接耧播和耠沟再播两种用途，其中，直接耧播叫作“耧下”，可播谷子、大豆、小豆、胡麻、大麦、小麦等；耠沟再播是指先用耧耠沟，然后播种、覆土。窍瓠就是点葫芦。《齐民要术・种葱》中“两耧重耩，窍瓠下之，以批契系腰曳之”，就是指用耧开沟后，再用窍瓠播种。据《齐民要术》所载，播后覆种的工具还有“挞”（图 5-4）和“批契”。《齐民要术・种谷》说：“凡春种欲深，宜曳重挞。”挞是“用科木缚如扫箒，复加匾阔，上以土物压之，亦要轻重随宜，曳以打地”（《农书・农器图谱・耒耜门・挞》）。一般在耧播后使用牛力牵引，能起到覆种平沟、踏实表层土壤，以利于提墒全苗的作用。“批契”也是用于耕播后覆种，只是具体形制不详。最近有人

图 5-4　挞

① 陈文华. 中国农业考古图录[M]. 南昌：江西科学技术出版社，1994：420.

认为“批契”即现今辽西及内蒙古农业地区常用的“勃基”[①]。

在《齐民要术》中，这一时代的中耕农具有锄、锋、耩、耙、耢、手拌斫等多种，用途和使用方法各异。然而，传统的锄依然是在中耕中使用最多的工具。“手拌斫”“铁耙”等是用于蔬菜生产的中耕工具，“手拌斫”在冬葵春末夏初开始剪叶后使用，“其剪处，寻以手拌斫斸地令起，水浇，粪覆之”（《齐民要术·种葵》）。“铁耙”是一种人力耙，春天解冻后在韭菜地松土使用，帮助韭菜顺利再生。

相比于秦汉时代，上述这些农具在三国两晋南北朝时期的样式更多，同时，在一定程度上增加了畜力的使用，反映了这一时期的农业在中耕管理上的发展进步。

三、水田农具的发展

从《齐民要术》的有关记载可以看出，三国两晋南北朝时期，北方水田农具的发展远远落后于旱作农具。旱作农具已经形成了完整而又丰富的系列，这不仅促进了旱作农业的快速发展，也为水田农业提供了可供使用的新农具，旱作农具在水田操作中广为沿用，而独立的水田农具体系却没有能够形成。

这一时期，在南方的广大地区，社会经济发展极为不平衡。如有的地方仍实行“火耕水耨”，不使用牛耕，如西晋杜预就说过：“东南以水田为业，人无牛犊”（《晋书·食货志》）。但这种情形并不能完全代表南方的情形。在北方旱地农具系列逐渐成形之时，适用于水田耕作的犁和耙也在南方某些地区出现了。耙由于有较长的齿，不但可以破碎土块，而且能使泥浆混合软熟，尤其适应水田插秧的需要。岭南地区首先创造这种水田耙，应与这里种双季稻、实行育秧移栽有关，根据广州土音，亦足为佐证。锄、臿等类旱作农具在南方也广为使用。这种锄与北方专用于中耕的锄不同，又是锄的一种新发展形式。

四、谷物加工工具的创新

三国两晋南北朝时期的谷物加工农具有了较大发展，主要有以下三个特点：第一，以水作动力的谷物加工农具种类不断增多；第二，谷物加工农具的机械化程度水平较高；第三，谷物加工农具的加工能力和加工规模有了较大发展。

（一）碾、磨

《北齐书·高隆之传》记载：“又凿渠引漳水周流城郭，造水碾硙，并有利于时。”高隆之没有筑堰，而是“凿渠”引水，所建造的都是碾磨联合加工机械。另据杨衡之的《洛阳伽蓝记·城南景明寺》卷三载，北魏洛阳的景明寺“石辇（碾）硙舂簸，皆用水功”。这些记载说明人们不仅会造碾、造磨，还会建造碾、磨联合加工体，以自然流水作动力，用较小的水源带动较大机群。同时也可看出，当时的谷物加工规模相当大，加

---

① 孟方平. 批契小考[J]. 农业考古，1986（1）：156.

工原粮及成品处理都有一套完整的体系，而为了配合这一系列加工程序，必然还有一套与之相应的用来盛装、运输、清选、分筛等工序的加工工具。既然建造如此庞大的碾、磨联合加工体群已经较为普遍，单独建造一台磨或碾，自然就更为常见。由此可以推测，单台碾、磨已经成为一般百姓家中的常用工具了。

（二）水碓

水碓于汉末发明，三国两晋南北朝时期得到了推广与普及，在众多古文献中可以见到有关水碓的文字，如《三国志・魏书・张既传》说："……使治屋宅，作水碓，民心遂安。"孙星衍《续古文苑》中介绍晋大富户石崇的"别庐"时说："有清泉茂林，众果，竹、柏、药草之属，莫不毕备。又有水碓，鱼池，土窟……"《晋书・帝纪・惠帝》记载："（太安元年）十一月辛巳……方决千金堰，水碓皆涸，乃发王公奴婢手舂给兵廪，一品已下无不从征者，男子十三以上皆从役。"《晋书・列传・刘颂》也说："郡界多公主水碓，遏塞流水，转为浸害，颂表罢之，百姓获其便利。"这些涉及水碓的文字能够说明以下几个情况：首先，水碓是财富的象征，在西晋大富豪石崇的万贯家产中，水碓也和家宅、财物等一起被列为他的重要财产之一。其次，没有水碓的地方要设立水碓，需要上表请示；如果水碓太多，就会"遏塞流水，转为侵害"，需要拆除。最后，及时"治屋宅、作水碓"，能够让"徙民"的心早日安定。

（三）水碓磨、水碓碾、连机碓

东晋傅畅撰写的《晋诸公赞》记载："杜预、连凯作连机水碓，由此洛下谷米丰贱。"另据《南齐书》载，祖冲之"于乐游苑造水碓磨，世祖亲自临视"。就时代背景来看，祖冲之作水碓磨，杜预作连机碓，都是可信的。水碓磨、水碓碾、水碾磨、连机碓等谷物加工机械需要解决的关键问题是机械传动，虽然暂时还没有这些机器具体结构的资料，但就后代同类机器来看，杠杆机构、齿轮机构、滑轮机构、绳轮机构等各种机构的单独利用或综合利用在当代或前代都已有先例。因此，在三国两晋南北朝时期的局部地区，已经在一定程度上使用了多功能、机械化、自动化程度较高的水碓磨、连机碓、水碾磨等以水力作为动力的谷物加工机械是极有可能的，如图 5-5 水碓。

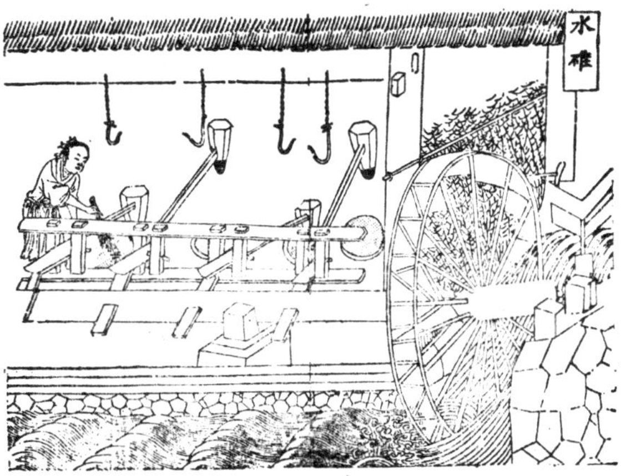

图 5-5　水碓①

① 王毓瑚校. 王祯农书[M]. 北京：农业出版社，1981：358.

（四）“磨车”和“舂车”

三国两晋南北朝时期，“磨车”和“舂车”这两种谷物加工机械也发明并使用了。东晋陆翙《邺中记》记载：“石虎有指南车及司里车，又有舂车，木人及作行碓于车上，车动则木人踏碓舂行，十里成米一斛。又有磨车，置石磨于车上，行十里辄磨麦一斛。凡此车皆以朱彩为饰，惟用将军一人，车行则众并发，车止则止。中御史解飞、尚方人魏猛变所造。”这种车不仅十分庞大，而且装饰也相当美观，同时，可能有两种形式，不论是哪种形式都只用一人看管，自动化程度已经相当之高。只是这类工具的实用价值不高，因此，没有得到保存和继承。

第四节　农田水利建设

三国两晋南北朝时期，各国为了政局稳定，促进农业生产，增强政权范围内的经济实力，统治者们对农田水利建设均较为关注，从而推动了农田水利事业的发展。

一、三国时期的屯田水利

三国时期的屯田水利，最盛的是据有北方广大地区的曹魏政权；而孙吴政权在江东一带进行的水利开发工作也比较有地区特色。

（一）曹魏的屯田水利

曹魏的屯田水利以黄河流域为主，同时也在海河流域和江淮地区进行。

1. 黄河流域的屯田水利　河南中北部以及陕西的渭水流域是曹魏的集中屯田区。由于这些地区原有的水利基础条件较好，曹魏时期的屯田工程以修缮性的工作为主。例如，成国渠位于渭北地区，西汉开始建造，曹魏时期开展扩建，向东西各延伸了近百里，过漆水河后的东段改向东北上高原，以便控制更大范围的自流灌溉面积；临晋陂是一项引洛灌溉工程，成国渠和临晋陂共灌溉3000余顷农田。

古河内地区（今河南省黄河以北部分）有沁水流经，水利开发较早，曹魏在这一地区多处设立屯田区，引沁灌溉工程经过历代修治不断，到唐代已经发展成为灌溉农田5000余顷的大型水利工程。

2. 海河流域的屯田水利　汉代，海河流域水利比较发达，但汉末战乱对这一水利工程的破坏极为严重。曹魏时期，为了恢复农田水利，发展农业生产，先后于邺城、钜鹿等地实施屯田。邺城是曹操“霸府”的所在地，他坐镇于此发号施令，使其成为实际上的政治中心。曹操取得邺城后，曾连续4次移民于邺，以充实劳动力，实施大规模的屯田，并利用旧有水利工程兴建了“天井堰”和“漳渠堰”。

天井堰位于古邺城西南的漳河上，是多渠首引水工程，也是当时邺城屯区最重要的水利设施。漳渠堰在邺西十里的漳河上，是一个综合性的水利工程，其功能除城市给水，还有航运和灌溉。天井堰的修复和漳渠堰的兴建，对于邺地农业生产的恢复和发展有着较大的促进作用。

3. 江淮屯田和农田水利 东汉时期，江淮地区的水利和农业得到了持续发展，但东汉末年，群雄激烈混战使这一带的水利设施和农业生产遭到极为严重的破坏。曹魏为了恢复社会生产，稳定统治秩序，大力发展农业，增强经济实力，在这一带全面推行屯田，并兴修了一大批水利工程。北起许昌，南及合肥，东自扬州，西达安庆，淮河南北方圆数百公里范围内，屯田水利星罗棋布。

（二）孙吴的屯田水利

孙吴政治经济中心在江南地区，据有江淮地区的南部和长江中下游平原及其以南的广大地区。为了立足江东，与曹魏、蜀汉争雄抗衡，孙吴也在其政权范围内大兴水利，发展农业，增强实力。

孙吴屯田水利主要以开垦蒿莱、拓殖土地为主，比曹魏屯田水利难度大。长江中下游及其以南的广大平原地区，气候温暖，雨量丰沛，土地肥沃，但是没有相应的水利设施，无法较好地利用水土资源。在这种情况下，屯田以其集中领导、统一管理的组织形式对于当时急需进行的大规模水利兴建和土地开发极为有利。于是，屯田制在孙吴政权所辖区域内大范围推行，长江中下游地区的水利建设得到了前所未有的大规模发展。

1. 太湖地区的屯田水利 孙吴立足江东以后，就以太湖地区为其经济重心，致力于水利营田事业，在各地设置屯田都尉、典农校尉负责屯田水利，太湖周围的平原上“屯营栉比，廨署棋布”，水利工程形式主要有兴筑海塘、修筑太湖堤塘、开凿平原塘河、开凿和整治运河等。

2. 丹阳湖地区的屯田水利 丹阳湖地区位于今江苏溧水、高淳和安徽当涂、芜湖、南陵、宣城诸县之交，地势特殊，湖沼密布，地低水高，因此，孙吴在这一地区屯田时，“筑土作堤”“外以挡水，内以围田”，这一形式被称为圩田水利。其中，规模较大者有金宝圩、永丰圩、太安圩、咸保圩、行春圩、陶新圩、周皋圩、延福圩、福定圩等。孙吴的屯田促进了这一地区圩田水利的发展，为发展稻作农业提供了肥饶的土地。

3. 沿江地带的屯田水利 孙吴与魏、蜀军事对抗的前哨阵地就在长江沿线，因此，这一带驻有重兵镇守。为了解决军需物资的供给，孙吴实行“且佃且守”、全军皆农的制度，几乎所有驻军重地都是军屯所在之地。孙吴部署在沿江地带的重要屯田有十多处，大体上分为长江下游以皖口为中心的江北屯区、长江中游以武昌为中心的南北诸屯两大片区。皖口在今安徽安庆市西南，即皖水入江口。为了建立巩固的江北战略基地，孙权以皖口为中心，在长江北岸广兴屯田。武昌位于长江中游，战略地位十分重要，孙吴政权为了解决军粮供应问题，曾在这一带大兴屯田。涔坪屯、柴桑屯、安陆屯、阳新屯等分布在武昌周围，形成了鳞次栉比的屯田网络。

（三）蜀汉的屯田水利

蜀汉的政治、经济中心在益州，即今之成都平原。该地区自然条件优越，开发较早，战国中期，李冰兴建了大型水利工程都江堰。西汉时，蜀守文翁又“穿湔江口，溉灌繁田千七百顷”（《华阳国志·蜀志》）。刘备取得益州后，采取了巩固前代发展成果、保持“蜀中殷盛富乐”的政策。在这一政策思想的统领下，蜀汉在水利管理方面做出了突出的贡献。

都江堰是蜀中规模最大的农田水利工程，蜀汉政权特设“堰官”，并“征丁千二百人主护之”（《水经注·江水》），加强管理。都江堰虽在汉代就已设有专官管理，但配备专业管理养护队伍则始于蜀汉。

蜀汉为了解决军粮供应问题，也在军事前线实行屯田。蜀汉的屯田，首先在汉中实行，设置督农官，经营屯田。诸葛亮开黄沙屯，赵云在赤崖屯田。黄沙和赤崖都位于陕西褒城一带，正是汉代引褒水灌溉农田的主要地区。诸葛亮最后一次北伐时在渭水南岸驻军，屯垦规模也较大。

综上所述，三国时期的屯田水利根据曹魏、孙吴和蜀汉所辖地区的实际情况而各具特色，曹魏的屯田水利为恢复型，孙吴的屯田水利为开发型，而蜀汉的屯田水利则为保持型。

二、两晋南北朝的农田水利

（一）西晋北朝的农田水利

西晋短暂的统一后，混战状态又在黄河流域很快蔓延，农田水利事业又遭到严重破坏。北朝统一黄河流域后，北方出现了民族大融合的趋势，统治者也实施了一些有利于农业生产发展的政策，于是农田水利事业得以重视和发展。

1. 灌溉工程的维修与扩建 太康三年（282年）杜预“复更开广，利加于民”，同时，“遏六门之水，下结二十九陂”，进一步扩大了灌溉区域。西晋时，还在江南兴建了练湖蓄水灌溉工程。北魏政权实行均田制后，北方农民的生产和生活日趋稳定，开始修复被破坏的农田水利，恢复农业生产。北魏农田水利施工较为分散，但对引黄灌溉工程的修缮极为重视。此外，还对幽冀等地的重要灌溉工程如戾陵堰和督亢陂等进行了维修。东魏和北齐也对邺地灌溉工程的维修极为关注。西魏和北周均定都于长安，因此，较为注重修复关中和西北地区的农田水利。西魏与北周曾经整修引泾工程，重“开白渠以溉田”（《北史·魏本纪》），对成国渠与漆水河的交叉工程进行了改建。

2. 黄淮地区的排水工程 陂塘失修和降水失调给黄淮地区造成大面积的洪涝灾害，咸宁四年（278年），度支尚书杜预提出平毁曹魏以来兴修工程质量较差的陂塘，解除“陂碣岁决”“洪波横流”的威胁；排除因雨水决溢自然形成的洼地积水，“随其所归而宣导之”，解决“土薄水浅，潦不下润”的溃、涝、碱等灾害；保留并修缮好汉代旧有陂碣及山谷私家小陂，以满足农田灌溉所需。晋武帝采纳了杜预的建议，并付诸实施，在一定程度上解决了黄淮地区的洪涝灾害。

（二）东晋南朝时期的南方农田水利

淮河、汉水及其以南的广大地区是东晋南朝所辖地区。淮、汉一线是对抗北方政权的前哨阵地，江南则是其经济重心。在农业和水利经营上，主要集中在淮、汉一线和江南一带，尤其以江南为重。江南地区多丘陵山地和湖沼洼地，故而其农田水利建设方面的总体特色是：沿江滨湖以水网圩田为主，山地丘陵以陂塘堰坝为主。

1. 三吴平原圩田水利的持续发展 东晋和宋、齐、梁、陈都对三吴的开发较为重视。三吴位于长江下游，湖沼散布，土地卑湿，开拓土地与解决洪涝必须相辅而行，治田必须与治水结合。

经过东吴时期的屯田经营，丹阳湖区的圩田水利已有一定基础。东晋南朝时期，北方居民大批迁徙到江左并定居，其中相当一部分定居在丹阳湖地区。在此期间，随着大批圩围的兴筑，丹阳湖区被分割成丹阳、石臼、固城三湖。在很大程度上，太湖平原的开发是由治水与治田工作的开展所决定。东晋南朝时期，治水治田工作又有新发展，主要体现在兴建获塘、建筑海塘和疏凿通江港浦。

2. 东南丘陵地区塘堰工程的发展 东晋和南朝时期，东南丘陵山区塘堰工程广泛兴建，这一时期兴建的陂塘堰坝主要分布在宁镇丘陵平原和浙东地区。宁镇丘陵平原的陂塘水利开发有丹阳兴建的新丰塘，南朝齐梁时期兴建的单塘、吴塘、南北谢塘、莞塘等；浙东丘陵地区的塘堰工程有慈溪市东南的汉陂、金华市的白沙三十六堰、缙云县胡村乡的古方塘、东阳县的州义堰等。

3. 淮汉边防区的水利 东晋时期，南北对峙，淮南荆襄一带成为边防重地，为了解决军粮供应问题，东晋和南朝都在这一带广兴屯田水利。淮南的军屯和农田水利集中在寿阳（今安徽寿县）和淮阴一带。寿阳位于芍陂灌区，东晋在此屯田，大概就是在此期间修复了芍陂灌区水利工程。淮阴屯区分布在今江苏盱眙、洪泽、金湖之间，经过东晋军屯对白水塘等工程的维修，其设施逐渐完善。江汉地区的农田水利集中在荆、襄一带，在三国时期就是重要屯田区，东晋南朝在军屯中，除了维修原有工程以外，又在这一带兴建了六门陂和马仁陂等。

第五节 种植制度与耕作制度

一、农作种植制度

三国两晋南北朝时期，黄河流域地区有关轮作复种的理论和技术都有新发展，这在贾思勰的《齐民要术》中有比较详细的记载。

（一）合理轮作

《齐民要术》认为大多数作物都需要合理轮作，如“谷田必须岁易”，否则就会“莠多而收薄”（《齐民要术·种谷》），也就是杂草多，产量低；“麻，欲得良田，不用故墟”（《齐民要术·种麻》）；“稻，无所缘，唯岁易为良”（《齐民要术·水稻》），这也是强调各种作物合理轮作的必要性。《齐民要术》认为，合理轮作是减少杂草、防止病虫危害并提高产量的重要措施。

（二）豆类和谷类作物轮作的原则

《齐民要术》详细分析比较了各种作物的前作并得出结论，即豆类作物是谷类作物的优良前作，如谷、黍、穄、麻、麦等作物的前作都以豆类作物为佳。反之，豆类作物的前作又以谷类作物为好。这成为我国作物轮作的一项重要原则。

（三）绿肥轮作理论

《齐民要术·耕田》中所说的“美田之法”就是绿肥轮作法，利用夏闲地种植短期绿肥，七八月时翻埋到土中，用这种地种植春谷能获得丰收，并指出绿肥的效果较高，能和蚕屎、人畜粪尿的肥效相媲美。水稻苕草、绿豆谷子、小豆谷子、胡麻谷子、绿豆葵菜、绿豆葱、绿豆瓜、小豆麻等是《齐民要术》中提出的 8 种绿肥轮作方式。同时，实行绿肥轮作还能“又省功力”。由此可见，《齐民要术》为我国的绿肥轮作奠定了理论和技术基础。

二、土壤耕作制度

（一）北方旱地的穞种法

三国两晋南北朝时期，中国发明了大豆和小豆的“穞种法”。“凡秋收之后，牛力弱，未及即秋耕者……即移羸速锋之，地恒润泽而不坚硬……至春穞种亦得”（《齐民要术·耕田》）。“秋锋之地，即穞种”（《齐民要术·大豆》）。其实，这种方法就是不耕而种、免耕播种。宋代的辞书《集韵》在解“穞”时说：“离而种之曰穞。”也就是说，在没有翻耕基础的土地上用点播或穴播的方法种植作物，就叫“穞”。

（二）耕—耙—耢旱作技术体系的形成

三国两晋南北朝时期，以抗旱保墒为目的的耕、耙、耢（耱）相结合的土壤耕作体系在我国北方广大地区逐渐确立起来。黄河中下游地区冬、春季干旱多风，夏季炎热多雨，属于温带季风气候。而北方种植的作物以春播为主，春旱就成为较大的问题。因此，保蓄土壤水分、与干旱作斗争是黄河中下游地区土壤耕作的首要任务。耕、耙、耢（耱）相结合的土壤耕作技术就是从实践中摸索总结出来的能够满足防旱保墒要求的生产经验。

《齐民要术·耕田》记载了耕、耙、耢（耱）技术："耕荒毕，以铁齿鳎楱再遍杷（耙）之，漫掷黍穄，劳（耢）亦再遍。"又说："乃至冬初，常得耕劳（耢），不患枯旱。"耕、耙、耢技术共有三道工序，第一道是用铁犁翻耕土壤，第二道是用耙破碎土块，第三道是用耢（耱）把土块摩碎，把田面摩平，以减少散失土壤水分。三道工序的具体要求是：

1. 耕　贾思勰在《齐民要术·耕田》中对犁耕技术作了进一步的记述与总结，提出适耕期："春冻解，地气始通，土一和解。夏至，天气始暑，阴气始盛，土复解。夏至后九十日，昼夜分，天地气和。以此时耕田，一而当五，名曰膏泽，皆得时功。"又指出："春气未通，则土历适不保泽，终岁不宜稼，非粪不解""秋无雨而耕，绝土气，土坚垎，名曰'腊田'。及盛冬耕，泄阴气，土枯燥，名曰'脯田'。脯田与腊田，皆伤田，二岁不起稼，则一岁休之。"贾思勰还进一步总结了掌握土壤墒情耕作的经验，他指出："凡耕高下田，不问春秋，必须燥湿得所为佳。若水旱不调，宁燥不湿。"另外，还要求"秋耕欲深，春夏欲浅"。

2. 耙　耙作为名词时是一种农具，作为动词时则是土壤耕作的一个流程。《齐民要术·耕田》记述："耕荒毕，以铁齿鳎楱再遍耙之。"耙可以将耕过的土壤中的大块破碎，既能熟化土壤，又能减少土壤的大缝隙，减少水分蒸发。出苗后，耙、耢也是必要的工序。"苗既出垄，每一经雨，白背时，辄以铁齿鳎楱纵横杷（耙）而劳（耢）之"（《齐民要术·种谷》）。"苗长三寸，杷（耙）、劳（耢）而锄之。锄唯欲速。每经一雨，辄欲杷（耙）劳（耢）"（《齐民要术·旱稻》）。

3. 耢（耱）　耢是古代耰的发展。古代耰是用木榔头打碎打细土块，让土壤的水分蒸发得以减少。耢是无齿耙，将耰改进为用牛牵引、连续作业的生产工具。三国两晋时期的耢（耱）是一横木，安有长辕，用牛牵引，一人站在横木上驱赶牲口，并增加镇土压土重量。春季耕过后，要马上耢，因为春季多风，若不马上耢，地必虚燥。秋季的土地较为湿润，湿耢容易使地变硬，因此要在地表干爽些时再耢。对于低湿地，不管什么时候，要等待地中没有水、地表比较干爽的时候进行耕、耙、耢这三项作业，否则"过燥则坚，过雨则泥"都不能达到熟化土壤、保持墒情的目的。

第六节　作物的良种选育

一、品种的增多和良种繁育

（一）作物品种的增多

中国对作物品种的选育有其悠久历史，虽说汉代以前在文献上缺乏系统记载，但出土的作物遗存很多。西晋时，郭义恭《广志》中记载了很多作物品种。北魏《齐民要术》在辑录《广志》中品种的基础上，还补充了很多品种。这一时期作物品种的显著增多，正是选种和良种繁育技术发展的结果和标志。如粟品种，在《广志》中记载了11

个，《齐民要术》补充了86个，加上粱的品种4个，秫品种6个，《齐民要术》中共记载了粟类品种106个。水稻品种，在《广志》中记载了13个，《齐民要术》补充了24个，共37个。

《齐民要术》所录的水稻品种中很多出自南方，如蝉鸣稻，《广志》标明是“南方”品种，青芋稻、子稻、白汉稻产于巴蜀，不过，北方长期积累稻作经验后也育出了一些优良稻种，如“新城”杭稻，被誉为“上风炊之，五里闻香”（《艺文类聚·百谷部·杭》）。

（二）品种的命名、分类

关于作物品种的命名，古代多以人姓字为名目，亦有观形立名，亦有会义为名，如刘猪獬、耿虎黄、孙延黄等就是以培育人姓名为名的粟。观形立名主要是根据品种的形态特性，包括穗的形状或黄、白、赤、青、黑等颜色，以这种方式命名的作物品种有悬蛇、赤尾、竹叶青、冲天棒等。这些作物品种命名方法至今仍在沿用。

《齐民要术·种谷》篇对谷子有十分详细的介绍，反映了当时人们对作物品种的性状有较深的认识。“凡谷成熟有早晚，苗秆有高下，收实有多少，质性有强弱，米味有美恶，粒实有息耗”。这表明，北魏时期人们对于作物品种的评价已经较为系统全面，评价的标准包括成熟期、植株高矮、产品质量及其种质遗传素质和适应性能等方面。

《齐民要术》对作物品种各种性状之间的相关性也有阐述，指出：“早熟者苗短而收多，晚熟者苗长而收少。强苗者短，黄谷之属是也；弱苗者长，青、白、黑者是也。”另外还指出：“收少者美而耗；收多者恶而息也。”这些反映了产量和质量间的矛盾这一重大问题。

（三）选种和良种繁育

这一时期，人们已经认识到增产和提高品质的重要因素之一是选种和良种繁育，品种的保纯防杂必须同选种和繁育良种结合进行。《齐民要术·收种》指出：“种杂者，禾则早晚不均，春复减而难熟，粜卖以杂糅见疵，炊爨失生熟之节。所以特宜存意，不可徒然。”这里说的就是，不同品种的种子如果混杂在一起，会导致成熟期不一致，出米率降低，出售时因杂乱而不好卖，煮饭时也不好控制生熟情况。为了避免这一问题，当时采取了相应的措施，即年年选种和建立“种子田”。《齐民要术·收种》说：“粟、黍、穄、粱、秫，常岁岁别收，选好穗纯色者，劁刈高悬之。至春治取，别种，以拟明年种子。”意思是说谷类作物有必要年年选种，选出好种子单独种植，在第二年作为种子用。《齐民要术》记载的这种方法跟现在的种子田类似，发展自汉代《氾胜之书》中的“穗选法”。这种方法是一个系统性的工程，选种、留种、建立“种子田”进行良种繁育、精细管理、单种单收、防止混杂等作为流程化的工作密切结合，形成一整套的可行的措施，为中国传统的选种和繁育良种技术奠定了基础。

二、对植物遗传性与变异性的认识

认识植物的性别是进行植物杂交育种的先决条件。中国劳动人民至迟在春秋期间就知道大麻有雌雄之分，至《齐民要术》时期对它们的认识更加深入，并知道在生产中分别采取适当措施。例如《齐民要术·种麻》说“既放勃，拔去雄”，并指出“若未放勃去雄者，则不成子实”。又说“勃如灰便收”，这里所谓“勃”，就是指雄大麻放出花粉，“灰”是发黑的意思。据此可知，在散放花粉后再拔去雄麻，不仅不影响雌麻结实，而且这时雄麻的纤维质量也是最好的。

《齐民要术》中将植物的遗传性称为“天性”、“质性”或“性”等，这些概念的提出与现代遗传性的概念类似。书中还指出了一个重要现象，即不同种及品种的植物，其遗传性也不相同，说明当时对植物性状和遗传现象也有了认识，这对当时进行人工选择培育优良品种等方面指导意义尤为重要。

对作物的特征、特性与环境的关系，这一时期也有较高认识。《齐民要术》记载了一些引种成功和失败的事例，如《种蒜》篇说：“今并州无大蒜，朝歌取种，一岁之后，还成百子蒜矣；其瓣粗细，正与条中子同。芜菁根，其大如碗口，虽种他州子，一年亦变。大蒜瓣变小，芜菁根变大，二事相反，其理难推。”由此可见，《齐民要术》已经把变异性和生活环境的改变联系起来。同时，当时已经在一定程度上了解到环境条件的影响能够导致遗传性发生变异，植物可以改变自己的结构以适应新的环境。

第七节　作物栽培技术

作物栽培是一门科学，什么样的土壤适宜于栽培什么样的作物？什么季节开始种植？栽培过程及栽培之后如何管理？等等，都有技术上的上下之别，这在中国古代已有丰富经验。

一、播种技术

种子的好坏对其发芽和生长有着直接影响。这一时期，已出现了种子生活力和发芽率快速测定的方法，还用选种和晒种的措施来提高种子质量及种子发芽率，创造了浸种催芽方法以及根据节气和物候现象的迟早、土壤的肥瘠和墒情等综合因素确定作物播种期等。

（一）提高种子发芽率

1. 种子发芽率的测定　《齐民要术·种麻》提出用口含的方法测定麻籽的好坏，“白麻子为雄麻。颜色虽白，啮破枯燥无膏润者，秕子也，亦不中种。市籴者，口含少时，颜色如旧者佳；如变黑者，裛”。《种韭》篇又说，对市上买的韭籽，“以铜铛盛水，于火上微煮韭子，须臾牙（芽）生者好；牙（芽）不生者，是裛郁矣”。其技术关键在于“微煮”，这二者都是简而易行的快速测定方法。

2. 清水选种 饱满的种子用来播种才能保证生长得更好，因此，在下种之前，一般会用清水漂去轻浮而不饱满的种子、秕子以及混杂的种子，这个办法简单易行。《齐民要术·收种》中提出，“凡五谷种子……将种前二十许日，开出水洮（淘）。”并指出这样做可使“浮秕去则无莠”。《水稻》篇说“净淘种子”，否则“浮者不去，秋则生稗”。

3. 晒种 《齐民要术》在《收种》篇提出五谷种子要在“水洮”之后“即晒令燥”。《种葵》篇也说：“临种时，必燥曝葵子。”并说明“葵子虽经岁不浥，然湿种者，疥而不肥也”。这些都说明当时对播种前的晒种极为重视。

4. 浸种催芽 关于浸种催芽的记载最早见于《齐民要术·水稻》：“净淘种子。渍经五宿，漉出，内（纳）草篅中裛之。复经三宿，牙（芽）生，长二分。一亩三升掷（播）。”说明当时不仅水稻浸种催芽已有一套方法，其他作物也有采取浸种催芽的，同时，当时对于是否浸种催芽已经懂得根据天气的冷暖来判断。《种胡荽》篇还说：“地正月中冻解者，时节既早，虽浸，牙（芽）不生，但燥种之，不须浸子。地若二月始解者，岁月稍晚，恐泽少，不时生，失岁计矣；便于暖处笼盛胡荽子，一日三度以水沃之，二三日则芽生。于旦暮时接润漫掷之，数日悉出矣。”由此可看出，当时已经懂得通过浸种催芽能够达到晚种争早出的生产技巧。

5. 牛粪中贮纳种子 《齐民要术·种瓜》记载：“冬天以瓜子数枚，内热牛粪中，冻即拾聚，置之阴地。正月地释即耕，逐场布之。率方一步，下一斗粪，耕土覆之。肥茂早熟，虽不及区种，亦胜凡瓜远矣。”种子放在热牛粪中贮存，能够加强种子的熟化，并将种子与牛粪在开春后一起施于地里，底肥就很充足，自然长得好。

（二）确定适宜播种期

这一期间已具体提出一些重要作物的播种期。《齐民要术》上记载了谷子、黍、穄、春大豆、小豆、麻、麻子、大麦、小麦、水稻、旱稻、胡麻、瓜等许多作物的播种期，并有“上时”、“中时”和“下时”之分。“上时”是指播种最为适宜的时间，“中时”和“下时”就表示相对差些的时间了。

这一时期还提出，要根据物候现象、土壤肥力及其墒情等条件来确定播种期。如《齐民要术·黍穄》中就指出不是夏播的黍“大率以椹赤为候”下种，所谓“椹厘厘，种黍时”，即当桑发红时下种。又如《种麻》篇指出“麦黄种麻，麻黄种麦，亦良候也”。其他作物常用月份、节气、物候现象来相互参照。

此外，《齐民要术·种谷》中还提出了三个原则，即种谷早晚要搭配、一般宜于适当早种和闰年应迟种。当时强调“凡田，欲早晚相杂”，这是为了“防岁道，有所宜”。早晚相杂是指种谷子既要有早播的，也要有迟播的，不能单纯划一。一般年份宜于适当早种，主要是因为“早田净而易治，晚田芜薉难治”。早田杂草少，管理容易；晚田杂草多，管理不便，容易对产量造成影响。

（三）播种的几种形式

据《齐民要术》记载，这一时期所采用的播种方法有漫掷、耧耩稀种、穑种、耧种漫掷和逐犁稀种等。其中，漫掷相当于近代的撒播，当时作青茭用的大豆、小豆、水稻多用这种方法。耧种和耧耩漫掷相当于近代的条播。耧种就是用耧子播种，主要适用于播种麻、大小麦、大豆和小豆等作物。耧耩漫掷是把小豆、麻等种子撒在沟里，这种方法一般是在土壤湿度比较大时使用。穑种、耧耩稀种和逐犁稀种同近代的点播类似。

（四）播种量和播种的密度与深度

这一时期，播种量和播种密度也是人们关注的一个重点，不但已经具体地提出各种作物的播种量，还指出播种量和播种方法、播种期和土壤肥力的关系。同时，人们对于种植密度与作物生长、产量和品质之间的关系也有关注和体会。

关于播种方法和播种量之间的关系，不同的播种方法，用种量也有区别。在播种期和播种量的关系方面，当时已经懂得了早播用种少、迟播用种要增加的道理。作物的种植密度与它们的生长、产量和品质也有一定的辩证关系，《齐民要术・种麻》说："概则细而不长，稀则粗而皮恶。"在播种深度方面，《齐民要术・种谷》提出"春种欲深""夏种欲浅"的原则。

二、施肥技术

农业作物生长过程中，是否施肥以及所施肥料是否合适，对于作物生长的影响很大。中国施肥技术发明较早，到三国两晋南北朝时期又进一步发展到多种性质肥料的综合使用，特别是利用根瘤菌类植物的有机成分改造土壤和使用绿肥的经验，结合人畜粪尿等有机肥，使施肥技术大大进步。苜蓿既可以作为家畜饲料，也是一种好的绿肥作物。苜蓿在秋季枯萎后，宿根上积聚很多枯叶，对第二年春天抽发新茎叶有一定影响，将其在土地解冻前烧掉，既有利于新茎叶的生发，又起了施肥、消灭病虫害和抑制杂草的作用，而且在土地解冻后立即深耕翻垡，用铁齿耙耙过，再用"鲁斫"把土块斫碎，作物就能长得茂盛。

三、中耕除草

《齐民要术・大小麦》讲到，秋季将小麦种下，"正月、二月，劳（耢）而锄之"。苗期耙耢，除了松土除草之外，还要压实土壤，能够起到防旱保墒的作用。耢可用于冬季"劳（耢）雪"，借以减轻作物虫害。例如，"有雪，勿令从风飞去，劳（耢）雪令地保泽，叶又不虫。每雪，辄一劳之"（《齐民要术・种葵》），体现了利用雨雪这类自然降水调节土壤水分，同时减少害虫滋生的情况。

旱地谷物出苗之后，要求经常锄草，深锄多锄，次数越多越好，周而复始。没草也不要停止锄地，春天锄可以抗旱，夏天锄能够防止野草长出。下雨之后应以齿耙纵横耙地，使土壤细碎不板结，同时加强管理。管理得好，收成就会增大，《南齐书·武帝纪》记载永明三年（485年），“琅琊郡旱，百姓芟除枯苗，至秋擢颖大熟”。又“临沂县麦不登，刈为马刍，至夏更苗秀”。上述史料详细地记载了琅琊郡和临沂市农业获得增产的原因，凸显了人为劳作因素的重要性。

四、防治病虫害

三国两晋南北朝时期，农作物的病虫害防治技术主要有生物防治、农业防治、药物防治等。

（一）生物防治

过去，劳动人民对为害农田的害虫、害兽早就表示痛恶和有所警惕，所谓“大田多稼……去其螟螣，及其蟊贼，无害我田樨。田祖有神，秉畀炎火”（《诗经·小雅·大田》）。从这些受害的呼声中，同时受到“螟蛉有子，蜾蠃负之”（《诗经·小雅·小宛》）的相制约、相胜服、相贼害等自然现象的启发，人们逐渐理解蝙蝠、鴷、蜥蜴、螳螂等对诸虫，鼬、茅鸱等对鼠的作用。根据《南方草木状》卷下记载：“交趾人以席囊贮蚁鬻于市者，其窠如蒲絮囊，接连枝叶，蚁在其中，并窠而卖。蚁赤黄色，大于常蚁。南方柑树，若无此蚁，则其实皆为群蠹所伤，无复一完者矣。”这大概是世界上最早以黄猄蚁治虫的记载，亦是中国生物防治害虫的典范，为后世一直沿用。

鸟类的除虫作用在很早的时候就被人类认识到，从而采取了很多措施保护鸟类。如《礼记·月令·孟春》和《吕氏春秋·孟春纪》均提到一种禁令：“无覆巢，无杀孩虫胎（未出生的）夭（已生未长的）飞鸟。”晋代黄义仲《十三册记》云：“上虞县有雁，为民田春拔野草根，秋啄除其秽（杂草），是以县官禁民不得妄害此鸟，犯则有刑无赦。”这些都表明，在中国古代人们就已经有了保护益鸟以防除杂草的意识。

（二）农业防治

农业防治是一种综合性的防治病虫害的办法，主要包括适当耕耘、合理轮作、选育能抵抗或避免病虫的优良品种和贮藏时进行防治等。比如，《齐民要术》指出种麻“不用故墟”，否则有“破叶夭折之患，不任作布也”。又比如，选育免虫品种，《齐民要术》记载谷子品种，有矢谷等14个具有“免虫”的特性（因早熟故），有今堕车等24个具有“免雀暴”的特性（因穗皆有毛故）。另外，贮藏麦子时，为了防止其生虫，“麦：倒刈，薄布，顺风放火；火既著，即以扫帚扑灭，仍打之（使脱粒），如此者，夏虫不生，然唯中作麦饭及面用耳”（《齐民要术·大小麦》）。

（三）药物防治

我国很早就开始利用石灰和草木灰来防治室内害虫。《名医别录》曾指出：“矾石，杀百虫。”《齐民要术》中也有药物治虫的记载，如《种瓜》篇介绍过一种防治“瓜笼”的方法：“旦起，露未解，以杖举瓜蔓，散灰于根下。后一两日，复以土培其根。则迥无虫矣。”此外，还有采用蒿艾为药物防止立秋后贮麦生虫的办法。

五、积雪保墒及冬灌

在利用积雪方面，《齐民要术·种瓜》多次提出“冬则推雪著区上为堆，润泽肥好，乃胜春种”“冬月大雪时，速并力推雪于坑上为大堆。至春草生，瓜亦生，茎叶肥茂，异于常者。且常有润泽，旱亦无害”。《种葵》篇说：“有雪，勿令从风飞去……每雪，辄一劳之。”“劳雪”的作用是“令地保泽，叶又不虫”。种茄子，“十月种者，如区种瓜法，推雪著区中，则不须栽”（《齐民要术·种瓜》）。这些充分说明当时针对春旱的特点，尽可能地利用冬雪蓄墒，而使冬播的瓜、茄、葵等在春天就有充足水分发芽出苗。

《齐民要术·种葵》中说：“若竟冬无雪，腊月中汲井水普浇，悉令彻泽。”这是我国历史上蔬菜生产中实行“冬灌”的最早记载。蔬菜除冬灌外，也要春灌及夏灌，因蔬菜作物种植面积一般不大，比较容易做到。同时，《齐民要术》中对菜畦灌溉用井的布置和选用灌溉用具等，也都做了较详细的总结。

六、适时收获

对于收获作物，《齐民要术》称凡谷成熟有早晚、苗秆有长短、收获量有多少、性质有强弱、味道有好坏、品种有优劣、粒实有息耗、地势有良薄、山泽有异同等区别，因此，种植和收获都要注意顺天时、量地利，就可以费力少而成功多。《齐民要术》根据不同作物的特性和成熟特点，提出了谷子、黍、穄、大豆、青茭大豆、小豆、粱、秫、麻、水稻、胡麻等作物适时收获的标准。其中，有的收获必须适时，过早或过晚收获就会影响作物的产量和品质。对于容易落粒的作物，则强调应该适当早收，避免因迟收而造成不必要的损失。对于成熟期不一致而又不易落粒的作物，可以适当晚收，使其成熟一致，争取籽粒饱满。

要适当早收的作物有穄、小豆、胡麻等。《齐民要术·黍穄》说“刈穄欲早”，收晚了，就会落粒受损，要在“檩青喉”时，即在穗基底和秆相接的部分，相当于“喉”的地方还带青时就收。

在《齐民要术》中列举的要适当晚收的作物有黍、粱、秫、大豆等。“刈黍欲晚”要在“黍折头”，即在穗头下垂时才能收，这是和黍粒成熟不一致的特点有关。粱秫也是“收刈欲晚”，因“性不零落，早刈损实”（《齐民要术·粱秫》）。另外，因需要和用途的不同，即使是同一作物，其收获适期也随之而异。如《大豆》篇指出大豆“收刈欲晚”，因“此不零落，刈早损实”，故要求“叶落尽，然后刈”，如“叶不尽，则难治”。如果作为饲料用的青茭大豆，则要在“九月中，候近地叶有黄落者，速刈之”，因为“叶少不黄，必浥郁。刈不速，逢风则叶落尽，遇雨则烂不成”。

七、水稻栽培管理技术

东汉末年以来，北方地区由于战乱导致人口锐减、荒地遍野，适应于地旷人稀的火耕水耨稻作法逐渐向北扩展。到《齐民要术》时代，情况又发生了很大变化。这时的水田技术已有显著进步。据《齐民要术》记载，当时“北土高原”实行移栽连种，淮河流域等地则实行直播“岁易”。所谓“岁易”可能是水旱轮作，也可能是一岁休闲。春播前放水泡田，用“陆轴”整地，还较粗放，这是和直播相联系的。播种前要实行渍种催芽。中耕除草至少进行两次，“稻苗长七八寸，陈草复起，以镰侵水芟之，草悉脓死。稻苗渐长，复须薅（拔草曰薅）”（《齐民要术·水稻》）。这一时期，水田的水浆管理取得了重大进步，已经采取了烤田的措施。在第二次除草（薅）完毕后，“决去水，曝根令坚”。这种“去水”措施就是水稻烤田技术的最早记载。

“北土高原”的稻作法，播种、灌溉（包括除草）、收割与淮河流域等地基本相同，主要不同在于整地和移栽。“北土高原，本无陂泽。随逐限曲而田者，二月，冰解地干，烧而耕之。仍即下水；十日，块既散液，持木斫平之”（《齐民要术·水稻》）。从“烧而耕之”看，似仍保存火耕水耨的痕迹。整地借用旱作的“木斫”，移栽的方法是“既生七八寸，拔而栽之”。总的来看，当时北方水稻栽培技术虽有所进步，但比起旱田精耕细作技术，依然显得相当粗放。

这一时期的南方，农业生产技术的发展较不平衡，不少地方仍实行火耕水耨的稻作法。《魏书·崔楷传》记载：“江淮之南，地势洿下，云雨阴霖，动弥旬月。遥途远运，惟用舟舻；南亩畬菑，微事耒耜。”然而，南方水田耕作并非全都如此，如当时岭南已出现水田耙，说明这里的水田耕作技术已经有了显著提高。

第八节　园艺与蚕桑业

一、果树种植技术

《齐民要术》记载了已在中原广泛种植的果树，如李、梅、杏、安石榴、木瓜、花椒、梨、栗、樱桃、柿、茱萸、柰、林檎、枣、桃、葡萄等。在《五谷、果蓏、菜茹非中国物产者》中，记载了南方生产或野生不常见的果树有橙、杨梅、沙棠、椰、槟榔、龙眼、椹、橘、柚、枸橼、橄榄、甘蔗、枇杷、甘（柑）、荔枝、芭蕉等。据《洛阳伽蓝记》记载，洛阳的学乐寺前有酒树（椰子）、面木（桄榔木）。

（一）南方果园的发展

东晋南朝时期，江南政局较北方稳定，大批北方人口为了寻求更好的生存空间而南迁，促使江南经济进一步发展，尤其在大地主田庄中，多种经营方式极为兴盛，大面积的果园较为普遍，如谢灵运的田庄中，各种果树皆有种植，“北山二园，南山三苑，百果备列，乍近乍远……杏坛、棕园、橘林、栗圃。桃李多品，梨枣殊所，枇杷林檎，带谷映渚。椹梅流芬于回峦，椑柿被实于长浦”（《宋书·谢灵运传》）。梁代沈约的田庄中“田圃异区，李衡则橘林千树，石崇则杂果万株”（《梁书·沈约传》）。由此可见，南方的果园经济在当时较为繁盛。

（二）果树的繁殖

1. 扦插繁殖　扦插繁殖是植物无性繁殖的一种方法，这一时期人们已经开始采用扦插的方法繁殖果树。《齐民要术·安石榴》记载：“栽石榴法：三月初，取枝大如手大指者，斩令长一尺半，八九枝共为一窠，烧下头二寸。不烧则漏汁矣。掘圆坑深一尺七寸，口径尺。竖枝于坑畔，环口布枝，令匀调也。置枯骨、礓石于枝间，骨、石，此是树性所宜。下土筑之。一重土，一重骨、石，平坎止。其土令没枝头一寸许也。水浇常令润泽。既生，又以骨、石布其根下，则科圆滋茂可爱。若孤根独立者，虽亦不佳焉。”

2. 压条繁殖　压条繁殖也是一种无性繁殖方法。《齐民要术·种桑柘》记载：“须取栽者，正月二月中，以钩弋压下枝，令著地，条叶生高数寸，仍以燥土壅之。土湿则烂。明年正月中，截取而种之。”文中还说：“大都种椹，长迟，不如压枝之速。”由此可见，压条繁殖与实生繁殖相比，生长和结实都更快，与扦插繁殖相比则更易于成活。

3. 根蘖繁殖　根蘖繁殖是一种无性繁殖方式，它利用树木根部接近地面或露出地面处所萌生的枝条进行繁殖。《齐民要术·柰、林檎》对根蘖繁殖有明确记载：“于树旁数尺许掘坑，泄其根头，则生栽矣。凡树栽者，皆然矣。”《齐民要术》中还讲到一些果树须栽植，如李、枣，但采用什么方法进行无性繁殖没有明确记载。不过，根据《便民图纂》的记载，这些果树的繁殖方法是采用根蘖繁殖。

4. 嫁接繁殖　嫁接是植物无性繁殖方法的一种。它是选取植株的枝或芽（接穗）接到另一植株（砧木）的适当部位，使二者接合成活为新植株。嫁接繁殖既能保持接穗品种的优良性状，又能利用砧木的有利特性，达到提高结果、增强抗性、经济利用繁殖材料、增加苗木数量等目的。《齐民要术》中称嫁接为“插”，并详细讲述了嫁接繁殖的方法及要领。这是世界上最早、较完整科学的关于嫁接技术的文献记载，它交代清楚了嫁接成活的主要因素，包括亲和力、嫁接的最佳时期、砧木与接穗的质量、嫁接技术与接口湿润度等，尤其是将接穗与砧木形成层密接、不能损伤青皮（形成层）、否则嫁接无效而死亡等嫁接成活中最关键的问题解决，具有突出价值。

二、蔬菜种植技术

（一）蔬菜种类的增加

三国两晋南北朝时期，蔬菜种类增加极为明显，《齐民要术》记载了 40 余种写明栽培方法的蔬菜，包括菘（白菜）、芦菔（萝卜）、蒜（包括胡蒜、小蒜）、蜀芥、芥子、胡荽、兰香、荏（白苏）、蓼、姜、白蘘（蒚苣属）、芹（水芹）、马芹子（野茴香）、堇、胡葸（葈耳，亦名苍耳）、苜蓿、藕、芡（鸡头）、芰（菱）、黄蒜（泽蒜）、葱、韭、芸薹（油菜）、胡瓜（黄瓜）、茄子、竹菜、蕨、荇、凫茈、藻、蒋（菰）、荠、青蒿、蒲、菰菌（蕈）、椠淡（木耳）、紫菜、瓠（葫芦）、芋、蔓菁（芜菁）、葵（冬葵，又名冬寒菜或冬苋菜）、瓜（甜瓜）、冬瓜、越瓜（菜瓜）等，其中有野生的，也有人工栽培的。

在这些新增加的栽培蔬菜中，一部分原来就是野生植物，在长期采集利用过程中逐步演变为人工栽培植物。如苣（苦荬菜）、马芹子等。另一部分是原产边疆、域外地区，在这一时期引入中原的，如胡瓜、胡荽。还有一部分原来已经驯化的蔬菜，在人们长期培育过程中，演变出新的栽培种，如越瓜、菘等。

根据《齐民要术》的记载，这一时期北方主要的栽培蔬菜有瓜、葵和芜菁等。不但对其种植方法叙述甚详，且有大规模商品生产的记载。芜菁既可作蔬菜，又可作饲料，其籽则可用作榨油。香辛调味类蔬菜仍占较大的比重，其中有些蔬菜在中原种植时间并不长，但发展相当快。如胡荽到《齐民要术》时代已经成为重要的商品菜，但据说胡荽是张骞出使西域后才被引进中原，由此可见其引进后发展之快。

《齐民要术》大体反映了当时北方栽培蔬菜种类和构成，而南方的栽培蔬菜则缺乏系统记载，只是在一些诗词歌赋等文献中零星提及，值得一提的是菘已成为这一时期江南的重要蔬菜。先秦时代，十字花科的蔬菜往往笼统称之为葑，后来逐步分化为蔓菁、芥和芦菔。到南北朝时，菘在北方已有种植，但似乎并不普遍，而在江南地区，菘却已经成为重要的蔬菜。白菜在江南的崛起，成为这一时期中国蔬菜栽培史上影响深远的事件。

水生蔬菜这时有一定发展。如《齐民要术》记载了水生蔬菜藕、芡、菱、莼菜等的栽培。

（二）蔬菜栽培技术

1. 园田耕作技术

（1）区种　　汉代氾胜之创立了区种法，很快用于瓜、瓠、芋等的种植。《齐民要术·种瓜》记载："区种瓜法：……率两步为一区，坑大如盆口，深五寸。以土壅其畔，如菜畦形。坑底必令平正，以足蹋之，令其保泽。"区种有集中使用水肥的优点，其区种方法也不断改进。

（2）畦种　　《齐民要术·种葵》记载："春必畦种、水浇。春多风，旱，非畦不得。且畦者省地而菜多，一畦供一口。畦长两步，广一步。大则水难均，又不用人足入……凡畦种之物，治畦皆如种葵法。”据《齐民要术》记载，胡荽、兰香、蜀芥、芸薹、芹、蔓菁、韭、菘、芥子等蔬菜种植均采用畦种法。

（3）粪大水勤　《齐民要术·种葵》记载：“深掘，以熟粪对半和土覆其上，令厚一寸，铁齿杷（耙）耧之，令熟，足踏使坚平；下水，令彻泽。水尽，下葵子，又以熟粪和土覆其上，令厚一寸余。葵生三叶，然后浇之。每一掐，辄耙耧地令起，下水加粪。”种葵，不但种时需施水肥，以后在生长期中，也经常须下水加粪。其他蔬菜的种植也同样须做到水大粪足才能保证其生长良好。

其他比较特别的栽培技术还有留“本母子瓜”法、大蒜“条中子”繁殖法、瓜的助苗出土法、甜瓜引蔓法、蕹菜无土栽培等。所谓“本母子瓜”，就是最早结出来的瓜，它里边的种子出苗早，结瓜也早；大蒜“条中子”繁殖指运用大蒜气生鳞茎作种；“助苗出土”指利用大豆顶土力强的特点替瓜子“起土”；“甜瓜引蔓”主要指为了多结瓜，预先在谷子地里高留谷茬，让瓜蔓沿着谷茬长。

2. 储藏保鲜　黄河中下游一带冬季寒冷干燥，为了保障新鲜蔬菜的供应，三国两晋南北朝时期采取了储藏保鲜的方法。《齐民要术·作菹、藏生菜法》记载：“藏生菜法：九月十月中，于墙南日阳中掘作坑，深四五尺。取杂菜，种别布之，一行菜，一行土，去坎一尺许，便止。以穰厚覆之，得经冬。须即取，粲然与夏菜不殊。”

三、养蚕与养蜂技术

这一时期，长江流域及其以南地区较为安定，经过孙吴、东晋的努力经营，江南农桑生产及其他手工业生产到南朝时期发展已经较为显著。梁代沈约称江南“丝绵布帛之饶，覆被天下”（《宋书·沈昙庆传·附叙论》），由此可见，当时江南的养蚕业已经相当发达。

（一）养蚕技术的持续发展

根据史籍反映，三国两晋南北朝的蚕桑技术比秦汉时期有了显著进步。杨泉的《蚕赋》、张华《博物志》记述了蚕的孤雌生殖现象，陶弘景《药总诀》首次记述盐渍杀蛹储茧法，嵇康的《蚕论》对蚕的生活习性进行描述，葛洪《抱朴子》提到“叶粉”添食，南朝宋郑缉之《永嘉记》所记低温控制蚕卵化性，马钧把提花织机由五十蹑改为十二蹑的重大革新，尤其是《齐民要术·种桑柘》对蚕业生产技术的全面总结，等等，都是这一时期养蚕技术进步的写照。

（二）《齐民要术》对蚕桑技术的总结

《齐民要术·种桑柘》一方面辑录了前代的资料，另一方面对蚕桑技术作了总结，蚕桑技术的进步主要表现在以下几个方面：

1. 桑树压条繁殖　贾思勰认为：“大都种椹长迟，不如压枝之速，无栽者，乃种椹也。”并具体交代压条方法，反映后魏时已认识到压条繁殖生长更快，并已应用普遍。

2. 桑树品种多样化 《齐民要术》时记述桑树的品种，开始渐多，除“女桑”外，还有“地桑”“荆桑”“鲁桑”等名，而鲁桑又有黑鲁椹（桑）、黄鲁桑等名。其时，桑的品种及其特性，都已为人们所熟悉且已经被利用了①。

3. 对化性、眠性的认识 《齐民要术》记述蚕有一化、二化，三眠、四眠之分，并记载了南方有八化的多化性种。

4. 选留良种 《齐民要术》指出，蚕的良种选留，应以茧为主，一定要选取蚕蔟中层的茧为上。

5. 完善养蚕技术 《齐民要术》把北魏及其前相沿下来的一系列技术进行了很好的总结，为后世养蚕技术的进一步发展做出了突出的贡献。

（三）养蜂技术的发展

中国对蜂蜜的利用很早就已开始。养蜂的具体方法则始见于这一时期的文献。如西晋张华《博物志·杂说下》记载：“诸远方山郡幽僻处出蜜蜡。”又：“远方诸山出蜜蜡处以木为器，中开小孔，以蜜蜡涂器，内外令遍。春月，蜂将生育时捕取三两头着器中，蜂飞去，寻将伴来，经日渐益……”很多文献中所记载的都是采集野蜂的方法，文献中还没有明确记载人工繁育蜜蜂的技术在当时是否已经出现。

四、苗木培育和植树造林

（一）苗木的培育

根据《齐民要术》记载，这一时期树木的繁殖措施有播种、插条、压条、分根（株）等方法。桑、柘、楮、柞、榆、槐、梓、青桐等用播种法，安石榴、柳等用插条法，桑、木瓜、白杨等用压条法，柰、林檎、桑、竹等用分根法，梨、柿等用嫁接法。另外，根据植树造林的要求，当时已大致意识到是为了木材、果、叶、枝条用，观赏和风景用，地被或保持水土用，御潮和防风、防沙用，以至为了配合和发挥与其他生物间彼此相利而不相害的生态作用，等等，在这一时期，都基本体现出来了。贾思勰指出“蓬生麻中，不扶自直”，但是如果随意栽种，播后不管理，也会造成“匪直长迟，树亦曲恶”。反映他认识到植物趋光特性和种间争光竞长的现象，在实践中加以灵活运用，这是难能可贵的。

《齐民要术》除对树木的繁殖采取多种因树制宜的方法外，还十分重视苗木的管理，包括除草、灌水、施肥、中耕、打心、剪枝、防寒、防伤和促进幼苗生长等。如桑、柘、梓等要常薅草使其干净。喜湿树木如柳、青桐等要常浇水使其润泽。桑，“凡耕桑田，不用近树（伤桑、破犁，所谓两失）。其犁不著处，斸地令起，斫去浮根，以

---

① 蒋猷龙. 关于《齐民要术》所载桑蚕品种的初步研究[M]//中国古代农业科技编纂组. 中国古代农业科技. 北京：农业出版社，1980.

蚕矢粪之”。柳，“其旁生枝叶，即掐去，令直耸上。高下任人，取足，便掐去正心，即四散下垂，婀娜可爱”。促进树冠四散下垂，这与槐株要求逼使挺拔条直有异曲同工之妙。

（二）植树技术与林业经营

关于移栽树木，《齐民要术·栽树》首先揭示出其移栽原则，一是必须“记其阴阳，不令转易”。贾思勰进一步指出，原来生于阴地的，移植“入园囿，便是阳中，故多难得生”（《齐民要术·种桃柰》）。这里虽然说的是樱桃，其他果木，当亦同理。有的偏宜阴地，如楰枣：“阴地种之，阳中则少实。”二是移栽大树要适当修剪主枝、侧枝，即所谓“大树髡之，小则不髡。”（《齐民要术·栽树》）

《齐民要术》还具体提出了移栽措施的问题。移栽时要先掘好深坑，放入树株后，“以水沃之，著土令如薄泥，东西南北摇之良久，摇则泥入根间，无不活者；不摇，根虚多死；其小树，则不烦尔。然后下土坚筑。近上三寸不筑，取其柔润也”。栽植之后，“时时灌溉，常令润泽。每浇水尽（毕），即以燥土覆之，覆则保泽，不然则干涸”。贾思勰引用《战国策·魏策》中的例子告诫人们柳（或杨）经插条完毕，切不可摇动它。因为即使它是最容易活的树木，“千人树之，一人摇之”，也会死光的。对于大的树木而又要移栽较远，贾思勰指出要先准备好藁秆和熟的泥土，把树挖出后就用来封裹树根，一并埋入坑中。用这种方法搬运一百多里种植，也能成活。

《齐民要术》有大面积种植楮、榆、白杨、杨柳的记载，突出了这一时期开始出现的林业经营特点，反映出当时是边种边砍边卖以营利。例如楮，种三十亩，三年砍一次，一年砍十亩，三年砍一遍，卖作造纸原料，“岁收绢百匹”。又如白杨“岁种三千亩，三年九千亩，一年卖三十亩”“周而复始，永世无穷。比之农夫，劳逸万倍”。榆种一顷，轮番斫卖，“斫后复生，不劳更种，所谓一劳永逸”，也是“比之谷田，劳逸万倍”。这些都是卖作大小器具或建筑用材的收入，利益十分可观，其副产品榆荚及柴火等的厚利还不算。此外，还有“男女初生，各与小树（榆）二十株，比至嫁娶……娉财资遣，粗得充事”。这种方法，直至现在有些地区还继续存在。

第九节　畜牧业与水产业

一、畜牧分区和畜产品种类变化

在中国近千万平方公里的土地上，自古以来就形成了农业区、牧业区和半农半牧区。如果把中国国土以西南、东北拉一条对角线，那么被对角线所分开的两部分，基本上是两种类型的经济形式。西北部地区，包括新疆、西藏、青海、内蒙古、辽宁、吉林、黑龙江的西部边缘地区以及陕西、山西的北部边缘地区、四川的西部地区，大致是以畜牧业经济为主要成分的地区。除此之外的东南部地区，则是以农业经济为主要成分的地区。

中国西北部地区，由于自然条件的原因，年降雨量少，气候干燥，有大片草原，宜于繁殖和牧养牲畜，因此这一地带便成为畜牧业区。

新疆塔里木河东端、罗布泊的东南方，即若羌地区，在这一时期是一个农牧兼营区。新疆塔里木东南端的且末地区，在这一时期也是一个农牧兼营区，产好马、驼和骡。新疆天山山脉东端的库尔勒地区，是这一时期焉耆政权的所在地。该地区虽然也是农牧兼营区，但与上述两个地区相比，畜牧业比较发达，产橐驼、马、牛、杂畜。新疆天山南麓的库车和阿克苏地区，这一时期盛产驼、马。吐鲁番盆地地区，在这一时期属于半农半牧区，这里的畜产羊、马居多。武威及其以西地区也是一块水草丰美的天然牧场，其中包括祁连山、焉支山在内。早在秦汉时期，这里的畜牧业就十分发达，这里的畜产是匈奴族赖以向汉发动进攻的物质基础。祁连山和焉支山也是天然的牧场，水草丰美，畜牧业十分发达。河西走廊的南边便是青藏高原，是名马、牦牛的盛产地。甘肃南部、四川北部地区，在南北朝时期畜牧业比较发达，产牦牛、羊、猪。

黑龙江、吉林的东部地区，在这一时期也是一个畜牧业、农业并重的区域，牲畜品种有猪、马，但没有牛、羊。黑龙江中部地带即哈尔滨、伊春一线，南北朝时期是室韦政权的辖区范围，其畜类有猪、牛、马，但没有羊。吉林省西北部即内蒙古自治区的伊尔施地区，在这一时期是一块纯粹的畜牧业区，不产粮食。大兴安岭以东、嫩江上游以西的地区，在南北朝时期也是一个以牧业为主的地区，主要畜产品是猪。中国北部地区，即东自辽西、西至居延海的河套以及黄河以北地区，在三国两晋南北朝时期，是中国的畜牧业生产最为发达的地区。

上述是中国东北部、西北部地区在这一时期的畜牧业状况，而中国东南部地区在这一时期的畜牧业状况却无法与之相比。

文献记载了地处长江、珠江流域的吴、蜀两国的畜牧业。蜀国的西北部地区与胡羌接壤，《华阳国志》卷二《汉中志》、卷四《南中志》言其“出名马牛羊”“有畜产之富”“羌胡出马”。但就马、牛的数量上还远远不能满足仅有百万人口的蜀国本身的军事需要，在交通运输方面，诸葛亮还免不了制造木牛流马。在冷兵器时代，马匹是重要的战略资源。而孙吴所在的江东，并不盛产马匹。魏国在与东吴对抗中能够略占上风，马匹也是不可忽视的因素。辽东地区盛产良马，马匹资源非常丰富。吴嘉禾元年（232 年），孙权派将军周智与校尉裴潜泛海去辽东，向辽东的公孙渊求马，虽未成功，但从东吴四处求马活动可以看出，中国的东南部地区特别是长江中下游及闽越一带，在魏晋时期畜牧业不发达，尤其是养马业更无法与北方相比。

总之，中国牲畜种类的分布，在东自辽西、西至居延海的河套以及黄河以北地区，主要盛产马、牛、羊。驴的产地大致在半农半牧区。黑龙江、吉林等地不仅是马、牛、羊的产地，而且是猪的主要产地。新疆地区，在三国两晋南北朝时期，不仅是马、牛、羊的主要产地，而且也是驼的主要产地。四川西部和青藏高原，除了盛产马、牛、羊外，还盛产牦牛。在中国的东南部地区，主要是农业区域，畜产品的种类和数量远远不及西北部地区。

二、畜牧业发展的特征

（一）北方牲畜存栏数大幅度增长

三国两晋南北朝时期，北魏的畜牧业生产发展最为突出，牲畜的存栏数与两汉时期相比有大幅度的增长。登国三年（388 年）魏太祖伐卫辰，获牛羊四百余万头，天兴二年（399 年）魏太祖破高车，获牛、羊百四十余万头。魏世祖伐焉耆，获橐、马、牛杂畜巨万。魏太祖登国六年（391 年），灭卫辰，获名马三十余万匹。魏太祖天兴二年（399 年）破高车，获马三十余万匹。这些数字比两汉时期大得多，充分说明南北朝时期畜牧业生产极为发达，牲畜的存栏数远比秦汉时期要多。

（二）巨型牧场的建立及个体畜牧业发展

三国两晋南北朝时期，畜牧业发展的第二个特征是巨型牧场的建立，这些巨型牧场当然是国有牧场。在两汉时期便已出现国有牧场，西汉时期共有国营收场四十二所，共有马匹三十多万。北魏时期，国家建立了四个巨型牧场，其中个别牧场的马匹数量有二百万匹，约是西汉时期国家整个牧场马匹之和的五倍多。南北朝时期巨型牧场的建立标志着这一时期畜牧业生产经营和管理水平达到了一个新的高度。

南北朝时期，不但国营畜牧业比较发达，个体经营的畜牧业生产也比较繁荣，有关这方面的记载亦有不少，如苻坚在淝水之战前为了筹军备，下书悉发诸州公、私马，戎卒六十余万，骑二十七万（《晋书·苻坚载记》）。《晋书·姚兴载记》记载十六国后期，秃发傉檀向姚兴献马三千匹，羊三万头，姚兴以为傉檀忠于自己，便任命其为凉州刺史，但姚兴的部下胡咸等人表示反对，上书说："窃闻乃以臣等贸马三千匹，羊三万口，如所传实者，是为弃人贵畜。苟以马供军国，直烦尚书一符，三千余家，户输一匹，朝下夕办，何故以一方委此奸胡。"由此可以看出，南北朝时期关中地区的私营畜牧业比较发展。

三、畜牧技术

（一）家畜的饲养管理技术

1. 家畜的役养原则　《齐民要术》总结家畜饲养役用总原则是"服牛乘马，量其力能；寒温饮饲，适其天性"，按照这一原则家畜"如不肥充繁息者，未之有也"，如违背这个原则，必然导致"羸牛劣马寒食下"，意思是说瘦牛弱马必然过不了寒食节（清明前一或二日），如要避免这种情况，"务在充饱调适而已"，关键是贮足冬季饲料和进行合理的饲养管理，这样就可以避免夏饱、秋肥、冬瘦、春死的现象。

2. 马的饲养管理　对马的饲养管理，《齐民要术》提出"饮食之节，食有'三刍'，饮有'三时'"。所谓"饮食之节"就是要因畜因时制宜地给予饲料和饮水。所谓

“三刍”就是“恶刍”“中刍”“善刍”。善饲者是先粗后精，“饥时与恶刍，饱时与善刍，引之令食，食常饱，则无不肥”。同时粗料要加工，细铿，筛去泥土，“令马肥，不啌”。这与农谚“寸草铡三刀，无料也上膘”的道理相符。贾思勰还提到：“每饮食，令行骤则消水，小骤数百步亦佳。”这说明马在饮食后必须适当的运动，以利于食物的消化吸收。对休闲的马，要“十日一放，令其陆梁舒展，令马硬实也”。对骑乘用马的饲养管理，东晋葛洪《肘后备急方》卷八指出：“马远行到歇处，良久，与空草，熟刷。刷罢饮，饮竟，当饲。困时与料必病。”

3. 羊的饲养管理 养羊要适合羊的“天性”管理。选择牧羊人要求“老人及心性宛顺者，起居以时，调其宜适”。如果用性急的人或小孩放羊，“拦约不得，必有打伤之灾；或劳戏不看，则有狼犬之害；懒不驱行，无肥充之理；将息失所，有羔死之患也”。在时间上要因时制宜。要求“春夏早放，秋冬晚出”。由于“春夏气软，所以宜早秋冬霜露，所以宜晚”。

羊的放牧要求“缓驱行，勿停息”。《齐民要术》提出冬季宜舍饲不宜放牧，即由放牧转入舍饲，以避风霜。舍饲时，必须人工喂饲料，贮备冬季饲草饲料尤为重要。《齐民要术》指出：“羊一千口者，三四月中，种大豆一顷杂谷，并草留之，不须锄治，八九月中，刈作青茭（青饲料）。若不种豆谷者，初草实成时，收刈杂草，薄铺使干，勿使郁浥。”

此外，关于积茭栅栏喂羊，贾思勰在《齐民要术·养羊》中介绍：“于高燥之处，竖桑、棘木作两圆栅，各五六步许。积茭著栅中，高一丈亦无嫌。任羊绕栅抽食，竟日通夜，口常不住。终冬过春，无不肥充。”

4. 猪的饲养管理 对初生仔猪的饲养，须佐以一定的辅助饲料。《齐民要术·养猪》介绍：“初产者，宜煮谷饲之。”对肉用猪的选择，《齐民要术·养猪》记载：“供食豚乳下者佳，简取别饲之。”乳下猪，俗名“顶子猪”，可以吃到充分的母猪乳汁，生长发育快，宜于拣取饲养育肥以供肉用。在促使肉用小猪速肥方面，《齐民要术》说：“埋车轮为食场，散粟豆于内，小豚足食，出入自由，则肥速。”

当时黄河中下游地区养猪实行放牧与舍饲相结合的方法。猪是杂食性动物，《齐民要术》指出：“猪性甚便水生之草，杷耧水藻等令近岸，猪食之，皆肥。”

5. 家禽的饲养管理 《齐民要术·养鸡》记载：“鸡，春夏雏，二十日内，无令出窠，饲以燥饭。”肉用鸡的饲养：“其供食者，又别作墙匡，蒸小麦饲之。三七日便肥大矣。”产蛋鸡的饲养，提出多喂精料，“唯多与谷，令竟冬肥盛，自然穀产”。

《齐民要术·养鹅鸭》说：“俗所谓‘谷生’者。此卵既非阴阳合生，虽伏亦不成雏，宜以供膳。”鸭、鹅的饲养，对幼雏，“雏既出……先以粳米为粥糜，一顿饱食之。名曰‘填嗉’。然后以粟饭，切苦菜、芜菁英为食”。“填嗉”就是把饲料粳米充分软化为糊状，使其易于进入嗉囊，利于消化吸收。

（二）家畜的选种和繁育

《齐民要术》对母畜和仔畜的选种工作十分重视，指出可以在市场上买进怀孕即将生产的马、牛、羊等母畜，从仔畜在喂乳期间的生长情况来对母畜进行选择，好的留种，劣的淘汰。

1. 重视仔畜的选种　如对羔羊，《齐民要术·养羊》记载："常留腊月、正月生羔为种者上，十一月、二月生者次之。"其原因在于："非此月数生者，毛必焦卷，骨髓细小……其八、九、十月生者，虽值秋肥，然比至冬暮，母乳已竭，春草未生，是故不佳。其三、四月生者，草虽茂美，而羔小未食，常饮热乳，所以亦恶。五、六、七月生者，两热（指天气暑热，又饮热乳）相仍，恶中之甚。其十一月及二月生者，母既含重，肤躯充满，草虽枯，亦不羸瘦，母乳适尽，即得春草，是以极佳也。"十一月至二月生的羊羔，母乳好。因为母羊怀孕时正值秋季草肥时，母羊长得膘肥体壮，乳房膨大，小羊羔出生后，虽已没有青草了，母羊还有膘，母乳充足，待小羊断奶时，青草已长出，羊羔可吃上新鲜青草，因此长得好。目前，中国西北牧区仍留冬羔作种，可见《齐民要术》中总结的经验是有科学道理的。

2. 根据外形选择母猪　《齐民要术·养猪》提出："母猪取短喙无柔毛者良。"因为"喙长则牙多，一厢三牙以上则不烦畜，为难肥故。有柔毛者，烟治难净也"。因喙短必然善于吃食，会吃食消化系统必然发达，因而易于早熟和肥育。关于柔毛，一般经验认为，这种绒毛猪留种，一定长不好。相反嘴筒长则牙多，一边有三牙以上，即因齿多不善于吃食，不易肥育；同时嘴筒长是近于原始品种，故不宜留种。

3. 多方面选择家禽　《齐民要术·养鸡》记载："鸡种，取桑落时生者良。"这样的鸡"守窠，少声，善育雏子"。鸡主要以选取善于孵化的留为种鸡。"鹅、鸭并一岁再伏者为种"。因为"一伏者，得卵少，三伏者，冬寒，雏亦多死也"（《齐民要术·养鹅鸭》）。这里的"再伏"指第二次孵化的。这次孵化一般在三四月间，这时天气转暖，青草初生，白昼放养时间长，苗鹅、苗鸭长得好，发育快，最适宜留作种。而第一次孵化与第三次孵化的都在冷天，受精率、孵化率和生活率都不高①。

4. 重视家畜的远缘杂交和畜禽繁育中的公母比例　《齐民要术·养牛、马、驴、骡》载："骡：驴覆马，生骡则难。常以马覆驴，所生骡者，形容壮大，弥复胜马。然必选七八岁草驴（母驴），骨目正大者：母长则受驹，父大则子壮。"文中讲以公马和母驴交配生出的骡子，比马还壮。但母本要选体形大的驴，父本要选强壮的马，这样可得到强壮的后代。这种后代一般耐粗饲、耐劳，抗病力及适应性强，挽力大而能持久。另外还讲："草骡不产，产无不死。养草骡，常须防，勿令杂群也。"母骡不产后代，即使怀孕生产也不能成活。因此，母骡不要杂群，要单独放养。书中很好地总结了中国劳动人民利用杂交优势及杂交后代不育的经验。

---

① 缪启愉. 齐民要术校释[M]. 北京：农业出版社，1982.

在畜、禽繁育方面，《齐民要术》已重视公母配合比例，如《养羊》篇指出："大率十口二羝。"原注说："（公羊）少则不孕，羝多则乱群。"在自然交配中，这一配合比例是比较恰当的，因公羊多要乱群，少则不易怀孕，而且不怀孕容易消瘦，这样不仅不能繁殖后代，经过一冬还会死去。由于怀孕母羊能分泌黄体激素，促进机体新陈代谢，提高消化吸收率，因此比未孕母羊要肥。

对家禽的配合比例，如鹅："三雌一雄"；鸭："五雌一雄"；鸡，引《家政法》是："雌鸡十只，雄一只"。

（三）相畜术的发展

相畜术是畜禽选种的基础，只有通过相畜术辨别出畜禽的优劣，才能淘汰劣种，留下良种。这一时期的相畜术，特别是相马术，在理论上有较大发展。

1. 马的鉴定　《齐民要术》对马匹外形鉴定的方法是先淘汰严重失格和外形不良的"三羸五驽"，再相其余。所谓"三羸"，即"大头小颈一羸，弱脊大腹二羸，小胫大蹄三羸"。笨重的大头用一个孱弱的脖子支持；不坚实的脊柱，加上一个草包大肚子，使腹部凹陷；细脚管配上一个大蹄，则举步艰难；这三者是严重的失格和体形不良。所谓"五驽"，就是"大头缓耳一驽，长颈不折二驽，短上长下三驽，大髂短胁四驽，浅髋薄髀五驽"。在笨重的大头上长着两个"牛耳"或"担杖耳朵"，细长而不弯曲的脖子，群众叫"螳螂脖子"，短上长下属幼稚型发育不全，大胳短胁，表示后躯和中躯的不协调，使后躯笨重，浅髋薄髀，表示大腿肌肉发育不良，推进力差。

在鉴定技术上，人们已掌握到外部形态与内部器官的有机联系，了解到外形是内部器官的外部表现，能反映它生理机能的特点和役使能力。如"相马五脏法"中指出："肺欲得大，鼻大则肺大，肺大则能奔""肠欲得厚且长，肠厚则腹下广方而平。"对体型鉴定，《齐民要术》指出："望之大，就之小，筋马也；望之小，就之大，肉马也。"并进一步阐明："致瘦欲得见其肉（指肩前肉），致肥欲得见其骨（指头颅骨）。"马看起来大，摸起来小；看起来小，摸起来却大，两种截然相反的感觉而得出两种截然不同的类型，即"筋马"和"肉马"型。所谓"筋马"，即相当于现代外形学上的干燥或紧凑型，属于骑乘马；"肉马"则是湿润或疏松型，即乘挽兼用型，是良好的役用马。

2. 牛的鉴定　《齐民要术》指出，牛的体型要求"身欲得促，形欲得如卷""插颈欲得高，一曰体欲得紧"，并提出"大胅疏肋难饲……口方易饲"。鬐甲短促而紧凑的体型是役用牛的理想体型，而大胅疏肋是一种粗糙疏松的体型，必然伴随着腹垂、凹腰和全身结构松懈，则役力不强。

四、兽医成就

三国两晋南北朝时期，中国传统兽医学和药学在汉代的基础上，有了很大发展和提高。不过，这一时代的兽医专著都已失传，现在能见到的只是东晋葛洪《肘后卒救方》，南朝梁陶弘景加以增补，称《肘后百一方》，金人杨用道又加增修而成《肘后备急方》，以及《齐民要术》卷六养马、牛、猪、羊诸篇中记载的备急治疗方法和方药。前者谈到 13 种家畜病及治法，后者选录了 48 种方药和治法。由于书的性质不是专业书，记载这些方药的目的是“备急”，为缺医少药的农村提供一些急性病的抢救措施和常见病的防治方法，为旅途中的畜养者提供应急疗法，因而选录的疗法和方药都是简单易行和容易取得的药物。它虽然不可能代表这一时期兽医学术的全貌，但也大体概略窥见当时兽医学术发展水平。

（一）传染病、侵袭病的防控

根据文献记载，这一时期畜疫有时很严重，如北魏时“牛大疫，死者十八九，官车所驭巨犗数百，同日毙于路侧，首尾相属，麋鹿亦多死”（《魏书·天象志一》）。巨犗现名大键牛，是体型大的去势公牛。拉车的牛一天死于路侧几百头，可想疫病传染的剧烈程度。羊的传染病也相当多，《齐民要术》提到羊疥常会“合群致死”，“可妒浑”病常“迭相染易，著者多死，或能绝群”。畜养者为免除生产破坏和遭受严重的经济损失，在没有疫苗免疫预防的条件下采用隔离预防和治疗。

对马、羊的疥癞治疗，《齐民要术》提出七种外治药方，《肘后备急方》提出三种，分别适用于各种家畜轻、重疥癞病。其中疗效显著的则刺激性较大，毒性较强，因此不能遍体涂搽，“宜历落斑驳，以渐涂之”。常用的有下列几法：①以柏沥、芥子涂搽。②藜芦根切片，以米泔水浸泡之，装瓶中密封，置温暖处令发酵，有醋香味时即可用。或用藜芦，细捣为末，以生油调涂。③猪脂加雄黄涂。一方用熏黄。票黄为硫黄之黑者，以其燃烧产生二氧化硫，用之累潮湿物品，具有漂白、杀虫、灭菌作用。硫黄软膏至今仍为治皮肤病常用药。雄黄为砷剂，能使疥螨虫致死。④以巴豆研成霜，以甘汞（腻粉）和麻油调涂。

另外，《肘后备急方》有治羊疽疮方：“附子八分，藜芦二分，末敷之，虫自然出。”此方对蝇蛆病或疥螨虫病有效。

这时对家畜传染病、侵袭病进行预防受到重视，如《齐民要术》说：“羊有病，辄相污，欲令别病法，当栏前作渎，深二尺，广四尺，往还皆跳过者无病；不能过者，入渎中行过，便别之。”这种方法对体弱病羊的鉴别有效，但对已感染尚未发病的羊只就无法辨别了。

（二）兽医治疗学的进步

这一时期的本草学（中医药物方剂学）有较大的发展，这为使用中药治疗家畜疾病提供了基础。

马属动物的常发病有便秘疝、痉挛疝、胞转等。《肘后备急方》说：“马起卧，脬转及肠结，此方并主之。”便秘疝和痉挛疝是性质相反的两种病，所用药物细辛、防风、芍药是治痉挛疝的药物，浓盐水、芒硝油又为治便秘疝的药物，大青叶、寒水石、郁金是清热药，可用于伤热的便秘疝，却不能用于伤寒的痉挛疝。从原文“灌前方后再灌后方”，把三个性质不同的病混在一起，说明《肘后备急方》的编者不明这些病是什么。它所写的材料是从当时的兽医书上抄来合并编写的，才会有此谬误。另外，反映当时的兽医对这三种病的认识和治法已有较深入的研究，特别是胞转症（膀胱痉挛麻痹的闭尿症）用直肠内摩法，腹下以木棍刮擦法进行治疗，临床证明疗效不错。“以手内（伸入）大孔（肛门），探却（掏出）粪，大效”，这种直肠掏结和直肠按摩的治疗方法为隋唐的起卧入手积累了经验，成为中国兽医学上的一项宝贵遗产。

大家畜常因蹄部受伤和久站于泥泞污秽中，形成干漏、湿漏、毛边漏、蹄匣炎、蹄叶炎等，《齐民要术》称这些病为漏蹄、瘙蹄，并提出十三种治疗方法，其中以沸醋酒盐溶液浸漏蹄是一个好方法。对狭蹄（蹄壳变形狭窄）则用锯子切割患蹄，呈上尖下宽的箭矢形，深约一寸，尖端以切到蹄皮层放出瘀血为限度，用以治败血凝蹄的蹄皮炎和蹄匣变狭窄的狭蹄症。

（三）阉割术的发展

《齐民要术》还对猪、羊的阉割（犍）术进行总结，如猪：“其子（仔猪）三日便掐尾；六十日后犍。”原注：“犍者，骨细肉多；不犍者，骨粗肉少。如犍牛法者，无风死之患。”这不但说明阉割可以提高肉用家畜的品质，同时也反映了牛、猪的阉割，已发展到可以避免破伤风致死的高水平。

对羊的“剩（去势）法”为：“生十余日，布裹齿脉（指精索）碎之。”用布包裹精索，用锤锤碎，使性的机能消失而加速肥育。这种锤羊法的去势术，至近现代华北地区的农村仍在沿用。

五、水产养殖

渔业在三国两晋南北朝时期只是作为一种辅助的生产领域，主要在于水产品给人们提供了鲜美的食品，所以予以不同程度的开发，如南朝宋人羊希所提到的“陂湖江海鱼梁鳝鮆场”。渔业不仅在江南得到开发，北方也有开发。

南方水面较广，水产品种较多，捕捞或饲养较容易，人们也习惯于食用水产品。东吴时，便有专门管理渔业的官吏，孙皓时的司空孟仁，未发达时曾担任过监池司马，经营国有鱼池。他“自能结网，手以捕鱼，作鲊寄母，母因以还之，曰：‘汝为鱼官，而以鲊寄我，非避嫌也。’”（《三国志·吴书·孙皓传》）西晋时杜预曾说淮水流域各地陂塘极多，“当持鱼菜螺蛑”，这也就是与袁术军队在淮南依靠螺蛤一类为粮食的意思相同了。

又如刘宋时徐湛之为南兖州刺史，便称广陵“城北有陂泽，水物丰富”（《宋书·徐湛之传》）。南朝青州州治在郁州，“郁州在海中，周回数百里，岛出白鹿土，有田畴鱼盐之利”（《南齐书·州郡志上》）。也就是说今江苏省连云港市盛产鱼盐。由于水产丰富，所以渔业相应而生，人们食用鱼类食品不少，如东晋刘超家贫，明帝便“赐以鱼米”（《晋书·刘超传》）。梁时何远为武昌太守，十分清廉，不占百姓利益，“江左多水族，甚贱，远每食不过干鱼数片而已”（《梁书·良吏·何远传》）。鱼在某些地区成了珍贵食品，梁时傅昭为安成内史，“郡溪无鱼”，有人为了拍他的马屁，在大夏天送鱼给傅昭尝个新鲜，傅昭既不好推辞，又想表示自己廉洁，因此收下后却不吃，“喂于门侧”。渔业在南方是较受重视的，究其原因与江南水域面积阔大宽广、水产品丰富是分不开的，也与水产品味美、肉细、营养价值高联系在一起。

北方也不同程度地捕捞和食用水产品，因而存在一定的渔业经营。居住于洛阳的西晋人潘岳，写过一篇《闲居赋》，便提到“池沼足以渔钓”（《晋书·潘岳传》）。北周萧大圜所写赋中也有“俯泳鳞于千浔”（《周书·萧大圆传》）。北齐天保八年（557 年）四月曾下诏：“诸取虾蟹蚬蛤之类，悉令停断，唯听捕鱼”（《北齐书·文宣帝纪》）。贾思勰《齐民要术》中专门有《养鱼》一篇，介绍如何在北方人工养鱼。他介绍了陶朱公所说的养鱼方法，说用六亩地挖成池塘，放入二十头长三尺的怀子鲤鱼和四头长三尺的雄鲤鱼，到一年后可以收获一尺、二尺、三尺长的各大小鱼七万头，平均一头值五十钱，就可得钱一百二十五万。再过一年则各种长短的鱼可收二十四万头，可得钱五百一十五万。贾思勰认为：“如朱公收利，未可顿求，然依法为池，养鱼必大丰，足终天靡穷，斯亦无赀之利也。”（《齐民要术·养鱼》引《陶朱公养鱼经》）由此说明，人工养殖水产在当时的北方地区是受到重视的，而且获利较丰。

这一时期的渔业，由于南北水域资源条件不同，所以南方明显比北方所占比重大一些，并且充分利用了江河湖泊陂塘和海面水域，不仅捕捞自然生成的水产品，而且开展了人工养殖，对有条件的水域经常加工修理，以扩大产量。当时消费范围很广，社会各阶层人士都有可能消费，从有专门的渔业税等因素看，产量估计不小。北方由于水域面积较少，渔业自然落后于南方。

第十节　农业思想与农史人物

三国两晋南北朝时期，以土地私有制为基础的社会经济形式和中央集权制统治方式使得重农轻商依然是社会经济思想的主流。早在春秋战国时期，农本思想就已出现，一方面是由于个体小农与地主经济生产方式的产生和成型，另一方面是由于商鞅、韩非的大力倡导和农家学派的广泛传播。到了秦汉时期，贾谊、晁错等思想家进一步强调本末之别，从而让重农思想逐步成为传统社会的主导经济思想，对后世产生了深远影响。三国两晋南北朝时期，由于战乱频仍造成社会经济急剧下滑，人民流离失所之下生活难以保障，同时，连年的战争也需要为军队提供大量粮食物资，在这种社会环境下，重农思想得到了进一步发展和巩固。这一时期，比较重要的农史人物有傅玄、杜预、周朗、李安世、李冲、苏绰、贾思勰等，同时，这一时期出现了在世界农学史上有着重要地位的农学著作《齐民要术》。

一、傅玄的农业思想

傅玄（217—278年），字休奕，泥阳（今陕西耀县东南）人。曹魏西晋时在朝做官，官至司隶校尉，著有《傅子》一书和《傅玄集》，后大都散佚。

傅玄对农业极为重视，认为农业发展是实行礼义教化的前提条件。傅玄对先秦时期管仲所提出的四民分业的主张进行了批判式的继承和发展，管仲强调分工定业，世代相袭，集中定居，加强管理。傅玄强调分工殊务，平衡比率，以农为本，四民重农①。由此可见，傅玄的着眼点在于维护和完善中央集权制统治，提高财政收入，增强中央政权的政治、经济和军事实力，但从社会实际而言，这一思想的推行对于农业生产发展和农民安居乐业也起到了较大的促进作用。

傅玄认为，要进一步促进农业发展，就需要调整和减轻赋役。他强烈抨击秦朝暴征民力的做法，要求减轻民众的赋役负担。傅玄在总结古时赋役管理经验的基础上提出了赋役政策三原则，即“黄帝之至平，夏禹之积俭，周制之有常”。对于屯田，傅玄反对单纯地追求规模，而更强调经济效益。对于兴修水利，傅玄认为官员的个人素质和水利知识对于开展水利管理工作极为重要，并主张恢复先帝旧制，将河流分为五部分，任命五个精通水利的官吏进行专门管理。

二、杜预、周朗、李安世、李冲的农业思想

杜预（222—284年），字元凯，京兆杜陵（今陕西西安东南）人，曾任镇南大将军，封当阳县侯，撰有《春秋左氏经传集解》《春秋释例》《春秋长历》等。杜预的农田水利理论较为丰富，对于水利工程的兴修有着突出贡献，其水利思想对后世也产生了积极影响。杜预的农田水利论源于当时的严重水患现状，他认为应先开掘水坝，疏导洪水，缓解水患危害，稳定灾民，恢复生产，在此基础上再研究根除水害的方略。同时，他认为导致水害频仍的主因是忽视农田水利建设，他主张在全国范围内进行一次大规模的水利设施整治工程，去除曹魏以后修筑的无效多余的水塘，修缮加固汉代的水坝水塘②。

周朗（425—460年），字义利，汝南安成（今江西安福东南）人，曾任太子中舍人、庐陵（今江西吉水东北）内史等职。周朗的农业思想是对传统以农为本思想的继承和发扬，指出：“农桑者，实民之命，为国之本，有一不足，则礼节不兴。”（《宋书·周朗传》）总体而言，他的重农思想主要有八个方面：第一，用教民立治；第二，以农桑为本，扩大耕地面积；第三，用绢布代钱，以提高绢布的地位；第四，取消计赀而税之制；第五，发游手佐农；第六，反对分家和长期服丧之制；第七，斥帝宫奢丽，主张节俭；第八，检括州郡民户。

李安世（443—493年），赵郡平棘（今河北赵县南）人，曾任中散大夫、安平将军、相州（治所在今河北临漳邺镇）刺史等职。在中国农业思想史上，李安世作为实施

---

① 高敏. 魏晋南北朝经济史（下册）[M]. 上海：上海人民出版社，1996：1044.

② 钟祥财. 中国农业思想史[M]. 上海：上海社会科学院出版社，1997：118.

了近三百年之久的均田制的创始人而占有独特的地位[①]。李安世的均田理论是在一篇上疏中提出来的，他对当时的土地状况及其弊害进行了分析，并提出以均田制为主要内涵的土地调整方案，其中的“力业相称”等原则都具有较高的创新性。

李冲（450—498年），字思顺，陇西狄道（今甘肃省临洮县南）人，曾任中书令太子少傅、尚书仆射等职。为了加强农村人口的管理，他向朝廷提出了古法三长制的解决方案：“宜准古法：五家立一邻长，五邻立一里长，五里立一党长长取乡人强谨者为之。邻长复一夫，里长二，党长三，所复复征戍，余若民。三载亡愆则陟用，陟之一等。”（《魏书·食货志》）其方案得到了朝廷的认同并付诸实行，取得了较好的效果。

三、苏绰、《刘子》的农业思想

苏绰（498—546年），字令绰，陕西武功人。曾任大行台左丞、大行台度支尚书、司农卿等职。苏绰的重农思想主要体现在他向朝廷呈交的《六条诏书》中，提出“敦教化”“尽地利”“均赋役”。关于“敦教化”，他认为民风民俗关系到国家的治乱兴亡，衣食足而敦教化，是儒家思想和重农思想的融合体现。关于“尽地利”，他提出四个层次的想法，第一，“夫衣食所以足者，在于地利尽”；第二，“地利所以尽者，由于课业有方”；第三，强调掌握农业生产的时间规律，及时耕、种、收；第四，强调处理适中，不要走极端。关于“均赋役”，他提出“令平均，使下无匮”，也就是说，不论是豪强士绅还是贫弱民众，都要以平均为原则使其各自承担应该而又有能力承担的定额。

《刘子》，又名《新论》《刘子新论》《流子》。此书作者不详，据今人考据研究，以梁刘勰所作之说较有理由。刘勰，字彦和，东莞莒（今山东莒县）人，曾任东宫通事舍人、步兵校尉等官，著作还有《文心雕龙》。《刘子》共五十五篇，其中《贵农》专谈农业。《刘子》中主要体现了以农为本的思想。它指出：“衣食者，民之本也；民者，国之本也。”（《刘子·贵农》）书中还强调保证农业劳动力的重要性，提出减少徭役征派的建议。此外，《刘子》还详细论述了遵守农作物生长规律的问题，体现了朴素的农业生态保护的思想。

四、贾思勰的《齐民要术》及其农业思想

贾思勰（生卒年不详），山东益都人，曾任北魏高阳郡（今山东淄博市临淄西北）太守，直接从事过农业生产，史书中没有他的传记，其生平事迹主要见于《齐民要术》一书中。贾思勰所作的《齐民要术》大约成书于公元533—544年，“齐民”即平民，“要术”即谋生的重要方法。

《齐民要术》内容极为丰富，全书分10卷，共92篇，前五卷记载了粮食、油料、纤维、染料作物、蔬菜、果树、桑柘（附养蚕）等栽培技术，卷六主要记载了禽畜和鱼类的养殖技术，卷七至卷九对农副产品的加工、储藏做了详细记载，卷十引述了140余

① 钟祥财. 中国农业思想史[M]. 上海：上海社会科学院出版社，1997：128.

种农作物品种。通观全书，《齐民要术》系统总结了公元 6 世纪以前中国的农业生产技术经验。在耕作方面，系统总结了中国黄河流域精耕细作抗旱保墒的经验，理论分析和技术措施兼具，并系统总结了“绿肥轮作制”这一先进的种植制度。在种子处理方面，总结了一套较为完善的选种、留种和良种繁育制度。在畜牧业方面，总结了饲养管理、选种、育种、外形鉴定、畜产品加工等方面的经验，收集了阉割法、中兽医辨证论等兽医技术。在蚕桑养殖方面，详细记载了“低温催青法”、盐腌法等古代蚕桑生产技术。同时，《齐民要术》中所反映的农业思想主要体现在重视农业、科学总结农业生产经验、大力促进农业生产并注意节约和积蓄粮食、丰富的农业经营管理经验等方面。

《齐民要术》在布局和内容上是对《氾胜之书》和《四民月令》的继承和发扬，但在知识的深度和广度方面都远远超出了后者。《齐民要术》中引用的资料及图书共 180 余种，而《氾胜之书》《四民月令》《广志》等引用的文献典籍已经亡佚失传，这些珍贵史料得以保存，《齐民要术》厥功至伟。

《齐民要术》是中国保存完整的最早农书，同时也是世界上现存最早并对世界农业科学史产生了重要影响的珍贵典籍。《齐民要术》对中国隋唐以后的农业科技发展产生了重大影响。元代司农司编撰的《农桑辑要》、王祯编撰的《王祯农书》，明代徐光启编撰的《农政全书》，清代的《钦定授时通考》等均对《齐民要术》有明显的传承。现代中、日、韩等国家研究《齐民要术》的学者，更是给予该书极高的赞誉[①]。现存北宋“崇文院”刻本残卷；日本金泽文库藏抄北宋本。中华人民共和国成立初期，农业部提出将《齐民要术》等古农书印发全国。1955 年 4 月，农业部召开整理祖国农业遗产座谈会，确定整理校释《齐民要术》。至于《齐民要术》的历史地位，有学者认为：“我们在称颂它为‘我国最完整农书’之外，还应该称它为全世界最早最完整的封建地主的家庭经济学。”[②]

思考题

1. 简述《齐民要术》中轮作、间作、混作和套作的技术。
2. 《齐民要术》中的耕、耙、耱防旱保墒耕作技术体系如何形成的？
3. 《齐民要术》在农学方面的主要成就有哪些？
4. 三国两晋南北朝时期的土地制度和赋税制度有哪些特点？

---

① 孙金荣. 《齐民要术》研究 [M]. 北京：中国农业出版社，2015：1-3.

② 胡寄窗. 中国经济思想史（中册）[M]. 上海：上海人民出版社，1963：304.

第六章

隋唐五代时期传统水田农业的发展

隋唐五代，包括隋（581—618 年）、唐（618—907 年）、五代（907—960 年），共 380 年，经历了一个较长时期，随后又进入南北分裂。隋唐比秦汉更强大，已进入中央集权制社会的盛期，农业生产在更广阔的基础上长足发展，中唐以后全国经济重心由黄河流域向长江流域转移，黄河流域农业经济有一定衰退。

第一节　农业发展背景

一、隋唐五代农业发展阶段

隋唐五代与中国历史上的其他阶段相比，这 300 多年农业发展的历史具有比较鲜明的时代特征，根据其政治形势和国家政策的变化，我们可将其分为五个阶段来概述。

（一）隋前期“人多殷富”，短暂繁荣

隋朝建立后，文帝、炀帝父子进行了一系列的整顿和改革。政治上，改革官制，在中央实行三省六部制，在地方实行州县制；制定刑律《开皇律》；改革选拔人才制度，创立科举制；革新府兵制，最终完成了“兵农合一”。经济上，继续推行均田制；赋役上，继续推行租、庸、力役制度；设立三长制，推行“大索貌阅”和“输籍定样”。

以上整顿和改革，强化了中央集权，加强了国家对人力物力的控制和调拨，也在较大程度上调整了社会生产关系，使人民的生活得到了一定的保障，促进了农民生产的积极性，提高了生产效率，农业生产得到了较大发展。首先是农业人口的显著增长。据《通典・食货七・历代盛衰户口》记载，北周大象三年（581 年），隋夺北周政权，仅得 3 599 604 户，到了大业二年（606 年），增至 8 907 536 户。不到三十年，增长了 4 807 932 户①。其次是垦田面积的不断扩大。据《通典・食货・田制》记载，开皇九年

① 杜佑. 通典[M]. 北京：中华书局，1988：147-148.

（589年），全国的垦田数19 404 276顷。至大业年间，增至55 854 040顷。二十年间增长了一倍多。最后是仓储的丰实，隋王朝仓储丰实是非常著名的，当时“诸州调物，每岁河南自潼关，河北自浦坂，达于京师，相属于路，昼夜不绝者数月”。到了开皇十二年（592年），出现了“库藏皆满”之象（《隋书·食货志》）。开皇三年（583年），隋文帝下诏在卫州（河南汲县）置黎阳仓，洛州置河阳仓，陕州置常平仓，华州置广通仓，这些粮仓在短短的一二年就充满了。据载，开皇五年（585年）以后，关中连年大旱，一次就从广通仓调出“粟三百余万石”，拯济关中（《隋书·食货志》）。史载文帝末年，“计天下储积，得供五六十年”（《贞观政要·辨兴亡》）。总之，隋前期，特别是隋文帝在位的二十年间，是农业发展较快的一个时期，史称“躬节俭，平徭赋，仓廪实，法令行，君子咸乐其生，小人各安其业，强无凌弱，众不暴寡，人物殷阜，朝野欢娱。二十年间，天下无事，区宇之内晏如也”（《隋书·高祖纪下》）。

（二）隋后期炀帝暴政，“千里无烟”

隋炀帝杨广是一个充满争议的帝王，他修建东都、开凿运河、创置进士科，具有深远的历史意义。但他刚愎自用，不惜民力。隋炀帝在位期间，远征林邑、三征高丽，三下江都、六巡北塞，赋役繁重，滥刑酷罚，推行了一系列的暴政。

隋炀帝暴政破坏了农村经济。据统计，隋炀帝三征高丽共征发兵卒、役夫达三四百万之多①。兵卒、役夫死伤者甚众，如为了攻打高丽，命工匠在东莱海口造战船，因立于水中的时间过长，“自腰以下，无不生蛆，死者十三四”（《隋书·元弘嗣》），而转运粮食器械的民夫“往还在道，常数十万人，填咽于道，昼夜不绝，死者相枕，臭秽盈路”（《资治通鉴》卷一百八十一）。大业元年（605年）三月，“每月役丁二百万人”，营建东都，因为“役使促迫，僵仆而毙者十四五焉”（《隋书·食货志》）。同年又下令“发河南、淮北诸郡民，前后百余万，开通济渠”（《资治通鉴》卷一百八十）。大业三年（607年）七月，“发丁男百余万筑长城”，因役期太急，“一旬而罢，死者十五六”（《隋书·炀帝纪上》）。大业四年（608年）正月，又“发河北诸郡男女百余万开永济渠”（《隋书·炀帝纪上》）。劳役和兵役的苛重造成农村劳动力的短缺，“耕稼失时，田畴多荒”，史载“黄河之北，则千里无烟，江淮之间，则鞠为茂草”（《隋书·杨玄感》）。农村一片荒凉景象。

（三）唐前期励精图治，“仓廪俱实”

唐代前期出现了历史上十分闻名的两个盛世。唐太宗李世民在位23年（626—649年），改革中央和地方的政权机构，修订《唐律》，继续推行和革新均田制、租庸调制，继续推行并健全府兵制。他重视用人、敢于纳谏、注意法制，政治比较清明，史称“贞观之治”。唐玄宗开元年间（713—741年），任用姚崇、宋璟、张九龄等人为宰相，裁汰

① 朱绍侯. 中国古代史（上册）[M]. 福州：福建人民出版社，2000：536.

冗官，整顿吏治，抑制食封贵族，压制佛教势力，兴修水利，限制土地兼并，重视文化教育，政局稳定，社会发展，史称“开元之治”。

唐代前期一百多年，农业生产得到了比较迅速的发展。唐太宗时期，就出现了繁荣的盛况，史载：“天下大稔，流散者咸归乡里，斗米不过三四钱，终岁断死刑才二十九人。东至于海，南极五岭，皆外户不闭，行旅不赍粮，取给于道路焉。”（《资治通鉴》“贞观四年”）唐玄宗开元、天宝年间达到了高峰。据文献记载，天宝八年（749 年）官仓的存粮共有粟米 9600 万石（《通典·食货·轻重》）。杜甫的《忆昔》诗说：“忆昔开元全盛日，小邑犹藏万家室。稻米流脂粟米白，公私仓廪俱丰实。九州道路无豺虎，远行不劳吉日出。齐纨鲁缟车班班，男耕女桑不相失。”

杜甫的诗歌往往具有纪实的特点，号称“诗史”。这首诗比较真实地反映了开元年间官仓和私廪里堆满了粮食的实情。1971 年，考古工作者曾对唐代洛阳的含嘉仓进行发掘，探明全仓面积达 42 万平方米，探出圆形窖穴 295 座。其中有一个窖穴还存留着唐代储藏的现已变质炭化的谷子，据推算，这堆谷子在当时储放时约有 50 万斤①。随着社会经济的发展，人口不断增加。武德年间（618—626 年）全国有户 200 余万，贞观初年增加到 300 万，永徽三年（652 年）上升到 380 万，到天宝十四年（755 年），全国户增至 8 914 709，有人口 52 919 309。

（四）唐后期民有“八苦”，国有“九破”

“安史之乱”是唐代由盛转衰的转折点，乱前全国户数 890 多万，乱后仅剩 190 多万。黄河流域一片萧条，“东至郑汴，达于徐方，北自覃怀，经于相土，人烟断绝，千里萧条”（《旧唐书·郭子仪传》）。

唐后期，土地集中，政治腐败，藩镇割据，朋党之争，宦官专权，国破民苦。唐懿宗在位时（859—873 年），荒淫无度，大肆挥霍，极尽奢华之能事。咸通十四年（873 年），从法门寺迎奉佛骨，“广造浮图、宝帐、香舆、幡花、幢盖以迎之，皆饰以金玉、锦绣、珠翠。自京城至寺三百里间，道路车马，昼夜不绝”（《资治通鉴》卷二百五十二）。地方官吏和节度使巧取豪夺，重税于民，如田承嗣任魏博镇节度使时“加重税率”，以“老弱事耕稼，丁壮从征役”（《旧唐书·田承嗣传》）。唐武宗在制书中说：“内外诸州府百姓，所种田苗，率税斛斗，素有定额，如闻近年长吏。不守法制，分外征求，致使力农之夫，转加困弊。”（《唐会要·租税下》）唐后期的土地十分集中，所谓“富者田连阡陌，贫者无立锥之地”（《旧唐书·懿宗纪》）。但“田连阡陌”者往往转嫁赋税负担，史载“广占阡陌，十分田地，才税二三”（《全唐文·同州奏均田状》），有的竟“全免科差”（《唐大诏令集·乾符二年南郊赦》）。《全唐文》卷八百四十载刘允章《直谏书》说，国有九破：终年聚兵、蛮夷炽兴、权豪奢僭、大将不朝、广造佛寺、（贿赂）公行、长吏残暴、赋役不等、食禄人多输税人少。民有八苦：官吏苛刻、私债征

① 河南省博物馆，洛阳市博物馆. 洛阳隋唐含嘉仓的发掘[J]. 文物，1972（3）：49-63.

夺、赋税繁多、所由乞敛、替逃人差科、冤不得理屈不得伸、冻无衣饥无食、病不得医死不得葬。

（五）五代时军阀混战，南方较稳

在五代十国的五六十年里，军阀混战，黄河流域尤其严重。他们“所至屠老孺，焚屋庐，城府穷为荆莱”（《新唐书·秦宗权传》）。当时，西起关中，东至青、齐，南及荆、郢，北达卫、滑，人烟稀少，甚至洛阳城里，也是“城邑残破，户不满百”（《新五代史·张全义传》）。各地军阀为了进行战争，大量增加赋税和徭役。后晋范融说：“天下黎民，莫非疲弊，天下州县，靡不凋残。加以率敛频仍，徭役重叠。”（《册府元龟谏净·直谏》）后汉时，每斛正税之外加收二斗“鼠雀耗”，又收“牛皮钱”、农具税、过桥税等，加重盐、茶、酒、矾、曲等税额。此外，北方人民还备受契丹军队的骚扰和掠夺，他们所经之处，皆被“焚剽殆尽”（《新五代史·四夷附录》），更增加广大人民的痛苦。

不过，这一时期南方相对稳定，战争较少，农村经济也得到一定的发展，特别是长江下游的吴、南唐、吴越，较为显著。当时，吴越在钱塘江入海处修筑捍海石塘，吴和南唐在丹阳疏浚练湖，在句容疏浚绛岩湖，在楚州（江苏淮安）筑白水塘，在寿州（安徽寿县）筑安丰塘，少者溉田数千余顷，多者溉田达万顷以上。南方经济作物也日益增加，建州（福建建瓯）一带“厥植惟茶”（宋子安《东溪试茶录》，四库全书本），南唐境内“桑柘满野”（《资治通鉴》卷二百七十）。

二、农业史上的大转折

（一）农业重心南移的关键时期

经济重心南移问题在学术界一直存在争议，有战国说、东汉说、魏晋南北朝说、隋代说、唐代说、安史之乱说、五代说、北宋说、北宋晚期说、南宋说等①。黄今言认为，东汉之时，江南经济虽然获得了较大发展，成为全国经济重心南移的孕育期，然而，当时全国的经济重心却仍在黄河流域的中原地区②。郑学檬认为，经济重心南移至北宋后期已接近完成，至南宋则全面实现了③。因此，经济重心南移的转折点在“安史之乱”。

为什么说“安史之乱”是转折点？先看看北方，这里因战乱导致“人烟断绝”“千里萧条”“洛阳四面数百里，州县皆为丘墟”（《资治通鉴》）。农业生产急剧下降，因牧场的丧失，汉代以来发达的国营养马业也迅速衰落。反观南方农业，却出现了一个飞跃。其一，唐代后期，江东地方比较普遍地使用了当时最先进的曲辕犁，并与耙、碌碡

---

① 程民生. 关于我国古代经济重心南移的研究与思考[J]. 殷都学刊，2004（1）：47-59.

② 黄今言. 秦汉江南经济述略[M]. 南昌：江西人民出版社，1999：16.

③ 郑学檬. 中国古代经济重心南移和唐宋江南经济研究[M]. 长沙：岳麓书社，1996：17.

和砺礋等工具进行配套，初步形成了一整套南方水田精耕细作的技术体系。这一时期南方水稻作业的用工量也增加了，表明南方水田的集约化程度已超过了北方旱地农业。其二，南方的水利建设也逐步超过了北方，在太湖流域形成了塘埔圩田系统，在今天的江西南昌、湖南常德等地的农田开发也取得了突出的成就。其三，南方的稻米逐渐取代北方的粟，成为主要的粮食作物[①]。其四，随着南方农业的发展，与之密切相关的纺织业、茶业、造纸业、商业也得到长足发展，有的行业迅速超过北方。其五，南方农业物资成为北方的依赖，并且迅速强化为不可逆转的趋势。当时权德舆说："江淮田一善熟，则旁资数道。故天下大计，仰于东南。"（《新唐书》卷一百六十五）刘晏也说："潭、衡、桂、阳必多积谷……沦波挂席，西指长安。三秦之人，待此而饱；六军之众，待此而强。"（《旧唐书》卷一百二十三）可见唐后期南方已成为当时主要的"粮仓"。

（二）从税人到税产的转变

中国古代的赋役制度广泛涉及农村、农业、农民，虽具体的情况复杂，但就总的发展趋势而言，从秦汉至明清经历了一个税人到税产的转变，而这一转变的关键性节点即是唐代的两税法。

秦汉时期的赋税徭役大致包括租税、赋敛、徭役三个方面，租税征收主要依据土地和资产，赋敛和徭役征收主要依据丁口。基于土地和资产的租税较轻，基于丁口的赋敛和徭役苛重。《汉书·食货志》称秦"收泰半之赋"，言"赋"的负担比"租"的负担重了"泰半"。《文献通考·田赋考》亦说秦"舍地而税人，征赋二十倍于古"。汉代亦然，并成为战国以来统治者的一贯政策[②]。魏晋南北朝时期，赋役制度发生了较大的变化，国家主要征收租、调、力役三项。租即为田租，调即丁调或户调，徭役和兵役征收的对象亦大致沿袭秦汉的"丁"制。隋和唐朝前期实行租庸调制，也是按丁征收，所以学术界有"计丁输田租"和"计丁征赋"[③]之说。唐德宗建中元年（780年），宰相杨炎奏请实行两税法，它规定"户无主客，以见居为簿。人无丁中，以贫富为差"（《旧唐书·食货志上》），"唯以资产为宗，不以丁身为本，资产少者则其税少，资产多者则其税多"（《全唐文·陆贽》），其立法原则是比较公平的，标志着中国的赋役制度从税人到税产的重大转变，对后世产生极为深远影响。

（三）士族社会向庶民社会的转变

士族又称世族、势族、世家等，是世代为官的名门望族。士族萌生于东汉，形成于曹魏和西晋，鼎盛于东晋。士族社会最突出的特点体现是在选官制度上，主要考量个人的出身背景、门第阀阅，至于才能专长则是次要的。士族制度鼎盛时，国家重要的官职往往被少数士族所垄断。经济上，士族往往凭借政治特权，兼并土地，坐拥大量的田宅

---

① 梁家勉. 中国农业科学技术史稿[M]. 北京：农业出版社，1989：317.

② 黄今言. 秦汉赋役制度研究[M]. 南昌：江西教育出版社，1988：205，229.

③ 张泽咸. 唐五代赋役史草[M]. 北京：中华书局，1986：5.

别墅。在社会上，讲求等级、讲求士庶的界线，士庶之间往往不友、不通婚，甚至出现“举贤不出世族，用法不及权贵”（《资治通鉴》卷九十）的准则。

隋唐时期士族仍有重要的影响，如山东、江左、关中、代北士族相当具有实力，关中陇右士族左右着唐初的政局。但总体而言，隋唐时期士族已经走向衰亡。科举制度取代九品中正制，选官主要以才能为依据，仅凭借门第阀阅选官的旧制废除了，这是对士族的致命打击。唐代中期，国家掌握的土地越来越少，均田制瓦解，门阀士族从国家获得大量土地的特权也就丧失了[①]。与此同时，隋唐国家一统，商品经济得到了较大发展，松弛了宗族的血缘纽带，削弱了农民对地主的人身依附，聚族而居走向分户析产[②]。士族是政治革新的绊脚石，往往遭到新兴统治集团的敲打，唐太宗修《氏族志》，唐高宗和武则天修《姓氏录》，着意扩大士族的范围，门阀政治被稀释。士族是下层人民痛苦的制造者，往往成为农民起义重点摧毁的对象，隋末农民起义军“得隋官及士族子弟，皆杀之”（《资治通鉴》卷一百八十三），唐末黄巢起义后，魏晋以来的显赫数百年的门阀士族更是“丧亡且尽”（《新五代史》卷二十八）。五代以后，“取士不问家世，婚姻不问阀阅”（《通志・氏族略第一序》），士族社会转变为庶民社会。

三、农业史上的“隋唐气象”

（一）农业史上的三大“盛世”

隋唐时期，国家统一，国力强盛。从隋的建立到“安史之乱”近180年的时间，除隋末十余年战乱外，社会安定，政治清明，统治者励精图治，出现了中国农业史上著名的“开皇之治”“贞观之治”“开元之治”三大盛世。这100多年间，农业生产得到了迅速的发展，“四海之内，高山绝壑，耒耜亦满”（《元次山集》卷七），社会财富也迅速累积起来，公私仓廪均十分丰实，出现了历史上非常闻名的粮仓和库藏。唐代养马业十分发达，是汉代以后的又一大高峰，其数量之多，动辄以几十万匹计。值得注意的是，隋唐五代时期，不仅隋和唐前期有盛世，就是隋炀帝暴政和唐后期也出现了农业发展的一些亮点，如唐后期的两税法和南方农业的发展。

（二）农业技术的重大发明和革新

隋唐时期，是中国古代重要农业技术发明和革新比较集中的一个时期，几乎在各个农业部门和领域都有创造发明。农业生产工具方面，南方地区耕耙耖的一整套精耕细作工具创造出来，特别是曲辕犁的出现，标志着中国传统犁具的定型。农田水利方面，北方首次引黄灌溉成功，南方太湖地区的塘浦圩田系统初步形成，在南方山区则出现了梯田的土地利用方式。大田作物栽培技术方面，出现了稻麦二熟制。畜牧兽医方面，出现了家畜饲料标准，建立和完善了马籍、马印制度，创办了兽医教育，中国

① 唐长孺. 门阀的形成及其衰落[J]. 武汉大学人文科学报，1959（8）：1-24.

② 胡如雷. 门阀士族兴衰的根本原因及士族在唐代的地位和作用[J]. 唐史论丛，1987（3）：62-109.

现存最早的兽医专著《司牧安骥集》问世。渔业技术方面，利用水草收集鱼卵、养鱼开荒种稻、驯养水獭捕鱼、盆养观赏鱼等均是新创。这些发明创造在当时世界上处于领先地位。

（三）新领域的开拓

隋唐五代时期，新的农业领域不断开拓出来，园艺领域尤为突出。第一是茶业的开拓。茶利用和栽培的历史比较久远，但作为一个比较大的行业是在唐代发展起来。唐代全国产茶地发展到50多个州郡，生产总值在400万缗以上①。唐代植茶技术已有相当高的水平，茶圣陆羽撰成了中国第一部茶叶专著《茶经》。第二是花卉业的开拓。赏花栽花也是在唐代发展起来。唐代花卉的栽培极为发达，牡丹栽培尤为兴盛。随着花卉业的发展，盆景也出现了，标志着中国的盆栽技术已发展到高级阶段。第三是食用菌的培养和猕猴桃的驯化。这也是唐代首创的，对人民的生活产生了深远的影响。

（四）农业交流与发展

隋唐时期，国内各地区之间和中外的农业交流十分频繁。国内交流，以大运河开通最为典型。大运河全长2500多公里，连接了海河、黄河、淮河、长江、钱塘江五大水系，成为南北交通的大动脉，极大地促进了南北各地区间的农业技术交流。唐代是当时世界上最先进的国家，中外交通发达。陆路交通以长安为中心，有著名的陆上“丝绸之路”；海路交通则有著名的海上“丝绸之路”。中国的农产品、农业技术大规模、大幅度、远距离的传播到亚欧非各国，国外先进的农业技术和优良的农业作物也源源不断传播到中国。

第二节 土地制度和赋税制度

一、土地制度

中国古代的土地到底归谁所有？有人认为是国有占主导，有人认为是私有占主导，有人认为是前期以国有占主导、后期则私有占主导。私有中又有领主占有、地主占有和自耕农占有三种观点。私有论者的主要理论依据是马克思《资本论》中的一句话，其文曰：“土地所有权的前提是，一些人垄断一定量的土地，把它作为排斥其他一切人的、只服从自己个人意志的领域。”②马克思特别强调了“一些人垄断”“排斥其他一切人”“只服从自己个人意志”，即西方人强调的“纯粹私有”。国有论者认为中国古代不存在“纯粹私有”，特别是法律上极少这种规定，认为没有土地的私有。

---

① 梁家勉．中国农业科学技术史稿［M］．北京：农业出版社，1989：355.

② 中共中央马克思恩格斯列宁斯大林著作编译局．马克思恩格斯全集（第25卷下册）［M］．北京：人民出版社，2001：695.

长期在美国任教的赵冈认为，秦汉以后出现的地主，不是皇帝所“封”或官府所“建”，被称为“封建地主制”是很不恰当的名称。绝大多数的地主是由土地市场定位的，是市场经济发展的结果，是土地私有产权在市场上交换自然形成的。在中国历史上很长一段时期，租税结构是促成土地高度集中的主因①。这个特殊的租税结构即累退结构，也就是低收入纳税人较高收入纳税人课征较大份额的收入。

（一）隋和唐代前期均田制与土地制度

中国自秦汉以来的土地制度与西欧中世纪的封建土地制度有较大的不同。西欧中世纪的土地基本上是不可出卖的世袭领地和采邑。在这种土地制度下，人们的身份是比较固定的，封建主恒为封建主，农奴恒为农奴。其经济表现出浓厚的自然经济色彩，自给自足，较少与市场发生关系。而中国的土地流动比较频繁，土地买卖现象十分普遍，所谓的“千年田八百主”。在中国，人们的身份亦经常变动，有“富不过百年”之说。其经济与市场的关系比较密切，商品经济比较发达。因此，传统中国社会的土地制度似乎优于西欧中世纪的封建制度。但传统中国社会的土地制度亦有自身的痼疾，土地买卖和流通为土地集中创造了条件，而土地过于集中，“富者田连阡陌，贫者无立锥之地”，又导致社会动乱和改朝换代。因此，秦汉至唐代前期重点采取了抑制兼并的措施②，具体到隋唐前期主要采取的是史学界熟知的均田制。

隋是历史上著名的短命王朝，但文帝和炀帝却数次下令均田。《隋书》卷二十四《食货志》载隋文帝初年“颁新令……自诸王已下，至于都督，皆给永业田，各有差。多者至一百顷，少者至四十亩。其丁男、中男永业露田，皆遵后齐之制。并课树以桑榆及枣。其园宅……则五口给一亩……京官又给职分田。一品者给田五顷。每品以五十亩为差，至五品，则为田三顷，六品二顷五十亩。其下每品以五十亩为差，至九品为一顷。外官亦各有职分田。又给公廨田，以供公用。”据《册府元龟》卷四百八十七《赋税一》载，“（开皇）二年颁新令”，可知上述《田令》是在开皇二年（582 年）颁布的。这是关于隋代均田制记录最详的一条史料，根据这条史料及翁俊雄先生的研究可知③，隋代均田制下的土地大致分为如下几种（表 6-1）。

表 6-1 隋代均田制下的土地种类

诸王至都督	京官、外官	官署	丁男	丁男、丁女	奴婢、耕牛
永业田	职分田	公廨田	永业田	露田	不详

唐代前期，朝廷继续推行均田制。令文留传下来的，计三通：一为武德七年（624 年）令文，《旧唐书·食货》《唐会要·租税》《资治通鉴》《册府元龟》《文献通考》都

① 赵冈. 中国传统农村的地权分配[M]. 北京：新星出版社，2006：7，12.

② 陈明光. “调均贫富”与“斟酌贫富”——从孔子的“患不均”到唐代的“均平”思想[J]. 历史研究，1999（2）：41-42.

③ 翁俊雄. 隋代均田制研究[J]. 历史研究，1984（4）：167-177.

有记载。一为开元七年（719 年）令文，《唐六典》有记载。一为开元二十五年（737 年）令文，《通典·田制》《新唐书·食货志》《册府元龟》有载。20 世纪 90 年代上海师范大学的戴建国在宁波天一阁博物馆发现了学界原以为失传的宋《天圣令》，这部令典保存了大量的已佚唐《开元二十五年令》原文，为我们揭开了开元二十五年均田令面纱①。杨际平据新发现的《天圣令》进行研究，认为唐代武德七年（624 年）、开元七年（719 年）和开元二十五年没有区别②。若依《开元二十五年令》的规定，唐代均田制下的土地大致分为如下几种（表 6-2）。

表 6-2 唐代均田制下的土地种类

丁男、中男、工商业者	永业田
丁男、中男、老男、笃疾、废疾、寡妻妾、工商业者	口分田
封爵贵族、职事官、散官、勋官	永业田
良口、贱口	园宅地
道士、女冠、僧、尼	观寺土地
官署	公廨田
京官、诸州及都护府官员、亲王府官员	职分田
驿站	驿封田
国家及官府	屯田
国家及官府	荒地

均田制的“均”为何意？学术界尚有争议，但均田制的施行确实是反映了当时社会上普遍“患不均”和儒家的小农经济思想③。在均田制下，一般农民可获得一定数量的土地，农民生活得到了一定的保障，有利于提高农民生产的积极性，促进了隋和唐代前期社会生产的迅速发展。不过，所谓的“均田制”并不“平均”。按开皇二年（582 年）田令，贵族、官僚受田比普通农民高很多，自诸王都督皆可受永业田，最高的 100 顷，合 10 000 亩，仅此一项就比一对农民夫妇所有的受田 140 亩高出 71.4 倍。唐代职事官最高可受永业田 60 顷，勋官最高可受永业田 30 顷，而一个普通的丁男仅能受田 100 亩（其中永业田 20 亩，口分田 80 亩）。

均田制下，隋唐国家对土地的占有和干预是比较多的。一般说来，隋代职分田、公廨田、露田，唐代职分田、公廨田、驿封田、屯田、荒地、口分田，均是国家所有的土地，是由国家和官府来掌握的。永业田、园宅地、观寺土地，是私人占有的土地。但在中国传统社会，并没有形成“垄断”且“排斥其他一切人”“只服从自己个人意志”的“纯粹私有”观念，也没有摆脱血缘家族（“血缘共同体”）对土地束缚，在隋唐的社会制度下，所谓的国家所有和普通百姓的私人占有是比较脆弱的，有势力的贵族、官僚、富商往往不断侵吞国家所有和普通百姓的私人占有土地。这种情况在唐初就出现了，如

① 戴建国. 唐《开元二十五年令·田令》研究[J]. 历史研究，2000（2）：36-52.

② 杨际平. 《唐令·田令》的完整复原与今后均田制的研究[J]. 中国史研究，2002（2）：59-72.

③ 王永兴. 唐代土地制度研究——以敦煌吐鲁番田制文书为中心[M]. 兰州：兰州大学出版社，2014：193-199.

高祖武德年间，太子李建成“与诸公主及六宫亲戚，骄恣纵横，并兼田宅”（《旧唐书》卷六十四），唐太宗贞观年间，泽州刺史张长贵、赵士达“并占境内膏腴之田数十顷”（《旧唐书》卷五十八）。经过高宗和武则天时代的发展，进入玄宗时代土地买卖和兼并更加严重，贵族、官僚、富商土地暴长，大规模的私人田庄兴起。当时“朝士广占良田”（《资治通鉴》卷二百一十三），刑部尚书卢从愿“盛殖产，占良田数百顷，帝……目为多田翁”（《新唐书·卢从愿传》），史称“开元之季，天宝以来，法令弛坏，兼并之弊，有逾于汉成、哀之间”（《通典·食货·田制下》）。

（二）唐后期及五代时期的土地制度

均田制下，官府对土地买卖的控制是比较严格的。唐高宗下令禁止买卖永业田和口分田，唐玄宗也曾下诏不许买卖土地，开元九年（721 年）还进行了大规模的检田括户。均田制规定永业田“可传子孙”，口分田是要收授（收回）的，是不准买卖的土地，但在唐玄宗开元时期开始放宽限制。人多地少的狭乡迁至宽乡，“虽非乐迁，亦听私卖”（《通典·食货·田赋二》）。唐代后期，均田制被破坏，朝廷逐渐取消了禁止土地买卖的禁令，土地买卖日益增多。此后，唐王朝放弃了对土地的直接调控管理，承认土地买卖合法，只关注土地所有者照章纳税，官府“不抑兼并”。故而，土地买卖的法律文书也不断增多。目前，已在敦煌发现了多个土地买卖的文书，如《唐大中六年僧张月光易地契》《唐乾宁四年张义全卖宅舍契》[①]《唐天复九年安力子卖地契》[②]。

“安史之乱”爆发后，中央集权式微，唐王朝听由大地产的发展，土地兼并的现象日益增多。宋人叶适评论当时的形势说：“远近异法，内外异制，民得自有其田而公卖之，天下纷纷，遂相兼并”[③]。大土地所有迅猛发展。唐代宗时权相元载，在长安“城南膏腴别墅，连疆接畛，凡数十所”（《旧唐书·元载传》）。此时，佛寺道观的土地也膨胀起来，史载“凡京畿之丰田美利，多归于寺观，吏不能制”（《旧唐书·王缙传》）。大土地所有制的发展破坏了均田制，租庸调制也没法实行了，为了确保财政来源，唐王朝被迫实行两税法，并明确承认了土地买卖和集中的合法性，从此大土地所有制发展进入到毫无羁绊的新阶段[④]。德宗贞元年间（785—805 年），陆贽指出：“今制度弛紊，疆理隳坏，恣人相吞，无复畔限，富者兼地数万亩，贫者无容足之居。”（《全唐文·均节赋税恤百姓六条》）宣宗朝，在寿阳的“力势者”以破坏水利为代价并兼土地，史载“芍陂之水，溉田数百顷，为力势者幸其肥美，决去其流以耕”（《全唐文·义昌军节度使浑公神道碑》）。寺院并兼的田产也多得十分惊人，武宗会昌灭佛，“天下所拆寺四千六百余所，还俗僧尼二十六万五百人，收充两税户，拆招提、兰若四万余所，收膏腴上田数千万顷，收奴碑为两税户十五万人”（《旧唐书·武宗纪》）。

---

① 中国科学院历史研究所资料室. 敦煌资料（第 1 辑）[M]. 北京：中华书局，1961.

② 唐耕耦，陆宏基. 敦煌社会经济文献真迹释录（第 2 辑）[M]. 北京：书目文献出版中心，1986.

③ 马端临. 文献通考[M]. 北京：中华书局，2011：49.

④ 刘玉峰. 唐代土地所有权状况及结构的演变[J]. 山东大学学报，2006（2）：73-81.

唐代大土地所有制发展的结果是田庄的迅速增多。唐代宗时权宦鱼朝恩，在通化门外有一田庄，“连城对郭，林沼台榭，形胜第一”（《长安志》卷十引《代宗实录》）。武宗时，宰相李德裕在洛阳城南的平泉庄，“周围十余里，台榭百余所，四方奇花异草与松石，靡不置其后”（周勋初《唐语林校证》）。权臣韦宙，“江陵府东有别业，良田美产，最号膏腴，积稻如坻，皆为滞穗”，有积谷“七千堆”，被懿宗称为“足谷翁”（《太平广记》卷四百九十九）。许州长葛县令严郜罢任之后，在当地兼并“良田万顷”，置为田庄，“桑柘成荫，奇花芳草，与松竹交错，引泉成沼，即阜为台，尽登临之志矣”（《三水小牍》卷下）。唐末昭宗天祐年间司空图，“移居中条山王官谷，周回十余里，泉石之美，冠于一山，北岩之上，有瀑泉流注谷中，溉良田数十顷”（《南部新书》辛集）。唐代后期，甚至皇帝也置私田设庄，如唐代宗大历十四年（779 年），内庄宅使奏：“州府没入之田，有租万四千余斛。”（王溥《唐会要·租税上》）

土地是稀缺资源，大土地所有者发展的同时，必然是自耕农土地萎缩。宝应元年（762 年）四月，代宗敕云：“百姓田地，比者多被殷富之家、官吏吞并。”（《唐会要·逃户》）宪宗元和年间（806—820 年），李翱说两税法确立之后：“及兹三十年，百姓土田为有力者所并，三分逾一其初矣。”（《全唐文·进士策问二道》）当时人皇甫湜也说：“今疆畛相接，半为豪家，流庸无依，率是编户。”（《全唐文·对贤良方正直言极谏策》）德宗贞元年间（785—805 年），陆贽沉痛地指出，当时“富者兼地数万亩，贫者无容足之居，依托强豪，以为私属，贷其种食，赁其田庐，终年服劳，无日休息，罄输所假，常患不充。有田之家，坐食租税，贫富悬绝，乃至于斯！”（《全唐文·均节赋税恤百姓六条》）不过，也有学者认为，唐代后期小自耕农仍占全国总户数的多数或大多数①。

二、赋税制度

（一）隋和唐前期租庸调制

隋文帝开皇二年（582 年）颁布新令，基本上沿袭了北朝以来的租调力役制度。《隋书》卷二十四《食货志》记载：“男女三岁以下为黄，十岁以下为小，十七以下为中，十八以上为丁。丁从课役，六十为老，乃免。……丁男一床，租粟三石。桑土调以绢絁，麻土以布绢。絁以匹，加绵三两。布以端，加麻三斤。单丁及仆隶各半之。未受地者皆不课。有品爵及孝子顺孙义夫节妇，并免课役。”这段文字讲到了租和调。力役也依北周制度，每岁服役一个月。隋文帝开皇三年（583 年）又下令：“军人以二十一成丁，减十二番每岁为二十日役，减调绢一匹为二丈。”开皇十年（590 年）又下令：“百姓年五十者，输庸停防。”即允许 50 岁以上的百姓输庸代役，输庸代役的出现是隋代徭役制度最重要的特点。除此之外，隋文帝还多次大规模临时性减免赋役。为了防止世家的欺诈舞弊，保证国家的赋税收入，又实行了大索貌阅和输籍定样。大索貌阅，即根据

① 王永兴. 唐代土地制度研究——以敦煌吐鲁番田制文书为中心[M]. 兰州：兰州大学出版社，2014：200.

户籍簿上登记的年龄来核对本人体貌，以防诈老诈小，逃避赋役。输籍定样，即规定每年正月五日由各县复查，令百姓五党为一团，根据标准定户等上下，从轻制定税额，并将各户应纳税额写成定簿，藉以防止人民逃避赋税及地方官的任情舞弊。总的来说，隋初实行了轻徭薄赋的政策，相对而言，人民的负担较轻，也是比较公平合理的，促进了社会的进步和生产的发展。但隋炀帝继位后，迅速改变了政策，施行暴政，征发十分繁重，最终导致了隋王朝的崩溃。

唐代前期赋税制度承隋制，仍实行租庸调制。关于唐代租庸调制，制定和推行的法令有三次。第一次是唐高祖武德二年（619 年）制定和推行的，如《唐会要》和《通典》的记载：

> 武德二年二月十四日制：每丁租二石，绢二丈，绵三两。自兹以外不得横有调敛。(《唐会要·租税上》)
>
> 大唐武德元年：每一丁租二石。若岭南诸州则税米：上户一石二斗，次户八斗，下户六斗。若夷獠之户，皆从半输。蕃人内附者，上户丁税钱十文，次户五文，下户免之。附经二年者，上户丁输羊二口，次户一口，下户三户共一口。凡水旱虫霜为灾，十分损四分以上免租，损六以上免租调，损七分以上课役俱免。(《通典·食货·赋税下》)

第二次是唐高祖武德七年（624）制定和推行的，如《唐会要》记载：

> 赋役之制：
>
> 每丁岁入租粟二石。调则随乡土所产绫绢絁各二丈，布加五分之一。输绫绢絁者兼调绵三两，输布者麻三斤。
>
> 凡丁岁役二旬，若不役则收其庸，每日三尺。有事而加役者，旬有五日免其调，三旬则租调俱免。通正役不过五十日……
>
> 若夷獠之户，皆从半税……
>
> 凡水旱虫霜为灾，十分损四以上免租，损六以上免租调，损七以上课役俱免。(《唐会要·租税上》)

第三次是唐玄宗开元二十五年（737 年）制定和推行的，如《通典》记载：

> （开元）二十五年定令：……诸课户一丁租调，准武德二年之制。
>
> 其调绢絁布并随乡土所出，绢絁各二丈，布则二丈五尺。输绢絁者绵三两，输布者麻三斤。其绢絁为匹，布为端，绵为屯，麻为綟。若当户不成匹端屯綟者，皆随近合成。其调麻每年支料有余，折一斤输粟一斗，与租同受。
>
> 其江南诸州租，并回造纳布。
>
> （准令：布帛皆阔尺八寸，（帛）长四丈为匹，布五丈为端，绵六两为屯，丝五两为絇，麻三斤为綟。）
>
> 诸丁匠不役者收庸。无绢之乡，絁布三尺（絁绢各三尺，布则三尺七寸五分）。

（《通典·食货·赋税下》）

从以上可以看出：一是唐代前期，从唐高祖武德二年（619 年）至唐玄宗开元二十五年（737 年）的 120 年间，租庸调的基本制度和基本精神几乎没有改变，以上记载只有文字的详略差异，所载的赋税项目和交纳的数量皆同，这和唐前期均田制推行的情况是一致的。二是“人丁为本”，从文献的记载来看唐前期课税的对象有田、有户、有身，陆贽也说：“有田则有租，有家则有调，有身则有庸。”但唐代以前不一样，妇女不授田，交税单位从过去“一夫一妇”或“一床”改为以丁计算。三是庸的确立和制度化，隋制规定民众年五十以上可输庸代役，唐代进一步放宽到不受年龄限制，并制度化，这是中国赋役制度史上的重要改革。

总之，唐代前期租庸调制在一百多年间变化不大，是比较稳定的；庸的确立和制度化对于安定农民生活和发展农业生产也颇为有利。因此，唐代前期租庸调制的实施收到了较好的效果，户口逐年增加，经济发展，国库日益丰实。据《通典》卷六《食货·赋税下》的记载来看，天宝年间全国总收入的四分之三来自租庸调。不过，唐前期的租庸调制仍有许多不足，如授田最多的权势之家、贵族官僚多可以免除课役，这又为租庸调制被破坏埋下祸根。

（二）唐后期的两税法改革及赋役制度

两税法是在均田制被破坏和租庸调制没法推行的背景下产生的，唐政权经过一百多年的发展，人口和官员不断增多，按照唐代均田令的规定，新增的人丁和官员均可合法分得永业田。这样越来越多的田地转化为私有的永业田。至唐代中期，均田制已没法再推行了。“安史之乱”后，全国局势更加恶化，人口流散，赋役混乱，国家财政危机严重。公元 780 年，唐德宗李适继位，在宰相杨炎的建议下，推行两税法。

两税法的内容主要有以下几点：一是财政原则，实行“量出为入”，改变唐代以前历代王朝“量入为出”的旧制，限制滥征苛敛，减轻人民负担。二是课税主体，规定“户无主客，以见居为簿”，以适应人口流散的社会现实。三是课税标准，规定“人无丁中，以贫富为差”，纳税一律按照资产来交纳。四是课税定额，规定“其田亩之税，率以大历十四年（779 年）垦数为准”，即 779 年税收总额为定额。五是纳税物品，规定按户等纳钱，按田亩纳米粟，开启货币纳税的历史新阶段。六是纳税期限，规定“居人之税，秋夏两征之”“夏税无过六月，秋税无过十一月”（《旧唐书》卷四十八）。

两税法的实行是中国赋税制度史上的又一次重大变革。简化了税制，减少了纳税项目。扩大了纳税面，减轻了贫户的负担。户税征钱，促进了商品货币的发展。两税法的实行在历史上具有重要的意义。

但两税法是新生之物，在制度设计上也免不了会有一些缺陷。特别是两税法的实行触动了贵族、官僚、大地主、大商人的利益，这些人设法破坏这一新生的制度。因此，两税法在推行中出现了不少弊端，如“量出为入”给统治者横征暴敛和任意加税打开了方便之门。长期不调查资产，不检核户等，或在调查检核中贵族官僚和地主富户刻意隐瞒，又造成新的负担不均。纳物折钱在实际执行中亦弊病百出，反而加重了人民的负担。两税之外又生杂税，使新法的“均税”精神成为一纸空文。

第三节　农具的改进与创新

一、曲辕犁

曲辕犁与汉晋犁相比，其最大的进步就是长辕变成了短辕，故名曲辕犁，又因曲辕犁首先出现在江东地区，所以又名江东犁。曲辕犁的出现是隋唐五代时期农业最显著的进步之一。

关于曲辕犁，唐末陆龟蒙（？—881年）的《耒耜经》记载颇详：

> 耒耜，农书之言也。民之习，通谓之犁。冶金而为之者，曰犁镵、曰犁壁。斫木而为之者，曰犁底、曰压镵、曰策额、曰犁箭、曰犁辕、曰犁梢、曰犁评、曰犁建、曰犁槃（盘）。木与金凡十有一事。
>
> 耕之土曰垡，垡犹块也。起其垡者，镵也，覆其垡者，壁也。草之生必布于垡，不覆之则无以绝其本根。故镵引而居下，壁偃而居上。镵表上利，壁形下圆。负镵者曰底，底初实于镵中，工谓之鳖肉。底之次曰压镵，背有二孔，系于压镵之两旁。镵之次曰策额，言其可以捍其壁也。皆貤然相戴。
>
> 自策额达于犁底，纵而贯之曰箭。前如程而樛者曰辕。后如柄而乔者曰梢。
>
> 辕有越，加箭可驰张焉。辕之上又有如槽形，亦加箭焉。刻为级，前高而后庳，所以进退曰评。进之则箭下，入土也深，退之则箭上，入土也浅。以其上下类激射，故曰箭。以其浅深类可否，故曰评。评之上曲而衡之者曰建。建，楗也，所以柅其辕与评。无是，则二物跃而出，箭不能止。横于辕之前末曰槃（盘），言可转也，左右系以樫乎轭也。辕之后末曰梢，中在手，所以执耕者也。辕车之胸，梢取舟之尾，止于此乎。镵长一尺四寸，广六寸。壁广长皆尺，微椭。底长四尺，广四寸。评底过压镵二尺，策减压镵四寸，广狭与底同。箭高三尺，评尺有三寸，盘增评尺七焉。建惟称绝。辕修九尺，梢得其半。辕至梢中间掩四尺。犁之终始丈有二。

根据学术界的研究，认为曲辕犁（图6-1）的优点主要有：一是犁辕及整体结构的“革命”。《耒耜经》曰：“前如程而樛者曰辕。”程即柄，樛即向下弯曲的木棍，整句的意思是前面像柄一样而向下弯曲的木构件叫作辕。汉晋时期，因犁辕又长又直，所以当时的犁比较笨重，使转不方便。《耒耜经》所载曲辕犁，在把犁辕改曲的同时，犁辕也大大缩短了。犁辕缩短后，为了与耕牛连接起来，曲辕犁在整体的结构上也分成了前后两个部分，前面是犁槃、耕索和牛轭，后面是犁架。经过这些改革，耕犁改变了过去长辕犁长而笨重、使转不便的弊病①，这是犁辕和犁在整体结构上一次革命性的进步。

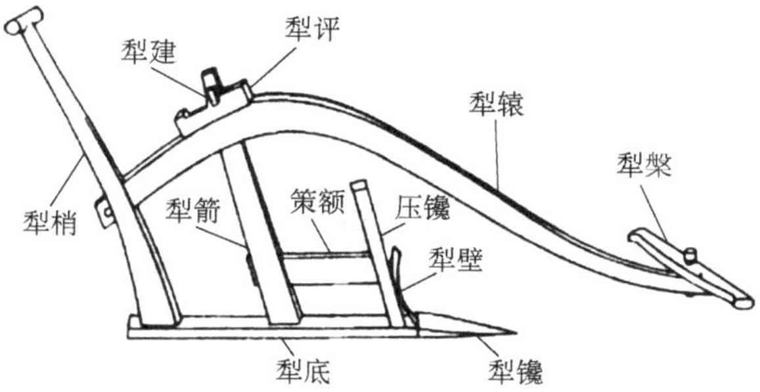

图 6-1　曲辕犁②

二是调节深浅装置的进一步完善和规格化。唐代曲辕犁既可以通过扶犁者直接俯仰整个犁架来调节耕深，也可以通过犁箭装置来调节耕深。但汉代使用的长直辕犁却难以通过扶犁者直接俯仰整个犁架来调节耕深。较早出现的方法是抬压犁辕的方法来调节，后来又出现了犁箭和犁评装置。犁箭、犁评和犁建，三者既有分工又相互配合，共同完成调节深浅的功能，加大犁辕与犁底之间的夹角则犁地深，缩小犁辕与犁底之间的夹角则犁地浅，这是比较科学的，一直为后世沿用。

三是犁底的改进。犁由耒耜发展而来，最初的形制是犁梢与犁底合一，《耒耜经》所载曲辕犁出现了单独的犁底，有利于安装犁镵和犁壁，也方便了农人扶犁。曲辕犁的犁镵“长一尺四寸，广六寸”，呈锐角三角形，比较尖锐，比较适宜南方黏重的水田地区耕作。《耒耜经》曰：“覆其坺者，壁也。草之生必布于坺，不覆之则无以绝其本根。”表明曲辕犁的犁壁具有覆土绝草的作用。

总之，曲辕犁是一种比较先进的犁具，从《耒耜经》的记载来看，江南地方曲辕犁的使用已相当普遍。后来经过不断改进，成为南北通用的耕犁，标志着中国传统犁已发展到了一个新的历史阶段。

不过，唐代的曲辕犁也有许多需要进一步改进的地方，如犁槃与犁辕仍然没有分开，还是不够灵活；犁的形制比较大，仍然没有完全解决山区和田块较小地方的耕作问题；策额和压镵两个部件显得多余，均为后世革除。另外，犁具发展和改革也是十分复杂的，因自然条件不同和经济发展不平衡等原因，当时仍有许多地方在沿用旧式犁，直至今天仍有地方在使用大型的长辕犁，表明其推广的难度。

二、耙、砺礋和磟碡

陆龟蒙的《耒耜经》还讲到耙、砺礋和磟碡三种江东地方使用的农具，其文曰：“耕而后有爬，渠疏之义也，散坺去芟者焉。爬而后有砺礋焉，有磟碡焉。自爬至砺礋皆有齿，磟碡觚棱而已。咸以木为之，坚而重者良。江东之田器尽于是。”爬，即耙，

① 宋兆麟. 唐代曲辕犁研究[J]. 中国历史博物馆馆刊，1979（1）：16-30.

② 张春辉. 中国古代农业机械发明史（补编）[M]. 北京：清华大学出版社，1998：691.

亦可写作杷、钯[①]。元《王祯农书》卷二曰："今人呼耙曰渠疏。"表明耙是用于碎散土垡、平整田面和清除杂草残茬的工具。据研究，陆龟蒙讲的耙很可能是《王祯农书》载的那种方耙（图 6-2），是一种比较先进的水田耕作农具[②]。砺礋和碌碡（图 6-3 和图 6-4）是进一步和融水土、平整田面和碾压杂草残茬的工具。砺礋有像耙一样的齿，碌碡圆滚上有像殿堂屋脊瓦棱似的角棱，均为木制，要求坚重。砺礋和碌碡具体形制，《耒耜经》没有详细的记载。元《王祯农书》转述陆龟蒙《耒耜经》关于碌碡的一段评述后说："余谓碌碡字皆从石，恐本用石也。然北方多以石，南人用木，盖水陆异用，亦各从其宜也。其制可长三尺，大小不等，或木或石；刊木括之，中受簨轴，以利旋转。又有不觚棱，混而圆者，谓混轴。俱用畜力挽行，以人牵之，碾打田畴上块垡，易为破烂；及碾捍场圃间麦禾，即脱稃穗。水陆通用之。"《王祯农书》说砺礋曰："与碌碡之制同；但外有列齿，独用于水田，破块滓，溷泥涂也。"[③]

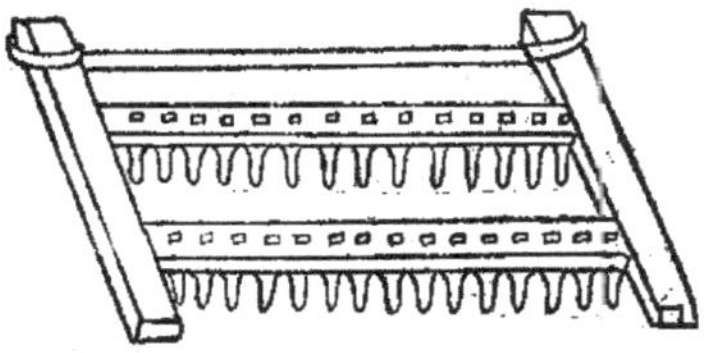

图 6-2　耙[④]

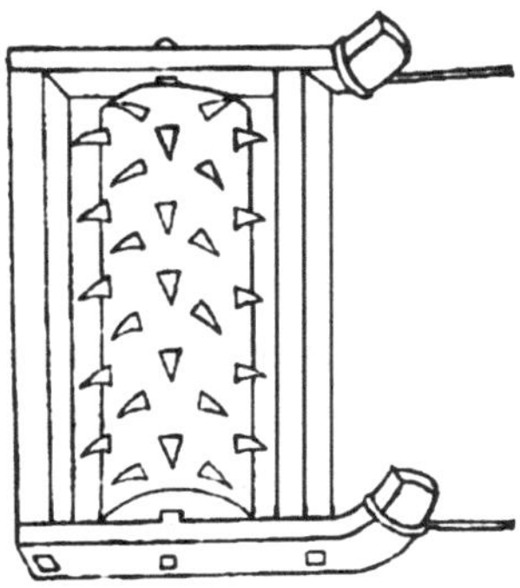

图 6-3　砺礋[⑤]

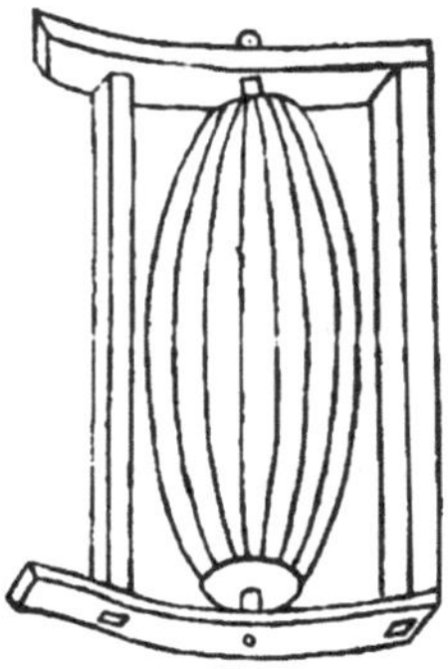

图 6-4　碌碡[⑥]

耙、砺礋和碌碡三种工具均为适宜南方水田地区的耕作工具，三种工具与江东犁相互配套，标志着中国南方水田精耕细作一整套农具开始形成。

三、麦钐、水碾和耕地机

隋唐五代时期，粟在粮食作物中的地位逐渐下降，麦、稻的地位上升，麦成为北方主要的粮食作物，并向南拓展。因此，与麦有关的工具也逐步发展起来，麦钐的广泛应用就是一例。韩愈《凤翔陇州节度使李公墓志铭》载，李惟简在陇州"铸镈、钐、鉏、劚，以给农之不能自具者"（《全唐文》卷五百六十五），表明至少在唐代中期麦钐已广泛推广。

隋唐五代时期，把麦磨成面粉的加工工具碾硙也迅速发展起来。魏晋南北朝已发明

---

① 石声汉. 中国农学遗产要略[M]. 北京：农业出版社，1981：55-56.
② 梁家勉. 中国农业科学技术史稿[M]. 北京：农业出版社，1989：321.
③ 王祯撰，缪启愉. 农书译注[M]. 济南：齐鲁书社，2009：440-441.
④ 同①。
⑤ 同①。
⑥ 王毓瑚校. 王祯农书[M]. 北京：农业出版社，1981：209.

了水力碾硙，累经改进，隋唐时期碾硙已颇为先进，其操作的过程是引水或堰水，使之冲激水轮，从而带动碾磨转动，其中水轮又分卧轮和立轮两式，比之陆地畜力碾磨，“功力数倍”①。有的还能安装“双轮水硙”（《太平广记》卷二百二十七），甚至“并转五轮，日碾麦三百斛”（《旧唐书》卷一百八十八）。因为水力碾硙效率高，成为官僚地主牟取暴利的工具。如据载，隋杨素在各地城里拥有邸店、水碾、田宅数以千百计（《隋书》卷四十八），唐李林甫、姚崇、郭子仪也有水碾（《旧唐书》卷一百），大获其利。隋唐五代朝廷的官庄和皇帝私庄也设有水碾，对外出租，牟取利益（《唐大诏令集·咸通八年五月德音》）。这一时期寺院也经营水碾以营利，唐睿宗景云元年（710年）诏曰：“寺观广占田地及水碾硙侵损百姓。”（《唐大诏令集·诫励风俗敕》）

隋唐五代时期，据《旧唐书》卷一百八十五记载，唐永淳年间（682—683年），夏州（今陕西榆林一带）都督王方翼“造人耕之法，施关键，使人推之，百姓赖焉”。《新唐书》卷一百二十四则载王方翼“为耦耕法，张机键，力省而见功多。百姓顺赖”。这一机械发明是中国农具史上值得关注的事，有学者推测，明代的“耕架代牛”可能就是在唐代这一“人耕之法”基础上改进而成的②。

四、水车和“机汲”

西欧国家多为海洋性气候，降水比较均匀，可以靠天吃饭，历史上灌溉农业不发达。而中国受季风气候的影响，降水的季节差异较大，必须依靠灌溉，因此，历史上灌溉农业十分发达，其灌溉工具亦颇多。隋唐时期，戽斗、桔槔、辘轳的使用比前代更加广泛。水车则有两种类型，一类是翻车，前代已有；另一类是筒车，是唐代新创。

翻车在魏晋时期使用尚不普遍，隋唐时期随着南方水田农业的发展而发展。唐文宗大和二年（828年）闰三月，“内出水车样，令京兆府造水车，散给沿郑、白渠百姓，以溉水田”（《旧唐书·文宗纪上》）。京兆府遵旨办理，并奏准征发江南水车匠制造水车，在畿内诸县加以推广（《册府元龟》卷四百九十七）。这是江南翻车在关中地区的一次有组织推广，此事也证明了江南工匠制作水平较高及江南翻车使用普遍。唐代又发明了筒车（图6-5），据《杜少陵集详注》卷十《春水》解释“连筒灌小园”，句曰：“川中水车如纺车，以细竹为之，车骨之末，缚以竹筒，旋转时低则舀水，高则泻水。”

图6-5　筒车③

关于水车的动力，日本天长六年（829年）五月的《类聚三代格》卷八有记载：“耕种之利，水田为本。水田之难，尤其旱损。传闻唐国之风，渠堰不便之处，多构水车。无水之地，以斯不失其利。此间之民，素无此备，动若焦损。宜下仰民间，作备件器，以为

① 缪启愉. 农书译注[M]. 济南：齐鲁书社，2009：692-693.

② 梁家勉. 中国农业科学技术史稿[M]. 北京：农业出版社，1989：322-323.

③ 王毓瑚校. 王祯农书[M]. 北京：农业出版社，1981：327.

农业之资。其以手转、足踏、服牛回等，各随便宜。若有贫乏之辈，不堪作备者，国司作给。经用破损，随亦修理。其料用救急稻。”①这条资料说明，唐代水车使用是十分广泛的，有手转、足踏的，还有牛拉的，且已传至日本。

唐人还发明了一种半机械灌水装置“机汲”（图 6-6）。刘禹锡《机汲记》说：“一旦有工爰来，思以技自贾……请用机以汲。……由是比竹以为畚，置于流中，中植数尺之臬，辇石以壮其趾，如建标焉。索绹以为縆，縻于标垂，上属数仞之端，亘空以峻其势，如张弦焉。锻铁为器，外廉如鼎耳，内键如乐鼓，牝牡相函，转于两端，走于索上，且受汲具，及泉而修绠下缒，盈器而圆轴上引，其往有建瓴之驶，其来有推毂之易。瓶繘不羸，如搏而升。枝长澜，出高岸，拂林杪，逾峻防，刳蟠木以承澍，贯修筠以达脉。走下潺潺，声寒空中，通洞环折，唯用所在。”②这是利用架空索道的辘轳汲水机械。其进步之一是使用了曲柄辘轳装置；其二是利用架空索道和滑轮的帮助，把上下垂直运动改变为大跨度的斜向运动，有利于江河两岸农田灌溉的发展③。

图 6-6　机汲示意图④

五、渔具创新

陆龟蒙是唐后期著名的农学家，除了撰有《耒耜经》外，还创作了《渔具诗（并序）》《和添渔具五篇》《和茶具十咏》《南泾渔父》等农业诗，撰有《蠹化》《禽暴》《记稻鼠》等关于农业的文章。

他的《渔具诗》有《网》《罩》《钓筒》《钓车》《鱼梁》《叉鱼》《射鱼》《鸣桹》《沪》《种鱼》《药鱼》《舴艋》等 15 首。《〈渔具诗〉序》则对当时的渔具进行了分类，并简要地介绍和描绘了这些渔具的制作材料、形态、性能、操作方法和应用范围等，对研究中国唐代渔业生产是难得的珍贵资料。例如，陆龟蒙《〈渔具诗〉序》记载：

① 唐耕耦. 唐代水车的使用与推广[J]. 文史哲，1978（4）：73-77.
② 刘禹锡. 刘宾客文集（卷九）[M]. 西安：陕西人民出版社，1974：187-188.
③ 李崇州. 中国古代各类灌溉机械的发明和发展[J]. 农业考古，1983（1）：141-152.
④ 梁家勉. 中国农业科学技术史稿[M]. 北京：农业出版社，1989：326.

天随子渔于海山之颜有年矣。矢鱼之具，莫不穷极其趣。大凡结绳持纲者，总谓之网罟。网罟之流，曰罛，曰罾，曰罺。圆而纵舍曰罩。挟而升降曰罝。缗而竿者总谓之筌。筌之流曰筒，曰车。横川曰梁，承虚曰笱。编而沈之曰箄，矛而卓之曰矠。棘而中之曰叉。镞而纶之曰射。扣而骇之曰根。置而守之曰神。列竹于海澨曰沪，吴之沪读是也。错薪于水中曰槮。所载之舟曰舴艋。所贮之器曰笭箵。其他或术以招之，或药而尽之，皆出于诗、书、杂传及今之闻见，可考而验之，不诬也。今择其任咏者，作十五题以讽。噫！矢鱼之具如此，予既歌之矣，矢民之具也如彼，谁其嗣之？鹿门子有高洒之才，必为我同作。

第四节　农田水利的发展

一、引黄灌溉工程

引黄灌溉工程的修建是隋唐五代时期农田水利建设的重大成就。这一时期修筑的引黄灌溉工程集中在宁夏平原和山西河曲地带，主要是通过对秦汉以来旧渠的疏浚整治，筑坝引水，在老灌区恢复活力的基础上，又陆续开挖了一些新渠，新旧渠相互交错，形成新的农田水利灌溉网络。

宁夏平原“田畴良美，尤宜耕牧”，是黄河上游古老的灌溉农业区，农业生产条件比较优越。唐时开凿了特进渠、七级渠、光禄渠、御史渠、尚书渠等多条灌渠。又扩建了旧渠，建成了宁夏平原最大的唐徕渠，渠口在今青铜峡附近，引黄河水向北流经永宁县、贺兰县、平罗县，灌溉两岸农田[①]（图 6-7）。

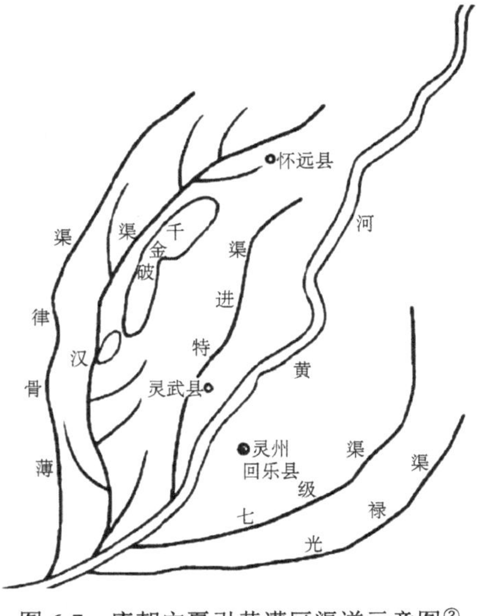

图 6-7　唐朝宁夏引黄灌区渠道示意图[②]

唐徕渠是唐代在汉代农田水利工程基础上扩建而成的，据史书记载，唐徕渠，又书唐徕渠，民间俗呼唐渠。从这个名称上看，很显然是唐朝时在宁夏大量驻军和大兴营田，招徕垦殖所修成的一条大干渠。然而，唐代地理总志《元和郡县图志》中并没有该渠的记载，只提到了汉渠，称汉渠在灵武县“南五十里，从汉渠北流四十里始为千金大陂，其左右又有胡渠、御史、百家等八渠，灌田五百余顷”[③]。史书首次出现唐徕渠的名称，是在《宋史》和

① 阎万英，尹英华. 中国农业发展史[M]. 天津：天津科学技术出版社，1992：378-379.

② 杨新才. 宁夏农业史[M]. 北京：中国农业出版社，1998.

③ 李吉甫. 元和郡县图志[M]. 北京：中华书局，1983：95.

《金史》两部正史书中。《宋史·夏国传》记载："兴、灵则有古渠曰唐淶（徕），曰汉源，皆支引黄河，故灌溉之利，岁无旱涝之虞。"《元史·郭守敬传》记载："至元元年（1264年），从张文谦行省西夏。先是，古渠在中兴者，一名唐来（徕），其长四百里；一名汉延，长二百五十里，它州正渠十，皆长二百里，支渠大小六十八，灌田九万余顷。"到了明朝，明代万历修《朔方新志·水利》对唐徕渠的由来进行了考证，记载："唐徕渠，亦汉故渠，而复浚于唐者。父老传闻，唐代对汉代旧渠曾大加疏浚、延长，招徕户民垦种，遂名唐徕渠，亦曰唐渠。"总体而言，宁夏河套平原，引黄河水灌溉，已有2000多年历史，由于河道的左右摆动，灌区人口的增减变化，农牧业经济的此消彼长等多种原因，使渠道的兴废变化很大，见诸史书记载的很多渠道名称都消失①。

山西河曲地带是初唐修筑引黄灌溉工程的又一个重要地区。河曲地带是指黄河流域龙门（今山西河津市）以南，汾河、涑河与黄河合流的地区。早在汉武帝时，曾在河津、新绛、闻喜、永济等县市的河曲地带发动几万人引黄河、汾水溉田，但都没有达到预期效果。唐代，灌溉工程南北同时大举兴修，达到全面发展的兴盛时期。唐初，在河曲地带大量凿河开渠，首次引黄成功灌溉几百万亩农田，有的达到"亩收十石"（《新唐书·地理志一》）。例如，唐太宗贞观十七年（643年）薛万彻开涑水渠自闻喜（今山西闻喜县）引涑水溉田，唐高宗仪凤二年（677年）开渠引中条山水溉涑水以南农田，特别是唐德宗（780—804年）时韦武在绛州（治所今新绛）凿汾水溉田130余万亩，工程效益最大（《新唐书·地理志》）。另外，唐高祖武德七年（624年），云得臣自龙门引黄河溉韩城（今陕西韩城市）田60余万亩，这是自有灌溉工程以来在这一地带首次引黄灌溉成功，具体反映了唐代水工技术的进步②。

二、关中水利的恢复与改造

隋唐时期，关中又成为京畿之地，官府对于关中水利颇为关心。如隋开皇元年（581年）都官尚书元晖奏请引杜阳水灌三趾（畤）原，由李询主持，工程完成之后"溉潟卤之地数千顷，民赖其利"（《隋书·杨尚希》）。唐立足关中之后，"凡京畿之内，渠堰陂池之坏决，则下于所由，而后修之"（《唐六典·都水监》），并设专官，主持关中水利的修治与管理。唐代关中的农田水利建设主要表现在对原有水利工程的恢复与改造，主要反映在对古老灌区的恢复、扩建等方面，如对郑白渠、六门堰、渭南地区水利修复与兴建等。

首先，修复郑国渠和白渠，形成郑白渠。郑国渠是秦始皇时开凿的，白渠始开凿于汉武帝时期。到了唐代，郑国渠和白渠因年久失修，泥沙淤积，已经很难再发挥其灌溉的作用。唐朝建立之初，即派人对这些水渠进行了修筑，清除泥沙，重新疏通。郑、白二渠同引泾水，郑国渠在白渠之北，合其成为一个大的灌溉区，后人往往称为郑白渠。到了唐后期，则以"三白渠"来总称引泾灌溉系统。称呼上的转变则说明了郑国渠渠系

---

① 卢德明. 宁夏河套平原古渠消失之考究[J]. 宁夏史志，2008（2）：10-23.

② 梁家勉. 中国农业科学技术史稿[M]. 北京：农业出版社，1989.

的变化以及白渠引泾灌溉规模的扩大。唐代引泾灌溉系统以白渠为主，经过多次修复、改建与扩大，唐代中后期白渠发展成南北中三条干渠，设三限闸、彭城堰，分水设施健全，干支斗渠配套，是一个灌溉范围广大的较完备灌溉体系，奠定了宋元明清乃至今日引泾灌溉渠系的规制①。

其次是六门堰的维修与扩建。六门堰是与郑白渠齐名的大灌区，修建于西魏大统十三年（547 年），位于武功县西北。唐贞观年间，朝廷曾花大力气重修，根据《长安志·兴平县》记载："贞观中役九州夫匠，沉铁牛、铁剑以御魑魅，始就其功。"永徽四年（653 年），"右仆射于志宁治之，于圣历中敕稷州刺史张知謇修焉，始通武安水"。久视元年（700 年），"副西京留守雍州长史薛季旭得许公稚者缚土牛以杀水势，春官郎中薛稷刻石叙之"。咸通时，因渠堰淤塞，造成无水，庄稼歉收，于是从咸通十一年（870 年）起借内藏钱贯对六门堰进行了大规模的修建。历时两年完工，经过维修后的六门堰既能确保汛期排汛，又能节制韦川、莫谷、香谷、武安诸水，可以灌溉武功、兴平、咸阳、高陵等地广大农田。

最后是渭南地区水利建设。渭南地处长安近郊，水利相当发达，有些专供农田灌溉，有些则是综合利用，兼有漕运、供水和灌溉之利。隋朝时期，为了满足京师百万居民用水需求，除已有的漕渠外，还开凿了多条引水入城的渠道，如引潏水的清明渠，引浐水的龙首渠。唐代在隋朝已有水利的基础上，进一步开辟水源以满足京师的需求。武德六年（623 年），开渠引南山水入京城。开元中开黄渠引义峪水入曲江池。渭南地区也有用于运输的渠道，一条是运南山炭薪的河渠，天宝二年（743 年）由京兆尹韩朝宗主持，从今韦曲西南引潏水绕城西入经光门，这条渠道的主要目的就是运送秦岭山脉的木材，满足城市和薪炭的需求。永泰二年（766 年），黎干把漕渠又从西市向东延伸，经光德、通义、通化、开化、崇义诸坊，北至务本坊国子监东，由皇城东南角折北逾景风、延喜门入苑。渠阔八尺，水深一丈②。漕渠虽然是为运输薪炭而开凿的，但与永安、清明、龙首诸渠相通，实际上是长安城内横贯东西的供水干渠。

总之，唐代关中平原的农田水利，尽管都是在前代已有的基础上进行修建，但渠系较前更密，灌溉范围有相当程度的扩展，对于唐代农业的发展，促进唐朝经济的繁荣和社会发展起到了积极作用。

三、南方农田水利建设

隋唐以前，中国农田水利建设的中心一直是在黄河流域，但自中唐以后，由于政治、经济等原因，南方的农田水利事业得到了迅速的发展，其规模和数量都明显超过北方，成为中国农田水利建设新的中心③。这一时期，南方农田水利建设的突出成就主要表现在如下两个方面。

① 李令福. 论唐代引泾灌渠的渠系变化与效益增加[J]. 中国农史，2008（2）：14-22.

② 徐松. 唐两京城坊考·西京[M]. 北京：中华书局，1985：129.

③ 汪家伦，张芳. 中国农田水利史[M]. 北京：农业出版社，1990：209.

首先，出现了大量高质量、规模大的农田水利工程。根据学者们统计，唐代水利工程总共 323 项，除修建年代不详的 21 项工程外，唐前期水利工程有 192 项，其中北方有 127 项，南方 65 项；唐后期水利工程有 110 项，北方为 31 项，南方 79 项①。唐代太湖地区兴修的较大农田水利工程约有 28 项，根据《新唐书》及《读史方舆纪要》等文献记载统计如表 6-3 所示。

表 6-3　唐朝太湖地区主要的农田水利工程②

州名	序号	工程所在地	工程名称	灌田顷数	兴修年份
润州	1	金坛	南北谢塘	千余顷	武德二年
	2	丹阳	练塘	三县田	永泰元年
	3	丹阳	绛岩湖	万顷	大历十二年
常州	1	常州	浚五渠，沟延申浦	通江流溉田	代宗年间
	2	武进	孟渎	四千顷	元和八年
	3	无锡	泰伯渎	千顷	元和八年
苏州	1	常熟	云和塘	数千顷	元和四年
	2	海盐	古泾三百		长庆中
	3	海盐	汉塘		大和七年
湖州	1	安吉	邸阁池	百顷	圣历初
	2	安吉	石鼓堰	四百顷	圣历初
	3	长城	西湖	三千顷	贞元十二年
	4	乌程	官池		元和中
	5	乌程	陵波塘		宝历中
	6	乌程	连云塘		宝历中
	7	乌程	芙蓉池		开成中
	8	乌程	蒲帆塘		唐后期
杭州	1	富阳	阳陂湖	万余亩	贞观十二年
	2	富阳	阳陂湖堤		乾封元年
	3	新城	官塘		永淳元年
	4	富阳	阳陂湖堤		万岁登封元年
	5	钱塘	西湖	溉田无数	大历中
	6	富阳	阳陂湖堤		贞元七年
	7	于潜	紫溪	四千余顷	贞元十八年
	8	余杭	上、下湖	千余顷	宝历中
	9	余杭	北湖	千余顷	宝历中
	10	钱塘	西湖	千顷	长庆四年
	11	钱塘	沙河塘		咸通二年

随着江南经济的发展和人口的增多，太湖地区农田水利建设发展迅速。在该地区西北部的润、常二州，重要的工程有练塘、绛岩湖、孟渎等。练塘的修筑，除引水入河保证通航外，还能对丹阳、延陵、金坛三县农田进行灌溉。唐代宗大历十二年（777 年），润州句容令王昕修复绛岩湖，湖面百顷，“置两斗门，用以为节，旱暵则决而全注，霖

① 阎守诚. 唐代的农田水利建设[J]. 晋阳学刊，1986（2）：61-67.

② 宗菊如，周解清. 中国太湖史[M]. 北京：中华书局，1999：219-220.

潦则潴而不流。收功济时，道甚明远，开田万顷，赡户九乡”（《全唐文》卷四百四十五樊绚《绛岩湖记》）。绛岩湖工程的兴修，使九乡附近的上万顷农田受益。丹徒县南的南北谢塘，县令刘元超重修，灌田也达千余顷（《明一统志》卷十一）。唐宪宗元和八年（813 年），孟简在常州利用旧渠“开漕古孟渎，长四十里，得沃壤四千余顷”（《唐会要・疏凿利人》），也是一个大规模的灌溉区域。在孟简以前，常州刺史李栖筠曾引江水在这一带灌溉。孟简还在无锡开泰伯渎，也是利用了原有的旧水道，长 87 里，溉田也达千顷（成化《重修毗陵志》卷十九）。

苏州地区的水利以治理太湖为主，如朱勉主持的嘉兴屯田，“画为封疆属于海，浚其畎浍达于川”，开渠挖沟，斩草伐木。贞元十二年（796 年），崔翰任浙西观察巡官，在苏州掌管军田，他“凿浍沟，斩茭茅，为陆田千二百顷，水田五百顷”（《韩昌黎集・崔评事墓铭》）。湖州地区最大的灌溉区是长城县（今长兴县东南）西南的吴城湖，吴城湖又称西湖，塘高一丈五尺，周七十里，是在山谷筑堤形成的大型陂塘，通过蓄积泉水的形式来灌溉周围农田，共有斗门二十四所，能溉田三千顷。贞观十三年（797 年），刺史于頔“设堤塘以复之”，成了当地最大的水利工程，“岁获粳稻蒲鱼之利，人赖以济”。后人为歌颂于頔，称西湖为于公塘（《旧唐书・于頔传》《新唐书・地理志五》）。至权逢吉为长兴县令时，对西湖的水源重新进行整顿。西湖主要引方山泉水补充水源，后为豪强地主截断，无人敢言，逢吉带人将豪强所筑的路堰开决，“仍引泉溉田，乡人赖焉”（《嘉靖浙江通志》卷二十五）。杭州地区较大的灌溉工程有富阳县的阳陂湖，贞观中县令郝其开湖造闸后，可溉田万亩。余杭县南的上、下湖，是西汉兴建的蓄水灌溉工程，唐宝历中县令归珧重修，归珧在县北又开凿北湖，可以灌田千余顷（《新唐书・地理志五》）。

除了太湖地区外，江西、浙江等地也有一些重要的水利工程。例如，唐代元和初年（808）前后，江西观察使韦丹发动民众，在南昌（今江西南昌县）附近“筑堤捍江，长十二里，疏为斗门，以走潦水”，灌溉的陂塘有 598 处，受益田亩达 120 万亩（《唐故江西观察使韦公墓志铭》）。同一时期，宁国令范某在宣州南陵（今安徽南陵县）大农陂修筑石堰，长 300 步，结果“水所及者六十里”，溉田约 10 万亩（《新唐书・地理志五》）。这两项工程，都在一定程度上反映了当时水利的规模和技术水平。唐太和七年（833 年），明州鄮县（今浙江宁波市）县令王元暐，“度地之宜，叠石为堰，冶铁而固之，截断江潮……疏为百港”，灌溉七乡农田数十万亩（魏岘《四明它山水利备览》自序及卷上）。

这些水利工程，有陂、塘、沟、渠、堰、浦、堤、湖等，多数分布在太湖流域、鄱阳湖附近和浙东三个地区，大大推动了这三个地区农业生产的发展。尤其是太湖流域的苏州一带，从白居易诗“茂苑太繁雄”一语窥测，在唐的后期已是经济很发达的地区。有些水利工程也是相当成功的，个别大工程的兴修能解决数千顷农田的灌溉，这使得太湖地区水稻能大面积、大范围地推广，从而保证了农业单产和总产达到前所未有的水平①。

---

① 宗菊如，周解清. 中国太湖史（上卷）[M]. 北京：中华书局，1999：221.

其次，太湖地区水利系统逐步形成。长江下游的太湖地区是唐朝中后期农田水利建设的重点。太湖地区地形特点是四周高起，中部低洼，湖沼星罗棋布，形成了一个以太湖为中心的碟形洼地。唐朝开始，太湖地区的塘浦圩田系统逐渐形成。

根据缪启愉等学者的研究，认为太湖地区塘浦圩田系统是在初级形式的围田基础上逐步发展和旺盛起来的，大约形成于中唐以后，至五代吴越时期进一步臻于完整和巩固。太湖下游三面被江海包围，内部受湖水浸溢，在这一湖海环抱的地区开发农田，受到海潮和湖水的影响很大。在沿江沿海江堤海塘和沿太湖湖堤没有修筑以前，大量发展围垦受到很大的限制。开发太湖的过程，实际上就是围湖围海的过程。海塘的修筑，给大规模围海创造了条件。沿湖堤岸的兴建给大量发展围湖垦殖创造了条件。所以塘浦圩田系统的发展，在很大程度上取决于海塘和湖堤系统的发展。大致长江南岸和钱塘江北岸的海塘系统以及太湖沿岸的塘路系统完成之后，塘浦系统也随着基本上形成[①]。由初步形式的筑堤围田发展到高级形式的塘浦圩田系统，不是一乡一县的单独力量所能自办，更不是分散的个体农民所能自发建成。它的产生，与五代吴越以前的屯田营田制度有密切关系。在屯田制度下，土地置于国家控制之下，有众多的劳动力在统一组织下调配使用，才有条件进行大规模的通盘规划，分工并进，逐步形成塘浦系统（图 6-8）[②]。

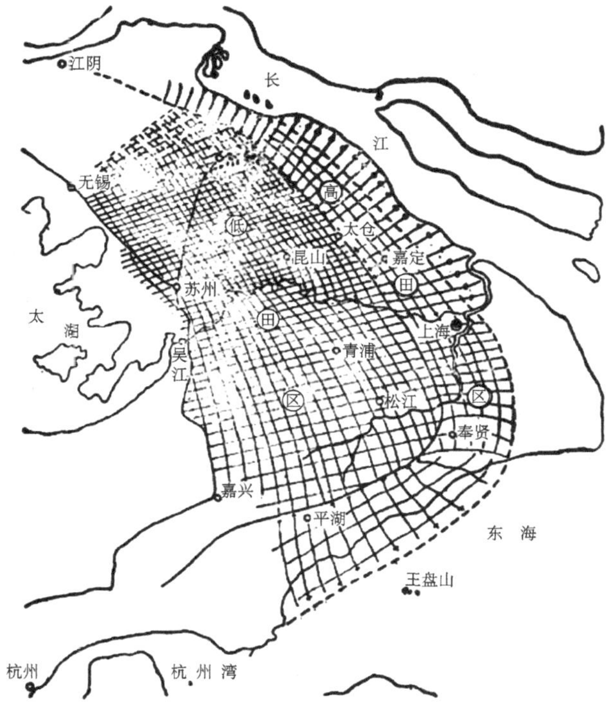

图 6-8　五代吴越时期塘浦圩田示意图[③]

① 缪启愉. 太湖塘浦圩田史研究[M]. 北京：农业出版社，1985：17.

② 梁家勉. 中国农业科学技术史稿[M]. 北京：农业出版社，1989：330.

③ 郑肇经. 太湖水利技术史[M]. 北京：农业出版社，1987：85.

吴越时期（893—978 年），吴越王朝为了巩固自身的统治，十分重视农田水利建设，经过 80 多年的经营，太湖塘浦圩田逐步臻于完整和巩固。所采取的措施，一是开浚出海干河，建立排灌系统，以三江（吴淞江、娄江和东江）为纲，提挈横塘纵浦的河网；二是普遍设置堰闸（在所有干河、支渠、海口、圩堤之间），随时调节水位，以控制旱涝，保证农业生产的正常进行；三是兴建海塘防御工程，保证内陆水系安全；四是创设撩浅军，建立分区负责的养护制度；五是制订法令，严禁破坏水利。总之，吴越治理太湖，在“都水营田使”下，有统一的规划和比较完备的制度，治水与治田结合，治涝与治旱并举，兴建与管理并重，使太湖塘浦圩田体制在前代的基础上臻于完整和巩固，基本上达到了海网有纲，港浦有闸，水系完整，堤岸高厚，塘浦深阔，抗灾力强，技术先进，效益显著，不失为历史上治水治田的一大范例。

四、水利管理的进步

随着农田水利事业的大发展，这一时期不仅在排灌工程技术方面有很大的进步，而且在水利管理方面也有显著发展。在水利管理方面，建立了一套有效的机制，提高了水资源的利用效率，这也为盛唐的繁荣奠定了基础。

唐代继承了前代的水利管理经验，设置专门的机构和专职官吏负责水利管理。管理水利事务的是尚书工部所属的水部司与寺监系统的都水监。都水监有“水部郎中、员外郎各一人，掌津济、船舻、渠梁、堤堰、沟洫、渔捕、运漕、碾硙之事。凡坑陷、井穴皆有标。京畿有渠长、斗门长。诸州堤堰，刺史、县令以时检行，而莅其决筑。有埭，则以下户分牵，禁争利者”（《新唐书·百官志一·工部》）。京兆府界泾白渠、渭白渠等大渠堰常设渠堰使检校，地方水利工程则由州县司负责。唐律令中对于水利工程的管理、维修都有具体规定。《唐令》规定：“近河及大水有堤防之处，刺史、县令以时检校。若须修理，每秋收讫，量功多少，差人夫修理。若暴水汎溢，损坏堤防，交为人患者，先即修营，不拘时限。”（《唐律疏议·杂律》引营缮令）《唐律》也明文规定：“诸不修堤防及修而失时者，主司杖七十；毁害人家、漂失财物者，坐赃论减五等；以故杀伤人者，减斗杀伤罪三等。即水雨过常，非人力所防者，勿论。”又规定：“诸盗决堤防者，杖一百。若毁害人家及漂失财物，赃重者，坐赃论；以故杀伤人者，减斗杀伤罪一等。……其故决堤防者，徒三年；漂失赃重者，准盗论；以故杀伤人者，以故杀伤论。”（《唐律·杂律》）在一些水利发达的地区，刺史、县令以下还有专门负责农业用水的官员。

此外，唐代还制定了一部系统的水利法规，作为水利管理的依据，这就是著名《水部式》。《水部式》是见于文献记载由朝廷正式颁布的中国第一部水利法典，是唐代水利管理的一项重要创造。唐代的法律分为律、令、格、式四类，它们各有自己的作用。其中“式”的条文是朝廷各部门和各级官吏“常守之法也”。《水部式》早已佚失，唐代的典籍和史书中，只有一些片段记载。1899 年在敦煌县鸣沙山千佛洞发现了《水部式》残卷，现藏于巴黎国立图书馆，民国初年由罗振玉影印，收入《鸣沙石室佚书》中。唐代

《水部式》曾多次修订，现存残卷大约是开元二十五年（737年）的修订本，按自然段落划分，共29条，约2600余字，内容十分丰富。就农田水利方面而言，有关于灌溉用水制度的规定，关于灌区组织管理的规定，关于处理农业用水与其他用水之间矛盾的规定，等等。在灌溉渠系上逐级修建有灌水节制闸门，以实现均匀配水，渠系之间实行轮灌；制定出适合地区气候条件的灌溉制度，使灌溉与作物生长阶段相适应，这些都是唐代灌溉管理科学技术水平的主要标志。

第五节 农作物构成及栽培技术

一、粮食作物

隋唐五代时期，粮食作物的构成主要包括粟、麦、稻、黍、稷、豆、麻、菰等。与前代相比较，这一时期粮食作物结构上发生的最大变化是稻、麦地位的上升，粟、黍地位的下降。

（一）粟仍然是五谷之首

粟仍是隋唐五代时期最重要的主食，在整个农业生产中仍占很重要地位。粟喜温耐旱，耐贫瘠，广泛种植于黄土高原与华北平原，东北的靺鞨（《隋书·东夷列传》），西北的吐谷浑，今新疆地区的龟兹、疏勒（《隋书·西域列传》）以及秦岭、淮河以南的丘陵、山地也多有种植。隋唐实行租调制，隋制是“丁男一床，租粟三石”（《隋书·食货志》），唐代改为“丁岁入粟二石”（《唐会要·租税上》）[①]。虽然也可以纳稻、麦，但都还是以粟为本位。隋唐的义仓地税，虽说是“粟、麦、粳稻，随土地所宜”（《册府元龟·邦计部·平籴》），实际上也是以纳粟为多。两税法时期，地税分夏、秋两季交纳，其秋税亦以粟居多。唐朝官府和籴粮食，多数也是在秋收之后，所籴之粮，多数也是粟。如开元廿九年（741年）就曾诏令都畿与关辅分别“和籴粟三四百万石”（《册府元龟·邦计部·平籴》），国家的财政收入与和籴既以粟居多，其储备与支出自然也以粟居多。特别是兵食与马料，绝大多数还是粟。由于长期以来粟都是百谷之长，是最重要的主粮，所以粟与禾也就逐渐演变为禾本粮食作物的共名，与此同时，“谷”也从禾本粮食作物的共称逐渐演变为粟的专称[②]。

（二）麦类在主食中所占比重继续上升

麦分大麦、小麦（含青稞麦）、荞麦等。作为主粮的麦，主要是大麦与小麦。大小麦也是适应性强，耐寒、耐旱的作物，中国大部分地区都可以种植。严寒地区，黍、粟

---

① 唐《赋役令》是否明确规定“每丁，租菜二石”尚难确定，但因实际上绝大多数为纳粟，所以新旧《唐书·食货志》《唐会要》《唐六典》等都记为每丁租粟二石。

② 郑学檬. 中国经济通史（隋唐五代）[M]. 长沙：湖南人民出版社，2002.

等不宜种植，而大小麦却能适应。如唐代吐蕃地区，“其地气候大寒，不生粳稻，有青稞麦、豎（豌豆）、小麦、荞麦”（《旧唐书》卷一百九十六）。荞麦是唐代开始推广种植的作物，在《备急千金要方》《食疗本草》等医药书中有荞麦的明确记载。唐代屯田，多数也种一些荞麦，兵书《太白阴经》卷五《预备》就谈到，每屯60顷，其中5顷种荞麦。唐人咏及荞麦的诗作也渐多，如白居易《村夜》诗中“独出前门望田野，月明荞麦花如雪”（《全唐诗》卷四百三十七）；温庭筠《题卢处士山居》诗中“日暮乌鸦集，满山荞麦花”（《全唐诗》卷五百八十一），说明荞麦已受到时人重视。

（三）水稻在主粮中地位大幅提高

水稻，南方也称为禾，广泛种植于秦岭、淮河以南的长江流域、珠江流域以及闽江、浙江诸流域的平原、河谷以及湖区。《隋书·地理志下》即言：“江南之俗，火耕水耨，食鱼与稻。”到了唐五代，随着水利的发展与水稻种植技术的提高，南方水稻更有新的发展。“江南孟秋天，稻花白如毡”（《全唐诗》卷三百零七，郑概《状江南十二咏》），“云帆转辽海，粳稻来东吴”（《全唐诗》卷十八，杜甫《后出塞五首》）。许多地方的稻田极目无垠，如淮南的楚州，“万顷水田连郭秀，四时烟月映清淮”（《全唐诗》卷三百五十九，刘禹锡《送李中丞赴楚州》）；长江下游的润州“水接海门铺远邑，稻连京口发秋香”（《全唐诗》卷七百四十八，李中《秋月登润州城楼》）；杭州余杭“稻花千顷外，莲叶两河间”（《全唐诗》卷八百零九，灵一《酬陈明府舟中见赠》）；鄱阳湖流域的江州“万顷新稻傍山村”（《全唐诗》卷二百零七，李嘉祐《秋晓招隐寺东峰茶宴送内弟阎伯均归江州》）。从汉代到隋唐时代，中国的经济、文化重心在黄河中下游，自中唐以后出现向南方推移的迹象。随着经济重心的南移，水稻在全国粮食生产中的地位也逐渐上升①。唐初稻米开始北运，不过北运岁“不过二十万石”，中唐以后便增至“三百万石”（《新唐书·食货三》）。当时人说“赋出于天下江南居十九”（《韩昌黎集》卷十九，韩愈《送陆歙州诗序》）“今天下以江淮为国命”（《樊川文集》卷十六，杜牧《上宰相求杭州启》）。这充分反映了唐中叶以后全国经济重心的南移，也说明以南方为主要产区的水稻在粮食生产中的地位已经逐步超过粟。

二、经济作物

隋唐五代时期，中国经济作物有了很大的发展，最突出特点就是经济作物商品化程度进一步提高，突破了以前坊、市的限制，大量新兴市场出现，促进了商业和城市经济的发展。这一时期主要的经济作物有麻类、棉类、蔬菜，以及油料、糖料、染料和花卉园艺等。

---

① 梁家勉. 中国农业科学技术史稿[M]. 北京：农业出版社，1989：339.

（一）麻与棉

麻类作物包括大麻、胡麻、亚麻、苎麻等。麻布是古代百姓的重要衣料，从唐代征收的赋税看，布匹数量远远大于丝绢，百姓应多穿麻布，正如诗人杜荀鹤《蚕妇》中写道："粉色全无饥色加，岂知人世有荣华，年年道我蚕辛苦，底事浑身着苎麻。"（《全唐诗》卷六百九十三）《唐六典》所记调布包含火麻布、纻布、赀布，这三类是唐代麻织品的主要种类。隋唐赋税制度中的"调"，其本色就是绵绢或布麻。唐朝行政区域，秦岭淮河以北的5道117州府，除河北道25州府、河南道28州府与关内道的京兆、同州、华州、岐州以及河东道的蒲州赋绵绀等外，其余59州府，都是赋麻、布州①。其中，河西、陇右各州，既有大麻，也有亚麻，关内、河东各州，大体上是麻。秦岭、淮河以南的5道201州府中，淮南道除寿州兼输纯、麻、布，安州、甲州、光州输绝绢或绵绢外，其他10州府都是纻布、赀布或火麻布。江南道51州中，润州输火麻布，其余50州皆输纻布。岭南道70州中，除端州调蕉布外，其余69州皆输纻布或落麻布。

棉花在隋唐五代时期作为纺织原料，棉布在南方特别是岭南百姓衣料中占有一定比例，但棉花由于种植范围有限以及技术等原因，地位逊于桑麻。中国古代棉花种类主要分为树棉、木棉、草棉三类。唐代棉布生产范围在汉晋基础上扩大，文献中棉布有吉贝、古贝、班布等称呼。根据唐代前期的土贡资料②，荣州、富州、南州、夷州土贡班布；唐后期至五代时期贡棉布的有南州、溱州、荣州、泸州、振州、富州、昌州、琼州、万安州、林邑国，武安州贡朝霞布、于拖利国贡班布。朝霞布应为棉布，《旧唐书》卷一百九十七《南蛮、西蛮夷·林邑》记录林邑国"王著白氎古贝……富人服朝霞古贝为短裙"；同书卷一百九十七《南蛮、西南蛮·骠国》载，"其衣服悉以白氎为朝霞"。《唐会要》卷九十七《吐蕃》载，开成二年吐蕃的贡品中就有"朝霞氎"，白氎、古贝皆为棉布，则朝霞布也为棉布，只是因棉布所染颜色不同而称呼不同。南州、荣州、富州的棉布在隋唐五代时期一直保持良好质量，唐后期上贡棉布州数比前期增多，说明唐后期岭南地区的棉织业有了进一步发展，织棉技术得到提高。

（二）蔬菜

蔬菜在百姓饮食中占有重要地位，中国汉代栽培的蔬菜种类有20余种，到隋唐五代时期蔬菜种类增加到30多种③。唐代孙思邈的《千金要方》、孟诜的《食疗本草》、韩鄂的《四时纂要》分别记录了唐初和唐末五代时期的蔬菜种类。根据记载，隋唐五代时期主要种植的蔬菜有葵、韭、葱、芹、芋、姜、蒜、蔓菁、菘、莱菔、茄子、冬瓜、越瓜、胡瓜、苜蓿、蜀芥、藕、芸薹、薯蓣、菌、花椒、莴苣、百合、枸杞、牛蒡等。这

---

① 《唐六典》卷三《尚书户部郎中员外郎》记：关内道"厥赋绵布麻"，河东道"厥赋布祢"，陇右道"厥赋布麻"。

② 唐前期土贡资料参考《唐六典》《通典》《元和志》开元贡。

③ 李昕升，王思明. 中国古代夏季蔬菜的品种增加及动因分析[J]. 古今农业，2013（3）：50-55.

些蔬菜当中，有些是这一时期从国外引进的，如莴苣原产西亚，中国始见于唐代有关文献，杜甫的《种莴苣》诗提到它。北宋初年成书的《清异录》载："高国使者来汉，隋人求得菜种，酬之甚厚，故因名千金菜，今莴苣也。"说明莴苣是隋代才引入的外来蔬菜。但是，关于它的具体引入过程史书无记载，隋唐五代三百余年间的文献中也未提及。此外，从境外引入的蔬菜还有菠菜和西瓜。古籍中对菠菜传入中国的历史记载得比较具体，《唐会要》卷一百记载："[贞观]二十一年……遣使献波稜（薐）菜、浑提葱。"《刘宾客嘉话录》也记有："菜之菠稜，本西国中有僧将其子来，如苜蓿、蒲（葡）萄因张骞而至也，绚日岂非颇稜国将来时语讹为菠（薐）耶？"（《说郛》卷二十一《刘宾客嘉话录》）西瓜原产非洲，大约在隋唐之际传到中国少数民族回纥的活动区域，五代时引种到当时契丹族——辽王朝的统辖区。

（三）糖料与油料

唐代食用糖的来源有蜂蜜、饴糖、蔗糖。唐以前中国传统的制糖法落后，唐初从印度引进制糖法后，制糖技术得到很大提高，唐中期以后，甘蔗种植范围逐渐变广。甘蔗是蔗糖主要原料，甘蔗主要有两种，一种是中国原生品种，今天称之"中国竹蔗型"，另一种今称为"热蔗型"。隋唐五代时期甘蔗主要有昆仑蔗、荻蔗、竹蔗三种，昆仑蔗是从境外引进品种，颜色为红色；荻蔗是中国原生甘蔗演化品种。荻蔗和竹蔗颜色较浅，淡青或浅黄色，竹庶茎粗，生长于江南，荻蔗茎细，生于江北。甘蔗主要分布在长江流域及以南地区。韩保昇的《蜀本草·果部》记载甘蔗"出蜀及岭南为胜，并煎为沙糖。今江东甚多，而劣于蜀者"，江南、巴蜀、华南地区是甘蔗重要产区，从唐代诗词中我们可以具体了解这些区域的甘蔗种植情况。《杜工镜铨》引张载诗云："江南郡蔗，醴液丰沛""江南仲夏天……甘蔗吐白莲"（《全唐诗》卷三百零七，樊珦《状江南·仲夏》），"江南仲冬天，紫蔗节如鞭"（《全唐诗》卷三百零七，吕渭《状江南·仲冬》）。

隋唐五代时期中国主要的油料作物有芝麻、苏子、大麻、蔓菁等。芝麻含油率高，一般在45%～60%。隋唐五代时期芝麻油仍是主要食用油，《四时纂要》中摘录了不少以麻油为基础制成的膏药。芝麻还可作为主粮，制作胡麻饭，受到百姓的喜爱，"八谷之中，胡麻最良"（《古今图书集成·草木典》）。隋唐五代时期芝麻分布于黄河、长江流域，《北户录》卷二中有胡麻糖，岭南地区可能也有芝麻种植。

（四）花卉园艺

中国的花卉栽培在隋唐五代时期得到了突飞猛进的发展。据统计，出现在唐诗中的花卉达60多种。传统的栽培花卉有莲、桃、桂、梅、菊、兰、李等，分别都在200首以上的诗作中出现过。统计还显示，在栽培花卉这个大家族中，新的成员层出不穷，主要有牡丹、海棠、杜鹃、琼花、山茶、佛桑等，为唐代花卉业增光添彩[1]。这一时期，花卉园艺发展最突出的成就就是盆景的出现以及牡丹栽培异军突起。盆景是在盆栽的基础上发展而来的。盆栽是植草木于器皿，盆景则是对盆栽进行艺术加工，使其成为自然景色的一种缩影。盆栽历史悠久，浙江余姚河姆渡新石器遗址出土的陶片，就发现画有盆栽的图画。盆景则始于唐代，建于公元706年的唐章怀太子墓的墓道壁画中，就有一幅为侍女捧黄色浅盆，内有三五块小石块，并植有两株已结果的小树，无疑是盆景。唐代阎立本绘的《职贡图》也是一个浅盆上放置一块玲珑精巧的山石，显然也是山水盆景。冯贽《记事珠》谓“王维以黄瓷斗储兰蕙，养以绮石，累年弥盛”（《说俘续》卷二十一），李驾《五粒小松歌》赞其所植华山松“蛇子蛇孙鳞婉婉，新香几粒洪崖饭。绿波浸叶满浓光，细束龙髯铰刀剪”（《全唐诗》卷三百九十三），都是当时盆景花卉的文字记载。中国野生牡丹分布很广，东起河北、山东、安徽、浙江，西至陕西、四川都有分布。南北朝时期，牡丹渐成为观赏花草。唐开元中，“禁中始重木芍药……得四本：红、紫、浅红、通白者。上因移植兴庆池东沉香亭前”（《全唐文》卷七百二十六）。开元末，裴士淹为郎官，从“汾州众香寺得白牡丹一窠，植于长安私第，天宝中，为都下奇赏”（《酉阳杂俎·广动植类·草》）。

（五）果树与茶树

隋唐五代时期，果树种植得到较大发展，不仅扩大栽培区域，形成了一些新的种植区，而且在栽培品种的多样化和栽培技术上更加成熟。几种南方常绿果树的栽培北限向前推移，形成了一些新的果树产区。如太湖洞庭东西山的柑橘产区，四川巴蜀间的荔枝产区，陕西南部的枇杷产区等。尤应值得一提的是当时在长安的宫廷内栽培柑橘，曾获得结实“与江南及蜀道所进无别”的成效。这三种常绿果树在当时经济栽培的北限，已和现代的经济栽培北限基本一致，这不仅反映了栽培区域的扩大，也说明当时果树栽培技术的进步。不少果树从国外或边疆引入内地栽种，丰富了果树的品种。例如，海枣，又称波斯枣、海棕和枣椰，原产于西亚或北非。据《酉阳杂俎》载：“波斯枣出波斯国……子长二寸，黄白色，有核，熟则子黑，状类干枣，味甘如饧可食。”[2]引入后曾在广东、四川等省的个别地区有零星栽培，现多零星栽培于台湾、两广、福建、云南等地。扁桃大约在唐代从中亚传入。引入后主要栽培于新疆、甘肃、陕西等温暖而较干燥地区。树菠萝原产印度至马来西亚一带，引入中国后，多栽培于云南、两广以及福建等地。油橄榄原产于地中海区域，早在远古即已开始栽培，传入中国亦始自唐代，不过引入后，栽培甚少，几将绝迹，新中国成立后又从国外重新引种[3]。此时南方的水果种植无论在生产规模还是在品种的数量和质量上，比前代都有很大的提高。四川一带、洞庭湖一带、江西境内、江南地区及广大岭南地区有大量柑橘类种植并有地方良种充作贡

① 魏露苓．隋唐五代时期园艺作物的培育与引进[J]．中国农史，2003（4）：19-24.

② 段成式．酉阳杂俎[M]．济南：齐鲁书社，2007：128.

③ 梁家勉．中国农业科学技术史稿[M]．北京：农业出版社，1989：348.

品，如南昌、萍乡、洪州、丰城都有大面积优良品种柑橘栽培。唐代的荔枝栽培远胜以往任何朝代，当时有三大著名荔枝产地，即西南、广东和福建[①]。岭南地区在柑橘栽培中还采用了生物防治技术消灭害虫，如《岭表录异·卷下》记载："岭南蚁类极多，有席袋贮蚁子窠鬻于市者。蚁窠如薄絮囊，皆连带枝叶，蚁在其中，和窠而卖之。有黄色大于常蚁而脚长者。云南中柑子树无蚁者，实多蛀。"

隋唐时期，特别是唐代中期，茶的栽培也有了显著的发展。茶叶从唐中期起，从南方传到中原，由中原传到边疆少数民族地区，变成了中国的举国之饮。史籍有茶"兴于唐"或"盛于唐"之说，正是在唐代，茶始有字，茶始作书，茶始销边，茶始收税，茶才真正形成一种独立和全国性的文化或产业[②]。唐朝中期，中国的产茶区域进一步扩大。据陆羽《茶经》《新唐书·地理志》《唐国史补》等文献记载，唐朝全国产茶地已有50多州郡，遍及今云南、四川、贵州、广东、广西、福建、浙江、江苏、安徽、江西、湖北、湖南、河南、陕西、甘肃等15个省份，其产区北限一直延伸到河南道的海州（今江苏连云港），也就是说，唐代的茶叶产地达到了与近代茶区约相当的局面[③]。在长城县（今浙江长兴县）还出现了大规模的茶园，采茶人数多达3万人。南方植茶之盛，于此可见。由于产地扩大，产量也随之增加。据《新唐书·食货志》记载，唐德宗贞元（785—804年）税茶以后，每年收税钱40万缗，当时税率是十分之一，茶的生产总值在400万缗以上。随着唐代茶叶生产的发展，在茶树栽培方面也积累了许多宝贵经验。陆羽《茶经》关于茶树种植方法只是笼统提到"法如种瓜，三岁可采"。唐末韩鄂撰的《四时纂要》弥补了《茶经》之不足，对当时的植茶技术作了翔实而较全面的记述，对晚唐以前茶树栽培和管理方法包括种植季节、茶园选择、播种方法、中耕除草、施肥灌溉和遮阴措施等都有新论述[④]。

（六）蚕桑

唐代是中国蚕桑丝绸业的一个大发展时期，无论黄河、长江两大流域，还是周边少数民族聚居地，蚕桑丝绸生产都呈现出新的面貌。蚕桑丝绸业经过唐初百余年的经营，到开元天宝年间，已在黄河流域大部分地区展开，其产品质量、数量均领先全国[⑤]。唐代蚕桑丝绸产地另一个显著特点是分布的不均衡，当时蚕桑业产地主要分为黄河下游、黄河中游、黄河上游、长江下游、长江中游、长江下游和岭南地区七个产区。中国南方的蚕桑业，在隋唐以前已有一定发展，但是直到中唐以前，蚕桑业的中心仍在黄河流域[⑥]。据研究，唐代有185州为蚕桑丝绸州，其中最发达的黄河下游、长江下游，蚕桑

---

① 魏露苓. 隋唐五代时期园艺作物的培育与引进[J]. 中国农史，2003（4）：19-24.
② 陈宗懋，杨亚军. 中国茶经[M]. 上海：上海文化出版社，2011：19.
③ 陈宗懋，杨亚军. 中国茶经[M]. 上海：上海文化出版社，2011：20.
④ 梁家勉. 中国农业科学技术史稿[M]. 北京：农业出版社，1989：356.
⑤ 卢华语. 唐代蚕桑丝绸研究[M]. 北京：首都师范大学出版社，1995：40.
⑥ 梁家勉. 中国农业科学技术史稿[M]. 北京：农业出版社，1989：358.

丝绸业覆盖或几乎覆盖了全区各州；而最不发达的岭南地区，蚕桑丝绸州仅为11.4%[①]。在蚕桑生产技术方面，北魏时代的桑田一般与禾豆间作，“率十步一树（阴相接者，则妨禾豆）。行欲小犄角，不用正相当（相当者则妨犁）”。这种田中所栽的桑，一般是高干桑，所以采桑叶时“必须长梯高机，数人一树”[②]。到唐代时，根据《四时纂要·正月·移桑》记载：“移桑，正月二月三月并得。熟耕地五六遍，五步一株，著粪二三升。至秋初，劚根下，更著粪培土，三年即堪采。每年及时科斫，以绳系石坠四向枝令婆娑，中心亦屈却，勿令直上，难采。”[③]由于采用及时修剪、压枝等措施培养低干桑，田中栽桑的密度大大增加了，这种密植桑田，已不宜于间作。这标志着桑田向专门化和园圃化发展，是栽桑技术的一大进步，也是关于培养低干桑最早的文字记载。

三、耕作栽培技术的进步

隋唐五代时期，北方的耕作栽培，除局部有发展和创新外，大体上都是沿袭《齐民要术》所总结的技术体系。这在《齐民要术·杂说》（简称《杂说》）[④]和《四时纂要》等农书中都有所记载。

（一）旱地的耕、耙、摩保墒耕作技术

隋唐五代，旱地的耕作制度基本上沿袭《齐民要术》所总结的犁、耙、耢耕作制度。根据《杂说》总结：第一重视耙耱。耕后的碎土平土工作，汉代称摩（磨），魏晋南北朝称耢，《杂说》称“盖磨”或“盖”。对耕翻，要求“务遣深细，不得趁多”，对盖磨，要求“看干湿，随时盖磨著切”“无问耕得多少，皆须旋盖磨如法”。当时一般耕五六遍，“每耕一遍，盖两遍，最后盖三遍，还纵横盖之”。盖磨之所以特别受到重视，是因为人们对其防旱保墒作用有了明确认识。《杂说》说：“一切但依此法，除虫灾外，小小旱，不至全损。何者？缘盖磨数多故也。”《杂说》所说的“盖磨”，也应理解为包括耙地的工序在内。第二是顶凌耙地。《杂说》：“一入正月初未，开阳气上，即更盖所耕得地一遍。”顶凌耙地措施的应用，以及将其列入固定的耕作程序，应看作是这一时期整地保墒技术的一项重大发展。耕、耙、摩的防旱保墒技术主要是针对北方少雨干旱的自然条件，从实践中总结出来的。南方的旱土，雨水较多，自不必反复盖磨，但耕后耙、摩，则大致相同。

（二）中耕与施肥技术

唐代农田操作非常重视中耕，而且对中耕的技术要求更加细致。《杂说》与《四时

---

① 卢华语. 唐代蚕桑丝绸研究[M]. 北京：首都师范大学出版社，1995：10.

② 缪启愉. 齐民要术校释[M]. 北京：农业出版社，1982：230-231.

③ 缪启愉. 四时纂要校释[M]. 北京：农业出版社，1981：23.

④ 根据缪启愉（齐民要术校释. 北京：农业出版社，1982）等学者考证，《齐民要术·杂说》非贾思勰本人所作，应为唐人增补，现学术界一般都把《杂说》看作唐代作品。

纂要》都很强调中耕的重要性。《杂说》提到：“候黍、粟苗未与垄齐，即锄一遍。黍经五日，更报锄第二遍。候未蚕老毕，报锄第三遍。如无力，即止。如有余力，秀后更锄第四遍。油麻、大豆，并锄两遍止，亦不厌早锄。……第一遍锄，未可全深；第二遍，惟深是求；第三遍，较浅于第二遍；第四遍较浅。”可见，在黍、粟等作物幼苗期间进行中耕，是为了避免松动或损伤幼苗根部，并防止土块埋压根节、妨碍发杈丫，必须浅锄，等到苗株长大，根部已经稳定，可以深锄。在此以后，当孕穗到抽穗期间，根系逐渐密布地下，深锄容易伤根，因此又须浅锄。《杂说》总结的这种由浅而深又由深而浅的中耕方法，标志着这一时代中耕技术的新发展①。

这一时期对农田施肥也很重视，敦煌吐鲁番出土文书中就有不少有关买粪、运粪上田、撒粪的记载②。白居易闲居渭村时，也经常“隙地治场圃，闲时粪土疆”（《全唐诗·渭村退居，寄礼部崔侍郎、翰林钱舍人诗一百韵》）。隋唐五代仍然强调栽培绿肥，《四时纂要》卷三“五月”条即言：“肥田法，绿豆为上，小豆、胡麻为次，皆以此月及六月穊种之。七八月耕杀之。春种谷，即一亩收十石，其美与蚕沙、熟粪同矣。”除了绿肥，这一时期还发展了一种积制厩肥的踏粪法。《杂说》提出：“凡田地中有良有薄者，即须加粪粪之。其踏粪法：凡人家秋收治田后，场上所有穰、谷穰等，并须收贮一处。每日布牛脚下，三寸厚；每平旦收聚堆积之；还依前布之，经宿即堆聚。计经冬一具牛，踏成三十车粪。至十二月、正月之间，即载粪粪地。……然后转所粪得地，耕五六遍，每耕遍，盖两遍，最后盖三遍。还纵横盖之。”这里提到的踏粪法，影响极深远。这种方法至今还在中国农村中保存着。踏粪法是开辟肥源的一种好方法，以牲畜的粪尿加上稿秆踏制肥料，肥效保存好，又是完全肥料，对改良土壤提高地力有较好的效果③。

（三）水田耕作技术的进步

隋唐五代时期，随着大运河的修凿和延伸以及南北经济交流的加强，南方水稻生产发达，水田耕作技术也取得了巨大的进步。耕、耙、耖的水田耕作技术主要形成于这一时期。据陆龟蒙《耒耜经》记载：“耕而后有爬（耙），渠疏之义也，散爬（耙）去芟者焉。爬（耙）而后有砺礋焉，有磟碡焉。自爬（耙）至砺礋皆有齿。磟碡觚棱而已。咸以木为之，坚而重者良。”其时的江东犁，可以调节深浅，但从总体上讲，还是强调深耕，耕得整齐，不漏耕。陆龟蒙《象耕鸟耘辨》中所要求的“行端而徐，起坺欲深”（《全唐文》卷八百零一）。这里提到当时农夫耕田既端又深，深之外，又做到了端，这说明唐人在耕地这一环节上给予特殊注意。唐代出现的江东犁，对水田耕作质量的提高应是起了很大作用。水田翻耕以后的土壤，泥面高低不平，土块大小不一，不能马上栽种，所以翻耕以后接着要进行耙地。耙之后用有齿的砺礋与觚棱形的磟碡进一步碎土与

① 梁家勉. 中国农业科学技术史稿[M]. 北京：农业出版社，1989：342.
② 唐耕耦，陆宏基. 敦煌社会经济文献真迹释录（第2辑）. 北京：书目文献出版中心，1986：239-289.
③ 梁家勉. 中国农业科学技术史稿[M]. 北京：农业出版社，1989：344.

平整田土，混合泥浆，这道工序相当于旱土耕作的耙、摩。所不同的是，旱土的耕、耙、摩，主要是为了保墒防旱，而水田的耕、耙、摩，主要是为了碎土、平整田面，以利作物生长。用砺礋、碌碡碎土与平整田面，其效果与“耖”相似，但不如用“耖”方便。

另外，在南方地区，水稻育秧移栽技术非常普遍。例如，杜甫《行官张望补稻畦水归》记蜀中的情况是：“六月青稻多，千畦碧泉乱，插秧适云已，引溜加溉灌。”刘禹锡《插田歌》记岭南连州的情况是：“田塍望如线，白水光参差……水平苗漠漠，烟火生墟落。”张籍《江村行》则描绘了江南的情况：“江南热旱天气毒，雨中移秧颜色鲜。”柳宗元《龙城录》曾记载了这样一件事：“余南迁，度高邮，道逢老叟，帅年少，于路次，讲明种艺。其言：深耕概种，时耘时耔；却牛马之践履，去螟蛀之戕害；勤以朝夕，滋以粪土。而有秋之利，盖富有年矣。”①这些记载包含了栽培技术中的极其重要的几个环节：深耕、密植、除草、施肥、培土、植物保护等，说明了要获得“有秋之利”，这些综合技术措施是必要的。

第六节　畜牧业与水产业

一、畜牧业的发展

隋唐五代时期，畜牧业兴旺发达，不仅对农业、手工业、交通运输业的发展起着重要的作用，而且为当时社会政治、军事、经济生活等提供了物质保证。

（一）官营畜牧业

隋唐五代时期，各王朝不仅建立了一套完善的畜牧管理机构，而且从立法和政令方面为畜牧业的繁荣兴旺作出规范，使得畜牧业在正常有序的发展中取得了显著的成绩。

1. 建立了从中央到地方的畜牧管理机构　唐代主管马政的机构是太仆寺、驾部和尚乘局。太仆寺是唐代朝廷畜牧业管理机构之一，其总领为太仆卿，并以少卿为其副职。《唐六典》记载：“太仆卿之职，掌邦国厩牧车舆之政令，总乘黄、典厩、典牧、车府四署及诸监牧之官属。少卿为之贰，凡国有大礼、大驾行幸，则供其五辂属车之属。凡监牧所通羊马籍帐，则受而会之，以上于尚书驾部，以议其官吏之考课。”（《大唐六典·太仆寺》，日本广池学园本）文献记载显示，太仆寺之职能，一是掌管宫廷皇帝及王公们的乘舆、车辂供应及畜产品供应；二是掌管监牧的畜牧籍账及属官考课。驾部，是隶属于尚书省兵部下的一个司，掌管全国的舆辇车乘、传驿、官私马牛杂畜的增损等。尚书驾部非畜牧业生产机构，而是馆驿及诸卫府、京师诸司交通畜力与车乘的供给保障及管理机构。尚乘局为唐殿中省所属六局之一，掌天子乘御，其官有奉御、直长等，是唐朝皇帝御马的特殊畜养机构。

---

① 收入《柳河东先生集·附》，此书亦收入《百川学海》乙集，题为《河东先生龙城录》2卷。

唐代在各地方基层畜牧管理单位为牧。“其牧有置监管者，亦有隶州县管者”（《唐律疏议·厩库律》）。设置监的牧场，其管理长官称监，副职称副监。未设置监的牧场仍称牧，通常归州县军管辖，其长官称牧尉。牧之下通常分若干群（马牛，通常是120匹头为群，驼、骡、驴通常以70头为群，羊通常以620口为群），群置牧长（亦即群头）一人，监之下通常设若干牧，牧置尉一人，每牧尉大致管15牧长。

2. 形成了严格的畜牧奖惩制度　在唐律令体系中对于畜牧养殖有严格的规定，《唐令》中有《厩牧令》专章，《唐律》中也有《厩库律》。唐律令通过奖惩规定，在一定程度上保证了官营畜牧业生产的发展、繁荣。唐律令的精神是赏罚分明，责任到人，它是中国古代马事法律的典范，宋、元、明、清各朝都以它作蓝本。所谓赏罚分明，是指牧场每项工作都有一定指标，超额完成者奖，完不成任务者罚[①]。生驹率与死耗率是考核牧场生产效率的重要指标，唐令、唐律对此有明确规定。关于死耗率，唐《厩牧令》规定，驼7%，骡6%，马、牛、驴10%，羊15%。“从外蕃新来者”，马、牛、驴、羚羊，第一年死耗率为20%，第二年为15%；驼，第一年为14%，第二年为10%；骡，第一年为12%，第二年为9%；羊，第一年为25%，第二年为20%。生驹（羔）率超过应课标准的则有赏。具体办法足：“准印后定数，先填死耗足外，然后计酬之。”（《唐六典·太仆寺》）马剩驹一匹，赏绢一匹，或驼、骡剩驹二匹，或驴、牛剩驹一匹，或白羊剩羔七口。赏物，三分之一为“长上专当”的牧子，三分之二归牧长。此外，“监官及牧尉，各通计所管长、尉赏之”（《唐律·厩库律》）。为了防止畜牧使用过度，《唐律》规定：“诸应乘官马、牛、骆、骡、驴，私驮物不得过十斤，违者，一斤十笞，十斤加一等，罪止杖八十。”

3. 建立了完备的畜牧印籍登记制度　为了避免或减少官畜的流失，同时也是为了便于考课，唐代建立了一套比较科学而又严密的马、驼、牛、骡、驴、羊籍的管理制度。按规定，各监牧饲养的马都要按性别、年龄、强弱分开牧养并登记造册。此即所谓“凡马各以年名籍之”。不仅马，驼、骡、驴、牛、羊也都要登记造册。每年季夏造簿籍，至孟秋，“群牧使以诸监之籍合为一”。群牧使汇总后，又于仲秋上于太仆寺。太仆寺将诸监牧“所通羊马籍账”汇总后，再“上于尚书驾部，以议共官吏之考课”（《唐六典·太仆寺》）。同时还相应建立马印制度，给各种马匹打上不同的印记，以示区别。“凡在牧之马皆印，印右臂以小官字，右髀以年辰，尾侧以监名，皆依左右厢”（《唐六典·太仆寺》）。除了牧监自身的层层查核外，隋唐朝廷还经常派员巡查牧场，巡查的重点就是核实马、驼、骡、驴、牛、羊的数量，防止隐匿不报，克扣粮料，化公为私。

（二）私营畜牧业

唐五代时期，除了官营畜牧业兴旺发展外，私营畜牧业也是这一时期畜牧经济的一

---

① 马万明. 唐代畜牧业兴盛的原因[J]. 中国农史，1993（3）：20-26.

个重要组成部分。马、牛、驴、骡、驼等牲畜，不仅能提供畜力，而且还能为人们的生产和生活服务，因此，不单单国家进行大规模牧养，就是私家，上至官僚贵族、下至平民百姓，也多有饲养。

1. 民间养马业 唐代前期随着国家监牧养马的发展，一般百姓的养马也有一定发展，并且得到官府的保护，特别是玄宗开元九年废除了阻碍民间养马的弊政以后，民间养马之风更盛，成为唐代马政的一个重要组成部分。有学者认为，唐代民间养马可划分为三个阶段，即唐玄宗开元九年（721 年）以前的低潮，唐玄宗开元九年以后的高峰期，“安史之乱”后的衰微期[①]。从吐鲁番出土的唐文书中可以看到初唐西州百姓就养马，并屡见交易马的契约，如《唐贞观二十三年西州高昌县武城乡范欢进买马契》[②]《永徽元年西州高昌县崇化乡人杜定欢替宁大乡人康善欢放马契》[③]，以及上元二年（675 年）《赵文同买马契》、上元三年（676 年）《某人辩词为买鞍马事》等[④]。这些事实充分说明民间一直存在着马匹的畜养和买卖交易。另外，唐代律令中也有对官私养马的保护条款，如《唐律疏议·厩库律》中记载：“诸故杀官私马牛者，徒一年半。”《唐律疏议》还进一步阐明保护民间养马牛的道理：“官私马牛为用，处重，牛为耕稼之本，马即致远供军，故杀者徒一年半。”唐令中，还有“诸卖买牛马等立券”的条款。这也进一步说明，私家养马为唐代养马业不可或缺的事实，监牧畜马主要供给军用，私家养马也是供给军用与役畜的重要来源之一。

2. 民间牛羊猪的饲养 牛的饲养在民间畜牧业中占有首要地位。在大牲畜中，牛的牵引力最大，也最适合于农田犁耕，牛成了保障农田耕作的基础，是人们赖以生存的条件。因此，唐朝不仅屡次下令禁止杀牛，而且致力于使农户都有耕牛。《唐律疏议·厩库律》记载：“官私马牛为用，处重，牛为耕稼之本，马即致远供军，故杀者徒一年半。”当时中等以上农户，一般都有耕牛。为了鼓励农户养牛，唐开元二年（734 年）敕文中特别规定：“定户口之时，百姓非商户，郭外居宅及每丁一牛，不得将入货财数。”（《旧唐书·食货志》）另据文献记载，唐朝规定在定户等计算百姓资产时，农户的居宅及每丁一牛不计入资产，这实际上是对农户养耕牛的保护。

羊为六畜之一，自古以来很受统治者重视，自初唐以来。一直是统治者、官僚贵族，以至百姓的常用肉食。据《唐六典》记载，朝廷官员“每日常供具三羊，六参之日加一羊焉。行奉从官供六羊，释奠观礼具五羊”（《大唐六典·太官署》）。这些规定表明羊是唐代法定的肉食来源，并为朝廷官员具体配给标准。《法苑珠林》载，“唐长安市里，每岁元日，相邀”（《太平广记》卷一百三十四《赵太》），往往都要杀羊相待。由于

---

① 马俊民. 唐代民间养马盛衰考[J]. 天津师大学报，1985（5）：73-77.

② 国家文物局古文献研究室，新疆维吾尔自治区博物馆，武汉大学历史系. 吐鲁番出土文书（第五册）[M]. 北京：文物出版社，1983：105.

③ 国家文物局古文献研究室，新疆维吾尔自治区博物馆，武汉大学历史系. 吐鲁番出土文书（第六册）[M]. 北京：文物出版社，1985：590.

④ 陈国灿. 吐鲁番出土唐代文献编年[M]. 台北：新文丰出版社，1992：97.

羊是当时重要的肉类食品，羊皮、羊毛利用价值又高，且耐粗饲，不费粮食，加之当时林地、草地面积很大，所以除北方牧区牧民大量养羊外，非牧区的民间养羊业亦颇为兴盛，其中又以同州羊最负盛名。当时以养羊、贩羊为生者为数不少。如高宗武后时期，徐州藤县王希夷，“父母丧，为人牧羊，取佣以葬”（《新唐书·隐逸列传·王希夷》）。贞元初，洛阳人朱化者，以贩羊为业，往返于邠、宁与洛阳之间（《太平广记·朱化》引《奇事》）。

作为肉食，猪在唐代仅次于羊，《唐六典》卷四记载了唐代朝廷供给各级官员的食料中就有猪。因为猪为人们主要肉食来源，所以当时民间养猪十分普遍。

3. 家禽饲养业的发展 唐代，民间养鸡、养鸭、养鹅很兴盛，据《朝野佥载》记载：“卫镐为县官，下乡至里人王幸在家……遂催欲前适所亲者，报曰：‘王幸在家，穷无物设馔，有一鸡见抱儿，已得十余日，将欲杀之。’”（《朝野佥载》卷四）反映出很穷的民户家里也养有抱窝母鸡，说明养鸡之普遍。唐江南、岭南、江淮丘陵一带，气候湿润、湖泊众多，江河纵横，水域宽广，为鹅鸭的饲养提供了良好的生态环境。因此，民户也多因地制宜，饲养鹅鸭。唐朝诗人张籍在《寄友人》诗中吟曰：“忆在江南日，同游三月时，采茶寻远涧，斗鸭向春池。”（《全唐诗》卷三百八十四）说明江南民户养鸭遍布各地，凡属沼泽池塘均可养鸭。唐五代时期，还出现许多养鸭专业户或养鸭大户。日本僧人圆仁于开成三年（838 年）七月由海陵往扬州途中，见到“白鹅白鸭，往往多有”。次日，他又见“水路之侧，有人养水鸟，追集一处，不令外散。一处所养，数二千有余。如斯之类，江曲有之矣！”（圆仁《入唐求法巡礼记》卷一）这种所谓的“水鸟”，既然可以被人追集到一处，不令外散，仍属于家禽，或许就是指民间饲放的麻鸭。

二、饲养管理技术的进步

隋唐五代时期畜牧业兴旺发达，在畜牧饲养管理技术上也取得了长足的进步，为这一时期社会经济的繁荣奠定了坚实的基础。

（一）相畜技术的进步

隋唐时期，相畜理论和相畜技术都有重要进步。隋以前的相马经有周穆王《八马图》、齐侯大夫宁戚《相马经》《伯乐相马经》、马援《铜马法》、王良《相牛经》、高堂隆《相牛经》、淮南八公《相鹄经》、浮兵公《相鹤经》《相鸭经》《相鸡经》《相鹅经》《相贝经》等（《隋书·经籍志》）。据《旧唐书·经籍志下》记载，伯峦、徐成、诸葛颖等各著有《相马经》。唐代相马术在前代的基础上有所发展，但大体还是继承了《齐民要术》所记载的相马法，如李石《司牧安骥集·相良马论》云：“马有驽骥，善相者乃能别其类。相有能否，善学者乃能造其微……而善相者，掉手飞靡，指毛命物，其质之可取者，牧、畜、攻、教，殆无遗质，自非由外以知内，由粗以及精，又安能使于形器之近，终遂臻于天机之妙哉。”这是由粗以及精，由外以知内的相马术的总要领。《司牧安骥集》一书中还有《相良马宝金篇》，其中指出“三十二相眼为先，次观头面要方圆”。强调掌握相马的要领，首先要掌握相眼的技术，如果“龙头突目”，一定是良马。中国传统的相马术，一贯重视眼，《司牧安骥集》对良马眼的部位、大小、色泽、形态都由粗及精做了详细的论述。唐朝相马技术的进步，还表现在对一些迷信的说法采取了批判态度①。

除了相马之外，这时还有相牛法的记载，如《酉阳杂俎》卷十六《广动植之一·毛篇》云：“牛，北人牛瘦者，多以蛇灌鼻口，则为独肝。水牛有独肝者杀人，逆贼李希烈食之而死。相牛法：岐胡有寿，膺匡欲广，毫筋欲横，蹄后筋也。常有声，有黄也。角冷有病。旋毛在珠泉无寿。睫乱触人。衔乌角偏妨主。毛少骨多有力。溺射前，良牛也。疏肋难养。三岁二齿，四岁四齿，五岁六齿，六岁以后，每年接脊骨一节。”相牛法的进步，对唐代农业生产的发展有重大意义，既可以为农业提供优质耕牛，又可在选购与培育耕牛时有法可依。

（二）畜种繁育技术的进步

隋唐五代时期，随着国内外经济及文化的交流进一步加强，在马匹、牛、羊等牲畜的引种和良种繁育方面亦有很大的进步。据《酉阳杂俎·毛篇》对种马的选留，指出“十三岁以下可以留种”，当时还要求种马应当具有八尺的高度。《新唐书·兵志》指出：由新疆和其他地区引进良种马在改良马种方面有作用，“既杂胡种，马乃益壮”，表明当时已对由不同品种马匹杂交可产生杂种优势有一定的认识。

唐朝为改良马种，繁殖优良马匹，采用了多种形式。如通过各种途径和方式引进域外良马，搜求国内优良马种。据统计，从北部、西部、西南、东北等地区引进周边各族及域外各国良马达 83 种之多，而以西部地区为最，其次是北部地区、东北地区、西南地区，此外还有从不明地区引进的良马 10 种。唐引进良马的地域非常广阔，东达朝鲜半岛，西至阿拉伯，北抵西伯利亚，南到印度②。

唐代从大宛、康居、波斯等国引进的大宛马、康国马和波斯马，对马种的改良和赛马业的发展很有影响。著名的大宛马，在西汉已有输入，隋文帝（581—604 年）时，大宛国又献“狮子驰”千里马，直到唐初还有五驹，据说都是“千里足”（《朝野佥载》卷五）。唐武德（618—626 年）年间，康居国（今新疆北部至中亚细亚一带）献康居国马 4000 匹，据《唐会要》说：康居国马也是“大宛马种，形容极大”，并指出“今时官马，犹是其种”（《唐会要·诸蕃马印》）。唐官马主要饲养在陇右地区，后来被吐蕃、突厥掠散至青海、甘南以及川北等地，中国现代的河曲马很可能就是当时康居马的后裔。

波斯马也是隋唐时代著名的马种，早在隋以前北魏就曾经向波斯求名马十余匹

---

① 谭黎明. 魏晋隋唐时期的畜牧兽医技术研究[J]. 安徽农业科学，2011（30）：19029-19030.

② 马俊民. 关于唐代“胡马”引进及其历史作用[J]. 天津师范大学学报，1998（4）：37-38.

(《洛阳伽蓝记》),到了隋代,游牧于青海一带的吐谷浑部落也引进过波斯马,对当地马种的改良起到一定作用。《隋书·吐谷浑》说:"青海周回千余里,中有小山,其俗至冬辄放牝马于其上,言得龙种。吐谷浑尝得波斯草马,放入海,因生骢驹,能日行千里,故时称青海骢焉。"波斯马可能就是古代的阿拉伯马。从上述记载可以看出中国马和阿拉伯马的血统关系。唐玄宗时还从突厥引入蒙古马,通过杂交培育出适合中国西北黄土高原、生产性能极好的良马种(《新唐书·兵志》)。

唐代还开始了对马、驴、牛大牲畜的同品种异地配种和人工巡回售种相结合的品种内异缘配种法,从而选育出优良品种[①]。唐及五代,牛的繁殖率已经很高。《新唐书·循吏列传·张允济》记载了一起张允济在武阳县令任上、巧断民间牛畜诉讼案的故事。张允济为隋末唐初时人,所记为元武县一名百姓,带一头母牛到妇翁家住,时间一长,居然滋生出十多头牛犊。文中未言繁殖的时间有多长,只概言"久之",即使过了十年,这也是极高的繁殖率。

三、兽医技术的进步

(一)创建兽医学院

过去兽医技术多是民间师徒、父子相传授,到隋唐时,朝廷在太仆寺内设立兽医教育机构,太仆寺设"兽医博士四人,学生一百人"(《旧唐书·职官三》)。《隋书·百官志下》亦载:"太仆寺又有兽医博士员,一百二十人。"表明隋唐时,中国已创建世界上最早的兽医学院,世界上其他国家的兽医高等教育机构都是18世纪才开始设立,较中国晚1000多年。

(二)解剖学和针灸学发展

畜体解剖学是从事外科和针灸治疗家畜疾病的基础。《司牧安骥集》有马体骨名图,对马体骨骼进行叙述,为针刺治病奠定基础,亦表明中国畜体解剖学在唐代已经形成。

隋唐时期家畜针灸学的进步主要表现在:一是确定众多穴位。《伯乐针经》提出穴名77,针刺点171,这些穴位至今还都在应用。二是明确多种手法。已提出"看病浅深,补泻相应"的治疗原则和针刺手法,补泻手法中又分出气入气、左转针和右捻针以及按压针孔和不按压针孔的补泻方法。三是提出放血疗法。并提出"大抵放血不宜太多,寻当除春首外,无病,惜血如金,弃血如泥"的放血原则。四是增加烙画疗法。唐代已用特制的各种形式的烙铁将皮肤烙画成"用"字、"田"字、"日"字、"月"字、"牙"字等12种图形,分别治疗家畜的膊骨肿、抢风骨大、附骨垂、乌筋胀等疾病。此法对腱炎、骨膜炎、骨质增生等病疗效显著。图6-9为马体十二经脉穴位图。

---

① 昝维廉. 试论我国畜牧史的研究与畜牧业的现代化[J]. 农业考古,1981(1):91-93.

图 6-9 马体十二经脉穴位图①

（三）脏腑学说的新发展

《司牧安骥集》五脏论对家畜整体与自然以及整体与五脏五腑的关系，提出许多新的见解，其五脏论的主要观点有：

1. 整体观与自然协调观 认为畜体是一个“小宇宙”及统一的整体。脏腑经络、筋骨皮毛肉、气血津液神精汗等密切相连，在结构上它们不可分割、缺一不可；在功能上它们互相依存，互相制约。同时，家畜生活在大自然中，在漫长的岁月中已形成生理上的适应性，相互协调。

2. 阴阳表里结构论 认为畜体是统一体，由心肝脾肺肾五脏以及与五脏为阴阳表里的五腑构成，形成五脏五腑。

3. 脏腑辨证 脏腑辨证是中兽医学的核心——辨证论治的基础，主要讲的是阴阳表里与五行相生相克，用以说明五脏之间相互制约和相互促进的关系，是用以辨别疾病属何脏何腑以及病理演变的机制和治疗法则。

（四）八邪致病论和症候学的新发展

《司牧安骥集·马师皇八邪论》中已明确指出“八邪”（风寒、暑湿、饥饱、劳役）是导致疾病发生的根本原因，“然风寒暑湿者，四时之病也，为外阳受病，与阴药而服之，是治阳之病也，饥饱劳役，一体之病也，为内阴受病，与阳药而服之，是治阴之病

① 梁家勉．中国农业科学技术史稿[M]．北京：农业出版社，1989：368.

也”，并提出相应辨证治疗原则。

症候学在这一时期已发展到一个新的阶段，并能根据细微症候把一些类似的病区分开，如口角吐涎，涎呈泡沫状为肺热，水液状涎水下滴为胃寒。又如冷筋腿（冷汗拖）和闪挫扭伤膝关节的掠草痛（焦筋腿）都具有后肢僵直、不易屈曲的拖脚行症状，但冷筋腿在强迫其行走一段路程后可自行复位，即所谓“牵行骨热却除痊”，焦筋腿恰相反，强迫运步只会加重其病情，只有用针刺、艾柱灸曲筋，方可治愈。

（五）外科学的发展

隋、唐时已总结出 16 种蹄病的病因、病机、病变、症状和治疗方法。当时所用的“焊药疗法”和“冷敷理疗法”不仅在历史上是先进的，而且至今也是值得进一步研究和发扬的。尤其是当时对疮黄肿毒病的严重性亦有充分的认识，重点提出了五疔、十毒、三十六黄，而且对这类病也总结了一些初步的防治方法，其中的“住药法”应是埋藏法的先驱，其所埋藏的药物——砒黄丸，对淋巴结核、放线菌脓肿的治疗是有效的，至今仍有应用价值。

（六）起卧和疝痛辨证施治的进步

《三十六起卧病源图歌》和《起卧入手论》是隋唐五代时期论述起卧和疝痛的重要著作，它们详细说明了 36 种起卧症的病因、病状和治法，特别是对 10 种肠结症的直肠诊断法和手术疗法作了精辟的概括。

四、水产养殖的发展

隋唐五代时期，尤其是唐代，水产养殖业得到快速发展，无论是渔产区的扩大，还是渔具、渔法的进步和人工养殖技术，都已经达到了一个新的高度，成为当时重要的生产行业。

唐代渔业生产区域遍及全国，无论是沿海地区，还是江汉、关中和中原、巴蜀地区，只要有河流、湖泊之处，就有鱼类的生存，就有捕捞业的出现①。唐都长安市场上，鱼产品的销售十分活跃，这些鱼产品的主要部分就直接来自城内及城外附近地区。长安城中的昆明池，也历来是淡水鱼的孳生地。唐贞元十三年（797 年），德宗下诏：“昆明池俯近都城，古之旧制。蒲鱼所产，实利于人，宜令京兆尹韩皋充使，即勾当修堰涨池。”（《册府元龟·帝王部·都邑二》）至于京畿地区，凡有大片水域的地方，都是淡水鱼的生长之处。如兴平县西的百顷泽，“周回十六里，多蒲鱼水利”；高陵县西南的清泉坡“多水族之利”；泾阳县南的龙泉陂，周围也有六里之长，同样“多蒲鱼之利”（《元和郡县志》卷二）。

唐代淡水养殖的青、草、鲢、鳙、鲤等鱼类中，鲤鱼仍是重要的经济鱼类之一，鲈

---

① 张剑光. 唐代渔业生产的发展及其商品化问题[J]. 农业考古，1996（3）：195-204.

鱼是名贵食用鱼类，味道鲜美，备受青睐。随着海洋捕捞业的勃兴，越来越多海洋鱼类得以开发利用，唐人著作《酉阳杂俎》《北户录》《岭表录异》中所记鱼类大多为海鱼，反映了海鱼已为人们高度重视和利用。

在水产养殖技术方面，当时已出现了利用水草收集鱼卵、养鱼开荒种稻、驯养鱼獭捕鱼等技术，这些均不见于前代记载，是唐代的新创造[①]。从捕捞自然水域中的鱼类到人工养殖生产，这是渔业发展过程中的一个飞跃。中国人工养鱼起始于春秋战国，至唐代已有一千多年历史，但在唐之前基本是养鲤的单一模式。其中主要原因之一就是鲤鱼在池塘中产卵繁殖。随着养鱼技术的提高和获取鱼苗方式的进步，唐代的人工养鱼开始改变这种单一模式，逐步形成草、青、鲢、鳙四大家鱼的人工养殖，这是一个重大突破，在中国渔业科技史上有重大意义[②]。

第七节　农业政策和农业经营

一、农业政策

隋唐时期的农业政策内容十分丰富，这里主要就重农、移垦宽乡、科技、仓储、救灾、扶贫救困诸方面述其大概。

（一）重农政策

“重农”是农业社会的必然要求。中国古代的“重农”政策形成于战国秦汉时期，成为贯穿整个中国传统社会的基本政策。隋唐五代统治者继承前人，亦把“重农”政策作为国家的基本国策。隋文帝称帝第一年就颁布了均田令，此后又进行了赋役制度和户籍制度的重大改革。唐太宗认为“重农”是治国的关键，他说：“治国犹如栽树，本根不摇，则枝叶茂荣”（《贞观政要》卷一），要“唯思稼墙之艰”（《旧唐书》卷一百八十五）。唐太宗在位时推行了鼓励农民扩大耕地面积、“轻徭薄赋”、增殖人口和兴修水利诸重农政策[③]，以求达到发展农业和维护长治久安的目的。武则天继承了唐太宗的重农思想，她说：“故建国之本，必在于农，忠臣之思利人者，务在劝导。家给人足，则国自安焉。”（《臣轨・利人章》）在其执政期间，继续推行均田制，经常颁布诏令劝课农桑。唐玄宗也颇重视农业，他强调：“古之为理，必顺时行令。……以勤播种之务。天下诸州，委刺史县令加意劝课”“人惟邦本，本固邦宁。必在安人，方能固本。……宜委使司与州县商量，劝作农社，贫富相恤，耕耘以时”“今土膏既动，农事将兴，丁壮就功，不可妨夺。其不急之务，一切并停。”（《全唐文》卷二十五、卷三十二）唐代的不少地方官吏往往也以重农相尚。五代十国时期，国家分裂，社会动荡，一些开明的统

---

① 梁家勉. 中国农业科学技术史稿[M]. 北京：农业出版社，1989：373.

② 魏露苓. 唐代水生动植物资源的开发利用[J]. 农业考古，1999（1）：235-242.

③ 赵克尧. 论唐太宗的农本思想与重农政策[J]. 中国农史，1984（2）：1-14.

治者也以“重农”为要务。周世宗柴荣“留心农事，刻木为耕夫、蚕妇，置之殿庭”（《资治通鉴》卷二百九十四），表示不忘耕夫农妇勤耕苦织之意。他在位期间，采取了鼓励垦荒、减轻租税、兴修水利的政策，推动了农业生产的发展。

（二）移垦宽乡政策

经济发达的地区，人口聚集，形成人多地少的“狭乡”，而经济相对落后的地区，地广人稀，成为“宽乡”，是历史的常见现象。秦汉时期，朝廷就采取了一些鼓励移民“宽乡”的政策。隋唐继承了前朝的政策。隋开皇十二年（592），“天下户口岁增，京辅及三河地少而人众，衣食不给。议者咸欲徙就宽乡。帝乃发使四方出，均天下之田。其狭乡，每丁才至二十亩，老小又少焉。”（《通典·食货·田制下》）唐代，宽狭乡问题受到空前的重视，均田制下“宽乡”授田多，“狭乡”授田少，正式写入国家的土地政策。元代朱礼在《汉唐事笺·后集》（粤雅堂丛书本）卷六《宽狭乡》中指出：“狭乡授田，减宽乡之半，工商者，宽乡减半，狭乡不给，……自狭徙宽乡者，得并卖口分田，亦以优宽乡也。四方降户与奴婢之纵为良者，皆以附宽乡。狭乡不许耕占过限，宽乡则弛其禁，亦以优宽乡也。”

（三）科技政策

隋唐时期，国家重视农业科技的进步。首先，朝廷重视农业科技的研究和推广。武则天统治期间，曾命人编写农书《兆人本业》，颁行天下，指导农业生产。虽此书早已亡佚，其具体内容也不得而知，但武则天重视农业科技的虔敬之心是十分明显的。其次，朝廷推动兽医教育的发展。隋唐王朝在太仆寺设兽医教育机构，这是世界上最早的兽医学院。最后，隋唐王朝推动先进历法的制定。隋仁寿四年（604年）制定的《皇极历》和唐开元十五年（727年）一行修订的《大衍历》，都是比较先进的，对农业生产有重要的指导作用。

（四）仓储和救荒政策

隋唐是中国文化繁荣时期，但由于生产力水平不高，天灾人祸频发，仓储和救荒成为当时国家的重要任务。隋王朝建了许多粮食储藏库。开皇三年（583年），隋文帝下诏在卫州（河南汲县）置黎阳仓，洛州置河阳仓，陕州置常平仓，华州置广通仓（《隋书》卷二十四）。大业元年（605年）在洛阳建含嘉仓、子罗仓，第二年建洛口仓、回洛仓等。唐代的仓库更多，仓储制度更加完善。从中央到地方，从朝廷到民间，建立了太仓、州县官仓、常平仓、义仓、军仓、转运仓，形成庞大的仓库体系。同时注意水利的兴修，积极防患水旱灾害。一旦有灾害发生，则采取一系列的应急救助措施，主要有弥害、赈济、蠲免、遣使等。如著名的宰相姚崇针对蝗灾“民祭且拜，坐视食苗不敢捕”（《新唐书》卷一百二十四）的情况，倡导人民采用焚瘗之法抵御蝗虫灾害。在赈济方面，如德宗贞元十八年（802 年）“秋七月庚辰，蔡、申、光三州春水夏旱，赐帛五万段，米十万石，盐三千石”（《旧唐书》卷十三）。在蠲免上，唐规定：“凡水旱虫霜为灾害，则有分数：十分损四已上，免租；损六已上，免租调；损七已上，课役俱免。若桑麻损尽者，各免调。若已役、已输者，听免其来年。”（《唐六典》卷三）

（五）扶贫救困政策

老有所终，幼有所长，鳏寡孤独残疾者皆有所养，是历代开明统治者的共同理想，隋唐时代继承了前人的扶贫救困政策，如唐代田制规定“授田之制……老及笃疾、废疾者，人四十亩，寡妻妾三十亩，当户者增二十亩”，税制规定“若老及男废疾、笃疾、寡妻妾、部曲、客女、奴婢及视九品以上官，不课”（《新唐书》卷五十一）。《通典》开元二十五年（737年）《食货七》曰：“诸视流内九品以上官及男年二十以上、老男、废疾、妻妾、部曲、客女、奴碑，皆为不课户。”《通典·唐令拾遗·户令》第三十七条“开元二十五年”令对鳏寡孤独者的侍养有详细的规定：“诸鳏寡孤独贫穷老疾，不能自存者，令近亲收养。若无近亲，付乡里安恤。如在路有疾患，不能自胜致者，当界官司收付村坊安养，仍加医疗，并勘问所由，具注贯属、患损日，移送前所。”这些措施有利于社会稳定和社会的正常运行。

二、农业经营

农业经营是对农业生产进行规划、组织和管理，包括经营者、经营对象、经营权等要素。隋唐时期的农业经营涉及“男耕女织”新变化、田庄经营、商品化经营、“会”“社”合作等方面。

（一）“男耕女织”的新变化

一般认为，中国传统时代是自给自足的小农经济，农民被束缚在规模狭小的家庭经济蜗牛壳中，“男耕女织”式的农业与手工业紧密结合是经济结构的常态。不过，近几十年来，吴承明、李根蟠、李伯重等学者提出了新的观点[①]，认为隋唐五代是中国传统社会的繁荣和重要的转折时期，“男耕女织”结合形式及其对社会分工的限制均具有时代特征。从史料来看，唐代女性是比较自由和奔放的。女性从事的职业和劳动多种多样，有从政的，如武则天、太平公主、平阳公主、文成公主皆极有名；有从事商业的，如著名的妇女俞大娘，率领庞大的商队，往返于江西、淮南之间，进行长途贩卖[②]；有从事体育的，如《唐书·郭知运传》载：“英义封定襄郡王，拜剑南节度使，教女伎乘驴击球，钿鞍宝勒及它服用，日无虑数万费。”唐代妇女从事农业劳动的种类也多种多样，除了纺织，还有采桑、采莲、砍柴，等等。尤其是女性从事商业活动，颇能说明唐

① 吴承明. 论男耕女织[M]//中国社会经济史论丛（第一辑）. 太原：山西人民出版社，1981；李根蟠. 对战国秦汉小农耕织结合程度的估计[J]. 中国社会经济史研究，1996（4）：1-7；李伯重. 从“夫妇并作”到“男耕女织”——明清江南农家妇女劳动问题探讨之一[J]. 中国经济史研究，1996（3）：101-109.

② 李肇. 唐国史补（卷下）[M]. 上海：上海古籍出版社，1979：62.

代商业经济的发达及社会分工的发展，在较大程度上突破了原有的自然经济。

（二）田庄经营

汉代就出现了田庄，唐代更加繁荣。唐代田庄的名称不一，文献上有庄、庄园、庄田、别墅、别业和别庄等名。唐代田庄是均田制破坏、大地产制发展的结果。田庄的经营，一般认为具有生产性和娱乐性二者合一的特点。园内除了有大面积的农田外，往往有“屋宇”“馆宇”“第宅”“台榭”，还有“林沼”“瀑泉”“奇花异草”“松石”等，有的甚至还有店铺、碾硙、茶园、盐畦、车坊等。如高宗时的王方翼，“居于凤泉别业”“辟田数十顷，修饰馆宇，列植竹木”（《旧唐书》卷一百八十五上）。中宗睿宗时，安乐公主“夺百姓庄田，造定昆池”（《太平广记》卷二百三十六）。玄宗时，李憕则“伊川膏腴，水陆上田，修竹茂树，自城及阙口，别业相望。与吏部侍郎李彭年，皆有地癖”（《旧唐书》卷一百八十七下）。田庄上的劳动者有“家僮”“客”等，包括雇佣经营和租佃经营两种形式。如屈突仲任的父亲在温县，“父卒时，家僮数十人，资数百万，庄第甚众”，其后仲任“货易田畴，拆卖屋宇，又已尽矣”（《太平广记》卷一百）。相州的王叟，“积粟近至万斛……庄宅尤广，客二百余户”（《太平广记》卷一百六十五）。“家僮”应是长期雇佣的劳动者，“客”应属于承租田地的“客户”。这一点表明中国唐代田庄的经营方式与西欧庄园的经营方式有很大的不同。

（三）商品化经营

自然经济和商品经济是两个既相联系又相对立的概念。一般认为，自然经济的色彩越浓厚，商品经济的发展水平就越低；商品经济逐渐发展，必然排挤自然经济，使之趋于瓦解。但在中国，商品经济自春秋战国以来就一直存在。隋唐时期，农业的商品化经营迅速发展，成为商品的农产品有粮食、布帛、木材、竹笋、菱藕、蔬菜、水果、石炭、鸡、鹅、鱼、牡蛎、蛇等。这一时期，农业商品化经营的突出现象是一些新兴的大宗商品的出现，著名的有茶叶、花卉和蔗糖。《全唐文》卷九百六十七，阙名氏《禁园户盗卖私茶奏》载，江南“百姓营生，多以种茶为业”。《册府元龟》卷五百一十《重敛》载，江淮人则“什二三以茶为业”。《全唐文》卷八百零二张途《祁门县新修阊门溪记》载，祁门“邑之编籍民五千四百余户，其疆境亦不为小，山多而田少……千里之内业于茶者七八矣。由于给衣食、供赋役”。《全唐文》卷七十七，李商隐《为京兆公之留泸州刺史洗宗礼状》载，泸州则“郡连戎僰，地接巴黔，作业多仰于茗茶，务本不同于秀麦”。《封氏闻见记》卷七载，“其茶自江淮来，舟车相继，所在山积，色额甚多”。足见茶的生产及销售额很大。这一时期，一些“大户”因其财力的雄厚，往往通过租佃或雇佣大量的劳动者的方式从事较大规模的商品化经营。他们纯粹“为卖而产”，以获取高额利润为目的，瞄准城市市场，成为商海的弄潮儿。

（四）结“社”经营

合作社是农业生产者自愿联合起来进行合作生产和合作经营所建立的一种合作组织形式。中国古代结社起源甚早，到隋唐五代已经颇为普遍。从《敦煌社邑文书》的记载来看，这一时期的“社”多种多样，有官社和私社，有妇女结社、渠人社、亲情社、兄弟社等。唐代合作互助性结社的组织结构和运行颇为完善，目前我们看到的社邑文书有“社条”（即章程）、“牒状”、“转帖”、“帐历”。唐代“社”以全体入社人组成的社人大会地位最高，“社条”强调社人平等、社务公开。唐代“社”中有些与农业生产关系密切，如“渠人社”，是使用同一水渠的人组织起来的合作组织，主要负责修渠的工作。有研究者指出：敦煌民间结社的组织原则与近代欧洲城市的民间结社具有相同的结构和运行方式，表明民主原则并非与中国无关，中国也并非天生的专制奴隶①。

第八节　农业思想、农学著作和农史人物

一、农业思想

农业思想是在一定的科学观和研究方法的基础上概括提炼出来的思想和观念。农业思想一旦形成，对进一步的农业科研和社会实践具有重要的导向作用。中国的农业思想形成于先秦时期，具有鲜明的民族特色。

（一）顺天而行的农学观

老庄主张不与天争，顺天而行，这对中国古代的农学产生了重要的影响。隋唐农学家继承了这一思想。唐代的综合性农书《保生月录》和《四时纂要》均为月令体农书。武则天时编纂《兆人本业》，据《困学纪闻》卷五的说法也是记载“农俗和四时种莳之法”，可能也是月令体，体现了唐人按月行事、顺天而行的农学思想。遗憾的是《保生月录》和《兆人本业》均已失传。《四时纂要》的内容十分丰富，此书把许多顺天而行的传统“月令”生活皆融入其中，如二十四节气分别记载在书中。

（二）阴阳五行与整体思想观

阴阳五行是中国古代哲学思想中的基本概念，隋唐五代农学家多用阴阳五行来解释农事。《四时纂要》正月“孟春建寅”记载：“自立春即得正月节，凡阴阳避忌，宜依正月法。”“占八谷万物”记载：“凡八谷，各自为阴阳，主一贵一贱。稻与小麦为阴阳，黍与小豆为阴阳，粟与大豆为阴阳。此八物一贵一贱。”二月“行冬令”记载：“行冬

---

① 孟宪实. 敦煌民间结社研究[M]. 北京：北京大学出版社，2009：40.

令，则阳气不胜，麦乃不熟。”[①]此类记载还有不少。这样的解释在今天看来显然是不尽符合客观规律，但其反映的事物之间对立面相互依存、互相转化的思想是充满了智慧的。《司牧安骥集》认为畜体是一个统一的整体，就像一个“小宇宙”，脏腑经络、筋骨皮毛肉、气血津液，在结构上不可分割，在功能上互相制约、相互依存。五脏就像金木水火土五行一样相生相克。《司牧安骥集》还认为五脏为阴，五腑为阳，五脏为里，五腑为表，构成一个阴阳表里的结构，互相制约、相互促进。畜体内部是一个具有阴阳五行性质的五脏五腑组成的整体。牲畜与外部大自然也形成一个整体，自然界影响牲畜，而牲畜则形成适应性[②]。

（三）大农业思想

中国古代奉行粮食生产为主，农林牧副渔并重的大农业思想。《管子》中往往“五谷”“六畜”“桑麻”并提。《氾胜之书》《四民月令》《齐民要术》均持大农业的思想。隋唐五代，大农业的思想得到了继承和发展。据缪启愉统计，《四时纂要》农业生产方面的条目 245 条，其中蔬菜 70 条，大田作物（包括粮食、油料和纤维作物）共 59 条。隋唐五代一个很重要的特点是多种经营中的“多”比前代更加充实发展，大农业中的“大”亦更为壮大丰满。其时花卉种植、茶叶种植和甘蔗种植，从无到有，从小到大，盛况空前。如花卉种植业，当时帝王、士大夫、僧道和一般平民多爱花赏花，种植十分普遍，尤其是牡丹[③]。

二、农学著作和农史人物

隋唐五代的农书数量和种类皆较前多，出现了中国历史上最早的茶叶著作《茶经》、最早的农具著作《耒耜经》和最早的蚕桑著作《蚕经》。这一时期农书创作的主体也出现了较大变化，武则天时代编纂了最早官修农书《兆人本业》，出现了王旻创作的山居隐士类农书《山居要术》[④]。

（一）王旻和《山居杂录》

王旻，一作王旼，号太和先生。宋人李昉《太平广记·王旻》引《纪闻》说其为“得道者也”，是位道士。王旻的《山居杂录》又作《山居录》《山居要术》，原书已佚，目前我们只能从唐人韩鄂《四时纂要》和元人《居家必用事类全集》等书中看到此书的部分佚文。

从中国古代农学的传承来分析，《山居杂录》约成书于唐玄宗时期[⑤]，是介于

---

① 缪启愉. 四时纂要校释[M]. 北京：农业出版社，1981：5，11，71.

② 梁家勉. 中国农业科学技术史稿[M]. 北京：农业出版社，1989：369-370.

③ 魏露苓，罗莉. 唐五代的爱花风习与花卉产销管窥[J]. 广西社会科学，2004（7）：129-132.

④ 曾雄生. 中国农学史[M]. 福州：福建人民出版社，2008：276.

⑤ 具体成书年代说法不一。参见吴佐忻. 《山居要术》考[J]. 医古文知识，2003（3）：30-31；张固也. 王旻《山居要术》新考[J]. 中医药文化，2009（1）：48-51.

《齐民要术》和《四时纂要》之间的一部重要农书。《山居杂录》中，芜菁、芦菔、槐树等作物均在《齐民要术》中有载，但其内容更加丰富。如《齐民要术》把槐作为木材，采取了槐麻混播方式，利用槐树趋光的特性，做到“蓬生麻中，不扶自直”的效果。《山居杂录》则把槐树作为蔬菜，“取槐子，畦中和穄黍种之，至冬放火烧，明年便取苗吃。每取苗依取枸杞法。入土深割，上粪浇，如此，直至秋末。尝得嫩槐芽食。又且无虫，若根大即劚去。并以快锹锄深划区，便上粪，于春初雨过种也”。用混播的方法保证槐芽的肥嫩。《山居杂录》所载之薯蓣、薏苡、蒟蒻、紫苏、橘、茶等作物是《齐民要术》没有的，在农书中首次出现，对后世产生了较大的影响。

（二）韩鄂和《四时纂要》

《四时纂要》的作者为韩鄂，一题为韩谔，生平事迹不详。《四时纂要》在国内已失传。1960 年，在日本山本敬太郎的藏书中发现了一部朝鲜刻本[明万历十八年（1590年）]才重新面世。《四时纂要》按月记载天文、占候、丛辰、禳镇、食忌、祭祀、种植、修造、牧养、杂事、忩忒，一部月令体的农书。现农史界一般认为，《四时纂要》是唐末五代的作品，具体时间约在 945—960 年完成①。

《四时纂要》全书共 698 条，占候、择日、禳镇的部分共 348 条，几乎占了一半，说明《四时纂要》十分重视农业科技“外史”的内容。尤其是占候，其种类非常多。从时间上看，有晦朔占、岁首杂占、月内杂占、立春杂占、春分占、立夏杂占等；从对象上看，有占月影、占云气、占风雨、占雷、占雾、占地元、占农作物等。过去，认为这是“迷信”的内容，其实在科技水平比较低下的时代，还是具有一定积极意义的。

《四时纂要》在农业科技内容方面，与《齐民要术》相比，棉花、百合、食用菌、牛蒡、莴苣、术、决明、黄精等均为其所无。养蜂和兽医方面的不少内容亦不见于《齐民要术》，具有一定开创性。

另外，《四时纂要》的一些内容，如种茶、种水稻，在一定程度上反映了唐代经济重心南移及南方农业发展的历史事实。

（三）陆羽和《茶经》

陆羽，字鸿渐，复州竟陵人（今湖北天门），生于唐玄宗时代，卒于唐德宗贞元年间。陆羽原为弃儿，后为人收养。唐上元初年（760年）隐居苕溪（今浙江湖州）。唐代，中国饮茶之风日益盛行，茶叶成为当时重要的商品。苕溪是当时著名的茶产区，《茶经》应是陆羽隐居于此时撰成的。

《茶经》是中国第一部也是世界上第一部关于茶的专著。其内容分三卷十门，即一

---

① 曾雄生. 中国农学史[M]. 福州：福建人民出版社，2008：298.

之源、二之具、三之造、四之器、五之煮、六之饮、七之事、八之出、九之略、十之图，记载了茶叶的起源、种类、特性、制法、烹煎、茶具、水的品第、饮茶风尚、名茶产地及茶叶的典故和用茶的药方等，系统地总结了唐以前种茶的经验和陆羽自己的心得体会。

《茶经》的意义，一是系统记载了中国古代有关茶事活动的历史，从而说明中国是世界茶树的原产地。二是对饮茶功效的探讨，为茶叶学的建立和发展提供了动力和基础。三是总结并推广了制茶的工艺。四是记载了一套“煎茶法”[①]。

《茶经》的问世对茶业和茶学的发展具有奠基的作用。皮日休曾评陆羽和《茶经》功绩时说：“茶事，竟陵子陆季疵言之详矣。”[②]自陆羽《茶经》以后，“天下益知饮茶矣。时鬻茶者，至陶羽形置炀突间，祀为茶神……其后尚茶成风，时回纥入朝，始驱马市茶”（《新唐书·隐逸列传》）。故后人尊陆羽为茶圣。

（四）李石和《司牧安冀集》

李石，字中玉，甘肃省陇西人，唐宗室襄邑恭王神符五世孙。李石长期在军队中管理后勤和军马，积累了不少经验，编成《司牧安骥集》。

《司牧安骥集》是中国现存最古老的一部兽医专著，其写成具体年代不详。从各家著录和流传下来的版本来看，卷数很不一致，有二卷、三卷、四卷、五卷，最多的为八卷。八卷本的卷一收有《相良马图》《相良马论》《相良马宝金篇》《良马旋毛之图》《口齿图》《旋毛论》《口齿论》《骨名图》《穴名图》《伯乐针经》《王良百一歌》《续添伯乐画烙之图》《伯乐画烙图歌诀》《六阳六阴之图》等。卷二收有《马师皇五脏论》《马师皇八邪论》《王良先师天地五脏论》《胡先生清浊五脏论》《碎金五脏论》《起卧入手论》《造父八十一难经》《看马五脏变动形相七十二大病》等。卷三收有《天主置三十六黄病源歌》《治二十四黄歌》《歧伯疮肿病源论》《取槽结法》《放血法》等。卷四收有《三十六起卧病源图歌》。卷五收有《黄帝八十一问并序》。卷六收有《新添马七十二恶汗病源歌》《治一十六般蹄头痛》《杂论十八大病》。卷七收有《治骡马通用篇》。卷八收有《蕃牧纂验方》[③]。从内容上看，《司牧安骥集》包括相马、饲养管理、生理、病理、诊断、治疗、针灸、方药等，涉及畜牧兽医学的许多领域。全书贯穿了天人合一、天兽合一的整体观念及阴阳五行的思想，认为一切生物与自然和谐统一。

《司牧安骥集》是马医从业者对马疫病防控的理论与实践的总结，是历代学习马医的教科书，是中国马医学的奠基之作。

---

① 曾雄生. 中国农学史[M]. 福州：福建人民出版社，2008：391.

② 陆廷灿. 续茶经[M]//茶经（外四种）. 杭州：浙江人民美术出版社，2016：67-68.

③ 邹介正，和文龙. 司牧安骥集校注[M]. 北京：中国农业出版社，2001.

思考题

1. 唐代水田生产技术有哪些进步？
2. 唐五代时期太湖平原塘浦圩田水利系统的形成？
3. 唐代的两税法主要内容和意义？
4. 曲辕犁的构造与意义？
5. 唐代的茶圣是谁？他有哪些贡献？

第七章

宋元时期传统水田农业的成熟

960 年宋朝建立，中国再度实现统一。与此同时，契丹、党项、女真族少数民族在中国北方分别建立辽、西夏和金政权。1127 年，金人攻破汴京（今河南开封），宋王室南迁，建立南宋。1277 年，蒙古族崛起，建立元朝，并先后统一北方和南方。从公元 960 年至 1368 年，总体来说，这一时期北方战乱较多，农业生产受到较为严重的破坏，而南方政局相对比较稳定，农业生产发展受到的影响较小。

第一节　农业发展背景

一、政治、经济、文化与科技概况

907 年，北方的契丹族首领耶律阿保机建立辽，定都上京（今内蒙古自治区巴林左旗东南郊）。960 年，后周大将赵匡胤发动陈桥兵变，黄袍加身，改元建隆，定都汴梁（今开封），国号“宋”。开宝八年（975 年），宋灭南唐统一全国。1127 年“靖康之变”，宋徽宗、钦宗被金国所俘，北宋灭亡。赵构在南京继承皇位，后迁都临安，史称南宋。南宋也是中国历史上经济发达、文化繁荣和科技进步的朝代。1271 年，忽必烈改国号“大元”，次年迁都燕京，称大都。1279 年，元军在崖山海战灭南宋。元朝商品经济和海外贸易较为繁荣，但整体生产力不如宋朝。

（一）政治

宋伊始，为防止藩镇割据，以及防御辽、西夏等国的侵扰，从政治到军事，从中央到地方，逐步采取了一系列加强中央集权的措施，把政治、军事、财政大权最大限度地集中到朝廷，进一步加强了中央集权。

宋朝的统治机构——北宋前期的中书省实际上已取代“中书、门下、尚书”三省的功能，门下和尚书两省名号虽存，但已是外朝，不是宰相机构，这使得行政效率得到提高。但由于存在官品与职务相分离的混乱，权责失衡，促使元丰改制，恢复了三省六部制。三省设首相和次相统管三省，虽名义上恢复三省，实际上趋于一省。六部制的恢复协调了朝中各部门之间的关系，为金、元、明、清所沿袭，显示了其适应传统经济的生命力。南宋时，从宰相官称来看，三省已并为一省。这些为向元代只设中书省（或尚书省）的一省制转变奠定了基础。

元丰改制时，朝廷曾讨论枢密院机构是否继续存在，有人建议把权力合并于兵部。宋神宗强调祖制，因而元丰改制时唯独把枢密院这一机构保留了下来。宋朝的枢密使、知枢密院事照例用文人充任，副职有时用武人，充分体现了重文轻武的政治制度特点。

（二）经济

宋朝的经济繁荣程度在历史上可谓前所未有，农业、印刷业、造纸业、丝织业、制瓷业均有较大发展。航海业、造船业成绩突出，海外贸易发达，和南太平洋、中东、非洲、欧洲等地区 50 多个国家通商。南宋时期对南方的大力开发，使江南地区成为经济文化中心。

宋朝商业繁盛，通行的货币有铜钱、白银等。宋太宗时期，每年铸币 80 万贯。到神宗熙宁六年（1073 年），已达 600 余万贯。由于商品输入量大，宋朝大量铜钱、白银外流，造成硬通货短缺。宋真宗时期，成都 16 家富户主持印造一种纸币，代替铁钱在四川使用，即交子，这是世界上最早的纸币。

从宋朝开始，东南沿海的港口成为新的贸易中心。唐朝时期全国仅广州一地设有市舶司，负责外贸事务。宋朝先后在广州、临安府（杭州）、庆元府（明州，今宁波）、泉州、上海镇（今上海市区）等地设立市舶司专门管理海外贸易。其中以广州、泉州和明州最大。泉州在南宋晚期更一跃成为世界第一大港和海上丝绸之路的起点。

元朝经济上以农业为主，其整体生产力虽然不如宋朝，但在生产技术、垦田面积、粮食产量、水利兴修以及棉花种植等方面都取得了较大发展。蒙古可汗进入中原之初，残酷的屠杀和劫掠给北方地区的经济带来了很大的毁坏。由于蒙古对商品交换依赖较大，同时受儒家轻商思想束缚较少，故元朝比较提倡商业，使得商品经济十分繁荣。为适应商品交换，元朝建立起世界上最早的完全纸币流通制度，也是中国历史上第一个完全以纸币作为流通货币的朝代，后因统治者滥发纸币造成通货膨胀。

（三）文化与科技

宋朝文化是中国文化历史上继汉、唐之后的又一高峰，理学、文学、史学、艺术以及科学技术领域硕果累累，为筛选官员而建立的科举制度推进了教育的发展。印刷品的广泛流传，促进了文学的交流与对艺术的鉴赏。近代学者陈寅恪在《邓广铭〈宋史职官志考证〉序》中曾言："华夏民族之文化，历数千载之演进，造极于赵宋之世。"[①]足见宋朝文化作为华夏文化发展历程中的一座峰峦为大家公认。

---

① 陈寅恪. 陈寅恪集金明馆丛稿二编[M]. 北京：生活·读书·新知三联书店，2015：277.

宋太祖曾要求其子孙永远不得杀害文人，文人在宋朝地位得到了空前的提升，重文轻武的风气在宋朝达到了极致，真可谓“满朝朱紫贵，尽是读书人”。

元代的文学艺术和科学技术也有很高的成就。元代统治者对中国传统文化的影响非常大，其极力推崇藏传佛教，提倡蒙古至上主义，使士大夫文化式微，以庶民为对象的文学艺术得到发展，其中以元曲最为兴盛。元代科学技术比较发达，在天文学、农学、地理学等方面都有突出的成就，涌现出了一大批杰出的科技人才。

二、农业发展概况

（一）宋代农业发展概况

宋代统治者兴水利，大面积开荒，又注重农具改进，农业发展迅速。许多新的田地类型在宋朝出现，如梯田（在山区出现）、淤田（利用河水冲刷带来的淤泥建成的田地）、沙田（海边的沙淤地）、架田（在湖上做木排，上面铺泥成地）等。这些新举措大幅增加了宋朝的耕地面积。宋至道二年（996 年），全国耕地面积为 3 125 200 余顷。天禧五年（1021 年），耕地面积增加到 5 247 500 余顷。

各种新式农具也在宋朝出现，如代替牛耕的踏犁以及用于拔秧的秧马。新式工具的出现也让农作物产量大幅提高。一般农田每年可亩收一石，江浙地区一年可达到二至三石。在农作物引进方面，最重要的是宋真宗时从占城引进耐旱、早熟的稻种，分给江淮、两浙等地种植，就是后来南方的早稻尖米，又叫占城米、黄籼米。

北宋时期，长江流域和珠江流域农业发展迅速。一些北方农作物粟、麦、黍、豆传播到南方种植。棉花广泛种植于闽、粤地区。茶叶遍及今苏、浙、皖、闽、赣、鄂、湘、川、滇等地。种桑养蚕和纺麻的地区也在增加。南宋时太湖地区稻米产量居全国之首，尤其以平江府（今苏州）为代表，有“苏湖熟，天下足”（指苏州和湖州）或“苏常熟，天下足”（指苏州和常州）之称。甘蔗种植遍布苏、浙、闽、粤等省，糖已经成为广泛使用的食品，出现世界上第一部关于制糖术的专著——《糖霜谱》。

宋代出现了比唐代更多的农书，宋代农书达 140 多种，内容涵盖气象、农具、水利、粮食及经济作物、园艺、蚕桑、虫害防治、畜牧兽医等多个方面。“宋代农书数量激增既是宋代农业生产发展的产物，也是农学高度发展的表现”①。

（二）元代农业发展概况

中原地区的农业生产，在金、元之际遭到严重的破坏。忽必烈建立元朝后，确立“农桑立国”方针，将汉族的生产方式作为基本国策，大大加速了以蒙古族为代表的北方各少数民族的变化。首先，设立了十路宣抚司，并令各路宣抚司挑选通晓农事的人为劝农官。发布了官吏升降的条例，明确规定“户口增”“田野辟”是考察地方官吏的主要标准。其次，招集流民，鼓励垦荒，并且免税一年，第二年税收减半。最后，组织军

---

① 邱志诚. 宋代农书考论[J]. 中国农史，2010（3）：20.

民屯田，建设水利（中央与地方分别设都水监与河渠司），整治黄、淮水系（当时黄河经淮河入海，经常引起下游地区严重水患，朝廷征调各地人力物力大力加以整治，从而免除了水患）。在湖广、云南、甘肃和岭南等地区，兴修水利工程，使前朝的旧河渠多被疏浚使用。

从元朝中期起，随着朝廷政治的腐败，统治者的横征暴敛，劝农官变成了“吃农官”。水利长期失修，以及连续不断的水旱等灾害，使得元朝中后期的农业处于停滞、衰败的局面。

第二节　土地制度和赋税制度

在中国两千多年来的地主制经济中，历代王朝的土地政策对地权形式具有重大作用，其赋税制度也随土地政策变化而变化。

一、土地制度

（一）宋代土地制度

隋唐时代尤其是唐代前期实行均田制，百年间地权相对分散。唐玄宗开元、天宝年间，人口增长，兼并剧烈，均田制逐渐被破坏，地权趋向集中，原有租庸调制无法推行，乃改为两税法。至唐代末年，先有大规模农民起义，继有五代战乱，地主所有制遭受一定程度冲击，地权相对分散。北宋建国，自耕农广泛存在，但佃农仍占很大比重。这时佃户叫客户，有些地区客户户数超过主户。至南宋时期，自耕农所占比重更为减少。

一般都以宋代为没有“田制”的朝代，即所谓“不立田制”。宋代于各路置转运使，“不务科敛，不抑兼并”（王明清《挥麈录余话·祖宗兵制名枢庭备检》）。也就是土地“兼并”在宋代已经合法化。田主（地主）一词，唐已有之，宋则普遍。清初顾炎武说，前代称之为“豪民”或“兼并之徒”者，而宋以后，“则公然号为田主矣”（《日知录·苏松二府田赋之重》）。

1. 宋代土地制度主要内容　“不立田制”不等于没有土地制度，更不等于没有土地政策。“不抑兼并”也不是无条件的，它主要指土地可以“私相贸易”而言。

第一，沿袭晚唐自由垦辟土地的政策。晚唐鼓励垦荒的政策在宋代得到延续。宋太祖乾德四年（966年）闰八月诏：“所在长吏告谕百姓，有能广植桑枣、开垦荒田者，并只纳旧租，永不通检。”（《宋会要辑稿·食货一之一六》）并对“招复逋逃”有功官员予以嘉奖。太宗至道元年（995年）六月丁酉日诏：“募民请佃诸州旷土，便为永业，仍蠲三岁租，三年外输三分之一。州县官吏劝民垦田之数，悉书于印纸，以俟旌赏。”（《续资治通鉴长编》卷三十八）可见北宋前期数十年间，对鼓励垦荒的政策给予了高度重视，它以恢复和发展农业生产为直接目的，从制度上来讲是对没有授田政策的一种补充，而前代开垦荒土，常要受到法令限制。

第二，主户和客户之分。宋代有主户和客户之分。所谓主户，指的是占有土地并承担赋役的户；所谓客户，指的是不占有土地，但必须向地主租种土地的户。主户按照土地的多寡，分为五等。一等、二等、三等户，习惯上称作“上户”。一等户是占有土地数十顷甚至上百顷的大地主；二三等户是占有土地较少的中小地主。主户中的四五等户习惯上被称作“下户”。四等户实际上都是仅有少量土地的自耕农；五等户是只有极少土地，还必须租种一部分地主土地的半自耕农。客户，又称“佃客”或“浮客”。北宋太平兴国年间（976—983 年），全国户数中的 6/10 是主户，4/10 是客户。6/10 的主户中，绝大多数是下户。上户占有全国 80%以上的土地，下户占有的土地不及 20%。据公元 1022 年统计，全国共有客户 375 万多户，约占全国总户数的 1/ 3。

第三，授田和限田。北宋统一全国后，鉴于当时有很多土地弃耕撂荒，急望人民垦田务农，以求增加国家财政收入，宋太宗根据太常博士陈靖的建议，实行授田。据《宋史・食货志》记载：“逃民复业及浮客请佃者，委农官勘验，以给授田土……其田制为三品：以膏沃而无水旱之患者为上品；虽沃壤而有水旱之患、埆瘠而无水旱之虑者为中品；既埆瘠复患于水旱者为下品。上田人授百亩，中田百五十亩，下田二百亩，并五年后收其租，亦只计百亩，十收其三。一家有三丁者，请加授田如丁数，五丁者从三丁之制，七丁者给五丁，十丁给七丁，至二十、三十丁者，以十丁为限。若宽乡田多，即委农官裁度以赋之。”这就是所谓的“计丁授田”。当时的宰相吕端谓：“靖以所立田制多改旧法，又大费资用，望以其状付有司详议。”（《续资治通鉴长编》卷四十）后三司以为费官钱多，其事遂寝。也就是说，并未真正实行。

南宋淳祐六年（1246 年），殿中侍御史谢方叔上疏，详细描述了当时豪强兼并土地的情况：“豪强兼并之患，至今日而极……国朝驻跸钱塘，百有二十余年矣。外之境土日荒，内之生齿日繁，权势之家日盛，兼并之习日滋，百姓日贫，经制日坏，上下煎迫，若有不可为之势。所谓富贵操柄者，若非人主之所得专，识者惧焉。夫百万生灵资生养之，具皆本于谷粟，而谷粟之产，皆出于田，今百姓膏腴皆归贵势之家，租米有及百万石者；小民百亩之田，频年差克保役，官吏诛求百端，不得已，则献其产于巨室，以规免役。小民田日减而保役不休，大官田日增而保役不及。以此弱之肉，强之食，兼并浸盛，民无以遂其生。于斯时也，可不严立经制以为之防乎？”（《宋史・食货志》）

早在北宋时期就有“限田”之说，为了限制土地兼并，宋仁宗时曾下诏限田：“公卿以下毋过三十顷，牙前将吏应复（服）役者毋过十五顷，止一州之内，过是者论如违制律，以田赏告者。”（《宋史・食货志》）后终以限田不便，不久即废。宋徽宗政和中（1111—1118 年）又定限田之制：“品官限田，一品百顷，以差降杀，至九品为十亩；限外之数，并同编户差科。”（《宋史・食货志》）政和七年（1117 年）又诏：“内外宫观舍置田，在京不得过五十顷，在外不得过三十顷，不免科差、徭役、支移。”（《宋史・食货志》）

2. 宋代土地制度的特点 宋代土地制度大体有如下两个特点：

第一，大土地所有制发展。两宋时期，大土地所有制有很大的发展，集中表现在"官田"的扩大上。两宋的官田，除了沿袭唐的所有官田之外，还集中了大量无主荒地、籍没犯的田地及购买的大量田地。据北宋元丰年间（1078—1085年）统计，全国垦田461 655 557亩，其中官田为6 339 296亩，占1.37%（国有山林、川泽、苑囿、宫院、陂池、牧地等除外）①。

一方面，无地的客户占有若干田亩之后，可以脱离地主而上升为主户成为自耕农。另一方面，又为官僚豪势之家兼并土地大开方便之门。在杯酒释兵权一幕中，宋太祖赵匡胤对重兵在握的石守信等人说："汝曹何不释去兵权，择便好田宅市之，为子孙立永久之业。"（《涑水记闻》卷一）这是让他们去市场购买田宅，并成为永业。

第二，国家维护土地私有权，制定了详尽的交易法律。正如《袁氏世范》中称："官中条令，惟田产交易一事最为详备。"②同时也制定了田产继承法，私有土地由本主的子孙后代继承下去，只有当无任何继承人时，这类户绝田则收归国家，转化为官田。

（二）元代土地制度

元朝时期，北方土地制度变化较大，蒙古贵族强占土地，掳掠农民为驱口；投靠蒙军的汉人，有的变成军功地主，依势兼并，地权更加集中。南方则保持原有土地关系，大地主得以延续，有的占田数万亩，有的奴役佃户二三千户乃至万户，有的收租多至二三十万石，大部自耕农沦为佃农。

元代的土地和南宋的一样，可以分为官田和民田两种。

1. 官田 官田是承袭金和南宋所有的官田以及籍没两朝的皇室、贵戚、达官、显宦及豪右等私人地产而来。另外，在征服战争中，由于残酷的屠杀掳掠，人民死亡流离，以致产生大量的无主田地，这些无主田地也被没收为国有土地。

元代统治者对大量官田的利用，大体上有以下三种：①赐田。元代受赏赐的对象有：皇室诸王和公主；勋戚、功臣及百官；寺院和宫观。②职田。元代亦对地方官分给职田。职田制在忽必烈时代分三次推行。至元三年（1266年）初，规定各路、府、州、县官员职田。至元十四年，定按察司职田，职田面积自16顷至1顷不等。至元二十一年，定江南行省及诸司职田，比腹地减半，这或许是由于江南地区水田产量较高的缘故。在京的官吏没有职田的，则只给俸米。职田在官田数量中，总体来说比重较小。③屯田。元代也有大量官田用于屯田垦殖。元太祖七年（1212年），成吉思汗命将士在阿鲁欢屯田，立镇海城戍守，以为"进战退耕"的准备。元太祖十六年（1221年），蒙古元帅又在霸州固安县（今河北省内）水寨，"令兵士屯田，且耕且战，披荆棘，立庐舍。数年之间，城郭悉完，为燕京外蔽"（《元史·石抹孛迭儿传》）。这些措施对于后来

---

① 郭文韬，陈仁端. 中国农业经济史论纲[M]. 南京：河海大学出版社，2011：41.

② 袁采. 袁氏世苑[M]. 天津：天津古籍出版社，2006：168.

蒙古军南下灭金的行动是有帮助的。到窝阔台（太宗）及蒙哥（宪宗）时，蒙古军更深入中原内地，先后在陕西、湖广、河南、四川境内纷纷建立了屯田据点。屯田的垦殖，一般是由军队来承担，间或有用罪犯或降卒与奴隶的；也有勒令富民迁徙屯垦的。其次，招募农民与“无产民”去开垦，也是一种常用的方式（有时亦称为“营田”）。此外，招商人、百姓或豪强承佃，再由他们转佃给贫民耕种，在元、明、清三朝也颇为盛行。

屯田的收获，除屯种者留一部分作生活资料外，其余名曰“余粮”，尽归官府，用作军饷和一部分俸禄的开销，偶亦作赈济之用。

2. 民田　官田不能买卖，民田可以买卖，这是官田和民田最主要的区别。元代的官田数量比前代有所增长，但民田在全部土地中所占比重要比官田多。民田必须向国家交纳税粮。民田的占用情况又可分为地主和自耕农两类，他们各自占有数量不等的土地。在元代，有大量土地集中在大土地所有者手中，这些大土地所有者既有王公、贵族、勋戚，又有百官、功臣、寺院、宫观等。

元时，土地兼并剧烈。据赵天麟上《太平金镜策略》谓：“今王公大人之家，或占良田近千顷，不耕不稼，谓之草场，专放孳畜。又江南富豪，广占农地，驱役佃户，无爵邑而有封君之贵，无印节而有官府之权，恣纵妄为，靡所不至。贫家乐岁终身苦，凶年不免于死亡。荆楚之域，至有售妻鬻子者，衣食不足，由于富豪兼并故也。”[①]又据余阙《青阳山房集》记载：“吴人之兼并武断，大家收谷，岁至数百万斛，而小民皆无盖藏。”（《青阳山房集·宪使董公均役记》）另据《元史·邹伯颜传》记载：“崇安之为邑，区别其土田，名之曰都者五十，五十都之田上送官者，为粮六千石。其大家以五十余家，而兼五千石，细民以四百余家而合一千石。大家之田，连跨数都，而细民之粮或仅升合。”这就是说，五十多“大家”，占有六分之五的田，而“四百余家”的细民（平民）只占有六分之一的田。可见，当时兼并十分剧烈。

二、赋税制度

（一）两宋的农业赋税和徭役

两宋的农业赋税基本上是以唐后期两税法为基础的税制。

宋代田赋尽管沿袭唐代所倡行的两税法，但还是有很大的变化。唐代的两税法，以“资产为宗”，宋代则以“田产步亩”为宗。唐代的两税法包括丁钱与徭役；宋代的两税法仅为田赋，两税之外，还有丁钱与徭役；唐代的两税钱、米均分为夏秋两征，宋代的两税则为夏税输钱或折绢、秋税输米等。

宋代在乡村摊派赋役，一般有四种方式：一是依据田地多寡肥瘠；二是按照人丁；三是按照主户的财产评定的户等；四是按照主户的家业钱、税钱等划分的户等。以上四

① 陈得芝. 元代奏议集录[M]. 杭州：浙江古籍出版社，1998：291.

种方式，除了人丁外，其他三种都是按照财产摊派。田赋税目共分为五大类：①公田之赋，即对官庄、屯田、营田、学田等所征收的租税。②民田之赋，即对私田所征之税。③城郭之税，即对城市居民所课之宅税、地税。④杂变之赋，即对各地所征土特产，属于额外苛征。⑤丁口之赋，即对南方丁男所征之丁口税。

宋代的徭役，主要分为两类，即职役和杂徭。征收时以户等为标准，以户等定役。职役包括：衙前，负责运送官物、看管府库等；里正、户长、乡书手，负责督催赋税；耆长、弓手、壮丁，负责追捕盗贼，维护社会治安；承符、人力、手力、散从官，主管传送敕令文书等职役，按照规定前四等户轮流差充，所以职役又称为“差役”。杂徭则是临时性差遣，主要从事地方建设项目，如修路、治水、挖渠、筑坝等。杂徭无固定时日，徭役的时间长短也并无统一规定，皆以需要为准。

（二）辽、金、西夏、元的赋税制度

辽、金、西夏、元的赋税制度虽然有各自不同的特点，但是都受到宋朝赋税制度的影响。辽代赋税征收的对象，一是从事农耕的州县民户，二是隶属辽代部族的契丹等族的部民，三是边远地区的少数民族部族。所交税的项目主要包括土地、人口和财产三者。辽代首先确立了按照土地多少征收赋税的原则。其次，为了均平徭役，保证税收公平，保证农民的生产积极性，通过检括户口，登记民产，对纳税者重新登记，这是保证增加赋税而防止隐匿户口、田产而采取的一项重要措施。最后便是财产税。财产主要为房屋、田产、畜产。检括户口与登记民产相结合，是辽代征收赋税的重要依据。

金代赋税分为地税、地租和物力钱三大类。地税有两种，女真猛安谋克户纳牛头税，汉族等地主和自耕农交纳夏秋两税。两税交纳的期限，夏税从六月到八月，秋税为十月到十二月，同时根据路程的远近和各地气候状况、作物成熟的早晚而适当延长。物力钱按丁口、资产总和为征收对象。

西夏的农业租税实行以耕地为标准的实物租税，秋后统一征收，然后入库管理。西夏以耕地的多少交纳农业税的制度，是一种固定税制，税率为每亩地交纳税杂粮十分之一斗，即一升，交纳小麦四分之一升。以耕地面积课税是最普通的制度，也是中国历代相传的主要税法，西夏则继承了这种税制。

元代的赋税制度是仿效唐朝的租庸调和两税法而来。元代的田赋分为税粮和科差。税粮在江北地区实行，亦称为丁税、地税，主要取法于租庸调。在江南地区实行所谓夏税、秋税，主要沿袭两税法。此外，除了正额税粮外，元朝廷还要征收附加税粮，其名目繁多，如“鼠耗”“分例”等，这类剥削税种有时会超过正额。

第三节 农具的发展

宋元时期是中国传统农业生产工具发展的一个重要时期。一方面由于冶铁技术的进

步，使钢刃熟铁农具得到推广，另一方面农具种类增多，水力、风力在农业上也得到较广泛的应用，是这一时期农具发展的主要特点。至此，中国传统农业生产工具也基本完备和定型。

一、冶铁业的发展和钢刃熟铁农具的推广

尽管中国很早就已发明用块炼铁锻成熟铁和渗碳制钢的方法，但是由于费时费力，只能用于制造部分兵器。至西汉晚期，又发明用生铁炒炼成熟铁或钢的方法，东汉时期部分重要手工工具如斧等已采用钢做刃部。但由于熟铁和钢的产量并不多，不可能大量用于制作农具。魏晋时期，铁农具的制作仍以可锻铸铁为主，钢刃熟铁农具还不多见。到南北朝时期推行的灌钢冶炼法，是炼钢技术的一次重大革新，随着其后技术的不断改进，钢的产量和质量不断提高，为推广钢刃熟铁农具创造了有利条件。

钢刃熟铁农具的推广，是中国历史上铁农具的第二次重大变革，特别是在耕犁上使用犁刀，以及铁搭和踏犁的创造和推广，对于长江流域特别是太湖流域农业生产的发展起到了相当大的作用。

二、耕犁的改进

（一）耕犁挽套的改进

汉代实行二牛抬杠的耦犁法，所使用的犁是直辕犁，犁辕与肩轭直接相连，使得转弯和回头很不方便。唐代出现了曲辕犁，犁辕前端有可以转动的犁盘，犁盘两端用绳索与套在牛肩上的曲轭两端相连，这样犁辕不直接与牛轭联结在一起，相较以前有一定灵活性。

到宋代，根据甘肃敦煌第 61 号石窟壁画所绘的是水田犁，由一人单手握犁把，犁主体部分在水中，由两头牛牵拉。第 151 号窟所绘图案为犁在耕旱地，都有二牛抬杠的肩横木①。而《王祯农书·农器图谱》所记载的耕犁与北宋初期的二牛抬杠耕犁在运作方式上有了很大的变化。

1. 牛套的出现　牛套的出现是宋元时期耕犁曳引方式的明显进步，改变了过去“牛犁相连”的原始形态。牛套由肩轭、耕索、耕盘组成，肩轭亦称牛轭，根据牛的大小而制，在肩轭的两端凿上两个孔，“通贯耕索”，再在一旁系上短绳“以控牛颈”，使肩轭不易脱落。耕盘是在牛身后的牛具，两端也有两个孔，耕盘和肩轭之间用耕索相连，以构成较为完整的牛套。

2. 采用钩环，改进耕盘　畜力牵引耕具运作方式明显的标志是耕盘、钩环等配合在一起，为软套，耕盘是驾犁具器。元代时“各处用犁不同，或三牛、四牛，其盘以直木，长可五尺，中置钩环，耕时旋擐犁首，与轭相为本末，不与犁为一体”（《王祯农书·农器图谱一·耕盘》），增加了犁的灵活性，见图 7-1。

---

① 曾雄生. 中国农业通史（宋辽夏金元卷）[M]. 北京：中国农业出版社，2013：357.

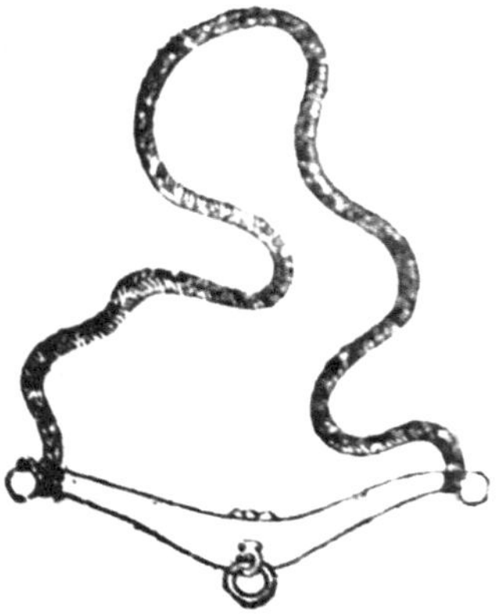
图 7-1 耕盘

《王祯农书》中所记“人”字耙、耕盘、劚刀等图像中都绘有钩环，是耕犁曳引技术的重要发展，以耕盘、钩环等为构件，役畜、耕具之间的转动、转向灵活，平稳力匀。绳索出现后和耕犁得以分开，二者之间用绳索相连，因绳索易磨损断开，因此人们创造了铁制的钩环。

（二）耕犁部件的改进

宋元时期犁铧和犁体有很多改进，据《王祯农书·农器图谱三》中记载：“铧与镵颇异，镵狭而厚，惟可正用，铧阔而薄，翻覆可使，老农云：‘开垦生地宜用镵，翻转熟地宜用铧。’盖镵开生地著力易，铧耕熟地见功多。然北方多用铧，南方皆多用镵，虽各习尚不同。若取其便，则生熟异器，当认老农之言为法。庶南北互用，镵铧不偏废也。”其中就提及了有镵、铧、劐和铲四种。江苏扬州出土的宋代铁犁铧，刃边均钢质，有光泽，背面有安装犁柄的痕迹[①]。可见当时的犁铧质量较高，其形状与现今仍在使用的旧式犁基本相同。特别是大量辽金时期犁铧的出土，说明当时使用已很普及。

三、农具种类的增加

宋元时期，在改进旧农具的同时，还新创了不少农具，以适应农业生产的需要，其中以南方水田农具为多。

（一）劚刀、铁搭和踏犁

劚刀又称为銐刀、犁刀，是一种形似短镰、背宽而厚的钢刃工具，具有破土和切断植物根株的良好作用。一般的耕犁扁平宽阔，对于草根蟠结的荒地，难以发挥其破土的作用，宋元时期为了大力开垦荒地，而创造了犁刀这种新的耕地农具，故也叫作“开荒銐刀”。其主要是在耕地前使用，为耕犁的耕翻创造条件，“如泊下芦苇地内，必用劚刀引之，犁镵随耕，起拨特易，牛乃省力”（《王祯农书·农桑通诀二》）。也有的在犁辕前部安装犁刀，开荒效率更高，对于农田开发具有重要作用。

宋元以后长江流域流行的铁搭，亦是农具发展史上的一大发明。铁搭作为垦耕工具，其钢刃由熟铁锻造而成，有四齿或六齿，十分锋利。在长期使用过程中，铁搭可适应不同的开垦需要，有不同的样式，如刃部为平方的多用于开垦旱地，梯形的齿刃多用于开垦水田，锐利的齿刃则多用于开垦荒地。直到 20 世纪末，江南地区农民还把铁搭作为人工耕垦的重要工具。

钢刃熟铁的踏犁亦是宋代以后流行的人工开荒农具，在缺少耕牛的条件下，是一种

---

① 蒋缵初. 江苏扬州附近出土的宋代铁农具[J]. 文物，1959（1）：19.

有效的垦耕工具。若有强有力的劳动力配合使用，还能取得比牛耕更好的效果。这种踏犁在北宋初年已推广使用，据说四五个人使用踏犁耕作，可比牛一头。

（二）水稻移栽和中耕农具

随着水稻移栽的普及，与之相关的农具也应运而生。其中有秧马、耘爪、耘荡等。

秧马又称秧船或秧凳，是拔秧时乘坐的工具。秧马大约出现于北宋中期，最初是由家用四足凳演化而来，对免除人们拔秧弯腰的辛苦有一定作用，又不至于陷入泥中，所以人们形象地称之为“秧马”。最早记载秧马的是北宋苏轼。元丰年间（1078—1085年），苏轼在黄州期间首次“见农夫皆骑秧马”，此事给他留下深刻印象。绍圣元年（1094年），他被贬惠州，南行途径庐陵太和（今江西太和县），看了曾安止所写的《禾谱》，惜其不谱农器，便向曾安止介绍了秧马的发现经过及其形制，并作《秧马歌》相赠。后人还将《秧马歌》刻成石碑（现藏于泰和县博物馆），使其流传久远。图7-2为秧马。

图7-2 秧马①

耘爪是宋代发明的一种水田耘田工具。根据《王祯农书》介绍：“耘爪，耘水田器也，即古所谓‘鸟耘’者。其器用竹管，随手指大小截之，长可逾寸，削去一边，状如爪甲，或好坚利者，以铁为之，穿于指上，乃用耘田，以代指甲，犹鸟之用爪也。”耘爪是一种手耘的工具，手耘时套于手指之上，可以提高耘田效率，同时它还起到劳动保护的作用。由于手经常浸泡在稻田泥水之中，容易引起感染，损伤手指，耘爪就如同现今劳动时使用的手套一样，这是为了适应南方水田特殊的作业环境所创造出来的劳动保护工具。

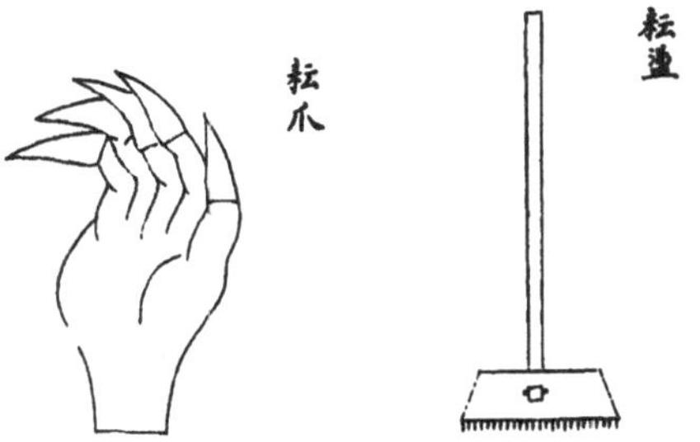

图7-3 耘爪与耘荡②

耘荡是宋代发明的一种新的耘田工具。这种工具借用了旱地使用锄头的方法，只是对锄头本身进行了改进。改进之后，“形如木屐，而实长尺余，阔约三寸，底列短钉二十余枚，簨其上，以贯竹柄。柄长五尺余。耘田之际，农人执之，推荡禾垄间草泥，使之溷溺，则田可精熟，既胜耙锄，又代手足。况所耘田数，日复兼倍”（《王祯农书·农器图谱三·耘荡》）。这种省工省力、效果又好的中耕工具，亦为后代所沿用。图7-3为耘爪与耘荡。

此外，元代还有稻作的劳动保护工具薅马、覆壳、通簪、臂篝等。由于水田农具的改进，宋代以后，南方以“耕—耙—耖—耘—耥”为中心的水田耕作技术体系已经成熟，促进了农业生产的发展。

---

① 宋树友. 中华农器图谱（第一卷）[M]. 北京：中国农业出版社，2001.

② 梁家勉. 中国农业科学技术史稿[M]. 北京：农业出版社，1989：384-387.

（三）旱作农具的进步

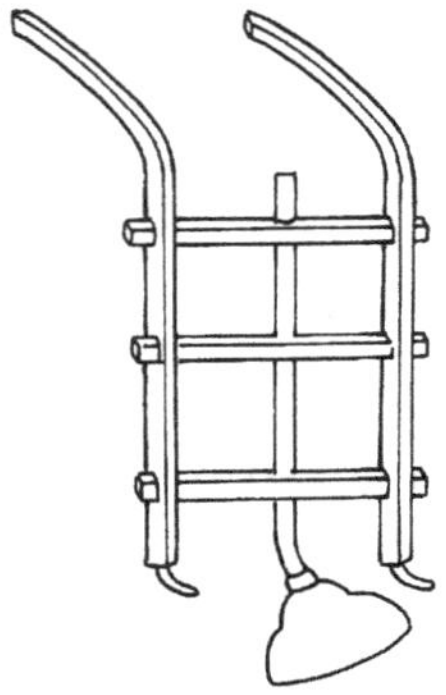

图 7-4　耧锄[①]

耧锄是北方旱地的一种中耕农具。耧锄是由耧车改进而来，《王祯农书》转引《种莳直说》记载了耧锄的构造，说此种农具出自海壖，其形似耧，但无耧斗。耧锄的安装和使用方法是："用耰锄铁柄中穿耧之横桄，下仰锄刃，形如杏叶，撮苗后，有一驴带笼觜挽之，初用一人牵，惯熟不用人，止一人轻扶。入土二三寸，其深痛过锄力三倍。所办之田，日不啻二十亩。"（《王祯农书·农器图谱三·钱镈门》）实际上，这是一种畜力中耕农具，其广泛使用对提高劳动效率很有帮助。图 7-4 为耧锄。

宋代还发明了粪耧，在耧车的基础上附加施肥的装置，用以施种肥。最早记载下粪耧种的是《王祯农书》："于耧斗后别置筛过细粪，或拌蚕沙。耩时随种而下，覆于种上，尤巧便也。"（《王祯农书·农器图谱二·耒耜门》）北宋时韩琦在《祀坟马上》一首诗中提及："二莹逢节展松楸，因叹农畴荐不收。高穗有时存蜀黍，善耕犹惜卖吴牛。泉干几处闲机硙，雨过谁家用粪楼。首种渐生还自喜，尚忧难救赤春头。"[②]诗中提到的粪楼，即粪耧，也就是下粪耧种。清代学者陆世仪说："中土有耧车制，状如三足犁，中置耧斗藏种，以牛驾之，一人执耧且行且摇，种乃随下。又有用粪耧者，用筛过细粪，或蚕沙，随种而下，按此器可用以种麦，然于耙耖之尾用之为佳。"（《思辨录辑要》卷十一）

（四）灌溉工具的多样化和普及

利用水力、风力等自然能源为动力，是宋元时期使用农具的一个重要特点。宋元时期，灌溉工具除古老的桔槔、辘轱等提水工具外，主要普及翻车、筒车等提水机具。这两种灌溉工具在汉唐时期已出现和应用，到宋元时期发展迅速，不仅使用地区广，而且其形制也十分多样。农业上利用风力作动力，是这一时期的新发展。后世所称的利用风力提水的风车，便是出现在这一时期。

翻车也称为龙骨水车、踏车、水龙、水蜈蚣等，是效果很好的灌溉或扬水工具，在唐代发明后，到宋代被普遍采用，尤其是江南稻作农业地区。翻车动力方面，除了使用人力、畜力外，元代还出现了利用水力与风力的水转翻车和风力水车。以水转翻车为例，据《王祯农书》记载，水转翻车的结构同于脚踏翻车，但必须安装于流水岸边，无需人力畜力，"日夜不止，绝胜踏车"，并且以水力代替人力，"工役既省，所利又溥"（《农政全书·水利·东南水利上》）。这种水转翻车是在宋元时期开始推行的。风力水车最早见于元代任仁发《水利集》，提及浙西治水有"水车、风车、手戽、桔槔等器"，此

① 宋树友. 中华农器图谱（第一卷）[M]. 北京：中国农业出版社，2001：267.

② 北京大学古文研究所. 全宋诗[M]. 北京：北京大学出版社，1996：41111.

处“风车”即风力水车。图 7-5 为水转翻车。

图 7-5 水转翻车①

筒车亦称“水转筒车”，是一种以水流为动力，取水灌田的工具，早在唐代已经出现并得到应用。南宋时为提高其载水量，用若干竹筒系在轮上，增加输灌水量，这时才有筒车的名称。筒车需要湍急水流带动，故多应用于山区。宋代南方山区土地多被开发利用，筒车因此得到推广。范仲淹的《水车赋》、梅尧臣的《水轮咏》以及李处权的《土贵要予赋水轮》等都对筒车作了不同描述。宋元时期，为适应不同的农田灌溉的需要，筒车有所发展，还出现了高转筒车和水转高车两种形制。但这两种机具结构较为复杂，在使用中容易发生故障，故民间应用仍以筒车为主。

（五）农产收获、加工器具的发展

宋元时期，北方对麦类作物的栽培很重视，因此对麦类收获农具也有创新，如出现了“三物而一事”，即用于收获小麦的麦笼、麦钐、麦绰。麦笼是一种竹编的盛麦器，下装四轮，可以推动；麦钐是割麦刀，装于麦绰上用以收割；麦绰是竹篾编制的收麦器，上安钐刀，收麦时，推而前进，麦入绰中，装满时，即覆于麦笼。三种工具联合使用，有效提高了生产效率，尤其适用于地多人少地区的麦田收割（《王祯农书·农器图谱十五》）。图 7-6 为麦绰、麦笼。

在收获环节上，当时还创制了推镰，其“形如偃月，用木柄长可七尺，首作两股短叉，架以横木，约二尺许，两端各穿小轮圆转，中嵌镰，刃前向，仍左右加以斜杖，谓之‘蛾眉杖’，以聚所劖之物。凡用则执柄就地推去，禾茎既断，上以蛾眉杖约之，乃回手左攤成缚，以离旧地，另作一行。子既不损，又速于刃刈数倍”（《王祯农书·农器图谱五·铚艾门》）。推镰主要针对荞麦的易落粒性所发明，同时起到了减轻劳动强度的效果。

① 宋树友. 中华农器图谱（第一卷）[M]. 北京：中国农业出版社，2001.

图 7-6　麦绰、麦笼（《王祯农书》）

宋元时期，水力的应用在粮食加工方面表现得最为突出，在谷物加工工具创制上也取得了重要进展。《王祯农书·农器图谱十四》的“利用门”中着重叙述了“因水之利于用”在“造谷食”“代人畜之劳”方面的器械，有水排、水磨、水砻、水碾、水轮三事、水转连磨、水击面罗、槽碓、水碓、水转大纺车等多种形式。这些机具又有多种形式和用途，比如水磨是一种粉磨器械，用以破麦作麸；水砻专用于谷物脱壳；水碾是把粮食压碎、压平或去皮。这三种工具皆以水力为驱动来推动卧轮或立轮，带动上部磨、砻、碾三种功能为一身，则称为“水轮三事”，功效甚高。水击面多是和水磨相配合，将磨面和筛粉面都改造为利用水力的复合机械，从而构成了利用水力加工谷物的一整套机具。

总之，宋代农具的发明与改进，被研究者视为超过了任何一个此前的朝代[①]。所用材料也有重大的进步，镰、锄、铁搭等农具都是用锻制的熟铁，刃部大都加钢，锋利和坚韧的程度大大提高了；有些农具，动力部分和工作部分已经分开，中间有了较为完善的连接转向装置，使用因而也更加灵活；在动力上，除用人力和畜力外，水力和风力已被大量使用，传统农业所能利用的动力，这时几乎全被开发出来，提升了劳动效率。所有这一切都表明，传统农业中的农具，至此已进入一个完全成熟的时期。

第四节　农田水利建设和土地利用方式

一、农田水利建设

中国是一个农业大国，因此历代王朝都比较重视农田水利建设。

北宋前期在农田水利方面，主要是整治古老灌区，并无多少建树。至北宋熙宁年间，由于变法运动的推动，农田水利建设才有了强大动力。

至南宋，随着大批北方民众南下，促使南方农田水利建设发展。这时，山丘区的梯

① 梁家勉. 中国农业科学技术史稿[M]. 北京：农业出版社，1989：282，382.

田与塘坝水利、低洼区的圩田与河网、滨海区的涂田与挡潮蓄淡等工程，在原有的基础上得到了长足的发展。元朝统一中国后，曾想振兴华北水利，但成效不大。整个元代，农田水利建设进展缓慢。表 7-1 为唐宋水利项目之比较。

表 7-1 唐宋水利项目之比较①

时期	北方主要省份				南方主要省份			
	陕西	河南	山西	直隶	江苏	浙江	江西	福建
唐	32	11	32	24	18	44	20	29
北宋	12	7	25	20	43	86	18	45
金及南宋	4	2	14	4	73	185	36	63

（一）整修古渠旧堰

宋元时期，在一定阶段内着力进行过古渠旧堰灌溉工程的整修，如宋仁宗庆历四年（1044 年）发布劝农文书，其中第一项就是兴修水利，要求各地兴修防御水灾的水利设施，包括前人兴修未成而后人接续完成的、新创建的以及前代废毁而重新修复的，要逐处查勘登记上报和评价功绩大小。宋神宗即位后，对农业和水利颇为重视。《宋史·河渠志》记载神宗熙宁元年开始即劝民整修损坏的陂塘、圩垾、堤堰、沟洫等，颁布《农田利害条约》，并遣刘彝等八人行天下，相视农田水利。元代也有一些对前朝水利的整修工程，宋元时期较为重要的一些水利整修工程如下：

1. 白渠的整修 北宋、金、元均设立专员对白渠进行管理。白渠在汉唐时主要引泾水、渭水和洛水，北宋时只引泾水。但是北宋初期，泾水原有的拦河坝“将军翣”被破坏，灌溉面积大减。在宋大观年间（1107—1110 年）改建了丰利渠，农田水利有所改善，扩大了灌溉面积。丰利渠是宋代修建秦郑国渠的第三代工程。丰利渠建于北宋末年（1068—1109 年），先后两次施工，一期由侯可主持，工期九年，完成总工程量约 30%，因遭荒年而中止。二期工程于大观二年（1108 年）开始，两年完工，由赵佺主持。丰利渠渠首规模和艰巨程度比郑、白二渠大得多，是引泾史上第一座建立在岩石河岸上的工程。至今石渠尚保存 97 米，为矩形断面。渠口之内，两岸各有闸槽一道，系为控制停水或防淤之设，闸槽左侧刻有水尺。石渠与河道之间砌石堤以保护渠道，防备洪水冲击。丰利渠建成后，效益大增。《侯可开渠记略》等记载：“凡溉泾阳、礼泉、高陵、栎阳、云阳、三原、富平七县田三万五千九十三顷，赐名‘丰利渠’。”②

元朝廷又修建了王御史渠，元代的王御史渠由西台御史王琚提议修建，在宋丰利渠的基础上将取水口设在丰利渠渠口上游 111 米处，沿用郑白渠故道。

2. 引沁灌区的重建 引沁灌区的重建也是宋元时期修旧利废的一部分。北宋熙宁时，曾派员察看过丹沁水利，但金末元初的战乱频繁，引沁工程设施破坏严重。元忽必

① 冀朝鼎. 中国历史上的基本经济区与水利事业的发展[M]. 北京：中国社会科学出版社，1981：36.
② 何平. 泾阳县志[M]. 西安：陕西人民出版社，2001：206.

烈中统二年（1261年）时，又重建了引沁灌区，并命名为“广济渠”。在今河南省济源市东北五龙口处修石堰，浚挖干渠4道，长约338公里，灌济源、河内（今河南沁阳）、河阳（今河南孟州）、温、武陟等五县田3000余顷。《元史》云：“广济渠在怀孟路，引沁水以达于河。”（《元史·河渠二》）二十余年后淤废。天历三年（1330年）修复。今济源、沁阳和温县境内旧时犹有广济河，疑为其遗迹。

宁夏引黄灌溉由西夏经营，当时引黄灌溉渠系甚多，据统计，“溉田九万余顷”。元初，宁夏引黄水利设施大多“废坏淤浅”。著名水利家郭守敬到宁夏后，曾对引黄灌区进行了全面整修，使这一古老灌区得到恢复。

3. 南方灌区水利工程的整修　北宋时期，朝廷对湖北年久失修的长渠（又名白起渠）和木渠进行了整修，其中在宋、元时期前后四次对长渠进行过大规模的复修、延伸，使其灌溉效益得到恢复和扩展，极大地促进了当时襄宜平原农业生产的发展。宋时还高度重视汉中山河堰灌区的修复和扩建，曾修整五六次，使这一灌区得以久盛不衰，成为汉中农业命脉之所系。对成都平原都江堰工程的维修与灌区的扩展，宋元两代都十分重视，并明确要求每岁对“砂石填委，多成滩碛”的河道“浚治”“穿淘”，在冬天岁修时深挖河道，清除淤积的砂石。

（二）农田水利的兴修

1. 河北海河流域的淀泊工程　北宋建国初期，与辽国处于军事对峙状态。为了阻止辽兵南下，《宋史·何承矩传》记载，何承矩曾在端拱元年（988年）建议朝廷在宋辽边界筑堤储水，兴修水利，开辟水田，发展水稻种植，兼有巩固边防之意。太宗任命他为屯田吏，来实行这一计划。调发各州镇兵一万八千名，在雄、莫、霸、平戎、破虏、顺安军兴堰六百里，置斗门，引淀灌溉。何承矩通过“资其陂泽，筑堤贮水为屯田”，打造了一条“东西三百余里，南北五七十里”的水长城（《宋史·何承矩传》）。何承矩的水长城工程给河北地区带来了巨大的经济效益和军事效益。

2. 熙宁时期的农田水利建设热潮　熙宁年间的王安石变法，给农田水利建设带来强大的活力。“灌溉之利，农事大本”。所以，发展农田水利被列为变法理财的重要内容之一。熙宁二年（1069年），朝廷颁布了《农田利害条约》，条约的颁布和实施大大调动了人们兴修农田水利的积极性。熙宁年间（1068—1077年），全国兴修水利工程10 793处，其中两浙路修建1980处。此外，还在东南沿海修筑了长达500余里的江北捍海堰和浙江捍海石塘、钱塘江工程等。“自是四方争言农田水利，古陂废堰，悉务兴复”（《宋史·王安石传》），水利建设盛极一时，形成前所未有的热潮。其中以南方两淮、两浙地区兴修的最多，共4254处，合计占全国工程总数的39.45%，受益农田179 660顷，占全国受益农田总数的49.85%[①]。这也反映了江南经济发展推动了地区水利建设。

熙宁变法期间，农田水利建设热潮还表现为北方大规模放淤的开展。根据记载，

① 郭文韬，陈仁端. 中国农业经济史论纲[M]. 南京：河海大学出版社，1999：212.

熙宁时期的放淤改土工程首先是从京都所在地开封开始的，后来扩展到二三十个州县。黄河平原地势低平，河道排水不畅，黄河、汴河、漳水、御水等都因泥沙过多淤积成为地上河，产生大片盐碱土。因此，当时放淤改土成效显著，粮食获得增产，“田亩旧直三两千，所收穀五七斗。自灌淤后其直三倍，所收至三两石”（《续资治通鉴长编》卷二百七十七）。

二、土地利用方式

（一）南方圩田

圩田就是围水造田。从历史发展阶段来看，先有围田，后有圩田。围田是比较低级和自发性的，圩田是有系统规划布局的灌溉系统，在大片平原上开发建成的田制结构，围田则是侵占湖河水面为田，对水利系统有阻碍破坏作用①。

宋元时期人口有所增长，尤其是南方人口增长最快。人口增加，既是农业生产发展的反映，同时又给农业带来了较大的压力。压力的表现之一就是耕地不足。南方不同于北方有广袤的平原，而是地形复杂，平原已经开发完毕，留下的是山川、湖泊，只有与水争田、与山争地。

宋代是南方圩田进一步发展的重要时期，开发的重点是长江下游的滨江濒湖地区。圩田的基本营造方法是：在浅水沼泽地带或河湖淤滩上围堤筑坝，把田围在中间，把水挡在堤外；围内开沟渠，设涵闸，有排有灌。“圩田”一词，最早见于宋代文献。宋仁宗庆历三年（1043 年）十一月七日的诏书中有“江南旧有圩田，能御水旱”的文字，范仲淹也曾谈及江南圩田：“江南旧有圩田，每一圩方数十里，如大城，中有河渠，外有门闸，旱则开闸引江水之利，涝则闭闸拒江水之害。旱涝不及，为农美利。”（《范文正公集·奏议·答手诏条陈十事》）不论围田、还是圩田以及同期存在的坝田、墟田、湖田、段田、柜田等，其实都是在低湿滩地筑堤作围的水利田。

宋仁宗嘉祐六年（1061 年），重修位于芜湖县北的万春圩。工程竣工后宋仁宗赐名“万春圩”，沈括为此写《万春圩图记》。南宋杨万里《圩田》诗云：“周遭圩岸缭金城，一眼圩田翠不分。”可见江南圩田在宋代得到了朝廷的重视，在江南获得了大发展。宋代圩田的发展，主要表现在两方面：一是旧圩的普遍修复；二是围垦向纵深发展。其地区主要集中在太湖流域、青弋江和水阳江流域、宁绍平原以及包括巢湖在内的皖北沿江一带②。但是到南宋时期，由于围湖恶果暴露，农田水利围垦与湖泊水产之间的矛盾突出，转而采取禁围政策。

（二）丘陵山区梯田

梯田这种土地利用方式在中国有悠久的历史。早在秦汉时期就有了梯田的雏形。唐

① 缪启愉. 太湖地区的塘浦圩田的形成与发展[J]. 中国农史，1982（1）：12-32.

② 郭文韬，陈仁端. 中国农业经济史论纲[M]. 南京：河海大学出版社，2011：214.

代以后，中国经济中心南移，南方人口日繁，“土狭民众”的矛盾越来越突出。宋元时期，在豪强地主大肆侵夺沃土良田的情况下，广大贫苦农民被迫进入丘陵山区，辟土造田，广泛发展梯田。

梯田系由畲田发展而来的。畲田实际上就是刀耕火种[①]。畲田没有堤埂，如遇大雨倾盆，水土流失严重。梯田是在丘陵山坡地上沿等高线方向修筑的条状阶台式或波浪式断面的田地。梯田就是为了治理畲田的水土流失问题而出现的。种植水稻需要大面积的水塘，而中国东南省份却多丘陵，而少适于种植水稻的平原地形，梯田的出现为水稻上山提供了可能。

南宋初，范成大所著游记《骖鸾录》中最早出现了“梯田”一词。书中记录了他途经袁州（今江西宜春）仰山的高山梯田。“出庙三十里，至仰山，缘山腹乔松之磴，甚危，岭阪上皆禾田，层层而上至顶，名梯田”。说明此时在南方已经出现了高山梯田。《陈旉农书》对南方梯田修造技术规范原则等进行了详细描述，还特别谈到了高田修造的陂塘建设方法。学术界普遍认为陈旉笔下的高田就是梯田。南方开发的梯田主要是为了种植水稻，但由于梯田地势较高，水源不便，容易缺水，所以陈旉在农书中提出了在山顶修筑陂塘的办法。

元代《王祯农书·田制门·梯田》中对梯田的定义、分类、布设与修筑方法进行了系统叙述：“梯田，谓梯山为田也。夫山多地少之处，除垒石及峭壁例同不毛，其余所在土山，下自横麓，上至危巅，一体之间，裁作重蹬，即可种艺。如土石相半，则必叠石相次，包土成田。又有山势峻极，不可展足，播殖之际，人则伛偻蚁沿而上，耨土而种，躡坎而耘。此山田不等，自下登涉，俱若梯磴，故总曰‘梯田’。”

（三）海塘工程与围涂垦殖

宋元时期，随着东南沿海地区人口的增加，海塘工程和海涂围垦也在原有基础上进一步发展起来。其表现形式是：多种塘工形式的创造；围涂造田逐渐向浅海滨推进。经过广大劳动者的艰苦斗争，在江、浙、闽、粤海岸建成了绵亘数千里的各种形式的防护工程，围垦了众多海涂。在不少海湾平原，呈现出一派沟渠纵横、海田棋布、海堤鳞次栉比的人与自然斗争的壮丽图景。

第五节　耕作制度和耕作技术

一、耕作制度

宋元时期，人口增加，追切需要改革传统耕作制度，以保证农业经济、社会的可持续发展。中国历史上由一年一熟耕作制向一年二熟的多熟制转变，正是在这一时期完成的。

---

① 董恺忱，范楚玉. 中国科学技术史（农学卷）[M]. 北京：科学出版社，2000：507.

（一）南方耕作制度的发展

1. 稻麦二熟制的形成　宋元时期是稻麦二熟制形成的重要时期。据樊绰在《蛮书·云南管内物产》中记载："从曲靖州以南，滇池已西，土俗唯业水田，种麻、豆黍、稷，不过町疃。水田每年一熟，从八月获稻，至十一月十二月之交，便于稻田种大麦，三月四月即熟。收大麦后，还种粳稻。小麦即于冈陵种之，十二月下旬已抽节如三月，小麦与大麦同时收刈。其小麦面软泥少味，大麦多以为麨，别无他用。"①

麦原产于北方，"靖康事变"后，北方人大量涌入南方，带来了北方的麦面饮食需求以及种植技术。宋代的赋税政策也促进了稻麦二熟制的形成。黄震在《咸淳七年中秋劝种麦文》文中说："近世有田者不种，种田者无田，尔民终岁辛苦，田主坐享花利，惟是种麦不用还租，种得一石是一石，种得十石是十石，又有麦秆，当初夏入无人入山樵采之时，可代柴薪，是麦之所收甚多也。"（《黄氏日抄·咸淳七年中秋劝种麦文》）并非种麦不用交租，而是租佃契约上只规定了晚稻一茬之租，在晚稻之外再收一茬小麦就全归客户自己所得了。这就极大地刺激了无地客户实施稻麦连作的积极性，而且这种做法并不限于江西一路。《陈旉农书·耕耨之宜宜》中说："旱田获刈才毕，随即耕治晒暴（曝），加粪壅培，而种豆、麦、蔬茹。因以熟土壤而肥沃之。"《陈旉农书》总结的主要是长江三角洲的农业经验与技术，据此看来两浙路的二熟制在两宋之交才普遍推开，有稻麦、稻豆、稻蔬等多种形式。但参证其他材料，可以看出稻麦连作已经为基本形态。表 7-2 为宋人笔下的割麦移稻景观。

表 7-2　宋人笔下的割麦移稻景观②

时间	地区	作者	诗文	题目	出处
四至五月	鄂州	罗愿	蚕沙麦种，四月……月建在午（五月），秧苗入土	《鄂州劝农》	《罗鄂州小集》卷一
	抚州	黄震	收麦在四月，种禾在五月	《咸淳八年中秋劝种麦文》	《黄氏日钞》卷七十八
	湖州	虞俦	腰镰刈晚禾，荷锄种新麦	《和姜总管喜民间种麦》	《尊白堂集》卷一
	吴中	吴泳	吴中之民，开荒垦洼，种粳稻，又种菜、麦、麻豆，耕无废圩，刈无遗陇	《隆兴府劝农文》	《鹤林集》卷三十九
		方岳	含风宿麦青相接，刺水柔秧绿未齐	《农谣》	《秋崖集》卷二
		陆游	稻未分秧麦已秋，豚蹄不用祝瓯窭	《初夏》	《剑南诗稿》卷三十二
五月	山阴	陆游	处处稻分秧，家家麦上场	《五月一日作》	《剑南诗稿》卷二十七
	不详		割尽黄云稻正青	《木末》	《临川先生文集》卷二十七
	黄州	王安石	割尽黄云稻正青	《壬戌五月与和叔同游齐安》	《临川先生文集》卷二十九
	不详	欧阳修	大雨虽滂沛，隔辙分晴阴……宿麦已登实	《喜雨》	《欧阳修全集·居士集》卷四
	苏州	朱长文	刈麦种禾，一岁再熟		《吴郡图经续记》卷上
	泰州	陆佃	谪守海陵，逮麦禾之再熟	《海州到任谢二府启》	《陶山集》卷十三

① 向达. 蛮书校注[M]. 北京：中华书局，1962：171.

② 曾雄生. 中国农业通史（宋辽夏金元卷）[M].中国农业出版社，2013：438.

续表

时间	地区	作者	诗文	题目	出处
五月	苏州	范成大	腰镰刈熟趁晴归，明朝雨来麦沾泥。犁田待雨插晚稻，朝出移秧夜食麨	《刈麦行》	《石湖居士诗集》卷十一
			五月江吴麦秀寒，移秧披絮尚衣单	《四时田园兴十二绝》	《石湖居士诗集》卷二十七
六月	金陵	杨万里	九郡报来都雨足，插秧收麦喜村村	《夏日杂兴》	《诚斋集》卷三十一
		曹冠	雨余干鹊报新晴，晓风清。……麦垄黄云堆万顷，收刈处，有人耕	《燕喜词江神子·南园》	《御选历代诗余》卷四十六

二熟制大体集中于两浙、福建沿海地区，尤以太湖流域最为成熟。

稻麦二熟制的形成还与建成良好的水利灌溉系统，以满足不同作物在不同季节对水利条件的不同要求有紧密关系。宋代江南各类水利设施基本实现了堰闸斗门的配套，具备拦蓄排灌等多种功能。

再者，南宋在推广稻麦二熟制方面也起到了重要作用，朝廷频频颁发劝告种麦的诏令，劝谕农民广种春麦，如隆兴七年（1169 年），孝宗下诏令江东西、湖南北、淮东西路帅漕等劝民广种春麦（《宋史·食货志》）。孝宗淳熙七年（1180 年），“诏两浙，江淮，湖南，京西路帅、漕臣，督守令劝民种麦，务要增广”①。宁宗嘉定八年（1215 年），又诏“两浙、江淮路，谕民杂种粟、麦、麻、豆，有司毋收其赋，田主毋责其租”。一系列的鼓励政策大大刺激农民种麦的积极性，促进了稻麦二熟制在南方的发展，也改变了南宋的农业结构。

2. 双季稻的发展 双季稻是指在同一块稻田中一年之内收获两次。当时双季稻有再生稻、间作稻和连作稻几种。在宋代以前是以再生稻为主，北宋多有记载，如《宋史·太宗本纪》载，至道二年（996 年）“处州（今浙江丽水）稻再熟”。再如范成大的《吴郡志》载，“再熟稻，一岁两熟”。

间作稻是在早稻行间套插晚稻的一种双季稻栽培方式。这种栽培方式在宋代出现，明清时期得到推广，如《农田余话》记载：“闽广之地稻收再熟，人以为获而栽种，非也。予常识永嘉一儒者，池仲彬，任黄州黄陂县主簿，询之，言其乡以清明前下种，芒种莳苗，一垄之间，稀行密莳，先种其早者，旬日后，复莳晚苗于行间，俟三秋成熟，刈去早禾，乃锄理培壅其晚者，盛茂秀实，然后收其再熟也。”这是关于间作稻最早的记述②。间作稻又名寄生，主要分布在浙东一带。在浙江台州，南宋嘉定《赤城志》记载：“以次言之：则献台、相连、寄生、第二遍之类是也。”③

连作稻在宋代虽然没有专门的名称，但却出现了许多连作稻的品种，分布非常广泛，如江苏的乌口稻、浙江的乌糯、江西的黄穋禾、福建的穮和献台、岭南的月禾等。另外，在宋代的稻品种中，还出现了有些品种既当早稻，又充晚稻的现象，这在江西泰

① 曾雄生. 宋代的双季稻[J]. 自然科学史研究，2002（3）：257.

② 游修龄. 中国稻作史[M]. 北京：中国农业出版社，1995：222.

③ 王达，吴崇仪，李成斌. 中国农学遗产选集甲类第一种·稻（下编）[M]. 北京：中国农业出版社，1993：121.

和和江苏琴川（常熟）为最多，也应是双季连作的结果。宋代时期的连作双季稻分布虽广，但由于品种不佳、产量不高、季节和劳动力的矛盾、放牧的需要、肥水条件的限制、投入产出率低等原因，双季稻总的种植面积并不大，在粮食生产中的作用犹如凤毛麟角。但由于其分布较为广泛，奠定了中国明清以后连作稻发展的地理基础。

3. 其他形式的耕作制度 南方除了稻麦轮作和水稻连作之外，还有其他一些耕作制度。

稻田养鱼便是其中一种耕作方式。养鱼种稻、稻鱼共生在唐代就获得了一定的发展，而且还利用养鱼开荒种稻。

《陈旉农书》记载，南方的多熟制除了稻麦之外，还有稻菜、稻豆等多种耕作制度。在其《耕耨之宜篇》中写道："旱田获刈才毕……加粪壅培，而种豆、麦、蔬茹。"可以看出至少有稻麦、稻豆和稻菜三种形式的多熟制。在《王祯农书》中也有稻菜轮作的记载。

轮作大多数情况下是为了提高单位面积产量，但有时候是为了恢复地力而作。同一块土地年年种植同一种作物容易导致土壤中某些肥料元素缺乏，产量下降，于是与其他作物轮种改善地力。

（二）北方耕作制度的发展

宋元时期，北方也出现了一年二熟制，这主要是由于油菜种植的发展。油菜耐寒，经冬不死，雪压易长，适合与稻进行水旱轮作。随着油菜种植的发展，稻油一年二熟制也就形成了。《钦定授时通考》卷六引《务本新书》中即记载有十一月种油菜。

《四时纂要》还记述了茶和其他旱地作物套种、苜蓿与麦混播等耕作制度。宋元时期北方耕作制度最引人注目的当属区田套种法的发明①。汉代创造了区田法，在整地作区后进行精耕细作，提高土地单产。元代把套种运用于区田之上，创造出区田套种法。《务本新书》记载了这种区田套种法："区当于闲时旋旋掘下，正月种春大麦，二三月种山药、芋子，三四月种粟及大小豆，八月种二麦、豌豆，节次为之，不可贪多。"（《钦定授时通考·务本新书》）

（三）桑间种植和桑下养殖

桑间种植主要是种植益桑植物，并作为绿肥，创始于魏晋南北朝时期，到宋元时期，桑间种植的作物种类增多，如种植麦、荞麦、苎麻、谷子、高粱、绿豆、黑豆、芝麻、瓜芋等。如范成大《香山》诗云："落日青山都好在，桑间荞麦满芳洲。"他在《四时田园杂兴》描写桑间种菜："桑下春蔬绿满畦，松心青嫩芥苔肥。"《农桑辑要·栽桑》记载在种桑葚时："或和黍子同种，椹藉黍力，易为生发，又遮日色。或预于畦南、畦西种苘，后藉苘阴遮映夏日。"

---

① 董恺忱，范楚玉. 中国科学技术史（农学卷）[M]. 北京：科学出版社，2000：516.

二、耕作技术

（一）南方水田耕作技术

宋元犁和唐犁出入不大，但也有所不同。《王祯农书》在《农器图谱二》中绘有两种不同的犁形，可见各地的犁也不太一样。

耕具的进步标志着耕作技术的进步，隋唐宋元时期，曲辕犁得到广泛使用，成为提高耕地质量的重要工具。

耕田首先需要起土，起土有深浅宽窄的讲究，曲辕犁有专门控制深浅和宽窄的装置，即“犁评”和“犁梢”。第二步是覆垡，曲辕犁也有专门的覆垡装置——犁壁。在起垡和覆垡之后，接着碎土和平整田面。

陈旉是第一个系统论述南方水田耕作技术的人。他在《陈旉农书·耕耨之宜篇》中，专门论述了南方水田整地的技术。他根据作物和地势，将南方稻田分为早田、晚田、山川原隰和平陂野易四种类型。不同的类型有不同的耕法。早田在早稻收获之后，还要接着种豆麦蔬茹等，因此要求“获刈才毕，随即耕治晒暴（曝），加粪壅培”。晚田要求待春乃耕。因为待春耕时，秸秆已经腐烂，翻耕容易。山原田比较寒冷，在冬天时可将水放干，任霜雪冰冻，春天再进行整地。平易田要求平耕深浸，也就是冬天时让田中泡水，等开春后整地耕作。他还在《农书·善其根苗篇》中对水稻育秧田的整治做了详细的叙述。

王祯则是最早将南方水田耕作技术与北方旱地耕作技术进行比较研究的人。《王祯农书》将南方水田分为三种类型：高田早熟、下田晚熟和“泥淖极深”的水浆田。王祯谈到因为泥淖极深，能陷牛畜，所以需要“以木杠横亘田中，人立其上而锄之”。《王祯农书》还提到了在元代一种介乎冻垡和晒垡之间的冬闲田耕作法。下田晚熟之后，乘天晴无水而耕之，让土块半出水面，日暴雪冻，土乃酥碎，仲春再耕治。这种方法有利于土壤的熟化。

南方水田因耕作季节不同，有春耕、秋耕和冬耕。秋耕为冬作做准备，但是秋耕和冬耕在一些耕作还比较粗放的地区属于可有可无，春耕则是必不可少的。春耕是播种前最后的准备阶段。

宋元时期，水稻移栽的普及促进了耘田方式的改进，手耘和足耘成了主要的耘田方式。《王祯农书·农桑通诀三·锄治篇》有足耘的描写：“为木杖如拐子，两手倚之以用力，以趾塌拔泥上草秽，壅之苗根之下。”

手耘最初不需要工具，只需要匍匐田间，用双手拔草。但是手耘容易损伤手指，宋代于是有了一种耘田工具——耘爪。耘田时把耘爪套于手指之上，既可提高耘田效率，又能保护手指。这在《王祯农书·农器图谱三》中有记载。

宋元时期还发明了一种新的耘田工具——耘荡。无论手耘、足耘，还是耘荡，都是在田中有水的情况下使用。如果遇到干旱，或者是烤田之后，要除去稻田之中的杂草，又使用一种叫“镫锄”的工具。镫锄形状像马镫，其踏铁两旁有利刃。镫锄的柄大约四

尺长，用它除草，非常方便快捷。

宋元时期，耘田工具改进的同时，耘田技术也有提高。《陈旉农书·薅耘之宜篇》指出："耘田之法，必先审度形势，自下及上，旋干旋耘。先于最上处收滀水，勿致水走失。然后自下旋放令干而旋耘。"

（二）水旱轮作技术

稻麦二熟制就是一种水旱轮作制，宋元时期的水旱轮作在前文中已经提到有稻麦、稻菜、稻豆和稻油等形式。水稻收获之后，必须排干稻田中的积水，水田一般较旱地地势低，如何排干稻田积水，是水旱轮作需要解决的技术问题。

《陈旉农书》最早提出了水旱轮作的技术步骤："旱田获刈才毕，随即耕治晒暴（曝），加粪壅培，而种豆、麦、蔬茹，因以熟土壤而肥沃之，以省来岁功役，且其收又足以助岁计也。"这里提出了水旱轮作技术的三个步骤：第一：耕治，即整地，通过整地消灭田中剩余的残茬，并松土；第二，晒曝，主要是为了排干田中剩下的水分，同时还具有消灭虫害的作用；第三，上粪，这是多熟制养地必需的步骤。施肥上粪，用地和养地相结合，才能保证庄稼的收成。

《陈旉农书》并没有详细描述如何解决水田排水，其所提到的"耕治晒曝"比较笼统，其他整地行为也可用到"耕治晒曝"。到了元代才有农书专门提到用于解决田中积水的耕作方法。《王祯农书》在解决排水问题方面详细描述了"开沟作疄"的方法："南方水田泥耕，其田高下阔狭不等，以一犁用一牛挽之，作止回旋，惟人所便。高田早熟，八月燥耕而熯之，以种二麦。其法，起坺为疄，两疄之间自成一畎；一假耕毕，以锄横截其疄，泄利其水，谓之'腰沟'。二麦既收，然后平沟畎，蓄水深耕，俗谓之再熟田也。"总体说来，王祯的方法和陈旉的方法一样也是"耕治晒曝"，但是王祯的所谓"耕治"已不是一般意义上的翻耕，而是在翻耕的同时，通过开沟起垄，更好地解决了田中积水问题，为稻麦轮作铺平了道路。起垄抬高了地面，降低了地下水位，开沟排除了田中的积水和土壤中的浅层水，这样一来，田低土烂的水田，变成了田高土爽的旱地，从而免除了麦子遭受的渍害。

第六节　作物种植结构的变化

宋元时期的农业生产主要由谷物、蚕桑、棉麻、畜牧、园艺（果树、蔬菜、花卉、药材、茶叶）、林木等方面组成，但仍然是以谷物生产和衣着原料生产的"农桑"为主。从汉至唐千余年时间里，中国农田作物种植结构大致是，粮食作物以粟、麦为主；纤维作物以麻为主；油料作物以芝麻为主。至宋元时期，中国作物种植结构发生了重大变化，表现为粮食作物转为以稻、麦为主；纤维作物转为以棉花为主；油料作物则以油菜为主。改变作物结构和发展多熟种植，是宋元时期解决南方人多地少，发展农业生产的重要手段之一，而这也是当时社会经济发展的需要，还与农业生产技术水平的提高有关。

一、水稻地位进一步提升

宋元时期，在粮食作物种植结构中，一个最明显的变化便是水稻地位的进一步提升，它由原来在北方不甚重要的粮食作物，变成首屈一指，成为养活半数中国人的作物，这一过程是在两宋时期完成的，而这又与统治者大力推广分不开。

宋代官方对于推广农业，特别是稻作农业是不遗余力的。宋太祖为了恢复农业生产，按照古训“种谷必杂五种，以防灾害”的做法，下诏命令南方除种稻外，再多种旱粮食作物，江北诸州除粟麦旱作外，“亦令就水广种粳稻，并免租”（《宋史·食货志》）。宋真宗在向江、淮、两浙地区推广占城稻的同时，也在宫中加以试种，这对于京师开封附近地区的稻作农业也具有示范作用。宋朝还积极帮助农民解决在种稻过程中所遇到的各种困难。淳熙九年（1182 年），正月庚寅，诏江、浙、两淮旱伤州县，贷民稻种，计度不足者贷以桩积钱。这是在水稻即将播种时，官府向农民提供稻种，或用于购买种子所需的经费。官方的劝导往往是通过一些具体的人和事来实施的。当中有的出于本职工作，如每年春秋两季的劝农活动，地方官员发布劝农文，用自己在各地的所见所闻，对辖区内的农民进行劝谕。稻作技术便是其中最重要的内容。这一点在时人的《劝农文》和《耕织图》中都有所反映。也有的官员出于对农民的关怀，积极从事农业推广，并且身体力行。

此外，随着北方人口大量南迁，江南人口增长很快，更加促进了对稻米的需求。元统一全国后，北方居民仍大量向南方流动，除了自然、地理等条件的制约外，耕地面积和农业劳动力是发展作物种植的关键因素。在江南地区，水稻的育秧、栽插已是常用的方法。而治稻者致力于“蓄陂塘以潴之，置堤闸以止之”，将开辟水源、控制水流，视作发展水稻种植的前提。

不同区域间的相互学习和借鉴是水稻发展的动力之一。移民导致的是跨大区的稻作传播。宋元时期的水稻品种数量比前代有了显著的增加。如水稻品种的记载首见于西晋的《广志》，其中所载水稻品种 13 个；北魏《齐民要术》记载当时种植的水稻品种有 24 个；北宋哲宗期间出现了地区水稻品种专著《禾谱》。对现存的十二种宋代地方志的统计，共得水稻品种 301 个，除去重复，也有 212 个，其中籼粳品种 155 个，糯稻 57 个。这些品种分布于苏南、浙北、宁绍、台州、闽北、福州地区[①]。就此可知南方水稻品种的丰富。这些品种各有不同的特征，能适应各种不同的生产条件，水稻品种的多样性，提高了水稻对各类自然条件的适应性，更能满足社会经济需要，从而促进水稻生产获得进一步的发展。

二、麦类种植范围扩大

淮河以北的北方地区，自古以来是小麦的主产区，小麦虽然引入南方的时间较早，但种植不广。两宋之交，南方的麦作有所发展。由于习食面食的北方人口大量南移，社

---

① 游修龄. 我国水稻品种资源的历史考证[J]. 农业考古，1981（2）：5.

会对麦类的需要量空前增加，因而促进南方发展小麦生产。不仅长江流域广泛种植小麦，在气候炎热的珠江流域也推广种植麦类。

麦作在南方的发展与朝廷及一些地方官吏的提倡也不无关系。宋朝十分重视在南方推广种植麦类等旱谷：北宋初年，“诏江南、两浙、荆湖、岭南、福建诸州长吏，劝民益种诸谷，民乏粟、麦、黍、豆者，于淮北州郡给之”。南宋时屡有诏令，劝民种麦，孝宗淳熙七年（1180 年），“诏两浙，江淮，湖南，京西路帅漕臣督守令劝民种麦，务要增广”。宁宗嘉定八年（1215 年），又“诏两浙、两淮、江东西路，谕民杂种粟、麦、麻、豆，有司毋收其赋，田主毋责其租”。稻田种麦不收租赋，这对于减轻农民负担，保护农民的种麦积极性起到重要作用。一些地方官员也劝民种麦，晓之利害，以提高农民对种麦之利的认识。这是促进稻麦二熟制在长江流域发展的一个重要因素。

麦作在南方发展的另一个重要原因来自麦子本身。由于麦子可以越冬，可以利用秋收之后空闲的土地，并且在青黄不接的夏季获得收成，起到“继绝续乏”的作用，这对于过去种稻的稻农来说，无疑是一个额外的收成。而当这种收成成为一种依靠，稻收之后种麦，就成了一种习惯。这也就是稻麦复种在南方形成和发展的重要原因之一。

不过，在江南地区发展麦作确有诸多不利条件，一是江南多雨，平原地势低平，地下水位很高，麦作物易受涝害；二是稻田长期泡水，土壤黏重，水分过多，不利于冬麦的生根。宋元时期创造了一套开沟筑畴，排水防涝的技术，从而从技术上解决了麦子在江南稻田生长的关键问题。这一技术，《王祯农书·垦耕篇》有较详细记载。这样，田面地平土烂的水田，便变成田面抬高土爽的旱地，从而免除麦子遭受渍涝之害，为其生长创造良好的土壤环境。所以，江南稻麦二熟制的形成，和相应的耕作技术作保证是分不开的。

稻麦二熟制的推行意义很大。第一，在经济方面，冬小麦秋季播种，夏初收获，其生长季节与喜高温的春播秋收的水稻不冲突，充分利用自然条件，增加了土地复种指数，使水田由原来的一年一熟，变成了一年二熟，土地利用率提高了一倍，粮食产量大为增加。第二，在社会功能方面，由于麦类在夏初成熟，此时一般小农处于青黄不接之时，麦子的收获可补充粮食供应之不足。第三，在轮作方面，稻麦二熟制实行水旱轮作，改善了土壤的通气条件，起到熟化土壤的作用，各种土壤养分可得到有效利用，有助于保持和提高地力。因此，稻麦二熟制的形成，是中国耕作制度上的一项重大进步。

三、经济作物较快发展

在粮食生产显著发展的基础上，宋代经济作物种植也获得较快发展。如棉花、麻和蚕桑，随着纺织手工业的发展而发展；又由于城镇、市场以及人口的增长，促进了甘蔗、果树、蔬菜、花卉、药材等种植的发展。

（一）棉花

宋代以前，中国的棉花主要种植于华南及西南和西部的边疆地区，宋元之间的棉花分南北二路向中部及东部拓展种植，推动中国纤维作物的结构和衣着原料发生了重大变化。《农桑辑要·论苎麻木棉》记载："苎麻本南方之物，木棉亦西域所产。近岁以来，苎麻艺于河南，木棉种于陕右，滋茂繁盛，与本土无异，两方之民，深荷其利。"之后，棉花发展开始加速。元代至元二十六年（1289年），元朝在浙东、江东、江西、湖广、福建设置木棉提举司，每年向农民征收棉布十万匹。元贞二年（1296年），又规定木棉、布、丝绵、绢四项，同时列为江南夏税的内容。这说明木棉已在东南经济生活中占有一定的比重。同时，松江乌泥泾人黄道婆在家乡传授海南岛黎族的棉纺织工具和技术，带动了当地植棉业的发展，使得长江三角洲地区成为全国棉业最早的主要产地。

由于棉花生产有着诸多显著的优点，《王祯农书·纩絮门》记载："比之桑蚕，无采养之劳，有必收之效，埒之枲、苎，免绩缉之工，得御寒之益。可谓不麻而布，不茧而絮。"

（二）苎麻

在棉花进入中原地区的同时，另一种重要的纤维作物苎麻种植也在北方复兴。苎麻纤维具有吸湿、放湿快的天然优良特性，适宜做夏季的衣服，这是棉布所不及的。加之苎麻是一种多年生植物，一年可收获三次，可以连年收获，因此苎麻受到人们的喜爱和重视。宋元时期，苎麻也进入中原地区，元代农学家孟祺、苗好谦等人把有关苎麻的种植、收割等一系列的生产过程载入《农桑辑要》。其后，《王祯农书》"农器图谱"还专设苎麻一门，同时指出苎麻"本南方之物，近河南亦多艺之"。表明在元代苎麻的种植已经由南方推广到河南地区，并且已得到了发展。

（三）油菜

油菜比较耐寒，经冬不死，比较适宜在稻田中种植；而且油菜对土壤中肥料利用率较低，不伤地力，生长中落叶遗留田间，肥效较高，是禾谷类作物的优良前作；加之油菜籽榨油率较高，仅次于芝麻，但比芝麻"易种收多"，所以很快在南方发展起来。由于油菜的诸多优点，在大田作物中地位上升，成为继芝麻之后又一个重要的油料作物。

宋元时期作物结构的大变化，基本奠定了以后中国作物结构的格局。虽然明代中后期，玉米、甘薯等美洲作物的引进，对农作物种植结构产生了一定影响，但从粮食作物重要性而言并未超过稻麦。在明清时期，棉花种植面积增多，湖北和中原地区成为植棉基地。油菜在南方种植更加普遍。说明明清之后的作物结构仍基本承袭宋元时期。

第七节　园艺与蚕桑业

宋元时期，随着社会经济和城市的繁荣，人们对蔬菜、瓜果的需求日益多样化，推动了园艺业的发展。宋元园艺业的发展集中体现在园艺作物品种的增多和园艺作物种植的专业化趋势。与此同时，由于统治者对蚕桑生产的重视以及技术的不断进步，蚕桑丝织业呈现了持续发展的态势，在社会经济中占有越来越重要的位置。

一、蔬菜种类与栽培技术

（一）蔬菜生产的专业化和商品化

宋元时期，随着工商业及城市发展，人们对各种蔬菜、果品、花木等园艺作物的需求不断增加。例如，北宋《东京梦华录》卷六记载："大抵都城左近，皆是园圃，百里之内，并无闲地。"至南宋，临安（今浙江杭州）还流传"东门菜，西门水，南门柴，北门米。盖东门绝无居民，弥望皆菜圃"（《二老堂杂志・临安四门所出》）的民谚。乡村农民种植蔬菜，除了自家消费外，也会在当地集市进行销售，正如时人讲："蔬圃莳茶为用，余者以易所乏，农家往往有之。"（《陆九渊集・葛致政墓志铭》）

宋代，在菜圃经营方面大体有三种不同的形式，第一类是小生产者经营的菜圃。这类菜圃为数最多，如南宋隐居人士苏云卿善于种菜，"避地豫章东湖之南""治圃种蔬，耕植溉注皆有法，视他圃独胜"。在汴京、赵州、崇阳很多地方都有这类菜圃，之所以会如此普遍，大抵是因为种植粮食作物无法维持生活，从而转变为蔬菜生产。第二类是依靠雇工劳动经营的菜圃。如"临川市民王明，居廛间贩易，资蓄微丰，买城西空地为菜园，雇健仆吴六种植培灌，又以其余者俾鬻之，受佣累岁"（《夷坚志・支甲卷》）。这一形式的菜圃由市民购置，雇工经营，其菜圃的大小、雇工的多少决定它所提供的商品菜量。第三类是地方官府经营的菜圃。北宋时期的福州，曾因为没有"职田"，利用"州宅"作为菜圃，"岁鬻园蔬，收其直，自入常三四十万"（《宋史・曾巩传》）。但这类菜圃并不多见，其收益为郡太守所占有。

菜圃生产与粮食生产相比较，需要投入更多的资金和劳动力，但经济收益要高于粮食生产。在汴京附近，有一名叫纪生的老圃依靠种植蔬菜养活一家30余口，在临终时告诫子孙说："此二十亩地，便是青铜海也。"（《清异录・青铜海》）由此可见，经营菜圃的收益是相当可观的，"种蔬胜种稻，得米不忧饥"，使得城市近郊的园艺业较为发达。宋元时期园艺蔬菜作物品种繁多。南宋《梦粱录》记载临安一地的蔬菜就有近40种。元代农书《农桑辑要》记载了30多种园艺作物，《王祯农书》也列有蔬菜30余种，并载有栽培技艺。综合以上两本农书的记载，元代至少增加了茼蒿、蓝菜（甘蓝）、莙荙（食用甜菜）、兰香等新的园艺作物。与魏晋隋唐时期相比较，宋元时期的园艺蔬菜作物增加了10多种新品种，如芥蓝、丝瓜、胡萝卜、豆芽菜、荸荠、慈菇、甘露子、蒟蒻（魔芋）、香蒲、香菇、香芋等。

宋元时期，园艺蔬菜作物种植的专业化、市场化趋势也更为明显。在安徽铜陵丁家洲，阔三百里种植萝卜，销往金陵（今南京），杨万里在诗中称它是“岛居莫笑三百里，菜把活他千万人”，描绘出丁家洲蔬菜种植规模之大，获利之多。嘉泰《会稽志》记载，浙江绍兴梅市盛产鸡头菜，有农户规模化种植鸡头菜。此外，还出现了不少名产，如扬州菘，金坛、丹阳萝卜，仁和藕，西湖菱，昆山杨庄瓜等，这都是种植专业化的反映。

（二）主要的蔬菜种类

1. 菘　宋代发展最快的当属“菘”，即白菜。菘原产于北方，汉魏年间逐渐传到南方地区，在宋元时期已成为南北方人民最为普通的蔬菜品种。菘的品种相当繁多，如咸淳《临安志》所载就有薹心、矮黄、大白头、小白头、黄芽等。嘉定《赤城志》“菜之属”记载有“大曰白菜，小曰菘菜，又有白头、牛肚、早晚等数种”。在当时尤以扬州产的最为有名，宋代苏颂《本草图经》记载：“扬州一种菘，叶圆而大，或若箑，啖之无滓，决胜他土者，此所谓为白菘也。又有牛肚菘，叶最大厚，味甘，疑今扬州菘。”据研究推测，牛肚菘就是散叶类型的大白菜，对其口感评价已经和现今的大白菜相差无几了。到了元朝，大白菜有了进一步发展，据忽思慧在《饮膳正要》中对46种蔬菜绘制的图形来看，白菜已经具有结球白菜的性状了。

2. 萝卜　萝卜为芦菔或莱菔的俗称。到了宋元时期，萝卜经过劳动人民千余年的培育，已发展了许多优良品种，南北皆有种植，据《本草图经》记述：“河朔芦菔有极大者，而江南有国时有，得安州、洪州、信阳者甚大，重至五六斤，或近一秤，亦一时种莳之力也。”从这段记载可知在宋代不仅种植萝卜范围广，而且一些地区的品种较为优良。元代《王祯农书》中还载有萝卜的四种名称与特点：“老圃云：‘萝卜，一种而四名，春曰破地锥，夏曰夏生，秋曰萝卜，冬曰土酥’，故黄山谷云：‘金城土酥净如练以其洁也。’”可见此时的萝卜品种类型已较为齐全，有适合春、夏、秋、冬不同季节的栽培品种。加之萝卜的食用时间较长，在元代已成为中国广泛分布的一种大众蔬菜。

至宋代，生产期短的春种或初夏种萝卜栽培已较普及，其种植技术进一步完善。元代，萝卜的留种技术也由早先用草覆盖露地过冬改为窖藏过冬。现在北方农村仍有一些地方采用这样的方式进行萝卜的窖藏留种。另外，母株移栽越冬的技术得以进一步发展，开始注意有意选择性状好的母株进行移栽留种，这是栽培优良萝卜品种技术进步的体现。

3. 胡萝卜　胡萝卜又称“红萝卜”或“甘荀”，原产于地中海地区，可能在宋代传入中国，到了元代随着中外经济文化交流的加强而广泛传播。关于胡萝卜最早的文字记载见于南宋绍兴二十九年（1159年）王继先的医书《绍兴校定经史证类备急本草书》

中所述："胡萝卜主下气，调利肠胃，乃世之常食菜品矣。处处产之……"[①]可见，南宋初期胡萝卜在江南地区已广泛种植。关于胡萝卜栽培技术，《农桑辑要》记载："胡萝卜，伏内畦种，或壮地漫种。"[②]《农桑衣食撮要》卷下亦说："宜于伏内畦种，或肥地漫种，频浇灌，则肥大。"元代至顺《镇江志·土产》曾记述："又有一种名胡萝卜，叶细如蒿，根长而小，微有荤气，故名。"可见此时胡萝卜在江南地区已有种植。

4. 莴笋　莴笋又称莴苣，原产自地中海，隋代传入，大都以鲜嫩叶部供食，茎用莴笋种植则较晚。在元代《农桑辑要》上说："莴苣，作畦下种，如前法。但可生芽，先用水浸种一日，于湿地上铺衬，置子于上，以盆碗合之。候芽微出，则种。春正月二月种之，可为常食；秋社前一二日种者，霜降后，可为淹菜。如欲出种，正月二月种之，九十日收，其茎嫩如指大高可逾尺、去皮蔬食，又可糟藏，谓之莴苣笋。"这是描述莴笋的较早记录。

5. 菠菜　菠菜又名菠薐、菠薐，唐代传入中国以后，遍布南北，宋元时期已发展为冬春季节的重要蔬菜。菠菜具有耐寒的特点，宋代苏轼曾有诗赞曰："北方苦寒今未已，雪底菠薐如铁甲，岂破吾蜀富冬蔬，霜叶露芽寒更茁。"[③]可知当时蜀中地区已广种菠菜，并能越冬露地生产。《农桑辑要》中还叙述了种植菠菜的技术内容："作畦下种如萝卜法，春正月、二月皆可种，逐旋食用""秋社后，二十日种者，可于窨内收藏，冬季常食青菜，如欲出子，十月内种讫，至地冻时，水淹过。来年夏至后，收子，可为秋种。"[④]指明了菠菜可在春、秋两季种植，秋种的菠菜可窖藏作为冬天常吃的青菜。《王祯农书》在菠菜种植技术细节方面有所补充，如秋季播种菠菜时要"以干马粪培之，以避霜雪。十月内，以水沃之，以备冬食"，通过覆盖干马粪、加水等措施，可以起到酿热增温的持续作用，这样菠菜可延迟供应到冬季食用，可以说这种延迟栽培的措施是一项技术进步。

6. 竹笋　竹笋又称笋，为竹类的嫩茎及芽，是素食佳品。中国人民食用竹笋的历史可追溯到四五千年以前，在《诗经》中就记载有很多品种。随着经济重心的南移，南方地区得到大规模开发，竹类资源在林木业中地位得以提升，竹笋的食用价值已被人们清晰地认识，食笋之风盛行。北宋初年，高僧赞宁所撰写的《笋谱》是中国最早的一部关于竹笋的专书。此书根据历史记载与实际调查相结合，开列"一之名、二之出、三之食、四之事、五之杂说"五目，共记载全国各地所产90余种笋的名称、形态特征、生长特性、产地等植物学知识，侧重于笋的经济价值利用。书中还对与笋有关的饮食文化进行了较为系统的归纳，如有关笋的烹调、食用与保存方法，有菹法、鲊法、藏法、生藏法、脯法、干法等，反映了宋代对竹笋的加工与食用已很普遍。

---

① 尚志钧. 绍兴本草所有注[M]. 北京：中医古籍出版社，2007：319.

② 石声汉. 农桑辑要校注[M]. 北京：农业出版社，1982：163.

③ 苏轼. 苏东坡全集[M]. 北京：北京燕山出版社，2009：380.

④ 石声汉. 农桑辑要校注[M]. 北京：农业出版社，1982：170.

（三）蔬菜栽培技艺的创新

1. 白菜黄化技术 至迟到宋代，白菜的黄化栽培技术已在中国出现。因气候开始由暖转寒，冬季屡有严寒发生，为了保护越冬白菜，浙江杭州一带人民就在白菜上盖草防寒，不但使白菜得以安全越冬，而且菜心变得异常白嫩，品质大为改善，时称这种白菜为“黄芽菜”。南宋《临安志》首次记载“黄芽菜”这一白菜品种，其栽培措施是“冬间取巨菜，覆以草，积久而去其腐叶，黄白纤莹”。这是所见中国最早的白菜黄化技术。之后，受白菜覆草黄化的启发，人们采用束叶等措施逐渐培育出结球白菜，可见宋代白菜黄化技术的创造，对白菜的发展产生了很大的影响。

2. 蔬菜无土栽培技术 豆芽菜栽培是中国古代无土栽培技术的重要内容，最早见于文献记载是在宋代。南宋林洪《山家清供》记载：“以水浸黑豆，曝之，及芽，以糠皮置盒内，铺沙植豆，用板压，及长，覆以桶，晓则晒之，预其齐而不为风日侵也。”[①]当时称这种豆芽为“鹅黄豆生”，是中国所独创的一种无土栽培方法，可补充四季蔬菜的不足。

3. 温室囤韭和阳畦盖韭 韭菜原产中国，三千年前就有栽培，是最早进行保护地栽培的蔬菜。宋元时期劳动人民在韭菜栽培方面积累了丰富经验。《王祯农书》中载有温室囤韭和阳畦盖韭两项技术：一是温室囤韭，“至冬，移根藏于地屋荫中，培以马粪，暖而即长，高可尺许，不见风日，其叶黄嫩，谓之韭黄”。这种在北方冬季利用马粪发酵所产生的热量来培育韭黄的方法是一项重大技术进步。二是阳畦盖韭，“就旧畦内，冬月以马粪覆之于迎阳处，随畦以蓟黍篱障之，用遮北风。至春，其芽早出，长可三二寸，则割而易之，以为尝新韭”。这是用设置风障的方法抵御北风，畦面加以覆盖马粪，可改变韭畦的小气候，提高地温和气温，缩短结冻期，从而促使韭菜提早生长，获得较高的收益，亦是当时蔬菜栽培技术上的一个新成就。

4. 茭白栽培与乌郁防治 茭白，别名菰菜、茭荀、菰手、茭瓜等，盛产于江南地区。茭白是禾本科宿根性多年生植物茭草的肉质茎。在晋代以前，人们只吃茭草的种子，当时称为“苽”、“菰米”或“雕胡”，是古代的重要粮食之一。茭白是因茭草感染了一种黑菰粉菌，花茎因此不能正常发育开花结实，而茎节细胞却因此加速分裂，并将养分集中起来，形成肥大的纺锤形肉质茎。茭白出现后便迅速成为人们所喜爱的一种蔬菜。不过在宋以前的茭白很多是“内有黑灰如墨者”的灰茭，当时称为“乌郁”。这种茭白缺少水分和营养物质，食用品质较差。至宋代，人们开始注意研究乌郁形成的原因和防治方法，认识到灰茭的产生与地力长期消耗有关，并在实践中创造了经常移栽灰茭的方法，即南宋温革《分门琐碎录》所载：“茭首根逐年移动，生者不黑。”通过常年分根繁殖，改善水肥条件，可防治灰茭的产生。

5. 食用菌的人工接种 宋元时期，食用菌的食用已较为普遍，《东京梦华录》中

① 林洪. 山家清供[M]. 北京：中国商业出版社，1985：83.

多处记述了宋时酒楼饭馆中的虾蕈、鸡蕈等菌类菜肴。南宋陈仁玉所撰《菌谱》一书将台州所产的 11 种菌蕈的产地、色泽、质地、采摘适期、制作方法等做了详细介绍。食用菌栽培技术这时最重要的进步是创造了人工接种的方法，《王祯农书》记载："取向阴地，择其所宜木（枫、楮、栲等树）伐倒，用斧碎斫成坎，以土覆压之，经年树朽，以蕈碎锉，匀布坎内，以蒿叶及土复之。时用泔浇灌，越数时则以槌棒击树，谓之'惊蕈'，雨雪之余，天气蒸暖，则蕈生矣。虽逾年而获利，利则甚博。采讫，遗种在内，来岁仍发复。相地之宜，易岁代种。"文中所说的"以蕈碎锉，匀布坎内"就是人工接种，技术上有所明显突破，在场地、树种、砍花、管理等方面积累了许多经验，对培育和扩大食用菌生产具有重要意义。

（四）花卉栽培新技艺

宋代花卉栽培特别兴盛，出现了专门种花为业者。根据宋代《全芳备祖》记载，这时的花卉种类约有 118 种之多。同时，出现了大量的花卉著作，如《洛阳牡丹记》《扬州芍药谱》《洛阳花木记》《菊谱》《兰谱》等，这些著作总结了丰富的花卉栽培经验，不难看出当时中国花卉业的发展。欧阳修的《洛阳牡丹记》中所载牡丹栽培法有接花法、种花法、浇花法、养花法、医花法等技术，还利用芽变进行嫁接育成新品种，其中最为出色的花卉技术是南宋时期临安马塍所创造的堂花法，据周密在《齐东野语·马塍艺花》中记载："凡花之早放者，名曰堂花。其法以纸饰密室，凿地作坎，緪竹置花其上，粪土以牛溲、硫黄，尽培溉之法。然后置沸汤于坎中，少候，汤气熏蒸，则扇之以微风，盎然盛春融淑之气，经宿则花放矣。若牡丹、梅、桃之类无不然。独桂花则反是，盖桂必凉而后放，法当置之石洞岩窦间，暑气不到处，鼓以凉风，养以清气，竟日乃开。"这是指根据不同的花卉对寒温反应的不同，而采取不同的调节措施，促其早放的一种方法。这种能使花卉开出"非时之品"的堂花术的出现，反映宋代的花卉栽培技术已经达到了很高的水平。

（五）果树栽培的新技艺

宋代种植的果树品种很多，主要有梨、枣、桃、杏、李、樱桃、石榴、梅、枇杷、橘、橙、柚、葡萄、荔枝、椰子等。由于幅员辽阔，土壤和气候条件差异较大，有些果树盛行于南方而不适宜于北方，反之亦然。但由于交通运输的发达和商品交流的发展，果品在国内外的流通和买卖十分活跃。至迟从北宋时期开始，某些地区的果树种植走上独立发展道路，形成专业化生产。

1. 柑橘栽培技术　柑橘为南方的果树，历史上有"橘逾淮则为枳"的说法。宋元时期，柑橘主要产区在江浙、四川和闽广地区。因自然环境、技术条件和经济效益的影响，一些地区还逐步形成了柑橘专业化种植。柑橘生产的发展与种植技术的进步相辅相成。到宋代柑橘栽培技术已得到总结，出现了有关种橘的专门文献，其中以北宋陈舜俞《山中咏橘长咏》和南宋韩彦直的《橘录》为代表。

陈舜俞的《山中咏橘长咏》详细地介绍了太湖洞庭山一带的柑橘产销情况，内容涉及柑橘生产的地理环境、产量品质、采收日期、种接技术、种苗来源、品种分类、病虫害防治、修剪、灌溉、采摘要领，甚至果实大小、价格等，内容十分丰富，是研究橘史的重要文献。关于柑橘种植的技术，当地采用实生苗和嫁接相结合的方式，实生所用的树苗“皆用小舟买于苏、湖、秀三州”。橘园建于山坡之上，类似于梯田。为了加强对橘树的保护，橘园周围还栽种了带刺的枳壳树作为篱笆。在病虫害防治方面，春夏时节则用小钻凿取杀灭，这也是现今柑橘病虫害防治常见的一种方法。

《橘录》是南宋韩彦直在浙江温州任地方官时所作。该书分为上、中、下三卷，详细记载了当地柑橘品种和栽种技术。关于柑橘品种，其序言说：“橘出温郡最多种，柑乃其别种，柑自别为八种，柑又自别为十四种，橙子之属类橘者，又自别为五种，合二十有七种。”由此可见，在宋代柑橘的种类已相当繁多。书中所提及的栽培技术包括种治、始栽、培植、去病、浇灌、采摘、收藏，此外还有制治、入药等项。

《橘录》中关于栽植柑橘的土壤、地势选择明确指出要“宜斥卤之地”“放种时，高者畦垄，沟以泄水”“凡圃之近涂泥者，实大而繁，味尤珍，耐久不损”。强调不同土壤类型、酸盐性、灌排水通畅性，对柑橘生长发育及产量、品质有重要影响。嫁接技术方面，《橘录》中有柑橘嫁接繁殖法的最早文字记载，具体叙述了种植朱栾为砧木，经移栽，长至大如小儿拳，遇春才嫁接，接穗要选柑之佳、橘之美者，经年向阳的枝条，将砧木留一尺多高，其余截去。然后用皮接法嫁接，接后还要包扎保护，以防雨淋，特别提到人力参与的重要性。其他诸如种植、病虫害防治、采摘保鲜等方面的技术措施亦皆有反映。

2. 荔枝的名品和栽培　　荔枝为果中珍品，宋代主产于南方、西南地区，其中尤以福建所产最多，已形成相当规模的种植业。《王祯农书》中说：“（荔枝）生岭南、巴中、泉、福、漳、兴、嘉、蜀、渝、涪及二广州郡皆有之。其品闽为最，蜀川次之，岭南为下。”

北宋时期，蔡襄的《荔枝谱》是中国现存最早的荔枝专著。该书成于北宋嘉祐四年（1059年），全书共分为七篇：其一原本始，其二标尤异，其三志贾鬻，其四名服食，其五慎护养，其六时法制，其七别种类。书中收集了大量有关荔枝的资料，具有较高的学术研究价值。“原本始”主要讲荔枝的历史、分布，以及“性畏高寒，不堪移植”等生物学特性。“标尤异”重点介绍了蔡襄家乡所产的荔枝优良品种“陈紫”的特点，将各种荔枝按照“陈紫”的标准分为上、中、下三等。“志贾鬻”叙述福建荔枝产销情况，当时通过海路已有出口外销，远至日本、阿拉伯等地，并出现了产销两旺的局面。“名服食”从荔枝自身的生理特性，讲到服用荔枝的作用。“慎护养”讲述荔枝的栽培管理，由于荔枝畏寒，所以初种的六七年，深冬季节要加覆盖。还提到了荔枝的结果习性和来年结果的“歇枝”现象，即所谓的大小年。“时法制”论述荔枝的加工方法。针对荔枝鲜果下树后容易变质腐烂的特点，提出了红盐、白晒和蜜煎等三种加工方法进行保鲜贮藏。“别种类”主要是记载了32个荔枝品种，介绍了它们各自的地位和突出之处，内容丰富。上述技术内容专为福建荔枝而著，是一部记录荔枝知识的古代科普书籍，反映了古代果树栽培的发展水平，具有较高的植物学价值、农学价值和历史学价值。

二、桑蚕种养技术的提高

北宋对发展蚕桑生产实行鼓励政策。宋太祖建隆二年（961年），重申推行周显德三年（956年）“课民种树，定民籍为五等，第一等种杂树百，每等减二十为差，桑枣半之”的诏令。接着宋太祖“又诏所在长吏谕民，有能广植桑枣，恳辟荒田者，止输旧租”（《宋史·食货志》）。宋仁宗天圣九年（1031年）又重申了相关的禁令，称“祖宗时重盗剥桑柘之禁，枯者以尺计，积四十二为一功，三功已上抵死”（《续资治通鉴长编》卷一百一十）。这些都表明朝廷对蚕桑种植的重视。

北宋前期，黄河流域蚕桑业仍有相当的规模，在蚕丝的质量上仍然保持一定的优势，不过到北宋后期，无论地区，或者丝织品的质量和数量，都呈衰落之势[①]。其中既有自然灾害的因素，也有人为破坏的因素[②]。与此同时，在江南地区，特别是太湖流域，蚕桑业获得迅速发展。

（一）重视良种选留

宋元时期的农学家，对“劝课农桑”及蚕的良种选留极为重视。《陈旉农书·蚕桑叙》记载：“古人种桑育蚕，莫不有法。不知其法，未有能得者，纵或得之，亦幸而已矣。盖法可以为常，而幸不可以为常也。”在《陈旉农书·育蚕之法篇》中指出：“凡育蚕之法，须自摘种。若买种，鲜有得者。”指出自己留种、自育自繁的重要性。又说：“若自摘种，必择茧之早晚齐者，则蛾出亦齐矣。蛾出既齐，则摘子亦齐矣。摘子既齐，则出苗亦齐矣。出苗既齐，勤勤疏拨，则食叶匀矣。食叶既匀，则再眠起等矣。”说明了自留茧种的目的、要求和原因。

宋元时期，对于良种的选择更为重视。《务本新书》记载：“养蚕之法，茧种为先。”继续强调精细选择茧种和种蛾，为育蚕奠定良好的基础。宋元时还出现天浴的技术，注重从生理上择优，如《陈旉农书·收蚕种之法篇》记载：“待腊日或腊月大雪，即铺蚕种于雪中，令雪压一日，乃复摊之架上。”采用这一方法锻炼蚕卵，达到择优去劣的目的。《农桑辑要》中也有类似的方法，称为“浴连”，将处于休眠胚胎的蚕卵放在严寒处锻炼，使强存弱亡。

---

① 史念海. 河山集[M]. 北京：三联书店，1963：267-268.

② 韩茂莉. 宋代农业地理[M]. 太原：山西古籍出版社，1993：250-253.

（二）养蚕“十字经”

《农桑辑要》将元代以前民间的养蚕经验提炼成“十体、三光、八宜、三稀、五广”十字诀，这是对中国古代养蚕技术的高度概括。

十体，出自《务本新书》“寒、热、饥、饱、稀、密、眠、起、紧、慢”十项。要根据蚕龄的不同掌握好蚕室的温度和湿度，饲养蚕必须喂饱，箔内蚕的密度要合适，就眠和起眠时饲养管理要妥当，喂桑叶时快慢要掌握好。

三光，据《蚕经》所载：“白光向食，青光厚饲，皮皱为饥，黄光以渐住食。”①三光主要是看蚕体皮色变化来确定饲养措施，即蚕体白光为少食期，青光为盛食期，皮皱表示饥饿，黄光是皮色转黄将入眠。现代养蚕在饲养技术处理上，也还是参照上述蚕体皮色变化加以判断的。

八宜，《韩氏直说》记载“八宜”为：“方眠时宜暗，眠起以后宜明，蚕小并向眠宜暖宜暗，蚕大并起时宜明宜凉，向食宜有风，宜加叶紧饲，新起时怕风，宜薄叶慢饲，蚕之所宜，不可不知。反此者必不成矣。”总结了蚕的饲养全过程中环境调控的要点，是蚕家不可不知、不能违背的事项。

三稀，《蚕经》提到：“下蛾、上箔、入簇（蔟）。”这是指制种时，将蚕蛾放在蚕连上要稀放；蚕儿进入大蚕期，从原先盛放在蚕筐翻入蚕箔时要稀放；蚕老熟放入山蔟作茧时要稀放。

五广，《蚕经》提到养蚕要五方面宽广、充裕：“一人、二桑、三屋、四箔、五蔟。”这里的“五广”是指养好蚕必须具备的五个物质条件，即人手要宽裕，桑叶要充足，房舍要宽敞，蚕箔要充裕，蔟具要充备。这“五广”的基本条件，在今日农村养蚕生产经营中仍然适用。

（三）养蚕工具

《王祯农书·农器图谱》中对养蚕常用蚕具都做了较为详细的描绘，可了解古代养蚕工具的全貌，特别是北方蚕区和南方蚕区使用工具、设备以及养蚕技术措施的差异。

1. 曲薄　或称“蚕箔”，该工具以北方蚕区使用为主，南方则用蚕筐（蚕筐）。北箔以萑苇为编织材料，南筐以竹篾为材。以上两种都是当时盛蚕的主要工具。

2. 蚕槌　支架曲薄的木架。《王祯农书》记载：“凡槌下悬，中离九寸以居箔。”每槌有 10 个隔挡，每档相距 9 寸。现代养蚕中所用的梯形架，就是根据古代蚕槌的形制稍做改进而成，隔挡也是 10 层，中距仍是 8～9 寸，不过架蚕箔的椽木已改用长竹竿，以绳捆绑来固定。

3. 蚕盘与蚕架　蚕盘是与上述椭圆形蚕筐同样功用的盛蚕器。“以木为框，以疏簟为底”，可放在蚕架上抽动喂蚕。蚕架，《王祯农书》记载：“阁蚕盘篚具也。以细枋四茎竖之，高可八九尺；上下以竹通作横桄十层。每层皆阁养蚕盘篚。随其大小，盖篚

---

① 马宗申. 农桑辑要译注[M]. 上海：上海古籍出版社，2008：35.

用小架，盘用大架，此南方盘簏有架，犹北方椽箔之有槌也。”可见这种蚕架是由长江以南蚕区创制。

4. 蚕网和蚕杓　《王祯农书》指出：“蚕网抬蚕具也，结绳为之，如渔网之制。其长短广狭，视蚕盘大小制之。”还指出：“南蚕多用此法，北方蚕小时亦宜用之。”可见北方蚕区也使用蚕网这种工具。蚕杓是一种“首大如杯，柄长三尺许”的匀蚕、匀桑叶器具。凡有人手所不及之处，都可使用蚕杓补叶、匀蚕。上蔟稀密不匀时也可用蚕杓补匀。蚕杓是南方蚕农的创新，王祯很赏识这个器具的功用，所以他极力推荐给北方蚕区。

第八节　畜牧业与水产业

宋元时期，随着经济重心的南移，除北方一些地方外，广大农区的畜牧业已退缩到次要地位，北方的养马业大大不如唐代。牛因为是耕田的主要役畜，尤其在南方特别受到重视，因此养牛业有所发展，其饲养技术也有所提高。猪、羊、家禽的饲养及兽医方面也取得一定的成就。在渔业方面，已从淡水养鱼发展到海域养鱼，从食用鱼的生产发展到观赏鱼的饲养，这是宋元时期渔业技术发展的一大特点。

一、牛、马的饲养技术

宋元时期，由于种植业，特别是南方水田生产迅速发展，耕牛作为农家役用的主要动力，在当时无论官方还是民间对养牛都特别重视。南宋《陈旉农书·牛说》首次列有专篇论述牧养耕牛：“农者天下之大本，衣食财用之所从出，非牛无以成其事耶？较其轻重、先后、缓急，宜莫大于此也。”元代《王祯农书》记载：“今农家以牛为本。”《农桑衣食撮要》也说：“牛者，农之本。”可见，牛的饲养已被高度重视。当时对耕牛的照料相当精细，其饲养、役用和防病经验也愈加丰富，其要点如下：

一是重视牛舍的清洁和卫生。根据四时温凉寒暑情况，保持畜舍的卫生。春初，要“尽去牛栏中积滞蓐粪”，将粪尿、蓐草清除干净。平日要“旬日一除”，每隔十天清扫一次，以免“秽气蒸郁，以成疫疠”，同时，也可防止因为“浸渍蹄甲”而“生病”。

二是讲究喂料和放牧方法。料草选择清洁的，切细并和以微湿的麦麸、谷糠或破碎的豆，盛放在槽内，让牛吃饱。天寒时节，要将牛牵到避风、向阳、温暖的地方喂养。春夏放牧时，要“必先饮水，然后与草，则不腹胀”。在夜间要用鲜草和干草切细混合饲喂。总之，饲养原则是“时其饥渴，以适其性”。金元时期农书《韩氏直说》在牛的饲喂方法上又有所创新，使用“三和一缴饲喂法”。将一顿使用的精料和草料，分为三次拌和使用，“第一，草多料少；第二，比前草减半，少加料；第三，草比第二又减半，所有料全缴拌，食尽既往使耕”。这种先粗后精的饲喂，可不断提高牛的食欲，既可以喂饱牛，又可避免浪费草料。

三是注重使役宜忌。盛夏时节，使役要掌握在“五更初，乘日未出，天气凉时用之”，这样“力倍于常，半日可胜一日之功，日高热喘，便令休息，勿竭其力，以致困乏”。使役要根据季节的寒暑不同，分别对待。“盛寒之时，宜待日出晏温乃可用，至晚天阴气寒，即早患之”。另外，在“大热之时”，则要“夙馁令饱健，至临用不可极饱，饱即役力伤损也”（《陈旉农书·牛说》）。

四是生病要及时治疗。《陈旉农书·牛说》指出，牛“其用药，与人相似也，但大为之剂以灌之，即无不愈者”。尤其在瘟疫流行的时候，必须将生病的牛进行隔离以防传染，并“适时养治”，那种求巫祝祷祈是没有用的。

在养马方面，马的作用除用于战争外，还用于交通运输。宋朝的养马业，与强盛的汉唐相比，要逊色很多。不过，由于战争的需要，宋初对养马还是颇为重视的，养马业也有一定恢复，如《宋史·兵志·马政》记载：“国马之政，历五代寖废，至宋而规制备具。”宋朝在中央设有管理马政的机构，并在中原一带设置十四个监牧，但是养马需要较大面积的牧地，“凡牧一马，往来践食，占地五十亩”，中原地区养马的自然条件不具备，发展养马业必然受到限制。而其后，宋代又将唐代在西北所设的养马基地各监牧所废除，加之宋与辽、夏、金的战争接连不断，适宜牧马的土地沦入敌手，又遭到异族的掳掠，牲畜损失极大①，所以宋朝的养马业难以发展，以至于王祯在《王祯农书·畜养篇》谈及养马时竟只有三言两语，一带而过。

二、猪、羊的饲养技术

宋代，随着城市经济的发展，城市人口大量增加，对猪肉的需求量很大，如北宋末年，开封城内每天宰杀猪数以万计。《东京梦华录·朱雀门外街巷》记载：“唯民间所宰猪，须从此（开封南熏门）入京，每日至晚，每群万数。止数十人驱逐，无有乱行者。”《梦粱录》亦记载南宋杭州城内“坝北修义坊，名曰‘肉市’，巷内两街，皆是屠宰之家”（《梦粱录》卷十六）。可见，宋代养猪业是非常兴盛的。除了首都外，各地的养猪业都很可观。苏轼曾说在淮南黄州（今湖北黄州市）一带，“好猪肉，价贱如泥土，贵者不肯吃，贫者不解煮”（《东坡七集·东坡续集·猪肉颂》）。两浙的湖州（今属浙江）“田家多豢豕”（《嘉泰吴兴志·物产》）。关于宋元时期的养猪技术，《王祯农书·畜养篇》在摘抄小部分《齐民要术》资料的同时，也记录了宋元时期的部分养猪经验，如利用萍藻和水生植物饲养猪，扩大了饲料来源：“尝谓江南水地多湖泊，取萍藻及近水诸物，可以饲之。”利用各地自然资源，发展山区养猪：“养猪，凡占山皆用橡食，或食药苗，谓之山猪，其肉为上。”此外，《王祯农书》还提及利用发酵饲料饲喂猪的经验：“江北陆地，可种马齿……用之铡切，以泔糟等水浸于大槛中，令酸黄，或拌麸糟杂饲之，特为省力，易得肥腯。”这些都是养猪技术史上的创新。

宋代官、私养羊业，以北宋时北方的牧羊业发展较快，这与宋朝的政策导向、社会

① 李元放. 中国古代的畜牧业经济[J]. 农业考古，1986（1）：335.

饮食习惯、贵羊贱猪的中医理论、羊的生活习性有着密切关系①。宋元时期的养羊业主要分布在北方。苏颂《使辽录》记载："羊以千百为群，纵其自就水草，无复栏栅，而生息极繁。"（《魏公集》卷十三）这是利用优越的自然条件采取放牧的方式饲养。南方限于自然条件不可能大规模牧养，因此主要靠舍饲和半舍饲饲养方式，其中湖羊的驯化和培育较为突出。

江南在唐代以前主要是饲养山羊，绵羊因性喜干燥凉爽，不耐湿热，故在南方罕见。但自宋王朝南渡后，北方居民大量南迁，把生长于黄河流域的绵羊也带到江南。太湖流域由于缺乏牧羊场地，只好实行圈养。农民利用野草和养蚕剩下的桑叶、蚕沙进行全年舍饲，同时利用羊积贮肥料用于农田。桑叶、蚕沙含有丰富的蛋白质，性凉能清湿热，可以预防羊体受湿热生病。经过长期的风土驯化，北方的绵羊逐渐适应南方的水土，终于培育成耐湿热的著名品种——湖羊②。湖羊毛产量虽不高，但肉质肥美，羔皮毛细长弯曲，无底绒，皮裘花纹美丽，受世人的珍爱。湖羊繁殖力强，母羊一年两胎，一胎二子，多至三五子，成为产羔皮的优良品种③。

宋元的养羊技术，《王祯农书·畜养篇》主要摘抄《齐民要术》内容，没有新的发展，但诗人陆游有两首诗涉及牧羊，如《村舍》诗中称："露草干时儿牧羊，朝日出时女采桑。"《牧羊歌》更明确记载："牧羊忌太早，太早羊辄伤，一羊病尚可，举群全无羊。日高露稀原草绿，养散如云满山谷，牧童但蛹竹一枝，岂必雪诗知草牧。"此处强调露干放牧的原因是在春季羊吃露水易患腹胀病，也易患寄生虫病，以致祸害群羊。

三、兽医科学的发展

由于社会经济的需求，特别是宋与辽、夏，宋与金的长期对峙，各国对养马颇为关注，相应的官办兽医机构也以疗马为主。《宋史》载，景德四年（1007年），"置牧养上下监，以养疗京城诸坊、监病马"，这是中国创设兽医院的开端，并开始收养病马，"病浅者送上监，深者送下监，分十槽医疗之"。根据病情症状的深浅进行分监医疗，可见在宋代的兽医院也已有一定的规模。

随着对耕牛的日益重视，防治耕牛的疾病也提到日程上来，如《陈旉农书》中列有"医治之宜"专篇讨论牛病。该篇的中心内容有两点，一是对耕牛的常见病治疗问题做了阐述。"牛之病不一，或病草胀，或食杂虫，以致其毒；或为结胀，以闭其便溺，冷热之异，须识其端"，指出治病先要了解病因，针对不同的病因要对症下药。接着对用药的原则做了阐述，书中说："其用药，与人相似也，但大为之剂以灌之，即无不愈者。其便溺有血，是伤于热也，以便血溺血之药，大其剂灌之。冷结，即鼻干而不喘，以发散药投之。热结，即鼻汗而喘，以解利药投之。胀即疏通，毒即解利。若每能审理以节适，何病之足患哉？"其次，关于传染病的预防问题，《陈旉农书》中提出对传染病

---

① 张显运. 宋代牧羊业及其在社会经济生活中的作用[J]. 河南大学学报，2007（3）：47.

② 李群. 湖羊的来源和历史研究[J]. 农业考古，1987（1）：386.

③ 邹介正. 我国古代养羊技术成就史略[J]. 农业考古，1982（1）：172.

要先进行隔离，因病畜的尸肉及排泄物是疫气之源，可传染其他牲畜，“欲病之不相染，勿令与不病者相近”。隔离后再积极治疗。元代《农桑辑要》对牛的胀、疥虱、尿血、气噎、肩烂、漏蹄、不食水草等十八种病症，提出了具体的治疗处方。可见宋元时期在牛病的防治上亦积累了不少的经验。

宋元时期在医治马病方面亦有所成就，仅王毓瑚《中国农学目录》中著录的宋元时期有关马的兽医著作就有23部之多。其中如宋代王愈的《蕃牧纂验方》和元代《痊骥通玄论》都是中国兽医史上的重要著作。后者书中包括“三十九论”和“四十六说”，对马的起卧症、掏结症进行了总结性的论述，“于马之病源治诀，简明赅备”。书中还提出“胃气不和，则生百病”的脾胃发病学说。在外科手术方面，当时已有用麻醉法切除肺部病块的办法。张舜民在北宋绍圣元年（1094年）出使辽国，他在《使辽录》中记载：“北马有割去肺者，遂知无病能行。果否？云：‘有之，其法饮以醇酒，于腋间破之，取去少肉。然亦十失八九。’”虽然成功率不高，但毕竟也有十之一二，也是非常难得。这是中国北方少数民族在兽医外科手术上的一项了不起的成就。

四、水产业趋于繁盛

隋唐以前，水产养殖业对社会经济发展的影响甚微。自宋以后，随着农业向更为广阔的领域发展，城镇的兴盛和城市居民消费需要的增长，为鱼类产品开拓了较为广阔的市场空间，水产业在社会经济中的作用明显提高，逐渐成为独立的经济部门。宋元时期的水产业发展主要表现在两个方面：一是在江河湖海中捕鱼捞虾；二是在池塘、水田内养殖。由于池养鱼技术含量高，往往在产量上胜于江湖捕捞所得。“郡无大鱼，江中所得，极不过一二斤，他皆池塘中豢养者耳”（《夷坚支志·杨寿子》）。池养有不少的优越性，一直与水产捕捞业保持并驾齐驱。

由于养鱼业的发展，需要大量鱼苗，因此就有人专门以培育鱼苗、贩卖鱼苗为生。到宋代，鱼苗业从岭南扩展到长江流域。江州（今江西九江）是长江盛产鱼苗之处，因此成为宋代采集、销售鱼苗的中心。周密《癸辛杂识别集·鱼苗》曾记载：“江州等处水滨，产鱼苗，地主至初夏皆取之出售，以此为利，贩子辏集，多至建昌，次至福建、衢、婺。”江州的鱼苗不仅供应江西，而且贩运到浙江、福建，鱼苗采集者和贩运商在获取利润的同时，也为宋代养鱼业的发展做出了一定的贡献。养鱼技术方面，利用池塘水域投放大量鱼苗，饲喂鱼喜食的饵料，保持鱼塘的清洁，去除劣鱼野鱼类，使饲养的鱼类能顺适本性，长为成鱼。当时所养殖的鱼种以鳙鱼、鲢鱼、鲩鱼、鲤鱼和青鱼为主，并已有数种鱼混养的经验。养鱼技术的提高，有利于经济利益的获得，因而有人以此为业，从而成为养鱼专业户。在人多地少、水域面积较多的两浙路东部地区，这种情况更为常见。

宋代以前获得鱼苗主要有两种方法：一是直接利用亲鱼在池中产卵孵化；二是在其他水域中捞取鱼卵，然后在池中进行孵化。到宋代，从江河水域中捞取鱼卵孵化鱼苗发展到在江河中直接捞取鱼苗来养殖，这就进一步扩大了鱼苗的来源。同时，在鱼苗长途运输过程中，在提高其成活率方面还积累了丰富的经验。例如，“其法作竹器似桶，以竹丝为之，内糊以漆纸，贮鱼种于中，细若针芒，戢戢莫知其数。著水不多，但陆路而行，每遇陂塘，必汲新水，日换数度。别有小篮，制度如前，加其上以盛养鱼之具。又有口圆底尖如罩篱之状，覆之以布，纳器中，去其水之盈者。以小碗又择其稍大而黑鳞者，则去之。不去则伤其众，故去之。终日奔驰，夜亦不得息，或欲少憩，则专以一人时加动摇。盖水不定则鱼洋洋然，无异江湖；反是则水定鱼死，亦可谓勤矣”（《癸辛杂识别集·鱼苗》）。这一记载中包含着不少重要的技术措施：一是用浅水运送鱼苗，并时常换新水，以此保证氧气的供应；二是要去除害鱼，以防伤害鱼苗；三是要经常晃动，即使在休息时也要有专人摇动，以便新鲜空气进入和创造一个模仿江河水流动的状态。这反映在宋元时期，对鱼苗的生活习性已有很细致的观察和认识。

关于鱼池的选择，《王祯农书·畜养篇》指出：“凡育鱼之所，须择泥土肥沃，萍藻繁盛为上。然必召居人筑舍守之。仍多方设法，以防獭害。凡所居近数亩之湖，如依上法畜之，可致速富，此必然之效也。今人但上江贩鱼种，塘内畜之，饲以青蔬，岁可及尺，以供食用，亦为便法。”总之，如果能因地制宜地发展水产养殖，确是农民“可致速富”的一条途径。

除了饲养供人们食用的鱼类外，宋代还培育出供人们观赏的金鲫鱼，即今天金鱼的祖先。

金鲫鱼早在晋代已被发现，到宋朝才被正式养作观赏鱼，并进行金鱼家化的遗传研究。宋代的杭州是养殖金鲫鱼最为有名的地方，北宋元祐四年（1089 年），苏轼出任杭州知府后曾写下“我识南屏金鲫鱼，重来拊槛散斋余”的诗句。大约到了南宋时期，由于皇室的兴趣爱好，士大夫们也相继效仿造池养鱼，形成一种社会风气，甚至还出现了专门养金鱼贩卖为生的人。他们用污水中的小红虫喂鱼，并经过长期的人工选择，使得新的变异能够保存下来，最后培育出新的品种。这样，金鱼从半家化转入池养家化，真正的金鱼正式诞生，饲养也更加普遍，这在世界野生动物驯化史上是个重大的成就。

中国历史上所采集的珍珠，历来都是天然育成的。到宋代，人们创造了一种人工育珠技术，时称养珠法。庞元英《文昌杂录》记载：“礼部侍郎谢公言，有一养珠法：以今作假珠，择光莹圆润者，取稍大蚌蛤，以清水浸之，伺其口开，急以珠投之。频换清水，夜置月中，蚌蛤采月华玩，此经两秋，即成真珠矣。”（《文昌杂录·养珠法》，转引自《说郛》卷三十一）不过，这一方法在当时的生产上还不见应用或应用很少，但这可视作中国的人工育珠的一个发端。

人工养殖贝类的技术初见于北宋梅尧臣《食蚝》诗的记载：“传闻巨浪中，猥蛎如六鳌。亦复有细民，并海施竹牢。采掇种其间，冲激恣风涛。咸卤与日滋。蕃息依江皋。”（《古今事文类聚》后集卷三十五）诗中的“并海施竹牢，采掇种其间”就是中国传统的养蚝方法之一“插竹养蚝”，这种蚝在明代称为竹蛎。宋代人工养蚝以后，因为蚝壳具有很大的胶固力，所以人们又利用它来巩固桥基。据《泊宅编》记载，北宋时蔡襄在福建泉州造石桥，为了巩固桥基，便“多取蛎房散置石基上，岁久延蔓相粘，基益胶固矣。元丰初，王祖道知州奏立法，辄取蛎者徒二年”（《泊宅编》卷中）。这可以说是中国人工养殖贝类的开端。

第九节　农业政策和农官制度

历代王朝凡有雄才大略或有所建树的政治家，无不重视农业生产，因为农业生产的好坏关系到王朝统治经济基础是否巩固。为了发展农业生产，他们根据当时的具体情况，都制定不少有利于农业生产发展的政策。

一、两宋的农业政策和农官制度

两宋时期，由于唐末五代以来的长期战乱，加之外族侵扰，水旱灾害频发，农民流离失所，很多地区地旷人稀，劳动力缺乏，因此，将大量荒地和流离人口组织起来，是发展农业生产的重要途径。朝廷便采用招民垦荒、安抚流亡的政策，使得大量荒废农田被开垦出来，农业劳动力有所增加，对发展农业生产起到了关键作用。如北宋初期平定江南时，实行轻徭薄赋政策，免除诸多苛税，以减轻农民的负担，激励农民努力生产。宋神宗时实行《方田均税法》，一些积弊有所改善，但是王安石改革遭到了地主阶级的群起反对而不得不中途而止。

两宋时期为了扶助农民恢复生产，由官府贷款给农民购买耕牛、农具，或者贷给种子、口粮。宋代举办的农贷，以宋神宗熙宁二年（1069 年）实行的“青苗法”最有影响力。所谓的“青苗法”就是充分利用常平仓、广惠仓贮藏钱谷，解决贫苦农民在青黄不接时的困难，以抑制私人高利贷的剥削，对防止和减少农民破产起到了积极作用。

中国自古以农立国，常把重农视为基本国策，劝农则是各级官吏的主要工作。宋代为了发展农业先后建立起农师和劝农使制度。宋太宗太平兴国七年（982 年），令两京、各路州县“许民共推练土地之宜、明树艺之法者一人，县补为‘农师’，令相视田亩肥瘠及五种所宜，某家有种，某户有丁男，某人有耕牛，即同乡三老、里胥召集余夫，分画旷土，劝令种莳，候岁熟共取其利”（《宋史·食货志》）。农师的职责主要是推广农作物优良品种，协助调查土地、种子、劳力、畜力情况，协调不同生产要素之间的关系。宋代把劝课农桑和技术指导结合起来，对提高农业技术水平、发展农业生产起到了积极作用。

二、元代的农业政策和农官制度

元在统一全国以后，虽然曾一度实行民族集团压迫和残暴落后的奴隶制统治，但是，在发展农业生产方面却取得了一些成绩，这同元代采取一系列有利于农业生产发展的政策有密切关系。

元世祖中统元年（1260 年），命各路宣抚司择通晓农事者，充任各地“劝农官”。中统二年（1261 年）设劝农司，以陈邃、崔斌等八人为各路“劝农使”。至元七年（1270 年）立“司农司”，专掌农桑水利事宜，仍分遣“劝农官”及通晓水利者分赴各地劝导。各地牧民长官均需提点农事，负责劝课，岁终进行考绩。并颁发《农桑辑要》一书给全国各地。《农桑辑要》系中国现存第一部官撰农书。此书是各地官员指导农业所必须遵循的。元代对孝弟力田者有赏，对游手好闲不遵父兄教导者有罚，由各村社社长负责考察，书其姓名于地段及门牌之上，以备官司到时处置。

元代官府提倡农桑并举，同时也注重因地制宜，发展多种经济。当时曾规定：每丁岁种桑枣 20 株，土质不宜者可种榆柳，数目也是 20 株，种杂果的，每丁限种 10 株，愿多种者亦可，皆以成活为限。各社仍须多种首楷，以防饥年。靠近水源的村社，可开凿池塘养鱼及饲育鹅鸭之属，以及种植莲藕、鸡头、菱角、蒲苇等类，以补助衣食所需。村社中有疾病凶丧之家不能耕种的，大家合力助耕，一社之中灾病多的，由两社互助。采取这些政策措施，对发展多种经营起到了良好作用。

元代官府屡颁罢黜妨农、禁止扰民之令，以保证不违农时，保护农业生产免遭破坏。元代官府规定，在农事季节，不兴建各种工程，不征调丁夫，“罢妨农之役”。中统三年正月，“禁诸道戍兵及势家纵畜牧犯桑枣禾稼”。至元六年（1269 年）五月，“诏禁戍边军士牧践屯田禾稼”。至元二十八年以江南长吏劝课颇多扰民，因令废止亲行之制，令止移文谕之。

元代国土辽阔，加以战争之后，地多荒废，募民垦荒，是恢复和发展农业生产的重要措施。至元二十三年颁布的“农桑条例”中规定：凡荒田除军营报定及公田外，其余投下探马赤军（即释站军户）自行冒占，经官司勘当得实，悉交民耕种，先给贫者，次及余户。至元二十五年募民能耕江南旷土及公田者，免其差役三年，所输租免三分之一。至元二十八年（1291 年）募民耕江西旷土，每户五顷，官给地卷为永业，三年征租。元代由于大力募民垦荒，扩大了耕地面积，从而对增加农业生产起了重要作用。元代还举办农贷，扶植农民发展生产，如对贫民给以耕牛、农具、种子、口粮等农贷资助。这种政策对帮助无力自耕和受灾农民渡过难关、免致破产流亡有重要意义。

第十节　农学著作和农学思想

宋元时期是中国传统农业全面发展的时期，由于官府对推广农业科技的重视，加之印刷术的发展，这一时期的农学著作数量和种类大大超过以往各代，产生了《陈旉农书》《王祯农书》《农桑辑要》《农桑衣食撮要》等传世之作，还涌现出如陈旉、王祯、鲁明善等在中国农学史上颇有影响的农学家。另外，元代虽然统治中国不足百年，但所编农书却不少，这些农书还多集中于元初较短时期，且多集中于北方地区，这在整个中国农业史上是很罕见的，如表 7-3 所示。

表 7-3　元代农书一览①

书名	作者	成书时间	引述情况
《务本新书》	不详	1273 年前	《农桑辑要》中多有引用，且以蚕桑为主
《士农必用》	不详	1273 年前	《农桑辑要》和《王祯农书》中引用，且主要集中于栽桑、养蚕部分
《蚕桑直说》	不详	1273 年前	
《种莳直说》	不详	1273 年前	《农桑辑要》和《王祯农书》中引用
《农桑要旨》	不详	1273 年前	《农桑辑要》和《王祯农书》中引用
《农桑直说》	不详	1300 年前	《农桑辑要》和《王祯农书》中引用
《务本直言》	不详	1300 年前	《王祯农书》中引用
《蚕经》	不详	1273 年前	《农桑辑要》中引用了四处
《蚕书》	陈旉	1149 年	《王祯农书》总结引用了三处，题为“南方蚕书”或“蚕书”，皆为《陈旉农书》卷下蚕桑部分内容
《栽桑图说》	苗好谦	1318 年	
《农桑辑要》	司农司	1273 年	
《王祯农书》	王祯	1300 年	
《种桑之法》	苗好谦	1309 年	
《农桑衣食撮要》	鲁明善	1314 年	

这一时期的农学著作不仅在体裁上和内容上继承了以往农书的若干特点，还在专业性上有所发展，产生了很多谱录类农书，反映了这一时期某些专业技术的发展。特别是宋代，专业性农书大量涌现，花谱最为突出，茶书也极为兴盛。此外，还有专就某一问题而详加论述的农书如《禾谱》《农器谱》等，还出现了《劝农文》《耕织图》等新形式，很有特色。农书的多方面发展，表明宋代在农学研究的内容上有多方面拓展，尤其是从分别论述各种作物栽培方法，发展为系统地总论栽培技术和经营管理，标志着中国农学水平的提高。元代的农书在整体性和系统性方面较之宋代又前进了一步，这以《王祯农书》最为突出。它既有总论，又有各论，体系分明，再加上收集齐全，图文并茂，使得这部农书具有全面而又完整的编纂体例，这是元代在农学上取得的一个重大成就。

宋元时期在农学思想方面亦有新的发展，主要在土壤肥力观方面出现了“地力常新壮”，在环境条件与作物关系方面的认识有辩证的“风土论”，体现了这一时期农学的全面进步，从而奠定了宋元时期在中国农学发展史上重要的地位。

一、综合性农书

宋元时期的综合性农书中，宋代的《陈旉农书》、元代的《农桑辑要》《王祯农书》和鲁明善的《农桑衣食撮要》四部农书，是中国传统农学的四部传世佳作，对宋元时期农业生产的总结和中国农学的发展，都做出过重要的贡献。

① 曾雄生. 中国农业通史（宋辽夏金元卷）. 中国农业出版社，2013：734.

（一）《陈旉农书》

《陈旉农书》的作者陈旉，生于北宋熙宁九年（1076 年），自号西山隐居全真子，又号如是庵全真子，生平事迹不详。他的一生正处于北宋溃亡，南宋偏安江南的战乱时期，士人多求仕进，以务农为耻。而陈旉却躬耕实践，常在自己停留和居住的地方“种药治圃以自给”。这部农书便是根据他一生的实践经验写成，他在序中写道：“是书也，非苟知之，盖尝允蹈之，确乎能其事，乃敢著其说以示人。”可见，受实践的影响，陈旉写作农书并不是“誊口空言”，这是《陈旉农书》的突出特点。

《陈旉农书》全书 1 万余字，分为上、中、下三卷，上卷总论土壤耕作和作物栽培，是全书的主体。中卷为牛说，讲述耕畜的饲养管理。下卷桑蚕，讨论有关种桑养蚕的技术，把桑蚕作为农书的一个重要问题来处理，也是这本农书的首创。《陈旉农书》篇幅不大，但内容比较切实，在中国农学史上表现了不少新的发展，比较突出地提到了以下几个方面的内容：一是土地利用。陈旉在《陈旉农书·地势之宜篇》中指出，土地的利用必须因地制宜，他依据地势提出了高山、下地、坡地、葑田、湖田五种土地的利用规划。二是土壤肥力学说，陈旉认为，土壤虽有多种，好坏不一，只要治得其宜，都能适合于栽培作物。陈旉还认为，如果能够时常加入新而肥沃的土壤，施用肥料，可以使土壤更加精熟肥美，地力也将会保持新壮，不存在什么衰敝的问题。三是肥料和施肥学说，《陈旉农书》中不但有“粪田之宜”专篇，在其他各篇之中也都谈到了肥料，显示了他对于肥料的重视，并在肥源和施肥方法方面有不少的创造和发明。四是水稻栽培，《陈旉农书》是第一本关于南方稻区农业技术的农书，书中对于稻田整治和水田中耕等都有论述，还有专篇谈论水稻育秧，这标志着传统的水稻栽培技术至此已经基本定型。

（二）《农桑辑要》

《农桑辑要》是元代专管农桑水利的中央机构“大司农”主持编写的。主持编写的孟祺、张文谦、畅师文、苗好谦等人都是当时农业领域的专家。《农桑辑要》成于至元十年（1273 年），是现存最早的官修农书。《农桑辑要》全书共有 6.5 万多字，分作七卷。卷一典训，讲述农桑起源及其经史中关于重农的言论和事迹，相当于全书的绪论；卷二耕垦、播种，包括整地、选种总论及大田作物的栽培各论；卷三栽桑；卷四养蚕，讲述种桑养蚕；卷五瓜菜、果实，讲的是园艺作物；卷六竹木、药草，记载多种林木和药用植物，兼及水生植物和甘蔗；卷七孳畜、禽鱼、蜜蜂，讲动物饲养。从全书的整个布局来看，《农桑辑要》基本上继承了《齐民要术》的内容，但是《农桑辑要》和《齐民要术》等书相比，也有一些显著的特点。首先，《农桑辑要》增加一些新的资料。如苎麻、木棉、西瓜、胡萝卜、同蒿、人苋、莙荙、甘蔗、养蜂等，都注明了“新添”。其次，《农桑辑要》第一次将蚕桑和棉花等衣着原料的生产放在与粮食生产同等重要的地位，以大量的篇幅介绍了当时栽桑养蚕的成就，还“新添”了苎麻和木棉，以及作者之一的孟祺所作的《论九谷风土及种莳时月》和《论苎麻木棉》等项内容，从理论上和技术上阐述向北方推广木棉和苎麻的可能性。再次，《农桑辑要》提出一种全新的风土观念。指出环境条件对于作物生长是有影响的，即是有风土论，但在一定条件下，作物又是可以引种的，不能唯风土论。引种的失败不能完全归罪于风土，有的是没有好好地种，有的是好好种了，但是方法不得当。这种看法，不仅为当时棉花的传播，也为后来甘薯、玉米、花生、烟草等作物的引进和传播，在理论上铺平了道路。

（三）《王祯农书》

《王祯农书》成书于公元1313年以前，作者王祯，山东东平人，他曾经在宣州旌德县（今安徽旌德县）和信州永丰县（今江西省广丰区）两地任县尹。农书就是在他任职期间，为了劝农而编写的。《王祯农书》由三部分组成，第一部“农桑通诀”，即农业通论，共有六卷十九篇。书中首先论述了农业、牛耕和桑业的起源；农业与天时、地利及人力三者之间的关系，接着按照农业生产春耕、夏耘、秋收、冬藏的基本顺序记载了大田作物生产过程中，每个环节应该采取的一些共同的基本措施；最后是“种植”“畜养”“蚕缫”三篇，载有关林木种植，包括桑树种植、禽畜饲养以及蚕茧加工等方面的技术。这一部分中，还穿插了一些与农业生产关系不大的内容，如“祈报”“劝助”等篇。第二部分“百谷谱”，共有四卷十一篇，这部分属于作物栽培各论，书中一共叙述了谷属、蔬属等七类、80多种植物的栽培、保护、收获、贮藏和加工利用等方面的技术与方法，后面还附有一叚“备荒论”。第三部分“农器图谱”，共十二卷，是《王祯农书》的重点，篇幅上占仝书的五分之四，收集了306幅图，分作20门。《王祯农书》的特点主要有两个方面：一是它第一次将南北农业技术写进同一本农书之中，成为第一本兼论南北农业技术的农书；二是“农器图谱”的写作。这不仅是以前历代无法比拟的，而且后世农书和类书所记载的农具也大都以它为范本。

（四）《农桑衣食撮要》

《农桑衣食撮要》成书于元代仁宗延佑元年（1314年），作者鲁明善，维吾尔族，曾经在安丰路、太平路、池州府任职，后来又转监衡州、桂阳、靖州等地，历史上称他“连领六郡，五为监一为守”，所到之处，政绩显赫，声震朝野。《农桑衣食撮要》就是他在安丰路（今安徽寿县）任职时撰写的。《农桑衣食撮要》在写作方法上采用了月令体形式，全书以农桑为主，还包括林、牧、副、渔各业，凡是属于气象、水利、畜牧、园艺、农产品加工等各和农事项目，以及衣、食、住等方面应有尽有，用作者自己的话说：“凡天时，地利之宜，种敛藏之法，纤悉无遗，具在是书。”

据统计，书中除介绍了五谷（稻、麦、黍、粟、菽等粮食作物）和六畜（牛、羊、马、鸡、鹅、鸭等畜禽）以外，还记载了蔬菜40种，果树10多种，经济作物和林木各13种；还有一些江南地区特产，如鸡头（芡实）、菱、藕、茭白、竹笋、鳜鱼等也做了介绍。书中还介绍了一些西北少数民族的农牧业生产经验，如二月“插葡萄”，五月

“造酥油”“晒干酪”，以及十二月“收羊种”等内容。《农桑衣食撮要》和同时代的《农桑辑要》《王祯农书》相比，除了在著书方法上采用月令体外，还有一个明显的特点，就是在行文时力求通俗易懂，方便实用，充分满足农民读者的需要。因此，《农桑衣食撮要》被称为是“最好的农家月令书之一”。

二、专业性谱录类农书

宋元时期，中国农书发展的一大特点就是大量专业性谱录类著作的出现。“谱录”原是古代图书分类中的一个类目，首创于南宋尤袤，他在《遂初堂书目》中作“谱录”类，“以收《香谱》《石谱》《蟹录》之无类可附者”。谱录类农书和专业性研究的农书，约占宋代全部农书的78%。在众多谱录类著作中就有很多与农学有关的著述。内容涉及农器、大田作物、园艺作物、动物饲养乃至气象、灾害等，有不少所研究的问题带有开创性，具有很高的学术价值，其中尤以园艺谱录著作最为突出，农学成就最高。

（一）《禾谱》和《农器谱》

《禾谱》是中国第一部水稻品种专著，共五卷，北宋曾安止编撰，为继北魏贾思勰《齐民要术》后的一部重要古代农业科技著作。《禾谱》全书包括稻名、稻品、种植、耘稻、粪壤、祈报等内容，详细记载了北宋时期吉泰盆地区域50多个水稻品种的名称、特征、来源，以及播种、插秧、收割的时间和栽培技术、管理方法，特别是作者能对古今水稻的异名进行辨析，比较古今水稻品种之间生物学特性，研究中国水稻栽培历史以及宋代粮食生产的重要意义。

北宋绍圣元年（1094年），苏东坡遭贬南迁，过泰和时见到此书，作《秧马歌》附于书后，称其“文既温雅，事亦详实”，又叹“惜其有所缺，不谱农器也”。但当时曾安止已经失去了目力，无力补写。一百多年后的南宋时，曾安止的侄孙曾之谨著《农器谱》三卷以补之。

《农器谱》记述了耒耜、耨镈、车庤、蓑笠、铚刈、条篑、杵臼、斗斛、釜甑、仓庾等十项农业器具，是中国最早的农具专著。此书还附有“杂记”，都是根据古代经传，又参合当代的农具形制，写得详细周到，受到了当时人的赞扬。可惜这本书在明代以后就失传了。元代《王祯农书》中的“农器图谱”，就是从《农器谱》发展而来，对于农器的分类和命名，则大多直接继承了曾氏的方法。因此，虽然曾氏《农器谱》已失传，但还是可以根据《王祯农书》的内容来考察曾氏《农器图》的内容。

（二）茶叶类谱录著作

在陆羽《茶经》之后，各种与茶叶有关的著作相继出现。其中《茶录》作于皇祐三年（1051年），作者蔡襄，字君谟，仙游枫亭（今福建仙游人），为北宋著名书法家、政治家、茶学专家。《茶录》是蔡襄有感于陆羽《茶经》“不第建安之品”，丁谓《茶图》“独论采造之本”，而特地向宋仁宗推荐北苑贡茶之作。《茶录》分上、下两篇，计800多字，主要论述茶叶烹调方法和所用器具，比较集中地反映了宋人品茶的技艺和审美特征。《茶录》是继《茶经》之后最有影响力的茶学专著之一，也是传统茶艺形成的一个标志。

不过蔡襄的《茶录》也有不完备的地方，于是宋子安又撰有《东溪试茶录》一卷。全文约3000字，首序论，次分总叙焙名、北苑、壑源、佛岭、沙溪、茶名、采茶、茶病等八目。对诸焙沿革及所属各茶园的位置、茶品等特点，叙述最为详尽。指出辨茶应辨茶所产之地，相去咫尺而茶品优劣悬殊，故详述北苑、壑源等诸焙道里远近。

《东溪试茶录》之后，讲茶的还有黄儒《品茶要录》二卷。黄儒，字道辅，福建建安人，宋神宗熙宁六年（1073年）进士。苏轼《书黄道辅》称其"博学能文，淡然精深，有道之士也""不幸早亡，独此书传于世"。《品茶要录》成书于宋仁宗嘉祐二年（1057年），此书专论建茶，分"采造过时""白合盗叶""入杂""蒸不熟""过熟""焦釜""压黄""渍膏""伤焙""辨壑沙溪"等10篇，针对茶叶采制加工不当而导致的10种弊病，分别指出其成因和危害。此外，此书还有前叙、后记，介绍辨别建茶（建安茶）真伪的方法，重点论述了建茶的优劣。可以说，《品茶要录》视角新颖，是宋代一部从反面论述茶叶生产、制造技术的重要著作。

黄儒之后，熊蕃又撰有《宣和北苑贡茶录》一卷。该书完成于宋宣和三年到七年（1121—1125年），熊蕃根据自己的所见所闻而撰写此书。全书正文约有1800多字，图38幅，详尽记述了建茶沿革和贡茶的种类，并有图可辨，可以清楚地了解当时贡茶的品质形制，是研究宋代茶业的重要文献。

（三）花卉类

《全芳备祖》是宋代花谱类著作集大成性质的著作。此书专门辑录植物（特别是栽培植物）资料，故称"芳"。据自序"独于花、果、草、木，尤全且备""所辑凡四百余门"，故称"全芳"；涉及每一植物的"事实、赋咏、乐赋，必稽其始"，故称"备祖"。从中可知全书内容轮廓和命名大意。此书由南宋陈字景沂撰写，祝穆订正。全书共分前后两集58卷。前集27卷，为花部，分记各种花卉如卷一为"梅花"，卷二为"牡丹"，卷三为"芍药"等120种左右。后集31卷，分为7个部分，其中9卷记果，3卷记卉，1卷记草，6卷记木，3卷记农桑，5卷记蔬，4卷记药。共收花果草木等植物300多种。

《全芳备祖》是一部大型植物专题类书，被农学界誉为世界第一部植物学辞典。全书27万多字，分类收集花卉植物资料，因其规模较大而成为同类著作中的集大成之作。尤其是保存了大量宋人的作品，堪称宋人文学的渊薮，其中多有别集和总集失收的，因而又有鲜明的文献学价值。

（四）果树及林木类

《荔枝谱》是中国现存最早的荔枝学专著，流传最久，影响最广。此书由北宋蔡襄撰写，成书于嘉祐四年（1059年）。全书共分为"原本始""标尤异""志贾鬻""明服食”“慎养护”“时法制”“别种类”7篇，分别介绍了福州、莆田、仙游、泉州、漳州等地区有关荔枝的历史、品种、产销、食用、栽培、加工、贮藏等知识，被誉为“世界上第一部果树分类学著作”，影响甚大。

《橘录》是中国最早的柑橘专著，又名《永嘉橘录》《橘谱》。作者韩彦直，字子温，陕西延安府肤施县人，南宋名将韩世忠长子，生于宋高宗绍兴元年（1131年），卒年不详，书成于1178年作者“知温州”任内。《橘录》分上、中、下三卷，卷上、卷中叙述柑橘的分类、品种名称和性状，卷下阐述柑橘的栽培技术。该书第一次将柑橘类果树区分为柑、橘和“橙子之属类橘者”三大类，在栽培技术部分分别述说种治、始栽、培植、去病、浇灌、采摘、收藏、制治和入药等各项技术环节，很有实用价值。

三、农学思想

（一）地力常新壮论

“地力常新壮论”是中国古代关于土壤肥力的一个重要学说，这一学说的形成始于宋代。由于农业生产的发展，土地复种指数不断提高，加之人多地少，人地矛盾迅速激化，如何保持和提高土壤肥力，以利于生产，成为农业上迫切需要解决的问题。在当时有人认为是因土地连年耕种的缘故导致土壤肥力下降，即所谓“地久耕则耗”“凡田种三五年，其力已乏”等论调。

南宋农学家陈旉根据长期务农实践经验，在其所著《陈旉农书》中针对这种论调提出了自己的观点：“或谓土敝则草木不长，气衰则生物不遂，凡田土种三五年，其力已乏，斯说殆不然也，是未深思也。若能时加新沃之土壤，以粪治之，则益精熟肥美，其力当常新壮矣，抑何敝何衰之有？”陈旉指出，如果重视施肥养护，或掺用客土，可以取得农田精熟肥壮的效果。那种认为土地种了庄稼后，就会土敝气衰的说法是没有根据的。陈旉认为，肥料不仅可以改良土壤，而且可以用来维持并增进土壤肥力，这就是著名的“地力常新壮论”，是中国古代关于土壤肥料学的一个重要贡献。

至元代，地力常新壮思想又有了新的发展。元代农学家王祯承继了这种思想，在其著作《王祯农书·粪壤篇》中指出：“田有良薄、土有肥硗，耕农之事，粪壤为急，粪壤者，所以变薄田为良田，化硗土为肥土也。”又言：“所有之田，岁岁种之，土敝气衰，生物不遂，为农者，必储粪朽以粪之，则地力常新壮而收获不减。”王祯认为采取土地休闲的方法恢复地力，后世实行连种制，要使土地不衰，必须储粪施肥。他提出了“粪壤”的理论，通过多施肥和合理施肥，以促进土壤改良，使地力保持新壮，而获得连年的丰产。

“地力常新壮论”的提出意义重大，不仅指导人们用发展的观点正确看待土壤肥力，而且进一步促进了土地的利用。在此思想指导下，确立了用地和养地相结合的优良传统，形成了一套完整的技术体系，特别是“一岁数收”的发展，对进一步发掘土地生产潜力、提高农业生产率作用很大。

（二）粪药说

“粪药说”最早亦见于宋代《陈旉农书·粪田之宜篇》，其中提出：“土壤气脉，其类不一，肥沃硗埆，美恶不同，治之各有宜也……虽土壤异宜，顾治之得宜……皆可成就。”而治的关键在于用粪，当时人们把依据土壤的不同性质而用粪来加以治理称为“粪药”，意思就是用粪如同用药。

《陈旉农书·粪田之宜篇》中还提出“用粪犹用药”原则，即“相视其土之性类，以所宜粪而粪之，斯得其理矣。俚谚谓之粪药，以言用粪犹用药也”。由此可以看出，所谓粪药，也就是看土施肥，要根据不同的土壤特质采用不同的施肥方法。陈旉的“粪药说”，不是一般意义上的肥料，而是用来改良土壤的“药物”。施肥要根据土壤和作物的不同变化，用粪得理、种之以时及择地得宜三者结合起来，这同时反映出当时长江下游地区在肥料施用方法上，已经积累了相当丰富的经验。这是中国古代在肥料科学上取得的一项重大成果。

陈旉提出的合理施肥理论，使得宋代更加重视肥源的开辟，各类肥料大为增加，其肥源包括绿肥、杂草、秸秆、河泥、垃圾、大粪以及禽兽毛羽亲肌之物、石灰、硫黄、钟乳粉、旧墙土、草木灰、马蹄羊角灰、洗鱼水、沟泥水等。肥料积制的方法也日趋多样化，包括“踏粪法”“火粪法”“沤粪法”“发酵法”等。陈旉在《陈旉农书》中还总结出一套使饼肥发酵腐熟的经验，知道饼肥必须充分腐熟才能使用；明确人粪尿须经腐熟，必须与火粪（即焦泥灰）混合腐蚀后才能用等。

再次，用肥时，肥量的多少也颇有讲究。《王祯农书·粪壤篇》中提出：“粪田之法，得其中则可，若骤用生粪，及布粪过多，粪力峻热，即烧杀物，反为害矣。”这表明合理施肥的思想在宋元时期已经形成。

（三）风土论

“风土论”是一种关于自然环境和作物生长发育关系的理论。“风”是指气候条件；“土”是指土壤条件。所谓“风土”就是生物有机体赖以生存的自然条件。“风土”思想最早出现于战国时期，认为一切生物只能在其故土生长，逾越这个范围，就会发生变异，甚至引起死亡。风土论是伴随异地之间的引种而引发的，异地之间的引种自古以来就在不断进行，汉代张骞出使西域促进了内地与边疆地区的物产交流，但也许是因为早期的异地引种是在一个比较缓慢的过程中进行的，加之大多作物是由北方向南方引种，对于异地之间的土壤、气候，以及技术条件不存在明显的不适应性，故而风土的问题并不严重。

到了宋末元初，大量的作物，如棉花、苎麻等开始从中国的边疆传入中原地区，必然会遇到适应各种特定环境的问题。随着棉花进一步向北推广，固有风土观念成为棉花推广的思想障碍。特别是当时有的地区因为没有掌握好植棉技术，造成引种失败，继而归咎于“风土不宜”，片面地强调风土条件，反对推广木棉和苎麻的引种。因此，全面正确地阐明风土论，便成为当时推广棉花的一个重要任务，古有的风土论在这样的历史条件下获得了新的发展。

元代《王祯农书》记载："风行地上，各有方位，土性所宜，因随气化，所以远近彼此之间，风土各有别也。"元代孟祺等人撰写的《农桑辑要》列有《论九谷风土及种莳时月》和《论苎麻木棉》两篇专文，亦对风土论进行了全面论述。

首先，《论九谷风土及种莳时月》一文对古老的风土观念做了新的解释。其文称"谷之为品不一，风土各有所宜，种艺之时，早晚又各不同"，指出不同的地区，风土条件是不相同的，不同的风土条件，所宜的作物也是不一样的。也就是说，在异地引种时，注意气候和土壤条件是必要的。关于种莳时月，又以《齐民要术》为例，将各种作物的播种时期分为上中下三时，但这主要是以洛阳地区为中土的风土条件，仅是一方地域的情况，在南方地区寒暖有差别，"山川高下之不一，原隰广隘之不齐"，洛阳之南有"与北方同寒者"，洛阳之北也有"与南方同暑者"，这种特殊性就要求根据各地的实际的风土条件掌握好农时，才能把庄稼种好。

其次，《论苎麻木棉》一文对"唯风土论"观点进行了有力批判："苎麻本南方之物，木棉亦西域所产，近岁以来，苎麻艺于河南，木棉种于陕右，滋茂繁盛，与本土无异。二方之民，深荷其利""悠悠之论，率以风土不宜为解。盖不知中国之物，出于异方者非一：以古言之，胡桃、西瓜，是不产于流沙、葱岭之外乎？以今言之，甘蔗、茗芽，是不产于牂牁、邛、笮之表乎？然皆为中国珍用，奚独至于麻、绵而疑之！"进一步指出有些地方种植棉花未成功，绝不是风土不宜的问题，而是技术问题："虽然，托之风土，种艺之不谨者有之，抑种艺虽谨，不得其法者亦有之。"这一阐述，不仅为当时棉花的引种与推广扫清了思想障碍，同时也将风土论发展到一个新的阶段。

其后，明代农学家徐光启继承了《农桑辑要》的观点，对以风土不宜为由竭力反对引种的观点，又做了深刻的批判。他在《农政全书》中引用大量事实对"唯风土论"进行了具有说服力的驳斥。同时他积极倡导异地引种，注重引种试验，特别强调充分发挥人的主观能动性，在当时的条件下是非常难能可贵的。

经过《农桑辑要》和《农政全书》这一阐述，中国古有的风土观有了新的发展，形成了一种全新的风土观念，即环境条件对作物的生长是有影响的，亦即有风土论，但在一定条件下，作物是可以引种的，不能唯风土论，引种上的失败，不能完全归罪于风土，有的则是不得其法的问题，二者不能混为一谈。这一看法，不仅将中国的风土观发展到一个新阶段，同时也为其后大量引种美洲作物及其他作物扫清了思想上的障碍。

思考题

1. 什么是圩田和梯田？
2. 宋元时期中国的作物结构出现了什么重大变化？

3. 简述江南稻麦二熟制的形成及其意义。
4. 简述宋元时期农学著作的内容特点及其地位。
5. 何为“地力常新壮论”？
6. 何为“风土论”？
7. 宋元时期南方土地利用方式有哪些发展?
8. 宋元时期土地制度和税收制度有哪些特点?

第八章

明清时期传统农业的增长与发展

从1368年明朝建立，到1840年鸦片战争爆发，这一历史时期，一般称为中国帝王制社会的后期。此时，农业商品性生产得到发展，经营性雇佣劳动方式出现，传统农业生产技术在新的历史条件下继续发展和提高。

第一节　农业发展背景

一、国内环境变化

（一）多民族国家空前统一，社会秩序长期稳定

明清时期，中国的疆土不断扩大，多民族国家形成。明朝在永乐时期已在乌苏里江、黑龙江设卫；清太祖努尔哈赤又统一了东北女真族，使东北和中原连成了一片。西北地区的青海、甘肃、新疆，明初也在那里设置卫所，加强对这些地区的管辖。康乾嘉道年间平定准噶尔叛乱、土尔扈特部回归祖国，以及平定大小和卓、张格尔的叛乱，安定了中国西北部边疆。1683年，台湾被纳入清朝版图，安定了中国东南部海疆。西南地区，明初已在西藏设置朵甘、乌斯藏指挥使司，制定僧官制度，并任命各级僧官，清代又平定了西藏与大小金川农奴主的叛乱，设置了驻藏大臣，实行金奔巴制度，西藏完全在朝廷的管辖之下，安定了西南部疆域，同时对云南、贵州、两广、四川等少数民族地区实行改土归流，消除土司割据状态，促进了西南地区各民族之间的经济、政治、文化的交流。

国家的统一，多民族国家的形成，为加强各民族的交往和政治、经济文化的交流创造了前所未有的条件，中原地区先进的农业技术因而也不断传入边疆，这对开发边疆和促进其农业的发展都起了重要的作用。

明清时代又是中国传统农业经济发展的高峰，经过长期战争建立起来的明清两个王朝，经过初期的恢复，到中期，社会生产得到了比较大的发展。明洪熙、宣德时期就出现了“百姓充实，府藏衍溢”“上下交足，军民胥裕”的局面（《明史·食货志》），被人

称为“洪宣盛世”。清代的康熙、雍正、乾隆三朝，史称“逮康、乾之世，国富民殷。凡滋生人丁，永不加赋，又普免天下租税，至再至三。呜呼，古未有也”（《清史稿·食货一》），史称“康乾盛世”。明清经济的发展，也促成了社会秩序的安定。在明清的500多年间，除王朝的更替和边疆的统一战争外，内地大部分时间都处于无战事骚扰破坏的情况，特别是农业发达的东南及中原地区，受到的影响更少，估计无刀兵相见的时间至少有400年，这对于需要有一个安定环境的农业生产来说，无疑是相当有利的。

（二）商品经济持续发展，经营性雇佣劳动出现

商品经济的发展是明清时期在经济领域中一个重大的变化。明代以前的中国社会是一个以小农经济为基础的农业社会。它的特点是，生产以一家一户为单位，生产的目的是自身的消费。虽然有时也有一些产品进入市场进行交换，但在个体农民的经济中只居辅助的地位，性质属于个体农民间的余缺调剂。进入明代以后，由于手工业和农村副业的发展，农民的封建人身依附关系不断削弱，土地集中，大量农民破产，以及城市和工商业城镇的发展，从而为商品生产的发展创造了原料、资本、劳动力和市场的条件。到明代中后期，经营性雇佣劳动首先在丝织业、冶铁业、榨油业、鞋袜业中出现，到清代，进一步发展到丝织、踹布、制糖、造纸、木材采伐、铜矿等行业中，在这些行业中都存在着“出资”的老板和“出力”的自由劳动者这样具有不同身份的两种人，从此类似于资本主义的生产关系开始在中国大地上出现，反映了社会发展进步的总趋势，具有重大的历史意义。

（三）人地矛盾成为农业发展的重要制约因素

这一时期由于政局相对稳定，为农业生产的发展及人口的增长提供了重要条件。据记载，明洪武十四年（1381年），中国人口为5987万人，基本上和西汉最高的人口数相当。但到清道光十四年（1834年），中国人口一下发展到40 100万人，在453年中，人口增长了5.7倍。而这一时期中国耕地的增长远跟不上人口增长的速度。如据记载，明洪武十四年，全国的耕地面积为36 677万亩，人均约6.13亩；而到清光绪十三年（1887年）时，虽然耕地已扩大到91 197万亩，但人均只有2亩左右，在500多年中，耕地面积仅增长1.5倍。由于人口增长快，耕地扩大慢，人均耕地面积不断下降，在全国范围内出现一个明显的人多地少、耕地不足的严重矛盾。为解决这一矛盾，清王朝曾先后采取许多措施，如对内蒙古、新疆、青海、云南、贵州等地区进行大规模土地开发；在内地则对山区、沿海滩涂岛屿及其他一些所谓边际土地，如盐碱地、冷浸田、干旱地等进行开发利用；以及采取高度轮作复种、多熟种植等技术，千方百计提高土地的利用率，使得土地利用率出现了前所未有的高度。

这一时期，中外交流增多，原产南美洲的作物，如甘薯、玉米、花生、马铃薯、烟草等很快传入。这些作物的引进促进了国内商品经济的发展，对缓和当时粮食的不足起了很大作用。

（四）明清时期实行的主要农业政策

明初实行"安民为本"的农业政策，首先清除元代的奴隶制残余，释放奴隶，并普查户口，编制黄册（户籍簿），建立农村里甲组织，使农民"尽力田亩"。其次，鼓励垦荒，组织屯田。元末农民战争，沉重地打击了地主势力，数额巨大的官田和蒙汉地主的土地，除少部分被农民耕垦外，大部分成为无主抛荒地，对此，洪武元年（1368年）诏令："各处荒闲田地，许令诸人开垦，永为己业，与免杂泛差役三年，后并依民田起科税粮"（《明朝小史·大赦天下诏》）。最后，改善农村经济结构，提倡种植经济作物。洪武元年令："凡民田五亩至十亩者，栽桑、麻、木棉各半亩，十亩以上者倍之。其田多者率以是为差。"（《明太祖实录》卷十五）推广种植枣、柿、栗、胡桃等木本树，增强度荒能力。此外，还颁布救荒政策，设预备仓、社仓和常平仓等。因此，明代前期经济得到很大恢复和发展。

明中叶以后，土地兼并剧烈，正德年间（1506—1521年）"庄田几遍天下"，无地的农民流入官府控制薄弱的山区，如湖北荆襄地区，成化七年（1471年）有流民150万。由于官府控制的田额及税赋减少，于是万历前后进行税赋改革，实行赋税、丁役合一的"一条鞭法"。万历后玉米、甘薯、马铃薯等作物相继传入中国，为种植业提供了新的作物资源，明中期后人口已增加到1.5亿左右，农业继续向精耕细作的方向发展。

清初，为维护满洲贵族的特权和保障八旗士兵的生活，从顺治元年到康熙八年（1644—1669年）实行三次大规模的"圈地"政策，范围从直隶扩大到山东、山西。为防郑氏（自台湾）进入大陆，在闽、粤沿海实行"迁海"政策，让居民内迁，沿海空30余里。康熙三年（1664年）全国耕地只有5.35亿亩，相当明万历时7亿多亩的70%，康熙八年下令停止圈地，废迁海令，实行"更名田"。"更名田"是将明代各藩王田产分归现耕作户所有，并将它编入所在州县交纳赋税的土地。又整治黄河（靳辅主持），调整垦荒政策，延长起科年限。雍正元年（1723年）规定"至升科之例，水田仍以六年起科，旱田以十年起科"（《清世宗实录》卷六）。乾隆时规定山头地角，零星地土，免其升科。于是出现垦荒垦山高潮。康熙五十一年（1712年）清朝实行"滋生人丁永不加赋"的政策，雍正元年又推行"摊丁入亩"政策，这些政策促进了人口的增长。雍正十二年（1734年）全国人口只有1亿多，到乾隆二十七年（1762年）突破2亿，乾隆五十五年（1790年）突破3亿，道光十四年（1834年）突破4亿。面对日益严重的人多地少问题，当时采取如下措施：

（1）开垦土地　使边疆土地有较多开垦，如对新疆的开垦，清代天山南北屯户及其他移民近百万，嘉庆中期，仅北疆民屯就达90多万亩。对内蒙古的开垦，乾隆十四年（1749年）还禁垦蒙地，道光时已允许开垦。对东北的开垦，顺治年间禁止内地民众流入，咸丰年间续放各处荒地，光绪二十八年（1902年）东北全面放垦。云南、贵州亦很早就有流民进入开垦。内地主要开垦山区，人口移动呈现从南向北，从东向西的趋势，出现闽粤人向江西，江西填湖广，湖广填四川的现象，乾嘉时陕南老林被开发一空。

（2）提高土地利用率　多熟制更为普及，黄河流域旱作农业区普及二年三熟制和三年四熟制，长江流域水田农业区发展一年二熟制，闽江和珠江流域则形成一年三熟制。耕作栽培技术集约化，形成以“粪多力勤”为特点的农业技术体系。

（3）推广高产粮食新作物　如玉米、甘薯、马铃薯在乾嘉后大面积推广。粮食产量得到提高，如太湖流域，明清水稻一般亩产达二石（米）左右，比宋代增加45%。山东青州海田，高者“每亩可收（稻谷）五六石，次四五石”（《钦定授时通考》卷二十一）。经济作物如棉、麻、桑、茶、烟草、甘蔗、蓝靛及果蔬等，都有较大发展。

嘉庆后，农业生产由盛转衰，土地兼并剧烈，大批自耕农转化为佃农。

二、国际环境变化

明清时期，欧洲发生了两件影响深远的大事：一件是“文艺复兴”运动。它是指13世纪后期在意大利各城市兴起，以后扩展到西欧各国，并于16世纪盛行于欧洲的一场思想文化以及艺术与科学的革命。它揭开了近代欧洲历史的序幕，被认为是中古时代和近代的分界。另一件大事就是，意大利航海家哥伦布发现美洲“新大陆”。这个被称为地理大发现的历史事件，将人类文明进程带进了一个新纪元。欧洲航海家和探险家们怀着无比的兴奋和憧憬，揭开了美洲大地的面纱，这个亚欧文明尚未涉足的处女地终于展现在世人面前。航海事业的发达以及为了与美洲通航的便利，欧洲的经济中心也从地中海沿岸转移到了大西洋沿岸。原来一直是人类文明先驱的巴尔干半岛各国让位于后起之秀的英国、荷兰、西班牙和法国等国家。

这些后来居上的国家，主要有如下几个方面的贡献：第一，在社会制度上，从古代的封建社会向资本主义社会转变；第二，在经济上，农业资本主义商业化生产出现；第三，在政治上，从封建社会的皇权人治的制度向资本主义的法治制度转变；第四，在人民的身份性质上，从封建时代带有人身依附关系的臣民向近代的公民身份转变，等等。这些巨大变化，使其后社会以前所未有的发展速度，创造出比过去5000年历史更多的文明成果。

通常将世界资本主义发展分为三个阶段：一是16—18世纪，是资本主义的童年阶段，主要特征是工场手工业兴起，世界贸易格局形成；二是蒸汽机工业革命阶段，是资本主义制度世界体系的形成期；三是电气工业革命阶段，是资本主义向帝国主义垄断发展的阶段。

农业技术革命同时在生产关系和生产力两个方面开展。在生产关系上，把封建制的农业转变为资本主义式的农业；在科学上，把依靠经验积累形成的经验农学转变为凭借科学实验数据形成的实验农学，发明了机电推动的农业机械，发明了人工合成的化肥、农药等。我们今天的农业科学，实际上就是从500年前开始的。

第二节　土地制度和赋税制度

一、明代土地制度和赋税制度

（一）明代土地制度

明代土地制度同前代一样，有官田与民田之分。由于元末战乱造成大量无主荒地，加上承袭元代的大量官田，明初官田的数量很大。《明史·食货志》说："明土田之制，凡二等：曰官田，曰民田。初，官田皆宋、元时入官田地。厥后有还官田，没官田，断入官田，学田，皇庄，牧马草场，城壖苜蓿地，牲地，园陵坟地，公占隙地，诸王、公主、勋戚、大臣、内监、寺观赐乞庄田，百官职田，边臣养廉田，军、民、商屯田，通谓之官田。其余为民田。"也就是说，官田大致分四类：入官田地、屯田、庄田、无主荒田。洪武二十六年（1393 年），官田约为 121.5 万顷。明代官田以江南官田为多，同时田租负担特重，明后期官田数量减少。

民田分为地主土地所有和农民土地所有两种。明代大土地私有制的特点，是以皇帝为核心的皇族、勋戚、大臣等权贵依仗政治特权和暴力，迅猛地扩大各类庄田。庄田的来源有钦赐、强夺民田、小农投献、垦荒和购买。这类兼并的土地，到正德十六年（1521 年）达 20 多万顷，天启时增至 50 万顷。明中叶之后，庶民地主也大量占有土地，一般采用租佃制经营。农民土地所有即自耕农和半自耕农所拥有的小块土地。明初，由于实行奖励农民垦荒的政策，自耕农数量大为增加，之后随土地兼并的日益加速，使自耕农佃农化加深，如"吴中之民，有田者什一，为人佃作者十九"（《日知录》卷十）。

（二）明代赋役制度

明代的赋役征派包括田赋和徭役两个方面，田赋出于土地，按田地"亩"派征；徭役出于户口人丁，按"户""丁"派征。为了征发赋役，明太祖朱元璋即位后对全国户口、土地进行了普查并在普查基础上编制了黄册和鱼鳞册，同时，又在全国推行里甲制度，将各地民户按里、甲组织起来。黄册和鱼鳞册是明代赋役征发的基本依据，里甲则是其组织保障。

"黄册"又称赋役黄册，编成于洪武十四年（1381 年），因其存于户部者封面为黄色故名。黄册以人户为登录主体，按里甲组织的层次编定，每里一册，州县有总册，编定之册一式四份，州县留存一份，其余三份分别报送府、布政司和户部。黄册的内容包括每户户主的姓名及其家庭丁口和土地财产情况，按照原额、新增、开除、实在四柱格式分别开列。由于人户的情况经常变动，规定黄册每十年一造，凡十年间的变化于新册内注明。黄册仅编一般民户，而不包括军籍和匠籍人户。明代的户籍制度，人户分军、匠、民三种，各"以籍为断"，相互间不得混淆。军籍人户归兵部管辖，世代承袭，不服普通徭役；匠籍人户为手工工匠，归工部管辖，承担国家规定的匠役，也不服一般徭役。军、匠籍人户均另有册籍，不入普通民户册。

“鱼鳞册”是土地册，编定于洪武二十年（1387 年）丈量全国土地之后，与以人户为经、土田为纬的黄册不同，鱼鳞册以土田为主登录，地域为经、人户为纬，业户各归其本区。册内按区详细绘出每块田地的形状，标明其步亩、四至方位、质量高下及业主姓名，因所成图状似鱼鳞，故名“鱼鳞册”或“鱼鳞图册”。鱼鳞册是明代朝廷管理地籍的依据，与黄册一起，共同构成了明代朝廷对户口、土地和赋役进行监督和管理的制度体系。

里甲是以征发赋役为目的的基层居民组织，按照规定，民户每 110 户编为一里，推丁粮多的 10 户轮流充任里长一年；其余 100 户每 10 户编为一甲，共编 10 甲，每甲内人户按丁粮多寡依次轮充甲首一年，就是说，每里之内每年有里长一人带甲首 10 人服国家劳役，全里 110 户十年轮一周。一里内有鳏寡孤独之户不能服役的，带管于 110 户之外，名曰“畸零户”。每十年，由州县官按照丁粮增减情况重新排定里甲人户服役次序，同时编定新的黄册。

明初田赋征收仍沿袭前朝实行两税法，有夏税，有秋粮。夏税征麦，不超过八月；秋粮征米，不超过次年二月。此外，田赋中还另有马草，初征于永乐九年（1411 年），隆庆元年（1567 年）定为正税。夏税秋粮所征米麦称“本色”，按一定折率折征银、钱、钞或其他实物如绢、丝、麻、棉等者称“折色”。其折率，官方规定为每银 1 两、钱 1000 文、钞 1 贯折米 1 石，小麦减折十分之二；棉布 1 匹折米 6 斗，折麦 7 斗；麻布 1 匹折米 4 斗，折麦 5 斗。田赋的征收标准，明初规定，官田亩税 5 升 3 合 5 勺，民田 3 升 3 合 5 勺，重租田 8 升 5 合 5 勺，没官田 1 斗 2 升（《明史·食货志》）。芦地 5 合 3 勺 4 抄，草塌地 3 合 1 勺（《大明会典》卷十七）。

明代田赋的征收最初由州县官负责，后为防止人民逃税及官吏额外勒索，于洪武四年起实行“粮长制”，每税粮一万石设正、副粮长各一人，以粮多者充当，负责所属粮户税粮的征收及解送入官。明初所定田赋数额总体来说不算很重，而且当时刚刚丈量过土地，负担比较平均。但是明中期以后普通人民的田赋负担逐渐加重，其原因一是土地集中加剧，豪强富户大量隐瞒土地，而官府又要维持原定赋额，从而使现税小农户的土地负担大大加重。

明代役法始自洪武初年，实行按田亩派役的办法，称之为“均工夫”。其做法是：每田一顷出丁夫一人应官家之役，田多丁少的田主可由佃户充夫，每夫一人田主出米一石作为补偿。洪武十四年编定黄册后，开始在全国推行新的徭役制度。新制将徭役分为里甲、均徭和杂泛三种，“以户计曰甲役，以丁计曰徭役，上命非时曰杂役”（《明史·食货志》）。其中里甲是“正役”，按户轮充，每 10 年根据丁粮情况排定一次。里长“专掌催征钱粮、勾摄公事及出办上供物料”。

明中叶后，由于土地兼并，人口逃亡，黄册和鱼鳞册与事实不符，赋税制度遭到破坏，国家财政收入锐减。因此，需要改革赋役制度。且当时商品货币经济有较大发展，为改革赋役提供了条件。

万历九年（1581年），首辅张居正在总结各地改革经验的基础上，在全国推行“一条鞭法”，这一税法最早是嘉靖九年（1530年）由桂萼首先提出的，1565年实行于江南地区，后海瑞推行于闽广，隆庆时江西又正式奏准实行。张居正向全国推行的一条鞭法，《明史·食货志》记载：“总括一州县之赋役，量地计丁，丁粮毕输于官。一岁之役，官为佥募。力差，则计其工食之费，量为增减；银差，则计其交纳之费，加以增耗。凡额办、派办、京库岁需与存留、供亿诸费，以及土贡方物，悉并为一条，皆计亩征银，折办于官，故谓之一条鞭。”

一条鞭法的要点是：①以州县为计算赋役的基本单位，各州县算各州县的账，赋役总数不变化；②对过去田赋和徭役的多种不同项目分别加以清理、合并，折成一个总的银数征收；③徭役折银后不再有力差，朝廷需力差则实行雇人充役；④赋役合并；⑤田赋的征收和解运由过去签派民户改为官收官解。

一条鞭法在国家方面增加了财政收入，在社会方面一定程度均平了不同阶层的赋役负担，缓和了社会矛盾。在中国赋役史上，这也是继唐代两税法以后又一次重大的税收制度改革。但是，明后期党争激烈，朝政黑暗，社会矛盾尖锐，已经进入了一个朝代的末期。一条鞭法实行十余年后，“规制顿紊”，人民的负担再次加重。从万历末到崇祯时期，为了对付东北新兴的女真政权和镇压农民起义，明朝先后在田赋中加征辽饷、剿饷和练饷等，增赋总额到崇祯末约为2000万两，是促使明王朝更快走向灭亡的重要因素之一。

二、清代土地制度和赋税制度

（一）清代土地制度

经过明末农民大起义，清初的地权分配相对分散，中小地主和自耕农在新的土地占有关系格局中占据多数。清军入关后，为了重建社会秩序，恢复生产和赋役，推行了“更名田”和垦荒政策。

当时农民获得土地产权的情况十分普遍。从顺治到康熙年间，全国垦复的耕地达250万顷，其中归自耕农占有的土地至少为200万顷。但是，从康熙中晚期以后，全国土地兼并的情况，在一些地区已经比较严重。地权集中的地区主要出现在东南各省及湖广的部分地区；在北方和西南地区，地权还比较分散，并没有发展到高度集中的程度。北方各省存在较多的自耕农及农民小土地所有制。西南地区的四川省，经历了清初大规模垦荒之后，一直是以“外省客民”为主体的小土地所有者占多数。

不过，清中期开始出现土地占有关系的变化，一是前期通过垦荒原因以及小土地所有者内部出现分化；二是商人和社会其他阶层人民通过投资土地而获得田产，产生了大量的没有功名身份的庶民地主。在缙绅势力受到一定抑制的历史条件下，这些庶民中小地主在清朝开始活跃起来，成为清朝土地兼并的主要力量。

在清朝中后期也出现大官僚、大商人通过官商途径，攫取了巨额财富用来购买土地，成为大土地占有者，他们的兼并活动使一些地区的地权高度集中。但是，清朝地权也存在着业已集中的地权又不断细分的情况，其中最主要的是中国传统社会的“多子继承”制度。在这种制度下，无论官绅庶民，其土地财产经过一代一代地分家析产，由大地主变为中小地主，由中小地主变成自耕农、半自耕农，甚而沦为佃农。这种情况，在中国各地都普遍出现。一方面，地权在兼并活动中逐渐趋向于集中；另一方面，又通过不断的分家析产趋向于分散。两种趋势交互错杂，构成了传统社会地权运动的基本形态。

（二）清代赋役制度

清初赋役仍沿明制实行地、丁分征，“有田则有赋，有丁则有役”（《清朝文献通考·职役考一》）。清军入关时，豁除明季三饷加派，按照明万历旧额，于顺治年间编成《赋役全书》，总载地亩、人丁、赋税定额及荒、亡、开垦、招徕之数，颁示全国，以为赋役征派之依据①。其中田赋征收，根据征赋民田的类别（民赋田、更名田、归并卫所田及田、地、山、荡等）和肥瘠等次高下分别规定不同的科则，按亩计征。各地科则高低很不相同，并无统一标准。在全国范围内，最低科则每亩征银仅以丝、忽计，征粮以抄、撮计；赋重的地方每亩征银达数钱，征粮达数斗。各州县田地连同田主姓名，在丈量册（鱼鳞册）内有详细登录，官府规定册载土地情况不清、不实以及随时变动诸情形，各地方有司须在农隙时予以清丈勘实，禁止滋扰及徇私。民间开垦荒田，随时报官领照，按规定年限升科②。

清朝的田赋有正税，有加征。所谓加征，主要是随正赋加收的耗损。清代田赋以征银为主，因民间以散碎银两纳税，需经官将其熔铸成统一规格的元宝才能解运交库，因而有了损耗（“火耗”），而且解运亦需费用，故而加征。田赋的征额，清初顺治十八年（1661 年）为银 2157 万余两，康熙二十四年（1685 年）为银 2445 万余两，雍正二年（1724 年）为银 2636 万余两。“摊丁入地”以后，由于丁银并入田赋，乾隆、嘉庆、道光几朝，征额增至 3000 万两上下。作为田赋附加随地丁征收的耗羡，乾隆时为 300 余万两，嘉庆时达到 400 余万两。

清初的丁银或称丁赋是明后期“一条鞭法”改革赋役合并不彻底的遗留，在内容上兼有人头税和代役银的性质；因其包含了徭役折银在内，故又称“丁徭银”“徭里银”。丁银以“丁”即年十六至六十岁的成年男子为征收对象③，有民丁银、屯丁银、灶丁

---

① 《赋役全书》于顺治、康熙、雍正年间曾多次修订，乾隆三十年（1765 年），令嗣后《赋役全书》悉依奏销册条款精简，每届重修，只将十年中新坍、旧垦者添注，其不经名目一概删除，于是全书与奏销册合而为一。

② 顺治初定开垦荒地三年升科，六年颁布垦荒令改定为六年，九年复改为三年。康熙以后，十一年定六年升科，十二年再放宽为十年，十八年恢复为六年。实际执行以六年为多，但也有十年、三年升科的。

③ 丁银一般按人丁派征，但在江西、福建等省有一种“盐钞银”，沿自明代人民领取配给的户口盐所纳钞米折银，系按“口”派征（其他大多数省已将其归入地亩征收），属于一种特殊的人口税。因有盐钞银，这些省编审时除编男丁外，还编女口。

银、匠班银等不同种类，向各类人丁分别派征。

清初的丁银征收极其混乱，主要问题是吏胥和地主豪绅操纵编审，转嫁负担，致使丁银征派贫富倒置，“素封之家多绝户，穷檐之内有赔丁”（曾王孙《清风堂文集·汉中录·勘明沔县丁银宜随粮行状》）。穷苦之丁不堪编审派费和富者的负担转嫁，大量逃亡漏籍，而官府为保证征收额数，便以现丁包赔逃亡，从而引起了更大混乱。这种情况既激化了社会矛盾，也十分不利于国家的财政收入，因而在康熙五十一年（1712年）规定以五十年丁册的人丁数为额，“滋生人丁永不加赋”（《清朝文献通考·户口考一》），次年以“万寿恩诏”的形式向全国发布。丁额的固定使丁银征数也稳定下来，为摊丁入地创造了条件。随着征丁矛盾的进一步发展，康熙五十五年，广东经朝廷批准首先实行了全省摊丁。雍正前期，改革在全国展开，从元年到七年（1723—1729年），大多数省份相继改行新制。剩下来的个别省份和地区，除山西外，于乾隆时期实施。山西摊丁于乾隆时起步，到光绪五年（1879年）完成。

“摊丁入地”是中国传统社会后期历史上继唐“两税法”、明“一条鞭法”改革之后又一次重大的赋役制度变革，其意义在于“数千年来力役之征一旦改除”（光绪《湖南通志》），以人口为对象的征税课役是国家对劳动者直接实施的超经济强制，是封建人身依附关系在中国封建制度下的一种表现形式。摊丁入地取消了人口之征，实行一元化的土地税制，意味着封建国家从此解除了对生产劳动者直接的人身束缚，不再同地主争夺劳动人手，而使赋税制度建立在“富民为贫民出身赋，贫民为富民供耕作以输赋税”（光绪《定远厅志》）。摊丁入地后，无地农民不用再交丁银，少地农民因土地少也多少减轻了一些负担，这对农业生产的发展也是有好处的。

三、明清时期的土地租佃关系

明代，一般租佃制已是农村中基本剥削制度，但同时还存在着相当严重的依附农制度，特别是在明中后期，由于贵族和缙绅官僚特权大地主势力的嚣张，依附农制度出现回潮，大量佃农又陷入了人身不自由之中。在地租形式方面，明代后期出现了定额租扩大、永佃权和押租制萌芽这些新的变化。

洪武时制定的刑律，已不载主佃条例，仅在乡饮酒礼中规定佃户向地主行“以幼事长之礼”。洪武五年（1372年）朱元璋曾下诏说：“佃户见佃主，不论齿序，并行以少事长之礼；若在亲属，不拘主佃，止行亲属礼。”（《皇明诏制》）长幼之序固然还是一种封建等级关系，但佃农已经不是贱民身份，而是“凡人”了，这在历史上是一个很大的进步。

明初实行黄册制度，人户“以籍为定”，迁徙、转业均不自由，但到明中叶以后，黄册制度崩坏，国家机器行政效能降低，对户籍的管制就不那么严格了。嘉庆、万历时实行“一条鞭法”税制改革，力役折银，赋税由征于户丁改向地亩，对户籍的控制更趋放松。明中期以后流民大量出现，一方面说明土地兼并的发展，另一方面也是当时国家户籍管理发生变化的一种反映。在这愈来愈多的流动人口中，既有破产自耕农，也有大量的无地佃农。成化时有人记载：当时河南开封、怀庆等府因连年灾荒，“人民离散，外来军民，畏惧粮差，不肯尽数承佃，以致田地抛荒”（徐恪《地方五事疏》，载《皇明经世文编》卷八十二）。这个记载至少反映出在那些流散的人中有大量原来的佃户，所以才有地主的土地需要找人承佃的问题；同时，外来人口中有在本地承佃的，也有“畏惧粮差”而不肯承佃的。这些均说明明中叶佃农已经有了一定的承佃、退佃及迁徙的自由。

佃农承佃、退佃及离主迁徙的自由不是出现在任何租佃关系中的，而主要是出现在由庶民地主特别是庶民中小地主与佃农所建立的租佃关系中。在这种租佃关系中，主佃双方虽然存在着封建宗法意义上的“长幼之序”，但在法律上彼此都是“凡人”，地主并不享有更优越的身份地位，因此他也就较少可能去从人身上控制佃农，双方的关系逐渐简化为承佃土地和交租这样比较单纯的经济契约关系，这样的租佃制度，就是中国封建社会后期愈来愈得到发展的一般租佃制。

事实上，在明后期，许多地主已经更多地从经济上的互相依赖来看待主佃关系，如明清之际嘉兴桐乡的地主张履祥就不认为他将田地分佃出去是多么了不起的功德，反而说“佃户终岁勤动，祁寒暑雨；吾安坐而收其半，赋役之外，丰年所余，犹及三之二，不为薄矣”①。由于佃农与地主的人身关系愈来愈趋于松弛，所以明末一些地主提出要“加意宽恤”佃户，有“如一家之人”②，这类史料反映出主佃关系的变化。

明代中期以后，王府、勋贵及缙绅豪强之家用一切手段疯狂兼并土地，在势力范围所及地方到处建立田庄，官府繁苛的赋役也迫使大量农民投献、投靠权势之门为奴为佃。这些身份性特权地主田庄上的租佃关系基本都是以强烈的人身依附和依权仗势超经济强制剥削为特征的，在其中耕作的佃户虽然来源不同，但都没有人身自由，不能擅自离开土地，他们除承担交租义务外，还必须向地主贡献额外需索及一定劳役，是十分典型的依附农民。明中后期贵族及缙绅豪强扩张势力的过程，也就是依附农制度重新得到强化和依附农队伍扩大的过程，这种情况与宋代及明初以来佃农人身自由发展、身份地位提高的历史大势相悖，但却是当时权势地主势力嚣张情形下的必然。

在明代，最普遍的地租形式仍然是实物分成租，所谓“实物分成租”，就是租种土地的佃农将收获物按一定比例交给田主作为地租。一般而言，分成比例是收获量的一半，即地租率为50%。如嘉靖时林希元说富者田连阡陌，“耕其田乃输半租”（《同安林次崖先生文集·王政附言疏》）；隆庆时姚汝循在《寄庄议》中说江苏上元县贫民“与富室共其利，收一石，则人分五斗，收十石则人分五石”（万历《上元县志·艺文志》）；明末顾炎武引《漳州府志》谓福建海澄县人买僧田转租，“与佃户均收一半”（《天下郡国利病书》原编第26册）；湖广武昌府江夏县地主与佃农计亩分成，“各得其半”（康熙《武昌府志》卷十一，引郭正域《江夏田赋志序》）；又如北直隶景州，明后期，“客户具

① 陈恒力，王达. 补农书校释（下卷）[M]. 北京：农业出版社，1983：148.

② 同①。

牛四头，谓之陪牛；春种（若谷、黍之类），出之庄家；秋粮（若豆、麦之类），主客各出一半。收则均分”（万历《景州志·风俗》）。也有地主得到较高分成比例的情况，如万历时南通州佃田，“主人得其十六，农人得其十四”（万历《通州志·风俗》）。福建宁化县为主七佃三分成（顺治《宁化县志》卷十）。甚至也有田主得更高比例的，如在河南鄢陵县，俗曰“把牛”的“佣耕者”与田主“夏麦二八分，秋禾三七分”（顺治《鄢陵县志》卷四）。

明代有的地方也有定额租。例如，洪熙时（1425 年），昆山县“亩出私租一石”（《明宣宗实录》卷六）；弘治时，吴江县的风俗是“每田一亩，起租一石至一石八斗”（弘治《吴江县志·风俗》）；嘉靖时，江阴也有记载说当地地租“重者一石，轻者三四斗”（嘉靖《江阴县志·风俗》）。较晚的记载如顾炎武谈到苏松地区亩产和地租时说：“岁仅秋禾一熟，一亩之收不能至三石，少者不过一石有余，而私租之重者，至一石二三斗，少亦八九斗。”（《日知录·苏松二府田赋之重》）在东南省份其他地方，如浙江新昌县、广东增城县、皖南太平县等地，也有关于定额租的记载。有的研究者统计了保留下来的休西胡玄应买田地契抄件，在总计 110 笔买田案中，记有原田租额的共 56 笔，全部是定额租，所买地大部分为粮田，时间从万历十七年一直到崇祯十年（1589—1637 年）[①]。北方也有定额租，如嘉靖时山西盂县的记载说那里亩租 3～5 斗（嘉靖《盂县志·风俗》）。以上事实说明，明中后期，一些地方定额租制已经流行，个别地方还出现了货币地租的萌芽。货币地租也是一种定额租，是将交纳实物改交货币。

明代已有永佃权和押租的出现，“永佃权”即佃农享有永久佃种权，地主不能随意剥夺；即使地主将土地卖给别人，佃农的佃权也不受影响。而在佃农方面，他的佃权可以转移，地主只要有租可收，便不能干涉佃权的转移。“押租”是佃农在租地时预先交纳一笔押金，作为交租的保证，若日后欠租，地主便可从押租内扣抵。永佃权和押租的出现是传统社会后期租佃制度的重要发展，对主佃关系有重大影响。但在明代，这些还只是萌芽，并没有形成为固定的制度，也不普遍。

清代前期，由于地主身份地位发生变化和佃农经济独立性增强，一般租佃制成为占统治地位的剥削方式，主佃关系进一步松解。与此相关联，定额租制、永佃权和押租制这些明代新生的租佃形式获得了更大的发展。清朝从缓和民族矛盾、争取汉族知识分子的政治需要出发，放松了对缙绅的压制。康熙十四年（1675 年），准许“奏销案”中被黜革的绅衿开复原职；接着，又举办“博学鸿词”，诏修《明史》，增加各地生员入学名额；为筹措平三藩军饷，还大开捐例，等等。这些措施使得缙绅势力在一定程度上得以复兴。但是，此时的缙绅无论政治地位还是经济地位都已同往昔大不相同，其封建特权已经受到极大限制，昔日合法或得到优容的暴力占夺土地、接受投献、诡寄、优免赋役、逋欠税粮等种种特殊利益已经消失。

清朝的商品货币经济进一步发展，土地买卖更趋于自由化，土地流转速度加快，一

---

① 许涤新，吴承明. 中国资本主义的萌芽[M]. 北京：人民出版社，1985：63-64.

些地方限制土地自由买卖的传统习俗如所谓“产不出户”“先尽房族”即亲族地邻优先购买权逐渐被冲破，也是有利于庶民地主发展的一个经济条件。当时的庶民地主主要是由“力农致富”的农民、经商赚钱的商人以及持有货币的其他庶民阶层人民通过购买土地而产生的，因此，土地买卖愈自由，就愈有利于庶民地主的发展。

清初从关外带来的旗地农奴制也只存在了一个不太长的历史时期，然后就为内地普遍实行的租佃制所取代了。旗地是清朝皇室、王公宗室及八旗官兵占有的土地。清政权早在入关以前，就已在辽沈地区占夺了大量土地，分配给八旗贝勒、勋臣和官员兵丁，形成了所谓“盛京旗地”。入关以后，为满足满族贵族的剥削需要和解决八旗兵丁的生计，又在直隶北部近畿地区几次大规模圈占土地，形成了所谓“畿辅旗地”，总数达16万余顷之多。各地驻防八旗也进行了圈占，但数量较少。此外，清初还鼓励汉人“投充”，带地投充的，其土地也构成旗地的一部分。

商品货币关系对旗地制度的冲击作用也是巨大的。旗地最初禁止买卖，但旗丁迫于生计典卖土地的现象从一开始就存在。顺治三年（1646年），规定旗人新增人丁不再增给土地，人丁亡故也不必退还，就更使旗丁份地难于长久保持。康熙九年（1670年）规定，“官兵地亩，不准越旗交易；兵丁本身种地，不许全卖”（《八旗通志初集》卷十八），有条件地承认了旗内的土地交易。但各种限制条件仍然不断被冲破，旗间交易、旗民交易都日益频繁。到雍、乾之际，一般旗地上已基本实行了租佃制度。乾隆以后，官庄也开始陆续释放壮丁，由庄头将土地招佃承种，从而租佃制代替农奴劳动占了主导地位。王庄的改制稍晚一些，但大体到乾、嘉之际，也因“充差之壮丁潜逃者颇多，以致差银无着”（《英公府奉天法库县南坐落上屯等村地册》），而逐渐将土地招佃收租，壮丁种地的比重大大缩小了。

四、明清时期的雇佣关系

雇佣关系是明清时期与租佃关系并存的一种基本生产关系。雇工劳动大约在战国时期就有了，但得到较大发展还是明清时期。这一时期其变化主要有：一是雇工人数增多；二是雇工的身份地位提高，人身自由获得发展。

明代使用雇工劳动的情况已逐渐增多，有些地方还比较普遍。使用雇工的人有经营地主、自耕农，也有佃农。雇工有长工和短工两类，还有所谓“忙工”，系农忙临时短雇，仍属短工性质。关于雇工的记载，在明中后期的文献中很多。例如，弘治时《吴江县志》卷五记载：“无产小民投顾（雇）富家力田者，谓之长工。先借米谷食用，至力田时最忙一两月者，谓之短工，租佃富家田产以耕者，谓之租户。此三农者，所谓劳中之劳也。”正德时《姑苏志》卷十三记载：“无产者赴逐雇倩，受直而赋事，抑心殚力，谓之忙工，又少隙则去捕鱼虾、采薪、埏埴、佣作、担荷，不肯少自偷惰。”

雇工在清前期的农业人口中已占有一定比例。据现存乾隆朝58 000余件刑科题本档案中，涉及农业雇工的共6100件，占1/10强。另一项关于乾隆二十年至六十年（1755—1795年）间“命案·土地债务类”刑科题本的统计，在总计20 000多件题本中，涉及雇工的4600余件，几乎达到案件总数的1/4。雇工案件比例当然并不等于实际人口中的雇工比例，但如果雇工数量很少，在人口中占不到多大比重，就不会有上述刑事案件中雇工案件比例的反映。有关刑事案件档案的统计还显示，在乾、嘉两朝，年代愈向后移，雇工案件愈多，反映出雇工队伍不断扩大的事实①。不少地方还出现了雇工市场，称作"人市""佣市""工夫市"等。

明清时期的农业雇工，特别是短工，多数都自备有简单的生产工具，有的甚至有少量的土地，即还没有完全与生产资料分离，这在雇佣劳动发展初期是普遍的现象。

明清时期农业雇工数量的增加是与当时商品性农业发展紧密相关的，在传统农业经济条件下，地主土地多采取租佃生产方式，而不用自己经营。明清时期商品性农业发展，一些地主开始雇工自己经营土地，所出产品也主要用于出卖，而不是自己直接消费。一部分富裕农民也扩大经营规模，雇工生产。

这一时期商业性农业发展，佃富农和经营地主增多，因此，一些学者认为明清时农业中出现了资本主义萌芽，但也要看到，明清时农产品商品率还不高，粮食商品率不到10%，所以全国农业的基本格局仍然是自给自足的自然经济。

第三节　农田水利建设和土地利用

明清时期的农田水利以中小型为主，遍及全国各地区。据《明太祖实录》载，洪武二十七年（1394年）朱元璋特谕工部；陂塘湖堰可以蓄水者均要修治，并分遣国子监生至各地督修水利。据洪武二十八年统计，全国共开塘堰40 987处，河4162处，修建陂渠堤岸5048处（《明太祖实录》卷二百四十三）。清康熙皇帝把河务作为亲政的三件大事之一，任用靳辅、陈璜等水利专家，花大量经费治黄，并亲自勘察，历时十年，终于把黄淮故道一一修复，使被淹地复为农田，黄淮一带在较长时期内减少了水患。

一、农田水利建设

（一）南北河渠堰闸的整修

水利是农业的命脉，明初朝廷对此十分重视。据《明太祖实录》，洪武元年（1368年），修南直隶和州铜城堰闸，使周围200余里得灌溉之利；洪武四年和二十九年，两次整修广西兴安县灵渠，使通舟楫，并可溉田万顷；洪武八年和三十一年，修浚陕西泾阳县洪渠堰；洪武九年，修复四川都江堰；洪武十七年，决荆州狱山坝，以通水利；洪武二十四年，疏浚浙江定海、鄞县东钱湖，灌田数万顷；洪武二十五年，疏凿溧阳县银墅东坝河道；洪武二十七年，遣国子监生和举荐的人才分赴全国各郡县，督饬吏民兴修农田水利。洪武二十八年底，各地上报全国共缮治"塘堰凡四万九百八十七处，河四千

① 刘永成. 清代前期农业资本主义萌芽初探[M]. 福州：福建人民出版社，1982：65.

一百六十二处，陂渠堤岸五千四十八处”（《明太祖实录》卷二百四十三）。

明初有组织的水利建设高潮一直持续到永乐、宣德时期。此后，朝廷对水利的重视程度及对水利工程的统筹组织能力渐趋下降，但在整治三吴水利、修筑东南海塘、治理黄河等大型水利工程方面仍取得了一定成绩。

江南是明朝最重要的财富之区，因此明朝对“三吴”水利极为重视，屡派大员主持治理。三吴地区江河疏浚或新开塘、浦、渎、泾工程，规模大的多由官府规划主持，规模小的由民众自己组织人力物力整治。三吴地区以低田为多，当地人民为了旱涝保收，广泛修筑圩岸以备蓄泄，“岁苦旱，则河之水，续桔槔而上以入于田，河不龟析，田不乏溉；岁苦涝，则岸水出于河而岸障之”（《皇明经世文编》卷二百七十九）。图8-1为明代常熟县水利图。

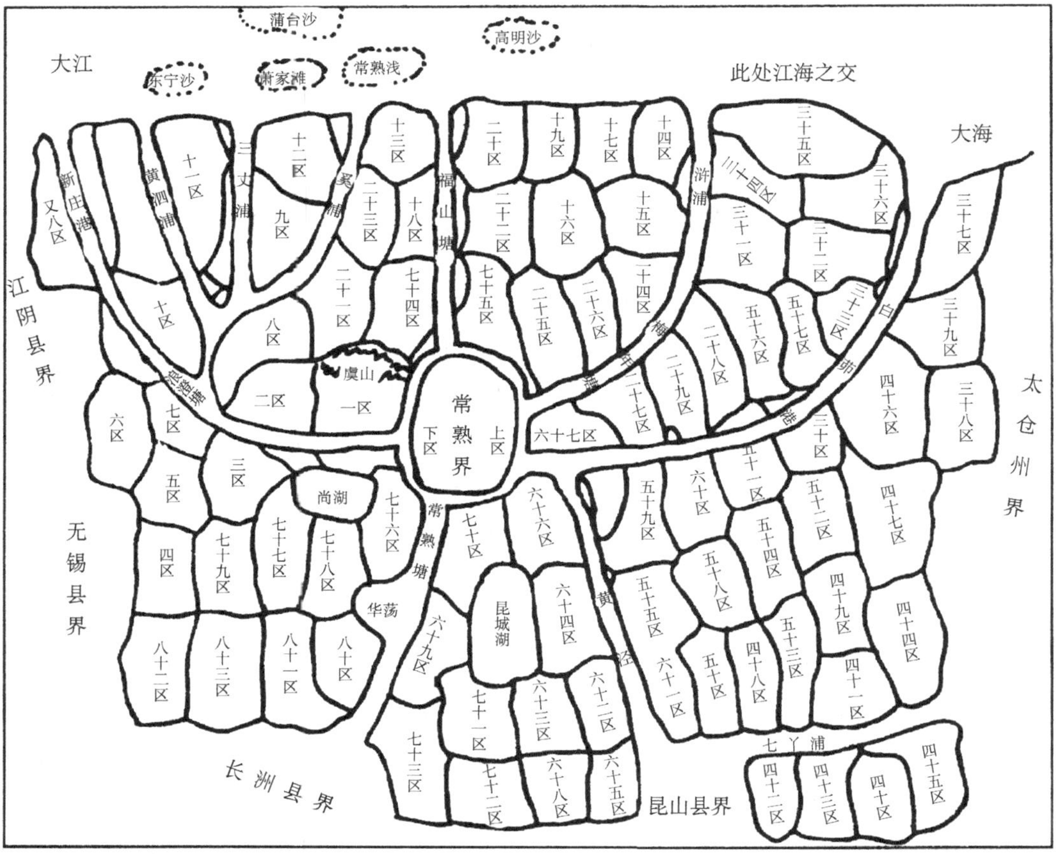

图8-1 明常熟县水利图（耿橘《常熟县水利全书》卷一）

明代对黄河进行多次治理，其中以万历初潘季驯治河最有成绩。嘉、万间，黄淮水溢不止，每当洪水泛滥，冲屋淹田，农业生产受到极大破坏。万历五年（1577年），黄河又在崔镇决口，四溢的河水淤塞清河口，致使淮水向南倾泻，山阳、高邮、宝应一带成为汪洋。万历六年夏，当朝首辅张居正任命治河专家潘季驯为右都御史兼工部左侍郎，负责治河。潘季驯根据历年治河的经验，提出堵塞决口，加固堤防，“束水归漕”，使黄淮水流汇合成急流冲刷河水夹带的泥沙入海，从而根除因泥沙淤塞造成水患的问题。在张居正的支持下，历经两年，治理工程取得良好效果，“两河归正，沙刷水深，海口大辟，田庐尽复，流移归业”（潘季驯《河防一览·河工告成疏》），黄淮流域的人民重新得以安居乐业。

到清前期，黄河因长期战乱失修，形成巨大灾患。当时黄淮合流，互相激荡，难以顺畅入海，下游段频频决口，不仅淹没大片农田，而且阻塞运河，影响漕粮北运。这种情况引起朝廷严重关切。康熙帝曾说：“朕自听政以来，以三藩及河务、漕运为三大事，夙夜廑念，曾书而悬之宫中柱上。”（《清圣祖实录》卷一百五十四）为治河济漕，康熙曾派人往探河源及沿岸考察，并令绘图进呈。康熙十六年，当平三藩战争还在进行时，康熙就任命靳辅为河道总督，开始了大规模治河工程。靳辅和他的得力幕僚陈潢在河工不辞劳苦，用开引河和筑减水坝的方法减杀水势，仅五六年功夫就堵塞了下游大小决口，修治了河、运堤防，加培了高家堰堤防，使黄、淮归于故道，大片淹没的土地重新涸出。接着，又在稍上游两岸筑堤束水，以求攻沙；还在黄河北岸张庄运口到清河仲家庄之间开挖中河一道，使漕船出黄、淮、运交界处的清口仅 20 里就驶入中河，而不再借黄行运，“以避黄河一百八十里波涛之险”，不仅“漕挽安流”，而且“商民利济”（《清圣祖实录》卷二百二十九）。靳辅之后，于成龙、张鹏翮等相继为河督，他们遵循靳辅的治河方针，进一步巩固了河防和漕粮运道。康熙帝从二十三年起，先后六次南巡，每次都亲临治河工地视察，指授机宜，推动了治河事业。以后雍正、乾隆时期，继续对黄河进行治理，使两岸堤防更趋完整。虽然小的决口还不时发生，但都随决随堵，直到咸丰五年（1855 年），黄河未再发生大的决口。清前期的治河既保证了漕运畅通，也减少了黄淮一带水患威胁，从而有利于农业生产发展。

康熙时期还对京畿浑河进行了修治。浑河从山西北部黄土高原携带大量泥沙而下，流经畿南，“冲激震薄，迁徙弗常”，不时与畿南诸水合流，泛滥为灾，素有“小黄河”之称。康熙把治理浑河视作治黄以外的第二大工程，曾多次亲往督修。康熙三十七年，从良乡张家庄到东安郎神河之间长达二百余里的新河道竣工，两岸束以长堤，终于使浑河水泛滥得到控制。竣工后的新河，更名为“永定河”。从此，旧河两岸“斥卤变为膏腴”（《清圣祖实录》卷二百五十六），昔日“泥村水乡，捕鱼虾而度生者，今起为高屋新宇，种谷黍而有食矣”（《永定河志·宸章·阅河长歌序》）。

其他如疏浚苏松河道，开凿宁夏大清、惠农各渠，等等，都是清前期朝廷组织的大型水利工程，这些工程减轻了水患，同时使大量农田得到灌溉，促进了农业生产的发展。

（二）兴修海塘

明代对海塘的重要性有进一步认识，修筑海塘的次数之多、规模之大，远超前代。洪武、永乐、宣德各朝，朝廷主持的大的海塘工程一直不断，有的使用民夫多达数十万人。修筑海塘的方法也在探索中不断改进、完善。从明初开始，部分海塘由土塘改建为石塘。成化时期，有人认为海塘溃决多是塘石叠砌势陡所致，随后将其改为陂陀形，“竖石斜砌，磊碎石于内去之”。

江浙海塘工程也是清前期较大的水利项目之一。海塘北起江苏常熟，南至浙江杭州，全长约400公里，捍御着富庶的江南沿海地带不受海潮侵袭，作用至关重要。清前期，特别是雍正时期，朝廷对海塘工程投入大量人力物力，“易土塘为石塘，更民修为官修，巨工累作，力求巩固”（《清史稿·河渠三》）。其中海宁老盐仓鱼鳞石塘工程从康熙末动工，到乾隆四十八年（1783年）竣工，工期长达近70年，将“旧有柴塘，一律添建石塘四千二百余丈”（《清史稿·河渠三》）。图8-2为明代五纵五横鱼鳞大石塘示意图。

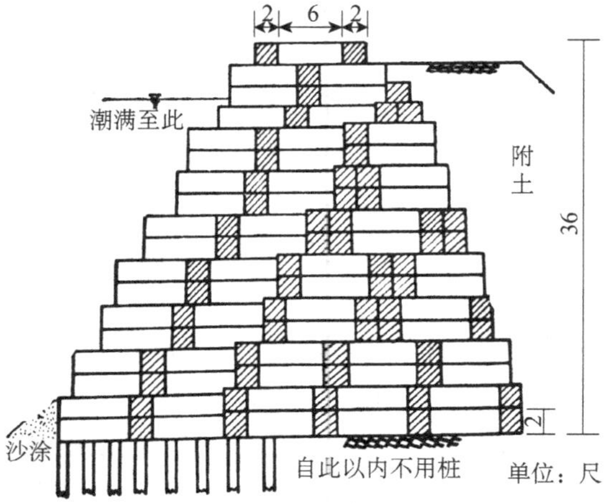

图8-2　明代五纵五横鱼鳞大石塘示意图①

（三）畿辅水利

北京是明清两代全国的政治中心，虽邻近海河流域，但长期水旱频繁，农业生产低而不稳。明清时期曾有多人主张在京畿兴水利种稻，如明万历时，徐贞明在永平垦辟水田3.9万亩；汪应蛟在葛沽、白塘一带垦田5000余亩；天启间董应举在京畿屯田18万亩。清雍正时近畿发生大水灾，怡贤亲王允祥主持水利营田，分设了京东、京西、京南和天津四局，几年间共开水田6000多顷。但由于屯田种稻水源“赢缩靡常”，并触犯豪绅利益，受到阻挠和破坏，加之允祥之后水利设施被严重破坏，乾隆便下诏停止在此营田。其后，虽林则徐、吴邦庆等人多次倡导发展水田，并无实效，只是到清末时为解决军需粮秣问题，在天津屯田种稻，取得一定成效（《清史稿·河渠四》）。

（四）新疆水利与坎儿井

清代统一新疆以后，在新疆屯田，发展水利，如乾隆二十九年（1764年）在巴里坤兴办屯田，开凿渠道2000丈，第二年又开新渠3000丈。嘉庆年间，伊犁成为当时屯田中心，如嘉庆七年（1802年）在伊犁河北岸修建大渠和通惠渠，“灌田数万顷”（《西陲要略》卷六）。至道光年间，兴修水利的重点转到南疆，吐鲁番成为水利最发达地区。据《新疆图志·沟渠志》所载，至光绪末年新疆共有干渠944条，支渠2332条，灌田亩数达1119万亩。

为了解决新疆气候干燥、雨水短缺、蒸发量大、地面流水渗漏严重问题，新疆除利

① 梁家勉. 中国农业科学技术史稿[M]. 北京：农业出版社，1989：471.

用河流和地下水（打井）灌溉外，还广泛利用雪水灌溉，并创造涝坝将暴雨径流或多余的河水集中起来，以备缺水时应用。为了减少渗漏，新疆人民还用毛毡或草皮、砾石铺砌渠底；又架槽引水，把雪水从山坡引下来，越过砾石带，直接流入农田，从而避免了不必要的消耗。

新疆最具特色的水利工程应推坎儿井。对坎儿井的记载最早见于清人和瑛的《三州辑略》，其中记载嘉庆十二年（1807年）吐鲁番西20里的雅尔湖地已有“卡尔井”。《清史稿・河渠四》亦载：“吐鲁番地亩多系掘井取泉，名曰卡井，连环导引，其利甚溥。”卡井即坎儿井，它是利用雪水渗漏入砾石层的伏流或潜水作水源，将水导入农田进行灌溉生产的一种水利工程，它包括暗渠、明渠、竖井和涝坝四个部分。暗渠的作用在于把水源引流到明渠中，开挖暗渠前每隔三四丈挖一竖井，一则了解地下水位，确定暗渠位置，二则便于开挖和维修暗渠时取土和通气。坎儿井既可利用深层水位，又减少水的蒸发，避免风沙埋没，是适应当地自然条件的巧妙灌溉工程。据《新疆图志・沟渠志》记载，北疆的巴里坤、奇台、阜康，南疆的哈密、鄯善、吐鲁番等，都有坎儿井。图8-3为坎儿井构造示意图。

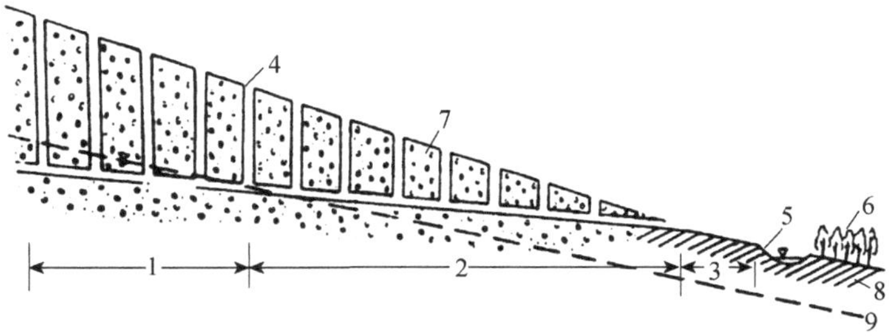

图8-3　坎儿井构造示意图①

1. 进水部分；2. 输水部分；3. 明渠；4. 竖井；5. 涝坝；6. 灌区；7. 砂砾石；8. 土层；9. 潜水面

坎儿井是新疆人民发展水利事业的一大创造发明，是荒漠地区特殊灌溉系统，它与万里长城、京杭大运河并称为中国古代三大工程。吐鲁番的坎儿井总数达1100多条，全长约5000公里。

（五）地下水的利用

地下水的利用包括井水和泉水两大部分。井水灌溉多在北方，泉水多在南方。

北方井灌主要集中在河北、河南、山西、陕西等地。据记载：“农力稼穑，有余羡即凿井制水车，以资灌溉。”（同治《栾城县志・风土》卷二）顾炎武《天下郡国利病书・河南》载，河南“仿古井田之制，每田百亩，四隅及中各穿一井。每井可灌田二十亩，四围筑以长沟，深阔各丈余。旱则掣井之水以灌田，潦则放田之水以入沟”。在陕西关中，最初是在蒲城、富平开凿，康熙时王心敬著《井利说》加以倡导。至乾隆二年

① 唐珂. 农桑之光——中华农业文明拾英[M]. 北京：中国时代经济出版社，2011.

（1737 年），时任陕西巡抚的崔纪，亦曾大力倡导凿井，称：陕西有旧井 76 000 口，拟新开井 68 980 余口，约可灌田 20 万亩。后于西、同、风、汉四府，乾、分、商、兴四州开井 32 900 余口。其后陈宏谋又凿井 28 000 余口，增强了当地农业生产的抗旱能力。

南方井灌很少，而利用山泉灌溉却很普遍。据相关文献记载，闽、浙、两广、云、贵、川等地，随处都有蓄潴涌泉或壅积谷泉的地方。如据嘉庆《广西通志》记载："全州以井名者，几全是泉潭，并多涌泉，深不见底，灌溉面积甚广。"

（六）用水五术与《泰西水法》

"用水五术"是徐光启在《旱田用水疏》中总结的系列用水经验，它从水位、流速、流量以及蓄水、引水和取水的方式方法等方面，来考虑各种水源的利用，基本符合近代水利学的原理，对后世影响很大。其主要内容为（《农政全书》引《旱田用水疏》）：一是用水之源。就是指对山泉及地下喷泉的利用。其中对水源高、低、缓、急、远、近等用法都作了较详尽的规定和说明。二是用水之流。指对江、河、塘、浦等水流的利用。三是用水之潴。指对湖荡、沼泽等积水的利用。四是用水之委。指滨海地区江河出口处以及海中岛屿、沙洲上水流的利用。五是作源、作潴以用水。这是指在高原缺水地区，依靠人力开凿水井或修筑池塘、水库蓄积泉水或雨水、雪水，加以利用。

明末，西方来中国从事宗教活动的耶稣传教士，在传教的同时还传入一些西方科学知识。如明徐光启与来华的意大利传教士熊三拔在万历四十年（1612 年）合译《泰西水法》一书，该书较系统地介绍了 17 世纪初欧洲耶稣教会所掌握的水利知识。《泰西水法》共六卷，第一卷介绍龙尾车，就是用于江湖河港的螺旋提水器；第二卷介绍玉衡车和恒升车，即提吸井水的双筒唧筒和单筒唧筒；第三卷介绍水库；第四卷介绍找泉作井的方法；第五卷介绍水忙和检验水质的方法；第六卷是诸器图式。徐光启在《农政全书》中只引用了前四卷，清《四库全书总目》的农家类曾加著录。《泰西水法》是最早介绍西方水利知识的书籍，有一定历史地位和影响。

二、土地利用技术的发展

随着人口的不断增长，明清两代除了恢复废耕抛荒地，也有新垦地以及与水争田、向山要地，农田开发有了不少因地制宜的创造。

（一）湖广堤垸和垸田

江汉平原原是一个湖沼星罗棋布的地方，宋代开始在此修筑堤垸，明清时期进入全面开发阶段。明成化后，"佃民估客，日益萃聚"，潜江、沔阳、监利等州县大修圩垸。到嘉靖时期，垸田增加更多。清代随着江汉平原人口的增加，乾隆时又掀起围垦高潮，当时仅江陵、沔阳、汉川、天门、潜江、孝感 6 州县就有 2100 余垸，尤以沔阳最多，有 1398 垸，圩田面积 400 万亩。清末时，江汉平原"昔之名湖者，大半已变为桑田，丈量起科，赋输朝廷”（同治《楚北水利堤防纪要》卷二）。

洞庭湖地跨湘鄂两省，临湖有17个县，历史上曾是长江流域的最大湖泊。宋代以前就有一些垦殖活动，但大规模围垦还是在明清时期。明末已是“向之废弃湖地，今如膏腴之产”（鄂尔泰等编《雍正朱批谕旨》中迈柱十一年八月二十九日奏折）。

洞庭湖堤垸，据统计，明代有100多处，而清代增加到四五百处。这些堤垸工程质量不高，经常溃口成灾，为确保财政赋税收入，清康熙末年拨款帮修，始有官垸民垸之分，并把部分民垸改为官垸。至嘉庆七年（1802年），“湖南濒湖十州县，共官围百五十五，民围二百九十八，刨毁私围六十七，存私围九十一”（《皇朝经世文编》卷一百一十七《湖田占水疏》）。至清末，洞庭湖区共有圩垸1000余个，垸田面积500余万亩。

由于洞庭湖区的农田开发，使得这一地区成了新的谷仓，明代中期以后就有了“湖广熟，天下足”的说法。但围垦之后水灾加剧，清代中期以后，其治理就成了非常突出的问题，曾有人提出“废田还湖”和“塞口还江”，因触犯各方面经济利益，最后都无法实行。

（二）山区开垦

由于人口激增，开山垦田也成为这一时期解决人多地少、耕地不足的重要手段之一。正如严如熤在《三省山内风土杂识》中说：“国家承平二百年于兹矣，各省生齿繁盛，浸有人满之虞，无业穷民，势难禁其入山开垦。”（嘉庆《汉南续修府志》卷二十一）

清代垦山，在四川、湖北、陕西交界山区，“流民之入山者，北则取道西安、凤翔；东则取道商州、郧阳，西南则取道重庆、夔府、宜昌。扶老携幼、千百为群，到处络绎不绝……写地开垦，伐木支椽，上覆茅草，仅蔽风雨，借杂粮数石作种，数年有收，典当山地，方渐次筑土屋数板，否则仍徙他处”①。在安徽，棚民“于崇山峻岭人迹不可通之地，开种旱谷，以佐稻粱”（《柏枧山房诗文集》卷九《记棚民事》）。在江西赣南地区，“崇山密箐，棚寮杂布”（乾隆《龙泉县志》卷十三）。在湖北建始县，“山多田少，居民倍增，稻不足以给，则于山上种包谷、羊芋、荞麦、燕麦或蕨蒿之类、深林剪伐殆尽，巨阜危峰，一望皆包谷也”（嘉庆《建始县志·风俗》）。在浙江的于潜、临安、余杭等县，也是“棚民租山垦种，阡陌相连”（《浙西水利备考》杭嘉湖三府三道总说）。

清代大规模垦山，虽然开垦了一些耕地，增加了粮食生产，同时也严重毁坏山区的森林和植被，从而给当地带来严重的水土流失和生态环境问题。

（三）盐碱地的改良和利用

中国盐碱地的改良，历史上主要采取引水洗盐、放淤压盐和种稻洗盐等几种边生产边改良的办法。明清时期，除仍沿用此三种传统改良方法外，在水源不足的地方，还创

---

① 严如熤. 三省山内风土杂识[M]//张春. 关中丛书. 西安：陕西通志馆，1934.

造了如下几种方法：

1. 绿肥治盐 据《增订教稼书》记载，其方法是，在无水种稻的地方，可“先种苜蓿，岁薅其苗食之，四年后犁去其根，改种五谷、蔬果，无不发矣，苜蓿能暖地也”（《增订教稼书》卷二）。乾隆四十三年《济宁州志》、道光二十一年《扶沟县志》及道光十八年《观城县志》等也有类似记载，表明清代中叶中国已有不少地方使用了绿肥治盐的方法。

2. 种树治盐 据道光十八年（1838 年）《观城县志·治碱》记载，当时已认识到在地面下二三尺以下不是碱土，于是采取挖二三尺深的沟，用柳橛分科插下或密压柳枝的栽培方法，这样既能抗旱，又不怕碱，十年后即能成林，此法也可用于压桑。可见在盐碱地上栽种各种树木，已有很丰富的经验，并取得良好效果。

3. 深翻窝盐 这是利用深耕或深翻破坏盐碱土的“盐根层”以提高淋盐效果，并以下层的土壤来改良表土的治盐技术。如乾隆四十三年（1778 年）《济宁州志》记载：“掘地方数尺，深四五尺，换以好土，以接地气，二三年后，则周围方丈地皆变为好土矣。”光绪十二年（1886 年）《阜宁县志》讲得更详细：“田之瘠者，卤气上腾，禾稼尽萎，名曰碱田。而其下深一二十尺，必有黑泥，农人掘地埋碱，易黑泥覆于上，地顿饶沃，亩收数钟。”

（四）冷浸田的改良和利用

宋代时已使用深耕冻垡、熏土暖田的办法利用冷浸田，到明清时期这一技术又有较大的发展，除继续采用火烧暖土外，还采用施石灰、草木灰、骨灰和烤田及放水浸田等方法。

如湖南（乾隆）《黔阳县志·风俗》记载：“煅石为灰，禾苗初耘之……转深青之色，不然则薄收，故庄稼必预办此，……煅灰者二三月间用大舡装载，放田户记簿，谓之放灰，收获之后，收灰谷，岁以为常。”说明当地煅灰、运灰、放灰已有专业户，而且具有一定的规模。

广东（光绪）《兴宁县志·风俗》还记载了用骨灰蘸秧根以适应冷浸田的栽培方法：“东乡之东，山高多阴，水寒而冽，有至芒种后始插，立冬后始获者，故必须用牛骨烧灰调水蘸根乃插，否则秀而少实。”明代《菽园杂记》记载了浙江新昌、嵊县烤田利用冷浸田的办法：“新昌、嵊县有冷田，不宜早禾，夏至前后始插秧，秧已成科，更不用水，任烈日暴，土坼裂不恤也。至七月尽八月初得雨，则土苏烂而禾茂长。此时无雨，然后汲水灌之，若日暴未久，而得水太早，则稻科冷瘦，多不丛生。”（《菽园杂记》卷十三）

冷浸田之所以能得到改良，是因为冷浸田一般属酸性土壤，土温较低，且缺乏磷、钾等元素，施用石灰、骨灰、草木灰等碱性肥料后，不仅可以中和酸性，补充磷、钾元素，还可以疏松土壤。而熏土、烤田和冬季放水浸田则可提高地温，改良土壤耕性。

（五）砂田的利用

砂田是一种极为特殊的覆盖栽培措施，主要分布在以兰州为中心的陇中地区，其他如青海、宁夏等地也有零星分布。根据《甘肃通志稿》记载，它可能是明中晚期的一项创造，近百年来有较大发展。

砂田的建设方法是：先将土地深耕，施足底肥，耙平、敦实，然后在土面上铺粗砂或卵石和片石的混合体，砂石的厚度，旱砂田约 8～12 厘米，水砂田约 6～9 厘米。耕种时拨开砂石，种作物于砂石下，仍取砂石掩覆，或从石缝中撒下种子。每铺一次砂石可有效利用 30 年左右，砂石田老化可以重新起砂、铺砂，实行更新。砂田的产量一般都超过同类不铺砂的田地，超过幅度在 10%～50%，有些作物如棉花，只有在砂田上才有收获；其他如白兰瓜，在砂田上生长，不仅产量高，而且品质好。

砂田之所以能增产，在于砂石起了覆盖栽培作用，具有增温、保墒、保土、压碱等综合性能，但砂田的更新需要大量而繁重的劳动①。

（六）南方基塘的发展

宋代时，《陈旉农书·地势之宜篇》已提到“若高田，视其地势，高水所会归之处，量其所用而凿为陂塘……堤之上疏植桑柘，可以系牛，牛得凉阴而遂性，堤得牛践而坚实，桑得肥水而沃美，旱即决水以灌溉”，这是指在塘基上种桑系牛。到明清时期，基塘生产有了进一步发展，据光绪《常昭合志稿》卷四十八载，明嘉靖年间，江苏常熟县一谭氏兄弟，在湖田洼处，凿其最洼者为池，余则围以高塍而耕种。池中畜鱼，池上建圈舍畜养猪鸡，鱼食畜粪，塍上种植梅、桃等果树，畜粪污泥还可种菰、茈、菱、芡等。这反映了太湖地区低洼地区的基塘已出现“粮-畜-鱼-果-菜”相结合的一种生产结构。又据《沈氏农书》和《补农书》载，这一生产结构于明末清初还出现在浙江的嘉兴、湖州地区，形成圩外养鱼、圩上植桑、圩内种稻，农-桑-鱼-畜相结合的生产结构。

在珠江三角洲低洼地区，由于商品经济和对外贸易的发展，广州一带亦出现了“诸大县村落中往往弃肥田以为基，以树果木”的情况。后来，在生丝出口不断增加的刺激下，又出现了挖果种桑，逐渐以“桑基”代替“果基”，形成“桑基鱼塘”生产模式。此后，除“桑基”和“果基”外，还发展了“蔗基”“稻基”“菜基”等，这些都是根据各地环境、经济或生活的需要而安排的。这一生产模式是中国水乡人民在土地利用方面的一大发明创造，亦是中国一种特有的传统生态农业模式。

第四节 农具与耕作技术的改进

一、农具的改进

宋元时期传统的农业生产工具可以说基本定型，明清时期总的趋势是在原有的基础

① 李凤岐，张波. 陇中砂田之探讨[J]. 中国农史，1982（1）：33-39.

上做了进一步的充实、改进和提高。

（一）中小型农具的增加

明清时期冶铁技术在灌钢冶铁法完善的基础上出现了苏钢冶炼法，并衍生出“生铁淋口”技术。用生铁淋口法制作的农具称为擦生农具。锄、锹、镰等农具用熟铁锻成后，熔化生铁淋口，使熟铁农具的刃口表面蒙上一定厚度的生铁熔复层和渗碳层。这一渗碳层具有高碳钢性质，再加淬火处理，故能刚劲。用这种技术制作的农具，不需夹钢打刃，制作方便，省时耐用，适合制作小农具。

1. 整地农具

（1）代耕架　“代耕架”是一种利用杠杆原理的人力耕地机械。秦汉以后，耕地已广泛使用畜力，但历史上往往因旱、涝、兵争等，耕畜遭受严重损失，影响生产。为了解决畜力的不足所造成的困难和提高使用人力的效能，曾创造人力耕架，亦称“代耕架”或“耕架代牛”，以代替畜耕。这是一种人力牵引耕地机械，是动力的改变，至于犁的本身和原来使用没有什么差异。代耕架如图 8-4 所示。

图 8-4　代耕架示意图①

人力代耕架耕地大概创于唐代，当时曾有过所谓人力“耕地机”，但具体构造不明，到明成化时则有相当发展，成化二十一年（1485 年）李衍总督陕西时，由于连年旱灾，造成耕畜严重缺乏，农业生产无法进行，于是他“取牛耕之耒耜，反观索玩，量为增损，易其机发”，制成五种“木牛”，分别叫作“坐犁”“推犁”“抬犁”“抗活”“肩犁”，这些犁可以适应山丘、水田和平地等不同耕作条件，使用人力二到三人，每日可耕地三四亩。据使用者反映：“此具，其工省、其机巧，用力且均，易于举止。”（顺治《延庆州志·艺文志》）

到明嘉靖二十三年（1544 年），郧阳府（今湖北十堰市郧阳区一带）发生牛瘟，农田无法耕翻，欧阳必进组织能工巧匠“仿唐王方翼遗制，造人耕之法，施关键，使人推之，省力而功倍，百姓赖焉”（同治《郧阳府志·官师志》）。不过，李衍的“木牛”和欧阳必进的“人耕之法”如何使用，没有详细记载。到明天启七年（1627 年），王徵的《代耕图说》中，才得知部分人力耕稼（耕稼代牛）的形制和构造细节。从《代耕图说》上看，“代耕架”就是在田地两头分别设立一个人字形的木架，每个木架各装一个

① 梁家勉. 中国农业科学技术史稿[M]. 北京：农业出版社，1989：466.

辘轳，在辘轳中段缠以绳索，索中间结一小铁环，环与犁曳钩，自如连脱。辘轳两头安上“十”字交叉的橛木，手扳橛木，犁自行动。使用时，三人合作，田地两头各一人，交递相挽，一人扶犁，使之一来一往（《守山阁丛书》子集，第67册）。

使用人力耕地机械，要三人同时操作，效率也不是很高，且用途单一，因此，在小农经济条件下，不可能广泛推广使用。

（2）深耕犁 中国传统犁耕地的深度一般较浅，只有几寸，“老三寸”是指旧式犁耕深只能达到三寸。至清代，犁的耕深已有所突破。如《马首农言》提到的“特用深犁”就是一例。此外《知本提纲》也提到过深耕犁，称“有浅耕数寸者，有深耕尺余者，有甚深至二尺者”。耕地选用犁之大小，耕之深浅，主要根据土壤种类及耕翻目的不同而异。《知本提纲·农则》载，“用犁大小，因土之刚柔，刚土宜大，柔土宜小”；并有专门用于开荒的“坚重大犁，或二牛、或三牛以开之”。

（3）匍蓑 匍蓑是一种用来将禾兜打落的工具。据清《致富纪实》载，湖南善化在早稻收后，“不再犁田”，而“用匍蓑将禾兜打落”，后季晚稻便可插秧。其形制大概是一种类似雁翅的辊轴，这种小农具在栽培双季稻地区很实用，因为栽培双季稻要求“黄秧落地赶时晨”，即前茬收刈后，晚季稻要尽早栽插，利用匍蓑，可以省去耕耙耖等作业，以便争取时日，提早插秧。

（4）塍铲和塍刀 塍铲和塍刀都是整治田埂的农具，塍刀形制较塍铲狭长，二者均可直切，但塍刀又能横削，在丘陵地区的零碎田块上使用更方便。清《梭山农谱·耕谱》有它们形制、尺寸及用法的详细介绍。

2. 中耕和治虫农具

（1）漏锄 漏锄亦名露锄，是北方旱作中耕除草工具。清《农言著实》有记载，它比常锄小，刃宽3寸，而锄身有一窗形空隙，此锄的特点是能锄地而不翻土，锄后土面平整有利保墒，且使用轻便。

（2）虫梳 虫梳是治虫的工具。据清《梭山农谱》载，它是以竹制成有尺把长的梳子，夹在长竹的一头，并用麻捆牢，在稻间梳行可杀食叶的卷叶螟或稻苞虫之类的害虫。

（3）滑车 滑车是中国北方专治黏虫的一种农具，样子有点像独轮车。据清《治蝗书》载，只要用一人把滑车“推入垄间，则两旁插尺包抄禾苗，拔动虫物滚入布袋……换垄推之，数次可尽”，确是一种构思极巧的农具，直到20世纪50年代，中国华北地区仍在使用。图8-5为捕黏虫滑车。

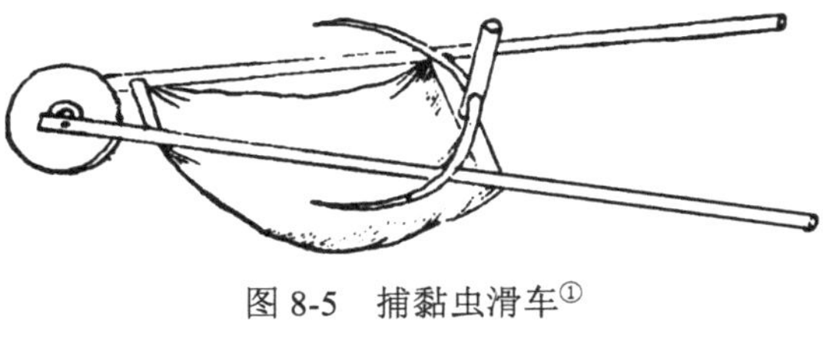

图8-5 捕黏虫滑车①

① 梁家勉. 中国农业科学技术史稿[M]. 北京：农业出版社，1989：468.

3. 收获和脱粒农具

（1）锯镰　锯镰在清代江南地区的地方志中多有记载，主要是刃部用钢制成且有细齿，是割稻、割麦的专用工具，其后在全国许多地区流行。

（2）稻床　稻床是一种脱粒稻谷的农具。元代以前稻谷脱粒采用掼稻簟，到明代便改用稻床，《便民图纂》《海盐图经》均有记载。稻床一般为竹木结构，但它的形制各地各不相同，如安徽芜湖一带是木制方框，长约六七尺，宽五尺左右，装上四脚。木框分成六格，各格以竹片侧立，排成若干窄缝。掼稻者多可六人站立于稻床六格外方，将稻把在竹片上掼打，稻粒随即自窄缝落下。这种农具不但工效高，还能提高脱净率。稻床如图 8-6 所示。

图 8-6　稻床①

除上述稻床外，在有些地方还有一种更简便的脱粒农具——稻桶。它是一方形木桶，底有两根平行纵木，便于在烂湿的稻田内滑行，四面可立人掼稻脱粒，可将场上的脱粒工作移至田内进行。

4. 灌溉农具　拔车即手摇的小型龙骨车。明《天工开物·乃粒》说："其浅池，小浍不载长车者，则数尺之车，一人两手疾转，竟日之功，可灌二亩而已。"拔车简便灵巧，移动方便，特别适用于南方水网地区，直到实行电灌之前还广泛使用。

（二）风力农具的发展

明清时期风力农具有很大发展，主要是风力驱动的筒车和龙骨车。明代洪武年间童冀的《水车行》就描述湖南零陵利用风力转动筒车的情况，并说当地家家使用，这种风车轮盘直径三丈，全靠风力转动，不用人力，一台风车可溉十家之田（《古今图书集成·考工典》卷二百四十四，水车部）。至于风力水车，宋应星的《天工开物·乃粒》中有记载："扬郡以风帆数扇，俟风转车，风息则止。"方以智的《物理小识·器用类》也说"淮、扬、海三处，用风帆六幅，车水灌田"，说明风车在浙西和苏北使用很普遍。

二、耕作技术的进步

明清时期，人们对土壤耕作又有新的认识，如马一龙在论述耕作时说："合天时、地脉、物性之宜，而无所差失，则事半而功倍矣。"清代杨屾将"耕道"进一步概括为"通变达情，相土而因乎地利，观候而乘乎天时。"（《知本提纲·农则》）杨屾所讲和马

① 宋树友. 中华农器图谱（第一卷）[M]. 北京：中国农业出版社，2001：330.

一龙论述的耕作基本原则，除包含着时宜、地宜外，还明确指出“物宜”，将物宜正式纳入耕作基本原则，是明清时期的一大发展。

（一）南方水田耕作技术的进步

1. 提倡深耕和精耕　马一龙《农说》中首先提出“农家栽禾启土，九寸为深，三寸为浅”的深耕标准。《沈氏农书》曾把“耕翻施肥之法”扼要地归纳为“一在垦倒极深”“一在多下垫底”。清代的《潘丰裕庄本书·课农区种法直讲》还提出深耕到二尺以上的要求。不过，《齐民四术·任土》等则提到深耕不宜耕翻得过深，否则会造成“老土害禾”和水、肥漏失。所谓“老土”，即“年年耕所不及之极土”，亦即“犁底层”。为了耕深，明清时还创造了套耕的方法，套耕方法有三种：一是人垦和牛耕相结合的套耕法，如《吴兴掌故集·禾稻》记载：“湖耕深而种稀，其土力本饶沃，种不稀者至秋多病虫。尝见归云庵老僧言，吾田先用人耕，继用牛耕，大率深至八寸，故倍收。”二是双犁结合的套耕法，如《知本提纲·修业章》记载：“山原之田土燥而阴少，……耕必用双牛大犁，后即加一牛独犁以重之，然后有以下接地阴。”四川《彭县志》卷三也说：“深耕之道，每犁辄复之，然后及于次犁，则苗之得地力也厚，故吾之禾不偃，其穑壮也。”三是铁搭套耕法，《沈氏农书》说的“二三层起深”，即用铁搭翻二到三层，深度可达七八寸至尺余。对于精耕，马一龙《农说》称，要求“兹基寸隙，不立一毛”[①]，即处处耕到，块块翻转，不漏耕一寸之地。

2. 冻土晒垡　冻土晒垡在《沈氏农书·运田地法》中有很详细说明，其中说：“垦地须在冬至之前，取其冬月严寒，风日冻晒。……垦地、倒地，非天色极晴不可，若倒下不晒一日，即便逢雨，不如不倒为愈。”“古称‘深耕易耨’……切不可贪阴雨工闲，须要晴明天气，二层起深，……春闲倒二次，尤要老晴时节。”至于稻田起板、耙耮、灌水融冻的原则和作用，《齐民四术·任土》中亦有记述。

3. 开沟作畦　开沟作畦在南方对于小麦、棉花等旱作物栽培是一项很重要的技术措施。《农政全书·谷部下》“麦”条说：“南方种大小麦，最忌水湿，每人一日，只令锄六分，要极细，作垄如龟背。”同书“木棉”条又说：“棉田秋耕为良，……‘清明’前作畦畛，土欲绝细，畦欲阔，沟欲深。”这里所说的“垄”即“畦”，或称“畦畛”。关于开沟作畦在生产上的意义，《耕心农话·棉花考》说：“平原须作畦畛，两畦间一畎一畛，盖畎以泄水，畛以立脚。再畚畎土，加于畦背起脊，则不蓄水，而易于透风也。”

《补农书》还进一步说道：“旱（种）麦又有几善。垦沟、锹沟便（于）旱，旱则脱水而轮燥，力暇而沟深，沟益深则土益厚；旱则经霜雪而土疏，麦根深而胜壅，根益深，则苗益肥，收成必倍。”[②]这是说做好畦沟不仅有利于当季小麦的生长发育，也为下

① 宋湛庆.《农说》的整理与研究[M]. 南京：东南大学出版社，1990：106.

② 陈恒力，王达. 补农书校释[M]. 北京：农业出版社，1983：39，106.

茬水稻生产创造了良好的条件，所以《补农书》又说："轮燥、土疏、沟深，又为将来种稻之利。"

（二）北方旱地耕作技术的完善

1. "浅—深—浅"耕作法 所谓"浅—深—浅"耕作法，是根据清代杨屾《知本提纲》提出的"地耕三次，初耕浅，次耕深，三耕返而同于初耕"。该书同时指出："耕之浅深，必循定序，然后暄照均匀，土性易变，故初耕宜浅，惟犁破地之肤皮，掩埋青草而已。二耕渐深，见泥而除其草根，谚曰'头耕打破皮，二耕犁见泥'，盖言其渐深而有序也。"（《知本提纲·农则》）这里的"头耕打破皮"就是浅耕灭茬，很有利于保墒，是耕作技术的新发展。因此，"浅—深—浅"耕作法成为中国北方抗旱保墒的重要方法之一。

2. 中耕"四序"和"深刨窝跌弹" 《知本提纲》在前人经验的基础上，进行了中耕"四序"的总结："四序者，谓初次破荒，二次拔苗，三次耔壅，四次复锄其耔壅也。破荒者，苗生寸余，先用粗锄，不使荒芜，若苗高草长，则为荒芜，即锄亦萎而不振，所收必歉。二次拔苗，其功稍密，将初次所留多苗均布成行，惟留单株。三次耔壅，将所锄起之土，壅培禾根之下，防其倾倒。四次复锄耔壅，使其坚劲。四次功毕，无力则止，如有余力，愈锄愈佳。"而且四次中耕"各有浅深之法；一次破皮，二次渐深，三次更深，四次又浅，同于二次"（《知本提纲·农则》）。总之，四次中耕各有其作用，然而从抗旱保墒出发，同样要掌握"浅、深、浅"的原则。

"深刨窝跌弹"也是当时的一项重大创造，蒲松龄在《农蚕经·农经》中提出"深锄过垄，前后留窝"，这样做"不唯地松发苗，窝深存水，则不易干，即至耕时，旱亦不至于甚干，干亦无甚大块，其效多矣"。这就是说在雨季来临前，进行深刨地，既能使土壤松细，又要使满田有锄窝，窝深能多蓄雨水。《马首农言·种植》谈到山西寿阳中耕经验时也提出"深锄后耧"的要求，当地"深锄后耧"也就是深中耕，并说这种做法"俗谓刨窝跌弹，使雨水不散，亦不畏风"，同时还指出"头伏耧，满罐油；二伏耧，半罐油；三伏耧，没来油"。这就是说"深刨窝跌弹"要注意季节性。

3. 免耕播种法的发展 免耕播种法具有争农时、赶季节、解决多熟种植与农时的矛盾的作用。

中国免耕播种法早在《齐民要术》上就有记载，当时称"稿种"。至明清时期免耕播种法有很大发展，不论在稻田或旱地，也不论在北方或南方都有不少经验。

（1）双季间作稻和连作稻的免耕栽种 双季间作稻是将晚稻秧插在早稻行间，是不耕而栽的，明初的《农田余话》卷一记载："一垄之间，稀行密莳，先种其早者，旬日后，乃复莳晚苗于行间，俟立秋成熟，刈去早禾，乃锄理培壅其晚者，盛茂秀实，然后收其再熟。"明弘治《温州府志》和嘉靖《瑞安县志》也有类似记载。可见，至迟在明前期，闽、广、浙均有这种双季间作稻的免耕栽培法。至清代时，《江南催耕课稻篇·早稻之法》更明确指出，当时福建在"晚稻之秧已茁"时，"即植于早稻之隙，若寄生焉，而不相害；及早稻刈，则晚稻随而长，田不必再耕，且早稻之根，即以粪其田，而土愈肥，可谓极人事之巧矣”。清代江西、湖南等地的农书和不少地方志中均有类似的记载，说明这种方法已在不少地方采用。

双季连作稻一般是在早稻收后，再耕耙插秧，但清代也有些地方是不耕而栽的，如《致富纪实·区田》载，在湖南善化有的地方，“二禾（晚稻）质最弱，头禾收割，要留倾泥，不再犁田，铺石灰一道，用匍蓑将禾兜打落，便可插秧”。这是由于早稻收后如再耕耙整地而插秧，时间太迟，所以不再犁田，只用匍蓑在田里将早稻根茬打入泥中后立即插秧，这样可缩短时间，早插晚稻，从而提高产量。

（2）稻豆复种和套种的免耕播种　明《天工开物·乃粒》指出：“江西吉郡种法甚妙。其刈稻田，竟不耕垦，每禾稿头中拈豆三四粒，以指扱之，其稿凝露水以滋豆，豆性充发，复浸烂稿根以滋。已生苗之后，遇无雨亢干，则汲水一升以灌之。一灌之后，再耨之余，收获甚多。”清代《抚郡农产考略》也记载了江西抚州地区普遍采用稻豆复种免耕播种的方法。

此外，清《三农纪》还总结了四川什邡地区稻田套种豆类时采用免耕法的经验：“泥豆，早稻半黄时漫种田中，经一宿，放水干。苗二三寸，刈稻留豆苗，去水耘锄，八九月熟。”[①]《齐民四术》卷一也记有江浙及安徽种豆免耕的情况：“稻八月获者，于未获前，撒泥黄豆于禾下。”其他如江西《抚郡农产考略》，嘉庆《九江府志》，同治《衡阳县志》等均有类似记载。

（3）麦棉套种、麦豆套种的免耕播种　《农政全书》指出：“穴种麦，来春，就于麦垄中，穴种棉。”《齐民四术》卷一也说：“小麦地套种棉花者，不翻地。”这些都是麦棉套种免耕的记载。麦豆套种不耕的记载也不少，如《农政全书》指出“麦沟口，种之蚕豆”；《补农书》则说“俗亦有下豆于麦棱”[②]。其他如《抚郡农产考略》和《救荒简易书》等都谈到江西抚州和湖北钟祥等地在麦垄间套种大豆的经验，也属于不耕而种的情况。

（4）粮肥套种的免耕播种　清《浦泖农咨》说江苏及松江一带，“于稻将成熟之时，寒露前后，田水未放，将草籽撒于稻肋内，到斫稻时，草子已长，冬生春长，三月而花，蔓延满田”（《浦泖农咨·耕作》）。《三农纪》说苕子是“蜀农植以粪田”，在“稻初黄时，漫撒田中，至明年四五月收获”[③]。这些都是粮肥套种的免耕播种。

---

① 邹介正，刘乃壮，谢庚华，等. 三农纪校释[M]. 北京：农业出版社，1989：233.

② 陈恒力，王达. 补农书校释[M]. 北京：农业出版社，1983：111.

③ 邹介正，刘乃壮，谢庚华，等. 三农纪校释[M]. 北京：农业出版社，1989：235.

第五节　作物结构变化和多熟制发展

一、新作物的引进

明代中期以后，随着中国对外交流的发展，中国从海外引进几种重要作物，它们是甘薯、玉米、马铃薯、花生和烟草。这几种作物都原产美洲，是自哥伦布发现新大陆后，西班牙人把它们先带到欧洲，以后经由不同的途径，先后传到中国。

（一）甘薯

甘薯，又称番薯、山芋、朱薯、红山药、番薯蓣、金薯、红薯、白薯、土瓜、红苕、地瓜等，为旋花科植物。

甘薯传入中国的时间，据《闽小记》卷一载，“万历中，闽人得之外国……初种于漳郡，渐及泉州”；又据苏琰所著《朱蓣疏》称，在明万历十一年至十二年间，有人把甘薯由海上带至晋江，万历二十二年至二十三年，泉州一带发生饥荒，“他谷皆贵，惟薯独稔，乡民活于蓣者十之七八，由是名曰朱蓣”①，表明这时泉州已经大量种植甘薯。而据陈世元《金薯传习录》上载，福州引种甘薯是在明万历二十一年，由福建长乐县商人陈振龙从菲律宾带回来的，次年，巡抚金学曾在全省推广。

据《东莞凤岗陈氏族谱》载，广东番薯的种植是东莞人陈益于万历八年（1580 年）赴越南，万历十年从越南把薯种带回东莞的。《电白县志》还有医生林怀兰冒着风险，把薯种从越南带回电白的记载。

另据晋江市安海镇赤店村发现的《朱里曾氏房谱》，其中有明洪武二十年（1387 年），苏得道从苏乐（即苏禄）引进甘薯到苏厝村的记载，因此，甘薯传入中国的最早时间应在明代初期②。

（二）玉米

玉米何时引入中国，据 1476 年写成的《滇南本草》，其中已有“玉麦”一词，嘉靖三十四年（1555 年）的《巩县志》亦有玉麦一名，似乎玉米应早在 15 世纪已引入中国。不过，对玉米的详细描述目前见于嘉靖三十九年（1560 年）的甘肃《平凉府志》，其中记载：“番麦，一曰西天麦，苗叶如蜀秫而肥短，末有穗如稻而非实。实如塔，如桐子大，生节间，花垂红绒在塔末，长五、六寸，三月种，八月收。”可见至迟于 16 世纪中期，玉米已传入中国。

此后，杭州人田艺蘅所著的《留青日札》（1573 年）也提到过玉米，称杭州已“多有种之者”。与《留青日札》同时期的《本草纲目》也有“玉蜀黍”一条，具体记载了

---

① 梁家勉. 中国农业科学技术史稿[M]. 北京：农业出版社，1989：485.

② 李天锡. 华侨引进番薯新考[J]. 中国农史，1998（1）：107-113.

玉米的形态和性状，并附有插图。清中期后，全国大部分地区都有玉米栽培，清张宗法的《三农纪》说玉米“南人呼为苞果，楚人呼为苞麦，河洛人呼为玉粱”。19世纪中叶吴其浚《植物名实图考》也说“陕蜀黔湘皆曰苞谷，山氓恃以为命，大河南北皆曰玉露秫秫”。

（三）马铃薯

马铃薯又叫洋芋、土豆。根据相关文献，1650年荷兰人斯特儒斯到台湾，在台湾见到栽培的马铃薯，称为“荷兰豆”①。大陆上栽培马铃薯的时间，根据纂修于1700年的康熙福建《松溪县志》说：“马铃薯，叶依树生，掘取之，形有大小，略如铃子，色黑而圆，味苦甘。”表明马铃薯最初可能是从南洋或荷兰引进中国台湾、福建等地，再传入内陆。

对马铃薯记述较详细的是19世纪中叶的《植物名实图考》，书中说：“阳芋，滇黔有之……。山西种之为田，俗呼山药蛋，尤硕大，花色白，闻终南山氓种植尤繁，富者岁收数百石云。”（《植物名实图考·蔬》）可知，当时中国西南的云贵和西北的山西、陕西都已种植马铃薯，山西、陕西则有较大面积生产。据光绪四川《奉节县志》记载，马铃薯是18世纪时传去的，至19世纪末，马铃薯已成为奉节最重要的粮食作物之一。此外，光绪四川《大宁县志》卷一说：“羊芋……邑高山多种此，土人赖以为粮。”道光《宁陕厅志》说：“洋芋……山多种之，山民藉以济饥者甚众。”道光湖北《施南府志·风俗》更说：“郡中最高之山，地气苦寒，居民多种洋芋。”这些都说明，山高苦寒，连玉米、甘薯都不适于栽培的地方则种马铃薯。马铃薯生长期短，适应性强，宜于播种的季节长，即使气候冷凉，新开垦的或瘠薄山地，亦可栽培。因此在自然条件较差的地方，推广比较迅速，种植亦多，它成为这些地区劳动人民的主要粮食及常用蔬菜。

（四）花生

最早详细记载花生种植的是弘治《常熟县志》、弘治《上海县志》、正德《姑苏县志》和黄省曾的《种芋法》等。太仓人王世懋的《学圃杂疏》也说：“香芋、落花生，产嘉定。落花生尤甘，皆易生物，可种也。”但《本草纲目》《农政全书》中没有提到花生，说明当时太湖地区种植尚不普遍。

浙江种植花生，据康熙《衢州府志》卷二十三说：“落花生，种自闽中，堆沙植之，花落沙土，结实如茧。”《山阴县志》《瑞安县志》说花生来自闽广。

《滇海虞衡志·志果》说广东的花生是“粤估从海上诸国得其种归种之”。《广东新语·草语》记载闽广地区清初种植花生已很普遍。湖南种花生开始于康熙初年，到道光初已相当普遍。黄淮以北地区种花生比长江流域晚些，但最晚在18世纪中叶，花生在

---

① 何炳棣. 美洲作物的引进、传播及其对粮食生产的影响（三）[M]//大公报编辑部. 大公报在港复刊三十周年纪念文集（下卷）. 香港：大公报，1978：673-731.

北方已不是罕见的食品了。

（五）烟草

烟草也叫“淡巴菰”，原产于拉丁美洲的厄瓜多尔。烟草传入中国的最早时间大约在明正德、嘉靖间，由葡萄牙人引入广西合浦。1980年，在合浦县上密明代遗址出土有3件瓷烟斗，是迄今国内发现最早的烟斗实物[①]。根据学者们研究，烟草在16世纪中期到17世纪前期经由南北两线传入中国，其中北线即由朝鲜引进中国东北。如朝鲜《李朝仁祖实录》及中国《皇清通考》所记，17世纪前期东北多次从朝鲜运进烟草。南线又分为如下三路：①由菲律宾传到闽、广，再传入江、浙、两湖，至西南各地。《樊榭山房集》和姚旅的《露书》都说烟草是由吕宋传到福建漳、泉二州。②自吕宋先入中国澳门，再经我国台湾省，于17世纪初进到内地。如《台湾府志·土产门》记载：“淡巴菰冬种春收，……明季漳人取种回栽，今名为烟，达天下矣。”③自南洋或越南传入广东。如赵学敏《本草纲目拾遗》说：“粤志：粤中有仁草，……其种得之大西洋。”[②]《古今图书集成·草木典》广东高要县条载“烟叶出自交趾”，“交趾”即今之越南北部，古称“大西洋”即今称南洋。

烟草引入中国后，很快传遍大江南北。如《本经逢原·火部》卷一记载：“烟草……始自闽人吸以祛瘴，向后北人藉以辟寒，今则遍行寰宇。”

二、作物结构的变化

明清人口的增加，新作物的引进，农业科学技术的发展等都促使当时作物结构发生一系列变化。

（一）原有作物比重的消长

明末宋应星的《天工开物·乃粒》对全国各种粮食作物比重作了大略的估计，他说：“今天下育民人者，稻居什七，而来、牟、黍、稷居什三，麻、菽二者，功用已全入蔬饵膏馔之中。……匹海之内，燕、秦、晋、豫、齐、鲁诸道，烝民粒食，小麦居半，而黍稷、稻、粱仅居半，西极川、云，东至闽、浙、吴、楚腹焉，方长六千里中，种小麦者，二十分而一。”这一论述表明：

1. 水稻生产进一步发展　水稻生产除南方栽培外，在北方大部分省都有水稻种植的记载。到清末，水稻分布的北线已达新疆伊犁，沿河西走廊、河套和辽河流域，北界达到北纬44度。在中国的粮食作物中已占绝对优势。

2. 小麦地位进一步上升　首先，明清时期北方以小麦为中心的复种制进一步得到确立，长江流域的稻麦复种制也获得普及，而东北又成为新的小麦生产重要基地。

---

① 刘翔. 明清两代烟草种植及对外贸易——兼论“明万历年间烟草传入中国说”有误[J]. 中国农史，1993（2）：48-55.

② 林仁川. 明清福建烟草的生产与贸易[J]. 中国社会经济史研究，1999（3）：30-38.

3. 谷子（粟、黍）、高粱等在粮食作物中的地位进一步下降　明代时，谷子、高粱仍是北方重要粮食作物，尤其在土质瘠薄的地方和灾情较重的年份。例如，《本草纲目·谷部》说："蜀黍不甚经见，而今北方最多。"但清代以后，由于玉米和甘薯引进后，首先玉米取代了一部分高粱和谷子的面积，甘薯也由南向北不断扩大。因此，谷子和高粱等的地位有些下降。

4. 豆类地位有所上升　这是由于人们已逐渐认识到豆类营养价值较高，又便于间作套种的缘故。例如，《天工开物·乃粒》说豆类："此豆甚多而贱，果腹之功，不啻黍稷也……皆充蔬代谷。"

5. 棉花生产进一步受到重视　明朝立国之初曾下令"凡民田五亩至十亩者，栽桑、麻、木棉各半亩，十亩以上倍之"。又规定"天下税粮"可以金、银、布、棉花、绢折合缴纳（《明史·食货二》）。这均对棉花生产起着很大推动作用。因此，长江中下游地区逐渐成为重要的植棉基地，黄河中下游地区也普遍植棉，蚕桑部分被植棉所取代。

此外，经济作物甘蔗、蓝靛、茶叶等也皆有较大发展。

（二）引进作物迅速扩展

引进作物中，由于玉米具有适应性强、耐瘠，在没有完全成熟前也能食用，栽种和采收均较省工、方便等特点，符合山区人民的要求，所以传入初期多在山区种植，如明末贵州绥阳县知县毋扬祖在《利民条例》中说："平地居民只知种稻，山间民只知种秋禾、玉米、粱稗、菽豆、大麦等物。"（道光《遵义府志》，转引明代绥阳知县毋扬祖《利民条例》）大致到19世纪以后，随着人口的不断增加，玉米种植不仅继续向山区，而且也向平原地区扩展。嘉庆《汉中府志》中记载："数十年前，山内秋收以粟谷为大宗。……近日遍山漫谷皆苞谷矣。"

番薯引进后发展也很快，并在救荒中起了一定作用，所以徐光启说："闽广人赖以救饥，其利甚大。"黄可润《畿辅闻见录·种薯》谈到18世纪中叶，浙江沿海地区种植番薯的情况："今则浙之宁波、温台皆是。盖人多米贵，以宜于沙地而耐旱，不用浇灌，一亩地可收千斤，故高山海泊无不种之，闽、浙贫民以此为粮之半。"

由于商品经济的刺激，烟草自传入中国后发展也很快，到清代初期，福建地区的烟草种植"其与农夫争土而分物者已十之五"，乾隆时已发展到"耕地十之六、七"（康熙《龙岩县志·土产》）。烟草在一些地区已形成特产区，正如陆耀讲：福建的浦城、浙江的塘西镇、山东的济宁州、湖南之衡州等地的烟草，都名驰遐迩（《烟谱·生产》），充分反映出烟草在中国的迅速发展。

三、多熟制的发展

（一）北方复种制的演变

明清时期，由于人口激增，以及可开垦利用的土地，特别是质量较好的土地有限，于是轮作复种得到较大发展。18 世纪中叶以后，中国北方除一年一熟的地区外，山东、河北、陕西的关中等地区已经较普遍地实行了二年三熟制或三年四熟制。这种农作制经过逐步完善，到 19 世纪前期，已基本定型。正如《农圃便览》反映的情况：一是春播和夏播作物多于秋播，春夏播除黍稷等杂粮外，还有经济作物棉花、烟草、大小蓝等；秋播的越冬作物只有小麦、豌豆、大麦等。二是每年夏至前后和八九月间是最忙碌季节，其种植制度大致是每年种一季秋粮，隔年回种一季冬作物，逐步形成冬季休闲的二年三熟制。其典型的二年三熟制的轮作方式是谷（或玉米、高粱）—麦—豆类（或玉米、谷）。

清《区种五种·修齐直指》指出，在多施肥的基础上，陕西兴平通过间套复种出现了“一年三岁”和“二年收十三料”之法，前者采用套种大小蓝及粟、麦；后者以蒜、菠菜、白萝卜、小蓝、粟、麦等间作套种，“乃人多地少，救贫济急之要法也”。

（二）南方多熟制的发展

明清时期南方稻区轮作麦类、豆类、油菜、蔬菜、荞麦等迅速发展，形成水旱轮作制，以稻麦二熟为主。除此之外，棉区的轮作换茬也有较大发展。《农政全书·木棉》载长江下游地区，“凡高仰田，可棉可稻者”，连种两年棉，再种一年稻；还有用麦和黄花苜蓿轮作的。当时流行较广的间作套种形式，根据文献记载主要有粮豆间作、粮菜间作、早晚稻套种、稻豆套种、麦棉套种、稻薯套种、稻蔗套种等。

明代以前，双季稻主要在闽、粤、浙等东南一带，明清时则逐渐扩展到广西的浔江、郁江流域和桂江、柳江、红水河流域以及桂东、桂西北地区。赣南地区双季稻发展很快，并影响到湘、鄂、川等省。在江苏，18 世纪后期双季稻的分布范围已到达北纬 33 度左右的里下河地区。

双季稻能增产多收，一般比单季稻可增产 50%以上。另一个优点是可以救急，双季稻的早稻一般都采用生长期短、收获期早的品种，遇灾后有较大的回旋余地。

随着双季稻的发展，在自然条件适宜的地区，加上麦或油料作物等，逐步发展为麦稻稻或油稻稻等形式的三熟制，如万历《福州志》载，“四月刈麦之后，仍种早晚两稻”；嘉靖安徽《太平县志》载浙江黄岩人周公的奏疏说，“其中岁可三收。既获稻，乃艺菽，收菽种麦”；《广东新语》和《江南催耕课稻篇》还载有广东和广西三季连作稻；清《抚郡农产考略》也谈到江西抚州地区常有双季稻后种麦、豆或蔬菜等的三熟制。总之，这时期南方三熟制有方兴未艾之势，由两广、福建等地向长江流域推进，这可能同这些地区人多地少，必须提高复种指数来增产粮食有关。

第六节　生态农业的发展与农业的集约经营

一、生态农业的发展

明清时期，中国南方水乡的一些低洼地区常遭水淹，难以种植，人们开始将洼地改成水塘，并堆高地面，形成一种池养鱼、地种粮的经营格局。与此同时，人们又将各类废弃物利用起来，如将农作物的糠秕、糟粕、秸秆用以饲畜，又将牲畜的粪便肥田，借以降低农业生产成本，从而将农业、畜牧业、副业联系起来，形成一个有机的生产整体。采用这种生产方法，使水、陆动植物资源都得到了充分的利用。从生态学的观点来考察，这是一种对自然资源的合理利用，也可以视为中国历史上最早出现的一种生态农业，这种生态农业记载见于李诩的《戒庵老人漫笔·谈参传》，书中详细记载了嘉靖年间常熟的农业经营者谈参经营农业的方法并因此致富的过程："谈参者，吴人也，家故起农。参生有心算，居湖乡，田多洼芜，乡之民逃农而渔，田之弃弗辟者以万计，参薄其直（值）收之，佣饥者，给之粟，凿其最洼地，池焉。因为高塍，可备坊泄，辟而耕之。岁之入，视丰壤三倍。池以百计，皆畜鱼，池之上为梁，为舍，皆畜豕，谓豕凉处，而鱼食豕下，皆易肥也。塍之平阜植果属，其污泽植菰属，可畦植蔬属，皆以千计，鸟凫昆虫之属悉罗取，法而售之，亦以千计。室中置数十甑，日以其分投之，若某甑鱼入、某甑果入，盈乃发之，月发者数焉，视田之入复三倍。……以故参之赀日益，窖而藏者数万计。"可见谈参的农业是一种包括农（粮、果、蔬）-畜-鱼在内的综合经营。

湖州是一个水稻和蚕丝产区，为了发展水稻和蚕丝生产，他们将种稻、养蚕和饲养猪羊联系起来，以糠秕、糟粕养猪，用枯桑叶饲羊，又用猪羊粪来肥稻田和桑地，形成以农养畜、以畜促农的循环。时人认为"种田不养猪，必无成功"；又说，"养了三年无利猪，富了人家不得知"（《沈氏农书》）。这样，在湖州地区形成了"农（稻、麦、油、菜）-畜（猪、羊）-桑-蚕-鱼"的综合经营方式。这种经营方式，清代又发展到浙江的嘉兴、桐乡地区和苏州震泽地区。桐乡的农业经营是："麦、豆-养羊-种桑-养蚕-养鱼"（张履祥《补农书·附录·生计·策邬氏生业》）。震泽的经营是："低者开浚鱼池，高者插莳禾稻，四岸增筑，植以烟靛桑麻"（乾隆《震泽县志·风俗》）。

清初，地处珠江三角洲的广州地区，也出现了以种果养鱼为特点的基塘生产。基就是堤埂，用以种果树；塘就是鱼池，用以养鱼。屈大均在《广东新语·养鱼种》中说："广州诸大县村落中，往往弃肥田以为基，以树果木，荔枝最多，茶桑次之，柑橙次之；龙眼多树宅旁，亦树于基。基下为池以畜鱼，岁暮涸之，至春播稻秧，大至数十亩。"这种生产方法，后来被人称为"果基鱼塘"。康乾之世，中国蚕丝畅销于外洋，成为一种获利颇丰的外贸产品，广州是当时主要的出口地，因此极大地推动了珠江三角洲地区的蚕桑生产，基塘生产亦开始从果基鱼塘转为"桑基鱼塘"。据清《高明县志》卷二记载："将洼地挖深，泥覆四周为基，中凹下为塘，基六塘四，基种桑，塘蓄鱼，桑叶饲蚕，蚕屎饲鱼。"提出了基塘的比例问题。

二、集约化农业经营的出现

集约化经营是中国传统农业的重要特点之一，它是指"把一定量的生产资料和活劳动，集中投入较少的土地，以提高单位面积产量的经营方式"①，在中国历史上称为少种多收。这种经营方式早在《齐民要术·杂说》中已经提出，宋代陈旉在《陈旉农书·财力之宜篇》中进一步指出："多虚不如少实，广种不如狭收。……农之治田，不在连阡跨陌之多，唯其财力相称，则丰穰可期审矣。"这说明古代的农学家是一致主张集约化经营的。

明清时代，随着人多地少矛盾的逐步加深，人们所拥有的耕地越来越少，在有限的耕地上生产出更多的农产品，已成为人们迫切的要求。在这种社会经济条件下，集约经营成为一个十分迫切又非常现实的问题。

明清时代的集约经营，表现为两种形式，一是改进种植方法，推广亲田、区田种植；二是增加人力、物力投入，提倡粪多力勤。

"亲田法"出现于明末，是耿荫楼（？—1638年）针对广种薄收的弊端而设计的一种种植方法。他在《国脉民天》一书中详细地介绍了这种方法："青齐地宽农惰，种广收微，欲仿古力田，普加工料，恐无力之家不能遍及，反成虚设，故立为亲田之法。"所谓"亲田"，就是偏爱偏重，加倍照顾。例如田百亩，将80亩照常耕种，另外20亩在耕种用工、耙耢、上粪等都加数倍，旱则用水浇灌，若遇丰年，此20亩收成肯定很多。如遇蝗虫发生，合家守此20亩地，亦易于捕救（《国脉民天·亲田》）。可见，这是一种典型的少种多收集约经营的方法，同时它还具有抗旱、抗蝗灾害、改良土壤的作用，不过这种方法未见有推广的记载。

"区田法"是一种十分古老的种植方法，这种种植方法不仅能少种多收，而且产量很高，因此一直为历代所重视，到明清时代更加大力提倡。例如耿荫楼的《国脉民天》、陆世仪的《论区田》、孙宅揆的《教稼书》、王心敬的《区田法》、帅念祖的《区田编》、杨屾的《修齐直指》、盛百二的《增订教稼书》、拙政老人的《加庶编》、潘曾沂的《区种法》、田道人的《多稼集》等，都做过区田的宣传。据陆世仪的记载，区田法的种植方法是："地一亩，阔一十五步，每步五尺，计七十五尺，每一行占地一尺五寸，该分五十行，长一十六步，计八十尺，每行一尺五寸，该分五十四行，长阔相乘，通二千七百区。空一行，种于所种行内，隔一区，种一区，除隔空外，可种六百七十五区。每区深一尺，用熟粪一升与区土相和，布谷匀覆，以手按实，令土种相著，苗出看稀稠存留。锄不厌数，旱则浇灌。结子时，锄土深壅其根，以防大风摇摆。古人以此布种，每

① 陈道. 经济大辞典（农业经济卷）[M]. 上海：上海辞书出版社，1983：10.

区收谷一斗，每亩可收六十六石。”（《区种十种·论区田》）又如明代《沈氏农书》记载：“凡种田固不出粪多力勤四字。”杨秀元《农言著实·杂记十条》中说：“农家首务，先要粪多……古人云，粪多力勤为上农夫，岂非农家之首务乎！？”由此可见，集中肥水、人力或“粪多力勤”成为农业生产中的一个普遍的共同要求，这种集约化经营，在太湖地区水稻生产上更为普遍，《沈氏农书》《郡县农政》《浦泖农咨》等书都有明确的反映。

第七节　作物良种选育和栽培技术

明清时期在作物良种选育和栽培技术方面都有显著的提高，并有不少新的创造和成就。

一、作物良种选育的进步

（一）粒选和穗选

谷类作物的粒选和穗选，在南北朝时期已有明确记载，到明清时期则更加完善和普及。如耿荫楼的《国脉民天·养种》认为，种地必先细拣种，方法是：“于所种地中拣上好地若干亩。所种之物，或谷或豆，即颗颗粒粒皆要仔细精拣肥实光润者，方堪作种用。此地比别地粪力、耕锄俱加数倍，愈多愈妙。……则所长之苗与所结之子，比所下之种必更加饱满，又照所法加晒，下次即用此种所结之实内，仍拣上上极大者作为种子，……如此三年三番后，则谷大如黍矣。”

杨屾《知本提纲·农则》对“择种”较之耿荫楼的“养种法”在理论认识上更加明确，在选择方法上也更加细致。其中指出“母强其子必壮”。种要“取佳穗，穗取佳粒，收藏又自得法”，就能获此效果。对选择种子地，认为既不应瘠薄，也不可太肥，但必须多上底粪。在管理上要加强中耕培土，按期浇灌，成熟期继续穗选，收获后，再进行粒选。说明混合选种技术已日臻完善。

（二）“单穗”选择与系统繁殖

清康熙帝的《几暇格物编》中曾谈到“御稻米”和“白粟”的培育经过。在丰泽园稻田中，“时方六月下旬，谷穗方颖，忽见一科高出众稻之上，实已坚好，因收藏其种，待来年验其成熟之早否。明岁六月时，此种果先熟，从此生生不已”。这种早熟、生育期短，色微红、粒长，气味香美，一年可种两次的“御稻米”就是这样从“玉田谷种”中单株选出的。康熙先命苏州等地种植，可一年二熟，且有相当高的产量，后又将种子颁给皖、浙、赣和苏北等地种植。至于白粟，则是在“乌喇地方树孔中，忽生白粟一科，土人以其子播获，生生不已，遂盈亩顷，味既甘美，性复柔和。有以其粟来献者，朕命布植于山庄之内，茎秆叶穗，较他种倍大，熟亦先时。作为糕饵，洁白如糯稻，而细腻香滑殆过之”（《钦定日下旧闻考·物产》卷一百四十九）。这种早熟质优品种也是从一般粟中发现单株培育而成，这种单株选择和系统繁殖的方法和农民中“一穗传”的传统经验一样。

这一时期由于选种技术的进步，培育出许多优良品种，如黄省曾的《稻品》和方以智的《物理小识》等记载了许多水稻品种，清《钦定授时通考·谷种》则记载了16个省233个府县的3000多个水稻品种。至于地方志记载更多，其中有抗病虫、抵旱涝、耐瘠、耐风、耐寒等各种抗逆性很强的类型，给后人留下了一份极其珍贵的遗产。

二、栽培管理技术的提高

（一）水稻栽培管理技术

1. 秧田整治和育秧技术 根据明末《沈氏农书·运田地法》记载：“秧田最忌稗子，先将面泥刮去寸许，扫净，然后垦倒，临时撚泥铺面，方可撒种。”这就是说在整治秧田时，须先将表层土刮去寸许再行垦倒，播种前再铺上一层河塘泥。

清《齐民四术·任土》进一步讲，要挑选表层土厚的农田作秧田，将其“耕劳极熟”，取浮土和牛粪，以乱草烧成火粪，然后“以石滚滚（磙磙）田使坚平”，并筛除火粪中的粗块，将火粪匀铺一寸多厚，浇水“令平湿透”，筑好坚实的田畔，然后播种。这样，不但可以清除杂草、防治病虫和提高土壤的肥力，而且秧苗在这种土壤上也容易出苗生长，还不会扎根太深，有利于拔秧移栽。

关于育秧，《沈氏农书》指出，如果秧田杂草已绝，播种可以稍稀。《浦泖农咨》（卷一）说：“秧田宜平宜松，撒秧宜匀宜浅，初落时宜稍干，干则根入泥不深，异日拔时不至脱根也。”

《齐民四术·养种》还提到一种育旱秧的方法：“又有种旱秧者，下种以水饮之，使着土即止。”这种秧田多半是以干田或旱地做成的，由于整治过程中始终不用水，仅仅下种时用水，因此秧苗生长比较缓慢，这样育成的秧苗比较老健耐旱，移栽后返青较快，抗逆性强，是一种防备春旱的有效措施，在缺水的北方地区和南方山丘区是值得重视的一项节水技术。

2. 插秧时期选择和插秧方法 秧苗移栽一般认为“满月秧”正合适，但如果遇上特殊情况，过时变成老秧，会影响其后生长。如《天工开物·乃粒》中说：“秧过期老而长节，即栽于亩中，生谷数粒，结果而已。”

关于插秧的方法，马一龙《农说》认为：“栽苗者……先以一指搪泥，然后以二指嵌苗置其中，则苗根顺而不逆。”二指嵌苗插入土中，秧眼（即秧苗植入土中的小穴）细小，秧苗才插得端正，插得稳，并减少漂秧。

3. 中耕除草 水稻的中耕除草，俗称耘耥，又称“捣荡”。其目的一是“固苗”。“固本者，要令其根深入土中。法：在禾苗初旺之时，断去浮面丝根，略燥根下土皮，俾顶根直生向下，则根深而气壮”[①]。

耘耥的另一效果是除草。《农说》认为治草于未萌之时，则“用力少而成功多”。《沈氏农书·运田地法》对于稻田除草的未萌先治说得更为精辟，它说：“平底之时，有草须去尽，如削不能尽，即拔去而后平底，盖插下须二十日后，方可下田拔草。倘插时先有宿草，得肥骤兴，秧未活而草已满，拔甚废（费）力，此俗所谓亩三工。若插时拔草先净，则草未生而苗已长，不消二十日便可拔草，草少工省，此俗所谓工三亩。”

关于耘耥的次数，潘曾沂的《潘丰豫庄本书》（卷一）要求从小满到大暑耘耥三四次。《浦泖农咨》则主张自小暑至立秋，三耘三耥。

4. 灌溉与烤田 马一龙《农说》指出：水稻抽穗扬花期间，久雨烈风，都将影响结实；而在灌浆成熟期，如田内缺水而太干燥，则稻谷会不饱满而减产；如果积水过深，往往使稻斑黑腐败，两者都会毁坏收成。《沈氏农书·运田地法》亦指出：“但自立秋后，断断不可缺水。”“若值天气骤寒霜早，凡田中有水，霜不损稻，无水之田稻即秕矣。”[②]当时还注意到稻田的水温不宜过高过低问题，《潘丰豫庄本书》中说：“三伏天太阳逼热，田水朝踏夜干，若下半日踏水，先要放些进来，收了田里的热气，连忙放去，再踏新水进来，养在田里，这法则最好，不生虫病。”《农政全书》卷七又说：“下田水不得冷”，若用山间泉水灌溉，则须“委曲导水”，加长流程，使水多经日晒。

对于水稻田的烤田，《沈氏农书·运田地法》说：“立秋边，或荡干，或耘干，必要［田干］缝裂方好，古人云：‘六月不干田，无米莫怨天。’惟此一干，则根深干苍，结秀成实，水旱不能为患矣。干在立秋前，便多几日不妨；干在立秋后，才裂缝便要车水。盖处暑边正做胎，此时不可缺水。”[③]立秋前重烤，可促使稻苗根系下扎，达到茎秆苍老的效果；立秋后要轻烤，此时即将拔节孕穗，不会影响幼穗的生长；处暑后为孕穗阶段，此时不能缺水，不可进行烤田。此外，明代《菽园杂记》和清代《梭山农谱》等指出冷水田要进行重烤，可“任烈日暴土拆裂不恤也”，重烤冷水田可促使稻苗生长（《菽园杂记》卷十二）。

（二）棉花栽培管理技术

1. 棉籽精选和温汤浸种 《农政全书·木棉》记载的精选种子是：“临种时，用水浥湿，过半刻淘汰之。其秕者、远年者、火焙者、油者、郁者皆浮；其坚实不损者必沉。沉者可种也。”这就是说棉花种子经过水选后，还要进行粒选，以提高播种质量。

杨屾的《豳风广义》卷一中指出，棉籽在播前应采用沸水烫种处理：“种时先取中熟青白好棉子，置滚水缸内，急翻转数次，即投以冷水，搅令温和，如有浮起轻秕不实棉子，务要捞净，只取沉底好子，漉出，以柴灰揉拌，灌田畦种。”《农圃便览》、方观承的《棉花图》等都曾谈到沸水烫种的方法。

---

① 宋湛庆.《农说》的整理与研究[M]. 南京：东南大学出版社，1990：35.

② 陈恒力，王达. 补农书校释[M]. 北京：农业出版社，1983：33-36.

③ 同②。

2. 早播种和合理密度 明清时代的农书大多认为清明、谷雨是棉花播种适期，因此时已不再有霜，早种可以早发。如《农政全书》指出：上海一带植棉，最好在清明前五天内播种。如果棉田冬季必须种麦，则种麦用点播，在麦间套种棉花，麦收后用追肥促使套种的棉苗生长发育。

对于棉花种植密度，明清时代各农书几乎全无例外地都主张稀植。如《农政全书·木棉》说："木棉，一步留两苗，三尺一株。"书中还列举"棉花密种者有四害：苗长不作蓓蕾，花开不作子，一也；开花结子，雨后郁蒸，一时堕落，二也；行根浅近，不能风与旱，三也；结子暗蛀，四也"。过去，植棉有"肥田密种"和"瘠田欲稠"两种说法。但徐光启认为，土壤不论肥瘠都不能密植。

当时还注意到"花王"的培养，徐光启说："吾乡种棉花，极稔时间有一二大株，俗称为花王者，于干上结实，旁枝甚多，实亦多。"他认为选用优良的种子，种得早，种得稀，土地肥沃，又遇上风调雨顺，就能培育成"花王"。

3. 打顶摘心 打顶整枝有利于棉花产量的提高，至明清时，这一技术得到发展。如《农政全书》引《张五典种法》说：棉花"苗之去叶心，在伏中晴日，三伏各一次，有苗未长大者，随时去之。……去心不宜于雨暗日，雨暗去心，则灌聋而多空干"。它比元代的《农桑撮要》中"常时掐去苗尖"的提法更明确具体。《农政全书·木棉》提出整枝的具体时期是："苗高二尺，打去冲天心者，令旁生枝，则子繁也。旁枝尺半，亦打去心者，勿令高枝相揉，伤花实也。摘时视苗迟早，早者大暑前后摘；迟者立秋摘；秋后势定勿摘矣！"以棉苗状况和节气作为依据整枝更为合理。

（三）油菜栽培管理技术

油菜又名芸薹、胡菜。早在汉代已有栽培，宋元时期栽培已较广泛。到明清时期，因榨油的需要发展较快，所以李时珍说："近人因有油利，种者亦广。"（《本草纲目·菜部》）

关于油菜栽培，《便民图纂》卷三中说："八月下种，九十月治畦，以石杵舂穴分栽，用土压其根，粪水浇之。若水冻，不可浇。至二月间，削草净，浇不厌频则茂盛。薹长，摘去中心则四面丛生子多。"徐光启在《农政全书》中所记"吴下人种油菜法"更为精细，强调积粪灰泥、精细整地、移栽管理。

此外，《三农纪》还记载四川直播油菜的方法①，并重视薹期打薹，以便促进分株生长，增加产量。例如《物理小识·草木类》中说："摘其薹心食之，枝遂旁发，结子繁衍。"

（四）几种特殊栽培技术

1. 冬月种谷和九麦法 北方平原地区，往往由于秋涝，积水难排，或秋旱，不能及时播种冬小麦，人们创造了一种迟播早收的冬月种谷法，如清张起鹏的《区田编》记

---

① 邹介正，刘乃壮，谢庚华，等. 三农纪校释[M]. 北京：农业出版社，1989：406.

载："冬至前一日拣谷种入瓮，麻布扎口，掘土穴，深四五尺。瓮倒置穴中，土封固，满十四日取出。大寒日种入熟地。春透苗生，较常谷早熟一月。"另《救荒简易书》载，河南有些地方的农民改变《区田编》中介绍的方法，不把谷种盛入瓮内，而于冬至或冬至前一天直接把谷种播入田中，结果春间也同样早熟，和经过在瓮中处理 14 天的没有差别。

除冬月种谷法外，还有一种九麦法。据民国《桓台县志·谷类》记载："光绪中叶，屡遭水灾，秋晚水退，种麦已迟。农民于冬至节时将麦种浸冷水中，旋出晾干，以后每九日浸一次，如前法，至翌年春初冻解，即行播种，至芒种节亦能如期成熟，晚种而熟早。"

冬月种谷法和九麦法都是针对秋季错过种麦谷时期所采取的一种补救方法，这对北方秋季易涝易旱地区防灾有一定意义。

2. 北方旱地抢墒播种　北方旱地往往由于春旱或秋旱的影响，使播前不能及时整地和及时下种，为了不误农时，人们总结出一些抢墒下种和抗旱播种的经验，如趁墒种麦、抢墒种豆、抗旱种粟等。

趁墒种麦是指在秋茬时，如果有秋旱趋势，不能等雨种，必须抢墒下种。抢墒种豆是指在干旱地区，为了防止跑墒，一般不耕地，通常只浅耙一遍，得雨即种。有的施行硬茬播种，即在小麦收割后，于麦茬行间开沟种豆，亦叫"麦沟豆"。抗旱种粟则是在保墒措施下适时播种，《农蚕经》五月"晚谷"条说：种晚谷，"先镑（耪）一遍，极妙。若得雨早，即骑垄种之，断不可耕，耕则难立苗"。所谓"先镑（耪）一遍"，就是麦收后的浅耕灭茬，既抢季节，又可保墒。

3. 小麦移栽　小麦移栽始于明代，据万历《崇德县志》记载："今塘右边种小麦……或下种或移秧，俱不妨田。"这就是说种小麦有的育苗移栽，有的直播，都不妨碍水稻生产。到了明末清初，有关小麦育苗移栽的记述更加详细。例如，《沈氏农书·运田地法》说："八月初，先下麦种。候冬垦田移种，每棵十五六根，照式浇两次，又撒牛粪，掀沟盖之，则干（秆）壮粒粗，收时倍获。"

小麦育苗移栽是嘉湖地区劳动人民的一大创造，它在人稠地少区域不仅可以解决与晚稻争时、争地的矛盾，起巩固稻麦二熟制的作用，而且可以避免或减轻大田直播的一些虫害，移栽小麦还有节约种子和茎秆粗壮不易倒伏的优点，但因太费劳力，并没有大面积推广。

（五）几种主要害虫的综合防治

明清时期农业害虫的防治仍以蝗虫、螟虫和桑虫为重点，在农业防治、药物防治、生物防治和综合防治方面都有进一步发展。

1. 人工捕杀　人工捕杀在明清时比较注意掌握捕杀的时机以及对除虫器械的改进。如周焘《敬筹除蝻灭种疏》认为，捕成虫不如捕若虫，捕若虫不如掘蝗卵。李秘园的《捕蝗记》认为一天之中要抓住蝗虫的"三不飞"时机进行扑杀，所谓"三不飞"

即：早晨沾露不飞，中午交配不飞，日暮群聚不飞。在光诱杀虫方面，这时更进一步总结出应在晚上进行，而且要“无月时则投扑方多。”（《捕蝗要诀·火攻之法》）

2. 农业防治 农作物面积一般都较大，用人工捕杀害虫大多费工费时，其效果也有限，因此人们常用栽培技术和耕作方法来防治害虫，明清时期农书提到的方法主要有：翻耕或“冬灌春耕”法；烤田法；轮作换茬法；合理间作法；调节播植时间法；选种蝗虫不吃的作物等。

3. 药物防治 药物防治害虫的方法也很多，在植物药剂方面，明清时期农书中所谈到的有百部、桐油、烟茎、巴豆等。如同治《浏阳县志》有一条记载：“道光间生螟，晚稻岁恒不收，截烟茎或叶入泥中，则不生。”马一龙《农说》记载：“近者田家治虫之法，多以石灰桐油布于叶上。”《农桑经》上还记载用芥子末治麦根椿象等。清代沈秉成《蚕桑辑要》中，载有喷巴豆液防止桑树毛虫和尺蠖的方法。

4. 生物防治 用黄猄蚁防治柑橘树害虫是使用最普遍的方法。这一时期还出现利用家鸭防治蟛蜞和蝗蝻的方法。如明代霍韬曾说广东“香山、顺德、番禺、南海、新会、东莞之境，皆产一虫，曰蟛蜞，能食谷之芽，大为农害，惟鸭能啖焉”（《明经世文编》卷一百八十八）。陈经纶在《治蝗笔记》、陆世仪在《除蝗记》中亦都介绍了利用家鸭防治蝗蝻的成功经验。

（六）施肥技术的发展

1. 肥料种类的增加和积制方法的发展 关于肥料的种类，《知本提纲·农则》总结有十类：“曰人粪、曰牲畜粪、曰草粪、曰火粪、曰泥粪、曰骨蛤灰粪、曰苗粪、曰渣粪、曰黑豆粪、曰皮毛粪”，这些基本上包括了当时所有农家肥。

在积制方法上，第一是非常强调养猪养羊积肥，如《沈氏农书·运田地法》说“种田地，肥壅最为要紧……古人云：‘种田不养猪，必无成功。’则养猪乃作家第一著”，并认为棚中猪多，才会囤中米多。第二是重视熏土和泥肥的发展。一般使用土草堆积火烧或烧窑式积制等方法制作熏土肥，同时充分利用湖塘泥肥。第三是使用饼渣肥。据徐光启《农政全书手札》记载的饼渣肥有：豆饼、花生饼、菜子饼、麻饼、柏饼、楂饼、大麻饼、小油麻渣、青靛渣、真粉渣、果子油渣、豆渣、糖渣、豆屑、花核屑、酒醋败糟等①。第四是骨粉骨灰的利用。根据《农政全书手札》记载的骨粉骨灰主要是六畜、鸟、兽、鱼骨之灰或骨粉。第五是重视绿肥的种植。作为绿肥使用的植物种类增加，如《农政全书》《沈氏农书》《补农书》等文献记载，当时用作绿肥的植物除苜蓿外，还有梅豆、蚕豆、豌豆、油菜、红萍、黑豆、小豆等。

2. 施肥方法的改进 明清时期，农田施肥方法的改进：一是对底肥与追肥有了进一步认识。认识到施肥不仅可以维持地力，而且有“化土”之功效。如袁黄的《宝坻劝农书·粪壤第七》说：“要使化土，不徒滋苗，化土则用粪于先，而使瘠者以肥。滋苗

① 梁家勉. 中国农业科学技术史稿[M]. 北京：农业出版社，1989：506.

则用粪于后，徒使苗枝畅茂而实不繁。”《沈氏农书·运田地法》则认为“凡种田，固不出‘粪多力勤’四字，而垫底尤为紧要”，这是强调基肥的重要。《沈氏农书》同时指出“盖田上生活，百凡容易，只有接力一壅，须相其时候，察其颜色，为农夫最紧机关”，说明当时已有看苗施肥的经验。

二是进一步指出施肥“时宜”“土宜”“物宜”“三宜”问题。如《知本提纲·农则》指出“寒热不同，各应其候”，要根据春、夏、秋、冬季节不同施用不同的肥料，如北方春天天气干燥，气温较低，宜用腐熟的人畜粪尿等速效肥；夏季高温多雨，肥料养分容易淋失或矿化，宜用草粪、泥粪、绿肥等；秋宜火粪，冬宜皮毛粪等。“土宜”要求不同土壤施用不同肥料，如阴湿之地，酸性较重，宜用火粪；沙土地宜用腐殖质较多的草粪、泥粪；黄壤宜用渣粪等。“物宜”则是要求根据作物不同施用不同肥料，如麦、粟宜用黑豆粪、苗粪，菜蔬宜用人粪等。

总之，明清时期肥料利用更加成熟和细致，种类和用法都较前代有了很大增加。

第八节　园艺与蚕桑业

一、蔬菜栽培技术的进步

（一）蔬菜种类构成的变化

1. 白菜、萝卜成为主要栽培蔬菜　南北朝时，栽培的蔬菜以葵和蔓菁为主，当时白菜和萝卜虽有栽培，但所占比重很小（《齐民要术·种葵篇》）。到宋代，白菜和萝卜逐渐受到重视，元代的《农桑辑要》和《王祯农书》中虽记述了葵，而未提到白菜。到明清时期，大多数文献在记述蔬菜时，则只提及白菜和萝卜，而不提葵和蔓菁。李时珍《本草纲目》将葵编入草部，并且特别注明是“自菜部移入此”，理由是“古者葵为百菜之主，今不复食之，故移入此”。

明清时期，白菜的地位上升是与其品种大量增加紧密相关的，尤其是结球白菜的出现是这时期蔬菜栽培的一个突出成就。如据成化《杭州府志》、万历《秀水县志》、康熙《仁和县志》、咸丰《南浔镇志》、同治《安吉县志》以及《菽园杂记》《便民图纂》等记载，当时的白菜品种主要有瓢儿菜、矮青、箭杆白、乌菘菜、塌科菜、长梗白、香青菜、矮脚白、薹菜、红白菜等许多名目。由于白菜品种多，四季可种，加上结球白菜品质好、产量高，因而很受人民群众的欢迎，最终成为人们生活中的主要蔬菜。

2. 外国蔬菜的引进　辣椒、番茄、马铃薯、菜豆、南瓜等原产南美洲，自16世纪下半叶至17世纪末，随着中外经济和文化交流的发展，它们被很快引入中国。根据研究，南瓜首见于《本草纲目》；辣椒最早见于《遵生八笺》和《草花谱》，称它为“番椒”；番茄最早见于《涌幢小品》和《群芳谱》，起初被当作观赏植物，后来才用作蔬菜；菜豆首见于《三农纪》；洋葱首见于《岭南杂记》；荷兰豆最早见于福建乾隆《泉州府志》。外国蔬菜的引进，大大充实中国的蔬菜品种，促进中国蔬菜业的发展。

3. 甘蓝类蔬菜的引种与栽培 “甘蓝”一词早在唐代的《本草拾遗》中已见著录，惟其“阔叶可食”四字很难判断它是什么植物。至明代，《本草纲目·草部》虽记有“甘蓝”一物，但从所述性状看，似《务本新书》中所说的蓝菜，而非现在所称甘蓝类蔬菜。《植物名实图考》卷四蔬菜中有甘蓝，从其所绘的图及描述看，应是指球茎甘蓝，球茎甘蓝产于北方，俗名“玉蔓菁”。

至于结球甘蓝，又名卷心菜、洋白菜、疙瘩白、包菜、包心菜等，据《北徼方物考》转引《柳边纪略》记述，清初已从当时的沙俄传入中国黑龙江一带，但在当地至19世纪仍无多大发展。另有从中亚经由新疆天山南路传入的，清代在西北各省得到缓慢发展。19世纪上半叶，结球甘蓝成为山西“汾、沁之间菜之美者”，并向四川、湖北、云南等省发展。

（二）栽培技术的改进

1. 豆芽菜生产的进步 培育豆芽作蔬菜发生于宋代，到明代以后，豆芽菜生产发展很快，据《种树书》载，当时除用黄豆培育豆芽外，还有用绿豆作豆芽的。在生产技术上，早期生产豆芽菜系用米糠和沙做基质，以后发展为不用基质。其生产技术要点是：不见风日、供应适量的水分和保持一定的温度。

2. 蔬菜的冷床育苗 明代，育苗移栽已是蔬菜栽培中普遍采用的方法，《便民图纂》中共记述了40余种蔬菜的栽培方法，其中半数以上采用育苗移栽，但对具体方法未作说明。

清代文献记载了辣椒苗地整地要精细，选地要肥沃、高燥，苗地要施基肥。并指出早春培育喜温蔬菜秧苗时，在苗地上要搭棚，若用“草”搭棚，待苗出后，在晴朗的日子，白天应揭去草，使秧苗见“日光”(《农学合编·番椒》引自《种植新书》)。

3. 瓜类的整蔓 清《马首农言·种植》发展了以前瓜类作物的整蔓技术，它生动地指出：“葫芦切去正顶，瓠子独留正顶，甜瓜则又切其正顶、留其支顶，见瓜又切其支顶，切时必正午方好。黄瓜任其支蔓，不用切顶。”说明当时已掌握了各种瓜类作物的结果习性，采取不同的整蔓方法。如对侧蔓结果的甜瓜采取摘心法就能促进多生侧蔓多结瓜，这比以前《齐民要术》使甜瓜攀缘在谷茬上多结瓜的办法进步。

4. 火室火坑的推广应用 明代文献中具体记载了火室火坑生产黄瓜、韭黄等。如《五杂俎·物部三》说：“京师隆冬有黄芽菜、韭黄，盖富室地窖火坑中所成，贫民不能办也。今大内进御，每以非时之物为珍，元旦有牡丹花、有新瓜，古人所谓二月中旬进瓜不足道也，其他花果无时无之，善置炕中，温火逼之使然。”当时火室火坑除用于生产蔬菜外，还用于生产果品和花卉，如李时珍《本草纲目》中的“菘（白菜)”，徐光启《农政全书》果蔬，王象晋《二如亭群芳谱》中的“芫荽”“韭黄”，《北京岁华记》记载的“鲜小桃”“鲜郁李”“刍梅”等。

二、果树栽培技术的进步

（一）果树栽培种类的增加

果树栽培品种在明清时期也显著增加，如宽皮柑橘类品种在明清文献中著录的达74个，几乎是明代以前著录品种数的两倍。不少著名地方品种也在明清时期相继选育成功，如北方莱阳茌梨和秋白梨、上海水蜜桃、山东肥城桃等。

由于海上交通的发展，这一时期中国还从海路引进了一些新的果树种类，如亚热带地区的杧果，嘉靖十四年（1535年）《广东通志初稿》中已见记载。菠萝原产于南美洲巴西，林谦光的《台湾纪略》记载明清之际已传入中国。番木瓜、番荔枝也是在这一时间从国外传入的。现在成为中国北方主栽果树的苹果，则是清代后期从北美洲传入的，稍后传入的果树还有洋梨等。

（二）繁殖栽培技术的提高

明清时期，果树在嫁接、修剪、果园防护及灌溉技术等方面均有进步。

在果树嫁接技术上，除宋元时期已有6种嫁接技术，明代又出现了“匕头接”和“寄枝接”两种方法。按现代术语，“匕头接”就是根接，“寄枝接”就是靠接。根接的出现，从过去相同器官之间的嫁接发展到了不同器官之间的嫁接；而靠接的出现，则为那些嫁接不易成活的植物提供了比较可靠的无性繁殖措施。

在果树修剪技术上，明清时期已将果树修剪分为冬季修剪和夏季修剪两个时期。葡萄必须夏季修剪是明代提出来的，明宋诩《竹屿山房杂部》还开始把冬剪的始期和果树的物候期联系起来，使得冬剪的始期和终期都建立在果树年生长周期的科学基础上。清李江的《龙泉园语》对果树修剪技术作了较综合阐述，如书中记载：“删树有五诀：去其枯枝，去其老枝，以其生气之已尽也；去其内向之枝，欲其内疏也；去其腰生之枝，以津液旁泄也；去其下垂之枝，以津液之难下注也；去其交枝，去其密枝，以其碍于结实也。如是则通风见日，实大而美。”①

这一时期，由于果树品种的增加，在品种分类方面也有新的成就，如广东果农曾把荔枝分为适应高地栽培的“山枝”和适应低地栽培的“水枝”两个品种群，“凡近水则种水枝，近山则种山枝”。黑叶、进奉、大造“皆水枝之贵者也”；香荔、挂绿、蕉核、将军荔“皆山枝之贵者”。这种按品种所需要的生态条件进行分类的经验，对于现代果树分类学也有参考价值（《广东新语》卷二十五）。

（三）果园防护林的营造和灌溉技术

北方落叶果树预防花期遭霜的措施在《齐民要术》中已见记载，南方常绿果树预防冬季寒害的方法则在明代开始采用，这种方法主要用于纬度较高的柑橘产区。例如《农

---

① 梁家勉. 中国农业科学技术史稿[M]. 北京：农业出版社，1989：536.

政全书·柑橘》说："此树极畏寒，宜于西北种竹，以蔽寒风，又须常年搭棚，以护霜雪，霜降搭棚，谷雨卸却。"这种橘园栽竹作为防护林和冬季搭棚防冻，在某些栽橘和夏橙的地区现今仍在采用。

关于果园的灌溉，明清以前已见生长期灌溉的记载，而休眠期灌溉则在明代才开始，如《广东新语·木语》说："当前则通灌之以俟其来春发育。"这种腊前灌溉在冬春雨雪较少的北方地区和山地果园现仍然适用。又如《群芳谱·果谱》根据无花果需水特性指出："结实后不宜缺水，当置瓶其侧，出以细留，日夜不绝，果大如瓯。"这是中国出现的最早滴灌技术。

三、植茶技术的进步

明清时期，由于商品茶叶生产的发展，植茶技术也有了明显的改进。在茶树繁殖方面，由直播发展到育苗移栽和扦插，在茶园管理方面，又创造了茶树修剪和老茶更新技术，使中国传统的茶树栽培技术趋于完善。

（一）茶树的育苗移栽

国内的茶树繁殖，长期是采用一种种子直播的方法。根据方以智的《物理小识》记载："茶喜丛生，先治地平整，行间疏密，纵横各二尺许，每坑下子一掬，覆以焦土，不宜太厚，次年分植，三年便可摘取。"（《物理小识·草木类》）这说明，茶树的育苗移栽是从直播直接发展而来，它的出现，对于加速茶树的繁殖更新具有很重要意义。

（二）茶树的扦插和压条

茶树的扦插，初见于清《连阳八排风土记·种茶栽之法》记载："将已成茶条，拣粗如鸡卵大，砍三尺长，小头削尖，每种一株，隔四、五尺远，或用铁钉，或用木橛，大三四分锤入地中，用力拔出，就将茶条插入橛眼，外留一分，用土填实，封一小堆，两月之后，萌芽发生。"茶树压条则见于《花镜·花木类》卷三："二月：压条、下种""三月：移植……压条"。这两种方法虽然在生产上使用不广，但对于保持和繁殖茶树的优良品种具有重要意义。

（三）茶树修剪和老茶树更新

茶树的修剪技术在清《时务通考·农桑》有记载："茶树生长有五六年，每树即高尺余，清明后则必用镰刈其半枝，须用草遮其余枝，每日用水淋之。四十日后，方除去其草，此时全树必俱发嫩芽，不惟所采之茶甚多，所造之茶犹好。"

在清初的《匡庐游录》中还有老茶树更新的记载："山中无别产，衣食取办于茶，地又寒苦，茶树皆不过一尺，五六年后梗老无芽，则须伐去，俟其再蘖。"（《匡庐游录》卷一）清咸丰时张振夔《记红崖陈文明洙说茶》中也载，"先以腰镰刈去老本，令根与土平，旁穿一小阱，厚粪其根，仍覆其土而锄之，则叶易茂"（《记红崖陈文明洙说茶》)，此为台刈技术。

（四）中国茶树的外传

中国茶树早在唐朝已东传日本，明清时期又进一步传入欧美各国，各国传入时间大概是：1763 年首先传入瑞典，为欧洲大陆种茶之始；1812 年，中国的茶籽和种茶、制茶技术传入巴西，南美开始种茶；1858 年，中国的茶籽苗茶开始大量输往美国。

四、盆景技术的进步

早在唐宋，中国盆景的制作已有很高的造诣，但缺少具体制作技术的记载。到明代，屠隆的《考槃余事·盆玩》已有具体记载："盆景以几案可置者为佳""最古雅者，如天目之松，高可盈尺，本大如臂，针毛短簇，结为马远之倚斜诘曲，郭熙之露顶攫拿，刘松年之偃亚层叠，盛子昭之拖拽轩翥等状，栽以佳器，槎牙可观。"明代还出现不少专制盆景的艺人，如《嘉定三艺人传》中提到的朱小松、李长衡、程松园等，都是当时的名家。到清代，盆景制作更加发达，陈昊子《花镜·种盆取景法》对盆景用土的制备，盆景管理等都有叙述，同时还提到用修剪和攀扎对盆景进行整形，并指出盆景的花木、拳石宜长苔藓，以显古朴，其法是用马粪和菱泥涂在湿润处及枝丫间，以促使苔藓生长等。

明清时期，用于制作盆景的植物也大大增加，据苏灵在《盆景隅录》中载，当时已用植物有四大家：金雀儿、黄杨、迎春花（黄梅）、绒针柏；七贤：黄山松、璎珞柏、榆、枫、冬青、银杏、鹊梅；十八学士：梅、桃、虎刺、吉庆、枸杞、杜鹃、翠柏、木瓜、腊梅、南天竺、山茶、罗汉松、西府海棠、凤尾竹、紫薇、石榴、六月雪、桅子花等；花草四雅：兰、菊、水仙、菖蒲等，栽培的盆景植物已相当多。

五、蚕桑技术的进步

明清时期，由于丝织经济的发展，杭嘉湖地区和珠江三角洲的蚕桑业获得很大发展，植桑养蚕技术也有很大提高。

（一）桑树栽培技术的进步

1. 桑树品种的增加　明清时期，桑树品种有明显增加，根据宋末《梦粱录》记载杭嘉湖地区的桑树只有六七个品种，而明万历《崇德县志》所载已增加 1 倍多，清《乌青文献》记载有 16 种之多。同时，人们对桑树品种性状的认识也比以往更具体，明代黄省曾《蚕经·艺桑》记载："柿叶桑：白皮、节疏、芽大、叶大而厚；鸡脚桑：叶薄；青桑：无子而叶不甚厚；紫藤桑：树高大、叶厚大、早熟。"《沈氏农书·运田地法》记载："种桑以湖叶桑、黄头桑、木竹青为上，取其枝干坚实、不易朽、眼眼发头、有斤两。其五头桑，大叶密眼次之，细叶密眼为最下。又有一种火桑，较别桑早五六日，可养早蚕。"显然人们对桑树品种的识别已从外形特征、产量高低、成熟早迟方面联系到品种间的经济效果。

2. 桑树栽培技术的进步　明清时期，桑树栽培技术的进步主要表现在桑树的修剪、枯桑的更新及桑树的施肥和病虫害的防治上。

《农政全书·栽桑法》记载桑树的修剪："惟在不留中心之枝，容立人于其内，转身运斧，条叶偃落于外，比之担负高几，绕树上下，科有心之树者，一人可敌数人之功。"并引农谚云"锄头自有三寸泽，斧头自有一倍桑"，说明桑树汰枝修剪的目的是方便操作和增加桑叶产量。清代的沈练认为："修剪之法，删繁补缺，去旧换新而已。"若修剪得法，可使桑树繁茂，养成"四面圆匀如雨盖"的形状（沈练《广蚕桑说》，见《丛书集成初编·蚕书蚕经广蚕桑说辑补》）。清沈秉成还对桑树的树形养成作详细记述："……剪至数年，桑成拳式，八、九、十拳不等，谓之拳桑。"拳桑"一则省工，再则恐有雨湿，须倒悬于通风处，一时即干，即可饲蚕矣"（《蚕桑辑要·蚕桑杂说》）。

清代创造的枯桑更新技术是："将已败之树，离地六七寸截去，而留其老桩，以肥土堆积其上，俟明春另发嫩条，养成低桑，亦一善法也。"并说："低桑之放叶较早，于采小叶者最宜。"这种老树更新技术至今仍为桑农所沿用（《广蚕桑说》）。

桑树的施肥是桑树管理的关键一环，这一时期嘉湖地区的蚕农给桑园分三个时期施肥，如《沈氏农书·运田地法》指出，冬肥以施塘河泥为最好；春肥在清明前后施下，用速效性的人粪尿；夏肥仍用人粪尿。"剪桑毕，再浇人粪，谓之'谢桑'。浇一分，多一分二叶，毫不亏本，落得桑好。""谢桑"肥不仅能增加秋叶产量，对明年春叶也有很大影响，因此受到相当重视。

明清时期，杭嘉湖地区桑田有较严重的虫害，一是桑天牛，一是桑蟥。其治虫方法，据《沈氏农书·运田地法》记载："留头蟥一，则二蟥便有百。此时田工甚忙，人每忽略，不上紧，不要叶，一经蟥坏，纵有肥壅，有工力，亦不能救，故贵早早用心。农家惟此项最辛苦，工夫最难稽考。"并指出"其刮蟥，也须三番：冬春看头蟥，清明前看二蟥，剪毕看三蟥。一株上百颗尽刮，遗剩一颗亦足蟥尽。必如此三番四覆，亦料不能净尽。又要六月捏头蟥，七月内捏二蟥，而头蟥尤宜细看"，这是指必须将桑蟥卵块刮尽。

在桑病防治方面，对桑树萎缩病和细菌病有了比较科学的认识，如《沈氏农书》指出："设有癃桑，即翻去之，不可爱惜，使其缠染，皆缘剪时刀上传过。凡桑一癃，再无医法，断断不可留者。""癃桑"是一种病毒病，有很强的传染性，中国早在三四百年前就有所认识，这是很可贵的。

（二）养蚕技术的进步

1. 浴种方法的改进　宋元以前，蚕的浴种（即洗蚕卵）偏重在卵面清洗，宋元时则发展到重视选卵，浴种日期提前。明清时期据《天工开物·乃服》记载，嘉湖地区有三种浴种方法：一是"灭露浴"，即在农历十二月十二日至二十四日将蚕种卵放在屋顶上露 12 天；其他二种则是石灰浴和盐卤水浴，即将石灰水或盐卤水在上述相同时间内浸蚕种卵 12 天，捞出滴干水后用微火烘干，再妥善收贮。蚕种经过这三种方法中任何一法处理后就能达到去弱留强的目的。

珠江三角洲蚕农则采用高温水浴法。例如清张锦芳的《逃虚阁诗集》曾有“二月蚕事兴，家家买蚕纸，……浴以生熟水，初出细如发”之句（《逃虚阁诗集·蚕纸二十韵》），说明“浴以生熟水”的方法，至迟在乾隆以前已盛行于顺德等地区。

2. 杂交育种和专业制种的出现　明代蚕业科学上最重要成就之一是认识了蚕的杂交优势并加以利用，如《天工开物·乃服》记载：“今寒家有将早雄配晚雌者，幻出嘉种，一异也。”所谓早雄配晚雌，就是指用一化性的雄蛾与二化性雌蛾杂交，通过人工选择培育出新的良种；同时，该书还记载：“若将白雄配黄雌，则其嗣变成褐茧。”

明清时期养蚕业另一重要进步是，蚕种生产已从家庭自留种逐渐演变成专业性的种茧育和丝茧育。大约在 18 世纪下半叶余杭县就有了较大规模的专门制种业，如嘉庆《余杭县志》序中曾引崔应榴《蚕事统纪》说：“蚕有杜种、山种。山种者买之余杭，其蚕食叶粗猛，兼耐燥湿，比杜种为易养，缫丝分两也较杜种为重；乡人牟利，趋之若鹜，每当蚕将二眠之际，各乡买蚕之船，衔尾而至。”至道光、咸丰年间，海盐、桐乡等县也普遍使用余杭种。正因为专业制种名声愈来愈大，也引起了东邻日本的羡慕，1852 年，湖州有一位叫李筠的商人，就曾将余杭种运销日本。

3. 花蔟和方格蔟的发明　花蔟是广东特制的一种排湿结茧工具。广东气候高温多湿，养蚕批次多、批量大，如果不注意排湿，就会招致蚕茧霉口。竹制花蔟的发明，对解决熟蚕上箔后的排湿问题，具有重要意义。

方格蔟是太湖地区常用的一种蔟具，明代《便民图纂》首见记载。它对控制上蔟密度，减少双宫、黄斑、柴印等屑茧，提高茧质具有重要作用。但它造价高，容量小，操作不便。因而被后来的折帚、墩帚、蜈蚣蔟等新蔟具所取代。

嘉湖地区在熟蚕上蔟结茧时，蔟下用炭火加温，丝从蚕口吐出即干，谓之“出口干”。明末《天工开物》对此技术有较详介绍，这样的蚕丝质量好，“经久不坏也”。

（三）柞蚕的放养

柞蚕是一种绢丝昆虫，中国先民早在渔猎时代就已采收和利用，不过直到晋代才有“东莱郡东牟山，野蚕为茧，收得万余石，民以为丝絮”的记载（《古今图成集成·禽虫典》卷一百一十六）。宋元以前，由于中国桑蚕业十分发达，再加上柞蚕茧纾解比较困难，以致长时期放养柞蚕未被重视。

直到明朝中叶，胶东半岛的柞蚕业迅速发展，如明末孙廷铨说：“野蚕成茧，昔人谓之上瑞，乃今东齐山谷，在在有之，与家蚕等。”

1. 柞蚕的推广　山东是放养柞蚕最早最先进地区，明清时，柞蚕放养由山东逐渐向全国各地扩展。

柞蚕首先传入的地区当是山东的近邻河南省，乾隆九年（1744 年）九月，据河南巡抚硕色向清廷奏称：“近有东省人民，携带（柞蚕种茧）来豫，伙同放养，俱已得种得

法。"（《清高宗实录》卷二百二十五）

柞蚕传入辽宁有两条路线：一是从海路横渡渤海湾到达辽东半岛的锦州、复县、熊岳、盖平等地；二是从陆路出关，到辽西凌源一带，后来又从凌源扩展到内蒙古。

柞蚕约在康、雍年间传入陕西，据文献记载，康熙三十七年（1698 年）山东诸城人刘棨任陕西宁羌州（今宁强县）知州时，曾经购买山东种茧，发给宁羌农民试养，并招募山东人前来传授放养方法和织绸技术。雍正三年（1725 年）陕西的杨屾，也从山东买柞蚕到终南山麓放养，并把放养心得写成《养槲蚕法》和《纺槲茧法》两篇，收入《豳风广义》中，成为中国记述柞蚕放养技术的最早文献。

贵州遵义的柞蚕是乾隆三年山东历城人陈玉璧在该府任知府时，从山东购进推广的，19 世纪前期又从贵州传到云南。

四川的柞蚕是由当时大邑县王隽、绵竹县知县安洪德、邓都县知县王萦绪等（他们都是山东人，他们都曾在自己家乡采购种茧），到他们任职的地方推广。

2. 放养技术 柞蚕的放养一般分种茧的选择、暖茧和产卵、蚁蚕的放养等几个阶段。

关于种茧的选择，古代蚕农主要根据茧的外形，以判别其雌雄；根据蛹在茧中碰撞茧壳所发出的声音，以及观察茧衣的色泽，用手指捏茧壳的软硬厚薄，把种茧放在掌中感觉轻重，来判断种茧的优劣。选出种茧的雌雄比应为 1∶1.1 或 1∶1.2，然后穿成茧串，送进温室进行暖茧。

暖茧一般需三四十天，由于暖茧必须有丰富经验，所以清代有些蚕农以暖茧为职业，开设"烘房"，代人暖茧。初羽化的蚕蛾脱茧后，挑选无病壮健的蚕蛾，区别雌雄，按比例投入用黄荆、桑树或木槿枝条编制的蛾筐中，使其自由交配。交配成功后捉出雄蛾，让雌蛾安静地在筐中产卵。

为了控制蚕卵孵化日期，蚕农还创造了暖卵办法，使蚕卵的孵化适应于柞树叶的发育，使蚕蚁孵出时，刚好吃上鲜嫩的柞树叶。

放养蚁蚕的蚁场称"衣子地"，蚕农常将孵有蚁蚕的蛾筐送到衣子地去收蚁，称为"拴筐"或"靠筐"。也有因下雨或气温太低，而采折嫩柞枝带回家来，束成小把，插在水盆里，引蚁蚕上枝，待天晴后再送往蚁场的。清代还创造出一种"河滩养蚁法"，就是在"活水河边"的沙滩上，开挖成土中有水渗出的浅水沟，把才从柞树上砍下的嫩柞树枝密插沟内，使柞树枝几天内不致枯萎，然后将蛾筐中的蚁蚕引上柞树枝。有时为蚁蚕免受风雨侵袭，还有在插柞树枝的沟上盖草棚的。

蚁蚕都必须在头眠前后移到柞场上去，移入柞场后，剪移就成了管理的重要工作。所谓剪移，就是蚕儿将柞树的柞叶吃到一定程度时，或因叶质老硬，蚕儿厌食时，把附有蚕儿的柞树枝剪下，转移到另一柞场的柞树枝上去。每株柞树上布蚕多少，应视蚕的龄期、柞树大小和树叶稀密等条件而定。从上树到结蚕，一般要移蚕六七次。

蚕儿老熟时，要移入窝茧场，待其结茧并采收，采收的春茧若准备种用，经挑选后，穿成茧串，挂在透风凉爽而日光直射不到之处，以备制种。

秋蚕放养在大暑后。蚕农模仿自然，把交配后的雌蛾，用蛾草缚其后翅，绕在柞树枝上，使其在柞树的指定部位产卵。秋蚕放养之初，正值夏秋季，杂草丛生，要特别注意秋蚕蚕场的杂草清除工作。

3. 蚕病和鸟兽虫蚁等敌害的防治　柞蚕的蚕病，主要有“斑”和“缢”两种。“斑”大致指的微粒子病，“缢”则包括脓病、软化病等。蚕农在实践中认识到蚕病是要传染的，所以特别强调蛾筐等工具每年都用新制的。对保种保卵和加强饲养管理也很重视，目的是减少蚕病的发生。

各种虫、蚁对柞蚕的危害很严重，必须仔细清理蚕场，可用人工捕杀、红矾与白砒拌饭或豆腐渣作为毒饵诱杀害虫，山区中的鸟、兽、蛇、鼠都是柞蚕的重要敌害，要采取多种方法驱散捕杀。

总之，明清时期中国的柞蚕业已有相当发展，柞蚕放养技术也已相当成熟。

第九节　畜牧业与水产业

明清时期，由于人口增多，内地牧养条件日趋恶化，部分传统牧区被陆续开垦，故大牲畜饲养业继续趋于衰落，但猪、羊和家禽等中小畜禽的饲养却有所发展，不仅品种增多，相畜、繁殖、饲养、育肥技术均有进步，经验兽医学登上新的高峰，水产养殖捕捞技术也有明显发展。

一、畜禽良种繁育技术的发展

（一）马繁育技术的发展

明代，人们对马配种季节、配种年龄的掌握，种马的饲养以及判断母马是否受孕等方面，都积累了丰富的经验。在马的配种季节上，据明杨时乔《马书》载，“每年正月、二月、三月趁时群盖定驹”，夏天炎热时要在“天气晴朗清晨、晚天凉候群盖”。因母马排卵都在夜间或清晨，因此最适宜清晨和傍晚配种。在配种年龄上，《马书》卷一指出：“三岁儿驹群盖，骒马（母马）不得定驹，即用大儿马群盖。”此外，当时已知道用公马试情的办法来判断母马是否已经怀孕。

（二）畜禽远缘杂交技术的发展

虽然人们很早就利用马驴杂交生产骡、用牦牛和黄牛杂交生产犏牛，但明代以前，中原地区的人们对犏牛了解不多。到明清时期，据明代叶盛的《水东日记》记载：“牦牛与黄牛合则生犏牛。”清张宗法的《三农纪》记载：“犏牛身壮，毛长，头若秦（黄牛），色有黄、白、黑、斑，大者重四五百斤，土人解食以当饭，呼为菜牛。肉可干为末，作余粮，收乳可造酥。”[①]从这些记载，可见中原地区的人们对犏牛已有了进一步

① 邹介正，刘乃壮，谢庚华，等. 三农纪校释[M]. 北京：农业出版社，1989：570.

认识。

在家禽远缘杂交上，清桂馥的《札朴·乡里旧闻》卷九记载："猡夷（即云南傣族）地方有野鸡小于家鸡，能飞声短。捕其雄，与家鸡交，抱出雏，体大而声清，呼为'猡夷鸡'。"清郭苍柏的《闽产录异》卷五"羽属"又记载有一种鸭，名叫"半番"，形体小于番鸭而不能抱卵，即不能繁殖后代。实际上，"半番"是雄番鸭与雌鸭杂交所生后代。清代张万钟《鸽经·花色》还记载一种名叫"夜游"的家鸽，这种家鸽是用信鸽和鸠杂交而成的。由此可见，明清时期远缘杂交技术在畜禽繁殖中均有应用。

（三）家禽人工孵化技术的发展

明清时期，家禽人工孵化技术也有很大发展，这主要表现在看胎施温技术的运用，炕孵、缸孵、桶孵三大孵化法的定型以及嘌蛋技术的创造上。

所谓"看胎施温技术"就是根据胚胎发育的过程及其所需温度来调节环境温度，以提高孵化率，这是人工孵化技术的一大进步，该技术首见于清黄百家所撰的《哺记》中，该书载"尽垩其室，穴壁一孔，以卵映之"，即在暗室壁上开孔，利用阳光照蛋，观察胚胎发育的情况，并根据胚胎发育程度施以相应温度。"十五日以前，内未生毛，必藉温于火，十五日以后，毛能自温，但转之覆之而已。卵虽外包以壳，而老于哺者其壳中这情形纤悉，时刻先后，历历不爽"（《哺记》见《丛书集成续编》）。当时对于家禽胚胎发育的全过程，也有详细记载，其记载的情况已和今日所观察到的结论基本一致。

所谓"炕孵法"就是利用北方农村的热炕孵化禽卵的一种方法。初见于明代《物理小识》，至清代《豳风广义》有更详细记载，如该书记载："抱时用密室一间，内分左右盘二大炕，炕上周围泥小墙，里面镶稻草或麦管编子一匝，炕上铺捣烂软麦管一层，厚三五寸，将炕用粪煨至温，不可热（热则蛋坏矣。若夏至之时，不用煨炕，只用热温糠暖，亦能自生）。"（《豳风广义·畜牧大略》）

缸孵法在清《哺记》中有较详细记载。其具体方法是置缸于灶上，灶下加温，并经常翻动种蛋，使温度均匀，十五天后，长出胎毛便不再加温，而只需保温和每日翻动八次即可。这种方法主要流行于江浙地区。

桶孵法主要流行于广东和福建一带，清《治蝗传习录》中有较详记载。

嘌蛋是一种种蛋孵化后期的长途运输。据清罗天尺的《五山志林·火焙鸭》载，在运输嘌蛋时，事先要根据运输距离估算好所需天数，然后确定每批蛋的起运时间，目的是要使种蛋到达目的地后，小鸭刚好破壳而出，可以立即投入市场出售或饲养。这种运输种蛋的方法与运输雏禽相比，既简便又安全，它是建立在对禽蛋胚胎发育深刻认识基础上长途运输家禽的一种方法，充分反映了明清时期中国家禽人工孵化技术的进步。

（四）相畜术的发展

明清时期，家畜相术全面发展，大批相畜书籍出现，其中最具代表性的著作是明代杨时乔的《马书》、喻氏兄弟的《元亨疗马集》及清代的《相牛心镜要览》等。它们所载相畜术大多简明扼要，一目了然。尤其是《相牛心镜要览》，是对中国劳动人民长期以来丰富相牛经验的充分总结，是一部难得的相水牛专著。

《相牛心镜要览》对水牛全身相术概括为“四宽五紧”和“五短”。所谓“四宽”即要求鼻孔宽、角门宽、胸膛宽、后裆宽。有此四宽，必然心肺发达，脑门发达，消化、泌尿、生殖等器官发达。“五紧”指口紧、皮紧、骨骼紧、腰根紧、尾巴紧，即身体紧凑。“五短”指嘴角短、项颈短、身子短、脚短、尾短，反映体型短促而前后匀称。理想的役用黄牛体形是：头小脑大，角立眼圆，身短，脊高背低，杂毛不生，尾长过膝；其肥要见骨，瘦要见肉。“肥不见骨，瘦不见肉，定然不走”（《相牛心镜要览·全身》）。

张宗法的《三农纪》对猪、驴、骡等家畜相术进行总结，还论及鸡、鸭、鹅等家禽的相法。对猪的相法是猪头要求“喙短扁，鼻孔大，耳根急，额平正”，认为“喙长则牙多，不善食”“耳根软，不易肥”“鼻孔小，不易壮”；体要“腰背长”，尾直垂，四蹄要齐，而“气膛大，食多难饱，生柔毛，久难长”。种用母猪要求“生门向上，易孕。乳头匀者，产子匀”。对驴的相法是：驴要面目清秀，耳竖直，目大，鼻大，颈厚，胸宽，肋密，肷短，足紧凑，蹄圆，起走轻快，臀丰满尾垂者可致远，声大而长，连鸣九声者善。对骡的相法是：要求头大而配身，面善有肉，目大，耳竖。“四肢欲端，四蹄欲圆，鬃尾欲重，皮毛欲润，行走欲轻，动止欲稳”。最忌“面无肉而耳软，目陷，闷而偷视”。对鸡的相法是：要求“目如歇，喙若鸽”，头小圆正，足细；雄鸡宜头小，眼大，颈细，足短。对鹅的相法是：要求头方，目圆，胸宽，身长，翅束，羽毛整齐，喙齐，声大，等等①。

二、家畜饲养技术的发展

明清时期，家畜饲养管理技术主要表现在进一步精细化上，如《知本提纲》记载：“饲饮收放，必先察乎物性；老嫩肥瘠，更当达夫物情。”所谓物性，指的就是畜禽的生活习性；所谓物情，指的就是畜禽生长发育过程中的具体情况。这是“物宜”原则在畜牧业生产中的应用，是明清时期饲养管理技术日益精细化的具体反映（《知本提纲·农则》）。

（一）游牧民族关于马的调教经验

游牧民族放牧、行猎、交通、打仗都靠骑马，其对马的牧养有不同于中原农区的特点，如注重训练和控肥等。

关于“控马法”，明代肖大亨《夷俗记·牧养》中记载最详。其中记载：每年秋高马肥之时，选择良马施以控马之方，“每日步马二三十里，俟其微汗，则絷其前足，不令跳蹈踯躅也。促其御辔，不令之饮水吃草也。每日午后控之至晚，或晚控之至黎明，始散之牧场中，至次日又复如是，控之至三五日或八九日，则马之脂膏皆凝聚于脊，其

① 邹介正，刘乃壮，谢庚华，等. 三农纪校释[M]. 北京：农业出版社，1989：588.

腹小而坚，其臀大而实，向之青草虚膘，至此皆坚实凝聚。即尽力奔走而气不喘，即经阵七八日，不足水草而力不竭”。

西南山区地形复杂，当地少数民族在幼马的调教上采取了一些特殊的措施。如清代田雯的《黔书》下卷记载：“（驹）生三月，差质之佳者而教之。执其母于层岩之巅，置驹于下，馁之移晷驹故恋乳而不得，倏纵之，则彷徨踯躅，奋迅腾踔，则直上不知其为骏矣。乃执其母于千仞之下，而上其驹，母呼子应，顾盼徘徊，而不能自禁，故驰之则狂奔冲逸而径下，亦不知其为险也。如此者数回而未已焉，则其胆练矣，其才猛矣，其气肆矣，其神全矣。”这是利用幼驹的恋母心情，培养它登高履险的胆气和本领，这种训练方法在少数民族中有一定的广泛性。

（二）马的饲养管理

在马的饲养管理上，《马书》卷一在《齐民要术》“食有三刍，饮有三时”的基础上总结提出“少饮、半刍”“忌饮、净刍”“戒饮、禁刍”的“三饮三喂”法。所谓“少饮、半刍”即饥渴、“任羸”和妊娠时宜少饮；“饥肠”出门和“远来”者，休要饱喂。所谓“忌饮、净刍”，即忌饮“浊水”“恶水”“沫水”；“谷料”须筛，“灰料”须洁，“毛发”须择。所谓“戒饮、禁刍”，即“骑乘”、料后和“有汗”时不得饮；“膘大”“骑少”和炎暑时休加料。

（三）猪的饲养管理

猪的饲养管理在明清时期主要表现，一是广开饲料来源，认识到“大凡水陆草叶根皮无毒者，猪皆食”。如《三农纪》等书记载，当时已较全面利用青饲料、水生饲料、枝叶饲料、发酵饲料、干草、块根块茎和瓜类藁秕饲料、糟糠麸饲料、籽实饲料、矿物饲料以及泔水、糟水、豆粉水等。二是总结出一套“圈干食饱”和“少喂勤添”的饲养原则。例如《三农纪》记载：“喂猪莫巧，圈干食饱。”喂猪时“豢人持糟立圈外，每一槽着糟一杓，轮而复始，令极饱，若剩糟，复加麸糠，散于槽上，令食极净方止。善豢者六十日而肥”①。

《豳风广义·畜牧大略》进一步提出“六宜八忌”饲喂法。所谓“六宜”是：一宜“冬暖夏凉”，即猪卧处宜向阳，严冬宜有遮蔽以御寒；夏天圈中常积水满池以降低温度，圈旁多栽树木以遮阴。二宜“窝棚小厂”，“以避风雨”，棚圈小，猪不得闹转，能量消耗少，使猪易生长。三宜“饮食臭浊”，即利用饲料发酵方法改善饲料的适口性和营养。四宜“细筛拣柴”，凡草木糠秕等饲料须经细筛，拣去柴梗杂物。五宜“除虱去贼牙”，猪身生虱可用烟筋或烟干泡水刷之，有贼牙即打去。六宜“药饵避瘟”，即采用苍术、贯众，捣为细末，三五日和入食中饲之，可以避瘟。所谓“八忌”是：一忌“牝牡同圈”；二忌“圈内泥泞”；三忌“猛惊挠乱”；四忌“急骤驱奔”；五忌“饲喂失

① 邹介正，刘乃壮，谢庚华，等. 三农纪校释[M]. 北京：农业出版社，1989：584-587.

时”；六忌“重击鞭打”；七忌“狼犬入圈”；八忌“误饲酒毒”。

（四）耕牛的饲养原则和家禽的肥育技术

对耕牛的饲养管理，据《物理小识·鸟兽类》记载：“牛畏热，又畏寒，草杂豆饲，肥泽耳湿，冬以牛衣，则无病也。”《三农纪》说：“农家养牛一定要知缓。”所谓“缓”就是要“惕其性情，调其气血，慎寒暑，体劳逸，度饥渴，节作息，安暖凉”①。

在家禽肥育技术上，明《瞿仙神隐书》记载了以油和面粉做成指尖大小的丸子，每日给鸡食十几个；另外用较硬的饭拌和研细的土硫黄 1 钱左右，喂鸡不久即肥。这二者就是“栈鸡易肥法”。该书所载的“栈鹅易肥法”为，“以稻子煮熟，先用砖盖成小屋，放鹅在内，勿令转侧，门以木棒签定，只令出头吃食。日喂三四次，夜多与食，勿令住口，只如此，五日必肥”②。

此外，清包家吉《滇游日记》还记有一种填鸭法，即“将食之前二十一日，白米作饭以盐花和之成团，作枣核状，强喂之，每日减去一团，至期宰食，其味鲜嫩无比”（包家吉《滇游日记》，见《历代日记丛钞》第 89 册）。这也是一种快速催肥家禽的方法，中国著名的北京鸭就常用此种方法催肥，获得良好的效果。

三、经验兽医学的新高峰

兽医学的发展，历代均以马病为主体，至明清时期也不例外。不过，随着人口的快速增长以及养马业在内地的逐步衰弱，兽医防治逐步从马的一统天下向牛、猪等其他家畜发展，使中国传统兽医学达到一个新的高峰。

（一）马医学的新高峰和兽医治疗对象的扩大

明初，为巩固政权，国营与民间养马业均得到一定恢复，同时选拔“俊秀子弟”学习兽医，使兽医数量大增。尤其是大量刊行兽医著作，更促进兽医学术的发展，如《永乐大典》中集有《司牧安骥集》三卷，弘治十七年（1504 年）陕西苑马寺重刊此书八卷本，万历二十一年（1593 年）再次重刻。《痊骥通玄论》在弘治年间也重刊过，《元亨疗马集》中引用的 30 多种兽医专著中，除《司牧安骥集》《痊骥通玄论》等少数几本为前代作品外，其余都为明代作品，它们为《元亨疗马集》这部兽医经典著作提供了丰富的资料。

这时期由于猪、牛饲养业的发展，对牛病、猪病的诊治技术也有了较大发展，这从当时所出现的大量医治牛病、猪病的书籍就可看出，如嘉庆五年（1800 年）傅述凤著《养耕集》以及稍后的《抱犊集》《牛医金鉴》《牛经切要》《牛经备要医方》《猪经大全》等。

---

① 邹介正，刘乃壮，谢庚华，等. 三农纪校释[M]. 北京：农业出版社，1989：570-573.

② 郭文韬. 中国农业科技发展史略[M]. 北京：中国科学技术出版社，1988：428.

乾隆年间，李南晖编写了《活命慈舟》和《活兽慈舟》二书，现存的《活兽慈舟》是光绪年间夏慈恕整理刊印的版本，内分黄牛、水牛、马、猪、羊、犬、猫七部分，全书约20万字，其中黄牛和水牛两篇占一半以上，书中对每一种家畜均先论其饲养管理、外形鉴定，然后按五脏五经进行辨证论治。全书共载240症，使用方剂和单方700余个。此书的出现，更加表明中国经验兽医学的发展，已经从只重马病治疗扩展到多种家畜，对牛病的防治已达相当重视的程度。

（二）色脉诊断理论的发展

色脉诊断的发展是明清时期兽医学的突出成就之一，明万历时杨时乔的《马书》首先对该诊疗技术进行论述，稍后《元亨疗马集》做了进一步完善，该书除收录《马书》中的《师皇问对脉色论》，又论述了《论马口色者何也》，并附元代卞宝的《察色赋》《论马十二脏腑有十二经脉者何也》《论马有疾似无疾、无疾如有疾者何也》等，使色脉诊断的理论得到提高，并使之成为中兽医诊断疾病的重要手段。

（三）“八证论”的提出

辨证论治的系统总结是明清时期中兽医诊断学上第二项重要成就。最早提出辨证论治的文献是杨时乔的《马书》，该书的“八要图论”提出了辨证的八种纲要。稍后，《元亨疗马集》将它改为“八证论”，并增加“八证歌”，内容仍是寒、热、虚、实、表、里、邪、正等“八证”，为中兽医辨证论治的发展做出了重要贡献。

（四）“七十二大症”与难治大病的总结

“七十二大症”见于喻氏兄弟的《元亨疗马集》，其中罗列了马的七十二种常见难治病症，故名“七十二大症”。“七十二大症”是从《七十二大病》《七十二恶汗病源歌》《造父八十一难经》《黄帝八十一问》等前人疾病各论基础上发展而来，过去一直认为“七十二大症”的作者是喻氏兄弟，但比《元亨疗马集》早出版12年的《马书》已收录了“七十二大症”，而且《马书》序中说他是从书箱中找出旧书，由蒋文俊、张绾纂校而成。看来“七十二大症”在喻氏兄弟之前确已有了，他们是在“祖述”前人的基础上加以增益和修改，而形成了新的更完备的“七十二大症”。

（五）兽医针灸的发展

明清时期，针灸穴位已扩大到360个，并对兽医针灸术进行理论总结。如《元亨疗马集》记载：“夫兽者，虽有刍水，周身有三斗六升血气，有三百六十骨节，亦有三百六十穴道。凡在医者，必须察其虚实，审其轻重，明其表里，度其深浅。大抵用针之道，虚之则补，实之则泻，寒之则温，热之则凉，风之则散，气之则顺，此谓一定之法。”当时还发展出火针法，其方法是：“先备硫黄一两，用桐油点灯一盏，灯盏内多放灯蕊（芯），用两枚针轮流在灯火上烧红拿起，往硫黄一插，针必通红，再按定穴位针刺，两针轮流使用。此法用（于）缠颈黄、筲箕黄、鸡心黄、拓腮黄、而水黄，在周围用火针圈之。火针一用，黄可立消，病亦退矣”①。

四、水产养殖捕捞技术的发展

（一）淡水养鱼技术的进步

明清时期淡水养鱼技术较前有很大发展，明代黄省曾《养鱼经》，徐光启《农政全书》，清代屈大均《广东新语》等都有较详细记载。

对于池塘养鱼，《养鱼经・二之法》指出，“凡凿池养鱼必从二，有三善焉，可以蓄水，鬻时可去大而存小，可以解乏”，且池不宜太深，深则水寒而难长，池旁可以种芭蕉，其露滴可以解乏，落子可以饱鱼；在池塘架上种葡萄，可以免鸟粪，在岸周种芙蓉可以避水獭，在池塘正北面，“浚宜特深，鱼必聚矣，则三面有日而易长”。

对于家鱼的混养，根据明王士性的《广志绎》卷四说：吴越养鱼，“入池当夹草鱼养之，草鱼食草，鲢则食草鱼之矢，鲢食矢而近其尾，则草鱼畏痒而游，鲢又随觅之。凡鱼游则尾动，定则否，故鲢草两相逐而易肥”。《农政全书・牧养》也指出扫羊粪于鱼池中“以饲草鱼，而草鱼之粪又可饲鲢鱼，如是可以省人打草”。

家鱼的混养一般都是以草鱼和鲢鱼搭配为主，如《农政全书・牧养》记载：“每池鲢六百，鲩（草鱼）二百，每日以水荇带草喂之。”《广东新语》卷二十二说，在珠江三角洲地区，“凡池一亩，鰡三十，鲢一百二十，鲷五十，土鲮（鲮鱼）千，日投草三十余斤”。这种以草、鲢为主，鳊、鲫、鲮搭配，多品种混养的方式，直到今天仍是池塘养殖的重要措施之一。

此外，当时海涂养鱼也获得发展，如黄省曾《养鱼经・三之江海诸品》记载：“鲻鱼，松之人于潮泥地凿池，仲春潮水中捕盈寸者养之，秋而盈尺，腹背皆腴，为池鱼之最。”《广东新语》卷二十二也说：“其筑海为池者辄以顷计。”乾隆《漳州府志・风俗》记载：“滨海筑坡为田，其名为埭，初筑未堪种艺，则蓄鱼虾，其利亦溥，越三五载，渐垦为田。”其目的虽在改盐垦田，但养鱼虾之利也不可忽视。

（二）海水贝类养殖业的发展

明清时期，中国海水贝类养殖也有一定发展，如福建的福州、连江、福宁、霞浦，广东的东莞、新安、番禺、潮州，浙江的温州等地，都有贝类养殖。清人王步青在《种蚶诗》中说：“东南美利由来擅，近海生涯当种田。”②东南沿海的养贝业已成为农业生产的重要组成部分。所养的贝类有蚝、蚶、蛏、鲭等。在福建，养蛏的场所叫蛏田、蛏荡。在广东，养蚝的称为蚝田，养鲭的称为鲭塘。养殖方法有两种，一种是插竹养蚝，如《雨航杂录》卷下说：“渔者于海浅处植竹扈，竹入水累累而生，斫取之名曰竹蛎。”

① 喻本元，喻本亨. 元亨疗马集附牛驼经［M］. 北京：农业出版社，1957：74-80.

② 梁家勉. 中国农业科学技术史稿［M］. 北京：农业出版社，1989：568.

另一种方法是投石种蚝，《广东新语》卷二十二说："东莞、新安有蚝田，与龙穴洲相近，以石烧红散投之，蚝生其上，取石得蚝。仍烧红石投海中，岁凡两投两取。"当地有歌："一岁蚝田两种蚝，蚝田片片在波涛，蚝生每每因阳火，相叠成山十丈高。"

（三）捕捞技术的进步

明清时期，捕捞技术的进步主要表现在渔具的发展和捕捞方法的革新。

在渔具方面，如明代《三才图会》已将渔具分为网、罾、钓、竹器4大类，其中不少一直沿用至今。明代还发明了滚钓捕鲟的钓具，小者可钓获二三百斤鲟，大者可钓获一二千斤鲟。另外，林日瑞的《渔书》，清代屈大钧的《广东新语》等，所记载的适合海洋捕捞的网具类别有刺网、拖网、张网、建网、插网、敷网；钓具类别有竿钓、延绳钓；还有其他各种杂渔具等。渔具的增多表明对资源认识的深化，捕捞的针对性强，尤其是当时还出现了有环的双船围网，作业时有人瞭望侦察，近代围网即是从它发展而来。

在捕捞方法上，明清时期已利用光诱捕法。其法就是利用某些鱼类的趋光性而发明出的诱捕方法。《广东新语》卷二十二记载："鹅毛鱼，取者不以网罟，乘夜张灯火艇中，鹅毛鱼见光辄上艇，须臾而满。多则灭火，否则艇重不能载。"这种方法在台湾渔民中也有采用，如《赤嵌集》记载："飞藉鱼（疑是沙燕所化，两翼尚存，渔人俟夜深时，悬灯以待，乃结阵飞入舟中。甚至舟力不胜，灭灯以避）。"孙元衡有诗云："入海微禽能变化，秋来巢燕已为鱼，翻飞应悔留双翦，误学灯蛾赴火飞。"（《赤嵌集》卷四）

（四）人工养珠的发展

人工养珠在宋代的《文昌杂录》中已有记载，但当时的人工养珠还处于试验阶段。到明清时期，人工养珠技术有了很大进步。如清同治《湖州府志》记载了当时人工养珠方法："取大溪蚌，以清水半缸，贮放露天静处，二月中取十大功劳（草药）洗净、捣自然汁，和细药珠末丸，如黄豆大，外以细螺甸末为衣，漆合滚圆，晒干。启蚌壳，内之，每日依时喂养药一次，勿误时刻。养药用人参、茯苓、白芨、白术各一钱，同研细末，炼密成条如米大，于干时重半分为率，养至百日即成珍珠。"（《湖雅》卷七）这反映出当时人工养珠相当发达，而且其技术也相当精细。

（五）金鱼的饲养

金鱼由金鲫演化而来，宋代已人工饲养。明代以前，金鱼基本上以池养为主，到明清时期，则普遍改为盆养，并因此而有"盆鱼"之名。据郎瑛《七修类稿》（卷四十一）载，杭州自嘉靖二十七年（1548年）"生一种金鲫，名曰火鱼，以色至赤故也。人无有不好，家无有不蓄，竞色射利，交相争尚，多至十余缸，至壬子（1552年）极矣"。文震亨《长物志》卷四则说："朱鱼独盛吴中，以色如辰州朱砂故名，此种最宜盆蓄。"李时珍的《本草纲目·金鱼》也说金鱼"自宋始有畜者，今则处处人家养玩矣"。

可见，当时饲养金鱼已很普遍。

随着金鱼饲养的普及，金鱼品种也日益增多，如《长物志》卷四记载的品种就有：苏州金鱼“初尚纯红、纯白，继尚金盔、金鞍、锦被及印头红、裹头红、连鳃红、首尾红、鹤顶红，继又尚黑眼、雪眼、朱眼、紫眼、玛瑙眼、琥珀眼、金管、银管，时尚极以为贵。又有磓金砌玉，落红流水、莲台八瓣、隔断红尘、玉带围、梅花片、波浪纹、七星纹，种种变态，难以尽述”。张谦德的《朱砂鱼谱》（上篇）所记金鱼达29种之多，其尾“有三尾者，五尾者，七尾者，九尾者”。这些都是中国在金鱼人工选择方面所取得的重大成就。

明弘治年间，中国的金鱼开始外传，先传入日本，随后传至欧洲及美洲，成为遍布全世界的著名观赏鱼种。

第十节　农学思想、农学著作与农史人物

一、明清农书概述

明清时期是中国传统农学的一大发展时期，据《中国农业古籍目录》，明清农书有1540余种，其数量之多，远远超出明代以前各个历史时期农书的总和。从全世界来说，仅从数量上讲，这一时期没有哪个国家的农书可以和中国相比。

与历代农书相比，明清农书在内容方面有着鲜明的特点：一是出现了一系列新类型的农书。这类农书包括研究外来农作物的农书、研究治蝗类农书、研究野菜类农书、研究野蚕类农书、研究海洋鱼类农书等；二是重视总结地区性农业生产经验，如出现《沈氏农书》《补农书》《浦泖农咨》《泽农要录》《农言著实》《马首农言》等；三是出现了日用百科性质农书，这类农书既包含农业生产知识，又包含农民生活知识，如《陶朱公致富奇书》《便民图纂》《农圃便览》等；四是研究蚕桑类农书大量增加（蚕桑农书达260余种），约占总农书数的19%；五是用阴阳五行传统的哲学思想对农学原理进行探讨，形成农业哲学的研究。

这一时期农书之所以迅速增多，其原因大致有如下几个方面：

其一，明代中叶以后，经世致用之学比较兴盛，传统社会中最有实用意义的学问自然是农学，一些学者往往把农业为主的生产活动当作“修、齐、治、平”的根本，把工商业称为需要抑制发展的“末”业。

其二，随着人口的快速增长，衣食问题更加突出，总结农业生产经验，发展农业科学技术成了客观的迫切需要。这一时期传统农业科学技术继续有所发展，技术知识广泛交流，一些新作物、新品种大量引进，为农书的写作提供了丰富的材料。

其三，清初大兴文字狱，杀害了不少文人志士。一些对清廷不满的旧官僚和文人，退隐山林，以田园生活消磨年华。由于农书不牵扯政治，所以写农书也成了他们田园生活的组成部分。

其四，印刷术的进步为农书的大量印刷和发行提供了极为有利的条件。

其五，明清离现代较近，农书损毁佚失少也是一个客观原因。

二、重要农书和作者

（一）《农政全书》和徐光启

《农政全书》是明末一部农业科学技术巨著，作者徐光启（1562—1633 年），字子先，号玄扈，松江人，官至文渊阁大学士。徐光启在万历二十五年（1597 年）“中举”以前，为家计所迫，大部分时间是一面学习和教书，一面种田，培养了他对农业试验的爱好。

《农政全书》产生的过程和徐光启进行农业试验的经历密切相连。根据考证，徐光启 46 岁至 49 岁间（1607—1610 年），利用为父守丧的时机在上海家宅置小规模试验园，进行引种、栽培试验，曾撰写了《甘薯疏》《芜菁疏》《吉贝疏》《种棉花法》《代园种竹图说》等，可惜这些著作都已失佚。万历四十一至四十六年（1613—1618年），徐光启在天津屯垦试种水稻，同时还栽培桑树、甘薯、芜菁和苎麻，他在寓所旁还设置小型试验场，试种各种花草和药用植物，同期他还总结屯垦经验，撰写《北耕录》《宜垦令》《农遗杂疏》等，天启元年（1621 年），“以礼部右侍郎被阉党劾罢闲位”，此时他已 60 岁，开始编撰《农政全书》，但不久又奉旨官复原职，嗣又迁为礼部尚书，兼东阁大学士，因政事繁忙，未能专心著述，直到他“时病势益甚……又草《农书》数卷，至十月初七日而长逝矣。”《农政全书》的未完稿后来由他的学生陈子龙“总其大端”，“删十之三，增十之二”，遂“灿然成书”，于崇祯十二年（1639 年）即徐光启逝世后 6 年，刻刊问世，可以说《农政全书》凝结着徐光启在农学方面的毕生心血①。

《农政全书》是一部既集古代农业科学之大成，又吸收了西方科技知识的农学专著，全书共 60 卷，约 60 万字，分农本、田制、农事、水利、农器、树艺、蚕桑、蚕桑广类、种植、牧养、制造和荒政 12 目，对有关农业生产的问题，从政策、制度、生产技术、水利、肥料、土壤、选种、果木嫁接、植桑养蚕等方面，做了全面的论述。在农田水利方面，他主张治水与治田相结合。认为北京附近发展水稻作物的潜力很大，这是他根据在天津屯种总结出来的经验之谈。他通过自己在上海试种高产作物甘薯后，证实在长江三角洲地区同样能栽种。他重视选择优良品种，认为“择种为第一义，种一不佳，即天时、地利、人力俱大半弃掷矣”。他还批评农业生产上的保守思想，指出“若谓土地所宜，一定不易，此则必无之理”（《农政全书》卷二）。他在《除蝗疏》中所记载的蝗虫产生、成熟和相关习性，是中国最早对昆虫知识的科学总结。

（二）《钦定授时通考》

《钦定授时通考》是由清“内廷词臣”编撰的一部官书，也是中国封建王朝最后一

① 石声汉. 农政全书校注[M]. 上海：上海古籍出版社，1979：2-3.

部官修综合性传统农书。乾隆二年（1737 年）开始编写，至乾隆七年（1742 年）编成，全书分为天时、土宜、谷种、功作、劝课、蓄聚、农余、蚕桑等 8 大部分。

《钦定授时通考》在内容上，一方面为传统农学资料的汇编，另一方面是对统治者的歌功颂德。从全书来看，主要是对前人著述的汇辑，既没有第一手资料，也见不到编撰者的见解。虽然如此，这本书仍然有它的重要价值：第一，它汇集和保存了不少宝贵的前人传统农学资料，征引文献达 427 种之多，比《农政全书》征引文献还多 200 多种；第二，附了很多精致的插图，内容丰富，图文并茂；第三，该书将水利附在“土宜门”，把“物土”和“田制”结合，把灌溉和“泰西水法”纳入“功作门”体系中，也是不同于其他农书的特点，有一定理论与实践意义。

（三）《补农书》和张履祥

《补农书》包括《沈氏农书》和《补〈沈氏农书〉未尽事宜》两部分。《沈氏农书》为明末湖州归安（今属浙江湖州）沈氏（佚名）所撰，成书于崇祯十三年（1640 年）以前，《补〈沈氏农书〉未尽事宜》又称《补农书》，是明末清初嘉兴桐乡人张履祥的著述，约在顺治十三年（1656 年）成书，比《沈氏农书》晚出 10 余年，同治十三年（1874 年），海宁陈克鉴重刊《杨园先生全集》（张履祥世居桐乡杨园村，人称杨园先生）时，将《沈氏农书》和《补农书》合在一起，作为上下两卷，统名曰《补农书》，此后《补农书》的内涵，就和张履祥所作的《补农书》不同。

《补农书》是明末清初嘉湖地区农业科学技术的实录，真实地反映了当时当地生产状况，是一部极有价值的农书。例如其上卷即《沈氏农书》，先是记叙当地农事月令，再以作业类别论述农事作业的技术要求和措施，切实详尽；在其卷末“家常日用”11 条中所记述的果树栽培与农产加工事宜，亦为农家生活所必需。张履祥在《跋》中对这部农书的评论是：“其艺谷、栽桑、育蚕，俱有法度，甚或老农、蚕妇之所未谙者。首列月令，深得授时赴功之义。以次条列事力，纤悉委尽，心计周矣。”的确，《沈氏农书》记述的技术经验具体实在，体现了当时太湖流域中小型农户种稻栽桑技术的先进水平。

张履祥生于明万历三十九年十月初一日（1611 年 11 月 5 日），他 9 岁丧父，在母亲教导下勤奋好学，15 岁应童子试，成秀才。崇祯三年（1630 年），因祖父及母先后去世，家道中落，靠兄亲相助。

崇祯末年，他拜致仕御史刘宗周为师，刘宗周是吴康斋的五传弟子，张履祥的学生陈克鉴在《补农书》“引”中写道：“昔吴康斋先生讲濂、洛、关、闽之学，而隐于农，率弟子以躬耕。先生慕而效之。”①明末清兵入关，占据北京，刘宗周自杀，张履祥闻知痛哭。次年，清兵攻陷浙江，他和徐敬可、何商隐等加入了以吕留良为代表的反清复明行列。到清顺治四年（1647 年），清王朝统治局势已定，他便与徐、何等人决心隐居终身。

---

① 陈恒力，王达. 补农书校释[M]. 北京：农业出版社，1983：9.

张履祥在隐居生活中，以教书为主，在教学之余，还亲自动手干些农活，经常向老农请教农业生产问题。他最擅长的农活是修剪桑树，在农业生产实践中，他积累了相当丰富经营管理经验。因此他在《补农书》“跋”中说：“予学稼数年，咨访得失，颇识其端。”①

顺治十五年（1658年），张履祥在隐居十年左右，得到了一本《沈氏农书》，据说，沈氏是湖州涟川人，《沈氏农书》约作于崇祯末年。全书分“逐月事宜”“运田地法”“蚕务、六畜附”“家常日用”几部分。张履祥对该书非常赞赏②。由于该书对南方水稻种植、蚕桑、养鱼、酿酒以及养猪羊和农家经营、农民生活技艺都作记述，有益于百姓日用生活，在刊行后流传于东南各省并为许多府县方志所摘引。被后人评为“是明末清初嘉湖地区农业科学技术的实录，真实地反映了当时当地的生产状况，是一部极有价值的农书”③。

张履祥一生除著《补农书》外，还著有《经正录》《愿学记》《问目》《备忘录》《初学备忘》《训子语》《言行见闻录》《近鉴》《读易笔记》等书，后人辑为《杨园先生全集》54卷（《四库全书》存目），《清史稿》录其传。

（四）《元亨疗马牛驼经全集》和喻氏兄弟

《元亨疗马牛驼经全集》为明代两位杰出兽医家喻仁、喻杰所编撰，始刻于万历三十六年（1608年），全书由马经6卷，牛经2卷，驼经3卷组成。其中《疗马集》分春、夏、秋、冬4卷，有图112幅，赋3篇，歌150首，药方300余个。其内容大致有马的三十六起卧、七十二大症，牛的五十六病，驼的四十八病，各有“证论”和“图示”、“医方”。该书是一部总结性的兽医经典，其成就远远超过了前代的同类著作，所以该书问世后，其他同类著作在很大程度上被取代了。

喻仁、喻杰系兄弟二人，兄字本元，弟字本亨。17世纪庐州府六安州人，为当时有名的兽医专家，特别善于医马，“针砭治疗，应手而痊”，医牛也很有成绩，“民赖以有耕者无算”，他们共同编撰了《疗马集》《疗牛集》，他们的《疗牛集》也叫《水黄牛经大全》。另外他们还编撰了《驼经》。此3部书中《疗马集》内容最多，《驼经》分量最少。3部书除各自单行以外，为实用方便也常合并为一部，称《元亨马牛驼集》《牛马驼经》《元亨疗马牛驼经全集》等。

《元亨疗马牛驼经全集》是喻氏兄弟汇集历史上已有的资料，吸取群众的经验，进行修订整理，再加上自己的实践经验，系统地总结汇编定型的。《疗马集》采用了《司牧安骥集》和《司牧安骥方》的全部材料，还收录了《齐民要术》和《四时纂要》的一些医方。喻氏兄弟尊重历史上积累的技术经验，又长期在群众中吸取营养，通过自己的实践将这些知识综合起来，浑然一体，文字质朴，内容实在，很受群众喜爱。

---

① 陈恒力，王达. 补农书校释[M]. 北京：农业出版社，1983：97.

② 同①。

③ 梁永勉. 中国农业科学技术史稿[M]. 北京：农业出版社，1989：576.

三、农业思想

明清时期，马一龙的《农说》和杨屾的《知本提纲·农则》试图用阴阳五行的理论阐述农业生产的原理，是对中国春秋战国以来形成的特色传统农学思想的继承和发展。

（一）《农说》中的农学思想

《农说》篇幅不大，讨论生产技术不多，该书由明代著名农学家马一龙撰写，是一部以阴阳理论为纲，以水稻生产为对象，论述农业生产原理的农书。

马一龙字负图，号孟河，南京溧阳人，嘉靖丁未进士，做过国子监司业。据载，他写《农说》的目的，是因为他深忧“农不知道，知道者又不屑明农，故天下昧昧不务此业而他图”①，因而下决心著书立说，以使农者知“道”。他所说的“道”，实际上是指耕田种地的道理。

马一龙认为，阴阳实际上是矛盾的两个方面，而这两个方面是互有联系，可以互相转化的。他对于一年四季的解释是：“冬至以前阳渐长，立春阳之出也，春分阳气之中也，立夏得阳三之二，至夏至而极矣。夏至以后阴渐长，立秋阴之出也，秋分阴气之中也，立冬得阴三之二，至冬至而极矣。……冬至一阳生，主生、主长；夏至一阴生，主杀主成。故曰生者阳也，成者阴也。”②他用阴阳的消长，解释一年四季及二十四节气的变化和作物的枯荣。

马一龙还用他的阴阳理论解释水稻的栽培技术，他认为天地之间，阳常有余，阴常不足，因而需要“损有余补不足”。并举例说：“今有上农，土地饶，粪多而力勤，其苗勃然兴之矣！其后，徒有美颖而无实粟，俗名肥腷。此正不知抑损其过而精佚者耳。其法何（可）以断其浮根，剪其附叶，去田中积污以燥裂其肤理，则抑矣。”意思是说，水稻徒长不容易结实，需要晒田，以抑制其生理生长而促其生殖生长。再如对耕田深浅的问题，他认为“地之高下，有气脉所行，而生气钟其下者，有气脉所不钟而假天阳以为生气者，故原之下多土骨，而隰之下皆积泥，启原宜深，启隰宜浅，深以接其生气，浅以就其天阳”③。这是说，耕田时较高的地方宜深耕，下隰地方宜浅耕。

不过，对于农业生产的具体过程或具体技术，马一龙一般不用阴阳学说来解释，而是用更通俗易懂的语言讲解。例如，他认为插秧“妙在旋抄旋耙，旋耙旋莳，则燥湿和均，浑水澄泥骤于根坎，有壅培之力也，移苗新土黄色转青，乃用乌荡，乌荡虽以去草，实以固苗，盖田之浮泥易行浮根，而下之实土难入顶本，顶本入土不深，横根布于泥面，则得土之生气不厚，枝叶虽繁，抽心不茂矣，乌欲断其泥面横根，使其顶根入土深，受积厚多生之气，其后抽心始高，而结穗长硕也”④，这段文字对插秧的要求、耘

① 宋湛庆.《农说》的整理与研究[M]. 南京：东南大学出版社，1990：3.
② 宋湛庆.《农说》的整理与研究[M]. 南京：东南大学出版社，1990：26-27.
③ 宋湛庆.《农说》的整理与研究[M]. 南京：东南大学出版社，1990：33-34.
④ 宋湛庆.《农说》的整理与研究[M]. 南京：东南大学出版社，1990：51-53.

荡的时机及其作用等的论述，非常深入透彻，明白易懂。又如他在论述时宜、地宜、物宜时提出了“知其所宜，用其不可弃，知其所宜，避其不可为，力足以胜天矣”，用今天的话说，就是强调要扬长避短。

不过，由于时代的限制，马一龙只能用传统的五行学说去探索农业生产上碰到的各种理论问题，这就不可避免地受很大的局限。但由于他深入实践，熟悉生产，而且采用了辩证方法，所以他的理论研究仍有较高的成就，因而在中国农学思想史上占有重要的地位。

（二）《知本提纲》中的农学思想

《知本提纲》是杨屾（1699—1794年）（字双山，陕西兴平县桑镇人）讲学的讲义，由他的学生郑世铎做了详细的注解。全书分为14章，其中《修业章·农则》专门论述农业科学技术及其原理，开头有“总论”，末尾有“总结”，中间分述耕稼、园圃、桑蚕、树艺和畜牧，较系统地总结了陕西关中地区农业生产和作者本人在“养素园”多年种植的经验，是中国一部重要的农学著作。

杨屾沿用中国传统农学思想，将农业科学原理称为“农道”，并用阴阳五行学说来阐述，不过他利用阴阳五行学说时已与一般阴阳家有所区别，如他在《知本提纲·农则》“凡例”中说：“此书有五行之说，与古人五行之说，名同而实异，古人言五行，原以金、木、水，火、土为民生日用之需，此书言五行，则以天、地、水、火、气为生人造物之材。”他明确把生人造物之材分为两类：天、地、水、火称为“四有”或“四精”；气则为“精之会”。根据《知本提纲·帅元章》解释，四有或四精是“四有之体，原本至纯，一命即有（自然存在），各自成立，不赖生成，不倚他体，其体各异，一而不分”。这样看来杨双山所说“原本至纯”的天、地、水、火的含意似乎与“元素”概念相近，在现代科学兴起之前，杨屾和他的门徒郑世铎等对物质的认识，确有一定积极意义。杨屾所说“生人造物之材”的“气”，郑世铎在《帅元章》里解释说：“气为四精之会，统合成体，半阴（地、水），半阳（天、火），不轻不重，居于四者（天、地、水、火）之中，相连一气，和谐流通，自能著体成形，化生人物。”（《知本提纲·农则》）可以看出，他们认为气既是“生人造物之材”，又发挥着“联贯”、协调其他四种材料（天、地、水、火）的作用。

杨屾在论述作物的生长发育时，认为要为作物生长发育创造适宜条件，要将耕作做到完善程度都是应“损其有余，益其不足”，以达到“阴阳交济，五行合和”。以土壤耕作为例，他说：“土啬水寒，犁破耖拨，藉日阳之暄而后变。”郑世铎注：“土为少阴而气啬，水为太阴而气寒，必得阳火蒸发，始能生物。故犁破耖拨，翻其结块，上承日阳之照，消除啬寒之气，自然转阴为阳而变其本体，物生有资矣”（《知本提纲·农则》）。这就是指耕犁耖拨过程中，因土质不同，气候条件不同，时间不同，就对耕作技术有不同要求。

《知本提纲·农则》还是一部理学气息很浓的著作。《农说》强调的是阴阳和谐，并明确指出阴阳是代表日照、水分、地温、湿度、环境条件的好与坏、营养生长与生殖生长等基本概念，它以论述水稻栽培为主。《知本提纲·农则》强调“阴阳交济，五行合和”。在对农业生产的指导思想上，《农说》认为：“知时为上，知土次之，知其所宜，用其不可弃。知其所宜，避其不可为，力足以胜天矣。”①《农说》强调了因势利导、扬长避短和人定胜天思想。杨屾则主张对天、地、水、火这四种生物之材“损其有余，益其不足，更需人道以裁成”（《知本提纲·农则》）的协调和谐、共同发展思想。

思考题

1. 什么是“坎儿井”？“坎儿井”有何用途？
2. 什么是“用水五术”？
3. 简述明清时期长江中游两湖平原圩田的发展。
4. 明清时期盐碱地的改良主要有哪几种方法？
5. 什么是“砂田法”？什么是“亲田法”？
6. 明清时期中国引进了哪些作物？它们的传播情况如何？
7. 简述明清时期中国多熟制的发展原因及路径。
8. 明代的“一条鞭法”有哪些内容及意义？
9. “摊丁入地”是什么时候开始的，其内容及意义有哪些？

---

① 宋湛庆.《农说》的整理与研究[M]. 南京：东南大学出版社，1990：7-8.

第九章

近代农业：转型与改进

1840年，英国悍然发动了鸦片战争，中国闭关锁国的状态被强力打破，原先自给自足的小农经济模式在西方经济强大冲击之下渐趋瓦解，传统农业迈开向近代化转型的步履，至1949年新中国成立，为现代农业的发展奠定了一定的基础。我们把1840年到1949年这一段时期称为近代农业时期。

这一时期，中国的农业发展具有以下特色：自给自足的农业经济逐步解体，单一的自给自足的农业生产向商品化生产转变；农业的主要生产工具有所改进，畜力牵引的传统农具仍为农业的主要生产工具，脱谷机、拖拉机等多种新式农业机器相继出现；凭经验从事农业生产活动逐步转变为开始应用近代科学技术于农业生产，施用化学肥料以补充天然有机肥料的不足，采用人工培育良种以取代农家原有品种。由于生产条件的改变和近代科学技术的运用，农业生产方式得到较大改进，但也因为外辱内乱，时局动荡不安，影响了农业近代化进程。

百余年的中国近代农业发展阶段性明显：从鸦片战争爆发到清朝覆灭（1840—1911年），农业在沿袭传统的同时，引进西方科学技术、作物良种及新式农具，奠定了近代农业的发展基础；从民国初年到抗日战争全面爆发（1912—1937年），农业在融入西方科学技术的过程中不断改良，在试验研究中确定适宜于国情的农业发展之路；从抗战全面爆发到新中国成立（1937—1949年），农业在战争的创伤中砥砺前行。

第一节　农业发展背景

鸦片战争后，中国传统的农业体系因国内外时局发生变化而裂变，传统超稳定结构被打破，一些有识之士在西学东渐的格局中探寻中国农业的发展前景，新式教育、西方近代科技、印刷出版业的兴盛、农业组织的成立等都为中国农业的近代转型奠定基础，但百余年间的战争和自然灾害也延滞了中国农业的近代化步伐。

一、百余年的战争与自然灾害

（一）战争危害

近代百余年间，战争频仍，主要战争有：中英鸦片战争、清朝廷与太平天国之间的战争、甲午海战、军阀混战、国内革命战争、日本侵华战争等，大小战事数千场，战火遍及全国，战争以及掠夺给农业生产和社会生活造成巨大破坏，不同程度地延缓了近代农业的历史进程，甚至在一些地区出现短暂的、局部性的停滞或倒退。战争导致了农业人口骤减、农民负担加重、农村耕地荒芜、农作物产量下降、农业发展的地区失衡。如太平天国战争后就致使7000万百姓死亡[①]，尤其是太平军主要活动区域江苏、浙江、江西、安徽和湖北等省，人口锐减。抗日战争时期，中国人民更无辜被日本侵略者杀害达数千万人。

战争给农民造成沉重经济负担，大量农村劳动力离村，田园任其荒芜，农业生产因之每况愈下。1934年国民政府土地委员会公布了江苏、浙江等20个省572县的荒地数字为11.8亿公亩（1公亩＝0.15亩），约合1.77亿亩。据1948年的统计，因战祸而致土地荒废，仅河南、湖南、广东三省就有6900万亩。战争还导致农业产量下降，如1941年华北沦陷区的小麦、小米等11种主要农作物较1936年减少了20%；华中地区的主要农作物水稻，1941年在长江中游、平汉沿线、镇江附近地区的产量仅及抗战前的40%；华中抗战前的蚕茧产量占全国的80%，但到1942年蚕茧产量仅及战前的5%[②]。

（二）自然灾害影响

百余年间，中国灾害不断，尤其是1880年以后，情况更为严峻，水、旱、雹、风、虫等方面的灾害几乎是年复一年。据统计，“自民国元年至民国二十六年（1912—1937年）这一段历史时期中，单说各种较大的灾害，就有77次之多。计水灾24次；旱灾14次；地震10次；蝗灾9次；风灾6次；疫灾亦6次；雹灾4次；歉饥2次；霜雪之灾2次。而且各种灾害，大都是同时并发”[③]。在诸种灾害中，以水旱两灾最为严重，对农业的影响最大。例如1931年，长江、淮河水域发生特大洪涝灾害，淹及湖南、湖北、安徽、江苏、江西、河南、山东和浙江诸省，受灾区域共计灾民1亿，受灾田亩2550万亩，被淹人口265 154人，农产品损失4570万元[④]。黄河灾害更为频繁，1913—1938年的26年间就发生溃口17次，其中1933年的洪水成为民国时期特大水灾之一，水灾延续8月有余，决口74处，殃及河南、山东、河北、陕西、江苏以及绥芬河的67县，受灾面积达1200平方公里。1938年的“花园口决堤事件”中，河南、安徽及江苏三省有5400平方公里的土地受淹，受灾人口1250万，淹死89万人，形成了连

---

① 曹树基. 中国移民史（第6卷）[M]. 福州：福建人民出版社，1997：14.

② 刘彦伟. 中国近代的战争与自然灾害对农业生产的破坏[J]. 古今农业，2001（1）：17-27.

③ 邓云特. 中国救荒史[M]. 上海：商务印书馆，1937：40.

④ 邓云特. 中国救荒史[M]. 上海：商务印书馆，1937：46.

年灾荒的黄泛区，堪称人间惨剧，直至1947年黄河才回归故道，改道的9年中造成的损失巨大①。

旱灾的危害常重于水灾，旱灾发生时，田地干裂，庄稼枯萎，颗粒无收，百姓饥饿度日。鸦片战争以来的百余年间，多个省份发生严重旱灾，光绪年间最严重的一次，陕西饿死者达90余万人，河南的33个县竟“一无甘澍”“灾黎数百万，几有易子析骸之惨”。西北地区的大旱持续三年，农田颗粒无收，死亡灾民高达1000万，受灾区域达200万平方公里。即便是在灌溉便利且物产丰富的渭河两岸，1933年尚有16万亩荒地②。

二、自然经济的解体和农产商品化发展

鸦片战争前，中国的自然经济即有某种程度的分解，但“男耕女织”的小农经济并无多少实质性变化，鸦片战争后，西方列强用鸦片和大炮轰开国门，逼迫清廷签订了一系列不平等条约，为此获得了在华的各种政治、经济特权，在财政、金融、海关、贸易、航运等方面获利颇丰。他们以商品输出为主要内容的经济侵略，逐渐深入到中国广大乡村，客观上冲击了中国传统的自然经济体系，导致中国自然经济解体过程渐趋加快，中国逐渐成为世界市场的一部分，西方列强将中国视为商品销售市场和原料产地。广大的乡村开始发生变化。总体而言，从1840—1894年，解体较为缓慢；从1894—1930年，解体较快，传统自给自足的自然经济被破坏，但是农村的商品经济并不十分发达，一直到1949年很大程度上还保持着半自然经济的状态。

（一）自然经济的逐步解体

中国自然经济的解体主要经过两个过程：

1. 家庭手工纺织业衰落及其与农业的分离　家庭手工纺织业的衰落是在经历了两次冲击之后，一次是洋纱的冲击，一次是洋布的冲击。两次冲击分别造成了传统的农业与手工纺织业的分离。

首先是洋纱的冲击。洋纱代替土纱，使纺、织两业分离。1860年代以后，英、法、美等国改进棉纺织设备，提高生产效率，降低生产成本，生产的棉纱廉价倾销中国市场，冲击了中国手工棉纺织业。据当时海关的报告，1868年进口洋纱5.4万余担③，到1894年已经接近116万担。在1887年牛庄口海关的贸易报告更说明了洋纱与土纱之间巨大的价格差异：“洋纱每包重300斤，卖价57两，而同样重量的一包土纱，卖价却在78两左右。”④1872—1890年的一份洋纱输入情况表也能说明洋纱大量进口的事实。由表9-1可见，18年中，洋纱进口量的增加超过了21倍，价格下跌了1/4～1/3。这种情

① 刘彦伟. 中国近代的战争与自然灾害对农业生产的破坏[J]. 古今农业，2001（1）：20.

② 刘彦伟. 中国近代的战争与自然灾害对农业生产的破坏[J]. 古今农业，2001（1）：22.

③ 1担=50千克。

④ 姚贤镐. 中国近代对外贸易史资料（第3册）[M]. 北京：中华书局，1962：1363.

况下，用洋纱织布当然比土纱划算，广州一带开始接受洋纱，“洋纱自外国至，质松价贱，末俗趋利，以充土纱”[①]。洋纱的大量引进，代替土纱，使得“女织”在小农经济中趋于萎缩，纺、织两业分离，也就是说家庭手工棉织业和农业小生产发生分离，这就导致了传统自然经济体系的瓦解。

表 9-1 1872—1890 年洋纱输入情况一览表[②]

年份	进口量（千担）	价格指数	进口量指数
1872	50	100.0	100
1875	91	83.2	182
1880	152	79.6	304
1885	388	67.7	776
1890	1082	75.6	2164

其次是洋布的冲击。洋布代替土布，使手工纺织业与农业发生分离。洋布进入中国以后，因物美价廉，质量远超土布，受到国人追捧，购买者日众。1872—1890 年，洋布跌价的幅度比洋纱还大，据相关资料，1872 年的价格指数为 100，在此期间，洋纱跌价最低为 66.9，洋布跌价最低为 64.7[③]。19 世纪末，中国通商口岸及内地市镇城乡，穿土布的有十之一二，着洋布者十之七八。土布无奈退出市场，作为农业副业的家庭手工纺织业走上没落之路，各地普遍出现停纺停织现象。至此，中国的农业与手工纺织业开始分离。

家庭纺织业的衰落及其与农业的分离，基本上瓦解了中国的自然经济，是导致中国近代农业发生深刻变化的重要因素。

2. 自然经济解体的加速　甲午战争后影响中国农业经济发展的因素有二：一是西方国家在华投资的扩张及大量商品的输入，使得中国逐渐成为西方的原料产地和销售市场；二是中国民族工业的初步发展和其对农产品的需求。两个因素破坏了自给自足的传统自然经济，加快了小农经济的瓦解速度。

甲午战争后，西方国家在输出商品的同时加大了资本输出的力度。从 1895 年至 1913 年，外国经营资本在 10 万元以上的纺织、食品工业，就达 55 家之多[④]。在所投资的轻工业中，棉纺织业占有垄断地位。外国资本的棉纺织工业的纱锭从 1897 年的 16 万枚，增至 1913 年的 34 万枚。1893 年进口棉布值为 4491 万元，棉纱约为 140 万担；至 1911 年棉纱增为 264 万担，棉布值达 11 653 万元[⑤]。

与此同时，中国的民族工业开始兴起。自 1896 年到 1913 年，中国共建成纺织厂 16 家，1895 年这些厂只有纺机 174 564 锭，至 1913 年增至 484 193 锭，布机自 1800 台增

① 姚贤镐. 中国近代对外贸易史资料（第 3 册）[M]. 北京：中华书局，1962：1362.

② 严中平. 中国棉纺织史稿[M]. 北京：科学出版社，1955：72.

③ 同②。

④ 汪敬虞. 中国近代工业史资料（上册）（第 2 辑）[M]. 北京：科学出版社，1957：3.

⑤ 严中平. 中国近代经济史统计资料选辑[M]. 北京：中国社会科学出版社，2012：136.

至2016台[①]。中国民族工业的初步发展，在一定程度上也促进了中国自然经济的解体。

（二）农产商品化发展

这一时期农产商品化发展主要表现在商品性经济作物种植面积比重提高、粮食商品率的提高和商品量的增加、农产专门化区域的形成和扩大等几个方面。

1. 商品性经济作物种植面积比重提高 商品性经济作物通常以出售为种植目的。甲午战争之后，大多数经济作物的播种面积比重都有明显提高，而粮食作物的播种面积比重，除玉米有所提高外，其他作物多有所下降。商品性经济作物种植面积的扩大，势必排挤自给性粮食作物的种植，如表9-2所示。

表9-2 1904年至1929年间各种作物播种面积比重变动情况表[②]

作物类型	调查地区数	1904—1909年	1914—1919年	1924—1929年
稻	17	40%	41%	37%
小麦	29	26%	27%	27%
大麦	10	24%	23%	20%
高粱	14	26%	23%	20%
小米	15	22%	18%	17%
玉米	22	11%	14%	16%
黄豆	7	8%	9%	10%
油菜	5	15%	21%	27%
芝麻	7	4%	8%	10%
花生	18	9%	8%	11%
棉花	29	11%	14%	18%
蓝靛	12	10%	7%	2%
甘蔗	10	7%	6%	5%

鸦片战争之前，茶叶即为中国主要经济作物出口海外。1830年至1833年，茶出口每年平均约为32.8万担，到19世纪70年代末，茶出口已接近200万担[③]。茶叶出口量增加，刺激了茶叶种植面积的扩大。在19世纪80年代以前，湖南、广东、福建、安徽、江西、湖北、江苏、浙江等省的茶叶种植都获得了很大发展。但之后，因为印度、锡兰（今斯里兰卡）和日本茶叶的竞争导致中国茶出口量下降，茶叶种植一落千丈。

鸦片战争前后，国内外市场对于棉花的需求量增长，刺激了中国棉花种植业的发展，促进了中国近代棉区的形成。甲午战争以后，棉花种植发展更为迅速。辛亥革命前，山西植棉不多，但到1919年，全省棉田面积已达40余万亩，到1926年，猛增到140余万亩[④]。

① 严中平. 中国棉纺织史稿[M]. 北京：科学出版社，1955：72.

② 章有义. 中国近代农业史资料（第2辑）[M]. 北京：三联书店，1957：213.

③ 姚贤镐. 中国近代对外贸易史资料（第3册）[M]. 北京：中华书局，1962：1606.

④ 章有义. 中国近代农业史资料（第2辑）[M]. 北京：三联书店，1957：196.

进入19世纪70年代，中国烟草出口逐渐增多。1867年仅为1459担，到1894年达到113 886担。由于烟草出口渐多，出现了一些新的烟草产区，如河南。河南许昌、襄城一带，1919年后烟草种植面积逐渐扩大，到1934年，烟田面积竟占当地耕地面积的24%～40%。山东、河南、安徽等省的烤烟产量，1916年为240万磅①，1924年增至7000万磅，20世纪30年代则突破1亿磅②。

花生产量的增加是在19世纪末，辛亥革命之后山东花生渐渐成为出口土货之大宗。山东、河北、河南、山西等省也成为中国的花生重要产区。由于花生种植面积扩大，山东的小麦、大豆、高粱等作物的种植面积缩小。

甘蔗种植在鸦片战争以前已相当发达，蔗糖是中国在19世纪80年代之前重要的出口商品之一。蔗糖出口量1870年为38.5万担，到1884年竟为157.1万担。要保证出口量的增加，甘蔗的种植面积必须增加。1874年，汕头的甘蔗种植面积在邻近区域已有很大增加，并且许多原来种稻的土地已种上甘蔗。到1883年，在邻近地区，甘蔗的种植还在增加。其他如广东的南海、东莞、清远等县以及福建、江西等省的甘蔗种植也都有所发展。但19世纪80年代以后，欧洲及爪哇甜菜糖的崛起，使中国甘蔗种植受到了强大冲击而有所减少。

此外，水果、芝麻、油菜、桐油、蓝靛等经济作物的出口量也日益增多，其种植面积也在增加。尽管如此，但与粮食作物相比，经济作物种植面积的比重还是较低的。自1914年至1946年，粮食作物种植面积虽有所减少，但下降幅度并不太大；经济作物种植面积虽有所增加，但增长幅度也不太大。一般说来，粮食作物的商品率是较低的，而经济作物的商品率则是较高的。各类经济作物的种植面积在总耕地面积中始终没有突破20%的现象，反映了中国近代农业商品生产是不发达的。

2. 粮食商品率的提高和商品量的增加 刺激近代粮食商品率提高和商品量增加的原因是多方面的。首先，由于经济作物种植面积逐渐增加，挤占了粮食作物的种植面积，导致某些农业区粮食总产量减少，变成了缺粮区。其次，城市人口在总人口中所占比重的变化，增加了对商品粮的需要，同样能刺激粮食商品率的提高。最后，粮食加工工业，特别是酿酒业的发展也增加了对商品粮的需要，从而成为刺激粮食商品率提高的重要因素。

从粮食商品率和商品量来看，中国粮食商品率1840年约为10%，1895年约为16%，1920年约为22%，1936年接近36%③。安徽等7省在1927年至1928年间，小麦商品率达52.5%，稻为38.4%，大麦为63.7%，谷子为26.6%，高粱为21.9%，玉米为26.4%，糯稻为95.4%，大豆为44%，绿豆为51.7%，豌豆为46.0%，甘薯为31.1%④。可见，粮食商品率的提高是很明显的。但是，粮食商品率的提高并没有给中国的农民带

① 英美制重量单位，1磅=0.4536千克。
② 章有义. 中国近代农业史资料（第2辑）[M]. 北京：三联书店，1957：201，203.
③ 吴承明. 我国半殖民地半封建国内市场[J]. 历史研究，1984（2）：110-121.
④ 章有义. 中国近代农业史资料（第2辑）[M]. 北京：三联书店，1957：230.

来多大的经济利益。一方面是粮食商品化的深化，而另一方面则是农民的粮食短缺。粮食商品化的发展成为中国农村经济日益枯萎和农民贫困化的一种反映。

3. 农产专门化区域的形成和扩大 随着经济作物种植面积的扩大和粮食商品化的发展，农产专门化区域开始形成并逐渐扩大，一部分地区专门以种植经济作物为主，而另一部分地区以粮食作物为主。农业生产专门区域的形成，是农产商品化程度提高的表现，也是自然经济解体的重要标志。例如，当时形成的产棉区主要是河北、山东、山西、陕西、河南、江苏、浙江、安徽、江西、湖北等省；大豆的集中产地为东北三省；花生的生产中心在山东、河南、河北等省；茶叶主要产于安徽、江西、浙江、福建、湖南、四川、云南等省；蚕桑的生产中心在江浙；水稻的主要产地是长江流域各省，江苏、安徽、湖南、湖北、江西、四川、浙江等省的大米产量，常占全国的70%以上；小麦的主要产地是河南、河北、山东、四川和东北一带地区；内蒙古等地则是盛产皮毛的畜牧区等。

近代农业生产专门区域的形成和扩大，虽与一定的自然条件差异有联系，但也与近代工业、交通运输业的发展息息相关。比如江苏、河北等地集中产棉区的出现与上海、武汉、天津等大城市棉纺业的发展是分不开的；再如，中东铁路的兴建使东北从人烟稀少的荒僻地区变成了一个粮食生产基地，其大豆也得以远销国内外。

三、西学东渐下的中国近代社会

早在明朝中叶，即有西方传教士到中国传播西方文化，但对中国传统文化并没有构成多少影响，但至1840年鸦片战争爆发后，面对西强东弱的世界格局，有识之士认识到西学之于中国的重要性，第一位留学美国的容闳意识到“以西方之学术，灌输于中国，使中国日趋于文明富强之境”①。至“五四”新文化运动兴起时，以胡适、陈独秀为代表的激进派也主张“输入西理”，变革图强一时竟成潮流。西学对中国的影响开始逐渐扩大，中国的政治、经济、科技、文化等渐趋迈步走向近代化。

（一）政局变化

鸦片战争后，中国经历晚清、太平天国、北洋时代、国民党时代，其间还有日本侵略时期。

经历了两次鸦片战争、甲午海战和太平天国运动冲击的晚清朝廷已呈日薄西山之态，为挽回颓势，在有识之士的大力倡导和不懈努力下，晚清朝廷励精图治，着力变革。先是感觉器物不如西洋，因而推行洋务运动，兴办洋务学堂，购买洋枪洋炮，组建海军。甲午海战败于日本之后，意识到制度不足，后推行维新变法运动，无奈变法运动危及清朝基业，被保守的慈禧太后镇压。变法失败后，晚清又经历义和团运动的爆发和八国联军入侵京城，朝廷与列强签订丧权辱国的《辛丑条约》，国家已到任人宰割的危

---

① 容闳. 西学东渐记[M]. 长沙：湖南人民出版社，1981：23.

急关头。张之洞等洋务派领袖适时提出推行新政，1901 年（光绪二十七年），朝廷成立推行新政的专门机构，编练“新军”、倡导商业、改革教育、改革官制、颁布新法律等，还派大臣留洋考察。新政推行之后，对中国的政治、经济、法律、军事和教育等都有影响。1903 年（光绪十九年），朝廷设立商部，倡导官商创办工商企业，刺激了经济的发展，农产商品化得到进一步发展；颁布一系列法律给予臣民言论、著作、出版等自由，有利于文化科技的发展；废除了科举制，出现办新学的高潮，同时也出现了留学潮。朝廷选拔的一部分人才前往欧美学习农学知识，后来成为中国农学专家的过探先、邹秉文、张巨声等均有留学经历。

1850 年末，由洪秀全等人在广西金田村发动反抗清朝的武装起义，后建立“太平天国”，并于 1853 年 3 月攻克江宁（今南京），将此改称天京。1864 年 8 月，天京被湘军攻陷，到 1872 年最后一支太平军队伍在贵州全军覆没。太平天国历时 14 年，是中国历史上规模空前的一场农民运动。太平天国提出了一整套的纲领、制度和政策等，其纲领性文件即是《天朝田亩制度》，它以解决农民的土地问题为核心，废除封建土地所有制，按人口和年龄平均分配土地，它为农民绘制了一幅美好蓝图，一定程度上满足了农民的政治经济要求。

到 1911 年清王朝被推翻后，中华民国建立，之后无论是北洋政府时代还是国民党统治时代，政府对于农业改良尤为重视，颁布了一系列农业法规，力图实行以法律促传统农业改造，如 1914 年 3 月制定的《国有荒地承垦条例》、1914 年颁布的《植棉制糖牧羊奖励条例》、1930 年《中华民国土地法》等，在一定程度上促进了当时农业的发展。

（二）科举制的废除与农业教育的兴起

1905 年，晚清朝廷废除了科举制，它对读书人的影响深远。失去了科举取士的成才路径，读书人开始重新选择，传统的儒家经典不再是学习的唯一内容，新学进入读书人的视野。农业教育在新学推行的过程中渐趋成熟，成为推动近代农业科技传播的重要手段。

1898 年，浙江和湖北率先创办了农业学堂，一所是单科性的浙江蚕学馆，一所是综合性的湖北农务学堂，皆为中等程度的教育，标志着中国农业教育的开端。中国高等农业教育开始于 1904 年保定的直隶农务学堂，清末有 5 所高等农业学堂。民国建立后，改称农业专门学校，1920 年时全国有 9 所。南京的金陵大学、东南大学，广东的中山大学、岭南大学等综合性大学均设农科，这些学校培养了一大批农业科技人才。

这些学校的体制和教学内容等最初完全仿照日本，专业课教师亦多聘日本人，后多聘美国农学家或留美归来的学生，课程和教法转向仿效美国高校。应中国政府以及高校邀请前来开设课程、讲座的美国农学家，他们在中国参与了农业院校学科建设、农业科学研究、农村社会调查、乡村建设服务、农业科技合作等活动，从客观上助力中国建立了近代农业科技体系，培养了近代农业科技人才，推动了农业科技和生产发展。

国民党统治时期，综合性大学的农科改称“农学院”，下设系或科。西北和东北地区也开始建高等农业学校，如设于陕西武功的西北农林专科学校（后与内迁的北平大学农学院合并，成立西北农学院）；设于沈阳的东北大学农学院等。抗战期间，农业教育严重受损，但因为一些农业学校迁徙至西南，促进了西南农业高等教育的发展。

农业教育的兴起与发展，促进了近代农业科技知识的传播、农业人才的培养以及农业科研的发展。

（三）西方近代科技的输入

科学技术是第一生产力。近代科学技术不仅促进了工业的发展，也逐渐渗透进入农业生产活动中，动摇了几千年传统农业的基础，推动了农业科技在近代的发展。科技对近代农业的影响体现在以下几个方面：

第一，“科技兴农”思想观念逐渐植入。西方农业科技兴起于19世纪，以广泛使用机械化、电气化的农机器具和农药化肥为基本方法，最初走出国门的朝臣们考察了西方以人力、畜力及蒸汽为动力的农具，近代化学肥料、优良品种，还有农业气象、农田水利、近代化温室、育种业、西方丝茶业等，较为可惜的是，他们并没有认识到科技将给农业带来的灿烂前景，反而认为机器取代人工，会造成贫民无法自食其力。但随着东西交流的不断扩大，尤其是从国外归来的留学生们认识到机械化的先进性，他们成为宣传推广西方近代农业科技的急先锋，使广大年轻人认识到“科技兴农”的重要性。

第二，科技促使近代农业生产工具的改进。传统农业生产以人力为主，辅之以简单的农具。在西方，农业主要生产工具是畜力牵引的半机械化农具，脱谷机、拖拉机等一些复杂的农业机器在少数地区和企业开始使用。

第三，自然科学知识指导农业生产活动。传统农业生产以直接经验为主，植物学、动物学、遗传学、化学、物理学等西方自然科学知识的引入和传播之后，我国改良土壤、育种、栽培、饲养、植物保护等生产活动开始转向依赖于科学指导。

随着近代农业科技的引入，中西结合的农业科技体系逐渐形成，对中国的传统农学和传统农业生产产生了深远的影响。

（四）印刷出版业的兴盛

晚清推行新政以后，出台了一系列给予言论、著述、出版自由的法律，一时间印刷出版兴盛，掀起了办报编刊的热潮。农学报刊也应运而生。1897年（光绪二十三年）5月，罗振玉在上海创办了我国第一份农学杂志《农学报》，发表了大量有关作物栽培、园艺、植物保护、土壤肥料、畜牧兽医、蚕桑蜂茶、农具、林业、水产等方面文章，这些文章的内容大多来自日本、英国、美国、墨西哥、法国、荷兰等国的农书和报刊，大致反映了国外近代农业科技水平。1900—1903年，罗振玉又主持编辑《农学丛书》，共收农书235篇，其中西方近代农学著作占60%以上。该丛书全面介绍了有关农业原理、作物各论、土壤、肥料、气象、农具、水利、蚕桑、林业、水产、园艺、植保、农经等方面的科学知识。1903年，范迪吉等翻译日本《普通百科全书》共100册，其中不少是日本农业学校的教科书，如《植物新论》《霉菌学》《植物营养论》《农艺化学》《土地改良论》《肥料学》《畜产各论》等，是中国人过去从未接触过的。这些农书，扩大了人们的近代农业知识视野。

（五）农政机关、农事试验场和农学会的出现

效法外国改进农业的方式是朝廷里设置农政机关、高校或田园设农事试验所以及专业联盟——农学会。

维新变法期间，朝廷曾设农工商总局，指派端方主农。1903 年（光绪二十九年）成立商部掌管全国农、工、商各业。商部内设 4 司，其中一司为平均司，掌管“开垦、农务、蚕桑、山利、树艺、畜牧等一切生殖之事”。可见平均司就是当时掌管全国农政的最高机构，后平均司更名为“农务司”。1912 年，中华民国临时政府在南京成立，孙中山设实业部掌管农、工、商、矿各业，实业部内设农务司主管农政。

中国最早的农业科学试验机构是 1898 年在上海成立的育蚕试验场和 1899 年在淮安成立的饲蚕试验场，它们以新法从事养蚕、育种、防病试验，都是专业性的试验场。1902—1906 年，长沙、保定、济南、太原、福州、奉天（沈阳）等处先后建立起综合性的试验场。1906 年，京师成立了全国性农事试验场——农工商部农事试验场，对从中外各地选购的不同作物的种子进行试验。近代农业科学技术离不开科学试验，农事试验场的建立，是中国近代农学开始出现的重要标志。

农学会是戊戌变法期间学习西方农业而创建的一种农业组织。1897 年罗振玉等在上海发起的“务农会”是我国最早的农学会。此后，江苏、福建、江西、山东、河北、陕西等省纷纷成立农学会。它们采用新法，购进外国种子、农具进行试验，具有农技改良、推广的性质。

农业在传统基础上正在酝酿着重大的改良和革新，近代农业的发展是在民族存亡的背景下开始于外部与内部的双重努力。

第二节　土地制度和赋税制度

在传统社会结构开始瓦解的前提下，传统的农业内部孕育着新的生产方式，近代中国土地制度出现了微弱的新变化①。近代中国农业在缓慢向前发展。

一、土地制度

在半封建半殖民地条件下，近代的土地制度基本延续封建土地制度传统，在此基础上稍有发展，总体而言有以下特点：传统的土地私有制占主导地位；租佃关系是农村社会的主要关系；土地经营主要以家庭为单位。晚清朝廷、太平天国、民国政府与中国共

---

① 岳琛. 中国土地制度史[M]. 北京：中国国际广播出版社，1990：249.

产党领导下运行着不同的土地制度。

（一）晚清的土地制度

晚清的农用土地大致分为皇庄（包括宗室庄田）、官地（见官田）、屯田、旗地（包括蒙古旗地）和民田五大类。

鸦片战争前出现的官地、屯田、旗地的顶退、典卖及向民田的转化在鸦片战争后逐渐合法化，顶退和典卖更加频繁，产生地权失衡现象，地权集中在少数皇族、地主、富农等手中，大多数农民无地或有少量土地。据有关资料统计，16 世纪末，公共所有田地和私有田地大约各占一半，19 世纪 80 年代以后，私有田地增加到 75%左右，到 20 世纪 30 年代，私有田地已达 90%左右[①]。地权失衡，必然导致土地租佃制度的产生。

由于中国各地的经济发展水平不一，传统习惯各异，因此租佃制度的具体形式也就多种多样。从租佃途径看有直租和转租两类。1934 年，全国直租占 88%，转租占 12%。一些地区的官田、学田、烝尝田或大地主的大片土地，往往由包租人或二地主转租。从租佃期限和主佃间的支配与被支配关系看，可分为世袭租佃制、永佃制和定期或不定期契约租佃制三类。世袭租佃制是佃农有世代租种地主土地的习惯性权利，对地主有浓厚的人身依附关系；永佃制是佃农可以“永久”耕种地主土地，地主无权撤回，而佃农有退佃和转让佃权的自由；定期或不定期契约租佃制是根据租佃契约确定租佃期限和主佃双方的权利、义务。近代总的发展趋势是世袭租佃制和永佃制不断衰落，定期或不定期契约租佃制日益普遍。

（二）太平天国的土地制度

1853 年，太平天国建都天京（今南京）后颁发了一部文件——《天朝田亩制度》，这是洪秀全根据《原道救世歌》《原道醒世训》等著作表明的平等思想提出来的，是一部包括军事、文化和经济事务的纲领性文件，其中以解决农民的土地问题为核心。制度首先对土地进行了严格的分类，按照土地肥沃贫瘠的差别分成九等，每等产量相差一百斤；其次，规定了分配原则，强调男女平等、老少平等、强弱平等的原则，分田只论人口，不论其他。考虑到成年人和未成年人的差异性，又对 16 岁以上和 15 岁以下所分田地进行了合理的土地分配，适当减量，最终实现“使天下共享天父上主皇上帝大福，有田同耕，有饭同食，有衣同穿，有钱同使，无处不均匀，无人不饱暖也”的目的[②]。制度对土地分配的规定详尽而具体，超出以往任何一个关于土地分配的制度，满足当时千百万农民对土地的强烈需求。

《天朝田亩制度》制定的分配制度与以往有过的分田法有联系亦有区别，以往的分配制度分配无主的田地，不分配地主阶级占有的土地。太平天国是废除土地私有，在这

---

① 中国农业百科全书编辑部. 中国农业百科全书（农业历史卷）[M]. 北京：中国农业出版社，1995：165-166.

② 李文治. 中国近代农业史资料（第 1 辑）（1840—1911）[M]. 北京：生活•读书•新知三联书店，1957：115-116.

一基础上实行土地重新分配，可见《天朝田亩制度》是从广大贫苦农民的利益出发的，但这种制度过于理想化，脱离实际，只能是给无地农民描画了一幅美好愿景。

（三）民国时期的土地制度

1. “平均地权”思想 “平均地权”是孙中山先生经济思想的中心，也是其“三民主义”民生思想的重要组成部分，其核心就是用土地国有制代替地主土地所有制。平均地权的主要内容有两个，一是全国平均地权，让农村耕者有其田。其意义在于消除少数人操纵土地所有权的不合理现象，消除土地投机，使土地归国民所共享，同时还可以促进工商业的发展。二是“规定地价，照价征税，照价收买，涨价归公”。其意义在于控制少数人操控地价的不合理现象，使地价趋向稳定、合理，涨价的部分为国民所共享。“平均地权”的实质是实行资产阶级的土地所有制。

孙中山的土地思想是针对近代以来的地权失衡现象提出的，辛亥革命后，军阀对土地的掠夺、资本家和工商业者对土地的兼并以及洋人对土地的侵占，造成土地兼并更趋激烈，受制于此，孙中山提出的“平均地权”思想在现实中很难通行。

2. 国民政府的土地制度 针对土地问题中存在的严重矛盾冲突，南京国民政府建立之后颁布了一系列的土地法案，如1927年颁布《佃农保护法草案》，其中第八条规定：“佃农对于所耕土地有永佃权，但不能将原租土地转租给别人”，同时提出“佃农交纳租项等，不得超过所租地收获量的百分之四十。”1928年，国民政府颁布《土地征收法》，同年，中央政治会议通过《土地法原则草案》，1930年正式颁布《土地法》，1935年公布《土地法施行法》等。1930年的《土地法》内容有总则、土地登记、土地使用、土地税、土地征收等部分，绝大部分条文是关于土地的行政法规和土地税征收的财政法规，该法规明确规定地主对土地的私有权，并在承认封建租佃关系的前提下，对土地的登记、使用、赋税征收做出具体的规定。但是，法规并未涉及平均地权。这一系列土地法案构成了国民政府比较完整的土地法律制度。为了进一步解决土地问题，国民政府采取了一些措施，主要有以下三条：第一，对土地产权信息进行核实和登记；第二，调整土地经营权的转让关系；第三，减轻土地经营的税赋负担。但是由于当时社会形势、技术手段等原因，土地制度的改革并未取得实质性成果，土地制度仍是当时困扰农民的一大社会问题。

国民政府制定的一系列土地法规制度反映了当时对农地产权变革的主要思路，但改革事实上没有涉及农地产权制度的核心，农地所有权的不合理现象和农地产权的流转问题并未得到解决。这种制度不可能真正抑制地主所有权模式，也不可能实现平均地权的目标。

（四）中国共产党实行的土地制度

中国共产党实行的土地制度主要分三个时期：井冈山时期、抗日战争时期、解放战争时期。

1. 井冈山时期 1927—1931 年，中国共产党在井冈山建立的第一块农村革命根据地并制定了多项土地法规，如《井冈山土地法》《兴国土地法》《修订〈土地暂行法〉》《中华苏维埃共和国土地法》等，废除了南京国民政府的一切立法，第一次用法律的形式保护农民分配土地的权利，确立了以乡为单位、以人口为标准进行数量与质量上的公平分配，以“抽多补少”“抽肥补瘦”为原则的土改方式，形成了“依靠贫农雇农，联合中农，限制富农，保护中小工商业者，消灭地主阶级”的土地革命路线。

井冈山时期制定的各项土地法规，标志着封建地主土地制度开始走向崩溃，新民主主义土地法制开始亮剑，这些法规解决了没收土地对象问题、土地所有权问题，确立了新民主主义土地立法的根本原则，也标志着红色革命根据地土地制度的真正确立。新的土地制度实施后，土地的所有权归农民所有，政府出面没收地主土地，土地产权有限制的流动，解决了农民无地问题。据有关资料表明，原先占有土地总数 60%以上的地主阶级被消灭了，富农所占有的土地也只占土地总数的 0.82%，过去没有或很少有土地的贫农、中农所占有的土地占土地总数的 85.43%。因此，根据地农民的生产积极性和革命积极性被调动，根据地得到发展。

2. 抗日战争时期 1937 年 7 月 7 日后，全国进入全面抗日战争阶段，国共两党携手共建抗日民族统一战线，为此，中国共产党在抗日根据地对土地制度做了以下调整。

首先，停止了一切没收地主土地的行为，改为给地主以生活出路的政策。停止没收的土地主要在没有分配土地的统一战线区域，已分配土地的区域，在保证一切取得土地的农民之私有土地制度外，同时宣布“地主豪绅回来，可以在原区分配他以和农民一样多的土地和房屋”。地主回来，已没收了的土地不应还原，分配了的房屋不得翻案，已取消了的租债不许再索取。

其次，实行地主减租减息农民缴租缴息的政策。中共中央在 1937 年 8 月下旬召开的洛川会议上正式决定“以减租减息作为抗日战争时期解决农民问题的基本政策”，并写入 8 月 25 日公布的《抗日救国十大纲领》。

尽管对土地政策进行了微调，但在调整中仍注重对农民土地所有权及农民土地权益的保护，尤其是保护农民在土地革命时期土改中已获得的土地和权益，在保障地权和生活照顾方面更多考虑贫困农民。

3. 解放战争时期 1946 年 5 月 4 日，中共中央发出了《关于清算减租及土地问题的指示》（即“五四指示”），基本精神是坚决拥护和帮助群众，在反奸、清算、减租、减息、退租、退息等斗争中，从地主手里获得土地，实现耕者有其田。实行的办法是：第一，没收汉奸、豪绅、恶霸的土地，中小地主与农民纠纷采取仲裁方式解决；第二，一般地主、富农的土地清偿所欠农民债务，并鼓励他们自动献地，一般不变动富农土地；第三，没收的土地及献地优先分给烈士遗属、抗日战士和无地农民。“五四指示”标志着中国共产党土地政策由抗日战争时期的减租减息政策向没收地主土地分配给农民的政策转变。“五四指示”实行后，取得了显著成绩，1947 年初，各解放区已经有 2/3 的地方解决了土地问题，农村各阶级占有土地的差额和贫富差距已经有所缩小。

但在土地改革中仍然存在一些问题，为解决这些问题，进一步发动更广大的农民，1947 年 7—9 月，中共中央在河北平山县召开全国土地会议，制定了《中国土地法大纲》，同年 10 月 10 日开始实行。

土地法实行后，各解放区展开轰轰烈烈的土改运动，使 2 亿多农民基本解决了土地问题，但也出现了一些过左的倾向，侵犯了部分中农的利益。为了纠偏，中共中央提出了土地改革的总路线和总政策，就是“依靠贫农，团结中农，有步骤、有分别地消灭封建剥削制度，发展农业生产”。

二、土地租佃关系

在半封建半殖民地条件下，地主通过出租土地，使缺地农民与土地相结合，从而无偿占有其剩余劳动，它是传统封建社会租佃关系的延续和发展①。

（一）租佃关系范围

近代中国的地权分配极不平均，土地主要集中在少部分人手中，占人口 5%～10%的官僚、地主、富商占有全国土地的 50%～60%，这些土地绝大多数被分散出租。官田、旗地以及民田中的族田、庙田等全部由农民租种。地主的私有地也只 10%左右雇工经营，90%分散出租；富农土地的出租部分约为 20%，全国约有一半的耕地是在租佃形式下经营的。

地权集中程度和地主土地经营方式，南北也存在差异。南方地区地权集中程度高，地主雇工经营的少，贫苦农民多为佃农；北方地区地权相对分散，地主雇工经营较多，贫苦农民多为自耕农或雇农。

随着地权兼并的加剧，农民不断丧失土地，租佃关系的范围有进一步扩大倾向。进入 19 世纪 60 年代，太平天国所在地区，地主逃亡，土地荒芜，一些农民通过垦荒、购买，获得土地，地权有所分散，租佃关系范围一度缩小。辛亥革命后，随着军阀阶层的兴起，土地兼并加剧，失地农民数量增加，租佃关系扩大。1912 年，佃农、半佃农占全国农户总数的 51%，1937 年增加到 54%。湖南、江西、福建、浙江、四川、广东等省超过 70%。1930 年，长江流域及其以南地区，佃农占农户总数的 40%，半佃农占 28%，合计 68%；黄河流域地区，佃农占 13%，半佃农占 18%，合计 31%；东北三省和热河、察哈尔、绥远地区，佃农占 30%，半佃农占 19%，合计 49%。全国平均，佃农占农户总数的 26%，半佃农占 22%，合计 48%。抗日战争开始后，土地兼并愈加剧烈。新中国成立前夕，占农村人口不到 10%的地主、富农，垄断了全国 70%～80%的土地。这时，佃农、半佃农可能超过全国农户的 60%。

---

① 中国农业百科全书编辑部. 中国农业百科全书（农业历史卷）[M]. 北京：农业出版社，1995：167.

（二）租佃形式

晚清时的租佃关系是农村社会关系的主旋律，它不但决定着农户间的利益分配，而且通过这种利益分配对农村土地制度产生深刻的影响。从形式上看，有租种制、伙种制及帮工佃种制；从租佃期限看，有年租佃制、定期租佃制、不定期租佃制及永佃制等。这一时期的地租仍是实物地租、货币地租、劳役地租等三种形式，实物地租是地主在实物形态上占有农民的剩余劳动。随着城乡商品经济的发展和农村经济的半殖民地化，农民同地主之间的封建依附关系进一步松弛，租佃形式和习惯发生了某些明显变化，押租制、预租制和北方地区的帮工佃种制更加普遍，超经济强制向经济强制过渡。农村宗法关系进一步淡化，佃农的流动性增大，租佃期限缩短。

（三）佃农经济状况

佃农相当部分来自丧失土地的自耕农，经济基础本已十分脆弱，而繁重的封建地租又剥夺了佃农的全部剩余劳动，使其经济状况进一步恶化。

佃农和一般自耕农一样，是以家庭为经营单位的小生产者，但其经营规模比自耕农更狭小。据 1927—1933 年对 22 省 154 县的抽样调查，自耕农的经营面积为 25.7 亩，佃农为 21.6 亩。在南方水稻区，佃农的耕作面积通常在 10 亩以下。

佃农的生产条件比一般自耕农更差，不但没有或有极少土地，农舍、耕畜、农具、种子、肥料等也多不齐全，且质量低劣。据 20 世纪 30 年代对河南、湖北、安徽、江西等 4 省 53 县的调查，自耕农中有良好农具的占 81%，而佃农只占 64%；有耕畜的自耕农占 87%，而佃农只占 66%。在北方地区，完全没有或有很少生产资料的佃农所占比重更大，这些生产资料往往由地主提供。

佃农的生产活动几乎全部依靠家庭劳力，虽然由于生产的季节性或其他原因，部分佃农也需使用雇工，但其比重很小。据 20 世纪 30 年代的一些调查，佃农中的雇工户比重一般在 30%以下，雇工的时间大多不足半个月。除少数富裕佃农外，所用雇佣劳动多属换工互助性质。同时，相当一部分佃农必须出卖部分劳力，以弥补农业收入的不足。

近代商业性农业的发展和残酷的地租剥削，加速了佃农的两极分化。少数佃农经济地位上升，他们租有较多的土地，并剥削雇佣劳动，有的还兼营商业、高利贷。而大多数佃农经济状况不断恶化，生产资料短缺，生产能力下降，甚至连简单再生产也无法维持。有的完全靠借债度日，在封建地租剥削之外，又被套上了高利贷的枷锁。广大佃农经济状况的恶化和生产能力的下降，是近代农业生产不断衰退的重要原因之一。这标志着落后的封建租佃关系已经完全成为阻碍农业生产力发展的桎梏。

三、赋税制度

田赋是按土地面积和肥沃程度征课的一种土地税，古代按亩（或按户）的征赋制度在近代继续延续。它以封建土地所有制和封建租佃关系为基础，是封建地租的再分配①。

田赋的名目和内容，近代前后略有不同。辛亥革命前，田赋单指地丁钱粮（地赋和摊入地亩的人丁税）和“耗羡”（地丁附加）。辛亥革命后，漕粮、芦课、官租也统称田赋。

近代田赋的额定和征收仍沿前制，将水田、旱地各分为三等九则定科，每亩课银数厘至二三钱不等。田赋以银两定额，但通常以铜钱折价征收。鸦片战争后，鸦片输入、白银外流引起银价上涨，导致田赋征银折价上升，农民负担不断加重。地丁是货币税，漕粮原为实物税，专供京师和军队食用。道光年间后，由于运河淤塞等原因，部分改征折价。1901 年，清廷下令停止漕运。辛亥革命后，漕粮全改折价，田赋全部变为货币税。抗日战争期间，国民党统治区货币严重贬值，田赋又按抗战前粮价改征实物，货币税倒退为实物税。

田赋是国家财政收入的主要来源。鸦片战争前后，全国地丁额 3200 万～3300 万余两，占国家财政总收入的 2/3～3/4。19 世纪末叶，因关税、厘金、盐税增加，田赋比重降至 1/3 左右。民国初年约占 15%～20%。田赋在国家政权内部的分割办法几经变更。在清代，田赋由中央统收统付。1913 年，北洋政府变革财政体制，中央和地方财政分开，田赋正税归中央，附税划归地方。不久，又将附税解归中央。1927 年，国民党政府颁布《国地收支标准案》，田赋全部划归地方。1931 年又制定《办理预算收支标准案》，规定除省征收田赋外，县亦得征课田赋附加。北洋政府和国民党统治时期，各地军阀割据，内战频繁，而且各级官僚机构重叠臃肿，军费、政费日益庞杂。田赋附加名目越来越多，数额越来越大，并纷纷实行田赋预征。有的地区，二三十年代已开始征收五六十年代的田赋。抗日战争时期，国民党推行“田赋征实”的同时，又实行粮食“征购”“征借”，加强田赋搜刮。加上吏治腐败，贪官污吏浮收中饱，农民的田赋负担空前沉重。

第三节　农业机具的改良和水利兴修

一、农业机具的改良

农业机具是推动生产力的重要因素。中国在晚清时还主要使用结构简单、修理方便、小型多样、一具多用的传统农具，在此基础上也有所改进，但相比之下，与世界农具机械化水平相差较远，西方各国同时期创制的多种农业机具工作效率更高，只有引进才能促进农业生产力发展。近代农具的改良就是从引进西方近代农具开始，经历了引进、推广使用、改良与推广三个发展阶段。

---

① 中国农业百科全书编辑部. 中国农业百科全书（农业历史卷）[M]. 北京：农业出版社，1995：165.

（一）西方农具的引进

鸦片战争失败后，最初国人认为是器物不如人，认识到器物的重要性，洋务运动最核心的内容就是引进西洋先进的机器。冯桂芬在其所著《校邠庐抗议》一书中首次提出“机器垦耕论”的农业生产思想，孙中山、康有为、梁启超等也表达了对于农业机具重要性的认识。光绪帝接受了器物重要的观点，他在变法维新的上谕中，除指示各省要开办农务学堂外，同时也说到要购用“农器”。

1880年（光绪六年），天津一带出现的一家新式农场“批租荒地五万亩，概从西法，以机器从事”。这大概是中国最早使用机器生产的农场。1899年（光绪二十五年），江苏上元张君购买美犁“导农深耕”。这一时期，引进较多和效用较大的是抽水排灌机具，浙、闽、湘等地均有绅民“拟以西人取水机器引水灌田”。1906年（光绪三十二年），山东农事试验场“由美国购回农具二十余种，日本购来数十种，多能试验合用”。

新兴的农垦企业是引进西方近代农具的主力。辛亥革命后，各地新式农垦企业纷纷建立。1901年，张謇在南通创立通海垦牧公司，在南通、海门沿海一带12万亩垦区中使用大型机器。1907年（光绪三十三年），原在美国旧金山经营垦殖畜牧业的侨商陈国圻在黑龙江创立兴东垦务公司，拟定了荒地垦殖计划，计划中列有火犁开荒、耕田、整地、收割等全套机器的预算，这是中国近代应用蒸汽拖拉机的最早记载。1908年，官绅集资成立瑞丰火犁（当时东北人称“蒸汽拖拉机”为“火犁”）公司，报领官荒，用火犁招人进行播种，还购置2具火犁、1具割麦机，专代佃户们耕地割麦。华北地区从20世纪20年代开始创办农垦企业，1923—1926年在察哈尔陶林地方建立的大规模农垦企业的垦殖面积有1800公顷，江苏、山东、北京、天津等地建立的农垦公司，也大都采用新式农具经营农业企业。

引进的农具从地区看，以东北地区推广最为有力。除前述的瑞丰等公司从国外购进大型耕作农具外，1915年，浙江财阀在黑龙江呼玛县创办三大机械化农场，从海参崴万国农具公司购买15～30马力拖拉机5部。1929年，绥远萨县新农场成立，从上海购进10～30马力拖拉机两部及其他一批耕作机械。这一时期，拖拉机等大型农业机具主要用于东北地区，其他地区在生产中并没有大面积使用。

就引进的农具看，首先以大型高效的耕作机械为主。1947年联合国粮食及农业组织贷给中国拖拉机和联合收割机20多台，在南京八卦洲兴办农业机械推广示范区。近代在国内应用推广比较成功的一种农业机械就是抽水机。1922年江苏裕华垦殖公司购进157千瓦的大功率扬水机及全套灌溉设备，从事稻田排灌。1914—1924年，中国先后派出朱文清、吴觉农等人赴日本考察茶学，开始引进机械制茶，引进的制茶机械有分筛机、切断机、揉捻机、烘干机、蒸青机等，但数量极少，只在个别地方能使用。1914年前后，内蒙古等地引入割草机、搂草机、牛奶分离器等畜产机械。

（二）农业机具引进后的仿制和改进

农业机械的引进、试用，也调动了国人仿制和改良的积极性。1897 年，上海的许锦春创制了轧花机用于轧花，此机每日的出花数比日本的轧花器多十之二三。1898 年，直隶丰润县令到上海招募数名机匠制造轧花机、弹花机及其他新式小农具，非常实用。1919 年无锡工艺机器厂制成大口径离心泵。1904 年江南制造局生产抽水机 75 台。上海求新制造轮船厂是国内最早生产灌溉机械的厂家，该厂于宣统元年（1909 年）仿制内燃机成功后，又于 1911 年投产汲水机（即离心水泵）。1912 年常州奚九如试验以内燃机作动力的抽水机灌溉农田，获得成功，为此成立了厚生机器厂开始制造抽水机。1920 年前后，上海、无锡一些工厂相继仿造。1925 年前后适逢江浙连年干旱，美国慎昌洋行推销了马力引擎（发动机）和帮浦（水泵），深受欢迎，因而新中工程公司、大隆铁工厂等相继仿制，大隆铁工厂还与上海中华职业教育社农村服务部联合制造了“机船”，对江浙地区承包灌田。所谓“机船”，就是在船上装上柴油机和水泵，在水网地区开展流动服务。这种灌田方式深受欢迎，到 1931 年无锡一带发展这种“机船”二三百条，这个地区的畜力和人力抽水农具出现了下降趋势。1933 年无锡的庄前、孙巷两村，机械抽水和畜力、人力抽水之比分别为 76%、4%、20%。在太湖流域出现了小型柴油机带动龙骨车灌田的中西结合形式。此外，海宁、福州、常熟、溧阳、扬州、禹州、安化等地均有仿制、改良多种农机①。

在农副产品加工机械的改进试制方面也有不少成就。20 世纪初，日本碾米机由朝鲜传入东北，由台湾省传入东南沿海，然后渐及内地。同时，上海、沈阳及湖南民生工厂开始仿制碾米机。不少地方还对引进的各种机器进行了改进。1898 年《农学报》22 期载，丰润县令到上海招数名机器匠“在县制造轧花、纺纱、磨油并农学小器具，试验颇为合用，听民购使，价值较买外洋者可省十分之二三”。上海求新制造机器轮船厂除制造火油引擎（柴油发动机）外，还制造碾米机、棉籽榨油机、黄豆榨油机、抽水机等。有些机器经过改良，“便捷远过西式”，而且价格比洋机器还便宜。这个工厂的厂主朱志尧还根据中国人多民穷的实际情况，研制出了适合国情的新型榨油机。

（三）农业机具的推广使用

1912—1937 年，多地推广使用西洋农具参与农业生产和渔业劳动。东北地区推广得力，各地纷纷建立新式农垦企业负责西洋农具的推广，同时建立了一些农具科研机构，有了农机教育和科研活动。

1945 年抗战胜利后，中国的机轮渔业开始恢复和发展。北方的机轮渔业中心在青岛，在接收日本“青岛水产组合”的基础上，成立了“黄海水产公司”，加上其他渔业公司，共有双拖渔轮 94 艘。南方的机轮渔业仍集中于上海，在接收敌伪“华中水产株式会社”的基础上，成立了“中华水产公司”，加上其他渔业公司，共有渔轮 162 艘。

---

① 周昕. 中国农具发展史[M]. 济南：山东科学技术出版社，2005：834.

1948 年，中国曾在黄海北部试验了单船围网作业，并初获成功。1949 年 5 月，关东水产公司开始试验机轮双船围网。机轮围网的初试成功，为后来发展围网渔业奠定了基础。

在解放区，农具也得到了改良和推广。1939 年春，陕甘宁边区创办了第一个农具厂。该厂在极端艰难困苦的条件下，用敌人的炸弹片和在边区内外搜集来的废钢铁为原料，用自掘自运的煤炭为燃料，从事农具的改革和生产，为边区的农业生产做出了重要贡献。

此时期还建立了一些农具科研机构，如 1927 年江苏省成立了农具研究所，1936 年成立的“中国机械工程学会”设置了农业机械组。1942 年成立了中国农具学会。这些科研机构对发展新的农业机械做出了一定的成绩。

总体而言，近代中国农具的改良虽然取得了一定的成绩，在一定的时段和区域内出现了与近代科技相结合的趋势。但就全局来看，在广大的乡村，农具的主流仍是中国的传统农具，农具的基本面貌仍停留在《王祯农书》总结的水平上。

二、农田水利兴修

国门大开，时局动荡，给近代农田水利建设带来巨大影响，因此，近代的农田水利建设呈现以下两个特色：

第一，传承并发展传统的农田水利技术，但水利工程建设规模较小，多为续修性的工作。晚清因战败赔款致使国家财政经济日益贫困，国力很难承担大规模的农田水利建设，多半是对已有的塘堰、陂、渠等进行修浚，以民间修建的小型水利工程为主，没有规模较大的水利工程。民国建立之后，只有续修河套灌区渠道和兴建关中泾惠渠的举措；抗战期间，国统区的农田水利建设没有受到应有的重视，只有少量新兴的项目。

第二，吸纳西方近代科学技术发展农田水利。从光绪初年开始，随着西方近代水利技术的大量引进，一些地方设置了气象水文站点，进行江河、港口测量，运用近代科技分析江河演变规律和传统水工技术；开展了江河治理方略的探讨，对主要江河提出了轮廓规划；按照近代科学技术要求培养了一批水利建设人才；设计修建了一批水利工程，取得了一定的成效。

（一）传统农田水利技术的传承与发展

传统的农田水利技术在南方表现为修筑海塘和促进围垦经验的继承和发展，在北方表现为黄河流域各灌区和天津屯田水利的发展。

1. 江南海塘的修筑与南方山间泉水的利用 主要在浙西、华亭、宝山、南汇、奉贤、川沙、太仓、常熟等地修建了浙西海塘和江南海塘，保护了奉贤、南汇、川沙一带已围垦的农田，修筑了宝山、太仓、常熟的海塘。江南海塘除华亭、金山、宝山等处险工地段有石塘外，一般都是比较小的土塘，即使是石塘，也比较单薄。在修筑江南海塘中，创造了建筑排水和拦水坝的新技术，这一技术在消浪防冲、减缓潮势、保滩促淤、巩固岸滩方面发挥了重要作用。在筑坝技术方面，修筑“石担坡”的经验对保护坝脚和防止冲刷也有重要意义。

与此同时还发展了利用山间泉水的灌溉。据清代有关方志的记载，闽、浙、两广、云、贵、四川等地都有蓄潴涌泉或壅积谷泉的，甚至有的地方“几全是泉潭，并多涌泉，深不见底，灌溉面积甚广”。山泉源自高处，引流灌溉极为方便，但为了合理用水并减缓冲激，当地人就在山脚下修筑塘堰加以蓄存，并设计用栅、闸以及瓦窦、阴沟等开关放水，根据需要随时引泉水灌溉稻田；如果田面高于山泉，除了筑堰壅水外，再利用筒车提水灌田；如山泉被叠岭洞壑所阻时，则以竹筒架槽来引流，这样山泉得以充分利用，极大地提高了泉水的灌溉效益。

2. 北方的农田水利建设与井灌技术　　北方的农田水利建设主要是对黄河流域的宁夏、河套灌区，汾河、洛河、沁河的农田水利恢复。黄河流域各灌区的水利在晚清时虽有所修建，但发展缓慢，日趋衰落。民国之后，续修了黄河流域的河套灌区，灌区面积到 1929 年扩大到 2 万亩左右。1920—1930 年在关中兴建了泾惠渠，此渠可灌溉泾阳、三原、高陵、临潼等地，灌溉面积到 1939 年达 65 万亩。但因为战争，沁河流域的灌区遭到破坏，宁夏灌区缩小。

天津在淮军将领周盛传的领导下，修建以小站为中心的屯田灌区，获得了较大成功。周盛传对前人开发水田的经验进行总结，提出“欲溉新城附近之田非咸水沽建闸，增挑引河，导之东下，以资灌溉不可；欲大垦海河南岸之荒，非由南运河建闸，另辟减河，分溜下注，以涤积卤不可。”他的主张突破了前人发展水田着眼于海河潮水的一贯做法，而把重点转移到引用南运河水，用“石水斗泥”的运河水来解决海河南岸大片土地的灌溉问题，以逐步改造低洼的盐碱地。经过六年的努力，以小站（即新农镇）为中心的屯田灌区基本形成，根据后人统计，这次的屯田活动共开发民田营地达 13.6 万余亩①。

（二）吸纳西方近代科学技术发展农田水利

1. 水利测量　　水利测量是水利建设中的基础性工作，民国时已很重视，各省组织对所在区域的水系及流域进行实地测量，从 1911 到 1948 年，几个重要水域如长江、黄河、淮河、珠江等水域都经过了测量，绘制了大量图表和册子，成绩显著。淮河流域绘制的图表有 25 卷又 2485 幅，册 1144 本。长江流域的测量任务艰巨，分成三段完成，历时十余年，测量面积超过 2 万多平方公里。黄河流域情况复杂，山东、河南、河北、山西、陕西各省于 1914 年分别在境内进行了地形测量，因无统一的高程系统和质量要求，质量较差。1922 年陕西省水利局为配合引泾灌溉，实测引泾灌区 1∶20 000 的地形图，至 1924 年，完成地形图 896 平方公里，这是省一级水利局最早测绘并制成的黄河

① 郭文韬，曹隆恭. 中国近代农业科技史[M]. 北京：中国农业科技出版社，1989：301.

流域现代地形图。1928 年 11 月，华北水利委员会组织测量队测量黄河两岸地形，历时 5 月，测得 1∶5000 地形图 89 张，约 820 平方公里，河道断面 120 个，堤身断面 155 个。1933 年成立的黄河水利委员会组织测量队对黄河下游进行测量，次年成立精密水准测量队开始进行精密水准测量，至 1948 年连续完成从青岛到兰州的精密水准测量 2586 公里。珠江流域的河道测量包括珠江三角洲一批防洪排水工程和受益面积共计 20 多万亩的两广灌溉工程，一般均绘成万分之一地形图①。近代水利测量积累了大量宝贵数据，为以后农田水利的建设提供了科学依据和重要参考。

2. 水文观测工作 水文测验主要包括水位、雨量、流量、含沙量、蒸发量等项目。长江水系内最早设置的近代水尺是 1860 年上海海关于吴淞口潮位站竖立的水尺。1865 年海关在汉口武汉关设置水尺，这是长江干流最早的近代水尺。至 1911 年，长江沿江已在重庆、宜昌、沙市、城陵矶、九江、芜湖、镇江等海关设有水尺。长江沿岸最早的雨量站是由海关设置的汉口站和芜湖站，均设立于 1880 年。珠江流域的水文气象观测始自 1886 年，同年 11 月，广西龙州开始有雨量记录，梧州的雨量记录始于 1898 年 2 月；1899 年 1 月，三水海关和梧州海关同时开始进行水位观测。清末的水文观测多是海关为满足航行需要而设，其精确度不高，但是它记录早，年限长，可以弥补近代水文的一段空白。

民国后，水文观测由水利机构进行，1918 年江南水利局设测量所，观测太湖重要支流水位，不久将测量所改为 12 个专门测量站。长江中下游干流、鄱阳湖、洞庭湖诸水系的水文测验开始于 1922 年，包括水位、流量、含沙量等观测项目。汉江水系开始于 1929 年，金沙江水系开始于 1937 年。从 1865 年至 1949 年，长江流域累计约设 280 处水文站和 286 处水位站。

自 1916 年起，广东治河处还委托地方教会或团体代办雨量站 13 处。1937 年珠江水利局成立后，对珠江流域及广东省其他重要河流水文测站进行了充实，计常设于珠江中下游的水位站 40 处，分布于广东、广西两省的雨量站 25 处。抗日战争时期，中下游大批测量站工作陷于停顿。珠江水利局曾对水文测验资料进行整编、分析，1948 年 2 月出版了《珠江水利（珠江水文统计专号）》。

1918—1932 年黄河干流上先后建立 8 个水文站，但不久又被撤销。1933 年黄河水利委员会成立后，黄河干流及陕西境内各支流水文站逐渐增加，1937 年以后开始在中上游山西、内蒙古、甘肃境内设站。据 1949 年统计，黄河流域共有水文站 33 个，水位站 28 个，开展了流量、泥沙、汛期水位等多项测验。

3. 农田灌溉试验 近代最早开展农田灌溉试验是在一些农事试验场中进行的，如 1906 年开办的农工商部农事试验场率先开展了这项工作。1926 年中山大学农学院丁颖教授创办了广东稻作试验场，对东莞县的白黏、竹黏两个水稻品种进行灌溉试验，以研究灌溉水量与水稻生产的各种关系。1927 年 5 月至 1929 年 2 月建成的福建莲柄港灌溉

---

① 张芳，王思明. 中国农业科技史[M]. 北京：中国农业科学技术出版社，2011：333.

工程，设有360亩试验场，专供作各种农事试验。1933年，西北农事试验场以棉花、小麦的试验和推广为主要业务，较早进行了旱作物的需水量试验。

一些试验场也开始对农田水利进行专门研究，如1933年在河北宁河县境内的崔兴沽试验场，由于境内多盐碱荒地，因此该场进行灌溉洗碱试验，同时也对水稻、春麦、棉花、秋麦等作物的需水量进行试验，初步论证了各种作物的灌溉水量。

抗日战争期间，广西农事试验场、陕西西北工学院水工试验室和四川稻麦研究所等进行过小规模的灌溉定额试验，近代农田灌溉试验多是在十分艰难的条件下进行的，这些试验为各地改良农业、推动传统灌溉向现代科学灌溉发展，提供了弥足珍贵的参考数据和理论依据。

4. 电力灌溉　电力灌溉最早于1924年，由时任常州戚墅堰震华电厂工程师的沈嗣芳首创。因电厂电力有余，加之又适逢当地久旱不雨，农民取水困难，沈嗣芳便与武进定西乡协议，实行农田电力灌溉。第一年共灌田2000亩，成效显著，后逐年增加，到1929年电力灌溉面积已达42 000多亩。1926年，苏州电气厂仿效试办，在浒墅关一带施行电力灌溉，共灌田3万多亩。1928年，沈嗣芳转任浙江吴兴电气公司工程师，在北乡一带发展电灌约3000余亩。此外，福州、江宁等地也进行了不同规模的电力灌溉。

中国近代的机灌事业虽在局部地区得到了推广，但从全国来看，机灌面积十分有限。据统计，1931年前全国机灌面积为：国产内燃机灌溉82.2万亩，进口内燃机灌溉30万亩，电力灌溉5.9万亩，总计118.1万亩，仅占全国耕地总面积的0.0083%。

（三）灌溉排水工程的兴建

1. 长江中下游的灌溉排水工程　近代长江中下游的农田水利工程以排水工程居多，主要有白茆闸、华阳闸和金水闸等。

白茆闸位于常熟以东距白茆河四公里处，是1936年1月扬子江水利委员会修建的一座钢筋混凝土闸门，全闸共5孔，宽44米，木板闸门，手摇启动闭合闸门，当年9月完工，对沿河地区圩田有较大改善。

华阳闸是华阳河泄水闸，在安徽望江县境内，1936年冬规划在河口修闸建坝，泄水孔4个，坝长430米，并在马华堤上修建长1450米的滚水坝，允许长江超高洪水由此泄往华阳河内以减轻长江下游沿江堤防的压力。这一工程既可防江水倒灌，又能排泄内涝。1937年7月泄水闸基本建成，但在上海定做的闸门未能如期运到，次年日寇入侵，工程仓促堵闭。1946年工程复工，但成效不大。

金水闸建于金水河边，用于拒洪排涝。1929年扬子江水利水道整理委员会拟订除涝计划，1933年春开工，1935年3月完工。修建拦河坝长130米，闸长20米，建有高宽各为7米的泄水闸三孔，闸身为钢筋混凝土结构，机械启闭闸门，可外防江水倒灌，内泄渍涝，使90多万亩农田免受淹渍。

2. 黄河流域的灌溉排水工程　近代黄河流域的农田水利工程主要在宁夏灌区、内蒙古河套灌区、关中八惠渠以及汾、洛、沁三河流域。

宁夏灌区是黄河上游水利开发较早的一个地区，清前期鼎盛时有主要渠道近30条，灌溉面积达150万亩以上。道光以后，有的渠道被水冲毁，有的自然废弃，致使附近农田常受旱灾。1905年宁夏知府高熙吉曾主持进行改建，灌溉能力有所恢复。但由于灌溉余水无处可泄，到处潴积成湖，有名称的就有72个，号称七十二连湖，约有80万亩土地被淹。抗日战争前，宁夏虽又修了云亭渠，但成效甚小。据记载，1936年前后，宁夏灌区的总灌溉面积只有近80万亩。

内蒙古河套灌区居黄河上游，“创于汉唐，盛于清末”，1900年以前，常有私人开渠引水，1903年（光绪二十九年）全部渠道收归官管时，已有大干渠9道，小干渠20余道。各渠收归官管之后，“加宽加深，疏浚畅流，又添挖支渠”，灌溉面积有所发展。民国初年又陆续修了许多小型渠道，到1929年时，灌区又进一步扩大，可灌面积达200万亩左右。1939年冬，日本侵略军对五原的进犯，使沙河渠等灌溉渠道遭到严重破坏。1943年，当时的绥远省主席傅作义派军工万余人，开挖了一条复兴渠，灌溉农田30万亩。

关中八惠渠位于关中平原。这里的农田水利清末已然衰落，民国初期虽有兴建，但规模不大，全部7个灌区的灌溉面积总和不过2060亩。1922年，在时任陕西省水利分局局长李仪祉的倡导下，首先疏浚了泾阳的龙洞渠。1930年在华洋义赈会的捐助下，李仪祉再次着手恢复引泾灌溉工程，先动工兴建泾惠渠，随后相继开始修建洛惠渠（1934—1947年）、渭惠渠（1935—1937年）、梅惠渠（1936—1938年）。值得一提的是，1932年建成的泾惠渠是中国第一座应用近代技术建设的大型灌溉工程，渠首建有固定的混凝土滚水坝拦河，三孔进水闸自流引水，建立了科学的灌溉管理体制。水渠灌溉泾阳、三原、高陵、临潼、醴泉等。据1934年统计，灌溉面积已有50万亩。1939年时，增加至65万亩。建成之后的洛惠渠当时预计可灌面积为50万亩。渭惠渠1938年秋末的实灌面积已有20万亩左右。梅惠渠设计的灌溉面积为14万亩。此后，周至县的黑惠渠、户县的涝惠渠、长安县的沣惠渠、醴泉县的泔惠渠相继开工。这些工程也是采用近代技术建设，设计的理念先进，规模大。但因经费和技术的限制，各渠大多未能达到设计的效益，据1940年统计，泾、洛、渭、梅四惠渠的灌溉面积为96万多亩，远低于历史上曾经达到的水平。

汾、洛、沁三河的农田灌溉没有新的发展，沁河受战争破坏损毁严重。汾河两岸的农田水利仍是原有的五百余条渠道，分布在上、中、下游，灌溉面积149万多亩。洛河的灌溉渠道有40多条，每渠设有渠长1～2人，主持正常的维修和灌溉用水的调配。

3. 珠江流域的农田灌溉工程 民国时期珠江流域应用近代技术先后兴建了一批新型灌溉工程，其中一些工程的灌溉面积已达到几万亩，这些工程几乎全是引水工程，工程分布在珠江流经的南盘江上中游、贵州、广西、广东等地。

南盘江上中游每年有长达6个月之久的干季，常出现旱灾。面对干旱的危害，民国时期南盘江上中游的灌溉工程有一定程度的发展，工程技术也有改进。例如，曲靖滚锅塘坝改建成滚锅塘水闸，陆良新坝的闸门由木叠梁改为平板活动闸门，南盘江上游的拦河坝由临时性土坝或木石坝改建为永久性的闸坝，使灌溉与防洪的矛盾得到了缓和，并节省了每年重修临时坝所需的人力物力。宜良文公渠工程，改建了渠首，兴修文公闸以控制阳宗海的蓄泄；同时新建渠首 15 公里，建有渡槽 16 座、石桥 8 座及支渠 5 条，终于使这个工程基本配套齐全。

贵州地区的农田灌溉工程是为了解决本地区的春旱问题。民国初年前后，当地人民多沿用简单的筒车、龙骨水车为提水工具，水利工程多为利用泉水挖塘蓄水等小型工程。直到 20 世纪 30 年代还未有用近代水利技术修建的灌溉工程。1937 年，贵州省政府通令全省各县整理农田水利计划，并于次年成立贵州省农田水利贷款委员会，从此本地区农田水利事业开始有所发展。1938—1948 年在惠水县举办了小龙、三都、老公陂、满管和涟江 5 项引水灌溉工程，渠道总长度 450 公里，灌溉面积 1487 亩。

广西地区的农田灌溉 20 世纪 30 年代以前情况良好，广西省各县民办灌溉工程为数不少，但多为各地分散兴修渠堰陂塘等小型水利。20 世纪 30 年代后，省政府认识到农田水利是首要的自治事业，于 1931 年成立广西农田水利贷款委员会，1943 年又改组为广西省水利林垦公司，先后配合有关水利机构查勘大小灌区百余处，规划灌溉面积百余万亩，其中规模较大并做好设计的有 28 项，设计灌溉面积 73 万余亩，经其先后贷款或参与施工或已基本建成的工程 9 项，灌溉面积约 28 万余亩。当时广西的水利工程数量居西南各省之首。抗日战争结束后，广西用中央拨款 3 亿元续修灵川甘棠江、柳城沙浦河等工程，并修复被毁坏的工程。据 1946 年冬统计，各县修建的小型塘堰堤坝共 759 处，投资约 1.5 万亿元，灌溉面积约 28 万亩。自 1934 年思乐县（今属宁明县）的海渊引水工程开始，至 1949 年，广西省万亩以上的引水工程建成发挥效益的有 10 处，已开工未建成的有 3 处，已编制初步设计图的有 11 处。连同小型农田水利工程，全省有效灌溉面积约 400 万亩。但由于建筑质量不高或失管失修，实际灌溉面积远未达到要求。

广东境内东江、西江、北江下游及珠江三角洲堤围区的农田灌溉工程，随着堤围的发展而扩充。涵洞、水闸的数量众多。1929—1936 年，广东治河委员会主持采用近代水利工程技术，在堤围区内兴修了一批水利工程，捍卫面积达 28 万多亩。20 世纪 40 年代，广东采用近代技术又修建了一批灌溉工程，灌溉面积约 7 万亩。

第四节　农作物良种选育

中国近代的良种选育事业发端于 19 世纪末，首先是从张之洞大量引种美棉开始的，但至 20 年代初，作物育种仍以传统方法为主，育种手段粗放；进入 20 世纪 20 年代，国内一些著名大学与美国大学进行校际合作，近代作物育种理论和技术开始系统应用到育种之中；进入 20 世纪 30 年代，育种工作呈现出进一步发展的趋势，育种技术日趋进步，开始运用遗传学理论和生物统计方法指导育种试验，育成大量良种，在生产上得到大面积推广，作物育种事业得到显著发展。中国近代育种的主要力量集中在稻、麦、棉三种作物上，所取得的成就也远较其他作物显著。这三种作物的育种历史，反映了用近代科学方法选种育种对我国近代育种业发展的影响。其他作物如谷子、玉米、高粱、大豆、大麦等，也育成一些新品种，但不能与稻、麦和棉育种所取得的成就相比。

一、水稻的选种育种

水稻的选种育种是从1897年的引种开始，当时上海务农会成立后不久，就从日本引进水稻在浙江瑞安种植。1903年，芜湖农务局“输入日本早稻种子名‘女郎’者，从事试种”[①]。1906—1907年，山东、辽宁、黑龙江等地均引进日本水稻种植，引种规模逐渐扩大。1914年，北洋政府农商部行文各省，要求在新谷登场时将各省的稻种检齐送部，农商部对各省送检的稻种进行检定，检定后将最优等的稻种开列清单，分发各省试种。这是中国近代最早由政府组织的一次水稻品种检定。

有计划有目的的良种选育工作开始于1919年，当时的南京高等师范学校农科，进行品种比较试验研究，率先采用近代作物育种技术开展稻作育种试验，培育出了‘改良江宁洋籼’和‘改良东莞白’两个优良品种，这是中国近代有计划、有目的地进行水稻良种选育的开端。1920年该校改组为东南大学以后，继续进行此项工作，终于育成了两个优良纯系：‘江宁洋籼’和‘东莞白’，这是中国运用近代科学方法育成的第一批水稻良种。东南大学农科在深化水稻纯系育种工作之后，于1923—1925年，又育成了‘帽子头’良种，后来这个品种推广至长江流域各重要产稻省份。

此后，各地稻作育种机关纷纷建立，至1930年已发展到110个，稻作育种呈现出大发展的局面。

1935年，全国稻麦改进所成立，确定了中国的作物品种检定方法，成为统筹各地力量开展大规模育种的指挥机关。1931—1937年是近代水稻育种的鼎盛时期，选育出不少颇见成效的水稻良种。

1936年，全国稻麦改进所首先在江苏、安徽、江西、湖南、四川等省与地方稻作改进机关合作实施品种检定工作，其要点包括：①调查各县所有的水稻品种及其栽培情形；②征集各县所有品种的种子；③将全部品种集中在数处试验，考察其异同，鉴定其优劣；④淘汰劣种，使境内品种简单化、优良化、统一化。但这一工作因日军侵华等因素的影响不得不于1942年停止。

1937年抗日战争全面爆发，中央农业实验所和一些农业技术推广机关及农业院校迁往西南，继续水稻品种的改良及示范推广工作。

中国近代稻作育种从20世纪20年代初开始，至1946年全国选育的水稻良种已达300个左右，大量推广收到实效的有120余种[②]。其中成效最大的是20世纪30年代育

① 李文治. 中国近代农业史资料（第1辑）（1840—1911）[M]. 北京：生活·读书·新知三联书店，1957：897.

② 陈仁. 全国主要改良稻种[J]. 农报（11）：10-18.

成的‘南特号’，1947年在赣、湘、闽、粤、川、浙、鄂等省推广此品种，平均每亩增产50斤，推广面积在江西、福建、湖南三省高达270万亩；其次是‘胜利籼’，平均每亩增产50斤，在湖南省的推广面积竟达153.5万亩；第三是在湖南推广的另一品种‘万利籼’，其平均亩增产60～100斤，推广面积为84.2万亩①。

水稻良种的选育与推广对当时的水稻生产发挥了重要作用，也为后来的水稻良种选育奠定了坚实的基础。

二、小麦的选种育种

小麦是中国最早运用近代科学方法进行选育良种的农作物，先是由金陵大学、中央大学等高校农科进行试验，进入20世纪30年代，由新成立的中央农业实验所进一步推动和发展，选育出不少小麦良种。抗战全面爆发后，育种工作被迫转至西南各省。

（一）农业院校的麦种选育

最先运用近代科学方法进行小麦育种工作的是金陵大学。1914年夏，金陵大学美籍教授芮思娄（John H. Reisner）在南京附近农田中采选小麦单穗进行纯系选育，历经七八年后育成‘金大26号’，这是中国最早利用近代科学方法育成的第一个小麦品种。1924年开始推广。此后，由金陵大学沈宗瀚教授主持育成了‘金大2905’，此种成熟早，茎秆坚硬抗倒伏，抗锈病性能强，1934—1937年在长江流域的推广面积达130余万亩，是当时粮食作物中推广面积最大的一个品种。抗战期间推广到四川、广西、贵州等省。金陵大学还于1933年在陕西省泾阳县水乐店设置西北农事试验分场，曾育成了‘蓝芒’麦种，并于1936年开始推广。此外，金陵大学与各地试验场合作还育成了‘金大南宿州61号’‘金大南宿州1419号’等10多个小麦良种。

中央大学从1919年开始小麦育种试验，当时还是南京高等师范农专时期。1921年学校在南京明故宫租地106亩，建立小麦试验场进行小麦育种试验，由邹秉文、原颂周和金善宝三人负责主持试验，后又在南京城外大胜关辟地试验，面积有所扩大，1924年相继育成‘南京赤壳’‘武进无芒’小麦新品种。1926年东南大学农科改组为东南大学农学院，在该院劝业场进行试验，先后育成‘江东门’‘南宿州’两个小麦新品种。金善宝教授从意大利小麦品种中选育出‘矮立多’‘中大2419’等优良品种。

西北农学院的育种工作始于1934年，在前西北农林专科学校时期，经7年纯系选种，在陕、甘、宁等省份采集小麦3万余单穗进行纯系育种，育成‘武功27号’，因其穗形酷似蚂蚱，故称之为‘蚂蚱麦’，是当时西北地区最好的小麦良种，于1939年秋开始推广。此外，还从世界小麦材料中发现多种适宜西北环境的品种，并进行了抗病、抗虫品系的观察和栽培试验工作。

在小麦育种工作中，成绩比较突出的农业院校还有苏州农业学校（引种‘美国玉

① 张芳，王思明. 中国农业科技史[M]. 北京：中国农业科学技术出版社，2011：306.

皮’）、浙江大学农学院（育成小麦良种‘浙大 64 号’）、山东济鲁大学（育成小麦良种‘1195 号’）、北平燕京大学（育成改良小麦‘燕京白芒’及‘燕京 919 号’）、山西太谷铭贤学校（与金陵大学农学院合作育成改良小麦‘169 号’及‘204 号’）等。

（二）农事试验机构的麦种选育

中央农业实验所、全国稻麦改进所以及各省农业改进机构的建立，促进了小麦良种选育试验的发展，加快了小麦良种推广的步伐。

中央农业实验所 1931 年成立后即在南京孝陵卫所址附近进行小麦良种选育试验。实验所对中国的小麦品种资源进行了大面积调查，在黄河和长江流域各省广泛采选小麦单穗，计得 3959 种。同时又征集到苏联小麦 202 种，美国小麦 207 种，以及购得英国大学潘西维教授征集的全套世界小麦 1700 余种，作为育种材料，进行品种试验，把中国近代小麦育种推向高潮①。

1932 年秋，中央农业实验所与中央大学、金陵大学合作，采用纯系育种方法选出‘25H112’，此品种原产意大利，具有丰产、抗病、抗倒伏、分蘖力强的特点。1934 年实验所沈骊英将此种与‘金大 2905’杂交，育成‘中农 28’，这是运用杂交技术育成的中国第一个大面积推广的小麦良种。实验所还进行了其他杂交育种试验。

全国稻麦改进所成立于 1935 年，主要承担中央农业实验所农艺系的小麦育种工作，专设麦作组，两所之间常有紧密合作，除了继续进行麦种选育试验外，还在各地进行肥料试验，并对小麦的检验和分级进行研究。

全国各省、各地区先后建立的农事试验机构对于小麦良种选育也有不小贡献。如江苏无锡小麦试验场育出‘锡麦 1 号’‘锡麦 2 号’，江苏铜山麦作试验场育成‘沛县小红芒’小麦改良品种和‘徐州 438’‘徐州 405’，安徽宿县农业试验场育成‘南宿州 61 号小麦’‘宿县 1419 号小麦’，河南开封农事试验场育成‘开封 124’，陕西农棉试验场育成‘陕农 7 号’，河南定县平民教育促进会农事试验场育成‘定县 12 号’‘定县 73914’，江苏麦作试验场淮阴分场育成‘淮阴大玉花’，浙江省稻麦改良场育成‘浙场 9 号’‘浙场 4 号’等。

据统计，“1937 年各省推广的小麦良种卓有成效者只有 9 种，到 1944 年推广的小麦良种增至 37 种，其中从国外引进者 5 种，由纯系种法育成者 27 种，用混合选种法育成者 2 种，用杂交法育成者 1 种，经鉴定认为优良者约 4 种”②。

三、棉花的选种育种

美棉（陆地棉）是中国近代从国外引种最重要作物之一，近代棉花品种改良的成绩主要归功于美棉的引种，传统的中棉（亚洲棉）育种式微。

---

① 章楷. 新中国成立前半个多世纪中我国作物育种事业概述[J]. 中国农史，1984（2）：51-60.

② 蔡旭. 近年来我国麦产改进工作概况[J]. 农业推广通讯，1945（6）：1-5.

美棉原是美国高原棉种（American up-land cotton），最早于 1865 年（清同治四年）由英国商人带到上海种植[①]，大量引种则是在 1892 年（光绪十八年），时任湖广总督的张之洞为了解决武昌机器织布厂的原料来源问题，电请中国驻美使臣崔国因在美国选购适宜湖北气候土质的陆地棉种子 34 担寄往湖北，湖北开始大规模引种美棉。可惜，棉种运到农民手里，已过播种佳期。次年，湖北再次购买棉种 100 余担，分发给江夏、汉阳、黄冈、武昌、应城五县种植棉花，并译印《美棉种法》。1896 年（光绪二十二年），张謇创办大生纱厂，为长期供应纱厂纺织原料，他提倡引种美国陆地棉。1904 年（光绪三十年），农工商部也从美国输入大量美棉种子，分发给江苏、浙江、湖北、湖南、四川、山东、山西、河北、河南及陕西等省进行种植，品种为‘乔治斯’‘皮打琼’‘奥斯亚’‘银行存折棉’等[②]。1914 年，张謇出任北洋政府农商部总长，开办了四个部属棉业试验场，将引种美棉作为主要职责，从美国输入‘脱字棉’、从朝鲜输入‘金字棉’开始试种，其间，山东、江苏等省也曾引入美棉进行推广，美棉种植明显增加，如湖北省 1918 年美棉产量已达 80 余万担。

1931 年，美国育种专家洛夫受聘为中央农业实验所总技师，由他设计主持，将国内外征集的 31 个中美棉品种在江苏、浙江、安徽等省的 17 处进行联合试验。1935 年洛夫回国后，由冯泽芳主持，直至 1937 年抗战全面爆发。在这次棉花品种区域试验中，发现‘斯字棉 4 号’在黄河流域表现最优，‘德字棉 531 号’在长江流域最佳，二者产量和品质均超过‘脱字棉’和‘爱字棉’。从此，这两个品种成为 20 世纪 30 年代中期至 50 年代初期最主要的推广棉种。

在‘斯字棉’的推广方面，全国经济委员会棉业统制委员会于 1936 年向‘斯字棉’的原产地美国密西西比州购进种子 4 万多磅，发给北方繁育。陕西棉产改进所领得 1 万磅，繁育棉种 5 万千克，第二年在泾阳县的种植近 13 000 亩，1938 年增至 4 万多亩，1942 年猛增至 300 万亩。

玉米、粟、高粱、甘薯、大豆、油菜、花生、甘蔗等在近代也进行过改良育种，并取得了一定成绩。

第五节　土壤肥料科学的发展

鸦片战争以后，中国在继承和发展传统的土壤肥料技术的同时，逐渐引进西方科技知识和手段，过去主要是运用辨土、治土、改土等传统方法来改良土壤，近代用西方的科学方法研究和改良土壤，同时化学肥料开始进入中国，小规模的自制肥料出现，改变了过去单纯施用有机肥的传统，进入到有机肥与无机肥相结合的阶段。农业学校和农事试验机构对农业土壤的调查和肥力试验为促进近代土壤改良发挥了重要作用。

---

① 闵宗殿. 中国农业通史（附录卷）[M]. 北京：中国农业出版社，2017：51.

② 胡竟良. 中国棉产改进史[M]. 郑州：河南人民出版社，2018：6.

一、土壤科学

1897 年，上海务农会通过《农学报》开始对西方近代土壤知识进行译介。之后，直隶农事试验场等多家农事试验场先后进行了一些土壤调查和试验。京师大学堂农业化学系开设了“土壤学”“土壤改良论”等课程，这些译介、讲学、传播使国人对土壤的形成、土壤中物质与能量的交换、土壤的性质、土壤分类等知识有了粗浅的认识，虽然并没有在农业生产中产生多大影响，但这些不同于传统土壤认识的新知识对近代土壤科学技术的发展发挥了启蒙作用。

民国之后，土壤研究出现新局面：开展了大范围的土壤调查，对土壤分类进行研究，运用近代科学方法进行土壤肥力试验、盐碱地的改良研究。抗战时期，解放区、国统区、沦陷区在土壤改良方面也各有成效。

（一）土壤调查

20 世纪 30 年代，中国开展大范围的土壤调查，一系列的调查活动主要由美国土壤学家主持。最先由金陵大学农业经济系教授卜凯（J.L.Buck）发起，他约请美国加利福尼亚大学土壤学教授萧查理（C.F.Shaw）来金陵大学讲授“高等土壤学”知识，讲课之余他采用抽样调查方法调查了长江流域、黄河流域、淮河流域的土壤，范围覆盖苏、浙、皖、赣、湘、豫、鲁、冀等省，后来，萧查理在《土壤专报》第一号发表了题为《中国土壤——概观之实地考察》的调查报告，报告将调查的土壤划分为 9 大区域：红土、磐层土、淮河流域土、褐土、长江中部扬子受溢平原及扬子江下游冲积土、北方平原冲积土、黄河故道淤积土、中部平原沙姜土。1931 年，中央地质调查所所长翁文瀚决定开展全国性的土壤调查，由美国土壤学家潘德顿（R.L.Pendleton）博士主持，范围扩大到东三省、绥（远）、晋以至粤中部等地，历时 3 年。至 1934 年，由梭颇（James Thorp）主持调查，他系统地引进了西方近代土壤研究方法，特别是土壤调查和实验室分析技术，他的调查范围扩至陕、甘、宁、青、川、滇、黔等省份。1935 年，梭颇编成一张《我国七百五十万分之一土壤图说》，在牛津第三次国际土壤学会大会上发表，受到与会学者的关注。1936 年 12 月，梭颇汇集数年来的调查成果著成《中国之土壤》一书，此书运用美国的土壤分类体系知识及命名方法分析阐释中国的土壤类型，是第一部较为全面反映中国土壤概貌的专著，其中水稻土、山东棕壤和紫色土等都是在世界土壤学文献中首次提出[①]，在国际上影响很大。

从美国康奈尔大学留学回来的邓植仪在广东成立了土壤调查所，对广东全省的土壤展开调查研究，编写广东省各县的土壤调查报告及土壤分布图，1934 年著成《广东土壤提要初集》一书。此书将土壤与农林业关系做了系统的论述，这些调查研究的成果，对研究广东的土壤改良和合理施肥提供了重要的参考。

---

① 龚子同，王志刚，Jeremy Landon Darilek，等. 20 世纪美国土壤学家对中国土壤地理学的贡献[J]. 土壤通报，2010，41（6）：1493.

1942 年，中央地质调查所土壤研究室李庆逵、朱莲青、马溶之、侯光炯等在对各地土壤进行多年调查的基础上，对梭颇的《中国之土壤》进行修改补充，著成《中国之土壤概述》。至此，中国大规模的土壤调查基本告一段落，大致查清了中国土壤的种类、分布、生产上存在的问题等情况。

（二）土壤肥力（地力）试验

为了解土壤中氮、磷、钾的含量情况，便于有效指导施肥，中央农业实验所土壤肥料系对土壤肥力进行测定并开展分类研究，金陵大学留美归国的张乃凤主持测定工作，自 1935 年开始，涉及苏、皖、赣、湘、鄂、鲁、豫、晋、陕、冀等十省，各省试验至抗战全面爆发以后除陕西省外被迫终止。1938 年后，中央实验所先后在川、桂、湘、黔、滇五省设立工作站，西部后方各省逐一成立农业改进所，继续进行土壤肥力的测定试验。此次测定发现，这些省的土壤均最缺乏氮素，次是磷，再次是钾，华中、华南和西北最为严重。长江上游、淮河流域及长江以南的不少地方缺磷也缺氮，同时发现农家肥料存在不足现象。为此，中央农业实验所土壤肥料系对土壤类型与三要素需要程度的关系进行研究，研究结果表明，栗钙土和黄河流域的石灰性冲积土地力较高，不缺磷、钾，红壤和黄壤地力较低，不仅缺氮，而且特别缺磷。若以土壤大类划分，以冲积土最肥沃，其次为四川盆地之紫棕壤，再次为黄壤及云南高原之紫棕壤，而以红壤最为瘦瘠。这些研究结果对于农田施用何种肥料具有重要参考价值。

此外，民国时期还开展了对江西的水稻土、陕南的冬水田、西北盛行的砂田法等的研究。

二、肥料技术

积肥技术在传统农业生产中一直很受重视，鸦片战争之后，罗振玉主编的《农学丛书》和《农学报》组织译介西方近代肥料学著作，从而使国人了解到化学肥料这一新事物以及定量分析等新的研究方法。

（一）洋商推销化学肥料

1905 年，洋商在国内推销化肥，当时称之为“肥田粉”，成效不是很大。1925 年之后情况有所变化，广东、福建等沿海、沿江省市逐步增加了化学肥料的使用。1925 年全国化肥的销售量为 2 万吨，到 1935 年增加为 9.2 万吨。其中化肥使用最多的是广东省，其次是福建、浙江、江苏、安徽，再次是山东、河北、河南、湖北、江西五省；施用的化肥中氮、磷、钾元素齐全，主要有硫酸铵、过磷酸钙、硫酸钾、氯化钾、硝酸钠、硝酸铵、磷酸铵、三元复合肥等 10 余个品种，不过使用最广泛的还是氮肥，其中又以硫酸铵为主，当时这些化肥全靠国外进口。

（二）中国自产化学肥料

1937年之前，中国施用的化学肥料完全依靠进口，这一年2月5日，中国第一家化学肥料厂——永利公司硫酸铵厂在南京卸甲甸镇建成，这是当时具有世界水平的大型化工厂。工厂开工半年，生产硫酸铵5万吨，后因日本侵略而遭毁坏。1939年，中央农业实验所在云南发现大型磷矿，可惜因种种原因未能及时建厂。

（三）化学肥料的试验研究

通过对化学肥料的试验研究了解化学肥料特性则是在20 世纪 30年代。当时卜内门、爱礼司两洋行自筹经费，组织专家在豫、鲁、苏、皖、浙、闽、粤等地用34个水稻品种进行试验，以了解氮、磷、钾肥在水稻生产上的肥力。试验之后发现，施用硫酸铵的水稻品种全部增产，且80%以上增产又增收；施用磷肥显著增收者不超过20%；而钾肥仅在广东一省获得增收，其余多为减收。可见在稻田中施用有机肥料，一般足以维持水稻对磷、钾的需求，但不能满足水稻对氮素的需求，所以需要增施适量氮肥，当特定区域土壤缺磷时，则应酌量增施磷肥①。中央农业实验所从1933年12月起先后做了“小麦盆栽三要素试验”“小麦田间氮肥适量试验”“三要素肥效试验”“硫酸铵辅佐农家肥料试验”等；在此基础上，对不同作物需要肥料的三要素进行比较研究，试验作物有9种，结果发现，水稻、油菜、玉米和谷子需要氮肥较多，小麦和棉花需要氮肥相对较少，而油菜对磷肥的需求较大。此外，还进行了氮肥之用量及各种氮素肥料之比较实验、化肥对农作物农艺性状的影响等研究。经过多年的施用化肥实践，研究者已认识到肥料三要素对农作物生长的影响各不相同：氮肥能增加蛋白质含量，有助于叶苗生长；磷肥有促进成熟的功效，有助于果实生长；钾肥则能增加淀粉、糖及纤维含量，对茎秆生长有利。由于植物种类、土壤类型不同，所需养分亦有差异，因此，对各种农作物不能施用单一的肥料。为此，广东省建设厅于1935年提倡配方施肥，指示肥田粉制造厂生产出水稻类、甘蔗类、果品类、蔬菜类、甘薯类、烟草类六种化学肥料。

（四）有机肥与化肥相结合新阶段

1937年，中山大学农学院教授彭家元和其助教陈禹平研究堆肥机制，他们将好热性纤维分解菌用于制造堆肥，大大缩短了堆肥腐熟时间，提高了肥效，此法定名为“元平式速成堆肥法”，这是20世纪40年代推广的农业新技术之一，在川、粤得到了较大范围的推广。四川省农业改进所从1938年开始大力蒸制骨粉，进行推广施用，改进所在成都、泸县、合川、绵阳、重庆、乐山等地设厂制造，低价售给农民，使用后效果显著，每亩稻田施用蒸制骨粉15千克，可增产水稻30千克。20世纪40年代初期，学界还进行了化学肥料问题的论战，论战后大家普遍认识到化学肥料与有机肥料各有优缺点，而中国化肥的产量远远不能满足实际需要，因此，中国利用有机肥料的传统和丰富

---

① 原颂周. 中国化学肥料问题[J]. 农报，1937（4）：8-11.

经验，结合施用化肥，进入有机肥和化肥结合施用阶段。

（五）解放区的积肥造肥

抗日战争时期，解放区倡导积肥、造肥和施肥，陕甘宁边区各县号召“人人拾粪”“天天垫圈”，发动群众拾粪、垫圈、修建厕所等，其中绥德、关中等地普遍推广，绥德延家川区田家渠村一个劳动英雄刘培润总结自己种地的四大经验里有一条就是“粪大”，他每天都提着筐子到处拾粪，一年拾 80 多袋的粪全部施到地里[①]。绥德分区在造肥实践过程中总结出 6 种办法：①用蒺藜沤粪一背（约 40 千克）可顶一袋粪；②用烂草沤粪；③把各种动物的骨头，烧成半灰，用碾子碾成骨灰末，拌在其他粪内施用；④收拾旧窑皮土及炕皮土作肥料；⑤将杀猪宰羊时留下的脏水及动物肠子等污物用来沤肥；⑥提倡在大路旁修“驴茅厕”“尿站”，以收集肥料。开展积肥造肥运动之后，解放区的农田施肥量普遍增加。

第六节 园艺、蚕桑业、蜂业及林业的发展

一、园艺的发展

园艺通常指果树、蔬菜、花卉三个方面。20 世纪以来，中国的园艺业有较大的发展。

（一）园艺教育的发展

园艺在早期的农业学校里是置于农艺范围之内，稍后才从农艺中独立出来。农业学校里最先设园艺系的是东南大学，1921 年设置。1927 年，中国已有 5 所高等农业学校设园艺系，至 20 世纪 40 年代末增至 23 所，每年毕业 200 人左右。中等农业学校也设置园艺科。园艺教育大致于 20 世纪 20 年代后期开始发展，20 世纪 40 年代发展更快。园艺教育的发展，壮大了园艺人才队伍，推动了园艺事业的发展。

（二）果树业的发展

19 世纪后期起，中国曾从外国成批地引入果树苗。1871 年，在烟台传教的美国传教士倪维思（John L.Nevins）由美国输入葡萄、苹果、梨等果苗，在教堂一侧开辟果园，繁殖栽培。因烟台生产大量葡萄，1892 年，南洋华侨来烟台开设张裕酿酒公司，用引种欧洲的葡萄酿酒，为提高酿酒葡萄的品质，公司于 1897 年从欧洲采购适于酿酒用的葡萄品种的苗木到烟台栽种。20 世纪初，山西、北京等地从欧洲引进种苗，引种较多的是葡萄、苹果和梨。岭南大学则从美国引进几个柑橘的品种到广东栽培。从国外引进优良果树品种，改进和充实了中国近代的果品生产。

---

① 陈星. 垧半地养活五口人[J]. 农业考古，1983（2）：21.

在引进外国优良品种的同时，学者们还开始果树方面的科研试验，内容包括果树品种改良、果苗繁殖、果园栽培管理、果实贮藏加工等，致力最多的是果树品种调查分类及良种选育。20 世纪 30 年代的苹果、葡萄、柑橘、桃、梨、李等都选育出了一批良种用来推广。例如，浙江省于 1934 年在黄岩设园艺试验场，试验场于 1936 年发现柑橘自然变异的无核株，开始培育无核蜜橘，成功后定名为‘温州蜜橘’，此种在新中国成立后成为南方主要栽培品种。1935 年，广东新会成立柑橘试验场。1936 年，四川省在江津设园艺试验场。1938 年，农产促进会在四川温江设园艺种苗繁殖场。1939 年，岭南大学设柑橘试验场于广东潮阳。1941 年，农林部委托中山大学在广东化州设置柑橘试验场。1943 年中国农民银行在四川金堂、江津、简阳三县各设一园艺推广示范农场，推广示范的主要也是柑橘。

在引进国外优良果树品种的同时，对传统果树科技也进行继承与完善，如在果树嫁接技术方面，对砧木和接穗的选择、嫁接时间的掌握、嫁接技术的运用等方面，都有新的发展。在果树修剪整形方面提出的五条原则，对调控树形、扩展树冠、抑强扶弱、防止徒长、合理结果有重要作用。在果树育种理论上，已经系统地总结出果树品种改良的三种基本方法，即果株变异纯系育种法、芽条变异育种法和杂交育种法。育种理论的进步推动了育种实践，从而使中国在这一时期已经育成上百种果树新品种，如北方的苹果产区已育成黄魁、红魁、黄香蕉、青香蕉、红香蕉、红玉、国光等苹果 10 多种；梨 20 多种。抗战期间，果树科研主要是对西南各省的果树种类及品种进行实地调查，为改进西南果树作了开创性研究，如胡昌炽的《四川金堂、江津甜橙（黄果）品系选择之研究》；冯言安的《云南呈贡县梨之品种初步考察》；曾勉的《四川柑橘之总考察》等，对西南地区果树品种的研究都是卓有成效的。

（三）蔬菜种植业的发展

近代中国的蔬菜，有些是本土蔬菜，有些是从国外传入的。当时的园艺工作者对西洋传入的蔬菜和中国本土蔬菜进行良种选育。例如，从 20 世纪 20 年代中叶开始，金陵大学曾用纯系分离法选育甘蓝良种，吴耕民教授在山东用纯系分离法选育大白菜良种，中央大学、中央农业实验所和其他一些单位都曾对某些蔬菜进行良种选育试验。

1. 马铃薯　马铃薯是明末就传入国内的作物，在高寒山区很多粮食作物难于栽培的地方它是主要粮食作物，但在一般地区人们都将其作为下饭的蔬菜。因马铃薯在欧美许多国家常作为主食，早期来华的传教士就常带马铃薯来中国栽种。19 世纪末，山东，四川的成都、峨嵋、雅安一带引入的马铃薯都是传教士们带来栽种的，‘红窝’‘延边红’都是当时较为有名的引入的品种。

1935 年，中央农业实验所曾从国内各地及美国康奈尔大学和英国剑桥大学征集到数十个马铃薯品种进行品种试验。抗战时期此试验移到贵州进行，曾育成‘黔 1’‘黔 7’两个品种用来推广。

1942 年冬，美国农业部的马铃薯育种专家戴兹创（T.Dykstra）来华，协助中央农业实验所改良马铃薯品种。他从美国带来 52 个品种，分别在重庆、贵阳及武功三地作适应性测定试验，又带来 4 个良种的种子供品种观察及繁殖之用，其中两个品种在成都一带推广，另一个品种由西北农学院在西安、武功等地推广。马铃薯易感染一种病毒，戴兹创带来的有 7 个是免疫品种。

2. 草莓　草莓是 19 世纪后期开始从国外引进的。20 世纪 20 年代，东南大学和金陵大学农科都研究草莓的栽培，草莓最终成为中国一种新的果品。草莓不是蔬菜，但它的栽培类似蔬菜。

总之，近代中国蔬菜种植业是发展的，在 19 世纪后期的数十年中，由于西洋蔬菜的引进，蔬菜种类不断增加，蔬菜栽培技术亦有很大改进。例如蔬菜栽培中的轮作复种和促成栽培等，虽在民间早就推行，但长期停留在依靠经验阶段，经园艺工作者的研究试验，总结改进，新的轮作复种制度比原来的科学合理，促成栽培设备的改良，技术上也有进步。

（四）病虫害防治

民国前期中国对于病虫害的防治还是以传统防治方法为主。民国中后期，近代的病虫害防治融入近代科学防治方法，农业学校开设病虫害课程和设置病虫害系，加强对病虫害防治知识的传授和研究，各地成立治虫机构调研当地病虫害状况，并进行多种病虫害的防治试验及杀虫药剂、器械的研制工作，病虫害防治进入新阶段。

1. 农业学校和防治机构的作用　农业学校和各地成立的专门治虫机构在利用近代科学方法防治病虫害方面做出了很大贡献。中国早期的农业学校都开设有病虫害课程，如 1905 年，京师大学堂农科即聘请日本教师讲授作物病虫害课；1920 年，东南大学农科设病虫害系，推动了中国近代病虫害防治事业的发展。各学校早期开设的病虫害课程侧重于理论知识的传授，而东南大学设置的病虫害系，从一开始就注意到生产实践应用，尤其是在虫害防治方面，中国最早的治虫专业机构——江苏省昆虫局便是东南大学病虫害系筹划创建的。

江苏省昆虫局于 1922 年成立，1931 年停办。浙江省昆虫局成立于 1924 年，至 1936 年停办，前后延续十多年。昆虫局为病虫害的防治提供了组织保障，其骨干力量多为具有深厚学识的农学、昆虫学科专家，且多为留学归国人员。

江苏省昆虫局的主要工作是利用现代治虫技术防治蝗虫、螟虫、棉虫、桑虫、蚊蝇。浙江省昆虫局主要工作有：研究并指导防治水稻害虫、桑虫、柑橘害虫、植物病害等；举办植物病虫害防治讲习会和治虫人员养成所，普及植物病虫害的防治知识，培养治虫人才；在各县设治虫专员、治虫宣讲督促员，负责本县作物病虫害的防治工作；建立杀虫剂实验室；制作病虫害标本、图表在各地巡回展览，鼓励和指导农民防治；编辑出版杂志。昆虫局还选择条件较好的乡村小学作为治虫合作单位，发给治虫资料，推动乡村的治虫活动。在抗战全面爆发前，浙江在植物病虫害防治方面的成绩是全国最好的。

中央农业实验所植物病虫害系自 1933 年成立至抗战全面爆发前总共 5 年的时间，

研究了水稻螟虫、迁移蝗、棉虫、松毛虫、蔬果害虫、积谷害虫的防治问题，对玉米螟进行调查和防治，并对麦类黑穗病、小麦线虫病及粟黑穗病进行了研究与防治。

治虫专业机构的成立，表明中国近代意义上的害虫防治事业开始起步。从 1912 年到 1933 年共成立了 13 个机构，机构多在华东地区。就贡献而言，江苏省昆虫局、浙江省昆虫局和中央农业实验所植物病害系最为突出。

2. 虫害防治 1840—1911 年虫害防治以治蝗为重点，其次是防治桑虫和一般虫害。技术上以传统防治方法为主，这一时期的蝗虫和桑虫的防治已经发展到传统防治的高峰，积累了较为完善系统的防治法。在一般虫害的防治上以种植抗虫作物、合理轮作、深耕冬灌等农业防治措施为主，辅之以如放鸭治虫、益鸟治虫等生物防治法，以及应用烟草、苦参、巴豆、百部、雷公藤、各种油类等药物防治法。1903 年，福建人何德刚撰写的农书《抚郡农产考略》记载了用胆矾（硫酸铜）和石灰配制成硫酸铜石灰合剂防治李树病虫害，用硫黄熏烟防治果树虫害、用草木灰和石灰防治作物病害等措施。

民国之后成立的昆虫局开始运用近代技术方法防治虫害，如研制杀虫药剂。中国近代杀虫药剂的研制大致可分为土产杀虫药剂、混合药剂和化学药剂三个阶段。

土产杀虫药剂是在总结古代杀虫经验的基础上研制而成，主要是利用一些有毒植物制作杀虫药剂。价廉易得的原材料主要有闹羊花、苦树皮、毒鱼藤、除虫菊、雷公藤、石斛、蓖麻、苦参、巴豆、苦蔓藤、烟草、柚子皮、地谷、松叶等。

混合药剂是将上述材料混合制成，广西南宁昆虫研究室、广西农事试验场、中央农业实验所都先后开展过混合药剂的研制试验，混合药剂扩大了杀虫范围，提高了药效。1934 年，孙云沛、吴振钟用棉油与石碱、肥皂等制成混合药剂防治棉蚜虫，1939 年，孙云沛试用无患子液代替肥皂，以菜油、桐油、花生油代替棉油，杀虫效果均佳①。

化学药剂的研制则是在 1938 年，中央农业实验所孙云沛利用国产红信石研制成功“中农特种砒酸钙”，含砒量在 40%以上，用于防治棉卷叶虫等咀嚼式口器的昆虫，杀死率高达 90%以上②。四川省农业改进所在抗战全面爆发后成立了药剂制造厂，成为中国化学杀虫药剂的研制主力。1939—1949 年研制成功多种生产上急需的杀虫药剂，主要有砒酸钙、硫酸烟碱、滴滴涕（DDT）、六六六等。

除研制杀虫药剂外，当时还研制不少新的杀虫器械。从 1917 年起，中国经历了从美国、日本等国引入单筒喷雾器到改进两个阶段，实施中发现这些杀虫器械价格昂贵且效用有限，无法大量推广，仿造的器械也不甚成功。1934 年，中央农业实验所植物病虫害系成立后开始研制杀虫药械，钱浩庐对美国喷雾器加以改进，制成了自动式与双管式喷雾器两种，效用较好，1935—1937 年共生产 3716 具推广全国。迁入四川后，实验所继续研制杀虫器械，1942 年生产单管喷雾器 552 具、手提小喷雾器 45 具、吹激式小喷雾器 60 具、电石诱蛾灯 100 具。又在贵阳和西安制造及修理碳酸铜拌种器 47 具、线虫

① 刘彦威. 民国时期杀虫器械、杀虫药剂研制及应用概况[J]. 古今农业，2001（4）：42-43.

② 同①。

汰除器11具。1939年至1942年共生产喷雾器1760具。此外，各地还自行研制了一些“土”器械，如防除稻苞虫的稻篦梳、防治稻苞虫的拍板、粘杀蔬菜害虫“黄条跳甲”的胶箱等。这些器具制造简单，功效显著，比如，用胶箱粘杀“跳甲”，数十分钟能灭虫数万。这些器械颇受农民欢迎，1938—1946年，浙江省数十县共制梳虫器具6431具，拍板253 391副①。江苏省昆虫局也曾制作过一些治虫器械发给农民使用，比如捕蝗帐、辗蝗车、捕蝗网、喷雾器、喷粉枪和诱蛾灯等。

3. 病害防治　1898年（光绪二十四年）京师大学堂开设农科，聘请日本专家三宅市郎讲授植物病理学知识，这是中国农业院校开设病理学的开端。进入民国之后，一些学成归来的学者如邹秉文、邓叔群、朱凤美等开始在金陵大学、中央大学、浙江大学等高校农学院开设植物病理学课程。邹秉文还写出了《植物病理学概要》一书。他们在真菌分类、麦类病害、棉花病害等研究工作上取得了很大成绩。

农业学校和农事试验场注重植物病害调查，中央农事试验场（1931年更名为中央农业实验所）病虫害科于1919年发表《北京附近发生最盛之植物病害调查表》，这是中国第一篇植物病害调查报告。南京高等师范农业专修科于1919年在南京城郊调查植物病害。进入20世纪20年代以后，调查地区逐渐扩大。通过植病调查摸清了各种作物病害发生的情形、地区分布以及病菌病毒的种类等，为防治工作的开展提供参考。

在作物病害防治方面亦取得很大成绩，如对麦类黑穗病的防治，黑穗病是麦类病害中最严重的病害，它包括小麦散黑穗病、小麦腥黑穗病和小麦秆黑穗病、大麦尖黑穗病。据中央农业实验所20世纪30年代初的统计，全国因黑穗病造成的损失达3800万石左右②。

1919年秋，邹秉文指导农民用温汤浸种法防治小麦黑穗病，这是国内首次运用近代科学方法防治黑穗病，其后金陵大学美籍教授博德倡导用碳酸铜粉拌种的方法进行防治，这种方法1925年已在华北及苏、皖等地推广，推广面积达4万余亩。

近代的棉作病害主要有炭疽病、立枯病、畸形病、叶切病、腰折病、枯萎病等。沈其益和周泳曾对全国棉作病害的种类及分布作了详细调查。美国人柯克（O.F.Cook）以及王喜佺、邓叔群、欧世璜、沈其益，对棉作畸形病的病原、传播及其防治方法进行了详细研究；柯克、沈其益研究了棉花叶切病的病原、传播和防治方法。凌立和杨演研究了中棉腰折病和炭疽病的病原菌及其生活史；周泳曾研究了中棉枯萎病的病原、生理形态；清华大学农业研究所研究了木棉的病害。在此基础上提出了种子处理、抗病育种、喷施药剂（波尔多液、石灰硫黄液、棉籽油乳剂）、合理轮作、适时灌溉等防治方法③。

除上述病害防治外，中国植物病理学家还对稻、杂粮、豆类、薯类、果树、蔬菜等主要病害病原、形态、生理、生活史以及防治方法都进行了研究，为中国后来的植病防治工作奠定了初步的理论和技术基础。

---

① 刘彦威. 民国时期杀虫器械、杀虫药剂研制及应用概况[J]. 古今农业，2001（4）：42-43.

② 张芳，王思明. 中国农业科技史[M]. 北京：中国农业科学技术出版社，2011：319-320.

③ 张芳，王思明. 中国农业科技史[M]. 北京：中国农业科学技术出版社，2011：265.

二、蚕桑业及蜂业的发展

（一）兴办蚕业教育

19 世纪以前，中国是世界上蚕桑业最发达的国家，国际生丝市场为中国所独占。19 世纪末，日本在兴办蚕业教育后，用近代先进科技改进蚕业，日丝出口赶上并超过中国，引起国人注意，于是效法日本兴办蚕业教育，蚕业学校及桑蚕科出现。

蚕业学校强调“用中国之成法，参东西洋之新理”的办学理念，在沿袭传统的同时引入西方科学知识。较为有名的蚕业学校有浙江蚕学馆、江苏的江南蚕桑学堂、上海私立女子蚕桑学堂（后改名为“江苏省女子蚕业学校”，简称“女蚕校”）。浙江的杭嘉湖畔是中国蚕桑业最发达的地方，杭州知府林迪臣于 1897 年在杭州创办“浙江蚕学馆”，这是中国第一所蚕业学校。蚕学馆“专考究树桑、饲蚕、验蛾、考种诸事，用中国之成法，参东西洋之新理，互相考证，以擅众长”。上海私立女子蚕桑学堂于 1904 年由毕业于浙江蚕学馆的史家修（即史量才）创办，这是中国第一所女子职业教育性质的学校，具有划时代的意义，后来发展成的女蚕校在 20 世纪二三十年代的江苏蚕桑业改进中发挥了很大作用。1930 年，该校增设制丝科，1937 年发展为江苏省立蚕丝专科学校。

早期创办的综合性农业学校都设有蚕科，如武昌的“湖北农务学堂”，内设农、蚕二科，保定的直隶高等农业学堂和山东高等农业学堂都有蚕科。进入民国之后的农业学校后来都设有蚕桑（丝）系，如中山大学农学院、岭南大学、仲凯农工学校、中央大学及浙江大学。抗战期间四川大学、云南大学及中央技艺专科学校亦增设蚕桑科系。

美国丝商对中国农业学校设置蚕科有一定推动作用，美国丝业观光团访华后曾给岭南大学捐款 2 万美元，除建校舍、购设备，要求增设蚕丝科，后又多次捐款支持学校筹建教学实习用的缫丝厂、建制蚕种用的冷藏库。岭南大学蚕丝系是当时中国各蚕业学校中经费最充裕、设备最完善的。1927 年，岭南大学将原属农学院的蚕丝系升格为与农学院并立的蚕丝学院。美国丝商除捐款给岭南大学外，也捐款给南京的金陵大学 2 万美元，金陵大学于 1918 年增设蚕桑系。

（二）推广改良蚕种

为从中国购得优质生丝，1917 年，法、意、英、美 4 国丝商联手并邀请上海丝茧商人组织“江浙皖丝茧总公所”，联合组建“中国合众蚕桑改良会”（简称“改良会”）。从 1918 年起，改良会先后在江、浙、皖 3 省办了 10 个制种场，制造改良蚕种，并和江浙的蚕业学校合作推广改良蚕种，推广的蚕种从国内外购买。1925 年，大约不到 20%的蚕种是向江、浙两省的蚕业学校买来的，60%左右的蚕种是从法、意两国买来的。不过当时从法、意买来的蚕种品质并不理想。

1927 年，在国民政府的推动下改组了改良会的董事会，增加华董名额，改良会会务不再全由洋商把持，蚕业改良工作由中国技术人员规划整顿，同时扩建南京制种场和新建镇江制种场，而以镇江制种场为重点。1926—1936 年，镇江制种场的制种能力由 500

张增加到2万张，又和十余家私营制种场建立合作关系，这些私营制种场每年能制春、秋二季蚕种120万张，该场控制的百余万张蚕种除行销全国外，还出口国外，成为当时全国改良蚕种业的中心①。

（三）蚕种的改良与推广

过去农民养蚕所用的蚕种，多数是农民自留或向制种专业户购买所得，通常称之为“土种”，与用近代科学方法制造的新蚕种（“改良种”）相比，土种品质较差且常带病毒，改良种没有病毒或病毒率极低。

浙江蚕学馆首先制成病毒率很低的蚕种，又从浙江各地采集著名土种，进行纯系分离，制成纯系种。浙江蚕学馆于1898年制成改良种5百余张，分发给附近农家试养。以后每年制成数千张病毒率很低的纯种发售给农民。早期的蚕业机关、蚕桑学校或公私营种场所制的改良蚕种都是纯种。纯种的蚕所结的蚕茧，丝量多，茧质好，但体质较弱，难于饲养。后改用一代杂交种的蚕，体质强健，较易饲养。

1923年11月，为解决广东蚕丝业存在的问题，广东省政府在岭南大学内设立了“广东全省改良蚕丝局”（简称“改良局”），改良局有两项工作，一是发展广东蚕丝业，一是办理蚕丝业的调查、研究和改良工作。改良局的技术人员用当地的蚕种“轮月”与山东“碧莲种”杂交，成功培育出一代杂交种“碧交种”。于1920年代末开始推广，由于所有蚕种都经过精心选育、严格检验，没有病毒，从而保证了蚕种的质量，深受蚕农欢迎②。

1925年，浙江省立蚕桑学校制成一代杂交种万余张进行推广，这是中国对一代杂交种进行大批推广的开端。1934年，安徽棉蚕改良场制成一代杂交种，在芜湖、当涂、阜阳、亳县等地推广。1936年，山东省制成二化和一化的一代杂交蚕种。

抗战期间，太湖地区和珠江三角洲这两个最重要的蚕区相继沦陷，日军对沦陷区的蚕丝业大肆摧残，江、浙、粤三省的蚕丝业遭受重创，日趋衰落，而在大后方的四川、云南、新疆等省的蚕桑业则得到改进和发展。

1936年，四川省建设厅在南充成立“四川省蚕丝改良场”，作为办理全省蚕业改良工作的总机关。从1937年起，改良场在宜蚕之地分设普通制种场。所用原蚕种最初由江浙提供后开始自制原蚕种，以后数年四川省的公私营制种场不断增加。据1947年统计，当时全省有冷藏库3座，冰库2座，30余家制种场，年制春秋两季蚕种50万张以上，最多时可制80万张。1938年，四川省成立蚕业推广委员会，在全省设置蚕桑推广区，指导蚕农改进养蚕制丝等技术。

1938年秋，云南成立省蚕桑改进所，所内设推广部。推广部在省内各地设立育蚕指导所，开办蚕业训练班，培养蚕业推广人员，指导农民改进栽桑养蚕技术，推广蚕桑。

---

① 王红谊，章楷，王思明. 中国近代农业改良史略[M]. 北京：中国农业科学技术出版社，2001：149.

② 张晓辉. 民国时期广东蚕丝改良局述论[J]. 中国农史，2009（2）：40.

在昆明成立“云南蚕业新村股份有限公司”。1940年，由浙江运来嫁接湖桑苗20万株和四川培育的草桑秧80万株，分配在滇越铁路沿线17县栽植。1941年推广改良蚕种1.251万张。云南的蚕桑业基本上就是在抗战时期发展起来的。

20世纪40年代的新疆蚕业也有较大的改进和发展。据统计，新疆的制蚕种场1943年制原种1000张，1945年增至2256张；1943年制普通种4.5万张，1945年增至10万余张。

（四）柞蚕业的发展

明朝后期，胶东一带柞蚕业已相当发达，成为很多农民的重要副业。至18世纪中叶以后，柞蚕放养由山东扩展至辽宁、河南和其他一些省，辽宁最后成为中国近代柞蚕丝最重要的生产基地①，但放养技术没有多大改进。

20世纪20年代初，烟台的华洋丝业联合会在烟台开办蚕丝学校，又在牟平、文登、栖霞等县设立5处柞蚕试验场，研究改进柞蚕放养和柞蚕茧缫丝等方法，并进行柞蚕品种的选育和推广。因“九一八”事变，东北柞蚕茧来源中断，加之受世界经济危机的影响，20世纪30年代，山东的柞蚕业日趋萎缩。为挽救衰态，山东更注意柞蚕种的改良。1934年，威海开办职业学校，设有蚕丝科，辟有千亩左右的柞蚕场。次年改进技术放养春蚕，平均每蛾收茧85粒，农家放养的每蛾收茧最多不过40余粒，因此养蚕人争相购种。河南省也来购买种茧，并推广至南阳、镇平等地。20世纪30年代后期，河南省在南召设立柞蚕改良场及柞蚕研究所等，改进柞蚕的品种及放养方法。

早在1923年，日本人就在奉天设立柞蚕试验场，开展柞蚕放养研究。“九一八”事变后，伪满所有农事试验场都进行柞蚕种蚕的改良研究，大量繁殖优良无毒种茧，配发给农家放养。但日本在东北实行的柞蚕丝茧统制，收购价过低，农民无利可得，故放弃此项副业。

在西南地区，贵州省的柞蚕业这一时期有一定发展。1938年，贵州省农业改进所设柞蚕试验场于遵义，选育纯系蚕种，举办训练班，培训柞蚕技术人员。1939年划遵义为放养柞蚕示范区，桐梓为推广柞蚕示范区，并在其附近一些县设指导分区，指导农民改进放养方法。20世纪30年代末，贵州企业公司在遵义和湄潭开办了三个柞蚕制种场，制造改良种茧，标志着贵州放养柞蚕技术的重大进步。

（五）新法养蜂的兴起

中国养蜂历史悠久，但养蜂方法极为原始，19世纪末，西洋方法养蜂由国外传入，谓之“新法养蜂”。国外传入据说有两条途径：其一，外国侨民引入。分几路，一路是到南京，据记载：南京鼓楼医院医师英国人马林1886年从国外带着蜂具和蜂群来到南京，在其家中养蜂，供自家食用。马林很可能是在南京用西洋方法养蜂的第一人。一路

① 郭文韬，曹隆恭. 中国近代农业科技史[M]. 北京：中国农业科技出版社，1989：560.

是到哈尔滨，来修筑铁路及从事与修筑铁路有关工作的俄国人带来了俄国的黑蜂。一路是到新疆的伊犁及阿尔泰等地，俄国的东正教徒带来了蜂具和高加索蜂。他们用自己国家的方法养蜂，对中国人来说有示范效应。

其二，华人从国外带回。福建闽侯县人张品南可能是最早设养蜂场用新法养蜂的，他从日本留学回国后，便在福州城南的仓前山设置“闽侯养蜂试验场”，模仿日本的新法养蜂，并致力于科学养蜂的研究和推广，其养蜂用具和种蜂都购自日本。他还编译养蜂书籍传播科学养蜂知识，1919 年出版的养蜂教科书《养蜂大意》就是张品南编著的，这是中国中等学校所使用的最早的一本书。

长江流域最早运用新法养蜂的是无锡人华铎之。1911 年，他在家乡荡口镇设养蜂场，场内附设养蜂讲习所，招收生徒，传授新法养蜂知识。他相继从日本、美国购得意大利蜂数群，每年春秋两季到苏南、浙西一带放蜂，并在上海开设门市部出售蜂产品和蜂具等。

北京东直门外俄国教堂办的蜂场可能是北京最早的新式养蜂场。1906 年，清农工商部在北京西直门外创设的农事试验场也养蜂，先养中国蜂，后养意大利蜂。天津农事试验场于 1914 年已从日本买进意大利蜂数群。

华北新法养蜂最早的养蜂场是李林园养蜂场，稍后又有兴农养蜂场，后来又有受谦养蜂场。上述几个蜂场创立的时间较早，这些蜂场经营蜂业，不单纯为了牟利，也研究和推广新法养蜂，对中国新法养蜂的推广具有开拓性意义。

20 世纪 20 年代以后，用新法养蜂的国人渐渐增多。例如南京在 20 世纪 20 年代初，城内仅有蜂群 20 余箱，到 1931 年就有蜂场 10 余家，蜂群在 2000 箱以上。华北养蜂业的发展更迅猛，北京是养蜂业的重心，1928 年在北京成立养蜂协会，编辑出版《华北养蜂月刊》。受谦养蜂场还办有养蜂函授实习科[①]。当时规模较大的蜂场，不仅出售蜂蜜，还出售蜂群，并设厂制造养蜂工具进行出售。因为出售蜂群比采蜜出售蜂蜜利润高，部分蜂场养蜂不再是通过采蜜的方式，而是喂以食糖，尽量出售蜂群。

进入 20 世纪 30 年代，由于从日本购入的蜂群多是病蜂和劣蜂，加之城中养蜂，蜜源植物有限，不能满足过多的蜜蜂采蜂，蜂群日趋衰落。20 世纪 20 年代突然兴起的养蜂热潮盛极而衰，但新法养蜂知识却得以传播。

三、林业的发展

中国用近代科学技术改进林业是从 20 世纪初开始。最初设置的农业机关、学校往往用“农林”二字命名，如农林学堂、农林试验场等，把“农”和“林”二字相提并举。

（一）林业教育和林业试验机构

近代的林业教育有高等与中等之分。用“农林”二字命名的以创办于 1901 年的

---

① 郭文韬，曹隆恭. 中国近代农业科技史[M]. 北京：中国农业科技出版社，1989：563.

“山西农林学堂”为最早。1904年，直隶高等农业学堂增设林科。京师大学堂最初没有林科，1914年改组为北京农业专门学校时才设林科。其后南京的金陵大学、东南大学和广州的中山大学都设有林科。据统计，1947年时，全国有22所高等农业学校设林科或森林系。有些综合性的中等农业学堂中设有林科，也有单科性的林业学堂，但中等林业教育并没有得到较好的发展，抗战期间更趋萎缩。

林业试验机构较多的是在综合性的农事试验场中设置林科，中央农事试验场即设有农林科，20世纪30年代初成立的中央农业实验所设有森林系。单科性的林业科研试验单位则以北洋政府农林部于1912年8月在北京天坛筹设的北京林艺试验场为最早，该场不久改称北京林业试验场，占地2000余亩，1913年又在北京西山设分场。其后农商部在山东长清和湖北武昌各设林业试验场，后因试验场未开展试验而删去“试验”二字，通称林场。所以，林业试验机构试验并不理想。

（二）设立植树节与植树造林

为倡导民间植树造林，1915年，北洋政府雇人在京郊西山造林，同时又选定一天，发动农商部全体职员前往西山植树，并行文各省也择日发动大家集体植树。同年7月，北洋政府具体规定以清明为植树节，要求全国各地每年这一天都开展集体植树活动，并希望大家在动手种树前举行简单的仪式，以创造热烈的气氛，在良好的秩序下种树。

1916年的清明就是北洋政府规定的第一个植树节。这是中国第一个由官方创立的植树节，北京市各界人士在颐和园外广场上集会，隆重举行植树典礼，然后进行种树。许多省县也建立了森林苗圃，召集当地的机关、学校及工商人士联合开展植树活动。1928年，国民政府改以孙中山先生逝世的3月12日为植树节，规定每年这一天各地须举行纪念仪式并植树。

在人工植树方面，西北“左公柳”的推广较为有名。1866年，左宗棠由陕西入新疆督办军务，他令军工东起潼关、西至迪化（今乌鲁木齐）修筑大道，并在大道两侧种植杨柳等行道树，同时命令军民严密保护，对毁树者动用军法惩办。在其督促经营之下，横跨陕甘新三省的数千里大道两侧垂柳夹道，时人称此柳为“左公柳”。据粗略统计，从陕甘边界的长武到甘肃会宁这一段，相距600余里共栽树2.64余万株，从潼关至迪化按3000里计算，则全线共种树130余万株。可惜，1880年他离开西北之后，左公柳渐被砍伐。到民国初年，距左宗棠离开西北还不到30年，左公柳已被沿途居民砍伐作燃料，零落不堪。

20世纪30年代，在开发大西北的运动中，植树造林亦是主要工作之一。1932年，陕西筹设西北农林专科学校，培养农林人才，省政府聘德国林学家芬次尔（G.Fenzel）为该校教师，后任省政府高级顾问，又兼任陕西省林务局副局长。西北农林专科学校有大规模的林场，1933年芬次尔到陕后，除在该校授课外，也兼林场场长。他在眉县、咸阳、武功等地设林业试验场，省林务局则在长安、周至等县分设苗圃、林场10余处，规划辟建。他多次到秦岭进行林业考察，1936年病逝于陕西。芬次尔在陕4年，为陕西林业发展做了很多开拓性工作。

近代，运用林业科学大规模人工造林在青岛市开展很早，这与侵占胶州湾的德国人有关。1897年，德国人设置青岛林场，开办苗圃，培养树苗，征收青岛及其附近公有山地，又征购水源风景地区民地4万余亩，在这些地方大规模地运用林业科学进行人工造林，他们根据地形和树木习性，规定不同的位置种不同的树种，洋槐树种就是此时从国外引进的。为预防森林火灾，还在针叶林中混植若干行阔叶林，修筑了林道网，当时青岛的造林成绩显著。

（三）开展水土保持工作

明代以来，中国水土流失现象越来越严重，其最根本的解决办法就是造林护林，开展水土保持工作。最早有计划地研究中国水土保持的是金陵大学教授罗德民（W.C.Lowdeimilk）。

罗德民是美国林学家、水土保持专家，于1924年来金陵大学任教。每年假期他带学生在鲁、晋、豫、皖等省调查水土流失和植被的情况，查阅地方志，探寻历史上水旱灾害发生的规律，了解民间水土保持方法，研究应采取的措施。他于1927年回国，任美国土壤保持局副局长，1942年10月应邀再度来华，任国民政府行政院顾问。来华后，他到黄河上游的陕、甘、青等地考察这些地区的水源、森林、草原、土壤冲刷状况，水土保持设施和农、林、牧三方面的土地利用情形等，考察后提出报告，拟订了西北水土保持计划。他在机关、学校作水土保持的演讲，鼓动在河西走廊及黄土高原植树种草，又帮助农林部建立6处黄河上游水土保持区，并在甘肃天水设置水土保持试验研究机构，开办水土保持人员训练班。后来农林部在此基础上建立了天水水土保持实验区。

抗战胜利后农林部又在广西、四川、甘肃、福建等省增设水土保持实验站。可惜因内战又起，实验站鲜有成绩。

（四）“活化石”水杉的发现

水杉在植物界有“活化石”之称，近200万年前，因地球上发生冰川活动，气温骤降，水杉大多灭绝。植物学家以为这类杉科植物已在世界上完全绝迹，只可在化石中见到。20世纪40年代，中央大学的教授们在四川磨刀溪镇发现了水杉树，当时就轰动全球的植物学界，被科学界认为是“20世纪40年代最伟大的发现”。

1941年10月底，中央大学森林系教授干铎路经磨刀溪见到此树，因树叶落尽，未能采得标本。1943年，中央林业实验所技师王战采得此树的果叶标本，疑为水松，他向中央大学森林系教授郑万钧博士请教，郑认为此树虽形似水松，但有差别，于是派人再去磨刀溪采来花、果、枝、叶等完整的标本，他将全部标本寄给北平静生生物调查所胡先骕博士查阅文献进行鉴定，胡发现此树与《植物学》刊物上一篇论文里所描述的一种杉科植物化石的形态完全相同，据此判定此树为杉科植物。1948年，胡先骕与郑万钧联名发表论文，正式为该树定名为“水杉”。

水杉被发现后，国内各地广为繁殖，用来造林及绿化环境。许多国家也纷纷引种，目前，已有近 80 个国家和地区种植有水杉。

第七节 畜牧业与水产业

鸦片战争前，中国的经验兽医学已达新高。鸦片战争之后，在经历了传承传统畜牧兽医科技基础上，开始翻译介绍西方的畜牧兽医科技著作，着手对国外牧草良种和畜禽良种进行引种试验。进入民国之后，在畜种改良、饲养管理、家畜繁殖等方面均有进一步的发展，兽医科技的发展则主要表现在研制生物药品、防控传染病和推广兽医技术等。

一、畜牧科技的发展

晚清时，中国传统的家畜相术、畜禽良种、家畜繁育、饲养管理、肥育技术等在不同程度上得到了传承和发展。西方科技的引进带来了畜牧科技的一些新变化。

（一）优良畜禽品种的引进及改良

1. 猪种的引进与改良 中国的猪品种较多，晚清时各地都培育出不少良种，最有名的是番禺猪、陆川猪、金华猪、琵琶猪、藏猪、荣昌猪等。金华猪和荣昌猪都曾被列为贡品，但鸦片战争之后，一些优良猪种随着外国人逐渐进入中国，比如约克夏、巴克夏、杜洛克、波中、切斯特白、泰姆华斯等品种猪。1907 年，留美归国学者陈振先任奉天农事试验场场长，他引入少量巴克夏猪种，对东北的土种猪进行改良。之后，一些农业院校、农场相继引进外国猪种来改良中国猪种，如广东岭南大学（1919 年）引进巴克夏猪，北平燕京大学农科（1923 年）引进泰姆华斯、波中、约克夏猪。1924 年，留美归国学者陈宰均任青岛农林局畜牧组主任技师，他在青岛李村兴建种猪舍和种禽社，引入巴克夏猪，进行科学实验，推广良种，猪舍规模与设施当时是冠盖全国。1927 年中央大学从日本引进巴克夏猪。

这些猪种的引入及试验对中国猪种改良作用很大。1928 年，留美博士冯锐在河北定县用波中猪与当地土种猪进行杂交，通过对杂交种与土种的比较试验，研究杂交一代的性能。结果显示，和本地猪比，杂交猪平均每头多产肉 16.3 千克；杂交猪每增重 100 磅可节约饲料 128 磅，肉味也比当地土种猪鲜美。1930—1933 年，培育杂种改良的猪共计 1.674 万头。

1936 年夏，中央大学畜牧兽医系许振英主持中国的猪种改良研究，前后相继从美国进口巴克夏、约克夏、切斯特白、波中、汉普夏和杜洛克等种猪，将其中的一部分作纯种繁殖试验，另一部分用于级进杂交试验，但因经费紧张，1941 年停止试验。

从上可见，近代猪种的改良大多虎头蛇尾，终未育成一个标准品种，仅有一些杂交代数不一致的杂交猪在民间养殖，其中有一部分形成了血统混杂的杂种群，为新中国的猪种改良提供经验和品种基础。新中国成立后，畜牧工作者就是借助这些杂种群，育成了一些性状稳定的新品种，如哈尔滨白猪、定县猪、上海白猪等。

2. 牛种的引进与改良　晚清时，北方一些地区已培育出不少役用黄牛良种，比较著名的有：秦川牛、南阳牛、晋南牛。国门打开之后，国外的牛种逐渐进入中国。

近代最早将奶牛引入中国的是外国侨民，上海是中国近代奶牛业的发祥地。据载，1870 年就有外国侨民将爱尔夏奶牛带入上海，以满足他们对牛奶的需要。1893 年，上海安福奶棚首次将奶牛与当地黄牛杂交，使黄牛由单一的役用向乳肉兼用方向发展。1897 年，上海川沙县引入黄白花公牛，与当地黄牛级进杂交，后代被饲养挤奶，从而开始了中国农民饲养杂交奶牛的历史。后又引入荷兰黑白花奶牛参与杂交改良，成果显著，川沙由此成为奶牛种质资源的供应地。其他较早引入奶牛的有青岛、东北、四川等地。据统计，到 1926 年全国已有各种奶牛约 1 万头；1949 年，奶牛总数达 4 万头，主要分布在京、沪、宁、汉、杭、成、渝等大城市。

对役用牛的改良，近代较大规模的改良工作始于抗战全面爆发后，在国民政府农林部的主持下，1941—1943 年分别在江西临川、湖南零陵、广西桂林、四川南川、贵州湄潭、河南洛川设立 6 个耕牛繁殖场（后合并为 4 个）和一个西北役用改良场，以提高牛的体尺、体重和挽拉能力为选育改良的目标。经过 6 年的选育，川、湘、陕、黔四省种用黄牛达到了预定标准。抗战期间，这些耕牛繁殖场共繁殖耕牛近万头，与民间耕牛配种 5 万余头。

3. 绵羊的引进与改良　最早引入外国美利奴羊改良本地绵羊的尝试始于光绪十八年（1892 年）。1904 年，陕西高宪祖、郑尚真等在安塞县设立牧场，从国外购入美利奴羊数百只，改良陕西绵羊。1906 年奉天农事试验场成立，从日本输入美利奴羊 32 只，后又从美国输入数百只。该场经营状况良好，向全国各地输出美利奴羊 1000 余只。此外，农商部第一、第二、第三种畜牧试验场也先后饲养美利奴羊数百只，进行绵羊改良试验，并无偿为民间羊只配种。此后，山西铭贤学校、南京中央种畜场、西北种畜场、四川家畜保育所、农林部西北羊毛改进处、乌鲁木齐迪化种畜场、伊犁种羊场等先后从国外引入优良羊种，品种有美利奴、兰布里、考力代、雪洛夏普、普瑞考斯等。这些优良羊种引入后，与各地土种绵羊杂交繁殖，改良了土种绵羊，提高了产毛量和羊毛品质。

4. 家禽引进与改良　产蛋率高的来航鸡是近代最早引进的鸡种，也是引进最多的品种。1913 年，冯焕文在江苏无锡创办荡口鸡场，引入白色来航鸡等品种。1924 年，陈宰均于青岛李村农事试验场建种禽场，推广来航鸡。1928 年，养鸡专家王兆泰在河北定县从事鸡种改良，又在北平创立华北种鸡学会，自制孵化器，向平津一带出售白来航鸡。20 世纪二三十年代上海陆续办起了专业小型鸡场，引进外国鸡种，创办养鸡刊物。30 年代各农业院校、农事试验场及新型畜牧企业大都饲养繁殖来航鸡；其他也有少量的洛岛红、芦花洛克、黑色奥品顿、白色华恩道等鸡种。

近代最早的鸡种改良试验始于1922年，在通州潞河中学的潞河乡村服务部鸡场，用白来航鸡与本地鸡种杂交，F_1代再与白来航鸡回交，结果回交一代产卵量大大提高。山西太谷铭贤学校进行了白来航鸡与土种鸡的杂交育种试验，杂交后代的产品性能虽不如来航鸡，但初产日龄、平均卵重、产卵量均比土种鸡大为提高。其余各地的杂交试验结果与此相仿。

引进国外优良畜禽品种以改良中国固有品种是近代畜牧界人士的共识。近代的畜禽改良基本采取单一杂交的方式，目的是使后代既具有高产性能，又具备耐粗饲性能。虽然近代的畜禽改良工作未能育成性状相对稳定的标准品种，但在生产上取得了良好的经济效益，也为新中国的畜禽事业留下了数量可观的不同杂交程度的杂种群。

（二）畜禽繁殖与饲养管理技术

1. 繁殖技术 动物遗传育种是近代新发展起来的一门学科，它以解剖学、生理学、遗传学、胚胎学为基础。国内当时在这一领域具体研究很少，主要工作仅为繁殖育种知识的引进和介绍，如1924年的《家畜生殖谈》一文较详细地介绍了家畜精卵细胞的形成和受精过程；熊德邻的《乳牛生殖器之解剖及生理》，系统介绍了乳牛生殖器的构造、功能和生理变化；祖维显的《鸡之遗传》，介绍了鸡的羽毛遗传规律等。

其次，根据新的遗传育种理论，对中国几千年传统的繁殖育种技术进行了综合和总结，如当时各刊物发表的大量关于猪、鸡、牛、马、羊、兔等的繁殖法，辨别良种猪法，农家选牛经验等。

人工授精技术也在这一时期传入中国，这一技术产生于18世纪末。1918年鲁农就在《中华农学会丛刊》第1期上发表了《马匹人工授精技术》。其后，又有吴谦、李秉权、成之、朱先煌等先后对这一新技术作了较完整系统的介绍。

1933年，新疆伊犁种羊场聘请苏联专家开展了大规模的人工授精试验，至1944年，已完全采用人工授精技术配种。1935年后，国民政府军政部句容种马场亦开始试用这一技术，1942—1943年，吕高辉在成都华西大学奶牛场以简易材料制造授精器具，对牛、羊实施人工授精，受胎母牛200余头，母羊50余只，受胎率80%以上。西北羊毛改进处1943年在甘肃永昌采用人工授精方法，用来布里公羊为民众母羊配种，翌年，在河西推广站举办人工授精训练班，后在以上两处对800多只母羊实施人工授精，受胎率60%。1948年，中央畜牧实验所在浙江秧石镇用考力代种公羊对湖羊进行改良时，采用人工授精方式配种800余只，1948—1949年又对约克夏猪进行纯种繁殖。

2. 饲养管理技术 最早译介国外饲养技术的是罗振玉创办的《农学报》，先后共刊载40多篇有关畜牧业方面的文章，其中多为饲养方面的内容，如《冬日饲鸡法》《新法饲猪法》《饲畜之秘诀》等。近代饲养试验研究工作则始于东南大学农科。1921年，东南大学农科畜牧系成立后，开始引入乳牛、猪、鸡进行饲养试验，以后一些专家学者在饲养、饲料、营养等方面做了许多工作，为近代中国畜牧业生产实行科学饲养提供了科学依据。

二、兽医科技的发展

20 世纪 30 年代以前，中兽医在中国兽病治疗上一直占据着主导地位。30 年代以后，以推广生物药品为技术防疫核心的西兽医开始发展壮大，逐步形成了中兽医治病、西兽医防疫的格局。

（一）动物检疫事业

鸦片战争后，西方轻工业产品大量向中国倾销，同时中国的农、畜、土特产品源源不断地被收购出口，但这些出口贸易都由外国商人控制，他们在中国口岸设立检验机构，签发通关进出口的检疫证书。1927 年，美国照会中国外交部，称自 1927 年 12 月 1 日起，禁止进口未经政府机构检验的猪、羊肠衣。根据京津商人的联名请求，农工商部先后公布《农工商部毛革类出口检查所章程》《毛革肉类出口检疫条例》《毛革肉类出口检疫条例施行细则》，规定在通商口岸设置毛革肉类出口检查所；毛革肉类在出口之前须经检查合格后才允许出口。1927 年 11 月，中国第一个出口检查所在天津成立，随后在上海、南京设立分所。

1929 年，国民政府实业部上海商品检验局成立，设置畜产品检验处，统一办理上海、宁波、南京等口岸的畜产品检验业务，签发兽医检验证书。同年，青岛、汉口相继成立商品检验局；1930 年广州商检局成立。

在出口商品检疫机构设立过程中，一些人士呼吁对进口动植物进行检疫。1935 年 8 月 1 日以后，上海商检局正式对进口牛羊等进行检疫，为中国畜禽业的健康发展增添了一道保护屏障。

（二）传染病的防控

畜禽传染病发病急，死亡率高，传染性强，对畜牧业危害极大。据中央农业实验所 1933 年农情报告，20 世纪 20 年代初全国死于牛瘟的牛有 280 多万头，死于猪瘟的猪 920 万头，死于猪肺疫的猪 790 万头，死于鸡新城疫的鸡约 1200 万只。因此，兽疫防控成为近代兽医科技工作的重点。

兽疫防控工作首先要进行传染病的调查。1934 年初，中央农业实验所（简称“中农所”）对江苏等 19 个省的家畜传染病及死亡情况进行调查，同年，中农所上海兽疫防治所开展全国兽疫调查，通过详细观察症状和病变，结合细菌诊断，提出了防治措施和治疗方法。1941 年，中央畜牧实验所彭文和、郭英俊等对四川、湖南、贵州、云南、陕西关中兽疫进行调查。西北兽疫防治处吴信法对西北地区主要传染病的种类和分布情况做过调查。这些调查活动有助于掌握各地传染病的发病特征，一旦发现疫情，能尽快确认病原，减少损失。

近代畜禽传染病的防控手段主要是使用生物药品。中国于 20 世纪 20 年代初开始制造使用生物药品防治畜禽传染病。1924 年，北京中央防疫处首创马鼻疽诊断液及犬用狂犬疫苗。此后，一些留学归国专门人才在商品检验局设立制造所，研制疫苗和血清。1930 年，青岛商品检验局血清制造所创立，由留日归国学者王让川主持，这是中国自己创建的第一个专业性生物药品制造厂。1931 年上海商品检验局筹建上海血清厂，由商检局副局长蔡无忌直接领导，程绍迥担任第一任主任。这两个血清厂成功制造出抗牛瘟、狂犬病、猪瘟、猪肺疫、鸡瘟等传染病的疫苗和血清。此后，其技术人员赴各地交流、推广血清制造技术。1936 年中央农业实验所畜牧兽医系血清厂成立，广东、青海、江西、四川、湖南、贵州、湖北、陕西、河南、广西、浙江等地兽疫防控机构也纷纷设立血清厂。各地兽疫防控机构利用血清控制畜禽传染病的恶化，利用疫苗进行预防注射，使传染病得到不同程度的控制①。

近代兽疫防控工作从无到有，这是一大进步。但由于经费不足，专业人才缺乏，近代兽疫防治工作受到较大限制。

三、渔业的发展

中国河流众多，沿海 7 省的海岸线绵长，水产资源丰富。进入 20 世纪，清政府施行“新政”，提倡发展实业，改进渔业也是其中一项重要内容。渔业发展在近代的主要表现就是成立渔业公司、兴办水产教育和渔业试验场，西方科技引入中国后，带来了机轮渔业的发展。

（一）沿海各省成立渔业公司

1904 年，晚清政府批准张謇设立江浙渔业公司条陈，并饬令沿海其他各省也筹设渔业公司。1905 年，直隶省在天津设立渔业公司；1906 年，山东省在芝罘设立渔业公司，广东绅商在广州集资开办全省渔业公司；在奉天，奉天官厅与当地商人合办了奉天渔业股份有限公司，后官厅续增商股，改成官督商办的奉天渔业股份有限公司。各省的渔业公司规模大小不一，体制也不同。

渔业公司在渔业产销中取代了原来鱼行的部分职能，张謇希望通过渔业公司来改进渔业。清末民初的渔业公司同时兼理地方渔业事务，是政商合一的机构，公司不仅操纵渔的买卖，而且还兴办渔业教育，培养渔业人才。早期的水产学校与渔业公司有很大关系，有些学校就是渔业公司出钱创建的。比如，奉天渔业股份有限公司曾在省内各地分设水产销售场，把销售水产品征收的秤佣提成一部分作为水产教育经费，1910 年前后曾用此经费开办过渔业初等学校，招收渔民子弟接受教育。

（二）兴办水产教育及渔业试验场

直隶省最先兴办水产教育，1910 年，直隶省在天津仿照日本创办直隶水产讲习所，

① 郭文韬，曹隆恭. 中国近代农业科技史[M]. 北京：中国农业科技出版社，1989：514.

首次招生 96 名。辛亥革命后，讲习所改为中等程度的水产学校，设渔捞、制造二科。1929 年，该水产学校改为招收高中毕业生的河北省立水产专科学校，它是中国当时唯一的高等水产学校。抗战胜利后，山东大学在青岛复校，当时的教育部指令复校后的山东大学农学院增设水产系，这是中国第一所大学本科水产系，设渔捞、养殖、加工三个专业。

在上海，1912 年张謇创办的江浙渔业公司成立江苏省立水产学校，学校初设渔捞、制造二科。1919 年增设养殖科，并在昆山设淡水鱼养殖场，作为养殖科教学、实习、科研基地。1920 年又增设职工科，分贝扣和编网两部分。1928 年，该校升格为水产专门学校，内设高中毕业生报考的远洋渔业专科及航海专科，又设初中毕业生报考的渔捞科和制造科。1937 年抗日战争全面爆发后，校舍被毁，学校部分教师撤退到四川，并于 1939 年在合川国立第二中学内增设水产部。1943 年在此水产部的基础上成立高级水产职业学校，有制造、养殖、渔捞三科。抗战胜利后，学校回到江苏。1948 年迁至上海复兴岛，改为吴淞水产专科学校。

创办的水产学校还有浙江的甲种水产学校（1916 年）、福建的乙种水产学校（1912 年初建，1927 年改为私立集美高级水产航海学校，1935 年改称“私立集美高级水产航海职业学校”）。

1929 年，广东省在中山成立水产试验场，做过有关鱼类养殖、捕捞和渔民生活等方面的调查。

近代水产学校和渔业试验场的地区分布，主要在沿海各省，校内所设专业主要都是捕捞和制造，很少养殖，可见当时的渔业改进侧重在海洋渔业方面。

（三）渔业科技

过去渔业生产基本沿用传统技术，19 世纪 90 年代以后，中国渔业生产才步入传统经验与近代科技相结合的新时期，发展了机轮渔业，引进了藻类养殖，改进了水产品保鲜和加工技术。

1. 机轮渔业的发展 机轮渔业是利用机动渔船进行捕鱼生产。中国最早用拖网渔轮捕鱼的是江浙渔业公司。1905 年，江苏地方政府买下德国在黄海的渔轮，并命名为“福海”号，给江浙渔业公司使用。这是一艘 500 马力蒸汽机动力的渔轮，公司曾用来在东海外海捕捞，为中国利用机动渔轮捕鱼之始，标志着中国渔业进入新的历史时期。自 1914 年至 1936 年这 20 余年间，中国以上海为根据地的单拖渔轮共有 16 艘，其中新造 8 艘，从外国购进的有 6 艘，将其他船舶改建的有 2 艘。

1921 年，烟台轮船公司鉴于日本手繰网渔轮（即“双船拖网渔轮”）技术先进，性能优良，乃集资倡设渔业公司，从日本购买柴油发动机单汽缸 30 马力双船拖网渔轮 2 艘。这是中国采用双船拖网渔轮之始。之后，上海、烟台、大连、青岛、威海卫的渔业公司陆续购用双船拖网渔轮。但广大渔民入海捕鱼还是用旧式渔船。据实业部统计，1937 年前，中国有机动渔轮 391 艘，载重 2.937 万吨，旧式渔船 6.5277 万艘，载重

22.8469万吨。可见，旧式渔船仍是当时海洋渔业的主体。

2. 藻类养殖的引进 中国沿海有广大的港湾，是养殖海藻的最佳场所。从20世纪20年代开始，中国先后从日本和朝鲜引进了海带、石花菜和裙带菜。

1927年，日本人从北海道运来一批活海带，海底放散出来的活跃游孢子附着在大连寺儿沟栈桥的新基石上，成为中国第一批海带。1930年，中国又从日本的青森、岩手等县运来一批海带，在大连进行绑苗投石自然繁殖，获得成功，1942年开始企业化生产。1949年，烟台采用人工采苗筏片繁殖海带获得成功。

从20世纪30年代起，中国开始在山东青岛胶州湾口进行裙带菜和石花菜的海底繁殖试验，也取得成功。

3. 水产品保鲜和加工的进展 20世纪20年代，浙江省渔业局在定海开办了第一座冷藏库，容量75吨，日制冰能力为7吨。1930年，山东威海创办由民族资本家经营的“晶明冷冻制冰厂”。1936年，上海复兴岛建造了专供渔业用的冷藏库，容量1000吨。其后，天津、武汉、广州等大城市，也都兴建了一些制冰厂和冷藏库，它们以贮藏肉食和禽蛋为主，也兼藏水产品。1945年抗战胜利后，上海接收了一些日商创办的制冰厂，由中华水产公司经营。1946年，当时国民党政府在上海复兴岛设立渔业物资管理处，先后接受联合国救济总署调拨的75套制冰设备，每套制冰能力15吨/日，贮冰能力200吨/次。渔业物资管理处设有厂务部，负责建造这些制冰厂，曾在上海复兴岛修建了日产冰90吨的制冰池，1200吨/次贮冰库，和冻结能力40吨/日、冷藏能力500吨/次的冷藏制冰厂。此外，在福建厦门、福州，广东广州、海口，辽宁大连，山东青岛，台湾基隆、高雄以及天津等地都有一批制冰厂和冷藏库，有些由外商经营，有些由民族资本家经营，其业务范围包括鱼、肉、禽、蛋的冷藏。

中国最早的水产品制罐厂建于清末，即江苏南通的“通州颐生罐头食品合资公司”。1918年浙江定海的省立水产品制造厂也建成投产，生产清炖带鱼、红烧带鱼、红烧梅鱼、炸板鱼、红烧板鱼、糟醉黄花鱼等十几种鱼罐头。1919年杨扶青等在河北昌黎创办“新中罐头股份有限公司”，生产对虾、黄花鱼、乌贼、鲤鱼等罐头。其后，上海、天津、青岛、广州等大城市均建有水产罐头厂。

鱼肝油是利用鱼类肝脏炼制的油脂，中国鱼肝资源丰富，但制造业落后。抗战全面爆发前，市上供应的鱼肝油全是由挪威和美国进口。抗日战争期间，日本因军队所需，在中国兴办了一批鱼肝油厂，抗战胜利后均被接管，但由于缺乏技术人员和设备，未进行大量生产。

第八节　农业推广、农村合作金融事业

一、农业推广

近代的农业推广以1929年为界，分为两个时期。前一个时期是萌芽期，后一个时

期是发展期。

（一）萌芽期

中国的农业推广始于引种美棉，并取得一定成效。蚕种改良与推广始于 19 世纪末，20 世纪 20 年代开始推广杂交种，之后相继有小麦、水稻等农作物的良种推广。

最初进行推广的单位就是选育良种的几所农校，如金陵大学农林科、广东大学农科、东南大学农科、浙江大学农学院、江苏女蚕校等，这些学校在校内设置推广部，并进行选育驯化试验。

（二）发展期

1929 年，国民政府行政院颁布了《农业推广规程》，随后颁布了与此规程有关的法令细则，年底农矿部设置了中央农业推广委员会，推广委员会的成立标志着中国的农业推广事业迈上了一个新台阶。

按照《农业推广规程》的规定，省、县各级均应成立农业推广机构。最早成立农业推广机构的是江苏省。按照 1933 年行政院颁布的《各省县农业机关调整办法纲要》的规定，经费充足的县农场一律改成“农业推广所”，经费较少的作为县办的作物良种繁殖场。从 1933 年起，各省、县农场符合条件的都改称县农业推广所，计有 200 余所，可见当时国民党政府对农业推广工作的重视。

就作物良种推广而言，因为各省有了农业推广所，推广的范围、品种较 1929 年前有很大扩展。之前主要是棉、麦两种，进入 20 世纪 30 年代，又选育出一些水稻、谷子、高粱、玉米等良种，但当时的作物良种推广还是以棉为重点。1934 年，全国经济委员会成立了“中央棉产改进所”，该所既进行棉种实验，也做棉种推广。中央棉产改进所对于棉种的推广意义重大，加强了棉作的进一步推广。在棉种推广方面，以“斯字棉”和“德字棉”成绩突出。

蚕业因受 1929—1933 年发生的世界经济危机的严重影响而有所萎缩，为挽救蚕丝业，江浙两省成立了蚕业改进管理机构，实行蚕业统制，改进蚕业推广。1934 年全国经济委员会还成立了“蚕丝改良委员会”，帮助安徽、山东、广东、四川等省改进蚕业。

各地开展的“乡村建设实验”运动对于抗战全面爆发前的农业推广亦有贡献。据实业部 1934 年的估计，全国有 600 多个机关、学校和社会团体，设置了 1000 多个乡村建设实验单位，其中，比较重要的实验单位有乌江农业推广实验区和中央模范农业推广区、中华平民教育促进会、上海职业教育社、山东乡村建设研究院、江西农村服务区、伯南中心模范蚕村等，分布在安徽和县、河北定县、江苏昆山、山东邹平、广东顺德等地，这些单位有的侧重作物和家畜家禽良种推广和农业生产改进，有的侧重于农村教育，有的以达到乡村自治为目的。无论怎样，其中都有改进农业生产的项目。以乌江农业推广实验区为例，1930 年，中央农业推广委员会和金陵大学联合创办了乌江农业推广实验区，主要是以棉种改良推广为重点，从试种金大“爱字棉”着手，开始领种“爱字棉”的农户只有 9 户，6 年后增加到 300 余户，种植“爱字棉”的村庄从 1 村增加到 108 村。因推广经费充裕，推广项目随之扩大到多种作物和家畜家禽良种，提倡经营副业，鼓励植树造林，指导农民组织农会和各种合作社，如信用合作社、棉花运销合作社、耕牛保险合作社、养鱼合作社、灌溉合作社等。

抗战全面爆发之后的农业推广有所变化，首先对农业推广机构进行调整，原中央农业推广委员会撤销，国民政府行政院于 1938 年下设主管农业推广的农产促进委员会，后又颁布《县农业推广所组织大纲》，各省有条件的县都设农业推广所。至 1948 年，全国 2016 个县，其中有 586 个县成立农业推广所。农产促进委员会主张农业推广的基层单位最好是农会。后农林部又设置了具有农业推广性质的农业推广繁殖站，协同各省农业改进机关举办有关农业推广的调查、试验、繁殖良种等活动，并对各省农业推广人员进行培训。其次，农业推广的重点由棉作转向粮食作物。1940 年，农林部内设粮食增产委员会，负责推动和督导战场后方各地的粮食增产工作，后方各省各级政府相应地也设置了粮食增产督导机构。这一时期育成并推广了一些丰产优质的粮食作物良种，如“南特号”“胜利籼”“中农 4 号”“中农 34 号”。稻麦两种粮食作物的推广在这一时期是卓有成效的，在抗战初期，后方各省推广的良种面积不到 50 000 亩，但到 1943 年，栽培的改良稻种面积为 550 余万亩，改良麦种的面积为 200 余万亩。之后，从国外引进甘薯良种和马铃薯良种推广等。

二、农业合作金融事业

1922 年，华洋义赈会在河北香河成立了农村信用合作社，这是中国第一个农村信用合作社，标志着近代农业合作金融事业的开始。至 1949 年，在短短二十余年里经历了社会团体主导、社会团体与政府共同推进、政府垄断主导三个发展阶段。

（一）社会团体主导农业合作金融

华洋义赈会是中外合办的慈善赈灾组织，20 世纪 20 年代，河北的信用合作社完全处于华洋义赈会的主导之下，义赈会主要培养农民的合作意识，以完善的激励与约束机制来吸引农民入社。在义赈会的合作知识教育下，农民自主组社，社员进社、退社自由，信用合作为唯一形式，社员合作意识普遍较强，社内建立完善的贷款风险防范机制，贷款资金主要依靠华洋义赈会赈款拨付，不借助商业金融，贷款渠道单一，贷款规模偏小。实施后的合作金融绩效良好，合作贷款农民基本能按期偿还，不良贷款率几乎为零。合作贷款主要用于农业生产经营，没有出现高利贷现象。此时信用合作社只分布在河北一省。

（二）社会团体与政府共同推进农业合作金融

进入 20 世纪 30 年代，受世界经济危机影响，农村经济衰退，金融枯竭，为求出路，河北的农村信用合作社经验被视为复兴农村经济的一剂良方在全国推广。此时的农业合作金融借助于政府行政力量，由政府与社会团体共同推进，农业合作金融事业进入全国多省份发展阶段。合作组织形式由单一的信用合作发展为生产、消费、运销等多种合作形式，但仍以信用合作为主要形式；政府以行政力量施加影响，一定程度上存在强制农民入社性质，合作组织增加速度加快，但社员合作意识降低，社务管理质量下降，城市商业及农业金融机构介入合作贷款，出现“商资归农”热潮，贷款规模急速扩大，但金融机构过度规避风险，重视抵押担保，收缩信用贷款，因而出现了在合作的发达地区恶性竞争而落后地区无人问津的情况，合作金融异化为商业金融，致使合作贷款质量下降，不良贷款率上升，部分地区出现高利贷现象。

（三）政府垄断主导农业合作金融

抗战以后，金融合作完全由政府垄断主导。因“商资归农”存在一些问题，国民党政府建立了全国统一的合作金融体系，由国家垄断供给贷款资金，统一管理合作金融，商业金融机构被排除出合作金融领域，后又将合作金融纳入国家农村金融体系。

政府垄断指导模式下，农业合作金融被视为扩大农村金融、促进农业生产的工具。完全由国家行政力量强制推进，合作组织分布区域迅速扩大，但自主组社与自由进退机制遭废弃，合作组织完全丧失能动性，被动发展，最终异化为农村行政体系构成部分。合作贷款资金由国家金融机构垄断供给，不良贷款率畸高，资金浪费严重，难以持续发展，合作贷款出现新式高利贷现象，多数放款不能用于农业生产。

总之，近代农业合作金融事业是由社会团体引导、农民自发组织的互助合作金融事业，因政府介入，逐渐演化为政府行政力量强制推进，最终异化为国家金融工具。近代农业合作金融事业虽发展速度加快，发展规模扩大，但合作组织与贷款质量却日益恶化，丧失了互助合作的本来意义。

思考题

1. 传统农业发展到近代有哪些变化？
2. 近代的农具有哪些改进？
3. 近代的育种技术有哪些进步？
4. 近代的土壤肥料有哪些改进？
5. 农业的近代化有没有实现？为什么？

主要参考文献①

艾尔伯特·霍华德. 农业圣典[M]. 北京：中国农业大学出版社，2013.

曹贯一. 中国农业经济史[M]. 北京：中国社会科学出版社，1989.

曹幸穗. 旧中国苏南农家经济研究[M]. 北京：中央编译出版社，1996.

晁福林. 夏商西周社会史（第二版）[M]. 北京：北京师范大学出版社，2010.

陈恒力，王达. 补农书校释[M]. 北京：农业出版社，1983.

陈文华. 中国农业考古图录[M]. 南昌：江西科学技术出版社，1994.

慈鸿飞，李天石. 中国历史上的农业经济与社会[M]. 兰州：兰州大学出版社，2002.

董恺忱，范楚玉. 中国科学技术史（农学卷）[M]. 北京：科学出版社，2000.

樊志民，卫丽. 中国农业通史（遒劲的农牧文明卷）[M]. 北京：中国农业出版社，2007.

冯开文，李军. 中国农业经济史纲要[M]. 北京：中国农业大学出版社，2014.

富兰克林·H·金. 四千年农夫：中国、朝鲜和日本的永续农业[M]. 程存旺，石嫣，译. 北京：东方出版社，2011.

高敏. 魏晋南北朝经济史[M]. 上海：上海人民出版社，1996.

郭文韬，陈仁瑞. 中国农业经济史论纲[M]. 南京：河海大学出版社，2011.

郭文韬. 中国传统农业思想研究[M]. 北京：中国农业科学技术出版社，2001.

郭文韬. 中国耕作制度史研究[M]. 南京：河海大学出版社，1994.

韩茂莉. 中国历史农业地理[M]. 北京：北京大学出版社，2012.

胡泽学. 中国传统农具[M]. 北京：中国时代经济出版社，2010.

胡泽学. 中国犁文化[M]. 北京：学苑出版社，2006.

黄耀能. 中国古代农业水利史研究[M]. 台北：六国出版社，1978.

姜彬. 稻作文化与江南民俗[M]. 上海：上海文艺出版社，1996.

李根蟠. 中国农业史[M]. 北京：文津出版社，1997.

① 由于本书参考学者们的著作和论文资料众多，在此不可能一一列出，本处仅列主要参考书目，若有遗漏，还请各位专家学者谅解！

李群. 中国近代畜牧业发展研究[M]. 北京：中国农业科学技术出版社，2004.
梁家勉. 中国农业科学技术史稿[M]. 北京：农业出版社，1989.
刘铭. 陈旉农书校释[M]. 北京：中国农业出版社，2015.
路遇，滕泽之. 中国人口通史[M]. 济南：山东人民出版社，2000.
缪启愉. 齐民要术校释[M]. 北京：中国农业出版社，1998.
任继周. 中国农业系统发展史[M]. 南京：江苏凤凰科学技术出版社，2015.
石声汉. 农政全书校注[M]. 上海：上海古籍出版社，1979.
宋树友. 中华农器图谱[M]. 北京：中国农业出版社，2001.
宋湛庆. 《农说》的整理与研究[M]. 南京：东南大学出版社，1990.
孙常叙. 耒耜的起源及其发展[M]. 上海：上海人民出版社，1959.
唐珂. 农桑之光——中华农业文明拾英[M]. 北京：中国时代经济出版社，2011.
天野元之助. 中国古农书考[M]. 北京：农业出版社，1992.
瓦格纳. 中国农书[M]. 王建新，译. 北京：商务印书馆，1934.
王潮生. 农业文明寻迹[M]. 北京：中国农业出版社，2011.
王利器. 史记注译[M]. 西安：三秦出版社，1988.
王毓瑚校. 王祯农书[M]. 北京：农业出版社，1981.
吴存浩. 中国农业史[M]. 北京：警官教育出版社，1996.
谢国桢. 明代经济史料选编（上）[M]. 福州：福建人民出版社，1980.
熊大桐. 中国林业科学技术史[M]. 北京：中国林业出版社，1995.
徐寒. 中国历史百科全书（农业与科技卷）[M]. 长春：吉林大学出版社，2010.
徐旺生. 中国养猪史[M]. 北京：中国农业出版社，2009.
阎万英，尹英华. 中国农业发展史[M]. 天津：天津科学技术出版社，1992.
杨直民. 农学思想史[M]. 长沙：湖南教育出版社，2006.
游修龄. 中国农业通史（原始社会卷）[M]. 北京：中国农业出版社，2008.
于船，等. 元亨疗马集校注（丁宾序本）[M]. 北京：北京农业大学出版社，1990.
曾雄生. 中国农学史[M]. 福州：福建人民出版社，2008.
张波，樊志民. 中国农业通史（战国秦汉卷）[M]. 北京：中国农业出版社，2007.
张春辉. 中国古代农业机械发明史（补编）[M]. 北京：清华大学出版社，1998.
张芳，王思明. 中国农业科技史[M]. 北京：中国农业科学技术出版社，2011.
张箭. 新大陆农作物的传播和意义[M]. 北京：科学出版社，2014.
章有义. 中国近代农业史资料（第二辑）[M]. 北京：三联书店，1957.
中国农业百科全书编委会. 中国农业百科全书（农业历史卷）[M]. 北京：中国农业出版社，1995.
中国农业博物馆. 中国近代农业科技史稿[M]. 北京：中国农业科技出版社，1995.
中国农业博物馆农史研究室. 中国古代农业科技史图说[M]. 北京：农业出版社，1989.
中国农业遗产研究室. 中国农学史（初稿，上）[M]. 北京：科学出版社，1959.
中国农业遗产研究室. 中国农学史（下）[M]. 北京：科学出版社，1984.

钟祥财. 中国农业思想史[M]. 上海：上海社会科学院出版社，1997.

周魁一. 农田水利史略[M]. 北京：水利电力出版社，1986.

周昕. 中国农具发展史[M]. 济南：山东科学技术出版社，2005.

周振甫. 诗经译注（修订本）[M]. 北京：中华书局，2015.

邹超亚. 南方耕作制度[M]. 北京：中国农业出版社，1998.

邹介正，等. 三农纪校释[M]. 北京：农业出版社，1989.

邹介正，李群，等. 中国古代畜牧兽医史[M]. 北京：中国农业科技出版社，1994.

后记

中国以农立国，农业发展有上万年的历史。“国以农为本，民以食为天”一直是国人的共识。中国人民在长期的劳动和生产实践中有很多享誉世界的发明创造，也积累了丰富的农业生产经验。17世纪以前，中国的农业科技水平一直居于世界前列，17世纪之后随着海外作物的大量引进，中国传统农业在不断吸纳改进的过程中仍向纵深发展。19世纪西方实验科学传入，近代农业科技在中国得到迅速发展，不断改变着中国农业发展的面貌。总之，中国农业发展历史悠久，形成了具有中国特色的多样性、丰富性和系统性的传统农耕文化，农业文化遗产非常丰富。

新中国成立以后，党和政府十分重视农业文化遗产的保护与研究，相继在南京、北京、西北、华南等地建立相关的农业史与农业文化遗产研究机构。改革开放以来，全国更是掀起一轮新的农业史与农业文化遗产研究高潮，尤其在农业科技史与农业经济史两个研究领域投入大量人力、物力、财力，也产出了颇多研究成果，出版了许多在学术界很有影响的农学史或农经史巨著：如《中国农学史》《中国农业科学技术史稿》《中国农业通史》《中国农业百科全书（农业历史卷）》《中国近代农业科技史稿》《中国科学技术史（农学卷）》《中国农业经济史》等，并分别在南京农业大学、西北农林科技大学、华南农业大学、中国农业大学、云南农业大学等多所高校设置农业史研究生专业，招收农业史硕士、博士研究生，编写了《中国农业经济史》（1989）、《中国农业经济史论纲》（1999）、《中国农业科技史》（2001）、《中国农业经济史纲要》（2009）等通用教材，为中国农业史学科的发展做出重要贡献。

纵观国内农业史研究，过去学者们的研究大多集中在农业科技史或农业经济史两个方向，对中国农业发展史进行综合、全面、系统研究的极少，更没有出版这方面的研究生教材，实属遗憾。为弥补这一不足，经多方努力，终于在2019年，《中国农业史概论》正式列入科学出版社“十三五”全国高等院校研究生规划教材暨创新型现代农林院校研究生系列教材编写计划。

为了突出教材的专业性、权威性、全面性，我们组织了全国多所高校在农业史、农业科技史、农业经济史以及农业文化史等领域，具有丰富教学实践经验和专业学术研究实力的一线教师共同参与这一艰巨而光荣的任务。一年多来，各位专家教授以高度的责任担当、专业的学术视野、严谨的治学态度和令人敬佩的敬业精神，百忙之中牺牲个人休息时间，夙兴夜寐，焚膏继晷，不计得失，尤其是在史无前例的新冠肺炎重大疫情的威胁和压力下，各位专家教授坚定初心，志若磐石，笃定编撰工作，在春花烂漫时节，最终确保了这部倾注各位专家学者无数心血的开创之作按时奉出。

本教材各章具体编撰情况为：绪论，李群；第一章，杨虎；第二章，慕亚芹；第三章，孙金荣、丁建川；第四章，李兴军；第五章，董杰、全小国；第六章，王福昌、陈志国；第七章，曹茂、田雁冰；第八章，李群、朱冠楠；第九章，沈琳。全书由李群统稿，董杰、王福昌老师分别负责相关章节的修改审定，还特别邀请中国农业博物馆徐旺生研究员对全书进行了通读审校，确保了本教材的质量。

南京农业大学领导及研究生院为本教材的编写提供了大力支持，内蒙古民族文化产业研究院、山东潍坊科技学院等单位给予了鼎力相助，科学出版社丛楠编辑从选题、编辑、审校、装帧到出版等都给予了热心、无私的帮助和支持，在此一并表示万分感谢！

生也有涯，知也无涯。本书作为全国第一部综合性农业史研究生规划教材，涉及内容相当广泛，要超越前贤著述或以往体例和架构，形成自己的特色，确实难度大、任务重，受水平所限，书中难免出现疏漏和不足，姑且权当抛砖之作，敬请各方面专家和学者不吝赐教！也欢迎广大研究生在使用过程中提出宝贵的意见和建议，以便将来再版时参考、修改和完善！

再一次对各位领导、朋友们的大力支持和帮助表示最诚挚的感谢！

编　者

2021 年 4 月 6 日